우리글 바로 쓰기 4

우리 글 바로 쓰기 4

이오덕

한길사

'우리 말' 좀 합시다
• 머리글

　지금 우리가 살리려고 하는 말은 우리 온 겨레가 나날이 살아가면서 입으로 주고받는 말이다. 어떤 특별한 일자리에서만 쓰는 말도 우리 말이 되어야 하겠지만, 그런 말보다 더 서둘러 살려야 하는 것이, 아이고 어른이고 시골사람이고 도시사람이고 누구든지 하게 되는 말이다. 이 말이 우리를 길러주었고, 우리의 역사를 만들었고, 우리를 한겨레로 이어주어서 사람으로 살아가게 하는 어머니가 되는 우리 배달말이기 때문이다. 그런데 이 배달말이 지금 아주 형편없이 짓밟히고, 가리가리 찢기고, 볼썽사납게 일그러져서 죽어가고 있다. 우리들의 삶과 얼과 그밖에 모든 것이 고스란히 담겨 있는 목숨 덩어리(생명체)가 죽어가고 있는 것이다.

　우리는 지난 반만 년 역사에서 무서운 흉년도 많이 만났고, 끔찍한 전쟁도 수없이 치렀지만, 그때마다 그 어려움을 잘 이겨내었다. 우리 모두의 삶과 얼이 담긴 말이 있었기 때문이다. 권력을 가진 사람들이 높은 자리에 올라앉아 외국글 외국 역사를 하늘처럼 떠받들어 섬기면서 그 학식을 권위로 삼아 백성들을 겁주고 백성들의 피땀을 짜내기만 하던 그 오랜 세월에서도, 일하면서 살던 우리 평민들은 흔들리지 않고 꿋꿋하게 슬기롭게 우리 것 우리 마음을 지켜 자자손손 이어왔다. 우리를 안아주면서 언제나 샘물 같은 힘이 솟아나게 하는 우리 말이 있었기 때문이다.

그런데 지금은 바로 그 말이 병들어 죽어가고 있다. 이 일을 어찌하겠는가.

더구나 이렇게 말을 죽이고 있는 것이 이제는 바로 백성들 자신이고 우리 자신이다. 제 목숨덩이를 스스로 내버리고 짓밟는 이 엄청난 짓을 저지르고 있으면서도 우리는 거의 모두 그 사실을 깨닫지 못하는 괴상한 겨레가 되어가고 있으니 참으로 어이가 없다. 어떤 흉년도 어떤 전쟁도, 그밖에 또 어떤 재난도 이보다 더 클 수 없다. 지금 나라 살림이 다 거덜났다고 모두 야단법석인데, 겨레말이 죽어가고 있는 일에 대면 이까짓 경제난국쯤은 아무것도 아니다. 그리고 이 난국이란 것도 알고 보면 사실은 우리가 오래전부터 우리 것을 학대해왔기 때문이다. 중국글, 일본글, 서양글에 얼이 빠져서 우리 말 우리 글에는 등을 돌리고 멸시하는 이 더러운 종살이 버릇은, 우리 조상들이 지켜온 모든 것을 버리고 짓밟는 풍조를 만들었으니, 이렇게 해서 남의 것 쳐다보면서 겉모양만 꾸며 보이고 허풍으로 살아왔는데 우리 살림이 이 지경으로 결딴나지 않을 수 있겠는가?

우리가 지금 빠져 있는 경제난의 수렁에서 헤어나기 위해서도 우리 말을 살려야 한다고 하면 무슨 억지소리를 하나 하고 말할 사람이 많을 것이다. 그러나 우리 살림이 이 지경으로 된 까닭은 너무나 환하다. 우리 국민들의 정신을 바로잡지 않고는 정치고 경제고 학문이고 교육이고 어떤 것이고 제자리에 바로 놓일 수 없다. 정신이 어디에 있고 어떻게 그걸 바로잡나? 정신이 곧 말이고, 말이 정신이다. 깨끗한 말, 아이고 어른이고 시골사람이고 도시사람이고, 교수고 판사고 박사고 국회의원이고 대통령이고 누구든지 잘 알 수 있는 쉬운 우리 말로 말을 하고 글을 쓰면 우리 사회는 저절로 환하게 밝아지고, 모든 것이 제대로 될 것이다. 모든 사람의 마음이 깨끗해지고, 하는 일이 올바르게 될 것이다. 이것을 달리 말히면, 올바르게 살아가는 사람은 깨끗한 말을 하고, 쉬운 우리 말로 글을 쓴다는 것이다.

오늘 신문을 보니 미국의 클린턴 대통령이 연방정부의 모든 관리에게, 누구든지 잘 알 수 있는 영어로 모든 공문서를 쓰라고 지시했다는 기사가 나왔다. "문장은 짧게 쓰고, 입음꼴로 쓰지 말고, 낱말도 쉬운 말로 써라"고 했다는 것이다. 이것은 내가 지금까지 우리 말을 살리기 위해 주장해온 말 그대로다. 미국의 대통령이 이런 말을 했다니 참으로 놀랍고 뜻밖이지만, 잘 생각해보면 '역시 그 나라는 앞서가는구나' 하고 감탄하게 된다. 미국이라는 나라가, 온 세계 말에 영향을 주면서 그 말들을 집어삼키거나 스며들어 그 꼴을 바꿔버리는 영어를 쓰면서도, 그 대통령이 자기 국민들의 마음을 깨끗하고 바르게 하고, 하는 일에 알맹이가 차도록 하기 위해 누구든 잘 알 수 있는 쉬운 영어를 쓰라고 했으니 말이다.

여기서 우리는 마땅히 우리 자신의 창피한 꼴을 비춰보고 뼈아픈 반성을 해야 할 것이다. 될 수 있는 대로 어려운 말, 남의 나라 글자말과 남의 나라 말법을 자랑삼아 쓰고 싶어 하는 미친 꼴을 부끄러워하지 않는다면, 우리가 이 땅에서 사람 대접을 받고 살아갈 자격이 없다. 그런데 글을 쓰는 모든 사람들 ─ 학자고 문인이고 기자고 관리고 예술인이고, 심지어 물건을 파는 장사꾼까지 모든 사람이 서로 다투어 제 나라 제 겨레 말을 학대하고 학살하면서 허풍스런 엉터리 글문화를 만들고는 들떠 있으니, 이런 꼴을 대한민국 말고 세계 어느 나라에서 또 볼 수 있겠는가. 월드컵 축구 경기에서 16강이 아니라 우승을 한다고 해도 이런 정신 가지고는 절대로 앞날이 없다.

서양사람 것이라면 똥도 서로 다투어 먹는다고 했다. 그런데 요즘 우리 사회를 보면 이 말이 몇십 년 전 우리의 모습에 그쳤던 것이 아님을 생각하지 않을 수 없다. 미국에서도 대통령이 한 말이니까 이번에는 또 쉬운 영어 공부를 해야 한다고 난리가 날 판 아닌가? 우리가 정말 손톱만큼이라도 제정신이 남아 있다면 쉬운 영어 공부가 아니라 쉬운 우리 말 공부를, 살아 있는 우리 겨레말 공부를 해야 할 것이다. 날마다 어디서나 우리 말 살리기를, 우리 말을 죽이지 않기를, 밥을 먹는 것보다 더 중요하게 여겨서 마음속에 다짐하고 남에게도 타이르고 해야 할 것이다.

배달겨레 여러분, 제발 우리 말 좀 합시다.

우리글 바로 쓰기 4

머리글 · '우리 말' 좀 합시다   5

제1부 외래어와 맞서기

제1장 우리 말을 살려 쓰려는 뜻

1. 우리 말 살리는 겨레 운동 펴기 취지문   17
2. 우리 말 살리기 운동의 목표   21
3. 바로 쓰기의 원칙과 기준   22

제2장 한자말, 어떻게 볼 것인가

1) 한자병용정책에 반대한다

1. 한글은 우리 겨레의 목숨—한자병기정책을 규탄하는 성명서   31
2. 역사를 거꾸로 돌리려는 어리석은 수작
   —'전국한자교육추진총연합회'의 주장을 비판함   34
3. 속임수가 있기에 어려운 말과 글을 쓴다   61
4. 어린이들에게 한문글자 가르쳐야 한다는 억지와 속임수   66
5. 한문글자는 우리 말과 우리 민족을 죽이는 암이다   79

2) 한글전용법을 지켜야 한다

6. 우리 말(글), 목숨 지키는 독립선언문
   —'한글전용법 지키기 천만인 서명운동'을 시작하면서   83

7. 우리 말 우리 글을 지키는 기쁨과 자랑
　―깨끗함과 흐림을 분별하게 하는 우리들의 일　　　　　87
8. '한글전용법'을 폐지하면 이런 글 세상이 된다　　　　　93
9. 이 무슨 독재정권이 하는 짓이냐　　　　　　　　　　　96
10. 민정수석비서관실에 보낸 글과 문화관광부에서 온 회답　105

3) 한문글자를 쓰지 말아야 하는 까닭

1. 한문글자를 쓰면 우리 말이 죽게 되는 까닭　　　　　　111
2. 한자말을 쓰지 말아야 하는 까닭1)　　　　　　　　　　121
3. 한자말을 쓰지 말아야 하는 까닭2)　　　　　　　　　　128
4. 한자말을 쓰지 말아야 하는 까닭3)　　　　　　　　　　141
5. 한자말을 쓰지 말아야 하는 까닭4)　　　　　　　　　　150
6. 한자말을 쓰지 말아야 하는 까닭5)　　　　　　　　　　161
7. 한자말을 쓰지 말아야 하는 까닭6)　　　　　　　　　　176
8. 한자말을 쓰지 말아야 하는 까닭7)　　　　　　　　　　194
9. 저도 모르게 튀어나오는 괴상한 한자말　　　　　　　　211

제3장 없애야 할 일본말들

1) 일본제국주의에 영향받은 말들

1. 우리 목소리와 남의 목소리　　　　　　　　　　　　　215
2. 일본제국의 쇠말뚝 뽑기　　　　　　　　　　　　　　　220
3. 일본에 관계되는 말과 일본에서 가져온 말　　　　　　　224
4. 나라이름, 태극기―붓 가는 대로 마음 가는 대로　　　　238

2) 잘못 쓰이는 일본말들

1. 왜 공부를 하면 한 만큼 더 오염된 말을 쓰나　　　　　　243
2. 한자말과 일본말　　　　　　　　　　　　　　　　　　246

3. 일본말은 우리 말을 더럽히는 가장 큰 물줄기 248
4. 잘못된 번역문 바로잡기 255

제4장 영어 사용, 어떻게 볼 것인가

1) 영어공용어론을 반대한다

1. 가지 않을 수 없는 길1)—망국 망족의 영어공용어 주장 263
2. 가지 않을 수 없는 길2)—바벨탑(나가토 요이치 씨의 글) 270
3. 가지 않을 수 없는 길3)—『조선일보』의 영어공용어 논쟁 273

2) 미군문제에 관한 글

1. 미군 범죄 사건1)—48년 미군의 독도 고기잡이배 폭격 사건을 돌아보며 287
2. 미군 범죄 사건2)—사냥감이 된 우리 어린이들(69년 구미읍 미군 어린이사냥 사건) 292

제5장 우리 말을 쓰려는 사람들

1. 시대에 앞장서는 감사원 일꾼들—'감사문장 바로 쓰기 다짐대회'를 보고 301
2. 방송말과 운전기사의 말 305
3. 산 말을 남긴 사람, 죽은 글을 남긴 사람—죽음에 관한 소식을 알린 두 광고문을 보고 311
4. 한문글자 쓰기 또 한바탕 난리—이번에는 새 주민증 이름에…… 국무총리가 검토 지시했다고 313
5. 우리 말 우리 글을 쓰려고 하는 사람들—'백범기념관건립위원회'에서 보내온 글에 대한 생각 315
6. 아이 이름을 우리 말글로 지읍시다 321
7. 우리 것 멸시하는 같은 뿌리 325
8. 우리 겨레 지키는 큰 지킴이 333
9. '닛폰 텐노헤이카'란 말에 대하여—김정섭 선생님에 대한 글 338

10. 글쓰기와 글쓰기 운동에 대한 반성―지난 회보를 읽고	347
11. 고쳐야 할 말과 그냥 두어야 할 말―정근영 선생님의 글에 대하여	356
12. 우리 말 바로 쓰기, 그밖의 의견―회보 제15호를 읽고	381

제2부 바로잡기

제1장 신문의 글, 무엇이 문제인가

1. 받아쓰기 시키는 신문과 책들	391
2. 신문의 글, 무엇이 문제인가	394
3. 한글날에 나온 신문의 문장	400
4. 선거관계 신문 제목 이래서 될까	404
5. 정상회담을 알린 말	406
6. 체육정신을 떨어뜨리는 말들	409
7. 신문기사 고쳐 읽기	411
8. 바로잡아야 할 말 찾아보기	415
9. 어떤 말이 아름다운 말인가	417
10. 한 번 들으면 곧 알 수 있는 말	420

제2장 고쳐야 할, 신문의 말

1. '비상', 이게 무슨 말인가?	423
2. 우리 말이 될 수 없는 '군무'	425
3. '밀서리'와 '밀사리'	427
4. '둔치'가 아니고 '강터'다	430
5. '꽃의 날'보다 '꽃날'이 좋다	432
6. '코로나'와 '달무리·햇무리'	434
7. '금품수수'란 무슨 말인가	436

8. '호우'가 아니라 '큰비'다 438

9. 물난리, 왜 되풀이되는가 441

10. '예의주시한다'는 말 443

11. '잔해'는 '부스러기'라고 써야 445

12. '탈세' '탈루' '포탈'이란 말 447

13. '반면교사'라는 말 449

14. '진검승부', 이 부끄러운 말 451

15. '이산가족 상봉'이란 말 453

16. 부모형제 만나듯 우리 말도 만나야 455

17. '-으로부터'라는 말 457

18. '-을(를) 통해'라는 말 459

19. '-에 의한' '-에 의해'란 말 463

20. 우리 말을 꼴사납게 하는 '-적'이라는 말 466

21. '-적'이라는 말에 대하여 469

22. '등'은 살아 있는 말이 아니다 490

덧붙임 · 신문기사 제목 300 뽑아 다듬기 493

제3장 삶에 파고든 병든 말

1. 누가 우리 말을 더럽히는가 553

2. 잘못 쓰는 농사말 555

3. 겹말을 쓰는 까닭 558

4. '불린다'(부른다)는 말 560

5. '부른다'(불린다)라는 말 562

6. '불린다'(부른다)란 말에 대하여 565

7. '정체성', 무슨 말인가 630

8. '인내심'보다 '참을성'이 좋다 633

9. '내용물' '성과물'이란 말   636
10. '말'과 '언어'   639
11. '언어생활'과 '말글살이'   641
12. 잘못 쓰는 '주소지'란 말   644
13. 잘못 쓰는 말, '인구수'   646
14. '세 명'이 아니라 '세 사람'이다   648
15. '-당'이란 말―'1인당' '평당'이란 말   651
16. 식구와 부엌과 밥상   653
17. '고추나무'가 아니라 '고추포기'   655
18. '당시'는 '그때'라고 해야   657
19. '향한다'는 말에 대하여   660
20. '차'와 '차량'이 어떻게 다른가   663
21. '의아해한다'는 말에 대하여   666

꼬리글·'우리말'인가 '우리 말'인가   669

제1부 외래어와 맞서기

제1장 우리 말을 살려 쓰려는 뜻

1. 우리 말 살리는 겨레 운동 펴기 취지문

　나라 살림이 거덜 나서 먹고살기가 무척 힘들게 되었다. 일자리를 잃은 수많은 사람이 거리로 쫓겨나고, 무료 급식소 앞에는 하루 한 끼라도 주린 배를 채우려는 사람들로 긴 줄을 이루었다. 이제 우리 온 국민은 산처럼 쌓인 나라의 빚더미를 쳐다보고 한숨지으면서 땀과 눈물과 피를 오랫동안 흘려야 이 땅과 목숨을 보전할 수 있게 되었다.
　우리가 어째서 이 꼴이 되었을까? 우리를 이 지경으로 빠뜨린 사람이 누굴까? 사람들은 나라를 망쳐놓은 책임자를 잡아내어 그 죄를 물어야 한다고 떠들고 있다. 그러나 따지고 보면 이렇게 갑자기 앞길이 꽉 막힌 것은, 오래전부터 우리가 비뚤어진 길로만 자꾸 달려왔기 때문이다.
　역사를 돌아보면서 빗나간 걸음을 내딛게 된 근원을 찾아본다. 역사의 수레바퀴를 잘못된 길로 굴러가게 한 책임은 일하면서 살아가는 일반 백성들에게 있었던 것이 아니라, 백성들 위에 올라앉은 사람들 쪽에 있었다. 땀 흘려 일하는 농사꾼들, 자연 속에서 노래와 이야기를 즐기며, 씨를 뿌리고 곡식을 가꾸면서 살던 사람들, 서로 도와가며 정을 나누던 우리 겨레는 본디 법 없이도 살던 아름다운 삶을 이어왔다. 그런데 이런 백성들을 무식하고 미개하고 불결하다고 하여, 그 백성들에게 무엇을 자꾸 가르치고 머릿속에 무슨 고상한 '생각' 같은 것을 집어넣으려고 했다. 그래서 그런 가르칠 거리가 들어 있다고 믿는 외국의 글자를 배우게 하고,

외국의 글자로 된 어려운 말로 스스로 권위를 세우고, 행정이고 법이고 모든 자리에서 외국글만을 써서 백성들을 괴롭히고, 심지어 인사말을 비롯해서 나날이 하는 말까지 어려운 외국글자말을 쓰도록 해서, 우리 말밖에 모르는 모든 백성들의 기를 죽였다.

그들은 언제나 백성들을 어리석다고 하여 가르치고 부리려 했고, 통제하고 다스리고 훈련해야 하는 무리로만 알았다. 그러니까 우리 말을 자유롭게 쓸 수 있는 글자를 만들어낸 다음에도 그 글자를 온 백성들이 모두 쉽게 배워서 마음대로 쓰게 되면 자기들의 자리가 흔들리고 특권을 잃어버릴까 겁이 나서 한사코 우리 한글을 못 쓰도록 막았던 것이지. 산과 들에서 곡식을 가꾸면서 살아가는 사람들에게 어려운 외국글자가 무슨 소용이 있겠는가. 그런데 그 외국글 모르는 농사꾼들은 죄다 무식한 까막눈으로 몰려, 사람대접 못 받고 종노릇을 해왔다.

이렇게 해서 오랜 세월이 흐르는 동안에 우리 말과 우리 글은 조금씩 조금씩 외국글자, 외국말에 그 자리를 빼앗겨 시들고 죽고 어지럽게 되었다. 그렇게 병들고 죽어간 우리 말과 함께 우리 겨레의 얼도 병들어 죽게 되었다. 이것이 바로 우리가 걸어온 빗나간 길이다. 비뚤어진 역사다.

그 옛날 오랜 왕권정치에서는 중국의 한문을 하늘같이 여겨서 우리 말은 한문투성이로 만들어놓았다. 일본제국의 식민지 시대에는 아주 일본말 일본글로 살면서 많은 우리 말을 괴상하기 짝이 없는 일본글자말, 일본말법으로 바꿔놓았는데, 이 일본말과 일본말법은 아직도 그대로 쓰고 있고, 또 끊임없이 신문과 방송과 책으로 바로 지금 일본인들이 쓰고 있는 말까지 그대로 따라가고 있다. 여기에 다시 또 '해방'이 되고부터는 미국말, 서양글이 들어와 그것을 신주처럼 떠받들어왔는데, 요즘은 아주 어린아이들부터 영어를 가르친다고 학교고 학원이고 가정이고 난리판이 되었다.

지금 우리 국민이 모두 의무교육을 받아서 우리 말 우리 글을 쓰게 되었다고 하지만, 그 글은 옛날처럼 입으로 말하고 귀로 듣던 깨끗한 우리 겨레말과는 많이 다르다. 오랫동안 지식인들이 외국의 글자말과 외국말법으로 써온 병든 글말이다. 우리 말, 우리 글은 한자말, 일본한자말, 일본말, 일본말법, 서양말, 서양말법으로 아주 상처투성이가 되고 엉망진창이 되었다. 말이 이 지경이 되었는데, 그야말로 살아가는 사람들, 말을 그렇게 만들어놓은 사람들의 정신이 어떻게 온전할 수 있겠는가?

보라! 우리가 지금까지 어떻게 살았나? 무엇이든지 우리 것은 보잘것없고, 시시한 것, 아무 값이 없는 것, 버려야 할 부끄러운 것으로 여겼다. 그래서 옷이고 신발이고 집이고 곡식이고 닭이고 돼지고 그릇이고 나무고 돌까지도 하루빨리 내버리고 덮어 가리고 팔아먹어야 하는 것으로 여겼다. 그 대신 남의 것, 외국 것, 옛날에는 중국 것이었는데 얼마 전부터는 일본 것이나 서양 것이면 무엇이든지 훌륭한 것, 가치가 있는 것으로 떠받들어 모시고 따르고 흉내내어왔다.

우리 국민들이 머리가 좋아서 흉내도 잘 낸다. 그리고 왜정 때 배운 군대 질서와 훈련 교육으로 아이들에게 경쟁을 붙여, 온 국민이 괴상한 점수 따기 교육에 들뜨고 미친 꼴이 되었다. 그 결과 짧은 세월에 공장과 빌딩을 세우고, 길을 닦고 다리를 놓고 하여, 외국 사람들은 우리 한국에 기적이 일어났다고 놀랐다. 외국 사람들은 우리가 잘못된 교육을 하였고, 허풍스런 산업의 틀을 짜서 언제 그 기반이 무너질지 모르는 꼴이 되어 있다는 사실은 몰랐고, 또한 사람과 자연을 돌이킬 수 없이 병들게 하고 죽여버린 사실도 보지 못했다. 마치 우리가 일본이나 서양 여러 나라 사람들이 잘 사는 듯한 겉모양만 보듯이 그렇게 우리를 본 것이다.

이렇게 해서 살림이 좀 달라졌다 싶으니 이번에는 온통 잘 먹고 잘 입고 잘 쓰게 되었다고 보신 관광 같은 것을 즐기면서 우쭐댄 것이다. 속은 텅 비어도 겉만 근사하게 꾸미고, 집이고 다리고 길이고 교회고 책이고 사람의 모임이고 무엇이고 크게 높게 많게 1등으로 만들어 자랑했다. 이것이 모두 근원이 잘못된 것이고 뿌리가 잘못 되었기 때문이다. 하루아침에 거지 신세가 된 까닭이 이러하다. 이것은 우리가 오늘의 이 막다른 골목에 오지 않으면 안 되었던 잘못된 우리들의 길이었다.

　오늘날 우리가 겪는 모든 어려움, 어지러움, 어느 구석하나 제대로 되어 있는 자리가 없는 난장판, 사람들의 어처구니없는 이기주의, 민족을 배반하는 모든 사람답지 못한 짓거리들, 도덕이 아주 송두리째 무너진 세상 풍조……. 이 모든 것은 결국 우리가 우리 것을 헌신짝처럼 버렸기 때문이다. 바로 이 사실을 깨닫지 않는다면, 가령 우리가 앞으로 온갖 어려움을 참고 이겨내어 다시 좀 숨통을 트게 되었다 하더라도, 아니 얼마 전보다 더 잘살게 되었다고 하더라도 그것을 뿌리 없이 벼락치기로 만들어 보이는 가짜 세상이라, 그 길은 다시 또 낭떠러지로 달려가는 길밖에 안 될 것이다.

　우리는 어떻게 해서라도 깨끗한 우리 말과 우리 마음으로 일하면서 사람답게 살아야 한다. 백성들이 가졌던 맑은 우리 겨레의 얼을 도로 찾아 가져야 한다. 우리 말을 버리고 남의 말 남의 글에 빠져서 입으로 유식하게 지껄이고, 알 수도 없는 글을 써서 학식을 뽐내면서, 깨끗한 마음으로 살아가는 일반 국민들의 기를 죽이고 우리 말 우리 삶을 더럽히는 짓을 그만두어야 한다.

　여기 우리가 그 어떤 일보다 더 크고 근본이 되는 일, 그래서 먼저 해야 할 일이 있다고 보는 까닭이 이러하다. 그 크고 근본이 되는 일, 가장 먼저 해야 할 일이 바로 우리 말을 살리는 일이다. 지금 이 시간에도 가는 곳마다 짓밟히고 죽어가는 우리 말을 일으켜 세우는 일이다.

　겨레를 사랑하고 나라를 걱정하는 모든 분이 이 일을 함께해달라. 우리 모두 이 땅을 지키고 이 겨레를 살리는 거룩한 일을 시작하자.

2. 우리 말 살리기 운동의 목표

　우리 온 국민이 날마다 입으로 하는 말, 읽고 쓰는 글을 누구나 잘 알 수 있는 쉬운 우리 말과 우리 글로 하도록 하여
　서로 생각을 올바르게 알리고,
　서로 깨끗한 마음을 주고받고,
　저마다 하는 일을 바로 하게 되고,
　잘못된 말로 남을 속이지 않고 남에게 속지 않으며,
　어려운 말을 몰라서 세상을 불편하게 살아가는 사람이 없도록 하고,
　어려운 말을 몰라서 죄를 짓게 되는 일이 없게 하고,
　유식함을 자랑하거나 겉치레하는 풍조와 남의 것 부러워하여 우리 것을 멸시하는 태도를 바로잡아,
　온 국민이 나라 사랑 겨레 사랑의 한마음으로 정답게 살아가는 참된 민주 통일의 나라를 세우는 바탕을 다지는 데 목표를 둔다.

3. 바로 쓰기의 원칙과 기준

 온 겨레가 나날이 살아가면서 입으로 말하고 글로도 쓰는 말이, 밖에서 들어온 말에 밀려나고 버림받고 죽어가고 있어, 지금 우리 말은 아주 엉망진창이 되었다. 우리 말이 이렇게 병들고 죽어가고 있는 것은 바로 우리 겨레가 병들고 죽어가고 있는 것이다. 우리 말을 살리지 않고 우리 겨레를 살릴 수 없다.
 우리 말을 어떻게 살릴까? 무엇보다도 먼저 잘못된 말, 병든 말을 찾아내야 한다. 쉽고 깨끗한 우리 말과 우리 말이 아닌 말(우리 말이 될 수 없는 말, 우리 말이 되어서는 안 되는 말, 남 따라 쓰는 말, 책에서 배우고 방송을 듣고 그대로 쓰는 말)을 갈라놓아야 한다. 우리 말이 아닌 말을 낱낱이 가려내어 이런 말이 우리 말을 잡아먹는 황소개구리라는 사실을 이웃과 모든 사람들에게 알려야 한다. 그러고는 이 황소개구리 같은 말을 몰아내는 '우리 말 살려 쓰기'를 사람마다 나날이 밥을 먹는 것만큼 중요하게 여겨서 해나가야 한다.
 그런데 바르고 깨끗한 우리 말과 병들고 비뚤어진 말을 어떻게 나눌 수 있는가? 어떤 원칙으로, 무엇을 기준으로 이 일을 해야 할까? 그리고 이 일은 누가 해야 하나? 아무나 다 이 일을 할 수는 없을 것 아닌가?
 먼저 '이 일을 누가 할 수 있나' 하는 문제부터 생각해보겠다. 우리 말과 우리 말이 될 수 없는 말, 우리 말을 죽이는 말을 바로 보고 느끼고 그것을 잘 판단하는 일은 방 안에서 책만 읽고 글만 쓰는 사람이나 책에 파묻혀 연구하는 사람이 중심이 되어서는 결코 올바르게 할 수 없다. 오히려 책과는 거리가 먼 사람들, 일하면서 살아가는 일반 백성들(서민들)이 잘할 수 있다. 원칙은 어디까지나 그렇다. 그 까닭은 오늘날 우리 말이 이렇게 병들어버린 근원은 책과 글에 있고, 그 책과 글을 만들고 지어놓은 지식인들 쪽에 모든 잘못이 있기 때문이다.

그런데 글을 모르는 사람들은 그 자신들 스스로가 깨끗한 우리 말로 살아가고 있으면서도 그런 사실을 모르고, 잘못된 글쓰기 문화에 짓눌려 자신들이 하고 있는 말에 자신을 잃고 있다. (우리 사회에서는 이런 사람을 '문맹자' '글봉사'라고 해서 아주 없애야 할 미개인으로 따돌리고 있다.) 세상이 이렇게 거꾸로 되었으니, 잘못된 일을 바로잡는 일에서도 거꾸로 된 세상의 틀을 그대로 이용하는 수밖에 달리 도리가 없다. 그래서 말과 글에 관한 참 이치를 깨달은 사람들이 백성의 한 사람으로 숨 쉬고 살면서 백성의 삶과 생각과 느낌을 그대로 살리고 대신해 말해주면서 모두가 살아 있는 우리 말을 지키고 가꾸어가도록 해야 한다.

다음은 무엇이 우리 말인가, 우리가 어떤 말을 쓰고 어떤 말을 버려야 하나 하는 문제다. 우리 말의 원칙을 여러 가지로 들어서 말하기에 앞서, 그 원칙이 나오게 된 밑뿌리를 요약하면 다음 세 가지가 된다.

첫째, 깨끗한 우리 말일 것.

둘째, 글보다 말이 으뜸이다.

셋째, 살아 있는 말이라야 한다.

그러면 이 세 가지를 바탕으로 해서 좀더 자세히 우리 말의 원칙을 들어보겠다.

원칙

1) 시골의 농사꾼들, 학교 공부를 하지 않은 사람들, 글을 읽지 않고

살아가는 사람들이 하는 말은 거의 모두 깨끗한 우리 말이다.

2) 어린아이들이 하는 말 가운데는 방송을 따라 하는 말이나 학교에서 잘못 배운 말, 어른들한테서 잘못 배운 말이 더러 나오지만, 대체로 어른들의 말보다 깨끗하다.

3) 지금으로부터 60년이나 70년 전부터 누구나 입으로 하던 말은 우리 말이다.

4) 입으로 하지 않는 말, 글에서만 나오는 말은 우리 말이 아니다. 다만 옛날부터 우리 글에서 쓰던 말이나, 옛날에는 입으로 하던 말이 지금은 글에서만 쓰게 된 말은 그대로 쓸 수 있다. 그러나 이런 경우에도 지금 우리가 입으로 널리 하고 있는 말이 있으면 그 말을 쓰는 것이 바람직하다.

5) 밖에서 들어온 말이라도 그 말이 우리 말과 어느 정도 잘 어울리고, 또한 그 말에 대신할 우리 말이 없으면 우리 말로 삼는다.

6) 같은 뜻을 가진 우리 말이 두 가지 있으면 그 어느 쪽 한 가지를 쓸 수도 있고, 두 가지를 다 쓸 수도 있다.

7) 모든 글은 그것을 읽었을 때 귀로 들어서 곧 알 수 있는 말이 되어야 한다. 귀로 들어서 알아들을 수 없는 말은 우리 말이 아니다.

8) 꼭 입으로 하는 말이 아니라도 오래전부터 글로 써왔고, 그래서 누구나 자연스럽게 받아들이고 있는 말은 그대로 글로 쓸 수 있다.

9) 어떤 전문분야(철학·종교·정치·경제·금융·상업·농업·공업·의학·건축…… 들)에서 쓰는 말, 곧 누구든지 나날의 삶에서 흔하게 쓰지 않는 말은 그 전문 분야에서 일하는 사람들이 우리 말로 다듬어 쓰도록 할 수 있어야 한다. 이럴 때도 될 수 있는 대로 그 전문 분야에서 일하지 않는 사람들도 알 수 있도록, 쉬운 우리 말로 다듬어서 쓰는 것이 옳다.

10) 문학은 전문 분야이기는 하지만 모든 사람이 읽을 수 있도록 하는 글쓰기고, 또한 말로 창조하는 예술이고, 겨레말을 살리는 일을 하는 자

리다. 따라서 소설이든지 수필이든지 시든지, 그밖에 어떤 종류의 글도 일반 국민들, 백성들이 잘 알 수 있는 우리 말로 써야 한다.

11) 더구나 어린이들에게 읽히거나 들려주기 위해서 쓰는 글은 한층 더 깨끗한 우리 말로 써야 한다. 입으로 하는 말도 마찬가지다.

12) 관청이나 언론에서 또는 책에서 퍼뜨려놓은 잘못된 말은 비록 오랫동안 널리 썼다고 하더라도 바로잡아야 한다.

13) 우리 말의 뿌리요 둥치가 되어 있는 농민들의 말은 『우리말 사전』에도 올려 있지 않은 말이 아직도 많다. 이런 말을 모두 '사투리'로 잘못 알고 있지만, 깨끗한 우리 말로 보아야 한다.

14) 『우리말 사전』에 올라 있는 말 가운데는 실제로 쓰지 않는 말, 우리 말이 될 수 없는 말, 되어서는 안 되는 말이 아주 많다.

15) 『우리말 사전』에는 말을 풀이해놓은 글이 우리 말이 아니고 우리 말법이 아닌 것이 아주 많다.

16) 토박이말이 없어 들온말을 인정할 경우에 한자말과 서양말 두 가지가 있을 때는, 어느 것이 더 잘 우리 말에 어울리는가, 더 쉽고 자연스럽게 쓰이는가, 어느 것이 먼저 들어온 말인가를 살펴서 그 어느 쪽을 우리 말로 받아들인다.

17) 관공리나 지식인들이 새로 쓰는 어려운 말은, 그것이 어느 나라에서 들어온 말이든 우리 말로 인정하지 않는 것을 원칙으로 한다.

18) 우리 나라의 어떤 단체나 사람의 이름을 줄여서 나타낼 때는 외국말이나 외국글자로 써서는 안 된다. 또 우리 말로 나타내더라도 그렇게 줄인 말이 이상한 느낌을 주거나 엉뚱한 이름으로 잘못 느끼게 되지 않도록 줄여서 써야 한다.

19) 모든 글은 한글로만 쓴다. 다만 특별한 경우에 어떤 외국의 글자를 묶음표 안에 넣어 쓸 수 있다.

20) 맞춤법은 그대로 따라 쓰는 것을 원칙으로 한다. 다만 맞춤법 가운데 누가 보아도 잘못되어 있는 것은 바로잡아 쓸 수 있다.

21) 눈으로 보거나 소리 내어 읽었을 때 그 말뜻을 잘못 알게 되도록 쓰고 있는 맞춤법은 바로잡아서 쓴다.

기준

앞에서 든 스물한 가지 원칙을 가지고 우리 말을 깨끗한 우리 말과 바로잡아야 할 잘못된 말로 나누고, 이 두 가지를 다시 몇 가지 갈래로 나누어서 그 보기를 들어보겠다.

다음에 보기를 든다. 각 항목마다 얼마쯤씩 들었을 뿐이다. 우리가 쓰고 있는 말과 사전에 올려 있는 모든 말을 이 기준에 따라 나눌 수 있다.

가. 깨끗한 우리 말

가) 본디부터 있던 토박이 우리 말

- 하늘, 땅, 바다, 구름, 나무, 바람, 눈, 비, 물, 안개, 길, 사람, 아이, 어른, 소, 마음, 새벽 (이름씨)
- 나, 너, 그이, 저이, 이것, 저것, 그대, 누구 (대이름씨)
- 하나, 둘, 셋, 첫째, 둘째, 셋째 (셈씨)
- 본다, 듣는다, 간다, 일한다, 말한다, 먹는다 (움직씨)
- 기쁘다, 반갑다, 슬프다, 아름답다, 깨끗하다 (그림씨)
- 이다, 아니다 (잡음씨)
- 이, 그, 저, 새, 헌, 한, 두, 세, 서, 넉, 네 (매김씨)
- 아주, 가끔, 빨리, 천천히, 저절로, 더구나, 방긋방긋, 팔랑팔랑 (어찌씨)
- 아아, 아차, 어이쿠, 아뿔싸, 후유, 영차 (느낌씨)
- 가, 이, 는, 에, 에서, 까지, 부터, 야, 을, 한테, 나, 으로 (토씨)

나) 밖에서 들어왔지만 우리 말이 되어버린 말
- 산, 강, 책, 신문, 학교, 학생, 교실, 역사, 사회, 문학, 예술, 철학, 자동차, 비행기, 전기, 전차, 민주주의, 자유, 국회, 회의, 내일, 냉장고, 정부, 감옥, 연필, 필통, 만년필, 운동장, 풍금
- 버스, 라디오, 텔레비전, 아파트, 피아노

가. 우리 말이 될 수 없는 말(바로잡아야 할 잘못된 말)

가) 한자말

ㄱ) 어려운 한자말
- 조우, 해후, 호우, 기아, 미지수, 두건, 입자, 인후, 빈축, 선박, 유실수, 불연성, 수수방관, 속수무책, 일전불사, 불가사의

ㄴ) 느낌이 좋지 않거나 엉뚱한 뜻으로 느끼게 하는 말
(우리 말에 어울릴 수 없는 말)
- 오자, 오지, 오수, 오니, 오독, 비자금, 상판, 교각, 고객, 수수, 발발, 왕왕, 의의, 의외, 의아(해한다), 하자(흠), 종용, 우수(근심, 수심), 우아(하다), 만끽(한다), 끽연, 회화, 외화, 희화화(한다), 화훼, 박차, 미풍, 미아, 영아, 치아, 의상, 익사, 고의, 토로

ㄷ) 우리 말이 있는데 공연히 쓰는 말
- 대지, 초원, 여명, 황혼, 야생초, 야생화, 수로, 농토, 소로, 대로, 영아, 유아, 미소, 서식, 종자, 파종, 수확, 제초, 작물, 작황, 돌연, 돌입, 미래, 붕괴, 상호, 석권, 관건, 도서, 기로, 우회로, 첩경, 해안, 계곡, 산정, 춘계, 추계, 하계, 동계, 완구, 주방, 식탁, 사용, 성인, 실내, 노천, 수목, 온수, 냉수, 음료수, 체구, 이환, 치유, 발한, 동일, 의복, 가구, 위치한다, 웅변하다, 등장한다, 소유한다,

유실한다, 분실한다, 망각한다, 증오한다, 비탄하다, 견고하다, 가능하다

ㄹ) 같은 한자말이면 누구든지 잘 알고 있는 말을 써야 한다
- 대기(→공기), 계기(→기회), 종용(→권유), 우려(→염려), 표출(→표현), 출범(→출발)

ㅁ) 많이 쓰는 말도 우리 말을 찾아 쓰면 더 좋은 말이 된다
- 사용한다(→쓴다), 활용한다(→살려 쓴다), 도서(→책), 인간(→사람), 계속(→자꾸, 잇달아), 각자(→저마다), 감사합니다(→고맙습니다), 사망(→죽음), 작업(→일), 실천한다(→한다), 노동한다(→일한다), 출발한다(→나선다), 도착했다(→닿았다), 관찰한다(→살펴본다), 기록한다(→적는다), 장소(→곳), 시일(→때), 이유(→까닭), 노트(→공책), 게임(→놀이, 운동, 경기)

나) 일본말

ㄱ) 일본말을 그대로 쓰는 경우
- 야끼마시, 가다마에, 에리, 입빠이, 고데, 아다리, 가다로꾸, 요오지, 도비라, 시와, 우라, 에에또, 앗싸, 요이샤, 찌찌

ㄴ) 일본 한자말
- 입구, 창구, 입장, 역할, 수순, 수속, 취급, 취입, 인상, 인양, 인하, 대출, 인출, 차입, 일응, 절취, 수취인, 승부수, 승부사, 승부한다, 진검승부, 민초, 체념, 예취, 소채, 야채, 부락, 개시, 주관적, 객관적, 비교적, 사회적

ㄷ) 한자 섞인 일본글 따라 쓰는 말
- 특히, 필히, 공히, 극히, 심히, 쾌히, 일제히, 일일이, 비해

ㄹ) 일본말법
- 나의 집. 나의 학교, 나의 어머니, 나의 사는 곳, 나의 존경하는 사람, 만남의 광장
- 되어진다, 주어진다, 던져진다
- 불린다("그는 천재라 불린다" 따위)
- 라고("……간다"라고 말했다)
- -에 있어, -에 있어서, -에 있어서의
- -에의, -로의, -에로, -에로의, -으로부터("중국으로부터 수입하는" 따위) -에서의, -와의, -마다에
- 보다("보다 나은" 따위)
- 그러나(일본말을 따라 글의 중간에 쓰는 경우)

ㅁ) 셋째가리킴대이름씨
- 그녀

ㅂ) 흔히 쓰는 일본말, 일본 이음말
- -에 다름 아니다, 그럼에도 불구하고(줄여서 '그럼에도' '불구' 따위로도 나타남), -에 의하여, -를 통해서, -로 인한

ㅅ) 일본 속담, 버릇말
- 도토리 키 재기, 벌레를 씹는다, 원숭이도 나무에서 떨어진다, 손에 땀을 쥔다

다) 서양말

ㄱ) 서양말, 또는 서양말 흉내낸 말
- 가이드, 오픈, 이미지, 메시지, 쇼핑, 세일, 조깅, 레크리에이션, 캘린더, 조크, 제스처, 스케줄, 커브, 캠핑, 해프닝, 파티, 파트, 넘버, 게임, 컬러, 메뉴, 커미션, 커버, 에세이, 엠티, 스푼, 슬로건, 클럽, 키, 오더, 캠페인, 그린스카우트, 스케일

ㄴ) 서양말법
- 먹었었다, 갔었다, 했어야 했다

ㄷ) 서양 정서·전통 흉내낸 말
- 공주, 요정, 거인, 마귀할멈, 대부, 인어 아가씨, 뜨거운 감자

라) 잘못 쓰는 글말이나 지어낸 말
- 먹다, 가다, 오다, 일하다, 쉬다
- 더불어 함께
- 가끔씩, 인구수
- 하거라, 쓰거라
- 세 장(석 장), 네 단(넉 단)
- 먹거리, 모람, 글모음집

제2장 한자말, 어떻게 볼 것인가

1) 한자병용정책에 반대한다

1. 한글은 우리 겨레의 목숨
한자병기정책을 규탄하는 성명서

  온 국민의 들끓는 여론조차 아주 무시하고 드디어 정부는 우리 말 우리 글을 학대하는 정책을 강행하려고 한다. 신문 보도에 따르면 다음달부터 정부의 모든 공문서에 한문글자를 함께 쓰고, 내년 3월부터는 새로 만드는 주민증에도 한자 이름을 함께 쓰도록 한다고 한다.
  한글만 쓰도록 되어 있는 지금까지도 한문글자를 섞어 써서 한글전용법을 어기고 있는 부처가 있고, 한글만 써도 흔히 어려운 한자말을 써서 알아보기 어려운 경우가 있었는데, 앞으로 아주 한문글자를 함께 쓰도록 사무관리규정을 고쳐놓으면, 관공서의 모든 공문서가 새까만 한문글자 투성이로 될 것이 불을 보는 것보다 더 뻔하다. 온 국민의 말과 글을 실제로 관청이 앞장서서 이끌어가도록 되어 있는 우리의 문화풍토에서 이와 같이 공문서를 한문글자병기로 적는다는 것은, 우리 한글을 아주 그 주인된 자리에서 끌어내어 바깥으로 내쫓아버리는 짓밖에 될 것이 없다. 이제 우리 한글과, 한글로 적을 수밖에 없는 우리 말은, 그 빛나고 자랑스러운 이름조차 간데없이 무지막지한 권위주의와 외국세력에 기대어 그 높은 자리를 이어가고 싶어 하는 사람들의 발길에 짓밟히는 크나큰 수난을 또 한차례 당하게 되었다.
  그러나 우리 국민은 이 사태를 결단코 그냥 보고만 있을 수 없다. 앞으로 행정부가 하는 데에 맞서 우리 겨레의 목숨은 말과 글을 지키기 위해 슬기로운 모든 방법을 쓸 터이지만, 우선 다음 몇 가지를 우리 말 우리 글을 지키려는 온 국민의 이름으로 행정부에 요구한다.

첫째, 한글은 온 세계에서 가장 뛰어난 글자라고 모든 언어학자들이 말하고 있다. 그런데 한글만 가지고는 공문서를 제대로 쓸 수 없다니 이 무슨 망발인가! 우리 말을 우리 글자로 쓰지 못하는 사람이 어떻게 나라 일을 바로 할 수 있으며, 공문서 한 장인들 제대로 쓰겠는가? 한문글자를 함께 써야 글을 쓸 수 있다는 사람은 그 자리가 어디에 있든 모조리 거기서 물러나게 하라! 그래야 행정이 제대로 되고, 나랏일이 바로잡힌다. 그리고 모든 공무원들에게 어려운 한문글자를 배우게 해서 헛된 시간을 보내게 하고, 사무능률을 형편없이 떨어뜨리게 할 것이 아니라, 쉬운 우리 말을 바로 쓰는 공부를 하도록 하라! 그렇게 하면 정부가 하는 일이 지금보다 몇 배나 더 잘될 것이고, 온 국민이 정부를 태산같이 믿을 것이다.

둘째, 한글전용법이 엄연하게 있는데, 정부가 한글전용을 하지 않는 것은 법을 어기는 것 아니고 무엇인가? 국민은 법을 지키지만 행정부는 법을 지키지 않아도 되는가? 행정부는 모든 공무원에게 법을 어기도록 하는 짓을 해도 되는가? 정부는 법을 지키라!

셋째, 한문글자를 함께 쓰는 데 따르는 행정전산망의 보완, 교통표지판 바꾸기 따위에 들어가는 수천억 수조원의 엄청난 돈을 국민이 낸 세금으로 헛되게 쓰려고 하는 정부가 무슨 국민의 정부인가? 이런 잘못된 정책을 강행하려고 하는 책임자를 당장 물러나게 하라!

국민 여러분! 정부가 무슨 일을 벌이든, 국회가 무슨 의논을 하든, 결국 우리 말은 우리 입에서 나오는 것이고 우리 손으로 쓰는 것이다. 우리가 우리 말을 우리 글자로 쓰는 데야 어느 누가 무슨 말을 하겠는가? 모든 것은 우리가 하는 데 달려 있다. 우리 스스로 어려운 말, 남의 말, 유식해 보이는 말을 따라가고 흉내내는 짓을 부끄러워하자. 그리고 어려운 말, 어려운 글자를 쓰고 싶어 하는 그 사람들 앞에서 기죽지 말고 당당하게 살아가자. 그따위 속임수 집어치워! 하고 호통쳐주자.

1999년 6월 23일

2. 역사를 거꾸로 돌리려는 어리석은 수작
'전국한자교육추진총연합회'의 주장을 비판함

한글만 쓰기와 한문글자 섞어쓰기 다툼을 그만두는 길

이번에 '전국한자교육추진총연합회'란 데서 만든 선언문과 여러 가지 선전 자료를 보고 크게 놀라고, 그래서 느끼고 생각한 것이 많다. 한자교육 자료라는 것 세 가지를 따지기에 앞서, 우선 이 단체에서 나온 인쇄물들을 대강 훑어보고 느낀 것부터 말하고 싶다.

일본제국에 빼앗겼던 주권을 도로 찾은 지 53년, 그동안 우리는 자랑스런 우리 말 우리 글로 교육을 하고, 공문서며 신문이며 잡지며 그밖의 모든 글을 우리 말 우리 글자로 써와서 오늘의 우리 글문화를 이룩했다. 비록 신문에서 한문글자를 섞은 제목을 볼 수 있지만 그런 신문들도 이제는 지난날과는 많이 달라지고, 역사의 흐름을 거스를 수 없게 되어 가고 있다. 다만 한글만으로 쓴 글에서 가끔 알 수 없는 말이 나와서 언제나 문제가 되었는데, 이것은 한글 때문이 아니고 바로 그 어려운 말, 잘못된 한문글자로 된 말 때문이다. 그러니 그런 말을 쓰지 말고 우리 말로 쓰면 되는 것이다.

가령 『한문교육 자료 1』에서 북한의 교과서에도 나오는 '삼림'이란 말은 우리 말로 '숲'이라 쓰면 될 것이지 '森林'이란 한문글자를 쓸 필요가 없다. 물론 한자말이라도 아주 우리 말이 된 것은 그대로 한글로 쓰면 그만이다. 같은 자료에 나오는 말 '砂糖'을 '사탕'이라고 쓰면 되는 것과 같다. 어려운 한문글자로 써야 할 까닭이 조금도 없는 것이다. 우리 말 우리 글을 살려 쓰면 모든 것이 저절로 시원스럽게 풀리는 이 훤한 이치를 진작부터 깨달은 많은 사람들이 저마다 맡은 전문 분야에서 잘못된 한자말을 우리 말로 바로잡아 쓰는 노력을 해왔다. 하지만 아직도 그것이 제대로 안 되는 까닭은 어려운 한자말로 된 글을 읽고 외국말법으로 된 글을 쓰면서 그런 말 버릇 글 버릇이 몸에 꽉 배어 있는 글쟁이들 때문이다. 그들은 생각을 하는 것도 한자말로, 일본말법과 서양말법으로 한다. 그래서 어려운 한자말과 외국말법으로 쌓아놓은 기득권을 지키기 위해 기회만 있으면 한문글자를 섞어 쓰자고 해왔다.

그러더니 이제 역사가 성큼 앞으로 한 걸음 나아가자 이러다가는 어려운 말과 글로 지켜온 권위를 아주 영영 잃어버리겠다 싶은지, 성명서를 내고 궐기대회란 것을 하려 하면서 온 국민의 관심을 모으기에 발 벗고 나선 듯하다. 갈 것은 결국 가고야 말겠지만, 우리 겨레가 목숨을 지키면서 나아가는 길 앞에 어찌 이다지도 지저분한 훼방꾼들이 사라질 날이 없는가.

나는 이번에 이 '전국한자교육추진총연합회'란 데서 나온, 온통 새까만 한문글자로 된 여러 가지 인쇄물을 보고 우선 가슴이 탁 막히는 느낌이 들었다. 나와는 달리, 젊은이들이나 학생들이라면 어떻게 느꼈을까? 가련한 노인들의 헛소리로 비쳤을까? 둘 중 하나일 것이다. 그래서 곧 머리에 떠오른 것은, 여러 해 전 신문 광고란에 거의 날마다 떠들썩하게 나오던 온갖 단체와 기관 이름으로 된 여러 가지 광고문이다. 학생 문제, 학원 문제, 노사 문제, 교원 노조 문제……. 이런 문제들로 온갖 성명서며 결의문이며 호소문 같은 글이 광고란에 나왔는데, 내가 재미있다고 느낀 것은 그런 광고문의 내용보다도 거기 쓰인 말이고 글자였다.

가령 노사 문제가 되면 노동자들이 내는 글은 한글로만 되어 있는데, 회사 쪽, 경영자 쪽에서 내는 글에는 대개 한문글자가 섞여 나왔다. (요즘은 달라져서 경영자들 쪽에서도 한문글자를 안 쓰지만.) 사회 문제, 정치 문제에서 민주운동을 하는 쪽의 글은 한글인데, 정부의 어떤 부서에서 나온 글은 한문글자를 섞어놓았다. 교원 노조 문제로 나온 글도 마찬가지였다. 교육행정을 맡은 사람들이 이끌어가는 단체, 무슨 사립 중고등 학교장 연합회 같은 데서 나온 성명서를 보면 온통 한문글자를 써서 새까맣게 되어 있었다. 사람이 그 마음속에 품고 있는 생각이란 것은 글의 내용에서 나타나기 전에 우선 이렇게 글자로도 잘 나타나는구나, 하는 생각을 하게 되었던 것이다.

이야기를 조금 돌려본다. 우리 나라 우리 겨레가 남과 북으로 이렇게 기가 막히게 갈라져서 서로 원수처럼 된 지가 반세기도 더 지났다. 내가 살아 있는 동안 통일이 될까. 어쩌다가 우리는 이렇게 그 모진 왜놈 밑에서 시달리다가, 다시 또 이렇게 갈라져 서로 헐뜯고 살게 되었나 하고 언제나 답답한 마음으로 살아가는 사람이 어찌 나뿐이겠나. 왜 우리만 이 지구 위에서 이렇게 늘 비참하게 살아야 하나. 그래 나는 오래전에 ─ 아주 젊었을 때 이런 생각을 한 적이 있다. 남들이 들으면 어린애 같은 생각이라고 웃을 터이지만 그런 생각을 지금도 아주 버릴 수 없다.

뭔고 하면, 남과 북이 이렇게 맞서 다투고 헐뜯고 싸우면서 서로 지치고 상처를 내고 괴로워하고 고생할 것이 아니라 아주 좋은 수가 있다. 그것은 삼팔선이고 휴전선이고 싹 없애고, 서로 겨누고 있던 총칼을 죄다 버리고, 그래서 누구든지 마음대로 넘어가고 넘어오도록 내버려두면 다 된다는 것이다. 공산주의 하고 싶은 사람은 북으로 가고, 공산주의 싫은 사람은 남으로 오고, 그래서 공산주의가 살기 좋은가, 자본주의가 살기 좋은가, 서로 좋은 사회를 만들도록 하면 얼마나 좋겠나. 싸우는 것이 아니라 저쪽보다 더 살기 좋은 나라를 만들도록 경쟁을 붙이자는 것이다. 이렇게 되면 통일이 된 것보다 두 쪽으로 갈라져 있는 것이 더 좋다. 그래서 그 어느 쪽이 다른 쪽보다 아주 살기 좋은 사회가 되면 저절로 그

쪽으로 사람들이 많이 가게 될 것이고, 따라서 못사는 쪽은 저절로 없어지거나 잘사는 쪽과 같은 사회로 따라가서 바뀌게 되어 통일은 저절로 이뤄질 것 아닌가.

왜 이것이 안 되는가? 그것은 뻔하다. 정치권력을 잡고 있는 사람들이 진심으로 백성을 위한 정치를 하는 것이 아니라 자기 권력을 놓치지 않기 위해서 정치를 하기 때문이다. 남이고 북이고, 무슨 주의고 무슨 사상이고 이론이고 하지만, 그것은 다 허울일 뿐이다. 이것은 물론 현실성, 실현성이 조금도 없는 어린애 같은 생각이다. 그러나 정말이지 우리가 어린이 마음이 될 수 없다면 결코 참된 진리를 얻지 못할 것이다.

자, 이제 한문글자와 한자말 문제로 돌아와보자. 나는 이번에 이 '전국한자교육추진총연합회'에서 만든 새까맣게 된 한문글자 문장을 보고, 이런 글자를 쓰고 이런 글로 이런 주장을 하는 사람들이 내 동족인가? 같은 땅에 사는 한겨레인가? 하는 느낌이 들어 어찌할 수 없었다. 그래서 또 여기서도 어린애 같은 생각을 하게 되었다. 이렇게 한문글자 쓰고 싶어 하는 사람과 한글만 쓰고 싶어 하는 사람이 서로 맞서 싸우면서 괴로워할 것이 아니라 그만 이 땅을 또 남북으로든지 동서로든지 둘로 갈라서, 한쪽에는 한문글자 쓰고 싶어 하는 사람들이 가서 살고, 다른 한쪽에는 한글만 쓰는 사람들이 살면 어떨까. 그렇게 하면 문제가 다 풀릴 것 아닌가.

만약 이렇게 한다면 한문글자 쓰고 싶어 하는 사람들이 모이는 땅에는 아마도 사람들이 아주 적을 것이다. 그곳에는 주로 나이가 많은 사람들이 모일 것이고, 젊은이들은 거의 없고, 아이들은 아마도 한 사람도 없을 것이다. 사람이 얼마 안 되면 넓은 땅은 소용이 없을 테니 한 도나 제주도 같은 섬으로 가게 하든지, 제주도 섬도 넓으면 울릉도 같은 섬에라도 가서 살 수 있을 것이다.

하도 답답하고, 어처구니가 없어서 이런 공상을 해보았다. 그런데 말과 글의 문제, 글자의 문제는 사람이 그 정신을 어떻게 가지고 어떻게 살아가는가 하는 문제에 깊이 이어져 있다. 내가 보기로 우리 겨레가 풀어야 할 가장 큰 과제는 남북의 분단 대립도 아니고, 경제난국도 아니다. 그것은 바로 우리 말을 살리느냐 죽이느냐 하는 것이다. 남북의 분단도 경제난국도 결국 우리 얼을 잃어버린 때문에 당할 수밖에 없는 재앙이다.

이 글 첫머리에서 나는 지난 반세기 동안 한글만을 쓰도록 해서 빛나는 한글 문화를 만든 것처럼 말했지만, 좀더 자세히 말하면 글자만 한글로 썼을 뿐 말은 한자말투성이였다. 말을 쉽고 바른 우리 말을 쓰면 글은 저절로 한글로 쓰지 않을 수 없다. 그런데 글자만을 한글로 쓰게 했으니 여기서 문제가 풀리지 않아 우리 말 우리 글의 모순은 사회의 모든 문화에 그대로 나타났고 마침내 오늘날 이런 글자 싸움까지 나오게 된 것이다. 그러니 거듭하는 말이지만 우리 말, 쉬운 말을 써야 한다. 그래야 모든 일이 풀리고 우리 겨레가 살아난다. 우리 겨레가 살아날 수 있는 길이 이렇게 간단하고, 이렇게 쉽다. 쉬운 것이 어렵게 되어 있는 것, 이것이 우리 역사다.

북한의 한문글자 교육을 따라가서는 안 된다:
『한자교육 자료1』에 대한 비판

'전국한자교육추진총연합회'에서 내놓은『한자교육 자료 1』에서는 「北韓에서도 이렇게 漢字敎育을 실시하고 있다!」는 제목으로 북한의『한문교과서』(중학교 제5학년, 평양도서출판사, 1969) 한 대문을 "원형대로 複寫"했다면서 보여주고 있다. 그것을 여기 다 옮길 필요가 없기에 첫머리만 들어본다.

第│四課 우리 나라의 山林
　山을 綜合的으로 利用하고 山林資源을 不斷히 增大시키며 그것을 保

護管理하는 事業을 強化할 데 對한 우리 黨의 正確한 山林保護政策에 依하여 우리 나라의 多種多樣 植物은 훌륭히 保護增殖되어 茂盛한 森林資源을 이루고 있다.

그리하여 過去 半世紀間의 日帝의 掠奪的亂伐의 後果를 가시면서 到處에 自然保護區를 設定하고 國家的으로 保護하는 한편 全群衆的運動으로 油脂林, 織維製紙林, 특수用材林 等 經濟林이 造成됨으로써 나라의 人民經濟發展에 크게 寄與하고 있다.

이런 자료만 내어놓았을 뿐 그다음에는 설명이고 의견이고 더 적어둔 글이 없다. 그러니까 첫머리에 크게 내걸어놓은 제목 「北韓에서도 이렇게 漢字敎育을 실시하고 있다!」고 한 말에 이 자료를 보여주는 뜻이 들어 있고 주장이 담겨 있다고 볼 수밖에 없다. 곧, 북한에서도 이렇게 한문글자를 가르치고 있으니 우리도 이렇게 가르쳐야 한다는 주장인 것이다. 이 주장이 아주 잘못되어 있는 까닭을 세 가지로 나누어 적어보겠다.

첫째, 잘못된 북한 교과서를 따라가다니!

북한 중학교의 『한문』 교과서에 나오는 교재라고 해서 보여주는 이 글의 내용을 끝까지 읽어보면, 북한에서는 산림자원을 아주 잘 보호하고 관리하고 있다는 것과, '공화국 남반부' 곧 남한에서는 산의 나무를 마구 베어버려서 숲이 모두 황폐해졌다는 것, 그래서 미제국침략자들을 몰아내어 조국의 통일을 이뤄야 한다는 내용으로 되어 있다. 이런 내용을 가르치자는 주장은 아닐 것이기에 여기서 글의 내용에 대해서는 더 말하지 않겠다.

다만 이렇게 한문글자로 써놓은 북한 교과서의 글을 읽어서 새삼 놀라게 되는 것은, 남이고 북이고 우리가 글이란 것을 쓰면서 얼마나 한문글자로 된 말을 많이 쓰고 있는가 하는 것이다. 그리고 또 이렇게 한자투성이로 된 글이 일본말법을 그대로 따라 쓰고 있다는 사실도 잘 알게 된다.

위에서 들어놓은 대문에서만 보아도 "종합적" "약탈적" "국가적" "전군중적"이라고 해서 일본의 지식인들이 만들어낸 무슨 –적이라는 말이 네 군데나 나오고, –에 의하여, 등 따위가 나오고 "반세기간의 일제의 약탈적 난벌의"라고 하여 –의가 자꾸 나오는 일본말을 그대로 따라 써서 괴상한 글이 되어 있다. 이것을 보면 남이고 북이고 지난날 우리가 한문글에 쏙 빠져서 입고 있던 해독, 일본제국의 식민지 정치에서 받은 깊은 상처가 그대로 학생들이 배우는 글에 무섭게 나타나 있다.

그런데도 우리는 이 해독을 풀어 없애려고 하지 않고, 상처를 아물게 하려는 마음조차 먹지 않고, 도리어 이것을 자랑스럽게 아이들에게 가르쳐서 이어주려 하고 있다. 어째서 우리가 이런 어려운 글을 아이들에게 가르쳐야 하나? 어째서 우리가 이 어수선한 글을 아이들 머릿속에 억지로 집어넣어야 하나? 그래서 우리 말을 버리고 우리 말을 죽여야 하나?

이 글을 보면 우리 말로 써도 되는 말이 얼마든지 있다. 한문글자를 안 쓰고 한글만으로 이런 내용을 얼마든지 적고도 남는다. 지금까지 남한 사람들이 알기로 북에서는 우리 말 우리 글을 소중하게 여겨서 잘 살려 쓰고 있다고 되어 있는데, 지난날에는 그랬는지 모르지만 이제는 많이 달라진 듯하다. 밑에서 올라가는 정치가 아니고 위에서 내려오는 정치는 어쩔 수 없이 그 본색이 오래가지 못해 이렇게 드러나는구나 하는 생각이 든다. 별것 아닌 내용이기에 이렇게 어려운 말로 어려운 글자로 써야 정치고 학문이고 교육이고 권위가 서니까. 더구나 속셈을 감추거나 얼버무리는 짓을 하려면 누구나 쉽게, 시원스럽게 알게 되는 우리 말 우리 글로 쓸 수가 없고, 이런 어려운 글자로 어려운 말과 괴상한 남의 말법으로 써서 읽는 사람을 그저 어리둥절하게 만들고 위압을 느끼도록 하는 것이 가장 좋은 수단이 되니까.

이 **글은** 말이 어렵고 글자가 어렵고 말법이 괴상할 **뿐** 아니라 글이 어수선하기도 하다. 도무지 우리 말이 될 수가 없는 글인데도 이 글을 배우는 학생들은 이런 문제를 살펴서 따질 수가 없고, 우선 어려운 글자와 어려운 말 익히기에 온 정신을 쏟아야 할 것 같다. 이게 교육인가? 이러니까 글의 내용도 황당하고 (내용이 엉터리니까 글을 이렇게 쓰고) 이런 교육을 하니까 그쪽 사회가 그 지경이 된 것 아니고 무엇인가?

이런데도 이 교과서를 좋은 자료라 들어 보이면서 우리도 이와 같이 한문글자를 모든 교과서에 섞어서 쓰자고 하니 정말 말문이 막힌다.

또 한 번 보태는 말이지만 앞에 들어놓은 문장만 해도 조잡하기 짝이 없는 글로 되어 있다. 어린애라도 잘 알고 있는 우리 말 '산'까지 "山"이라고 쓰면서, 어째서 '특수'란 말은 또 한글로 써서 "특수用材林"이라 했나? 초안으로 써서 다듬지도 않은 글 같다. 이런 글을 교과서에 싣는 사람들이나 이런 글을 아이들에게 가르치자는 사람들이나 우리나 다 제정신이 아니라 생각한다.

둘째, 이것은 북한의 『한문』 교과서이지, 『국어』 교과서가 아니다.

복사했다는 자료 끝에 적어놓은 대로 이것은 북한의 중학교 5학년용 『한문』 교과서다. 중학생들의 한문 교과서를 들어 보이면서, 우리 아이들에게 우리 말을 가르치는 국어 교과서를 이와 같이 한문글자로 써서 초등학생들에게도 가르치자고 하는 주장은 말이 될 수가 없다.

한문 교육과 국어 교육은 그 목표가 다르고 방법도 다르다. 학생들에게 한문을 가르치는 까닭은 우리 선조들이 남겨놓은 한문으로 된 고전을 읽을 수 있도록 하기 위함이다. 그런데 국어 교육은 우리 말을 가르치는 교과다. 이 두 가지 과목을 구별하지 않고 우리 말을 가르쳐야 할 시간에 한문글자와 어려운 한자말 가르치는 짓을 한다면 그것은 우리 말을 죽이는 교육이 되고 우리 국어를 망치는 교육이 될 수밖에 없다. 어째서 '전국한자교육추진총연합회'란 데서는 우리 말 우리 국어를 죽이는 교육을 하려고 하는가.

여기서 북한의 그 『한문』 교과서를 또 따지게 되었는데, 사실 북한의 그 교과서는 앞에서 말한 것 말고도 문제가 많다. 우선 『한문』 교과서라고 했지만 『한문』 교과서가 아니다. 그게 어디 한문인가? 어려운 한문글자로 된 말을 요란하게 엮어서 괴상하게 적어놓은 병든 우리 글이다. 그래서 이것은 한문도 아니고 우리 말로 된 우리 글도 아니다. 따라서 이것을 『한문』 교과서라 해도 말이 안 되고, 『국어』 교과서, 곧 우리 말 교과서라 해도 말이 안 된다. 어쩌자고 이런 교과서를 만들어 아이들에게 가르치면서, 한문도 제대로 가르치지 않고, 우리 말 교육도 엉망으로 하는지 도무지 알 수가 없다.

지금 우리 남한에서는 중학생들이 한문 시간에 『한문』 교과서를 가지고 한문을 배우고 있다. 이것은 잘하고 있는 것이고, 한문 교육은 국어 교육과는 따로 해서 마땅히 이렇게 해야 한다. 만약 학생들의 한문 공부가 모자란다면 시간을 늘릴 수도 있다. 그런데 우리 말 공부와 한문 공부를 구별할 줄도 모르고 마구 뒤섞어서 가르치고 배운다는 것은 도무지 있을 수가 없는 짓거리다. 앞에 들어놓은 글이 정말 '한자' 교과서라고 한다면 북한에서는 이런 괴상한 짓거리를 하고 있는 것이다. 그런데 이런 상식에도 어긋나는 짓거리를 이곳 남한의 어떤 어른들은 한 교과에서 뿐 아니라 모든 교과서에서, 그것도 초등학교부터 하자고 하니 이게 대관절 어찌 돌아가는 세상인가?

셋째, 이것은 얼이 빠진 교육, 얼을 빼는 교육을 하자는 것이다.
우리 나라 사람들은 무엇을 주장할 때 걸핏하면 외국을 들먹이고 외국의 이름난 학자가 했다는 말을 내세운다. 물론 때로는 그럴 필요가 있겠지만 내가 느끼기로는 너무 지나치다. 그래서 말을 듣는 사람이나 글을 읽는 사람도 다른 나라 얘기나 이름난 사람의 말이면 귀가 번쩍하지만, 말하는 사람 자신만의 생각이면 '뭐 저런 무식한 주제에……' 하고 시시하게 여긴다. 옳은 얘기라면 거지가 하는 말에도 귀를 기울여야 하고, 잘못된 말이라면 박사고 교수고 총장이고 대통령이 하는 말이라도 잘못되었다고 해야 할 것 아닌가. 이것이 모두 제정신이 없기 때문이고, 얼이 빠져 있기 때문이다.

같은 겨레지만 북한을 대하는 태도에서도 제정신을 가진 사람보다 얼이 좀 빠져 있는 사람이 더 많지 않나, 하는 생각이 든다. 가령 조그만 일이지만 글쓰기에서 보기를 들면, 언제부터인가 '있다'는 말을 앞 낱말에 붙여서 쓰는 사람이 많다. 신문이고 잡지고 낱권 책에서도 '있다'를 붙여 쓰는 경향이 있다. 참 이상하다. 이것은 띄어쓰기 규칙에도 어긋나는 것이고, 붙여서 써야 할 까닭이 없는데 왜 모두 이렇게 쓰는가 싶어, 한번은 어느 출판사 편집부에서 일하는 분에게 "왜 '있다'를 붙여서 씁니까?" 하고 물었더니 대답이 이러했다. "이북에서도 붙여 쓰는데요?"

여기서 '있다'란 말을 보기로 들게 된 것은 바로 앞에서 들어놓은 북한 교과서의 글에 보니 정말 '있다'는 말을 죄다 붙여 써놓았기 때문이다. "북한에서도 이렇게 하는데……" 이것 역시 "일본에서도 한문글자를 쓰는데……" "중국에서도…… 서양에서도……" 하는 정신상태와 같은 것이라 본다.

다만 이렇게 북한을 대하는 우리 남한 사람의 태도가 일본이나 중국이나 미국이나 그밖의 나라를 대하는 태도와는 좀 다른 면이 한 가지 있다. 그것은 다른 나라를 대하는 경우에는 대개 무엇이든지 좋게 보고 긍정하는 쪽이지만, 북한에 대해서는 덮어놓고 따라가는 편과, 덮어놓고 부정하고 반대하는 두 쪽으로 나뉘어 있다는 것이다.

또 말에 대한 것이지만 보기를 들면 '동무'란 말에 대한 것이다. '동무'는 옛날부터 써온 우리 말이다. '친구'는 어른들만 쓰는 한자말이다. 아이들은 '친구'란 말을 하지 않았다. 그런데 6·25 전쟁 이후 우리 남쪽에서는 '동무'란 말이 사라졌다. 왜 그렇게 되었나? 이북에서 '동무'란 말을 많이 쓰기 때문이다. 그래서 남한 사람들은 옛날부터 써온 귀한 우리 말 하나를 잃었다. 잃은 것이 아니라 버렸다. 참 어리석은 사람들의 어리석은 짓이다. 북한 사람들이 흔하게 쓴다고 그 말을 버리다니. 어째서 우리가 이 꼴이 되었나? 얼이 빠졌기 때문이다. 지금 나는 한두 가지 말 가지고 얘기했지만, 이밖에 정치, 경제, 교육, 문학을 비롯해 온갖 문제가 다 이와 같이 덮어놓고 따르거나 덮어놓고 반대하는 두 극단으로 갈라져 있다고 본다. 그리고 이렇게 따라가고 싶어 하든지 반대하고 싶어 하든지 무엇이거나 덮어놓고 하는 짓은 제정신을 잃은 짓이요 얼이 나가버린 짓이다. 이것은 '북한 소아병'이라고 해야 할 큰 병통이 아닌가 싶다.

이제 여기 '전국한자교육추진총연합회'란 데서 한문글자 쓰기를 주장하면서 그 첫째 자료로 북한의 교과서를 보기로 들어 "북한에서도 이렇게……" 하고 있으니 정말 쓴웃음이 나온다. 옳은 일이면 함께하고, 옳지 않은 일이면 어느 나라 어떤 사람이 한 말이라도 따르지 말아야 한다. 그래야 나랏일이 바로 되고 통일도 제대로 이뤄진다. 그렇게 하기 위해서 제정신을 가지고, 제정신으로 살아가자. 제정신을 가지기 위해서 우리 말, 우리 글을 살리자. 아이들에게 우리 말을 가르쳐 겨레 얼을 이어가도록 하자.

이런 말을 쓰기 위해 한문글자를 가르치다니!
『한자교육 자료 2』를 비판함

'전국한자교육추진총연합회'에서 만든 『한자교육 자료 2』는 신문과 방송에서 쓴 어려운 한자말과 한자말로 된 구절 40가지를 들어놓았다. 그리고는 이 자료를 보이는 뜻을 앞머리에 제목으로 크게 다음과 같이 내걸었다.

"한글 專用"이 招來한 오늘의 新聞 放送 言語의 實態 (知識人도 알 수 없는 한글 어휘들) 이래도 한글 專用을 主張할 수 있을까?

어려운 한자말을 한글로 적어놓으면 무슨 말인지 도무지 알 수 없다. 한자말은 한문글자로 써야 한다—이것이 한문글자 쓰기를 주장하는 사람들이 언제나 내세우는 평계다. 여기에 대한 내 대답은 아주 간단하다. 그러니까 쉬운 우리 말을 써야 한다. 말이 그렇게 어렵게 된 것은 한문글자를 쓰고 한문글자로 된 말을 좋아하기 때문이다. 무엇 때문에 그런 어려운 말을 쓰고, 그 어려운 말을 쓰기 위해 그 어려운 남의 나라 글자를 배워야 하나? 세상에 이보다 더 어리석은 짓이 어디 있나? 온 나라 백성들을 바보로 만드는 짓이 아니고 무엇인가?

그러면 『한자교육 자료 2』에 나온 40가지 말을 보기로 하자. 밑줄은 내가 그은 것이다. 아마도 이 말들을 "지식인도 알 수 없는 한글 어휘들"이라고 한 것 같다.

1) 비극성 유기용제
2) 시료채취 준비
3) 펌프의 보정
4) 척추만곡증
5) 옥상만가
6) 액취증 수술
7) 빌딩의 취기 대책
8) 모양체근
9) 비보전형도 파산 당시 금액
10) 경제관료의 부침
11) 근린 공원
12) 난상 토론
13) 남동구 지역 수탁업체
14) 닛산 벤츠 결합 땐 '고립무원'
15) 다한증의 예방

16) 단란주점

17) 무수익 여신

18) 문학상 고사 이해 힘들어

19) 민유총기 일제 점검

20) 반짝 세일 수의

21) 부직포 못자리

22) 북한쪽 백두대간 가상종주

23) 사회의 튼튼한 편자가 되는 것

24) 손해 사정인 없는 보상 대리점 많다

25) 야전상법

26) 여당 손들어 주며 사건은 '미제'로

27) 역세권 첨단 아파트

28) 연금가 판매

29) 염장 죽순

30) 오니 처리장

31) 일 금융 합종연횡 가속

32) 임신 소양증

33) 자망과 주낙 어업

34) 전륜구동

35) 조선산 접류 총목록

36) 퇴출 대상

37) 특수 관로 조사

38) 환란

39) 공당간의 공조

40) 대여 파상공세

정말 "지식인도 알 수 없는 말"이라 할 만하다. 뜻은 대강 짐작이 가는

데 그 느낌이 이상한 말도 있고, 아주 어려운 말도 있고, 무엇을 썼는지 도무지 알 수 없는 말도 있다. 그래서 이런 말이 신문에 나오거나 방송으로 듣게 되면 한문 공부를 안 했기 때문에 한문글자로 된 말을 모르니 한문글자를 배워야 한다고 하는 주장이 이치에 맞는 것처럼 들리기도 한다. 한문글자를 애써 배워서 이런 말을 죄다 한문글자로 써서 읽으면 된다는 것이다. 그러면 이 말들을 모두 한문글자로 바꿔 써보자.

1) 悲劇性 有機溶劑
2) 試料採取 準備
3) 펌프의 補正
4) 脊椎彎曲症
5) 屋上萬家(?)
6) 液臭症 手術
7) 빌딩의 臭氣 對策
8) 毛樣體筋
9) 非保全形도 破産 當時 金額
10) 經濟官僚의 浮沈
11) 近隣 公園
12) 爛上 討論
13) 南東區 地域 受託業體
14) 닛산 벤츠 結合 땐 '孤立無援'
15) 多汗症의 豫防
16) 團欒酒店
17) 無收益 與信
18) 文學賞 固辭 이해 힘들어
19) 民有銃器 一齊 點檢
20) 반짝 세일 壽衣

21) 부직(?)圃 못자리

22) 北韓쪽 白頭大竿 假想縱走

23) 社會의 튼튼한 편자(?)가 되는 것

24) 損害 査定人 없는 補償 代理店 많다

25) 野戰上法(?)

26) 與黨 손들어 주며 事件은 '未濟'로

27) 驛勢圈 尖端 아파트

28) 鉛金價 販賣

29) 鹽藏 竹筍

30) 汚泥 處理場

31) 日 金融 合縱連橫 加速

32) 姙娠 搔痒症

33) 刺網과 주낙 漁業

34) 前輪驅動

35) 朝鮮産 蝶類 總目錄

36) 退出 對象

37) 特殊 官路 調査(?)

38) 換亂

39) 公黨間의 公助

40) 對輿 波狀攻勢

　한문글자를 안 써서 많이 잊어버렸기에 사전을 애써 뒤져서 겨우 이렇게 적었지만, 5) 옥상만가, 21) 부직, 23) 편자, 37) 관로에 나오는 말들은 도무지 무슨 말인지 알 수 없어 한문글자로 바꿔 쓸 수가 없었다. 이렇게 한문글자를 찾아내어 쓰면서 새삼 불쾌하고 화가 났다. 세상에 무슨 할 일이 없어 비싸워 어려운 글자를 이렇게 써야 하고, 이런 하살섯없는 일에 내가 매달려 시간을 빼앗겨야 하나 하는 생각이 들어서다.

그러면 앞에서 한글로 적어놓은 것과 이렇게 한문글자로 적어놓은 것을 견주어보자. 어느 것이 더 어려운가? 내가 보기로 앞의 것이나 뒤의 것이나 어렵기는 마찬가지다. 앞의 것은 그 뜻을 알 수 없지만 그래도 읽을 수는 있다. 초등학교학생이라도 읽는다. 그런데 뒤의 것은 읽지도 못한다. 다만 한문글자를 많이 알고 있는, 나이 많은 사람이라면 한글로 적은 것보다 한문글자로 적어놓은 것이 그 뜻을 알아보기 좋을 것이다. 그러나 얼마 안 되는 그 '나이 많은 사람'들을 위해 이런 어려운 글자를 쓰고 이런 어려운 글자로 된 말을 배운다는 것은 있을 수 없다.

그러면 어떻게 해야 하나? 첫머리에 내놓은 결론과 같이 어려운 한문글자말을 한글로 적어도 안 되고, 한문글자를 그대로 적어도 안 된다. 바로 한문글자로 된 어려운 말을 안 쓰고 그 대신 우리 말로 써야 한다. 우리 말이니까 모두 잘 알고, 우리 말이니까 어려운 한문글자가 필요 없고, 한문글자를 쓸 수도 없다. 한글만 쓰느냐, 한문글자를 섞어서 쓰느냐 하는 문제는 이렇게 해서 시원스레 풀린다. 그리고 이 길밖에는 절대로 이 문제를 푸는 방법이 없다고 본다.

이제 앞에 든 40가지 말을 쉬운 우리 말로 바꿔보기로 한다.

   1) 비극을 가져오는 유기 녹임액

   2) 실험 재료 캐기(따기) 준비

   3) 펌프 고치기

   4) 등골 굽음병

   5) ?

   6) 겨드랑 냄새병 수술

   7) 빌딩의 냄새 방책(대책)

   8) 눈알 꺼풀 심줄

   9) 보전하지 않은 것도 파산할 때 돈

   10) 경제 관리들의 뜨고 잠김

11) 이웃 공원(마을 공원)

12) 난상 토론, 낱낱 토론

13) 남동구 지역 부탁받은 업체

14) 넛산 벤츠 결합 땐 외톨로 남아

15) 땀 많은 병 예방

16) 단란주점, 의좋은 주점, 정다운 술집, 오순도순 주점, 오순도순 술집

17) 수익(이익) 없는 여신

18) 문학상 굳이 사양 이해 힘들어

19) 민간 총 일제 검사

20) 반짝 싼값팔기 수의

21) ?

22) 북한쪽 백두대간 지도 따라 산등 가기

23) ?

24) 손해 사정인 없는 보상(갚음) 대리점 많다.

25) ?

26) 여당 손 들어 주며 사건은 해결 안 된 것으로

27) 지하철 역세력권 첨단(최신) 아파트

28) ?

29) 절임 죽순

30) 더러운 흙 처리장

31) 일본 금융 크게 뭉치기 서둘러

32) 임신 가려움증

33) 자망(자리)과 주낙 어업

34) 앞바퀴로 달리기

35) 조선 나비 종류 총목록(모든 차례)

36) 물러날 대상

37) 특수관리 길 조사

38) 외국환 난리

39) 버젓한 정당끼리 돕기

40) 여당에 대한 잇단 공격

세 번째로 적은 이 우리 말로 바꿔서 적은 40가지 말에 대해 몇 가지 설명을 다음에 보충하겠다.

(1) 5) 옥상만가, 21) 부직포, 23) 편자, 28) 연금가는 알 수 없는 말이어서 우리 말로 적지 못하고 말았다. 이 가운데서 "옥상만가"는 '屋上萬家'일까, '屋上輓歌'일까? 어느 쪽도 사전조차 없는 엉뚱한 말이다. "부직포"란 말도 한문글자로 만든 말 같은데 알 수 없다. 농촌에서 농민들을 지도한다는 공직자들은 농사일에 관한 말을 농민들이 하는 말대로 안 쓰고 온갖 괴상한 한자말을 만들어 쓰면서 유식함을 뽐내고 권위를 세우려고 하는데, 이 말도 그런 말 가운데 하나가 아닌가 싶다. "관로"는 어느 사전에 "官路"가 나오기는 하지만, 이 말이라고는 생각되지 않는다. 차라리 사전에는 안 나오지만 '管路'가 아닌가 싶다. 그렇다면 이 '관'은 '속이 비고 둥근 대롱'이니 "특수 관로 조사"는 '특수관 길 조사'라든지, 그보다 실제로 이 관을 무엇으로 만들었나에 따라 그 이름이 있을 것이니 뚜렷하게 그 이름을 적으면 될 것이다.

(2) '지식인도 알 수 없는 한글 어휘들'이라고 했지만 준비, 수술, 대책, 파산 당시 금액, 경제, 공원, 토론, 남동구 지역, 업체, 결합, 예방, 주점, 문학상, 이해, 일제 점검, 북한, 사회, 손해, 대리점, 여당, 사건, 첨단, 죽순, 처리장, 금융, 임신, 어업, 조선, 총목록, 대상, 특수, 조사 따위 말들은 비록 한문글자로 된 말이지만 한글로 적어도 누구나 알 수 있는 말이라 보아서 거의 모두 그대로 두었다.

(3) 좀 알기 어렵다고 생각되는 말도 쉬운 우리 말이 얼른 떠오르지 않아서 그대로 둔 것이 있다. 그것을 들면 다음과 같다.

유기(有機), 난상토론(欄上討論), 단란주점(團欒酒店), 여신(與信), 수의(壽衣), 백두대간(白頭大竿), 사정인(査定人), 보상(補償), 첨단(尖端), 자망(刺網)

이런 말들은 어떤 특정한 지역이나 직업인들, 어떤 사회계층 또는 어떤 특수한 자리에서 쓰는 말이다. 그래서 그런 사람, 그런 자리에서는 보통으로 쓰는 말이요 어렵지 않은 말로 되어 있다. 그리고 이런 말이 어렵다고 하는 사람의 경우도 이것을 한문글자로 써놓으면 더 어렵게 되고, 흔히 읽지도 못하게 된다.

(4) "근린 공원"이란 말은 더러 써서 그다지 귀에 설지는 않지만, 더 좋은 우리 말이 얼마든지 있을 것이다.

(5) "척추 만곡증" "모양체근" 같은 말은 의료계에서 더 좋은 우리 말로 다듬어놓은 줄 안다. 그러니까 신문이나 방송에서 어려운 한자말을 쓴다면서 한문글자를 아이들에게 가르치고 공문서고 책이고 간판에도 써야 한다는 것은 도무지 말이 안 되는 억지 수작이다.

말이 어려우면 그 어려운 한자말을 쓰지 말고 쉬운 우리 말을 써야 한다. 어려운 말을 쓰기 위해 어려운 글자를 배우는 바보 같은 짓을 왜 우리가 해야 하나. 더구나 한문글자를 쓰게 되면 한문글자로 된 어려운 말을 자꾸 쓰게 될 것은 뻔한 이치다. 그래서 우리 말은 버림받고 죽어갈 수밖에 없다. 우리 말이 죽으면 우리 겨레 얼이 어디 깃들어 있을 수 있는가. 우리 말 우리 글을 없애고 우리 겨레를 죽여 없애려던 간악한 일본 제국에서 해방이 된 지 53년, 그동안 그래도 우리 말 우리 글 문화를 이 정도라도 꽃피워왔더니, 이제 웬일로 그 옛날로 돌아가 한문글자를 쓰고 어려운 한자말을 써서 반민주의 글문화를 만들어 교육이고 학문이고 사회생활 전체를 어지럽게 하고 나라와 겨레를 망치려고 하는 사람들이 설치게 되었는가. 참으로 통탄할 일이다.

한글로 써서 알 수 없다면 우리 말이 아니다:
『한자교육 자료 3』을 비판함

먼저,『한자교육 자료 3』을 그대로 여기 옮겨본다.

우리 말에는 同音異語가 이렇게 많다.
이래도 한글專用이 可能한가?

- 고사: 古史, 古寺, 故事, 古祠, 叩謝, 考思, 考查, 告祀, 告辭, 孤寺, 固辭, 枯死, 苦思, 苦辭, 高士, 庫舍, 高砂, 庫紗, 高射, 鼓詞, 篙師, (22語彙)
- 사기: 士氣, 仕記, 史記, 四氣, 寺基, 死期, 沙器, 使氣, 社基, 社旗, 事記, 事機, 射技, 射騎, 詐欺, 肆氣, 辭氣, 詞氣, 射器, 邪氣, 些技, 私記, (22語彙)
- 전기: 田器, 全期, 全機, 前記, 前期, 前騎, 傳奇, 傳記, 電氣, 電機, 傳騎, 殿騎, 戰技, 戰記, 戰旗, 戰機, 轉記, 轉機, (18語彙)
- 전사: 田舍, 典祀, 典事, 前史, 前事, 專使, 殿司, 塡詞, 傳寫, 電寫, 廛肆, 戰士, 戰史, 戰死, 戰事, 轉寫, (16語彙)
- 전주: 田主, 田疇, 全州, 典主, 前主, 前奏, 前週, 專主, 殿主, 電柱, 傳注, 電奏, 傳奏, 電鑄, 銓注, 箋註, 篆籒, 錢主, 戰走, 轉注, 轉住, (21語彙)
- 정수: 井水, 正手, 正數, 征戍, 定數, 挺秀, 庭樹, 淨水, 渟水, 艇首, 精水, 精秀, 精修, 精粹, 精髓, 精水, 精修, 整數 (18語彙)

1) 이러한 語彙를 모두 한글로 써도 文章의 앞뒤로 보아 뜻이 區別된다고 主張한다면, 이는 억지 強辯이다.
2) 이러한 語彙를 몰라도 生活에 支障이 없다고 主張한다면, 知識不

在, 哲學不在, 思想不在를 하는 것이다. 自招하는 것이다.

　사전에 나오는 말 여섯 가지를 골라서, 이렇게 다른 뜻으로 쓰는 말이 많은데 한글로 똑같이 써서 어떻게 구별하느냐, 한문글자를 쓰지 않을 수 없다고 했다. 이 자료에서 주장한 것을 비판하기에 앞서 우선 내가 크게 놀라게 되는 것이 두 가지다. 그 하나는 한문글자와 한문글자말이 이렇게 우리 말을 어지럽게 하고 어수선하게 했구나, 이렇게 우리 말을 죽여왔구나 하는 것이고, 또 하나는 이런 말로 이런 글자를 써야 한다고 하는 참으로 어처구니가 없는 주장이다. 물론 이 두 가지 사실은 갑자기 이 자료에서 처음 만나는 것이 아니고 오래전부터 알고 있는 사실이다. 그런데도 이 자료를 보니 새삼 또 놀라지 않을 수 없다. 정말 이『한자교육 자료 3』은 『한자교육 자료 2』와 함께 "우리 글, 한글만을 쓰면서 우리 말을 살려야 한다"는 우리의 주장을 뒷받침해주는 참 좋은 자료가 되어 있구나 하는 생각이 든다.

　그러면 이 자료에서 주장한 것을 따져보겠다. 이 자료는 세 가지를 주장하고 있다. 첫째는 제목으로 써놓았는데, "우리 말에는 '동음이어'가 이렇게 많다. 이래도 한글전용이 가능한가?" 하는 것으로, 곧 우리 말에는 같은 소리로 된 말이 많으니 한문글자를 써야 한다. 한글만 써서는 안 된다는 주장이다. 여기에 대한 내 생각은 제목에서 묻고 있는 말에 대한 대답으로 아주 간단하게 말할 수 있다. 이『한자교육 자료 3』에 내어놓은 한문글자말은 거의 모두 '우리 말'이 아니다. 그러니 이런 한문글자는 쓸 필요가 없다고.

　우리가 귀로 들어서 알 수 없는 말은 우리 말이 아니다. 그리고 우리 글자로 적어놓았더라도 우리가 그 뜻을 알 수 없다면 그 말은 우리 말이 아니다. 이『한자교육 자료 3』에 나와 있는 거의 모든 한자말은 이것을 한글로 적으면 무슨 말인지 알 수 없으니 우리 말이 될 수 없는 것이다. 어째서 이런 말을 우리가 써야 하고, 이런 말을 쓰기 위해 이런 한문글자를 익히는 데 귀한 시간을 다 버려야 하나.

　온갖 소리를 다 적을 수 있는, 세계에서 가장 뛰어난 우리 한글은, 온갖 모양과 빛깔과 소리와 움직임을, 온갖 느낌과 생각을 나타내는 우리 말을 자세하고 바르게 적어낼 수 있다. 그런데 어째서 우리 말은 버려두고 남의 나라 글자 소리를 따라 적으면서 알 수도 없는 말을 만들어내어 우리 말을 어지럽게 하고 우리 말을 죽이는 노릇까지 해야 하나. 그래서 도리어 우리 한글은 불편하다, 한글만 가지고는 우리 말을 다 적어낼 수 없다는 어처구니없는 말까지 들어야 하나. 우리 말과 우리 글을 죽이고 우리 얼을 죽이려는 고약한 속셈을 가진 사람들 때문이라 할밖에 없다.

　자료에 적혀 있는 한자말이 거의 모두 우리 말이 아니라고 했다. "거의"라고 한 것은 16가지에서 22가지나 되는 이 낱말들 가운데 하나 또는 둘, 많아도 세 가지밖에는 우리 말이 될 수 없다고 보기 때문이다. 달리 말하면 한글로 써서 우리 말이라 알 수 있는 말은 같은 소리말 16~22가지 가운데 하나 아니면 두셋뿐이라는 것이다.

　그러면 어느 말이 우리 말인가, 차례를 따라 살펴보기로 한다.

- 고사에 나온 22개 낱말 가운데 우리 말로 되었다고 보아야 할 말은 "考查"와 "告祀" 둘뿐이다. "첫째 시간에는 국어 고사를 치렀다" "고사를 지내는 데 가서 고사떡을 얻어먹었다" 이와 같이 쓰는 말이다. 이 두 말을 뺀 나머지 말들은 모두 우리 말로 쓸 수 있는 말이거나 실제로는 쓰지 않는 말이다.
- 사기에 나온 22개 낱말 가운데 우리 말이라 할 수 있는 말은 "士氣" "詐欺" "沙器" 세 개뿐이다. 그러나 이 셋 가운데서도 "沙器"는 '사기 그릇'이라 해서 '그릇'을 붙여 쓴다. 그러니 "우리 편은 갑자기 사기가 올라서……" "그 친구는 사기를 당해서 재산을 날리고" 이렇게 쓰는 두 가지만 우리 말로 볼 수 있을 따름이다. 나머지 말은 모두 우리 말로 바꿔 쓸 수 있거나, 아주 쓰지 않는 말

이다.

- 전기는 "電氣" "傳記" "前期" 세 가지를 쓴다. 세 가지 말이 아주 쓰는 뜻이 달라 한글로 '전기'라고 쓴다 해서 무슨 말인지 헷갈리는 일은 없다. 이 세 낱말밖에는 모두 쉬운 우리 말로 써야 할 말들이거나 쓰지도 않는 말이고, "傳奇"는 "傳奇小說"이란 말로 쓰니까 차라리 '괴기소설'이라고 쓰는 것이 좋겠다.
- 전사에서는 "戰死"와 "戰士" 두 말뿐이고, 다른 것은 모두 우리 말로 써야 할 말이거나, 평생을 살아도 쓰지 않는 말들이다. 그런데 "戰士"란 말도 쓰지 않는 것이 좋다. '병사'라고 하면 그만이다.
- 전주에서는 "前奏"와 "錢主" 두 가지만 쓰면 된다. 이 두 낱말도 아주 쓰는 뜻이 다르니 전주라 써도 아무런 탈이 없다. "電柱"는 '전봇대'다. "全州"라는 도시 이름까지 나왔다. "전주에 간다" "전주시" 무슨 동이라 할 때 알아듣지 못하거나 알아보지 못할 사람은 우리 나라 사람이 아니다. 그밖에 모두 우리 말이 따로 있거나 평생 한 번도 쓰지 않는 말들이다.
- 정수에서는 "正手" 하나만 써도 된다. 바둑 둘 때 "정수로 두어야지" 한다. "正數"는 '양수'라 하고 "整數"는 '자연수'라 하면 된다. "艇首"는 '뱃머리'다. '우물물'이란 우리 말을 두고 무엇 때문에 "井水"란 말을 써야 하나? 그밖에 쓴 한자말들도 도무지 쓰지 않는 말이거나 우리 말로 얼마든지 쓸 수 있는 말이다.

『우리말 사전』이란 것을 보면 이밖에도 같은 소리로 된 말이 얼마든지 있다. 그런 말들 가운데 실제로 쓰는 말, 귀로 들어서 곧 알 수 있고 한글로 써서 알 수 있는 말은 이와 같이 열에서 하나 아니면 둘뿐이다. 쓰지도 않는 말을 써야 한다고 하면서 어려운 한문글자를 아이들에게 가르치려고 하는 것은 정신이 돌이비린 이른들이나 하는 교육의 폭행이다. 그러니 이런 쓸모없는 글자를 죽자 살자 외우고 쓰는 공부를 한다는 것은 어리석은 바보들이나 할 노릇이 아닌가.

　지난날 우리 선조들은 이런 한문만 숭상하다가 나라를 망쳤다. 우리 말 우리 글을 병들게 하고, 우리 얼을 잃어버리고, 마침내 나라까지 팔아먹었다. 책으로 남겨놓은 학문이란 것도 우리 말 우리 글로 적어놓았다면 얼마나 좋았을까. 그런 고전을 모든 국민들이 읽어서 우리 말, 우리 정서, 우리 삶, 우리 마음을 고스란히 이어받았을 것이고, 그래서 우리 겨레답게, 사람답게 살았을 터이고, 또 그래서 교육이고 경제고 정치고 문학이고 그밖에 모든 문화가 제대로 꽃피었을 것이 틀림없다. 이렇게 되었다면 우리 나라는 오래전부터 일본보다 훨씬 앞선 나라로 발전했을 것이란 생각도 쉽게 할 수 있다.

　그런데 이런 지난날의 우리 말 우리 글 멸시, 외국 문물 숭배의 부끄러운 종살이 버릇에서 벗어나지 못한 권력층과 양반계층이 지배하던 사회가 조금도 새롭게 바뀌지 않고 도리어 그 병든 문화가 사회 전체에 퍼져서, 그래도 조금씩 남아 있던 우리 문화는 그 밑뿌리까지 뽑히다시피 되어 그 자취를 감추고, 드디어 오늘날 이런 경제난국으로까지 떨어지게 되었다. 바로 이 판에 또다시 난데없이 우리 역사와 사회를 망친 근원이 되었던 그 한문글자와 한자말을, 죽어버린 그 말들을 사전을 뒤져서까지 찾아내어 이런 말을 쓰고 이런 말을 쓰기 위해 한자말을 배우도록 하자고 하는 소리가 들리니, 이 무슨 괴이한 세상인가.

　선조들이 남긴 고전을 읽어야 한다면 그것을 우리 말 우리 글로 옮겨놓을 수 있는 일꾼들을 따로 길러내면 되고 마땅히 그렇게 할 일이다. 온 국민이 미국말 지껄이는 미친 짓을 할 필요가 없듯이, 온 국민이 한문글자 쓰는 멍청한 노릇을 해서는 절대로 안 된다. 나이 많은 어른들이 자기들만이 알고 있는 한문 지식을 젊은이들에게 가르쳐주고 싶다면 그것을 배우고 싶은 학도들에게나 가르치면 된다.

　세 가지 주장 가운데 두 번째 주장은 "이러한 어휘를 모두 한글로 써도 문장의 앞뒤로 보아 뜻이 구별된다고 주장한다면, 이는 억지 강변이다"

라고 한 것이다. 이 주장에 대해서는 벌써 지금까지 한 말에서 다 대답이 나왔다. 이런 어려운 한자말 자체를 쓰지 말아야 하고, 쉬운 우리 말로 써야 한다고 했으니 이 주장은 문제가 안 된다. 다만 우리 글자로 써도 누구나 알 수 있는 우리 말로 된 한자말이 한두 가지씩 있다는 것도 말해 두었다.

마지막 세 번째 주장은 "이러한 어휘를 몰라도 생활에 지장이 없다고 주장한다면, 지식부재, 철학부재, 사상부재를 자초하는 것이다"라고 한 말이다. 이 주장에 대해서도 지금까지 한 말에서 대강 해답이 되어 있다고 보지만, 여기서 더 말해보겠다.

앞에서 말했듯이 같은 소리말에서 한글로 적어도 쉽게 알 수 있는 말, 곧 우리 말이 된 한자말 한두 가지 말고는 모두 쓰지 않아도 될 말이고, 쓰지 말아야 할 말이다. 우리 말이 따로 있기 때문이고, 쓸 필요가 없기 때문이다. "이런 어휘를 몰라도 생활에 지장이 없다고 주장한다면……" 했는데, 그렇다. 그런 말 몰라도 생활에 지장이 없다. 한글로 써서 알 수 있는 우리 말만 알면 그만이다. 한글로 써도 알 수 없는 한자말을 모른다고, 그런 한문글자를 모른다고 생활에 무슨 지장이 있겠는가. 만약 지장이 있는 것이라면 우리 국민 거의 모두가 어려움을 당했을 것이다. 그러나 우리 국민들은 그따위 어려운 말 몰라도 잘 살아왔다. 만약 조금이라도 지장이 있었다면 도리어 이런 어려운 한문글자로 된 말을 신문이고 책이고 광고문이고 방송말에서 제멋대로 써서 유식함을 자랑하고 싶어 하는 한자말 중독자들의 말과 글 때문이다.

이런 어려운 한자말을 모르면 지식이 없고 철학이 없고, 사상이 없는 것이라 한 것도 웃기는 말이다. 우리 말 가지고는 지식을 얻을 수 없고 철학을 할 수도 없고 사상도 가질 수 없다니, 이런 해괴한 망발이 어디 있나. 우리 말이 될 수 없는 어려운 한자말을 한문글자로 써야만 지식을 얻게 되고 철학을 하게 되고 사상을 가지게 된다면, 그따위 지식, 그따위 철학, 그따위 사상은 개나 돼지들에게 줄 것이다. 그러나 짐승인들 그따위 것들이 무슨 소용이 있겠는가.

  대관절 지식이 무엇이고 철학이 무엇이고 사상이 무엇인가. 나는 지금 나이가 일흔셋을 넘어서려고 하는데, 이 나이까지 책만 읽고 글만 쓰고, 또 글만 가르치면서 살았다. 내가 있는 방에는 책이 모두 1만 권은 꽂혀 있을 것이다. 내가 쓴 책도 몇십 권이 된다. 그런데 지금 나는 우리 말을 살리려 애쓰고 있고, 한문글자를 안 쓰고 우리 말로 되어버린 말 아니면 한문글자말을 안 쓴다. 말할 때도 그렇고, 글을 쓸 때도 그렇다. 물론 남들에게도 이렇게 해서 우리 말을 살려야 우리 겨레가 살아날 수 있다고 말한다. 그렇다면 나는 지식도 없고, 철학도 없고, 사상도 없는가. 우리 말만으로 글을 쓰고 말을 하는 나 같은 사람은 무지 무식하고 속이 빈 사람인가.

  정말이지 나는 내 방에 가득 차 있는 이 책들, 그 가운데서도 지식인들, 학자들이 써놓은 책들이 싫다. 우리 글로 썼다는 이 책들이 철학이고 역사고 사회고 경제고 문학이고, 문학에서 소설이고 수필이고 시고 아동문학이고 모든 책이 잘못된 한자말, 잘못된 일본말, 일본말법, 서양말법 투성이로 되어 있다. 책이 이렇고 신문이 이렇고 방송말이 이러니 우리 말 우리 얼은 자꾸 죽어간다. 그래서 대낮에 나타난 도깨비같이 한자말을 쓰자, 한자말을 알 수 있도록 한문글자를 쓰고 가르치자고 하는 미친 소리까지 나올 판이 됐다.

  그러나 나는 학교 공부를 하지 않은 사람, 그래서 글을 읽지 못하고 책을 읽지 못하는 사람, 그저 말밖에 할 줄 모르면서 살아온 농사꾼들, 그 밖에 일하면서 살아온 사람들이야말로 깨끗한 우리 말을 하는 사람들이고, 산과 들에서 곡식을 가꾸면서 자연과 함께 살아온 사람들이야말로 가장 깨끗한 사람, 참된 철학과 사상을 가진 사람이라고 믿는다. 평생 책을 읽고 글을 썼고, 책을 1만 권 가지고 있는 나 같은 사람보다 책을 모르고 살아온 이런 사람들이 훨씬 더 훌륭한 철학을 가졌고 사상을 가졌다고 생각한다. 내 생각이 잘못되었는가.

기독교의 『성경』은 한글로 적어놓았다. 한문글자를 단 한 자도 모르는 사람도 『성경』을 읽고 기독교의 이치를 깨닫고 생각할 줄 안다. 한글만으로 적어놓은 『성경』은 철학이 없고 사상이 없는 책인가. 더구나 어려운 한자말을 모두 쉬운 우리 말로 고쳐 쓴 『성경』이 나온 지도 오래다.

나는 어려운 한자말을 가르쳐서 우리 말을 버리게 하는 오늘날의 학교 교육을 믿지 않는다. 나는 어려운 말을 지껄이고 어려운 외국말법으로 글을 쓰는 지식인들의 사상이고 철학을 믿지 않는다. 그들은 몸으로 행동할 줄은 모르고 말만 요란하다. 어렸을 때부터 잘못된 말로 된 글만 읽고 책 속에 빠져서 그 머릿속에는 온갖 쓸모없는 잡동사니 지식으로 차 있고, 뿌리 없는 철학과 사상이 책에서 익힌 남의 나라 말과 말법으로 헝클어진 실타래처럼, 또는 하늘 위에 떠 있는 신기루처럼 들어앉아 있다. 국회고 행정부고 학교고 어디고 이런 사람들이 우리 사회를 움직이고 우리 사회를 이 정도로 끌고 왔지만, 이런 사람들이 우리 사회를 망쳐놓은 것도 사실이다.

어째서 정직하고 성실하게 일하면서 살아가는 사람은 지도자가 될 수 없나. 국회의원이고 장관이 될 수 없나. 어째서 말만 앞세우고 수단방법 안 가리고 입신출세를 하려고 하는 재주꾼들만 설치는 사회가 되었나. 어째서 속은 비어 있으면서 겉만 꾸며 보이려고 하는 풍조가 온 나라를 휩쓸고 있나. 얼이 빠졌기 때문이다. 우리 말, 우리 글자, 우리 땅, 우리 것을 귀하게 여길 줄 모르니 얼이 빠질 수밖에 없다. 남의 말 남의 글자를 하늘같이 받들고 섬기는데 무슨 정신이 바로 박히겠는가. 이 근본 문제를 제대로 보지 않고는 절대로 우리 사회를 바로잡을 수 없고, 우리 역사를 바로 세울 수 없을 것이다.

3. 속임수가 있기에 어려운 말과 글을 쓴다

문화관광부가 번개치기로 발표해서 억지로 밀어붙이려고 하는 '한자병용' 시책에 대해서는 기회 있을 때마다 비판했기에 여기 또 무엇을 쓴다는 것이 영 마음이 내키지 않는다. 재미있는 꽃노래도 한두 번이라 했는데, 신물 나는 이 문제를 또 어떻게 말할까.

그런데 문화관광부가 그렇게 배짱 좋게 나오는 것은 그 뒤에 우리 역사와 사회를 망쳐놓은 세력이 있기 때문이다. 그들은 옛 중국의 한문글자를 하늘같이 받드는 사람들이요, 어려운 말과 글로 권위를 세우고 높은 자리에 올라앉아 큰소리치면서 백성들을 호령하고 겁주던 사람들이요, 중국을 숭배하고 일본에 붙어서 살던 사람들이다. 그 수가 얼마 되지 않지만 그들은 지금까지 돈과 권력을 잡고 이 나라를 움직여왔다. 그러다가 이제 '국민의 정부'가 되어 자칫하면 제대로 된 민주정치를 하게 될는지 모른다 싶어서 겁을 먹고는 자기들의 자리를 잃지 않으려고 그야말로 '총궐기'를 하는 판이 된 것이다.

그래 여기서는 우리 역사를 거꾸로 돌리려고 하는 이런 사람들이 모두 모여 있는 '전국한자교육추진총연합회'란 단체가 어떤 생각을 가지고 있는 사람들의 모임인가를 알아보기 위해, 이 단체에서 만들어 뿌리고 있는, 가장 중요한 그들의 주장이 담긴 선전 자료 한 가지를 살펴보기로 한다.

얼마 전 이 단체에서 '궐기대회'를 하면서 뿌린 인쇄물에 '한자교육의 필요성'을 여러 가지로 적어놓은 것이 있었다. 그것을 이번에 다시 읽어 보았더니 그중 한 가지가 참 어처구니없는 주장이면서 한편 자칫하면 많은 사람들이 이런 말에 휘말리겠다 싶은 것이 눈에 띄었다. 바로 다음과 같은 내용이다. 여러 가지 주장 가운데 이것을 드는 까닭은, 이 주장에서 한문글자를 쓰자고 하는 사람들의 본색이 가장 잘 드러나기 때문이기도 하다. (원문은 한문글자를 섞어 썼음.)

어느 나라나 지식수준에 따라 문장의 난이(어렵고 쉬움)가 다른 것인데, 언제나 한글전용의 어문일치(말과 글이 같은) 문장 쓰기를 주장하는 것은 마치 전 국민의 지식수준을 초등학교 수준으로 평준화하려는(고르게 하려는) 것과 다름없는 어리석은 짓이다. 높은 수준의 지적(지식) 문장에서는 한자 사용이 불가피하다. (묶음표 안에 쓴 말은 글쓴이가 쉬운 우리 말로 고쳐놓은 것임.)

한문글자 쓰기를 주장하면서 엄청난 돈을 들여 선전을 하고 있는 그 유명 인사들과 학자란 사람들의 머릿속이 이렇게 텅 비어 있고, 무지하고 어리석은가 새삼 놀라게 된다. 쉬운 말을 하면 내용도 없고 유치한 것이고, 어려운 말로 하면 아는 것이 많고 뜻이 깊은 말이 된다고 하는데, 도대체 이런 이론은 어디서 배운 '높은 수준의 말'인가. 또 글을 쉽게 쓰면 초등학교학생 수준밖에 안 되고, 어려운 한자말로 써야 수준 높은 지식을 나타낸 글이 된다니. 동서고금 어느 시대 어느 나라에서 이런 괴상한 문장론을 주장한 사람이 있었던가. 이거야말로 이 지구상에서 말과 글의 역사가 있고부터 이 대한민국이란 나라에서만 나온 소리인 줄 안다. 그 어느 나라도 쓰기를 싫어하거나 어쩔 수 없이 쓰는 한문글자를 도리어 하늘같이 받들어 모시는 비틀어진 눈과 일그러진 마음을 가진 사람들이 설치는 나라에서만 나올 수 있는 말이다.

그런데 이런 도무지 말도 안 되는 소리가 어쩌면 제법 설득력을 가지고 꽤 많은 사람들에게 먹혀들어가고 있지는 않나, 하는 생각이 들기도 한다. 가끔 한문글자도 함께 써야 한다고 우기는 사람을 만나게 되니 말이다. 물론 이런 사람들은 그 머릿속에 잘못된 먹물이 들어 있어서 그것을 씻어낼 양심을 갖고 싶어 하지 않으니까 말 같지도 않은 말을 받아들이는 것이겠지만.

나는 여기서 먼저, 『우리 말 우리 글』 회보 제4호에서 하현철 선생이 '전국한자교육추진총연합회' 사람들에게 질문한 말을 다시 다음에 적게 되었다. 아직도 그 질문에 대답이 없으니 또 한 번 여기서 하 선생을 대신해 묻는 것이다.

고요하면 맑아지고
맑아지면 밝아지고
밝아지면 보인다
• 성철

이 글은 한자는 물론 한자말이 하나도 없는 깨끗한 우리 말로 된 글이다. 아는 것이 많은 분은 이처럼 진리를 쉬운 말로 나타낸다.

당신들은 이 글도 지식수준이 초등학교학생 정도밖에 안 되는 사람이 쓴 글이라고 생각하는가. 또 이 글을 당신들이 말하는 시각성 어휘와 청각성 어휘를 모두 구사해서 국한 혼용문으로 고쳐 쓸 수 있는가.

다음은 나대로 또 한 가지 물어볼 것이 있다. 한문글자를 쓰고 어려운 한자말을 써야 훌륭한 지식이 들어 있는 생각을 나타낼 수 있는 글이 된다고 하니 제발 그런 글의 보기를 한번 들어 보여주기 바란다. 내가 당신들이 쓴 글을 아무것이나 들어서 얼마든지 따지고 비판할 수 있지만, 그렇게 하면 일부러 그런 글만 골랐다고 할 것 같아서 이렇게 특별히 주문하는 것이다.

그리고 다음에 드는 글은 초등학교학생들이 쓴 일기 글이다. 초등학교 학생들은 지식수준이 낮아서 쉬운 우리 말로만 쓰니까 그 글이 유치하고 아무 가치가 없다고 하는데, 이런 글이 아무 가치도 없는 글인가. 부디 대답해주기 바란다.

12월 1일 **빨래** 윤성영(서울 장안초등학교 3학년)
나는 오늘 심심해서 빨래를 했다. 그런데 너무 팔이 아팠다. 그런데 강아지는 빨래를 하는 게 신기한가 보다. 왜냐하면 고개를 좌우로 삐딱삐딱거린다.

3월 20일 **목욕** 김가슬(서울 삼선초등학교 2학년)
어머니께서 저녁에 목욕을 씻겨준다고 하셨는데 몸이 아프시다고 내일 목욕을 하자고 하셨다. 내가 아직 혼자서 목욕을 못하기 때문에 어머니께서 씻겨 주시는데, 내일은 동생과 내가 서로 등도 밀어주고 우리끼리 해 봐야겠다. 그러면 어머니께서 쉬실 수 있고 빨리 나으실 수 있으니까.

나는 어른들이 쓴 글보다 아이들이 쓴 글을 더 재미있게 읽고, 그래서 많이 읽는다. 어른들이 쓴 글에서보다 아이들이 쓴 글에서 더 많이 감동하고, 더 많이 깨닫고 배운다. 물론 어른들 흉내를 내어 어려운 말을 쓰고 거짓스럽게 꾸며 보이는 글이야 잘못된 교육으로 그렇게 되는 것이다. 내가 즐겨 읽는다는 아이들의 글은, 자기가 한 일이나 생각한 것을 자기 말로 정직하게 쓴 글이다. 이런 글을 읽으면 "아이들은 어른의 아버지"란 말이 정말이구나 싶다.

그래서 나 자신이 말을 할 때면 될 수 있는 대로 쉬운 말로 하려고 하고, 글을 쓸 때도 책에서 읽은 어려운 말은 안 쓰려고 한다. 무슨 글이든지 그렇게 쓸 수만 있다면 초등학교학생들도 읽어서 알 수 있도록 쓰려고 한다. 글을 모르는 시골 할머니한테 읽어주어도 알 수 있는 글이 가장 좋은 글이라 생각한다. 그런데 '한자병용'과 '한자 교육'을 하자고 주장하는 사람들을 따른다면 나 같은 사람은 지식수준이 낮아서 초등학교학생 정도밖에 안 되는 사람이다. 이와 같이 어려운 말을 하고 어려운 글자와 어려운 글을 쓰는 것이 훌륭하다고 하는 사람과, 쉬운 말을 하고 쉬운 글을 쓰는 것이 옳다고 하는 사람, 이 두 편 가운데 어느 편의 주장이 바른가? 어느 편이 바람직한가? 그리고 어느 편이 사람답고, 우리 겨레와 나라를 살리는 편인가를 이 글을 읽는 사람들은 자유롭게 판단해주기 바란다.

가끔 젊은이들과 이야기를 할 때면 "선생님 앞에서는 조심스러워서 말이 잘 안 나와요. 어려운 말이 튀어나올까 싶어서요" 하는 말을 듣게 된다. 또 어디서 원고를 써달라는 부탁을 받고 글을 써 보내면 신문사나 잡지사 같은 데서 편집하고 교정하는 이들이 흔히 내 글을 멋대로 고치는데, 쉬운 우리 말로 써놓은 것을 어려운 한자말로 고치는 것이다. 말을 쉽게 하고 글을 쉽게 쓰는 것은 어렵고, 어렵게 말하고 유식한 한자말로 글을 쓰는 것이 버릇이 되어 도리어 쉽게 되어버린, 이 거꾸로 된 말과 글의 어처구니없는 역사가 오늘의 모든 사회 혼란의 비극을 가져왔다. 지금부터라도 이 사실을 바로 깨달아 우리 말과 우리 글을 다시 찾아 갖지 않는다면, 머지않아 우리 민족은 영원히 헤어날 수 없는 비참한 구렁텅이에 떨어질 것이다.

4. 어린이들에게 한문글자 가르쳐야 한다는 억지와 속임수

한문글자를 쓰자고 하면서 초등학교학생들에게도 한문글자를 가르쳐야 한다고 우기는 이들이 가장 크게 힘주어 하는 말은 한글만 써서는 무슨 말인지 모르는 말이 많다는 것이다. 가령 신문에 자주 나오는 말로 '돌입' '우려' '주가' 같은 말도 한글로 이렇게 써놓으면 얼른 머리에 안 들어오니 한문글자로 '突入' '憂慮' '株價'라 쓰고, 이런 한문글자를 알아놓으면 말뜻이 머리에 시원스럽게 들어온다는 것이다. 또 역시 신문에 자주 나오는 말로 호우, 하자, 가시화, 해후, 조우, 종용, 의의, 외화, 회화, 화훼, 의상…… 같은 말들은 무슨 말인지 모른다고 한다. 그래서 한문글자로 豪雨, 瑕疵, 可視化, 邂逅, 遭遇, 慫慂, 意義, 外貨, 繪畫, 花卉, 衣裳……라고 써야 알 수 있다고 한다. 그러나 무엇 때문에 이런 어려운 한자말을 써야 하나. 누구나 잘 아는 쉬운 우리 말을 쉬운 우리 글자로 쓰면 얼마나 좋나. 다음과 같이 말이다.

- 돌입 (→들어가, 시작)
- 우려 (→걱정, 염려)
- 주가 (→주식값)

'염려'나 '주식'도 따지자면 한자말이지만, 아주 우리 말이 된 말이다.

'산' '강'과 같이 누구나 다 입으로 말하고, 한글로 써도 누구든지 잘 알 수 있는 말이기 때문이다.

- 호우 (→큰비)
- 하자 (→흠)
- 가시화 (→드러나)
- 해후 (→만남, 만나)
- 조우 (→만남, 만나)
- 종용 (→권함, 권해)
- 의의 (→뜻)
- 외화 (→외국돈)
- 회화 (→그림)
- 화훼 (→꽃)
- 의상 (→옷)

실제 글에서는 '30년 만에 해후'(→30년 만에 만나), '그곳에서 두 사람은 우연히 조우'(→그곳에서 두 사람은 우연히 만나) 이렇게 쓴다.
  이렇게 쉬운 우리 말 우리 글을 버리고 어려운 한자말을 쓰고 한문글자를 써야 할 까닭이 없다.
  어려운 한문글자와 한자말을 쓰자고 하는 사람들은 그런 어려운 말과 글자를 써서 이득을 본 사람들이다. 옛날부터 높은 자리에 올라앉아 언제나 백성들을 호령한 사람, 착하게 일만 하며 살아가는 사람들을 무식하다고 부려먹고 괴롭혀온 사람들이 바로 어려운 한문 공부를 해서 한문글자를 오직 하나의 무기로, 요술방망이로 휘두르며 권력을 유지해온 사람들이었다. 이제 민주주의 시대가 되었다고 하는데 난데없이 한문글자를 쓰고 아이들에게도 한문글자를 가르치자고 하여 반세기 동안 지켜온 한글전용법안까지 뜯어고치라고 '궐기대회' 같은 것을 하고 있으니, 이 무슨 역사의 망령이 나타난 것인가.

　나라 살림이 거덜 나서 거의 모든 국민이 입에 풀칠하기에도 힘들어 허덕이는 이 어려운 판국을 이겨나가기 위해 우리는 모든 자리에서 지난날 권위만을 휘둘러 나라 일을 엉망으로 해놓은 '귀한 자리'에 앉았던 이들을 싹 바꾸어 깨끗하고 젊은 이들이 모든 일을 바로 세우기를 바라고 있다. 그런데 우리 역사를 이 지경으로 망쳐놓은 근본을 만들어서 그 책임을 지고 맨 먼저 물러나야 할 이들이 도리어 큰소리치면서 역사를 거꾸로 돌리려 하고 있으니 참으로 어이가 없다. 이것을 보면 그 오랜 세월 동안 우리 겨레의 몸과 마음에 한문글자가 얼마나 무서운 독이 되고 마약이 되어 스며들어 있는가를 생각하지 않을 수 없다.

　곡식을 파는 가게에 가면 백미, 대두, 흑임자, 적두, 소맥분 따위로 적어놓았다. 쌀, 콩, 검은깨, 팥, 밀가루…… 이런 우리 말을 안 쓰고 괴상한 한자말을 써야 쌀이 잘 팔리고 콩이나 깨를 잘 사간다면 우리는 얼마나 한심한 민족인가. 한심하다고 보지 않고 도리어 자랑스럽게 여겨야 하나. 우리 국민이 이렇게 유식해졌다고, 그래서 이런 유식한 국민을 만들기 위해서 초등학교학생 때부터 한문글자를 가르쳐야 한다고. 그러나 이렇게 되면 의심할 여지가 없이 우리는 한자말에 마취당한 것이다. 어려운 말과 글로 온 백성을 마취시켜서 그 얼을 빼버리고, 언제까지나 종살이를 시키겠다는 흉악한 수작에 걸려든 것이라 하지 않을 수 없다.

　음식점에 가면 흔히 '냉수' '온수' '야채 백반'이라고 써놓았다. '찬물' '따스운 물' '나물밥'이라고 쓴 음식점은 찾아보기 힘들다. '아기' '아이' '어린이'란 말로 교육 이야기를 하는 유치원 선생님은 거의 없고 모두 '유아'라 한다. '갓난이' '젖먹이'란 말도 버리고 '영아'라고만 한다. '날마다' '아침마다'라고 말하는 초등학교 선생님도 만나기 어렵고, 모두가 '매일' '매일 아침'이라 한다. 그러니 대학교수가 되면 '더구나 교육에서 깨끗한 말을 해야 하는데도' 할 것을 "특히 교육에 있어서는 순수한 언어를 사용해야 함에도 불구하고" 한다. 그래야 교수가 될 자격이 있다고 생각하는 것이다. 이런 어려운 한자말만 가르치고 배워서, 어려운 말로 모든 일을 얼버무리고, 흐리멍덩하게 하고, 적당히 때워 넘기고, 남을 속이고, 남에게 속아 넘어가고, 안에 아무것도 없이 텅 비어 있는데도 무엇인가 꽉 찬 것처럼 겉을 꾸미고 해서, 정치고 학문이고 교육이고 산업이고 온통 허풍으로만 된 사회를 만들어놓은 결과가 오늘날 드디어 이런 거지 나라 꼴로 드러나는 것이다.

이것은 우리가 온 세계에서 가장 훌륭한 말과 글을 가졌다는 사실을 깨닫지 못하고, 우리 말과 글을 죽이는 한문글자를 숭배해왔기 때문이고, 한문글자로 언제까지나 이득을 얻어가지고 싶어 하는 높은 자리에 앉아 있는 사람들이 백성들을 바보로 만드는 최면술에 우리 모두가 걸려들었기 때문이다. 이제야말로 우리는 깨어나, 우리 말과 글을 더욱 보잘것없이 만들고 우리 문화를 아주 싹 쓸어 없애고 우리 백성을 영원히 종살이로 묶어두려는 흉계에 맞서서 싸우기 위해 일어나야 할 때다.

지난 11월 17일 서울 어디서 수백 명이 모여 '한자교육'을 하자고 하는 모임을 가졌다고 한다. 중고등학교나 대학에서야 한문을 가르칠 수 있고, 가르치는 것이 좋겠지. 그런데 초등학교학생에게도 한문글자를 가르치고, 신문과 책과 모든 공문서며 간판조차 한문글자를 마구 섞어 쓰자고 하니 기가 막힌다. 그리고 "한자교육을 하자"고 외치는 속뜻은 '한글전용법을 폐기하자'는 것이다. 한글전용법을 폐기해서 우리 글, 우리 말을 짓밟아 죽이려는 데 목적이 있다는 사실을 알아야 한다.

그 모임에서 나온 선언서를 보니 "초등학교 漢字敎育推進國民總蹶起大會"란 제목을 붙였다. 다른 글에는 죄다 "初等學校"라 썼는데, 이 제목만은 한글로 "초등학교"라 썼다. 이래서 이 '선언서'가 나오는 책자 표지에 책 이름처럼 적어놓은 "한글과 漢字는 새의 두 날개……" 어쩌고 해놓은 말을 따른다고 새까만 한문글자만 쓰지 않고 이렇게 한 것이겠지.

"궐기대회"(蹶起大會)라면 지난날 많이 듣던 말이다. 이승만 독재 정권과 군사 독재 정권 때 학생들은 말할 것 없고, 길가에서 장사하는 사람·공무원·농민·노동자들까지 숱하게 불려가 궐기대회란 것을 했다. 그런데 알고 보면 이것은 일제시대 왜놈들이 시작한 것이다. 국민총동원 궐기대회(國民總動員蹶起大會)란 것 얼마나 많이 했나. 전쟁에 패한 일본은 그 뒤 이 말을 써도 어려운 '蹶起'란 글자는 안 썼다. '決起'라고 쓴다. '蹶起'와 '決起'는 글자가 다르지만 일본말로는 똑같은 소리로 "켁기"라 읽는다. 그런데 한문에 미쳐 있는 우리 나라 사람들은 이렇게 일본제국이 악독한 식민지 통치를 하는 데 써먹었던 말조차 자랑스럽게 쓰고 싶어 한다. '궐기'의 "궐"(蹶) 자가 무슨 뜻을 가진 글자인지 알 필요가 없지만, '발에 힘을 주어 찬다'는 뜻이다. 그래서 '궐기'는 '발에 힘주어 차고 일어난다'는 말이다.

　이런 글자를 알고 말을 알아야 한문글자 쓰는 동양 문화권에서 뒤떨어지지 않는 나라가 된다고 하는데, 이런 글자는 일본에서도 안 쓰고 중국에서도 없애버린 지 오래다. 또 뭣 때문에 '궐기'란 것을 하나. 미쳤다고 땅을 박차고 일어나는가. 우리는 다만 정신을 바짝 차리고 두 눈 바로 뜨고 속아 넘어가지 않으면 된다. 저마다 할 일을 정성껏 하면서 우리 말·우리 글로 살아가면 된다. 어려운 말을 하는 사람, 어려운 글을 쓰는 사람에게 기죽지 말고 당당하게 "우리 말로 하시오!" "누구든지 알 수 있는 쉬운 말을 쓰시오!" 하고 말하면 된다. 우리는 누구든지 그렇게 말할 권리가 있다.

　그 "궐기대회"란 데서 나온 책자 앞표지에는 다음과 같은 말이 책 이름처럼 적혀 있다.

　　한글과 漢字는 새의 두 날개요 수레의 두 바퀴다!!

　어떤가. 근사한 말이라 생각되나? 참 웃기는 말이다. 무슨 새든지 두 날개가 똑같아야지, 이쪽저쪽 두 날개가 다르다면 그 새가 어떻게 날아가겠나? 하늘에서 떨어져 죽지. 아니, 하늘까지 날아오를 수도 없다. 수레가 또 이쪽저쪽 두 바퀴가 다르다면 그 수레가 어떻게 굴러가겠나? 이래서 웃기는 말이다. 우리가 이렇게 이쪽저쪽 다른 날개를 가진 새처럼, 다른 바퀴를 가진 수레처럼 되어 있는 나라라면 큰일 날 일이다. 당장 나라는 무너지고 찌그러지고 박살날 수밖에 없다.

그 옛날 왕조시대에는 한문으로 정치를 하고 한문이 사회를 움직이고 백성을 지배했다. 일제시대에는 일본말이 이 땅을 식민지로 다스렸다. 어느 때고 이쪽저쪽 다른 날개를 달고 날거나 다른 바퀴를 달고 있었던 것은 아니다. 그러니까 그 왕조시대가 몇백 년이나 갔고, 우리 겨레를 죽이려고 했던 왜놈시대조차 36년이나 되었던 것이다. 아무튼 시원찮거나 나쁜 날개며 바퀴라도 양쪽이 똑같아야 날 수 있고 굴러간다는 것이다. 물론 그런 잘못된 두 바퀴나 날개로 가던 시대에도 다만 글을 아주 모르거나 우리 글밖에 모르는 백성들은 그저 새가 날아가는 대로, 수레가 굴러가는 대로 끌려 다니기만 하면서도 온갖 어려움을 견디면서 우리 것을 품 안에 고이 지니고 살았다.

8·15 해방 이후에는 한글만 썼으니 말할 것도 없이 이쪽저쪽이 다른 날개, 다른 바퀴를 단 것이 아니다. 그래서 한쪽 날개, 한쪽 바퀴를 다른 것으로 갈아 끼우자는 이른바 '국한문 혼용론자'들이 끊임없이 역사가 나아가는 길을 가로막아보려고 했지만 허망한 그 뜻을 이루지 못했다. 우리가 오늘날 이 정도라도 나라 힘을 키워서 이 어려운 경제난국에도 희망을 잃지 않고 꿋꿋하게 살려고 애쓰고 있는 것도 한글이라는 한 가지 수레바퀴를 굴리고, 똑같은 두 날개로 날아왔기 때문이다. 그런데 이렇게 날아가고 있는 새의 날개 한쪽을 다른 모양을 한 날개로 바꿔 단다고? 이렇게 굴러가고 있는 수레바퀴 한쪽을 다른 것으로, 그 재료도 크기도 모양도 아주 엉뚱한 다른 것으로 갈아 끼운다고? 이게 큰일 날 일이 아니고 무엇인가? 이런 바보 같은 짓거리가 어디 있나? 이게 나라를 박

살 내자는 소리 아니고 무엇인가?

그러면 "한글과 漢字"가 "두 날개요 두 바퀴"라고 우기는 사람들이 보여주는 그 날개와 수레의 실상—그들이 쓰고 있는 글을 한번 보기로 하자.

앞에서 적은 바와 같이 "초등학교 漢字敎育推進國民總蹶起大會"라고 해서, 다른 글에서는 죄다 한문글자로 "初等學校"라 썼는데, 이 대회 이름에서만은 한글로 "초등학교"라 썼다. 왜 이렇게 썼을까? 그것은 이 "초등학교"마저 한문글자로 쓰면 대회 이름이 모조리 새까만 한문글자가 되고, 그래서 그들이 주장하는 "한글과 漢字"는 "새의 두 날개요 수레의 두 바퀴"라고 하는 말에 어긋나는 느낌을 주기 때문이다. 이래서 그들이 쓴 글을 보면 한글로 써도 누구나 알 수 있는 한자말을 한글로 안 쓰고 한문글자로 쓴다. 다만 이렇게 쓰면 너무 한문글자가 많으니까 글에 따라서 적당히 한글을 섞어 쓰는 것이다.

말하자면 한문글자로 된 말을 모조리 한문글자로 쓰는 데 목표가 있고, 한글은 이렇게 한문글자를 쓰기 위한 방편으로, 한문글자를 쓰기 위해 편리하게 이용하는 글자로 다루고 있는 것이다. 그러니 "새의 두 날개"라거나 "수레의 두 바퀴"란 말은 속임수다. 이 속임수에 넘어가면 우리는 우리 글을 잃고 우리 말을 잃어버린다.

그 '궐기대회' 선언문 첫머리는 다음과 같다.

지금 우리는 經濟危機와 더불어 심각한 文化危機에 처하여 있습니다.

이렇게 "경제위기"와 "문화위기"란 두 말은 한문글자로 썼다. 그런데 "심각한"과 "처하여"는 왜 '深刻한' '處하여'로 쓰지 않았나? 죄다 한문글자로 쓰면 너무 이려우니 적당하게 두 군데만 한문글사로 쓴 것이나. 이것이 속임수다. 우리는 이런 글에서 한문글자를 쓸 필요를 조금도 느끼지 않는다. 우리는 이 글을 다음과 같이 써야 한다고 본다.

　　지금 우리는 경제 위기와 더불어 심각한 문화 위기에 처하여 있습니다.

어느 쪽이 더 읽기가 좋고, 어느 쪽이 더 읽기가 힘든가? 한문글자를 오랜 세월에 걸쳐 배워온 사람들은 앞의 글이 더 읽기가 좋다고 하겠지. 그러나 한글만 배워온 사람들은 뒤의 글이 더 읽기가 좋다고 할 것이다. 그렇다면 온 나라 사람이 함께 써야 할 글을 어느 쪽으로 정하는 것이 옳겠나? 어느 쪽이 더 민주주의 문화를 만드는 데 알맞은 글쓰기가 되겠나?

다시 한 걸음 더 나아가 우리는 또 이 글을 다음과 같이 더 쉽고 더 깨끗한 우리 말로 쓰기를 주장한다.

　　지금 우리는 경제가 위태롭게 되고 문화가 크게 위태롭게 되었습니다.

어떤가? 이렇게 우리 말로 쓰면 얼마나 쉽고 시원스럽게 읽히는가? 이렇게 쓴 말이 앞에서 적어놓은 말과 그 뜻이 다른가? 조금도 다르지 않다. 우리 말은 우리 글로 써야 한다. 이렇게 똑같은 날개를 달아야 새고 비행기고 잘 날 수 있고, 이렇게 똑같은 바퀴를 달아야 자동차고 기차고 잘 달려갈 수 있다.

- 韓國語의 特殊性 次元에서
- 傳統文化 繼承發展 次元에서
- 敎育的 效果 次元에서
- 國際的 紐帶關係 次元에서

이 네 가지 제목은 "漢字敎育의 필요성"이란 큰 제목으로 된 글의 중간제목들이다. 여기서 보면 우리 한글은 아주 토박에 없고 모조리 새까만 한문글자뿐이다. 그렇다면 큰제목에 나오는 "필요성"도 '必要性'이라 쓸 것인데, 이것만은 웬일로 한글이다. 이것마저 한문글자로 쓰면 모양이 좋지 않다 싶어 이렇게 한 것이겠지. '必要性'이란 한문글자가 "韓國語"니 "傳統"이니 "繼承發展"이니 "國際 紐帶關係"니 하는 글자들보다 획수가 더 많고, 그래서 쓰기가 더 어려워서 한글로 쓴 것이 아니다. 같은 말을 쓰는데 한글로 썼다가 한문글자로 썼다가 하는 것이 아무 원칙도 없고, 그때그때 적당하게 모양만 보기 좋게, 한문글자란 보기 흉하고 읽기 힘들구나 하는 느낌이 안 들게 하려는 것이다. 역시 속임수라는 것이다.

그렇다면 위의 글을 한글로 쓰면 어떻게 될까? 어려운 것 하나도 없다. 그냥 한글로 쓰고, 한글로 쓰면 얼른 뜻을 알기 어려운 말은 우리 말이 아니라고 생각해서 쉬운 우리 말로 바꾸어 쓰면 그만이다. 다음과 같이.

- 한국말의 특수성에서 (또는 한국말의 특별한 성격에서)
- 전통문화 계승 발전에서 (또는 우리 문화를 이어받고 발전하는 일에서)
- 교육의 효과 면에서 (또는 교육하는 효과에서)
- 나라끼리 손잡기 위하여

어려운 한문글자와 한자말을 쓰지 않아도 얼마든지 된다. 쉬운 우리 말을 쓰면 깊은 뜻을 가진 생각을 나타낼 수 없고, 예술이고 철학을 얘기할 수 없다는 말은 얼마나 어리석고 한심한 사람들이 하는 말인가? 얼마나 백성들을 깔보고 자기 민족을 멸시하는 말인가? 얼마나 제 것을 부끄러워하면서 남의 것을 쳐다보고 얼이 다 빠진 사람들이 하는 말인가? 이런 사람들이 지금까지 여러백 년 동안 우리 정치를 제멋대로 주무르면서 온 백성들 위에 올라앉아 있었으니 어찌 나라가 이 꼴이 되지 않을 수 있겠는가. 이제 돼먹지도 않은 헛소리를 하는 양반들을 역사의 무대에서 다 물러나게 해야 한다.

'전국한자교육추진총연합회'에서 내걸고 있는 구호에 다음과 같은 것이 나온다.

- 한글만 아는 사람은 半文盲!
- 漢字도 알면 완벽한 國語生活!

여기 적어놓은 "半文盲"은 '반문맹', 곧 '반무식꾼' '반글봉사'란 말이고, "漢字"는 '한자', 곧 '한문글자'고, "國語生活"은 '국어생활'이다. 이런 한자말도 우리 말·우리 글로 쓰면 얼마든지 된다. 이렇게 어려운 한문글자를 써놓고 이런 글자 모르는 사람은 무식꾼이다, 반글봉사라고 하는 것은 온 국민을 업신여겨서 놀리는 짓이고, 온 국민을 모욕하는 말이다. '전국한자교육추진총연합회'도 이렇게 한글로 쓰지 않고 '全國漢字敎育推進總聯合會'라 쓰는데, 이런 것 모르면 무식쟁이가 되니 어서 한문글자 공부하라고, 아이들에게도 한문글자 읽고 쓰는 공부를 시키라고 겁주는 짓이니 속아 넘어가지 말아야 한다. 그까짓 것 몰라도 아무 상관없고, 차라리 모르는 것이 더 낫다. "이게 무슨 글자고 무슨 말인가? 당신들은 어느 나라 사람인가? 왜 우리 글로 안 쓰고 이런 글자로 쓰나? 나는 그런 글자 알 필요가 없고 알고 싶지도 않다"고 큰소리로 말해주는 것이 좋겠다. "당신들은 지금까지 그런 어려운 글자 가지고 잘 팔아먹고 지냈구나!" 하고 덧붙여 말해주면 더 낫겠지. "그런 수작 그만 부리고 조용히 물러나 있으라"고 말이다.

같은 그 모임에서 내놓은 표어에 또 이런 것이 있다.

• 漢字語도 분명히 우리 말!

"한자어", 곧 한문글자로 된 말도 분명히 우리 말이란 것이다. 이건 또 어떻게 봐야 할까? 우리 역사에서 지난 천 년 동안 한문글자를 썼다. 그러나 그토록 오랫동안 썼지만 그 글자는 우리 것이 될 수 없었다. 왜 그런가 하면, 이 한문글자는 우리 말 소리를 적을 수 없는 뜻글자이기 때문이다. 그러나 워낙 오랫동안 나라를 다스리는 정치인과 사회를 움직이는 지식인들이 써왔기 때문에 우리 말이 되어버린 것이 많다. 이것을 어떻게 해야 하나?

어려울 것 하나도 없다. 이렇게 하면 된다. 귀로 들어서 곧 쉽게 알 수 있는 말과 한글로 써놓았을 때 쉽게 알 수 있는 말은 본디 한문글자에서 나온 말이라도 우리 말이 되어버린 것이라 보아야 한다. 그러나 책에서 아무리 많이 쓰고 있더라도 귀로 들어서 알기 어렵고, 우리 한글로 적어서 모르는 말은 우리 말로 보지 말아야 한다. 이런 말은 교과서에 나오더라도 우리 말이 될 수 없고, 사전에 아무리 많이 올라 있어도 우리 말이 될 자격이 없다. 이런 말을 우리 말이라 생각해서 한글로 적어서 자꾸 쓰니까 우리 말과 글이 어지럽게 된다. 이 글에서 "한자"라 하지 않고 "한문글자"라고 쓰는 까닭도 이러하다. "한자"라고 쓰면 한 자, 두 자…… 이런 말로 잘못 알게 되니까.

그런데 한자말도 분명히 우리 말이라고 하는 속셈은 무엇일까? 그것은 뻔하다. '전국한자교육추진총연합회'에서 내놓은 선전 자료를 보면 '같은소리 글자'(그들은 '동음이어'〔同音異語〕라 한다)의 보기를 몇 가지 들어놓았는데, 그 첫머리에 "고사"라 한글로 써놓고, 이런 말소리로 된 한자말이 스물두 개나 있다고 다음과 같이 씨놓았다.

古史, 古寺, 故事, 古詞, 叩謝, 考思, 考査, 告祀, 告辭, 孤寺, 固辭, 枯死, 苦思, 苦辭, 高士, 庫舍, 高砂, 庫沙, 高射, 高師, 鼓詞, 篙師

이래서 "고사"라고 한글로 써서는 무슨 말인지 모르니 한문글자로 써야 되고, 그래서 한문글자를 배워야 우리 말을 제대로 쓸 수 있다는 것이다. 그러나 이것 참 어이가 없는 말이고, 웃기는 말이다. 내가 보기로 이 스물두 가지 한자말에서 우리가 보통 쓰고 있는 말은 두어 가지뿐이다. 그게 어떤 말인가? 앞에서 말했듯이 "고사"라고 말했을 때 곧 머리에 떠오르는 말이 우리 말이다. 그러니까 학교에서 학생들이 치르는 '시험'이란 뜻으로 쓰는 말로 '고사'가 있고, 또 하나는 '고사 지낸다' '고사떡' 할 때 쓰는 '고사'다. 따라서 한글로 '고사'란 말을 쓴다고 말이나 글이 헷갈리고 어지러울 것 조금도 없다.

이 두 가지 말고 "枯死한다"는 '말라 죽는다'로 쓰면 그만이고, "古事"는 '옛일'이고 "古寺"는 '옛절'이고 "固辭한다"는 '굳이 사양한다'고 "高師"는 '높은 스승'이다. 그밖에 죄다 이렇게 쉬운 우리 말로 쓰면 되는 말이거나, 아니면 평생 가야 한 번도 쓸 필요가 없는 말들이다. 그런데 어째서 이런 어려운 한문글자를 익혀서 쓸모없는 한자말을 써야 하나?

가령 또 이렇게 한문글자를 모든 사람들이 바보가 되어 억지로 배워서 유식하게 구별해 쓴다고 하자. 글자로 써서 읽을 때는 그렇게 읽는다고 치고, 말을 할 때는 역시 입으로 "고사"란 소리밖에 낼 수 없으니, 이런 말의 혼란을 어찌할 것인가? 이것은 열번 백번 생각해도 우리 말을 죽이고 우리 말과 글을 어지럽게 하고 엉망으로 만들어버리려고 하는 어처구니없는 주장이고, 우리 겨레와 나라를 망치려는 수작이라고 아니 할 수 없다.

우리 백성들은 너무나 오랫동안 속아 살아왔다. 정치하는 사람들에게 속고, 높은 자리에 앉아 내려다보며 거룩한 말씀이나 내리는 어른들에게 속고, 어려운 학문과 오묘한 철학에 속고, 외국말 외국말법으로 빈틈

없이 짜놓은 관념의 거미줄에 걸려들고, 근사하게 지껄이는 연설에 깜박 넘어가고……. 그런데 이렇게 속아온 것을 잘 살펴보면 모조리 어려운 말과 글이다. 어려운 말과 글에 그만 말려들고, 홀딱 정신이 빼앗기기도 하고, 짓눌려 저 자신을 잃기도 한 것이다. 이제 우리는 제정신을 가져야 한다. 내 것을 찾고 내 것을 지키고 우리 것을 살려야 한다. 무엇보다도 첫째로 우리 말, 우리 글을 살려야 한다. 절대로 속아 넘어가지 말아야 한다.

5. 한문글자는 우리 말과 우리 민족을 죽이는 암이다

'전국한자교육추진총연합회'란 단체에서 내놓은 자료 가운데, 한문글자를 온 국민이 써야 한다면서 한문글자 교육의 필요성을 들어놓은 것이 모두 22가지가 된다. 그 가운데서 가령 우리 말의 구조가 뜻글자와 소리글자를 함께 쓰도록 되어 있다든지, 세종대왕이 훈민정음을 만들어낸 속뜻은 한문글자도 함께 쓰기 위함이었다든지, 한문글자도 우리 조상이 만들었다든지, 한문글자 배우면 머리가 좋아진다든지, 한자 문화권 밖에서도 한문글자 배우려는 추세가 되었다든지…… 도무지 말도 안 되는, 세 살 먹은 어린애 속이는 짓거리 같은 말, 그저 웃어버려야 할 말이 대부분이다.

그런데 자칫하면 많은 사람들이 잘못 알게 될 수도 있겠다 싶은 주장이 몇 가지 있어 이런 주장에 대해서는 그 잘못을 따져서 비판한 글이 여러 곳에서 나왔고, 나 역시 한두 차례 모두 언급한 터이지만, 이 자리에서 다시 간추려 말해보겠다. 지면관계로 간략하게 말할 수밖에 없다.

첫째, 학술 전문어를 한글로 쓰면 뜻 전달이 안 된다는 주장에 대하여.

아무 지장도 없이 뜻이 잘 전달되는 말도 있고, 안 되는 말도 있다. 그런데 안 되는 것은 한글로 썼기 때문이 아니고 말 자체를 어려운 한자말로 썼기 때문이다. 그러니까 쉬운 우리 말로 고쳐 쓰면 다 되는 것이다.

가령 우리 말로 '머리' '가슴'하면 될 것을 의학에서는 '두부' '흉부'라 한다. 이래놓고 한글로 써서는 모르는 "頭部" "胸部"란 한문글자를 가르쳐야 한다고 우기니 무슨 교육인가? '낭포'를 모른다면 한문글자로 "囊胞"를 배운다고 그 뜻을 알 리 없다. 차라리 '포주머니'라 하는 것이 좋겠지. 의학말 다듬는 이들은 이 말도 아주 알맞게 고쳐놓았을 줄 안다. 학술 전문어가 어렵다면 쉬운 우리 말로 고치고 다듬어 쓰도록 해야지, 어려운 한문글자를 가르쳐서 그 어려운 한자말을 그대로 쓰도록 해서 어찌 되겠는가? 그게 학문인가? 언어학에서 '구개음'을 모른다고 "口蓋音"이라 쓰고 이 한문글자를 애써 가르쳤다고 하자. 그러면 그 뜻을 알 수 있는가? '입 구' 자 '덮을 개' 자, '소리 음' 자 이것으로 어떻게 '구개음'이란 말뜻을 알겠는가? 우리 말로 '입천장소리' 하면 얼마나 쉬운가! 식물학에서도 '도래종' '서식지'라고 쓴다. 이런 말을 알 수 있게 한다고 "渡來種" "棲息地"란 한문글자를 가르칠 것이 아니라, 우리 말로 '들어온 씨앗'(들온 종) '사는 곳'이라 하면 그만이다. 농학에서도 "이앙기" "관수" 따위를 써서 무슨 말인지 모르게 하는데, '移秧期' '灌水'를 농민이나 학생들에게 가르칠 것이 아니라 '모내기철' '물대기'란 말을 써야 옳다. 이런 보기를 들자면 끝이 없다.

둘째, 우리 말의 어휘 70%가 한자말이고 같은소리말이 많으니 한문글자로 써야 한다는 주장에 대하여.

같은소리말이 많다고 해서 들어놓은 자료를 보면 평생 가도 한 번도 쓰지 않는 말이 열에 여덟 개쯤 된다. 열에 두셋은 그냥 한글로 쓰면 누구든지 알 수 있는 말이거나, 아니면 우리 말로 고쳐 쓰면 되는 말이다. 그러니 사전에 올라 있는 한자말이 70%라고 자꾸 떠들어대는 것은 순진한 사람들을 겁주는 말이다. 사전에는 별의별 한문글자가 낱자로도 한 가지 말로 올려 있어서 이 70%린 숫자에 들어가게 되는데, 정작 시골 사람들이 쓰는 깨끗한 우리 말은 얼마나 많이 빠져 있는지 모른다. 그리고 아주 우리 말로 되어버린 '산' '강' '벽' 따위도 모두 한자말로 처놓았다.

셋째, 유사 이래 한문으로 기록된 전통 문화유산을 알고 계승·발전시키기 위해서 한문글자를 가르쳐야 한다는 주장.
그러니까 중고등학교에서 한문 과목을 두어 가르치는 것이고, 대학에서도 한문학과가 있다. 온 국민이 한문글자를 배우는 바보 같은 짓을 해서는 안 된다. 한문글자 안다고 한문책 읽을 수 있는 것이 아니다.

넷째, 한문글자를 함께 쓰면, 영어에서 중요한 낱말을 고딕체로 쓰는 것과 같은 효과가 있어서 책 읽기가 좋다.
그까짓 그런 효과를 노려서 어려운 한문글자를 써야 할까? 꼭 그렇다면 우리 한글도 고딕체로 만들어 그렇게 쓰는 연구를 하면 될 것이다. 어째서 우리 말 우리 글을 살릴 생각은 안 하는가?

다섯째, '한자로 된 지식용어'를 한글로만 써서 배우면 정확한 뜻을 모르고, 그래서 말도 자신 없이 하고 글도 정확하게 못 쓴다.
이 주장이 얼마나 잘못되었는가, 앞에서 비판한 몇 가지에서 충분히 밝혀졌다고 본다. 이런 말은 한글세대의 모든 사람이 용납하지 않을 것이다. 도리어 '한자로 된 지식용어'를 마구 자신 있게 쓰는 사람치고 정확한 글, 우리 말법에 맞는 글을 쓰는 사람을 나는 아직 한 사람도 본 적이 없다.

여섯째, 반세기 동안 한글전용을 해서 고등교육을 받은 사람들 모두 '반문맹'이 됐다.
소가 들어도 웃을 소리다. 우리 말 우리 글 틀리게 쓰는 것은 부끄러운 줄 모르고 한문글자 모른다고 글봉사라니!

일곱째, 서양 외래어를 우리 말로 바꿔 쓰려면 조어력과 응용력이 높은 한문글자를 가르쳐야 한다.

어려운 한자말은 우리 말이 아니다. 어째서 '한자의 조어력과 응용력'은 그렇게 신통하게 생각하면서, 우리 말의 '조어력' '응용력'이 세계 어느 나라 말보다 뛰어나다는 것을 모르는가? 한심한 한문글자 중독자들!

여덟째, 한글세대의 인문지식 저하로 윤리도덕이 없어지고, 철학과 사상이 없어져 오늘날의 정치 혼란, 경제위기가 왔다.

나는 완전히 반대로 생각한다. 한문 숭배자들이 우리 사회를 다 망쳐놓았다. 나라 팔아먹은 자들도 그들이었다.

아홉째, 어느 나라고 지식수준을 따라 문장의 '난이'가 다르다. 한글전용의 언문일치 문장은 온 국민의 지식수준을 초등학교 수준으로 평준화한다.

참 가관이다. 이걸 말이라고 하는가? 참된 지식이 뭔가, 좋은 문장이 어떤 문장인가를 도무지 모르는 그야말로 무식쟁이나 하는 말이다. 한문글자 공부만 하다보니 이렇게 됐는가? 그런데 한자교육을 해야 한다고 하는 이들이 신문에다가 크게 내는 광고에 정작 그 한문글자조차 번번이 틀리게 쓰는 것은 웬일인가? 그렇게 한문글자를 하늘같이 떠받들고 싶으면 한문글자 공부나 잘할 일이다. 그리고 그토록 편리하고 신통한 글자라면 쓰고 싶은 대로 얼마든지 쓰라! 다만 온 국민이 한문글자를 쓰도록 하는 미친 짓거리를 강요하지는 말라!

제2장 한자말, 어떻게 볼 것인가
2) 한글전용법을 지켜야 한다

6. 우리 말(글), 우리 목숨 지키는 독립선언문
'한글전용법 지키기 천만인 서명운동'을 시작하면서

우리 말(배달말), 우리 글(한글)은 세계에서 가장 뛰어난 말이요 글이다. 우리는 이 자랑스러운 말과 글을 잘 다듬고 가꾸어 온 세계 사람들이 널리 쓰는 말이 되도록 해야 할 영광스러운 겨레다.

그런데 요즘 난데없는 한문글자를 쓰자고 외치는 사람들이 나타났다. 이들은 한글이 온전한 글자가 되지 못해서 우리 말을 제대로 적을 수 없다는 괴상한 말을 한다. 그래서 어린이들에게도 한문글자를 가르치고, 신문과 책과 공문서와 간판까지도 한문글자를 섞어 써야 한다고 말한다. 이렇게 한문글자를 쓰고 싶어 하는 이들은 지금까지 돈과 권력으로 나라를 움직이는 자리에 앉아 있었던 사람들이요, 어려운 글자와 어려운 말로 이득을 보아온 사람들이다.

마치 그 옛날, 한문 공부를 한 사람만 이 벼슬을 해서 백성들 위에 올라앉아 있었듯이 그렇게 살아온 이들이다. 돈과 권력이면 안 되는 일이 없다고 한다. 이제 우리 일하면서 살아가는 백성들은 자칫하면 우리가 오직 하나 마지막으로 가지고 있는 목숨줄인 말과 글까지 무지막지한 발에 짓밟혀버리게 될 위험한 판국을 맞았다. 이것은 외국의 무력 침략보다도, 오늘의 경제난국보다도 한층 더 위험한 사태. 말과 글을 잃어버리면 우리, 겨레는 끝장이 나는 수밖에 없기 때문이다.

한문글자는 세계에서 가장 어렵고 쓰기에 불편한 글자다. 세계에서 가장 많은 인구로, 넓은 땅과 오랜 역사를 가진 중국은 한문글자를 쓰다가 그만 문명이 뒤떨어지고 나라꼴이 형편없이 되었다. 그래서 이제는 쉬운 글자로 고쳐서 쓰고 있지만, 그것도 불편해서 아주 영어나 우리 나라 한글을 자기 나라 글자로 쓰자는 주장도 하고 있다.

우리도 지난 천 년 동안 중국의 한문글자를 썼기 때문에 백성들의 삶이 언제나 어려운 한문글자를 쓰는 특권층에 짓밟혀왔다. 나라가 망해서 일본의 식민지가 된 것도 그 근본 까닭은 한문을 숭배하는 특권층이 나라 정치를 제멋대로 했기 때문이다. 다행하게도 일본제국이 물러간 뒤로 지금까지 50년이 넘게 한글을 주로 썼지만, 아직도 한문글자의 망령에서 벗어나지 못하고, 한글을 써도 어려운 한자말을 버리지 못하는 사람들이 많다. 그래서 한글만으로 쓰면 무슨 말인지 모른다고 하는 사람이 나온다. 무슨 말인지 모르는 것은 한글 때문이 아니고, 어려운 한자말을 썼기 때문이며, 쉬운 우리 말을 안 썼기 때문이다.

가령 보기를 들자면, 한글로 "하자" "호우" "가시화" "화훼"라 써놓고, 이래서는 무슨 말인지 모르니까 한문글자로 '瑕疵' '豪雨' '可視化' '花卉'라 써야 한다고 말한다.

그러나 무엇 때문에 이런 어려운 말을 어려운 글자로 써야 하나? 우리 말로 '흠' '큰비' '드러냄' '꽃'이라고 하면 얼마나 좋은가. 쉬운 우리 말을 자랑스럽게 써야 우리 말이 기를 펴서 살아나고 빛이 난다. 그래서 우리도 기를 펴서 모든 일을 올바르게 하게 된다. 우리 말, 우리 글이 우리 겨레의 사랑을 받아야 우리 문화가 아름답게 꽃피고, 온 세계 사람들이 우리를 높이 쳐다보게 된다.

한문글자를 쓰면 한문글자로 된 말을 쓰게 되고, 한자말을 쓰면 우리 말을 버리게 된다. "호우"(豪雨) "냉수"(冷水) "노지"(露址)란 말들을 배워놓으면 우리 말 '큰비' '찬물' '한데'란 말을 안 쓰게 된다. 이래서 우리는 우리 말을 자꾸 잃어버린다. 『우리말 사전』에 깨끗한 우리 말보다 안 써도 되는 한자말이 더 많이 들어가 있는 까닭이 이러하다. 우리 말이 죽으면 우리 얼도 죽어버린다. 얼이 빠진 겨레는 살아 있다고 할 수 없다.

한문글자(말)를 쓰면 또 일본말을 그대로 따라가는 꼴이 된다. 우리 말 우리 글자로 '나물' '올림' '시작' '할 일'이라고 쓰면 될 것을 "야채"(野菜) "인상"(引上) "개시"(開始) "역할"(役割)이라고 쓰는데, 이것이 모두 일본말이고, 이렇게 해서 쓰는 일본말이 얼마든지 있다. 제 나라 말·글이 가장 좋다는 사실을 모르고 남의 나라 글자나 말을 쳐다보고 얼빠진 사람이 되니, 중국글자고 일본말이고 영어고 밖에서 들어오는 것은 무슨 말이든지 무슨 글이든지 하늘같이 떠받드는 종살이 버릇이 들었다. 이래서 우리 말을 살리고 우리 글을 지키는 일은 우리 모두 목숨을 걸고 해야 할 독립운동이다.

우리 말, 우리 글은 백두산보다도 금강산보다도 더 귀한 보배요, 바로 우리들의 목숨이다. 이 목숨을 돈과 권력을 가진 사람들이 짓밟으려 하고 있다. 어려운 말과 글로 백성들 위에 올라앉아 있던 그들은 이제 곧 한글만 쓰는 젊은 세대가 사회를 움직이는 세상이 될 것을 걱정해서 역사를 거꾸로 돌리려 하고 있다. 우리는 이 엉큼한 수작에 절대로 속아 넘어가지 말아야 한다.

동포 여러분! 우리 모두 우리 말과 글을 지켜서, 자손 만대에 이어줄 조국을 튼튼한 반석 위에 세우자. 세계에 우뚝한 배달말 나라, 빛나는 한글 나라로 만들자. 말과 글만 우리 것으로 가지고 있으면 어떤 총칼도 무서워할 것 없다. 어떤 경제난도 이겨낼 수 있다. 한문글자나 영어를 쓸 것이 아니라 (한문이나 영어는 전문가들이나 그밖에 필요한 사람들만 알면 그만이다.) 우리 말과 우리 글을 다듬고 가꾸어서 온 세계 사람들이 널리 쓰는 국제어로 만들자.

어린이와 청소년들아! 우리 말과 글로 너희의 슬기롭고 아름다운 세계를 마음껏 펼쳐라. 자랑스러운 배달말과 한글은 여러분을 세계에서 우뚝한 자리에 높이 올려놓을 것이다.

7. 우리 말 우리 글을 지키는 기쁨과 자랑
깨끗함과 흐림을 분별하게 하는 우리들의 일

천만인 서명운동이란 것이 지금까지 우리 역사에서 있었는지 모른다. 어떤 사람들은 "천만인 서명을 받다니, 어디 그런 일을 할 수 있단 말인가? 허풍이지" 할 것 같다. 그러나 우리는 이것이 결코 입으로만 내거는 구호라 생각하지 않는다. 꼭 해낼 수 있다고 믿는다. 물론 몇 달 동안에, 한두 해 사이에 목표를 이루기는 어려울 것이다. 5년이나 어쩌면 10년, 이렇게 오랫동안 꾸준히, 기어코 해내고야 말겠다는 결심으로 단단히 시작한 것이다. 숫자로 따져도 안 될 것 없다. 우선 전국의 초·중·고 학생들만 하더라도 그 수가 얼마나 되나? 학교 선생님과 학부모들도 거의 모두 우리 편이라고 확신한다. 그러니 좀 오랜 시일이 걸린다는 것이지, 서명은 얼마든지 받을 수 있고, 천만도 넘게 받을 자신이 있다. 그리고 이런 서명 받기를 하면서 우리 말을 살리고 우리 글을 지키는 정신을 온 국민이 가지도록 하는 데 우리가 하는 일의 참 뜻이 있고 참 목표가 있는 만큼, 이 일은 차라리 좀 여러 해가 걸리는 것이 더 바람직하다는 생각도 든다.

그런데 우리가 처음 이 일을 하자고 말한 것은, 이렇게 어느 정도라고 따져서 틀림없이 될 것 같기에 의논하고 시작한 것은 아니다. 지난달 '우리말살리는모임'의 운영위원회가 있던 자리였다. 그때 우리 모임의 공동대표로 수고하시는 이대로 선생님이 '전국한자교육추진총연합회' 쪽에

제2장 한자말, 어떻게 볼 것인가 87

서 하고 있는 일을 알리는 말 가운데, 그쪽에서 백만인 서명운동을 한다고 했다. 그 말을 듣자마자 제 입에서 저절로 터져 나온 말이 "그쪽에서 백만인 서명한다면 우리 천만인 서명운동 하지!"였다. 그랬더니 역시 공동대표로 계시는 김경희 선생님도 "천만인 서명 할 수 있고말고요. 우리도 합시다!" 했다. 이렇게 나온 말들이 머리로 계산한 결과로 한 말이 아니었다. 이 일이 될 수 있나 없나, 이 일을 해서 이득이 오는가 손해가 나는가, 하는 생각은 조금도 하지 않았다. 그야말로 자연발생으로 터져 나온 말이요, 온몸으로 부르짖는 소리였다. 이래야 된다, 이렇게 하지 않을 수 없다, 기어코 하고야 말겠다, 반드시 이뤄질 것이다……

이렇게 온몸으로 느껴서 토해낸 말이요 행동이었다. 어쩌면 어린애 같기도 하다. 지금 생각하니 저나 김경희 선생이나 이대로 선생이나 우리 공동대표란 사람 셋이 모두 어린애 같은 점이 있구나 싶다. 그러나 어린이 같은 마음, 이거야말로 귀하고 자랑스러운 것 아닌가?

여기 이 자리에 모이신 여러분들도 아마 저희들과 비슷한 마음이 되어 나온 것이 아닌가 생각한다. 이 일에 참가해서 무슨 이득이 나올 것인가, 이것이 성공할 것인가 실패한 것인가를 따져서 온 것이 아니고, 다만 이 일만은 어떻게 해서라도 해야 한다는 한 마음으로 왔다고 믿는다. 이러한 우리들의 깨끗한 마음, 이것이 우리들의 자랑이고, 그 어떤 권력이나 재벌이 내어 주는 돈보다도 더 든든하고 값진 밑천이다. 우리가 하는 일은 반드시 빛나는 열매를 맺을 것이다.

그런데 '전국한자교육추진총연합회'에서 신문에 광고한 준비위원들의 이름을 여러분들도 다 보았을 줄 안다. 여기 이렇게 나와 있는 이름들, 저는 오늘 아침에도 신문에 났던 이 이름들을 하나하나 보면서 생각했다. 무슨 대학 총장, 국무총리를 지낸 사람들, 적어도 대학교수나 전직 장관, 국회의원 지낸 사람들, 그밖에 지금까지 이 나라 국민들 위에 올라앉아 유식하고 어려운 말로 국민들을 가르치고 이끌고 했던 사람들뿐이다. 그리고 이 가운데는 지난날 친일하던 사람들, 보수 우익으로 이름이 난

사람들이 어쩌면 모두 이렇게 한자리에 다 모였나 놀라게 된다. 또 재미있는 것이, 지난날 민주운동을 한다고 했던 사람까지 몇이 섞여 있는 것인데, 이럴 때 사람의 본색이 잘 나타난다. 나는 여기 나온 사람이 어떤 사람이라 하더라도 그 사람을 믿을 수 없다. 대체 제 나라 말과 글을 죽이고 제 겨레 얼을 빼버리는 한문글자를 쓰고 싶어 하는 사람을 어떻게 믿을 수 있나?

　우리 말은 우리 한글만이 적을 수 있다. 꾀꼬리, 부엉이를 한문글자로 어떻게 쓰나? 진달래, 개나리를 한문글자로 어떻게 쓰나? 한자 교육을 하자는 사람들은 진달래는 두견화라 하고 개나리를 연교라 해서 한문글자로 杜鵑花, 連翹라 쓰도록 아이들한테도 가르치자고 하겠지. 꾀꼬리는 황조라 하고 부엉이는 모치라 해서 黃鳥, 茅鴟라 쓰도록 하자고 하겠지.

　이것은 내가 억지말을 하는 것이 아니다. '전국한자교육추진총연합회'에서 한자 교육을 하지 않으면 안 된다고 해서 내어놓은 자료를 보면 『우리말 사전』에 나온 한자말을 한글로 적어서는 알 수 없으니 모조리 한문글자로 적어야 한다고 하면서 평생 가야 한번도 쓰지도 않는 별의별 한자말을 다 적어놓았다. 그 옛날 한문글자에 중독된 사람들은 어려운 한문글자만 쓰면서 우리 글 한글은 단 한 줄 편지 쓰는 것도 선비 체면이 깎이고 권위가 없어진다고 안 썼다. 그래서 꾀꼬리를 황조(黃鳥)라 쓰고 진달래를 두견화(杜鵑花)라 썼다.

　이러다보니 중국에 있는 동물이나 새나 꽃이나 나무가 아니면 그 이름을 한문글자로도 적을 수가 없어 아무리 이름난 한학자의 글에도 우리 나라 새 이름, 고기 이름, 꽃 이름, 풀 이름이 제대로 나올 수 없었다. 다산 정약용 같은 훌륭한 학자도 우리 나라 매미 이름을 중국글에 나오는 말로 참 괴상하게 적어놓았다. 매미가 어떤 것이 있나? 보라매미, 참매미, 말매미, 쓰르라미……. 이런데 이런 매미 이름을 한문글자로 어떻게 쓰나?

　이래서 오늘날 우리 나라 사람들은 산과 들에서 나는 풀 이름 나무 이름 꽃 이름을 제대로 모른다. 우리 선조들이 우리 말로 쓴 글을 남기지 않아서 그렇다. 시인이고 수필가고 소설가란 사람들은 글을 쓸 때 기껏 해야 "들에 나가면 이름 모를 꽃이 흐드러지게 피고" "산에 가면 이름 모를 산새가 울어대고" "두견이 피 울음 우는 밤"이라든가, "들국화 핀 가을 들길을 따라 거닐면서 듣는 물 소리"라든가 "야장미 붉게 붉게 피는 언덕에" 따위로 써서, 소쩍새란 우리 말은 모르고 중국 사람들 따라 두견이니 촉도새니 불여귀니 할 줄밖에 모르고, 일본사람 따라 들국화라 잘못 쓰고, 또 우리 찔레꽃은 모르고 서양 사람들 따라 우리 땅에 있지도 않은 붉은 "야장미"를 문학작품에 써왔습니다.

세상에 제 땅에 피고 지는 꽃 이름도 모르고 우는 새 이름도 모르는 사람이 어떻게 제 나라를 사랑할 수 있나? 오늘날 우리 나라가 남북으로 갈려서 원수같이 되고, 다시 동서로도 갈라지고, 무엇이든지 자기밖에 모르는 이기주의로 살아가면서, 돈 가진 사람은 기회만 있으면 외국으로 빠져나가려고 하는 이 풍조, 이 반민족의 흐름이 한문글자에 중독되고 한문글자에 짓눌리고 마춰된 우리 역사와 관계가 없다고 어떻게 말할 수 있나?

나라 사랑―애국심이란 것이 무엇인가? 제 나라 제 땅, 자기가 나서 자라난 땅을 사랑하고, 그 땅에 난 풀 한 포기, 벌레 한 마리, 새 한 마리, 그것들과 어울려 놀고 일하는 가운데 생겨나는 정, 그것 아니고 무엇인가?

이른 봄 담 밑에 돋아나는 냉이 싹, 미꾸라지 헤엄치는 도랑가에 피어나는 제비꽃, 달개비풀, 뒷동산에 피어나는 할미꽃, 가을 들판에 뛰는 메뚜기, 방아깨비, 집집마다 기르는 강아지, 망아지, 도야지……. 이런 것들을 사랑하고 이런 이름들, 말들을 사랑하지 않고 무슨 애국심이 있을 수 있나? 옛날부터 서당에서 한문만 배워서 평생 한문책만 읽고 한문만 쓰던 사람들은 우리 나라를 다스리고 교육을 하면서 백성들의 말, 우리들의 글을 따돌리고 짓밟아왔다. 이런 사람들이 나라 위해 정치하고 교육

했다고 하는 것 한꺼풀 벗겨보면 다 빈말이고, 다만 백성들 위에 올라앉아 영화를 누리면서 권력을 유지하는 수단으로 한 짓이다. 일본제국에 나라 팔아먹은 것들, 일제에 아부 아첨하여 돈과 권력으로 팔자 좋게 살던 이들이 다 그 뒤를 이은 사람들이다. 그런데 아직도 그 뒤를 잇고 싶어 하는 사람들이 있어 아이들에게 한자를 가르치고, 모든 공문서와 신문과 교과서에 한문글자를 섞어 쓰자고 하여 그 옛날로 돌아가고 싶어 한다. 도대체 이런 사람들을 어떻게 믿을 수 있나? 그들의 인격을, 사상을, 학문을, 종교를, 예술을 어떻게 믿을 수 있나? 나는 믿을 수 없다. 절대로!

 이들이, 글쎄, 한문글자·한문이란 것을 얼마나 잘 아는지 나는 모른다. 그러나 내가 이 자리에서 아주 딱 잘라 큰소리로 말할 수 있는 것은, 이렇게 아이들에게 한자 가르쳐야 한다면서 열을 올리고 있는 사람들 가운데 그 어떤 사람도 우리 말을 제대로 아는 사람, 우리 글을 올바르게 쓰는 사람은 없다는 것이다. 있다면 누군지 나와보라. 제 나라 말, 제 나라 글도 못 쓰는 사람이 남의 나라 글자 쓰자고 하니 참 기가 막히고, 정말 소가 웃을 일 아닌가. 그렇게 한문글자가 좋다면 저 혼자나 쓸 일이지, 어째서 어린아이들까지 쓰도록 가르치려 하나? 이런 사람들이 지도자로 행세하고, 정치를 하고 교육을 하고 학문을 하면서 이 나라를 이끌어왔으니 나라꼴이 이 지경 안 될 수가 없다.

 우리가 시작하는 이 천만인 서명운동에 함께하겠다고 말해온 단체가 그저께까지 꼭 70개가 된다. 그런데 이렇게 우리 글 우리 말을 지키고 살리는 일을 하겠다는 단체 이름들을 하나하나 짚어보면서 또 한 가지를 발견하게 되었다. 그것은 이해관계를 따지지 않고 순전히 세상을 위해, 나라를 위해, 모든 사람을 위해 일하고 싶어 하는 깨끗한 단체들만 이렇게 모였구나 하는 것이다. 우리가 참가를 요청하면서, 이런 단체는 지금까지 늘 부르짖는 말이 아이들 위하고 참 교육 위한다고 했고, 또는 겨레의 문학이나 예술을 꽃피우는 일을 한다고 했으니 틀림없이 참가할 것이라 생각했는데도 아무런 소식이 없거나 참가하기를 주저한 데가 더러 있다.

그런가 하면 그다지 기대하지 않았던 데서 선선히 함께하겠다는 연락이 오기도 했다. '왜 이렇게 되는가' 하고 참가하는 단체와 하지 않는 단체를 나누어보았더니, 참 재미있는 현상이 나타났다. 참가를 거절하거나 주저하는 단체는 모두 이권단체였고, 참가하겠다는 단체는 순전한 봉사단체, 사회를 위해 아무런 갚음을 바라지 않고 일하는 단체란 사실이다.

이것을 또 달리 말하면, 이번 우리가 주관하는 이 천만인 서명운동에 함께하는 단체는 모두 깨끗한 목표를 가지고 활동하는 깨끗한 단체라 하겠다. 이 얼마나 반갑고 자랑스럽고 마음 든든한 일인가? 우리는 이제 몇천만 명의 엄청난 힘을 가진 군사를 거느리고 자신만만하게 싸움판에 나섰다 하겠다.

8. '한글전용법'을 폐지하면 이런 글 세상이 된다

1) 사람 이름을 모조리 한문글자로 쓰고, 직업이나 직책, 회사와 단체 이름, 학교 이름도 새까만 한문글자로 써야 한다. 다음은 '한글전용법'을 폐지하는 법안을 국회에 내어놓고 있는 '전국 한자교육추진총연합회'에서 그 회를 앞장서 준비해 만든 사람들의 이름과 직책을 적어놓은 것을 그대로 옮긴 것이다.

　　高柄翊(民族文化推進會 理事長, 前 서울大學校 總長)
　　孔魯明(前 外務部長官, 東國大學校 碩座敎授)
　　權彛赫(成均館大學校 理事長, 學術院 院長, 前 서울大學校 總長)
　　奇世勳(서울東部合同法律事務所 辯護士, 前 서울高等法院長)
　　金守漢(國會議員, 前 國會議長, 前 韓日親善協會 會長)
　　金壽煥(天主敎 樞機卿)
　　金膺顯(東方硏書會 會長, 前 國際書法聯合會 理事長) (줄임)

2) 편지글도 다음과 같이 써야 한다. 다음은 앞에 적어놓은 사람들의 이름으로 보낸 편지글이다.

　　尊體 安康하심을 祝願합니다. 別添 內容과 같이 擧國的으로 漢字敎

育推進運動을 展開하기 위하여 '全國漢字敎育推進總聯合會'를 結成함에 있어 貴下를 發起委員으로 推戴하오니 公私間 多忙하시더라도 國家와 民族의 將來를 위하여 承諾하여 주시기 仰望합니다.

全國漢字敎育推進總聯合會 籌備委員

3) 어른이고 아이고 누구든지 다음과 같은 말을 죄다 우리 말이라고 하여 한문글자로 읽고 써서 그 뜻을 구별해야 한다. 그렇게 하지 않으면 모두 까막눈(문맹자) 신세가 된다. 그래서 학생이고 직장인이고 농민이고 주부고 모두 무식쟁이로 천대받게 된다.

士氣, 仕記, 史記, 四氣, 寺基, 死期, 沙器, 使氣, 社基, 社旗, 事記, 事機, 射技, 射騎, 詐欺, 肆氣, 辭氣, 詞氣, 射器, 邪器, 些技, 私記

이것도 '전국한자교육추진총연합회'에서 선전하는 『한자교육 자료』에 나온 것이다. "사기"라는 우리 말이 이렇게 많다면서 이러니까 한글로 써서는 안 되고 한문글자를 배워서 구별해 써야 한다고 말한다. 그러나 우리는 이 스물두 가지 말 중에 우리 말로 자주 쓰는 말은 두 가지밖에 없고, 그 두 가지는 '사기가 떨어진다' '사기당했다'고 한글로 쓰면 누구든지 잘 안다고 본다. 그밖에는 모두 우리 말로 바꿔 쓰거나, 아무 데도 쓸 데없는 말이다.

4) 교과서의 글이 다음과 같이 된다. 다음은 같은 『한자교육 자료』에 나오는 글인데, 북한에서도 교과서가 이렇게 되어 있다고 했다.

한편 護岸林 土沙防止林 海岸防止林 衛生風致林을 비롯한 各種 保護林造成에 經濟的 價値가 높은 油脂 纖維製紙 山果實나무들이 栽培됨으로써 一擧兩得의 效果를 얻고 있다. (줄임)

5) 이렇게 되면 한문학원이 곳곳에 마구 생겨나고 부모들의 교육비 부담이 엄청나게 늘어날 것이 뻔하다.

6) 아이들은 어려운 한문글자를 읽고 쓰기에 시달릴 것이다. 한글을 쉽게 익혀 자유롭게 일기를 쓰고 시를 쓰던 아이들도 그만 한문글자에 막혀 못 쓰게 되고, 마땅히 해야 할 다른 과학 공부, 예능 공부도 제대로 할 시간이 없어질 것이다. 교육이 100년 전으로 돌아가는 것이지.

7) 우리 말 우리 글은 버림을 받아 시들어지고 죽게 된다. 그래서 우리는 얼이 다 빠져서 죽은 겨레가 된다. 온통 어렵고 유식한 남의 말과 글로 허풍만 떠는 사람들이 판을 치는 괴상한 세상이 될 것이 뻔하다.

나라와 겨레를 망치는 한문글자 세상을 만들려고 하는 사람들이 돈과 권력으로 밀어붙이려고 하는 한글전용법 폐지 청원을 우리 온 국민이 일어나서 "안 돼!" 하고 딱 잘라 막는다.

9. 이 무슨 독재정권이 하는 짓이냐

※ 문화부 장관의 '한자 함께 쓰기 시책 강행' 발표에 대하여 국민여러분께 통곡하는 심정으로 호소한다.

우리 나라가 어쩌자고 이 지경이 되었나? 반만 년의 빛나는 문화를 자랑해온 우리 민족은 이제 우리 문화의 꽃인 글과 말을 다 팔아먹고 서로 다투어 외국인들의 눈치코치 따라 울고 웃어야 하는 바보 멍청이가 되어 얼빠진 민족으로 죽어가야 하는 판이 될지도 모르게 되었다. 외국에서 찾아오는 구경꾼들 앞에서 돈 몇 푼 구걸하기 위해 민족의 양심이고 자존심이고 다 헌신짝으로 팽개치고, 비굴하고 천박한 몸짓으로 무릎 꿇고 엎드려 "한 푼 줍쇼" 하는 꼴이 되었으니, 이 무슨 더러운 관광 시책이고 부끄러운 나라꼴인가? 온 국민을 이런 추악한 거지 신세로 만들기 위해 관공서 안에서까지 외국의 글자를 온갖 문서에 섞어 쓰게 하여 우리 말을 죽이고, 어린아이들까지 민족의 바른 기운과 양심과 정서가 깃든 우리 말 우리 글을 올바르게 가르치는 일보다 외국글자 외국말에 더 관심을 가지고 공부하도록 닦달하려 하고 있으니 이것이 도대체 어느 민족이고 누구의 나라인가?

우리 말은 우리 민족의 피요 생명이다. 우리 말이 숙으면 우리 민족도 죽는다. 우리 말은 우리 글인 한글로서만 적용할 수 있고, 한글로서만 살릴 수 있다. 한문글자는 우리 말을 적을 수 없는 중국글자요, 중국에서도 죽어버린 글자다. 그 한문글자에 중독이 된 우리 선조들 때문에 우리 글 우리 말은 오랫동안 학대를 받아왔고 그래서 병들고 숨죽여오다가 간신히 일본의 식민지에서 해방이 된 뒤로 다시 살아나, 지금까지 50년 동안 한글만 쓰기로 하여 그래도 우리가 이 정도로 나라 힘을 기르고 민족의 얼을 지켜왔다.

이제 모처럼 국민의 정부가 들어서게 되어 이제야말로 우리 말 우리 글을 꽃피워 참된 민주의 나라를 튼튼하게 세울 수 있겠다 싶었더니 이 어찌된 일인가? 지난날 그 어느 독재정권도 감히 하지 못했던 한문글자 섞어 쓰기를 벼락치기 정책으로 강행하려고 한다. 국회에서 한글만 쓰도록 되어 있는 법을 고치려고 하다가 안 되니까 이번에는 행정부가 법조차 무시하고, 온 국민의 뜻도 묻지 않고 바로 정책으로 밀고 나가려 한다. 문화는 온 국민이 만들어가는 것이고, 정부는 이렇게 국민이 참되고 아름다운 우리 문화를 만들고 꽃피울 수 있도록 도와주는 일을 해야 한다. 그런데 도와주기는커녕 온 국민이 이뤄놓은 문화를 짓밟고 죽여버리는 짓을 하려 하고 있으니 이 무슨 변괴고 날벼락 행정인가?

한글전용법이 엄연하게 그대로 있는데, 지금 정부는 이 법을 어기려 하고 있다. 한문글자를 함께 쓰면서 한글전용법을 건드리지 않는다고 하는 말은 새빨간 거짓말이다.

한문글자를 섞어 쓰면 자꾸 한문글자로 된 말을 쓰게 되고, 그래서 우리 말은 죽게 된다. 지금까지 한글만 쓰기로 되어 있었는데 우리 말보다 한자말 쓰기를 좋아하면서 유식함을 자랑하고 싶어 하는 것이 공무원이나 사무원이나 기자나 교원이나 그밖에 글을 쓰는 거의 모든 지식인이 가진 슬픈 버릇이었다. 그런데 이제 한문글자를 모든 문서에서 섞어 쓰고, 어린아이들에게 한문글자를 가르친다고 해보자. 그 결과가 어떻게 되겠는가 하는 것은 불을 보는 것보다 더 환하다.

2월 9일 문화관광부 장관이 한문글자 함께 쓰기 시책을 강행하겠다고 발표한 이틀 뒤 어느 신문에는 벌써 "漢字시대, 다시 온다!"고 크게 광고가 났다. 한문글자를 섞어 써서 온 국민이 한문글자로 살아가기를 바라는 사람은 한문글자를 팔아먹는 장사꾼들이다. 아이들에게 한문글자를 팔아 돈벌이하는 사람들, 어려운 한문글자를 써서 권위를 세우고 싶어 하는 학자들, 자기가 애써 배웠기에 그것으로 얻은 이권을 놓치고 싶지 않은 사람들, 한문글자를 버리고는 글을 못 쓰고 못 읽는 일본사람들과 한 통속이 되어 있는 사람들—모두 자기중심으로 살아가는 장사꾼들이다.

이래서 큰일 났다는 것이다. 이래서 우리 나라가 더러운 거지 나라, 우리 민족이 불쌍한 종살이 민족으로 되어간다는 것이다. 외국의 관광객들 앞에 엎드려 손 내밀고 돈 한 푼 얻는 것으로 우리의 양심과 자랑과 얼을 송두리째 팔아버린다는 것이다. 우리 나라가 이 지경이 되도록 행정부가 몰고 간다는 것이다. 거듭 말하지만 우리 말을 학대하고 우리 글자를 천대하면 우리 민족은 시들어 죽는 수밖에 없다. 말과 글이 병들고, 말과 글을 잃으면 우리는 물이 다 말라버린 못 바닥의 고기 신세가 될 것이 뻔하다. 그래도 되는 것인가? 그렇게 되도록 하는 것이 정치고, 더구나 그렇게 하는 것이 문화 분야를 맡은 행정부가 할 일인가?

여기서 문화관광부장관이 발표한 한문글자 쓰기 시책 세 가지를 다음과 같이 따져서 우리의 견해를 밝힌다.

첫째, 공문서에 한문글자를 함께 쓴다고 했다. 지금까지 반세기가 넘는 동안 우리 한글만으로 써서 잘해오던 공문서를 이제 와서 한문글자를 함께 쓴다니 도대체 무슨 속셈인가? "한문글자가 아니고는 그 뜻을 모르는 말은 한문글자로 적어야 한다"고 하겠지.

가령 장관이 발표했다는 말대로 사람 이름이나 땅 이름, 옛 역사에 나오는 사건이나 벼슬 이름 같은 것은 한문글자로 적어야 한다고 말이다. 그런데 그런 것은 지금까지도 묶음표 안에다가 한문글자를 적어온 것 아닌가? 또 이순신, 진주, 통영, 영의정, 임진왜란……. 이렇게 대개는 한글로 쓰면 그만이지 꼭 한문글자로 써야 하는 것도 아니다. 요즘도 여러 신문에서 사람 이름을 한문글자로 써서, 읽을 수도 없도록 하는 경우가 많은데, 이래서 신문도 못 읽는 글봉사가 많다고 한문글자 중독자들은 말하지만, 멀쩡한 사람을 '문맹자'라고 하는 이런 사람들이 잘난 척 떠들어대는 세상이 너무 한심하다. "대학생이 되어도 자기 부모 이름을 한문글자로 못 쓰고, 자기가 다니는 학교 이름을 한문글자로 못 쓴다"고 하여 학생들의 기를 죽이는 한문글자 숭배자들이 있는데, 부모 이름이고 학교 이름이고 우리 글로 쓰면 되지 무엇 때문에 어려운 한문글자로 써야 하나? "한문글자도 우리 글자다"고 우기는데, 도대체 우리 말을 적을 수도 없는 글자가 어떻게 우리 글자인가? "사전에 나오는 말의 70%가 한문글자로 된 말이다." 그런데 그렇게 나오는 한자말의 80%가 우리 일상생활에서 평생 가도 한 번도 쓰지 않는 말이다.

그리고 일상으로 쓰는 말은 한글로 적으면 그만이다. '강' '벽' '방' '학교' '지식'이라고 쓰면 되지 뭣 때문에 이런 말을 어려운 한문글자로 적나? 그런데 농촌에 가면 면이나 군 직원들이 "전지한다" "관수한다"든지 "이앙기" "살포" "노지" 같은 말을 공문에 쓴다. 그래서 무슨 말인지 모르니 한문글자로 써야 한다고 하겠지. 하지만 이런 말을 한문글자로 써놓으면 농민들이 알까? '剪枝' '灌水' '移秧期' '撒布' '露地' 이런 말을 알리기 위해 이런 어려운 글자를 온 국민에게 가르쳐야 하나? 우리 말로 '가지친다' '물 댄다' '모내기 때' '뿌린다' '한데' 하면 아이고 어른이고 다 아는데, 무엇 때문에 우리 말을 다 두고 한자말을 쓰고 어려운 한자말을 알기 위해 한문글자 공부를 하나? 그런 바보 같은 짓을 왜 온 국민이 해야 하는가. 이런 짓을 하는 것이 문화고, 이런 짓을 하도록 하는 것이 제대로 된 정치인가?

행정을 올바르게 한다면 공무원들에게 한문글자를 가르쳐서 공문서에 한문글자를 쓰게 할 것이 아니라, 우리 말과 우리 글을 가르치고 우리 말 우리 글로 공문서를 쉽고 바르게 쓰도록 해야 할 것이다.

다음은 도로 표지판에 한문글자를 함께 적는다고 했는데, 차 운전하는 사람들에게 길 인도 잘 하고 사고 안 일어나도록 할 뜻이라면 우리 한글로 된 표지판이나 알맞게, 잘 알 수 있게 만들어야지, 한글 표지판에다가 영어 표지판에다 또 한문글자 표지판까지, 세계 어느 나라에 이런 세 가지 도로 표지판이 있나? 참 이런 시책을 생각한 사람의 배짱도 놀랍지만, 정말 큰일 날 시책이다. 그렇게 요란하고 복잡하게 길에다가 내걸어놓는다면 아마도 교통사고가 엄청나게 많이 일어날 것이다.

그리고 당장 현실 문제로 그 엄청난 비용은 또 누가 대는 것인가? 지금 우리 경제가 그런 데다가 많은 돈을 들여도 될 만큼 넉넉하다는 건가? 정말 정신이 돈 사람이 하는 행정이 아니고 무엇인가? 똑같은 크기로 써도 한문글자는 엄청나게 커 보인다. 도로표지판을 모두 한문글자로 해서 또 붙이고 달고 해보자. 가는 곳마다 온통 한문글자 세상처럼 느껴질 것이다. 그런데 외국 관광객들 가운데서 그런 글자를 아는 사람은 일본사람과 대만 사람뿐이다. 무엇을 노려 하는 짓이고, 누구를 위한 길이고, 표지판인가? 이 나라가 도대체 누구의 나라인가?

세 번째로 한문 교육 체계를 다시 검토한다면서 몇십 년 전에 제정했다는 교육용 한문글자를 조정하겠다고 했다. 그걸 어떻게 조정하겠다는 것인지 알 수 없지만, 한글전용법이 엄연하게 살아 있는데, 그 법을 무시하고 아이들에게 한문글자를 가르치고 온 국민이 한문글자를 쓰도록 하는 것은 정부가 나서서 온 국민이 법을 어기도록 하는 짓이 분명하다. 반세기가 넘도록 한글로 살았고, 이제 한글로 된 우리 문화가 그 뿌리를 깊이 내리고, 가지를 뻗고 잎을 달고 꽃을 활짝 피우게 될 단계를 맞았다. 이런 때에 이웃 모든 나라가 한문글자를 써오다가도 그것을 내버리고, 아직 쓰고 있는 나라가 있어도 그것을 버리지 못해 어쩔 수 없이 쓰는 판에, 세계에서 가장 훌륭하디고 모든 나라 사람들이 입을 모아 칭찬하고 부러워하는 한글을 정작 우리 자신이 버리고 이제 와서 한문글자를 쓰다니 이 무슨 정신 나간 짓인가?

"한문글자에서 가장 쓰기 쉬운 글자가 一, 二, 三이란 글자다. 보라, 한문글자는 이렇게 쉽고, 눈으로 봐도 곧 그 뜻을 알 수 있도록 되어 있는 글자다" 하겠지. 그러나 몇 만 자나 되는 어려운 글자 다 두고 一, 二, 三만 가지고 말해서는 안 된다. 그리고 이 "一, 二, 三"도 우리는 1, 2, 3으로 쓰면 그만이고, 가로 쓰는 우리 글에서는 마땅히 이렇게 써야 할 것이다.

또 하나, 이것은 문화관광부 장관의 반민주 반문화 말글 정책의 뒤를 밀어주고 있는 한문 숭배자들이 걸핏 하면 하는 말인데, 한문글자를 쓰고 한문공부를 하면 양심이 생기고 도덕심이 높아진다는 것이다. 도대체 이런 말의 근거가 어디 있는 것인가? 만약 그렇다면 한문글자를 쓰지 않은 모든 나라 사람들은 도덕심이 없거나 얕다고 보아야지. 하도 할 말이 없으니 별 억지 말, 속임수 말을 다 한다.『동몽선습』이고『명심보감』이고『사서삼경』같은 책을 읽어야 사람이 양심을 가지게 되고 도덕심을 지니게 된다면, 그런 책을 우리 말 우리 글로 옮겨 써서 읽도록 하면 되는 것이고, 마땅히 그래야지. 그런데 뭣 때문에 모든 국민이 어려운 한문글자를 배워서 한문책을 다 읽어야 하나?

또 그렇게 할 수가 있는 것인가? 그래서 중고등학교나 대학에는 한문글자와 한문을 배우는 과목을 두고 있는 것이다. 영어나 독일어나 불란서 말을 배우듯이, 한문도 배워서 옛날 책을 읽을 수 있게 하고, 그래서 옛날 책을 잘 읽고 연구한 사람들이 우리 글로 번역해서 그 책을 일반 국민들이 읽으면 되는 것이다. 한문글자와 한문공부는 이런 점에서 이런 정도로 해야 한다. 결코 온 국민이 그것을 읽고 쓰고 하는 미친 짓거리를 할 필요가 없고, 그런 바보 같은 짓을 해서는 안 된다.

한문책 읽은 사람이라야 양심이고 도덕심을 가질 수 있다고 하는 말은 한두 번 들은 말이 아니기에 여기서 그 말의 밑바탕을 좀 벗겨보겠다. 만약 한문 공부한 사람만 마음이 바르고 도덕심을 가졌다면, 그 옛날 서당에서 한문 배워 과거에 급제하고, 그래서 벼슬자리에 오르거나 선비가 된 사람은 모두 도덕심을 가졌던 사람이고, 그와는 달리 서당에도 가지 못하고 평생 논밭에서 일만 하고 살아온 사람들은 양심도 없고 도덕심도 없는 사람이어야 하겠다. 그러나 사실은 도리어 아주 반대라고 하는 것이 옳을 것이다.

옛날부터 부도덕한 짓을 일삼고, 제 욕심만 차리고, 나라를 팔아먹은 사람은 다 한문공부를 한 사람들이었다. 나라가 위태로울 때 목숨을 바친 사람, 우리 문화와 우리 겨레의 마음과 정서를 가장 깨끗하게 지니면서 그것을 이어온 사람은 서당의 문앞에도 가보지 못하고 언제나 산과 들에서 땀 흘려 일하면서 살아온 이른바 무식한 우리 백성들이었다. 어쩌다가 겨우 우리 한글을 익혀서 편지를 쓰기도 했던 사람들이었다. 이런 사람들이 우리 겨레와 나라를 지켜 왔고, 우리 마음과 삶을 이어왔고, 진짜 양심과 도덕을 (입으로는 양심이고 도덕이고 한 번도 말한 적이 없지만) 지니고 살아왔던 것이다. 이런 사정은 옛날뿐 아니라 오늘날도 조금도 다름없다. 머릿속에 지식이 많이 들었다고, 더구나 하필이면 한문 글자 많이 알고 한문 공부 많이 했다고 하는 그런 사람들만이 양심을 가지고 도덕심을 가졌다는 말은, 우리 일하면서 살아가는 백성들을 얼마나 깔보고 업신여기는 말인가?

국민을 배반하여 민주주의에 역행하면서 민족의 생명인 말과 글을 짓밟아 우리 역사를 백 년 전으로 되돌려놓으려는 문화관광부의 한문글자 함께 쓰기 정책은 어느 모로 따져도 우리에게 도움되는 것이 단 한 가지도 없고, 다만 우리 국민을 낭떠러지로 몰아가려고 할 뿐이다. 그런데도 어째서 이 어처구니없는 정책을 강행하려고 할까? 그 까닭은 우리가 보기에 너무나 환하다.

한마디로 말하면 어려운 한문글자로 권위를 세우고, 어려운 외국글의 질서를 몸에 익혀 높은 자리를 지키고 이득을 얻으면서 살아온 만민족 반백성의 일부 학자들과 재벌들, 친일 정치인들에게 끌려가는 것이다.

이런 학자와 재벌과 친일인사들에게 한결같이 공통되는 점은 우리 말과 글을 멸시하고 우리 겨레를 깔보는 것이다. 이들은 그 어느 한 사람도 우리 말 우리 글을 제대로 쓰는 사람이 없다. 우리 말 우리 글을 모르는 것을 부끄럽게 생각하기는커녕 도리어 그것을 자랑으로 여기면서 한문글자 쓰기를 주장하고, 한문글자를 못 쓰는 사람은 글봉사라고 나무라면서 뻔뻔스럽게 큰소리치고 있다.

여론조사에서도 잘 나타난 대로 문화관광부 장관의 '한자병용정책'을 찬성하는 사람은 반대하는 사람의 반수도 안 된다. 그러나 사실 우리는 문화관광부장관의 시책에 반대하는 사람이 이런 여론조사에 나타난 숫자보다 훨씬 더 많아 90%를 넘는다고 확신한다. 그 까닭은 첫째, 최근 한글전용법 폐기법안을 국회에 청원하면서 한문글자쓰기를 주장하는 사람들은 엄청난 돈을 들여 각 일간신문에다 한문글자 교육을 하고 한문글자를 써야 된다고 선전을 했지만, 한글전용법 지키자는 쪽은 돈이 없기에 거의 아무런 광고도 하지 못했는데도 이런 결과가 되었고, 둘째 시골의 농민이나 도시의 근로자들, 그리고 청소년들은 이 여론 조사의 대상이 되지 않았다고 믿기 때문이다. 그러기에 우리는 여기 당당하게 온 국민의 이름으로 다음 일곱 가지를 행정부에 소리 높여 요구한다.

첫째, 공문서에 한문글자를 아울러 써서 공문서를 더 어렵게 만들고, 공무를 수행하는 능률을 형편없이 낮추는 졸렬한 시책을 당장 그만두라!

둘째, 문화관광부가 1조 원이란 엄청난 돈을 들여 주로 일본 관광객들을 위해 한문글자 도로 표지판을 설치하려는 정책을 당장 그만두고, 그 돈으로 실업자를 살리는 사업에 쓰도록 하라! 이런 짓은 관광 수입에도 결코 도움이 안 될 것이다.

셋째, 중고등학교의『한문』교과서가 아닌 다른 일반 교과서에 한문글자를 함께 쓰고 초등학교학생들에게 한문글자를 가르쳐서 우리 말 우리 글을 죽이는 망국망족 교육정책을 그만두라! 모든 학부모와 국민이 절대

용서하지 않을 것이다.

넷째, 법을 어기고, 겨레의 말과 글을 죽이려는 반민족 반국민의 매국 정책을 번개치기로 강행하려고 한 신낙균 문화관광부 장관은 당장 국민 앞에 사과하고 그 자리에서 물러가라!

다섯째, 정부는 한글전용법을 지키는 행정을 하라!

여섯째, 김대중 대통령은 앞으로 국민의 정부라는 이름을 붙이고 싶다면 우리 국민의 생명인 우리 말과 우리 글을 살리는 정책 방향을 분명히 밝히라!

일곱째, 우리 말 우리 글은 우리 겨레의 목숨이다. 남북이 하나로 되는 통일도, 같은 남쪽 안의 지역 대립을 없애는 문제도 우리는 우리 말과 글을 살리고 우리 삶과 정서를 살리는 데서 비로소 이룰 수 있다. 어렵게 된 나라 살림살이도 우리 말, 우리 글, 우리 것을 온 세계에 내어놓는 데서만 잘 풀 수 있다. 따라서 학생들과 청소년들은 말할 것도 없고, 공무원, 교원, 회사원, 노동자, 농민, 작가, 기자…… 모든 국민들이 우리 말 우리 글 공부를 올바르게 할 수 있는 국민 교육 정책을 세우라! 이것이 국민의 정부가 가장 힘들여 해야 할 참 문화정책이다. 이런 우리 문화 살리는 정책을 펴나가야 비로소 온 국민이 저마다 하는 모든 일이 제자리에 놓이게 되고, 참된 사람을 키우는 교육이 되고, 역사와 사회를 바로잡는 학문이 뿌리를 내리게 되고, 겨레의 삶과 마음을 넉넉하고 아름답게 하는 문학과 예술이 꽃피게 될 것이다. 모든 일이 우리 말과 글을 살리는 그 바탕 위에서만 제대로 이뤄질 수 있기 때문이다.

10. 민정수석비서관실에 보낸 글과 문화관광부에서 온 회답

　두어 달 전에 김 대통령이 국민들의 소리를 들어보겠다고, 민정을 살펴서 대통령께 알리는 비서관을 다시 두게 됨에 따라, 우리 모임에서도 우리 말과 글을 살려야 국민들의 정신이 바로 서고 나라가 바로 된다는 뜻을 민정비서실에 알리자고 의논이 되었다. 비서실로 전화를 걸었더니 비서관님이 무척 바빠서 우리 공동대표가 찾아가 조용히 이야기하기가 어려운 사정이라, 그만 우리가 하고 있는 일을 잘 알 수 있는 자료로 정리해서 우편으로 보내기로 했다. 그래서 우리가 그때까지 내었던 회보와 성명서와 함께 내 개인 이름으로 된 편지를 보냈던 것이다.
　그 뒤 보름 만에 뜻밖에도 문화관광부에서 간단한 회답이 공문으로 왔다. 문화관광부에 부탁할 일이라면 처음부터 민정수석비서관님을 귀찮게 할 필요가 없었는데 잘못했다. 또 문화관광부의 답변이야 들으나마나 늘 그런 것이어서 이제 앞으로 관리들 상대로는 부탁이고 뭐고 하지 않는 것이 마음 편하겠다는 생각을 하게 되었다. 다만 문화관광부 앞으로 저희들의 의견과 태도를 밝히는 글은 한번 써 보낼 생각이다.

　민정수석비서관 앞으로 보낸 편지
　김성재 선생님께
　　일전에는 바쁘신 중에 전화를 드려서 죄송스러웠습니다. 저희들이 하고 있는 일에 관심을 보여주셔서 다행스럽고 고맙게 생각하면서, 여기 그동안 저희들이 낸 회보(제1호~제11호)와 성명서를 보내드립니다. 아울러 저희들이 해온 일과 생각, 도움을 받고 싶은 것을 될 수 있는 대로 짧게 요약해서 다음에 적겠습니다. 바쁘시더라도 부디 읽어주시기 바랍니다.

1. 하고 있는 일
'우리말살리는겨레모임'과
'한글전용법 지키기 천만인 서명운동

'우리말살리는겨레모임'은 98년 7월에 시작했습니다. 본래 이 모임은 신문과 잡지, 그밖에 모든 인쇄물에서 쓰는 글을 쉽고 깨끗한 우리말로 쓰도록 하는 운동을 하려고 한 것입니다. 그런데 그 뒤 곧 '전국한자교육추진총연합회'란 단체가 생겨서 한글전용법을 폐지하는 법안을 국회에 청원하는 한편, 행정부를 움직여 공문서에 한자를 함께 쓰도록 하려고 하는 바람에 그만 한글전용법 지키는 일에 매달리게 되었습니다. 그래서 98년 12월에는 '한글전용법 지키기 천만인 서명운동' 발대식을 가지게 되었고, 다달이 내고 있는 『우리 말·우리 얼』 회보도 주로 이 일에 관한 내용을 담게 되었습니다.

2. 저희들의 생각
─우리 말 우리 글을 지켜야 하는 까닭

오늘날 우리 나라의 모든 위기를 가져온 근본 까닭은 우리 국민 거의 모두가 제정신을 잃고 사람다운 마음을 가지지 못한 데 있다고 봅니다. 조그만 일이라도 저마다 있는 자리에서 성실하게 하면서 살아가야 하는데, 그런 정신을 가진 사람이 드물고, 거의 모두가 겉모양만 근사하게 꾸며서 크고 으리으리한 것으로 보이고 싶어 합니다. 입신출세를 목표로 하는 학교 교육도 이렇게 되어 온 국민을 건달이나 허풍쟁이로 만들어버렸다고 할 수 있습니다. 이것이 우리 말 우리 글을 천하게 보고 어려운 한자와 한자말을 흉내내어 쓰는 태도에서 너무나 잘 나타납니다. 그래서 우리 정신, 사람다운 마음을 가지기 위해서 무엇보다도 쉬운 우리 말로 글을 쓰고 말을 하는 태도를 가지도록 해서 온 국민의 삶을 바로잡고, 나라의 근본을 올바르게 다져놓아야 한다고 생각합니다. 한겨레의 말은 그 겨레의 생명입니다. 말과 글이 병들면 그 겨레는 병들고, 말이 깨끗하면 그 국민은 아무리 어려운 지경에 빠져도 희망이 있습니다. 정치도 경제도 학문도 모든 것을 제자리에 놓이도록 하려면 우리 말, 우리 글을 귀하게 여기는 마음을 길러야 합니다.

3. 부탁드리는 말씀

국회에서 한글전용법을 폐지하려는 움직임은 일단 막아놓았습니다. 그런데 행정부에서 공문서에 한자를 함께 쓰는 일을 자꾸 강행하려고 합니다. 민정수석께서 부디 이 일을 좀 막아주시기 바랍니다. 이 '공문서 한자병기 시책'은 주로 문화관광부에서 국무총리의 지시를 받고 추진하는 것이라고 모두가 알고 있습니다. 그래서 다른 부처에서는 실무자들이 마음속으로는 한자병기 시책이 아주 잘못된 것이라고 생각하지만 감히 하고 싶은 말을 못하는 것 같습니다.

이 사실은 제가 추측해서 하는 말이 아니고, 저희 공동대표로 있는 이대로 선생이 여러 부처의 실무자들을 만나서 알아낸 사실입니다. 앞으로 곧 열리는 차관회의에서 이 공문서 한자병용 문제를 의논해서 결정한다는 소식이고, 그다음에는 국무회의에서 결정하면 시행이 된다고 합니다. 한 나라의 말과 글을 살리고 죽이고 하는 중대한 일을 국민들의 여론도 아주 무시하고 이렇게 강행한다는 것은 참으로 어처구니

없는 일입니다. 선생님, 부디 이 일을 막아주시고, 정부에서 하는 일이 잘못되지 않도록 해주시기 바랍니다.

4. 맺는 말

저는 지금까지 김 대통령을 지지해왔고, 그분을 믿습니다. 그런데 최근 민심이 자꾸 행정부를 떠나고 있는 것이 안타깝습니다. 만약 이 때에 김 대통령께서 우리 말과 글을 지키고 가꾸도록 하는 큰 결단을 내려주신다면, 멀어졌던 국민들의 마음을 엄청나게 넓은 자리에서 안아들이는 결과가 될 것이 틀림없습니다. 여러 번의 여론 조사에서도 나타났지만 한글만 써야 한다는 의견이 70% 가깝습니다. 한자를 섞어서 쓰자는 사람은 30%도 안 되었습니다. 그런데 이 여론 조사는 일하면서 살아가는 일반서민들은 별로 참여하지 않았고, 청소년과 어린이들은 조사 대상이 되지 않았습니다. 따라서 국민 전체를 조사 대상으로 한다면 아마도 한글만 써야 한다는 사람 수가 90% 가까우리라 확신합니다.

부디 이 사실을 대통령께 알려서 모처럼 경제위기를 이겨내신 그 공이 헛되지 않도록 하시고, 겨레와 나라의 앞날에 크나큰 희망의 등불을 켜놓는 정부가 되도록 해주시기 바랍니다.

짧게 쓴다는 것이 그만 길어졌습니다. 귀한 시간 빼앗아서 미안합니다.

저는 과천에서 13년 동안 살다가 두어 달 전부터는 몸이 건강하지 못해서 이곳 충주 근처에 와 있습니다. 선생님의 건강을 빕니다.

1999년 7월 2일
이오덕 드림

[문화관광부에서 온 회답 공문]

문 화 관 광 부

우 110-703 서울 종로구 세종로 82-1　전화 3704-9420　전송 3704-9429
국어정책과　과 장 강창석　사무관 박영근　담당자 이교택

문서번호　국어 07000-332

시행일자　1999. 7. 16. (년)

(경유)

수신　이오덕

　　　충주시 신니면 광월리 710

참조

제목　민원회신

　　1. 대통령비서실에 '99. 7. 6 접수된 귀하의 민원이 '99. 7.10 우리부에 이첩되어 아래와 같이 회신합니다.

　　2. 우리부가 발표한 "한자병기방안"에 깊은 관심을 갖고 제언해 주신 귀하께 감사드립니다.

　　3. 정부의 한자병기방안은 현행 문자정책의 기본틀("한글전용원칙하에, 필요시 한자병기")내에서 공문서 작성시 그 뜻의 올바른 전달을 위해 필요시 「괄호」안에 한자병기를 하는 것으로 공문서상의 모든 용어에 대해 한자를 병기하거나 한자사용의 확대에 뜻점이 있는 것이 아님을 이해하여 주시기 바랍니다. 끝.

문 화 관 광 부 장

제2장 한자말, 어떻게 볼 것인가
3) 한문글자를 쓰지 말아야 하는 까닭

1. 한문글자를 쓰면 우리 말이 죽게 되는 까닭

　지난달 중순에 '전국한자교육추진총연합회'란 단체에서 우리 모임 앞으로 공문을 보내 왔다. 그 내용은, 우리가 한글날에 '우리 말 지킴이와 훼방꾼'을 뽑아 발표한 행사를 했을 때 자기 단체를 훼방꾼으로 뽑은 것은 잘못한 일이니 이 잘못을 사과하지 않으면 명예훼손으로 고소하겠다는 것이었다. 그 공문은 다음에 나오는 한민 선생님의 글 첫머리에 인용이 되어 사본으로 나와 있으니 거기서 보시기 바란다.
　우리가 지킴이와 훼방꾼을 각각 열 사람(단체)씩 뽑았는데, 그 가운데서 '전국한자교육추진총연합회'(진태하 위원장)가 훼방꾼의 하나로 뽑힌 까닭은 지난 호 우리 회보에서 밝힌 그대로다. 이 단체는 우리 겨레의 생명인 우리 말을 적는 한글을 전용하도록 하는 법을 뜯어고쳐 없애야 한다고 청원서를 국회에 내었고, 어린이들에게 한문글자를 가르쳐야 한다고 주장하고, 공문서고 교과서고 간판이고 도로표지판이고 모조리 어려운 한문글자를 함께 쓰도록 하여 온 국민에게 한문글자를 배우고 쓰는 짐을 지우려 했기 때문이다.
　이와 같이 우리 생활에서 우리 글만 쓰지 못하게 하고, 쉬운 우리 말 대신에 어려운 한자말 쓰기를 주장하여, 온 국민이 그 주장에 따르도록 하려고 한 사람들이, 그런 주장과 태도가 잘못이고, 우리 말을 죽이는 일이라고 지적한 사람들을 보고 명예훼손을 당했다고 법정에 고소하겠다니, 어찌 이럴 수 있는 것인가.

우리 말 소리를 적을 수 있는 글자는 다만 한글뿐이다. 그런데 이 한글만으로는 우리 말을 온전히 적을 수 없으니 한문글자를 함께 써야 한다는 주장을 내세워 법으로 이 주장을 밀어붙이려고 하니, 이것이 어찌 우리 말과 글의 발전을 가로막는 벽이나 걸림돌이나 훼방이 되지 않겠는가? 이래서 우리가 그들을 훼방꾼이라 했다고 해서 만약에 명예훼손죄가 된다면, 이 나라에서 민주고 통일이고 평화고 정의고 그밖의 모든 진리를 바로 세우는 일을 어떻게 하며, 어떻게 올바른 말을 제대로 할 수 있겠는가? 그들은 자기들에게 불리하다 싶으면 곧 명예가 손상되었다고 고소해서 돈 없고 힘없는 사람들을 겁주고 억누르려 할 것이다.

'전국한자교육추진총연합회' 쪽에서 명예가 손상되었다고 하는 까닭이 이러하다. 우리 말의 70%가 한자말인데 어째서 한자를 쓰는 것이 우리 말을 죽이는 것으로 되느냐, 도리어 우리 말을 살리는 길이다. 우리 말 살리는 한자 쓰기를 하자고 하는 사람들을 보고 우리 말 죽이는 훼방꾼이라 했으니 명예훼손이라는 것이다. 그러니까 문제는 한문글자 쓰는 것이 우리 말을 살리는 것이 되는가, 우리 말을 죽이는 것이 되는가, 바로 이것이다.

이 문제에 대해서는 지금까지 우리가 주장하는 바를 많은 회원들이 우리 회보에서 여러 모로 밝혀왔기에 여기서 또다시 되풀이할 필요를 그다지 느끼지 않는다. 다만 우리 국민이 일상 생활에서 한문글자를 쓰게 되면 우리 말(글)이 한문글자와 한문글자로 된 말에 자꾸 밀려나고 쫓겨나서, 그만 시들어져 죽게 되거나 비뚤어져 괴상한 모양으로 된다는 것이 너무나 환한 사실이고, 이렇게 불을 보듯이 환한 사실을 아니라고 우기는 것이 얼마나 거짓스럽고 억지스러운 주장인가를 모든 국민들이 이 기회에 다시 한 번 분명하게, 아주 뼈저리게 느끼게 되는 기회로 삼을 수 있으면 좋겠다.

그래서 이 문제에 대한 아주 기본이 되는 우리들의 생각을 다음에 대강 요약해서 적어보려고 하니, 모든 회원들이 보시고 모자란 데를 채워 주시기 바란다. 그리하여 이것을 바탕으로 해서 더욱 저마다 가진 생각을 자세하게 다지고 넓혀서, 철이 없거나 외국숭배병에 걸린 사람들의 무지막지한 발에 짓밟히는 우리 말 우리 글을 지키고 가꾸는 일에 힘써 주시기 바란다.

1) 우리 말을 적을 수 있는 글자는 다만 한글뿐이다. 다음과 같은 말을 적는 데 우리 한글이 아니고 무슨 글자로 적을 수 있겠는가?

- 민들레, 진달래, 냉이, 종달새, 하늘, 땅, 바다, 산, 골짜기
- 덜렁덜렁, 팔딱팔딱, 꾀꼴꾀꼴, 부엉부엉, 아이고 아야
- 기쁘다, 슬프다, 아름답다, 달다, 고소하다, 쓰다, 아슬아슬하다, 아기자기하다
- 일한다, 걸어간다, 잠잔다, 쉰다, 먹는다, 노래한다, 글쓴다, 말한다

2) 한문글자 쓰기를 바라는 사람들은 한문글자로 된 말이 더 무게가 있고 뜻이 깊고 가치가 있다고 해서 될 수 있으면 우리 토박이말 대신에 한자말(한문글자로 된 말)을 쓰고 싶어 한다. 그래서 앞에 들어놓은 말에서도 한자말로 바꾸어 다음과 같이 쓰기를 바란다.

- 하늘(→천), 땅(→지, 대지), 바다(→해, 대양), 골짜기(→계곡)
- 기쁘다, 기쁨(→환희), 슬프다, 슬픔(→비애), 아름답다(→우아하다, 미려하다), 달다(→감미롭다), 쓰다, 씀(→고미)
- 일한다(→작업한다, 노동한다, 근로한다), 걸어간다(→보행한다, 도보한다), 쉰다(→휴식한다, 휴식을 취한다), 먹는다(→음식을 섭취한다), 노래한다(→가창한다), 글쓴다(→집필한다), 말한다(→언어를 사용한다)

3) 그래서 이렇게 한자말을 한글로 써놓으면 무슨 말인지 잘 알 수가 없다고 해서 다음과 같이 한자말은 한문글자로 써야 된다고 한다.

- 天, 大地, 海, 大洋, 溪谷
- 歡喜, 悲哀, 美麗, 優雅, 甘味, 苦味
- 作業한다, 勞動한다, 勤勞한다, 步行한다, 徒步한다, 休息을 取한다, 飮食을 攝取한다, 歌唱한다, 執筆한다, 言語를 使用한다

4) 우리는 여기서 2)로 쓰는 것도 바라지 않고, 3)과 같이 쓰는 것은 더욱 안 될 일이라 주장한다. 어린이도 잘 알고 있는 우리 말을 두고 어려운 한문글자로 된 말을 써야 할 까닭이 없고, 우리 말은 이렇게 해서 자꾸 짓밟히고 죽어가기 때문이다. 사실 우리 역사를 돌아보면 지난 천 년 동안 한자말과 한문글자가 우리 말과 우리 글을 짓밟고 죽여온 역사였다.

5) 한자말 가운데는 우리 일상생활에서 오랫동안 써와서 아주 우리 말로 되어버린 말이 있다. '산'이라든가 '강'이라든가 '벽'이라든가 하는 말들이다. 이런 말은 군이 한자말이라고 할 까닭이 없다. 그래서 한글로 쓰면 그만이다. "학교" "역사" "국민" 같은 말도 한문글자로 써야 할 까닭이 없다. "작업한다" "노동한다"는 말은 될 수 있는 대로 '일한다'고 하는 것이 좋지만, 그대로 쓸 경우에도 한문글자로 쓸 필요는 조금도 없다.

6) 지금 우리 나라의 신문이나 책에서 쓰는 글은 앞에서 든 보기 가운데서 2)가 가장 큰 흐름으로 되어 있다. 그래서 '땅'이란 말은 안 쓰고 "대지"라 하고, '골짜기'란 말은 버리고 "계곡"을 쓰고, '잠잔다'고 하지 않고 "수면을 취한다"고 하고, '책 읽는다'고 하지 않고 "독서한다" 하고, '거울철'이라 할 것도 "동절기" "동계"라 한다. 이래서 한문글자 쓰자고 하는

사람들은 "그것 봐라, 한글로 쓰면 무슨 말인지 알 수 없다. 그러니까 한문글자로 써야 뜻을 잘 알게 된다"고 한다.

그러나 이런 말을 모두 한문글자로 쓰면 어찌 될까? 그 어려운 글자를 어떻게 배워서 쓰고 읽는다는 말인가? 한문글자로 쓰면서 어려운 한자말로 살아가는 바보 같은 짓을 무엇 때문에, 누구를 위해서 해야 하는 것인가? 그렇게 해서 정치고 경제고 모든 학문과 문화가 어떻게 발전하겠는가? 그렇게 하면 우리 말을 우리 스스로 버리고 짓밟고 죽이는 엄청난 죄를 짓는 것이 된다. 우리 역사와 문화는 그래서 지난날 한문글자 때문에 병들고 꽉 막혀 도무지 앞으로 나아가지 못했던 것이다.

7) 우리 글쓰기 문화가 나아갈 길은 앞에서 든 2)도 아니고 3)도 결코 되어서는 안 되는 길이다. 새천년이 시작되는 지금 우리 민족이 제정신을 도로 찾아 세계 여러 힘 있는 나라와 겨루면서 훌륭하게 살아갈 수 있는 길은 다만 온 세계에 자랑할 수 있는 우리 말 우리 글을 쓰는 1)의 글쓰기 문화를 만들어가는 길이 있을 뿐이다. 남의 것 흉내내고 따라가는 짓으로는 언제나 식민지 종살이 노릇밖에 결코 할 것이 없다.

8) '전국한자교육추진총연합회'에서 한문글자를 쓰고 한문글자를 배워야 한다고 하여 때때로 선전하는 자료를 만들어내는데, 그런 것을 잘 살펴보면 도리어 한문글자를 쓰고 배우는 것이 얼마나 잘못된 일인가를 잘 깨닫게 된다.

우선 그들이 쓴 글을 보면 아주 새까만 한문글자로 되어 있어서 그 글자를 모르는 사람들은 말할 것도 없고 글자를 아는 나 같은 사람조차 한번 들여다보기만 해도 숨이 꽉 막힐 지경이다. 세상에 읽기 좋고 쓰기 좋아 온 세계 사람들이 부러워하는 한글을 두고 이렇게 어려운 글자를 좋다고 쓰고 싶어 하는 사람들은 어떤 마음으로 살아가는 사람들일까 싶다. 이런 사람들이 우리와 같은 동족이라는 것이 참 이상하다는 느낌이

든다.

全國漢子教育推進總聯合會

그 단체의 이름이 이렇다. 한문글자 쓰자고 주장하는 단체니까 자기 단체 이름을 한문글자로 쓰는 것은 당연하다. 언젠가 그 단체의 "籌備委員"이라고 해서 유명한 사람들의 이름이 신문에 난 것을 보았다. 그런데 그 직분과 이름이 또 모조리 새까만 한문글자로 되어 있어서, 참 우리와는 딴 세상 사람들이구나 하는 느낌을 떨쳐버릴 수가 없었다.

그분들이 쓰는 글이 또 이렇게 새까만 한문글자로 되어 있는 것은 말할 나위가 없다. 그러나 이런 어려운 글자를 좋아한다고 해서 그분들을 꼭 탓하고 싶지 않다. 세상에는 온갖 취미를 가진 사람들이 있고, 그런 취미를 가질 자유가 있으니까. 다만 그런 별난 취미를 남에게 강요하지는 말아야 하겠다.

그런데 우리 말과 우리 글자를 쓰자고 하는 것은 취미가 아닌가? 강요하는 것이 아닌가? 아니다. 이것은 다르다. 우리 민족이 우리 민족의 말을 하지 않고는 살 수 없는 것이고, 우리 민족의 말을 적는 글자를 쓰자고 하는 것은, 마치 우리가 밥을 같이 먹고 물을 같이 마시자고 하는 것과 같기 때문이다. 우리 말 우리 글은 우리가 먹는 밥이고 마시는 물이고 숨쉬는 공기와 같은 것이다.

9) 『우리 말 우리 얼』 회보 제4호에 나와 있지만, '전국한자교육추진총연합회' 쪽에서 내놓은 『한자교육 자료』 가운데 「우리 말에는 同音異語가 이렇게 많다. 이래도 한글專用이 可能한가」 이런 제목으로 "고사·사기·전기·전사·전주·정수" 이 여섯 가지 말을 사전에 나온 대로 모두 한문글자로 적어놓았는데, 그 수가 가장 적은 것이 열여섯 개고, 많은 것은 스물두 개로 되어 있다. 한글로 쓰면 이렇게 많은 말들을 모두 똑같이 써야 하는데, 어떻게 한글만 써서 되느냐 하는 것이다. 한문글자를 배워

서 한문글자로 적어야 이런 온갖 말을 다 바로 알 수 있다는 것이다. 그러나 그 열여섯 가지고 스무 가지고 하는 말들을 보면 평생 가도 쓸 일이 없는 말들이 거의 모두다. 그저 겨우 두세 개 말만 쓸 뿐인데, 이런 두세 가지 말은 우리 한글로 적으면 얼마든지 잘 알 수 있다. 또 더러 어려운 말은 우리 말로 바꿔서 쓸 수도 있다. 그런 문제는 제4호 회보에 잘 밝혀 놓았다. 한자 쓰자는 사람들이 걸핏 하면 들고 나오는 문제가 이것이다. 우리 말에는 한자말이 70%나 된다. 그러니 한자말 안 쓰면 우리 말을 제대로 할 수 없고, 한글만 써서는 안 된다고 하는 것이다. 이런 말에 속아 넘어가지 말아야 하겠다.

10) 한자말이 얼마나 우리 말을 어렵고 어지럽게 하고 있는가 하는 것은 '전국한자교육추진총연합회' 쪽에서 스스로 내보이는 자료가 아니라도 얼마든지 찾아볼 수 있다. 정재도 선생(한말글 연구회장)이 쓴 「편지라는 말의 요지경」이란 글을 보면 우리말 '편지'와 같은 뜻으로 쓰는 말이 사전에 200개나 올려 있는데, 그것이 죄다 한자말이다. 사전에 한자말이 70%가 된다고 하는 사실이 바로 이렇게 쓰레기통에 던져버려야 할 한자말로 채워져 있기 때문이다. 편지를 뜻하는 200가지 말 가운데서, 우리는 '편지' 한 가지만 써도 되고 그래야 한다고 본다. 그밖의 온갖 말들은 다 버려야 한다. 사전에 올리더라도 이런 말은 이제 쓸 필요가 없다고 적어놓아야 하겠다.

11) 한문글자 좋아하는 이들은 '편지'란 말도 한자말이라고 할 것이다. 우리 말의 뿌리를 캐보면 한문글자에서 온 말이 많다, 뿌리를 알아야 말을 제대로 쓸 수 있다고 할 것이다. 그러나 무엇 때문에 말의 뿌리를 하나하나 알아야 하나? 아무도 말의 뿌리를 알아보고 난 후에야 그 말을 하거나 쓰는 사람은 없다. 말의 뿌리를 캐어서 여러모로 따지고 생각하는 것은 그런 일에만 매달리는 학자들이나 할 일이다. 따라서 편지라고

만 하면 되고 한글로 편지라 쓰면 된다. 아주 우리 말이 되었으니까. 이 말을 便紙나 片紙로 쓰는 바보 같은 짓은 그만두어야 한다.

 12) 한자말은 '조어력이 뛰어나다'고 한문글자 쓰기 좋아하는 사람들은 또 말한다. 편지란 말을 가리키는 한자말에서도 간독, 간서, 간찰, 서한, 서간, 서신, 서장, 서통, 서찰, 서독, 서함…… 이런 꼴로 말이다. 그런데 이런 쓸데없는 말 자꾸 만들어 무엇하나? 만들면 만들수록 공해를 일으키는 쓰레기말만 쌓일 뿐이다. 그놈의 한자 조어력이 우리 말을 더 어지럽히고, 우리 말로 살아가는 착한 백성들을 바보로 만들고 종으로 부리는 힘으로 될 뿐이라 말해야 하겠다.

 13) 진짜 살아 있는 '말 만드는 힘'(조어력)이라면 한글로 쓰는 우리 말이 놀랄 만큼 뛰어나다. 가령 온갖 우리 말 가운데서 웃는 모습 한 가지만 나타내는 말만 해도 수십 가지가 된다.

- 방긋한다, 방긋거린다, 방긋댄다, 방긋방긋한다, 방끗방끗한다, 빵긋빵긋한다
- 벙긋한다, 벙긋거린다, 벙긋댄다, 벙긋벙긋한다, 벙끗벙끗한다, 뻥끗뻥끗한다
- 벙글거린다, 벙글댄다, 벙글벙글한다, 뻥글뻥글한다
- 방실거린다, 방실댄다, 방실방실한다, 빵실빵실한다, 벙실거린다, 벙실댄다, 벙실벙실한다
- 뱅글거린다, 뱅글댄다, 뱅글뱅글한다, 뱅긋뱅긋한다, 뺑긋뺑긋한다

이런 움직씨를 꼬그리 이찌씨로 만들어 쓸 수도 있고, 방실이, 빙글이와 같은 이름씨로 쓰기도 한다.

한자말은 많으면 많을수록 어렵고 어지럽고 어수선할 뿐이지만, 우리 말은 많을수록 누구든지 쉽게 익히면서 우리 마음 우리 느낌을 바르고 자세하게 나타내어 우리 정서와 마음의 세계를 아름답고 참되게 하고 넉넉하게 한다.

14) 그런데 한자말 쓰기 좋아하는 사람들은 이렇게 좋은 우리 말은 안 쓰고, '웃는다'는 말조차 일본말 따라 '미소한다'는 말만으로 쓰면서 "微笑한다"고 쓰고 싶어 한다.

'산나물을 한다'는 말도 우리 말로는 산나물에 따라서 '캔다' '뜯는다' '꺾는다'가 다 다른데, 한자말로는 '채취한다'만 써서 "採取한다"고 쓴다. 옷은 '입고' 모자는 '쓰고' 장갑은 '끼고' 양말은 '신고' 이름표나 모표는 '달고' 안경은 '끼고' 한다. 이래서 우리 말은 정확하고 재미있다. 그런데 한자말로는 옷이고 모자고 장갑이고 양말이고 모표고 안경이고 모조리 '착용'이면 다 된다. 이렇게 한자말로 하면 아주 편리하다고 반가워해야 할 일인가?

아니다. 한자말 하나가 수많은 우리 말을―그 좋은 우리 말을 다 잡아먹는 현상이다. 이런 보기를 여러분들이 좀 찾아보라. 얼마든지 나올 것이고, 아주 좋은 우리 말 공부가 될 것이다.

이밖에 한문글자를 쓰기 때문에 우리 말이 병들고 죽어가게 되는 사실은 얼마든지 들 수 있고, 이 문제에 대해서는 앞으로 어떤 자리에서든지 우리 생각을 온 국민 앞에서 환하게 밝힐 준비가 되어 있다.

이제 새천년을 맞이한다고 온 세계가 들뜨고, 또는 새 희망을 시작한다고 긴장하고 있다. 그런데 우리는 아직도 제정신을 갖지 못하여 우리 역사를 망쳐놓은 한문글자에 매달려 그것과 씨름하고 있으니 참으로 서글픈 생각을 버릴 수 없다. 한문글자뿐 아니다. 뿌리 깊은 남의 것 숭배 사상, 힘 있는 세력에 붙어사는 버릇은 미국말 미국글 흉내내고 따라가기에 또 얼이 다 빠져 있다. 이 모양 이 꼴로서는 우리가 절대로 새 세기에 이 지구 위에서 살아남을 수 없다. 새천년의 첫새벽을 희망이 있는 길로 내딛기 위해서도 하루빨리 부끄러운 역사를 깨끗이 지워야 하겠다. 우리 것, 우리 말, 우리 글, 우리 땅, 우리 문화를 살리는 것만이 우리가 살아나는 길이다. 외세에 기대는 종살이 버릇을 깨끗이 물리치지 않고는 희망의 새천년을 맞이할 수 없다.

2. 한자말을 쓰지 말아야 하는 까닭1)

삶에서 나온 말이 아니다

많이 읽고 써서 잘 아는 말이라도 그보다 더 좋은 우리 말이 따로 있을 때는 우리 말을 써야 한다. 그 까닭은, 책에서 배운 그 말이 삶에서 익힌 우리 말을 죽이고 잡아먹기 때문이다.

- 횡령·배임 수재·사기 혐의를 받고 있는 이 의원도 무슨 <u>이유</u>에 선지 '자신감'에 찬 표정이다. (→까닭) 『한겨레』, 1998. 8. 27.
- 남 신부는 강론을 <u>통해</u> 이렇게 말했다. (→에서) 『한겨레』, 1998. 8. 22.
- 수해 현장에서 마을 <u>주민</u> 2명이 밀려온 소나무를 치우기 위해 애쓰고 있다. (→사람들이) 『한겨레』, 1998. 8. 22.
- 족벌 소유 구조의 <u>타파</u>와 방송 민주화 보장 <u>등</u>은 결국 법과 제도를 <u>통해야</u> 하므로…… (→깨뜨리기 | →같은 것, 따위 | →고쳐야) 『한겨레』, 1998. 8. 28.
- '편파 대진표' 그랑프리 배구 <u>물의</u> (→말썽) 『한겨레』, 1998. 8. 28.
- 이화여대 정원 10% 고교 성적으로 <u>선발</u> (→뽑아) 『한겨레』, 1998. 8. 28.
- 의약품에 <u>사용하지</u> 못하도록 돼 있는 표백제가 검출된 한약재 …… (→쓰지) 『동아일보』, 1998. 8. 26.

- 그는 변했다. (→달라졌다.) 『한겨레』, 1998. 8. 25.
- 사막과 바다를 이용해 싱싱한 농작물을 재배할 수 있다면 얼마나 좋을까. (→모래벌판, 모래밭 | →에 | →곡식 | →가꿀) 『한겨레』, 1998. 8. 26.
- 폭탄 테러 163명 사망 4천 명 부상 (→죽고 | →다쳐) 『한겨레』, 1998. 8. 10.
- 영월댐 문제에 정부가 미래를 바라보는 현명한 결정을 내리기를 기대한다. (→앞날) 『한겨레』, 1998. 8. 18.
- 유평리 주민들 계곡물 뛰어들어 29명 살려 (→골짜기) 『한겨레』, 1998. 8. 5.
- 계곡은 검붉은 흙탕물 '바다' (→골짜기는) 『한겨레』, 1998. 8. 4.
- '장애인' 용어 바로 쓰길 (→말) 『한겨레』, 1998. 8. 5.
- 휴대전화는커녕 학교 급식마저 없는 결식아동과, 거리로 내몰리는 실직자·노숙자들에게 크리스마스나 눈이 '추운 현실' 외에 무슨 의미가 있겠는가. (→말고, 밖에 | →뜻이) 『한겨레』, 1998. 8. 5.
- 아파트 구입, 10월까지 참으세요. 가을 지나면 다시 하락 가능성 (→사기 | →내릴 듯) 『한겨레』, 1998. 8. 4.
- 제방 복구 (→둑 다시 쌓기) 『한겨레』, 1998. 8. 1.
- 실업 극복 운동 (→이겨내기, 이겨내자) 『한겨레』, 1998. 7. 25.
- 강으로 변한 논밭 (→바뀐) 『한겨레』, 1998. 8. 13.
- 유전자 조작 콩·옥수수, 우리 식탁 위협 (→밥상) 『한겨레』, 1998. 8. 24.
- 1가구 2차량 중과세 폐지 (→한 집 두 차) 『한겨레』, 1998. 8. 22.
- 송이 채취 현장 체험 (→솔밭에서 송이 캐기) 『한겨레』, 1998. 8. 20.
- 한 뿌리의 송이도 캐지 못했을 때는 예약금을 돌려주지만 채취한 송이는 그냥 가져가는 것이 아니라 정상 가격에서 10% 할인된 가격에 구입해야 한다. (→캔, 딴 | →올바른 값 | →깎은 값으로 사야) 『한겨레』, 1998. 8. 20.
- 직접 캐고 요리 시식도 (→손수 →맛보기노) 『한겨레』, 1998. 8. 20.
- 감미로운 하모니 (→달콤한) 『한겨레』, 1998. 8. 28.

- '가족 시네마' 일본서 촬영 (→찍어)『한겨레』, 1998. 8. 28.
- KBS 9시 뉴스 앵커 교체키로 (→바꾸기로)『한겨레』, 1998. 8. 2.
- 농어촌 부채 연장·감면 검토 (→빚)『한겨레』, 1998. 8. 28.
- 추락하는 루블화 (→떨어지는)『한겨레』, 1998. 8. 28.
- 경찰은 흑인 소녀가 저항하는 것을 데이비드 캐시도 목격했다고 보고 있다. (→보았다고 알고)『한겨레』, 1998. 8. 28.
- 활짝 핀 목화꽃이 동심을 유혹하고 있다. (→어린이를 꾀고)『한겨레』, 1998. 8. 25.
- 더 이상 무승부는 없다. (→비기지 않는다.)『한겨레』, 1998. 5. 5.
- 김덕룡 한나라당 부총재는 4일 "임창열 전 경제부총리가 환란에 책임이 없다고 주장하고 있는 데 대해 김영삼 전 대통령이 인간에 대한 환멸과 비애를 느낀다고 말한 것으로 알고 있다"고 밝혔다. (→슬픔을)『한겨레』, 1998. 5. 5.
- 충남 농가 부채 가구당 1491만 원 (→빚 | →한 집에)『한겨레』, 1998. 7. 7.

가구당, '1인당'에서 쓴 -당은 일본말을 따라 쓰는 말이다.

- 그런 와중에 일본 귀신 오니가 한국 도깨비인 양 행세하기 시작했던 것이다. (→틈, 가운데)『동아일보』, 1998. 8. 26.
- 서석재 의원 민주계쪽 교량 역할 관측 (→다리 노릇 할 듯)『한겨레』, 1998. 8. 31.
- 한편 지역 사회에서 논란이 일자 평창군 관련부서 공무원들은 이효석 선생의 유족들을 만나 이장을 만류하기 위해 31일 뒤늦게 급히 상경했다. (→말리기)『한겨레』, 1998. 9. 1.
- 대로변에 핀 '봄' (→큰길가)『조선일보』, 1998. 2. 21.
- '植民 소녀' 통해 깨닫는 정체성 (→로 | →제 모습)『동아일보』, 1998. 5. 23.
- "치아 바로잡으면 키 커진다" (→이, 이빨)『조선일보』, 1998. 4. 6.

- 10대에 용돈 주고 성관계. <u>성인</u>에 실형 (→어른) 『중앙일보』, 1998. 9. 3.
- <u>결식</u> 학생 10만 명 (→굶는) 『동아일보』, 1998. 8. 24.
- '원리금 보장예금' <u>고객</u> 몰린다. (→손님) 『경인일보』, 1998. 8. 21.
- "모아 오면 한 장 50원씩 <u>환불</u>" (→돌려줘) 『조선일보』, 1998. 7. 27.

한자말은 어렵다

쉬운 우리 말을 두고 공연히 어려운 남의 나라 글자말 쓸 까닭이 없다.

- 호남 100mm <u>호우</u>, 농경지 1750ha <u>침수</u> (→큰비 | →논밭 | → 잠겨) 『한겨레』, 1998. 8. 19.
- 당진천이 10일 <u>집중호우</u>로 <u>범람하면서</u> 떠내려온 유모차 등 갖가지 쓰레기가 논바닥에 나뒹굴고 있다. (→큰비 | →넘치면서) 『한겨레』, 1998. 8. 11.
- <u>느닷없는 집중호우</u>로 피해를 본 사람들이 많다. (→느닷없이 쏟아진 큰비로) 『한겨레』, 1998. 8. 8.
- 교육부는 (줄임) 품질이 우수한 상품에 <u>부착해주기</u> 위한 '품질인증 마크'를 확정했다. (→붙여) 『한겨레』, 1998. 8. 28.
- 자동 고추 <u>세척</u> (→씻기) 『한겨레』, 1998. 8. 26.
- 곪아 터진 경제 <u>붕괴 위기</u> (→무너질 판) 『한겨레』, 1998. 8. 15.
- 김민수 교수의 재임용 탈락 소문을 듣고 확인해보던 중 기사(14일치)를 읽고 <u>경악을 금할 수</u> 없다. (→놀라지 않을 수) 『한겨레』, 1998. 8. 15.
- 안산 터널 500여 곳 <u>균열</u> (→금 가) 『한겨레』, 1998. 8. 27.
- 미국 <u>등</u> 국제사회도 마찬가지여서 북한이 <u>재가동에 들어갈 가능</u><u>성은 극히 희박하다고</u> 덧붙였다. (→과 같은 | →다시 가동할 것 같지는 않다고) 『한겨레』, 1998. 8. 27.
- 대전시가 대전시 중구 문화동 서대전 광장에서 한국의 꽃을 전시

하고 원두막을 만들어 휴식 공간으로 활용하고 있다. (→쉼터로 쓰고) 『한겨레』, 1998. 8. 18.
- 박정수 외통 전격 경질 (→갑자기 바꿔) 『한겨레』, 1998. 8. 5.
- 사과 연설 뒤 비판 고조 (→높아, 높아져) 『한겨레』, 1998. 8. 21.
- 잔혹한 시절 기억의 편린들 (→조각들) 『한겨레』, 1998. 8. 15.
- 종주에 나선 등산객이 천왕봉에서 휴식을 취하고 있다. (→산등 타기 | →쉬고) 『중앙일보』, 1998. 8. 28.
- 우리 사회는 지금 발상의 전환과 함께 거듭나는 자세가 절실합니다. (→생각을 바꾸고) 『한겨레』, 1998. 7. 10.
- 말 아끼며 진화에 부심 (→불끄기 애써) 『중앙일보』, 1998. 4. 28.
- 벨기에 1,000만 국민은 2년 전 비탄과 분노로 치를 떨었다. 그리고 23일 경악했다. (→슬픔과 분노로, 슬픔과 분함으로 | →놀랐다) 『한국일보』, 1998. 4. 25.
- 심권호 2체급 석권 (→휩쓸어) 『조선일보』, 1998. 8. 31.
- 한나라 당권 경쟁 가열, 금품 살포 등 혼탁 극심 (→돈 뿌리기) 『동아일보』, 1998. 8. 20.

무슨 말인지 알 수 없다

귀로 들었을 때 무슨 말인지 알 수 없는 말, 한글로 적어놓은 것을 읽었을 때 무슨 말인지 알 수 없는 말은 우리 말이 아니다.

- 영월댐 건설 비판 사설에 이의 (→다른 의견) 『한겨레』, 1998. 8. 27.
- 경제 제재 추가 완화 이견 (→의견 달라) 『한겨레』, 1998. 8. 27.
- 독립 운동 서훈 유감 『한겨레』, 1998. 8. 11.
- 준법 서약 유감 『한겨레』, 1998. 7. 28.
- 반말 유감 『한국일보』, 1997. 7. 10.

글 제목에 흔히 이렇게 유감이란 말을 쓰는데, '느낌이 있다'는 말인지 '섭섭하다'는 말인지, 그 글을 끝까지 읽어도 알 수 없다.

- 신규 외화 차입 사실상 중단 (→외국돈 빌려 오기) 『한겨레』, 1998. 7. 9.
- 여기서 나는 새로 정의하게 된다. (→뜻을 매기게) 『중앙일보』, 1998. 8. 26.
- 언론 개혁 추동할 구심점으로…… (→밀고 나갈) 『한겨레』, 1998. 8. 28.
- 공기업 수천억 세금 탈루 (→새나가) 『한겨레』, 1998. 7. 9.
- 해탈절 의의 (→뜻, 의미) 『진각종보』, 1998. 7. 1.
- 차세대 여성 지도자 연수 교육 (→다음 세대) 『시민의 신문』, 1998. 8. 31.

차세대라니 '차를 타는 세대'란 말로 읽을 수도 있다. "차"라 하지 말고 '다음'이라고 하면 부드러우면서도 분명한 우리 말이 된다. '여행차' '출장차'도 마찬가지다. '여행하러' '출장하러' 하면 얼마나 좋은가.

- '용의 눈물' 시청률 1위로 대미 장식(→마지막) 『조선일보』, 1998. 6. 2.
- 일, 대북 식량 지원 중단 (→북한, 북한에) 『중앙일보』, 1998. 9. 1.
- 폴란드 고등학교, '세종대왕高' 명명 (→라 이름 지어) 『한국일보』, 1998. 5. 1.

"세종대왕高"는 '세종대왕 고등학교'라 써야 한다.

- 가구원수가 한 명뿐인 단독가구도 재개발 구역 내 임대주택을 공급받을 수 있게 됐다. (→가족이, 식구가 | →한 사람 | →단독집 | →구역 안 | →받을) 『동아일보』, 1998. 2. 23.
- 선천성 '미소불능' 소녀 수술 (→웃지 못하는) 『동아일보』, 1995. 12. 18.
- 초미세 먼지 관리 본격화 (→아주 작은) 『한겨레』, 1996. 1. 20.
- 건칠지불 각신문 1998. 9. 2.

무슨 말인지 알 수 없다. 그림이고 공작품이고 일반 사람들이 잘 알 수 있는 이름을 지어 붙여야 한다.

- "與野 의원 수명 차례로 소환" (→몇 사람) 『한국일보』, 1998. 9. 2.
- 세라믹 숯 '냄새 잡는 왕' 수명은 길지만 탈취 효과 약해 (→냄새 없애는) 『중앙일보』, 1998. 9. 3.

3. 한자말을 쓰지 말아야 하는 까닭2)

같은 한자말도 더 어려운 말을 쓰고 싶어 한다

우리 말이 있는데도 그 말을 안 쓰고 한자말을 쓰는 태도 자체가 허풍을 떨고 싶어 하는 유식병이다. 그래서 한자말을 쓰면 같은 한자말이라도 더 어려운 말, 보통 사람들이 잘 안 쓰는 말을 즐겨 쓴다. 한자말이 사람의 성격을 비뚤어지게 하는 까닭이 이러하다.

나는 같은 뜻을 나타내는 한자말이면 더 쉬운 말, 누구나 쓰고 있어서 잘 아는 말을 쓰는 것이 옳다고 본다. 그래서 '출범'을 안 쓰고 '출발'을 쓰고, '표출'을 안 쓰고 '표현'을 쓰고, '계기'를 안 쓰고 '기회'를 쓰고, '범국민'을 안 쓰고 '전 국민'을 쓴다. '표지' '표지판'도 '표시' '표시판'이라 쓰는 것이 좋겠다고 깨달았다.

정거장에 가면 차가 떠나는 때를 적어놓은 표가 벽에 붙어 있고, 그 표를 '시각표'라 해놓았는데, 아마도 유식한 사람이 '시간표'는 틀린 말이니 '시각표'로 해야 맞다고 이치를 따져서 가르쳐주었기에 그렇게 고쳤다고 본다. 바로 '유식'이 '무식'으로 되는 경우라 하겠다. "차 떠나는 시간 다 됐어요" 하지 "차 떠나는 시각 다 됐어요" 하는 사람은 없다. 그렇다면 모든 사람이 '시간'이란 말을 잘못 쓰고 있는가?

그렇지 않다. "차 떠날 시간이라면 틀린 말이고, 차 떠날 시각이라 해야 맞다"고 하는 사람은 살아 있는 '말'은 모르고 죽은 '글'만 알고 '글' 속에 빠져서 말의 세계를 보지도 듣지도 못하는 사람이다. 사전에도 "시간"이란 말을 풀이하면서 "1) 어떤 시각과 시각 사이, 2) 시각" 이렇게 두 가지 뜻으로 쓴다고 밝혀놓았다. 그리고 이런 걸 가지고 사전까지 찾아볼 건 없다. 모든 사람들이 오랫동안 쓰고 있는 말이 곧 살아 있는 바른 말 아니고 무엇인가.

- 김 총리는 여권의 <u>현안으로</u> 떠오르고 있는 공동정부 운영위원회 구성과 관련해…… (→문제로) 『한겨레』, 1998. 8. 22.
- 언론개혁 시민 연대 <u>출범</u> (→출발, 결성, 뜬다) 『한겨레』, 1998. 8. 28.
- 우리 언론 역사에서 이만한 <u>범국민적</u> 기구가 생긴 것은 드문 일인데…… (→전 국민적, 전 국민의, 온 국민의) 『한겨레』, 1998. 8. 28.
- 언개련이 지하철 서울시청역에서 여는 50대 허위·왜곡 보도 사진전은 평범한 시민들에게 언론개혁의 중요성을 일깨우는 <u>계기</u>가 되리라 믿는다. (→기회) 『한겨레』, 1998. 8. 28.
- 1980년 발표한 『바닥에서 일어서서』는 문학인들뿐만 아니라 일반 독자들에게 큰 반응을 일으키며 사라마구의 작품 세계가 새롭게 조명되는 <u>계기</u>가 되었다. (→기회) 『경향신문』, 1998. 10. 9.
- <u>단아한</u> 일본식 목조건물을 안의 다다미 방에 목각 성모 마리아 상이 모셔져 있다. (→아담한) 『동아일보』, 1998. 8. 26.
- 신체의 자유를 미끼로 인간의 <u>내심을 표출할</u> 것을 강요하는 준법서약제에 결코 <u>동의할</u> 수 없습니다. (→내심을 표현할, 속마음을 나타낼 | →찬성할) 『한겨레』, 1998. 7. 29.
- <u>식이요법</u>으로 표준체중 유지 (→식사요법) 『한국일보』, 1998. 1. 3.
- LP가스 충전소는 가스 제조회사로부터 LP가스를 공급받아 가정용 용기(20, 50kg) 또는 택시 등 LP가스 <u>차량</u>에 충전시키는 시설이다. (→차) 『동아일보』, 1998. 9. 12.

- 이스라엘은 적국 테러리스트를 추적해 적확하게 공격해내는 정보력을 과시하지 않는가. (→정확하게) 『중앙일보』, 1998. 9. 8.
- 납치 사건, 구명운동 인연 의원 교수 등 70여 명과 해후 (→상봉, 만나) 『중앙일보』, 1998. 10. 10.
- 그 시각 부근의 뉴오타니 호텔에서는 김 대통령과의 간담회에 참석할 재일동포들이 모여들고 있었다. (→시간) 『한겨레』, 1998. 10. 9.
- 유감스럽게도 우리 현대 언론사는 이 사안에서 괄목할 만한 기록을 갖고 있다. (→문제 | →주목할) 『한겨레』, 1998. 10. 8.
- 왜 이 사람의 사진이 실렸을까 의아했다. (→이상했다) 『한겨레』, 1998. 10. 16.
- 한국유기농업대회장에서 (→거름농사, 퇴비농사) 『건강과 자연농업』, 1998. 10. 1.
- 본회와 서울시 재향군인 부인회와의 산·소 제휴 협약 체결식을 가짐으로써 유기 농산물 유통의 새로운 돌파구 모색에 크게 기여할 것으로 기대된다. (→생산·소비 손잡기 | →퇴비, 거름 | →해결책 찾기) 『건강과 자연농업』, 1998. 10. 1.

"재향군인 부인회와의"는 '재향군인 부인회과'로 써야 한다.

- 유기농업으로 귀농 희망 (→퇴비농사[거름농사] 짓고 싶어요) 『건강과 자연농업』, 1998. 9. 1.
- 소설은 전남 여수 근처 마을의 홍합 가공 공장을 무대로 삼아 그 공장에 다니는 마을 여인네들의 원초적 생명력을 그려 보인다. (→끈질긴 생명력, 근본되는 생명력) 『한겨레』, 1998. 9. 29.
- 슈뢰더 차기 총회 예정자는 "콜의 시대는 종언을 고했으며 새로운 중도를 내세운 시민당의 정책이 옳다는 것이 입증됐다"며…… (→종말이 왔으며, 끝이 났으며) 『한겨레』, 1998. 9. 29.

말이 거칠어진다

한자말은 대체로 거친 소리가 나는 말이 많다. 이렇게 말이 억세고 거칠기 때문에 한자말을 더 쓰고 싶어 한다. 그리고 같은 한자말도 부드러운 말보다 거친 말을 쓰고 싶어 한다. 거친 말을 자꾸 쓰게 되면 그런 말을 하는 사람의 성격도 저절로 거칠어지지 않을 수 없다.

한자말에서 일본말 일본글 따라서 가장 많이 쓰는 말이 객관적, 주체적, 전격적, 폭발적, 대대적, 원칙적…… 이렇게 무슨 말이든지 그 뒤에 -적을 붙이는 말인데, 이제는 이 무슨 -적이란 말을 어이없게도 일본사람들보다 우리가 더 많이 쓰게 되었다. 이렇게 -적을 많이 쓰는 것은 다른 까닭도 있지만 무엇보다도 '쩍' 하는 억센 느낌이 나는 소리 때문이라고 생각한다.

-적 하는 말뿐 아니다. 일본제국이 이 땅에서 물러가고 난 뒤로 반세기가 더 지나는 동안, 아직도 날마다 신문에서 쓰고 있는 일본말의 대표가 되는 '입장' '역할'이란 말도 왜 우리 말로 시원스레 고치지 못하는가? 정치를 하는 사람이고 행정을 하는 사람이고 교육자고 법관이고 학자고 모두가 억센 말, 거친 말을 토해내고 싶어 하고 글로 쓰고 싶어 하는 것 아닌가, 하는 생각을 떨쳐버릴 수 없다.

- '공동운영협' <u>촉구</u> 등 공세 (→재촉) 『한겨레』, 1998. 8. 22.
- 불법파업 사업장, 경찰 <u>즉각 투입</u> (→곧바로 보내) 『동아일보』, 1998. 9. 4.
- 물질문명과 과학기술의 <u>발전지향적 물량주의적 획일주의적</u> 삶에 지쳐버린 사람들은 영성 전쟁의 시대가 될지도 모른다고 염려한다. (→발전지향이고 물량주의와 획일주의로 달려가는) 『함께 사는 길』, 1998. 9.
- 북한의 '미사일' 성취가 절대적으로 충격적인 것은 아니다. 어느 <u>국가</u>든 한 분야에 자원을 <u>집중</u>하면 그 정도 발전은 이룰 수 있다.

(→북한이 '미사일'을 이뤄낸 것은 절대로 크게 놀랄 만한 일은 |
  →나라 | →모으면)『중앙일보』, 1998. 9. 8.
- 나는 또 즉각 받았다. (→곧바로)『동아일보』, 1998. 9. 8.
- 여, 오늘 과반수 돌파 (→넘어)『중앙일보』, 1998. 9. 8.
- 내년 예산안 85조 7900억 확정…… 올해보다 6.2% 팽창 (→으로 | →불어나)『한겨레』, 1998. 9. 25.
- 비리 척결은 단순히 죄를 진 사람에 대한 처벌만이 아니라 원칙적이고 투명한 조사와 처벌을 통해 올바른 가치관을 세우자는 것이다. (→도려내기는 | →원칙에 서고 시원스런 | →해서)『한겨레』, 1998. 9. 19.
- 7월말 인터넷을 통해 청와대에 학교를 고발하는 글을 띄웠다가 무기정학을 당해 말썽이 됐던 전북 모 고교의 한 학생이 최근 다시 반성문을 올렸으나 '학교측에 의한 강요된 반성문'이라고 네티즌들이 지적하고 있다. (→-으로)『한국일보』, 1998. 9. 10.
- 얼마 전에는 작황이 너무 좋아 자식들에게 나누어 줄 수 있다는 생각에 피곤함도 잊으셨다고 자랑까지 하셨다. (→곡식이 너무 잘 되어)『한겨레』, 1998. 9. 19.
- 비리에 물든 교사를 영원히 퇴출시키는 특별 대책이 필요하다. (→물러나게 하는)『한겨레』, 1998. 10. 15.

"특별 대책" 같은 말도 거친 소리로 된 한자말이지만 널리 쓰고 있는 말이기에 어쩔 수가 없다.

- 교육계가 대체적으로 서로 협하여 비리를 은폐하고 문제가 생기면 봐주기에 몰두하는 판이다. (→대체로 | →가리어 숨기고 | →애쓰는)『한겨레』, 1998. 10. 15.
- 특히 서울 강남지역에서 집중적으로 적발되었다는 점은…… (→

더구나│→많이│→드러났다는)『한겨레』, 1998. 10. 15.

- 제3자로부터 들은 말을 <u>목격자</u>로부터 <u>직접</u> 들은 것처럼 <u>표현한</u> 것은 조선일보 기사의 잘못이었다. (→본 사람│→바로│→쓴)
『시민의 신문』, 1998. 10. 5.

- 정부 투자기관 <u>대대적</u> <u>内査</u>."기관장 1명 혐의 포착" 사정당국 (→크게│→잡아)『조선일보』, 1998. 10. 19.

- 비리 공직자 373명 <u>적발</u> (→잡아내)『동아일보』, 1998. 10. 21.

- 고추 값 <u>폭등</u> (→크게 올라, 마구 올라)『동아일보』, 1998. 10. 21.

- "경제 위기 <u>극복</u> 힘 <u>모으자</u>" (→이겨내기, 이겨내도록)『조선일보』, 1998. 10. 21.

- 남대천으로 연어가 들어오고 있다. 고향을 떠나 바다를 떠돈 지 어언 2~5년. 연어는 수정을 통하여 새 생명을 <u>탄생시킨</u> 후 삶을 마감한다. 양양 내수면 연구소 직원들이 암수 선별을 위해 연어를 <u>포획하고</u> 있다. (→으로, 을 해서│→낳은│→잡고)『중앙일보』, 1998. 10. 21.

- 오래 묵은 상처와 아픔을 세상 모든 것을 향한 애정으로 승화시키는 <u>대지적 모성의 표출</u> (→넓은 땅 같은 모성의 표현)『한겨레』, 1998. 10. 27.

- 얼마 전 공공도서관에 공부를 하러 갔다가 <u>창문을 통해</u> 한 초등학교 운동장에서 아이들이 뛰어노는 모습을 보던 중 <u>경악할</u> 만한 장면을 <u>목격했다</u>. (→창문으로, 창문 너머, 창문 저쪽│→놀랄│→보았다)『한겨레』, 1998. 10. 21.

말을 헛되게 쓴다

　　한자말을 쓰게 되면 공연히 말을 겹으로 쓰거나 쓸데없는 말을 끼워 넣어서 말을 어수선하게 만들고 글을 어지럽게 만들어 말을 낭비하는 수가 아주 많다. 어려운 말로 허세를 보이려는 마음에서 이렇게 되기도 하지만, 남의 나라 글자로 된 말이기 때문에 얼른 그 뜻을 알 수 없어 저절로 이렇게 풀이하는 꼴의 말을 덧붙이게도 되는 것이다.

- 클린턴 대통령은 또다시 여론을 조작하려고 기도했다. (→했다.)
  『한겨레』, 1998. 8. 21.
- 그렇다면 북한에 대한 더욱 과감한 개방도 시도해볼 수 있고, 그런 현실을 수용하기 위한 법적·정책적 규제도 재검토해볼 만하다. (→해볼) 『한겨레』, 1998. 9. 11.
- 한편 마산 중부경찰서는 이날 오전 강군 집과 자른 손가락을 버린 의신여중 담장 등지에서 아버지 강종렬(42) 씨를 데리고 현장검증을 실시했다. (→했다.) 『한겨레』, 1998. 9. 15.
- 공사 중 발생한 쓰레기는 바로바로 치워주시고 계단 청소는 매일 실시해야 됩니다. (→해야) 『과천 1단지 관리소 회보』 1998. 7. 20.
- 저는 선조들이 했던 것을 그대로 실천하려고 할 따름입니다. (→하려고) 『한겨레』, 1998. 10. 23.
- 외래종에 대한 접근도 같은 방법으로 시도하면 기성세대들의 논리에 빠지지 않고 과학자 기질을 키울 수 있다고 주장한다. 팔당호에 직접 가서 아이들이 외래종을 관찰하고 베스와 불루길 요리를 맛보는 것도 더없는 교육이라고 강조한다. (→하면│→가서)
  『시민의 신문』, 1998. 7. 31.
- 아이들 책 부모가 직접 골라 줘야 『광주 어린이 신문』, 1998. 10. 20.

이 직접이란 말은 쓰지 않아도 되는 말이 공연히 들어 있다고 보아야 옳다. 직접이란 말은 대개 이렇게 필요도 없이 쓰인다. 그래서 공연히 말과 글을 복잡하고 어수선하게 만든다.

- 이 책은 지은이가 직접 발로 뛰어 확인한 만주지방 고구려 유적지에 대한 답사 안내서다. (→발로 뛰어) 『한겨레』, 1998. 10. 27.
- 실제로 김 총리는 최근 민감한 현안 문제와 관련해 사태를 관망하기보다는 한 발 앞서 나가는 태도를 보였다. (→문제) 『한겨레』, 1998. 8. 22.
- 클린턴이 테러를 응징한다고 수단과 아프가니스탄의 일부 지역에 미사일 공격을 가한 것도 미국의 역대 대통령들이 선호한 이런 무단주의적 외교 전통과 일치한다. (→한) 『중앙일보』, 1998. 8. 27.
- 간부들은 이날 오후 국회 예결위 특위에 참석해서도 서울대 쪽과 연락을 취하면서 선우 총장의 거취표명 여부 파악에 분주한 모습이었다. (→하면서) 『한겨레』, 1998. 8. 29.
- 그는 "우리 정부는 북한의 기존 핵처리 시설 재가동을 절대 용납하지 않겠다는 확고한 태도를 취하고 있다"며…… (→태도를 가지고 있다, 태도를 가졌다, 태도다) 『한겨레』, 1998. 8. 27.
- 이종민 씨가 자동 고추 세척기를 이용해 이물질을 씻어내는 세척 작업을 하고 있다. (→고추 씻음기로 농약 따위를 씻어내고) 『한겨레』, 1998. 8. 26.
- 지난 26일 서울 숭문고 도서반 '책누리' 학생들이 점심 시간을 이용해 도서 분류 작업을 벌이고 있다. (→점심 시간에 책을 분류하고) 『한겨레』, 1998. 8. 28.
- 50년 만에 정권 교체가 이뤄졌는데도 불구하고 한국 언론은 여전히 개혁의 '성역'으로 남아 있습니다. (→이뤄졌는데도) 『한겨레』, 1998. 8. 24.
- 금강산 산행갈 때 신어 보세요. (→갈 때) 『중앙일보』, 1998. 8. 26.
- 순식간에 엄청난 양의 강수량으로 수많은 인명 피해를 낸 집중호우는…… (→엄청나게 쏟아져 | →큰비) 『한겨레』, 1998. 8. 3.
- 한여름 밤의 심야 영화제 (→영화제, 영화 잔치) 『한겨레』, 1998. 8. 18.
- 북한을 호의적 시각으로 보는 이른바 친북 인사라는 표현과……

(→좋게 보는)』한겨레』, 1998. 8. 22.

- 한평생 재야에 묻혀 70~80년대 사회운동의 정신적 지주 구실을 했던 원로 서예가 무위당 장일순 유작전이 오는 9월 1~7일 강원도 원주시 우산동 상지대 전시관에서 열린다. (→재야인으로, 민간에 묻혀)『한겨레』, 1998. 8. 31.

- 회원들이 행사가 끝난 뒤 먹고 난 음식물 쓰레기를 한강에 버리고 있다. (→음식)『한겨레』, 1998. 3. 2.

- 기록화 사업, 성과물 出刊 (→성과)『문화일보』, 1997. 6. 30.

- 마침 우리 연구회가 주력 사업으로 추진해오던 '겨레 얼 가꾸기' 1단계 사업이 완성되어 그 성과물이 나오기도 했으니 바쁘시더라도 참석하시어 축하해주시면 고맙겠습니다. (→성과가, 결과가)
  어느 알림장

- 옛 주소로 배달된 우편물, 새 주소지서 받을 수 있어 (→주소에서)』동아일보』, 1996. 4. 7.

- 수도권 아파트 값이 오름세로 돌아선 지 두 달 만에 다시 하락세로 반전됐다. (→내림세로 되었다.)』동아일보』, 1994. 9. 4.

- 구룡폭 맞은편에는 구룡각이라는 관폭정이 있어 탑승객들은 우선 여기에 올라 폭포를 건너다보게 마련인데, 100m도 더 떨어진 거리건만 흩뿌리는 포말 파편에 금세 옷이 젖고, 벼락치는 소리를 내며 물 찧는 굉음에 바로 곁에서 하는 말소리도 들리지 않는다. (→소리에)『중앙일보』, 1998. 9. 5.

굉음은 아주 크게 울리는 소리다. 바로 앞에 "벼락치는 소리를 내며 물 찧는"이란 말이 있으니 굉음이란 말은 소용이 없고 그냥 '소리'라고 하면 되는 것이다. "포말 파편"은 '물거품 조각'이라 쓰는 것이 좋다.

- 방북 기간 중 찾았던 북한사회 곳곳의 생활상과 만났던 사람들이

이야기를…… (→〔북한을 방문한〕 동안, 기간, 중) 『동아일보』, 1998. 9. 8.
- 빌 클린턴 대통령의 성추문 사건에 관한 케네스 스타 특별검사의 보고서가 인터넷에 오르면 일시에 접속 시도가 몰려들어 인터넷 망이 고장날 것이라던 일부의 우려는 쓸데없는 걱정이었던 것으로 확인됐다. (→걱정은 쓸데없는) 『한겨레』, 1998. 9. 14.

우려는 "걱정"과 같은 말이고, 더구나 이 말은 입으로 하지 않는 말이고, 일본말 따라 쓰는 말이다. 그래서 우려를 "걱정"으로 고쳐놓으면 뒤에 나오는 "걱정"이 겹으로 쓴 것임을 잘 알게 된다.

- 미제 해병대 공수부대 비행장 근처 논에서 가을 추수에 여념이 없는 농부들 (→가을걷이) 『KBS저널』, 1998. 9.
- 위 규정을 위반하는 행위자에 대하여는 무단 배출로 간주하여 관계 기관에 신고하여 행정조치토록 하겠습니다. (→사람에) 『KBS저널』, 1998. 9.
- 위 사항을 준수하여 청결하고 깨끗한 단지가 될 수 있도록 주민 여러분께서 각별히 협조하여주실 것을 부탁드립니다. (→깨끗한) 『KBS저널』, 1998. 9.
- 그 속에서 웃고 울고 감동하는 가운데 나 자신이 깨끗이 정화되는 것을 알 수 있었다. (→깨끗이 되는) 『파랑새 소식지』
- 그네들은 입에 풀칠하기조차 어려운 궁핍의 시대에 살았고…… (→어려운) 『파랑새 소식지』
- 엊그제 내린 가을비로 낙엽이 지고 있다. 서리 바람이 불어오지 않더라도 제때가 되면 나뭇잎들은 미련 없이 가지를 떠나 낙엽으로 내려온다. 「법정 칼럼」, 『동아일보』, 1998. 10. 19.

낙엽이란 말은 사전에 풀이한 대로 "나뭇잎이 떨어지는 것" 또는 "떨어진 잎"이다. 그러니까 "낙엽이 지고 있다"든지 "낙엽이 내려온다"고 하면 겹말이 된다. 이치를 따지자면 그렇다. 한자말은 이렇게 겹말로 말을 낭비하는 경우가 아주 많다. 낙엽이란 한자말은 안 쓰고 '단풍잎'이나 '가랑잎'을 쓰면 온전한 말이 되는 것이다.

• 삼성, 벼랑끝서 '기사회생' 『동아일보』, 1998. 10. 19.

기사회생이란 죽을 뻔하다가 살아났다는 말이다. 그런데 이 제목을 보면 바로 앞에 "벼랑끝서"가 있으니 '죽다가 살아나' 할 필요가 없고, 그냥 '살아나'라고만 하면 되는 것이다. "끝서"도 '끝에서'라 써야 옳다.

• 주로 공상과학류 영화로 만들어져 사람들의 상상력을 자극해왔는데, 이에 질세라 「은행나무침대」 따위 등 우리 영화제도 뒤따랐고 (→따위) 『주간기독교』, 1998. 10. 18.

• 특히 막강한 영향력을 자랑하는 텔레비전의 분별 없는 호기심은 마치 전생이 존재하고 있는 것처럼 여기도록 만들었다. (→있는) 『주간기독교』, 1998. 10. 18.

• 매스컴의 이 같은 미신 조장 행위는…… 그것이 어린 새싹들의 가녀린 영혼을 잘라 버리는 인격말살의 반교육적 결과를 초래하고 있음이 명백한데도 수수방관하는 것은 너무 위험한 방기(放棄)행위가 아닐 수 없다. (→보고만 있는 것은 너무 위험한 책임 없는 행위가) 『주간기독교』, 1998. 10. 18.

수수방관과 방기행위는 비슷한 말이다. 그러니까 "방기"란 말을 없애든지 '책임 없는'이라는 다른 말로 바꿔야 할 것이다.

• 대하 예술소설 『혼불』은 이 만추의 계절, 가장 행복한 책읽기입니

다. (→늦가을)『한겨레』, 1998. 10. 20.

- 반찬 취급 전문점은 꼭 필요합니다. (→반찬 전문점)『한겨레』, 1998. 10. 27.
- 그러나 봉우리 정상 주변은 이미 이파리 떨궈 내고 잿빛 겨울산으로 변하고 있다. (→봉우리 둘레는)『한겨레』, 1998. 10. 28.
- 우리 땅 우리 민족의 명산 관광을 우리 스스로 가로막는 그 어떤 명분도 합리화될 수 없다. (→이치에 맞을)『한겨레』, 1998. 10. 28.

합리화만으로도 '이치에 맞게 됨'을 뜻하는 말이니 그다음에 또 "될"을 붙이는 말법은 잘못되었다고 할 수 있다.

- 실업극복 국민운동의 지원을 받아 노숙 실직자들에게 자활 의지를 되살려주고 자존심을 높이는 '실업자 자활교실' 사업이 지난 24일 첫 결실을 맺었다. (→결실을 보았다, 열매를 맺었다.)『한겨레』, 1998. 10. 28.

결실이란 말 자체가 '열매를 맺었다'는 말이다.

- 우리 사회의 중심부를 서서히 포위해오는 숨은 좌익들을 색출하고, 북한괴뢰집단을 국제적으로 고립시켜 망하게 하는 것, 그것이야말로 대한민국의 정체성을 세계만방에 알리는 길이며 제2건국이자 진정한 민족의 해방입니다. (→정체, 참모습)『한겨레21』, 1998. 10. 28. 광고
- 한국시의 정체성을 찾아가는 창비시선 (→정체, 참모습)『한겨레』, 1998. 10. 29.
- 순수한 민족지로서의 역사성을 되찾아 위기 극복의 원동력으로 삼고자 하는 것입니다. (→깨끗한 민족지의 역사를)『대한매일』, 1998. 10.

- 현재 견불동에서는 논농사를 거의 짓지 않는다. <u>마을에 거주하는 주민들이</u> 대부분 나이가 많기 때문에 간단한 채소농사와 먹거리 정도가 이곳에서 짓는 농사의 대부분이다. (→마을 주민들이, 마을에 사는 이들이) 『신동아』, 1998. 11.

대부분은 '거의 모두'라 쓰는 것이 좋고, 먹거리는 '먹을거리'로 써야 한다.

4. 한자말을 쓰지 말아야 하는 까닭3)

말을 올바르게(정확하게) 쓰지 않고 추상으로
개념으로 만들어버린다

우리 말은 어떤 사실이나 생각을 뚜렷하고 분명하게 나타낸다. 그런데 한자말을 쓰면 여러 가지 말로 나타내어야 할 것을 한 가지 말로 뭉뚱그려서 쓰게 된다. 이래서 우리 말은 죽고, 말에 대한 감각도 죽어버린다.

- 이 때문에 김 대통령 부부가 가장 가깝게 접하는 인사가 정 부총재의 모친 이 여사였다. (→만나는) 『조선일보』, 1998. 9. 3

이 접한다는 말은 이밖에도 "소식을 접한다"(→듣는다), "책에 접했다"(→책을 읽었다)와 같이 '만난다' '듣는다' '읽는다' '부딪친다' 따위 여러 가지로 써야 할 말을 죄다 버리고 이렇게 한 가지 말로 죽여놓는다.

- 재개발-재건축 7,700가구 노려볼 만 (→재건축, 재건축 지역) 『조선일보』, 1998. 8. 31.
- 최종 표적은 한국…… 우리도 독자 개발해야 (→연구해서 만들어

야. 만들어내야)『조선일보』, 1998. 9. 4.

이 개발이란 말은 쓰는 자리에 따라 '발명' '발견' '창안' '건설' '연구' 따위로, 또는 '세운다' '짓는다' '닦는다' '놓는다' '가꾼다' '시작한다' '연다' 따위로 달리 써야 할 말이다. 글에 따라서는 '깨뜨린다' '부순다' '끊는다' '짓밟는다' '죽인다' '더럽힌다' 따위로 쓰기도 해야 할 말인데, 모조리 '개발'로만 쓰고 있다.

- 우리는 평소 소금을 하루 필요량(2g)보다 10배가량 많이 <u>섭취한다</u>. (→먹는다.)『한국일보』, 1999. 1. 3.

우리 말에는 '먹는다'와 '마신다'가 따로 있는데, 한자말이면 물이고 밥이고 소금이고 입으로 들어가는 것은 죄다 섭취가 된다.

- 그날 순일이는 체육복을 <u>착용하지</u> 않았다고 하여 뛰지도 못하고 운동장 한쪽에 벌을 서 있어야 했다. (→입지) 어느 동화

우리 말이면 옷은 '입는다'라 하고, 신이면 '신는다' 하고, 모자라면 '쓴다'고 한다. 이름표나 모표라면 '단다'가 되고, 어깨띠라면 '두른다'로 되고, 넥타이는 '맨다'로 된다. 그런데 한자말이면 모조리 착용이다. 착용이란 말이 여섯 가지 일곱 가지 말을 다 잡아먹어버리는 것이다.

- 오늘 학교에서 신체검사가 있었다. 체중이 많이 나갈까봐 아침을 안 먹고 갔는데도 <u>측정한</u> 결과 그만 까무러칠 뻔했다. (→달아본) 어느 중학생의 글
- 오늘 학교에서 실과 시간에 '<u>무게 재기</u>'를 하기 때문에 무척 기내되었다. (줄임) 저울로 가지고 온 과일을 <u>재어서</u> 노트에 기록을

했는데 수박이 무게가 가장 많이 나갔다. 선생님께서 무게를 다 <u>잰</u> 조는 가지고 온 과일을 먹으라고 해서서 내가 가지고 온 수박을 조금 남기고 다 먹었다. (→달기 | →달아서 | →단) 초등학교 5학년 어린이 글

우리 말에서 사람의 키나 물건의 길이는 자로 '잰다'고 하고, 몸무게든지 그밖에 무슨 물건의 무게는 저울로 '단다' 하고, 곡식 같은 것은 되로 '된다'고 해야 한다. 그런데 한자말을 쓰게 되면 모조리 측정으로 된다. 위의 보기글에서 초등학교학생이 무게를 "잰다"고 한 것은 어른들이 측정이라고만 하니까 측정이란 말을 우리 말로 옮겨서 키든지 몸무게든지 곡식이든지 측정하는 것은 모두 '잰다'고 하게 된 것이다. 『우리말 사전』에도 측정을 찾아보면 "재는 것" "재어서 정하는 것"이라고 풀이해놓았다. "오늘 학교에서 '무게 재기'를 하기 때문에"라고 쓴 것을 보면 학교의 선생님부터 이렇게 말을 잘못 쓴다는 것을 알 수 있다.

• 잎은 7월경에 <u>채취</u>하고, 뿌리는 가을에 <u>채취해서</u> 말린다. (→따고 | →캐서) 『약이 되는 들풀』

같은 풀이라도 잎은 따거나 훑고, 줄기는 꺾거나 뜯거나 베고, 뿌리는 캔다. 그리고 나물이나 약초에 따라서도 다르다. 쑥은 캐고, 돌나물은 걷고, 다래나물은 훑고, 도라지는 캐고, 고사리는 꺾어야 한다. 그런데 한자말은 무슨 풀이고 모조리 채취한다고만 쓴다. 이래서 우리 말이 다 죽는 것이다.

이밖에도 우리 말을 다 잡아먹어버리는 한자말이 얼마든지 있다.

말뜻을 아리송하게 하거나 얼버무리거나
속뜻을 일부러 감추거나 한다

- "일본 열도는 <u>총체적</u> 불황" (→전체가) 『조선일보』, 1998. 8. 20.

　이것은 일본의 경제기획청 장관이 한 말이다. 일본사람이 한 말을 그대로 쓰니까 이렇게 -적이란 괴상한 말을 쓰게 된다. "총체"란 말은 '모두' '전체'란 뜻으로 쓰는 말이다. 그렇다면 '총체 불황'이면 될 것을 왜 "총체" 다음에 적을 붙였나? '총체'와 '총체적'은 어떻게 다른가? '총체'는 '전체' '모든 것'이고 '총체적'은 아주 전체는 아니고 전체에 가깝다는 것인가? 이와 같이 우리가 일본말 따라서 쓰는 모든 -적이란 말이 다 이렇게 아리송하게 쓰이고 있는 것이다.

　물론 일본에서도 이 -적이란 말을 쓰기 시작할 때 이렇게 비판하는 소리가 나왔지만, 일본말의 특성으로 그만 이 말이 널리 유행해서 쓰게 되었다. 그러나 우리는 우리 스스로 이 말이 아쉬워서 쓴 것도 아니고 일본말 일본글 따라가는 꼴이 되었으니 지금이라도 올바른 생각으로 살아가려고 하는 사람, 올바른 우리 말을 찾아 쓰려고 하는 사람부터 이 말을 쓰지 않는다면 모두가 이런 앞선 이들을 따를 것이다.

- 마산의 10살짜리 아이 손가락 절단 사건 범인이 바로 그 아이의 아버지라는 사실은 <u>충격적이다</u>. (→충격을 준다, 놀랄 만한 일이다.) 『한겨레』, 1998. 9. 14.
- 할아버지를 소개해준 북부 종합 사회복지관 고태종 재가 복지과장은 아직도 많은 노인들이 <u>경제적으로나 마음적으로</u> 외로운 날들을 보내고 있다고 이야기했다. (→경제에서나 마음으로) 어느 주간지 1998. 6. 7.

"마음적으로", 이렇게 이 -적이란 말은 괴상하게 쓰이고 있다.

- "올해 교사 촌지 안 줬다." 87.4% (→돈 봉투) 『한국일보』, 1998. 8. 20.
- 비자금 40억 횡령 혐의, 청구 前대표 등 셋 수배 (→비밀 자금) 『조선일보』, 1998. 9. 3.
- 대검찰청 중앙 수사부는 이날 '장기도피' 끝에 자진 출두한 한나라당 이 의원을 기산 사장 재직시 183억 8,000여만 원의 비자금을 조성하고 58억 3,000만 원을 빼돌린 혐의로 구속했다. (→오랫동안 숨어 다니다가 스스로 나온 | →재직 때 | →비밀 자금 | →만들고) 『동아일보』, 1998. 9. 4.
- 이에 대해 이규택 한나라당 수석부총무는 기자회견에서 "국민회의 쪽에서 매도하는 것처럼 대통령을 모독할 의도는 전혀 없었으나 결과적으로 물의를 일으킨 데 대해 심심한 유감을 표시한다"고 말했다. (→깊이 사과한다, 죄송스럽다, 매우 잘못했다고 생각한다) 『한겨레』, 1998. 9. 15.

이 유감, 유감스럽다는 말은 상대편이 잘못한 일에 대해서 섭섭하다는 뜻으로 쓰는 말인데, 여기서는 반대로 자기가 잘못한 것을 미안하다는 말로 썼으니 틀리게 쓴 것이다. 정치를 하는 사람들은 이와 같이 이 유감이란 말을 편리하게 쓰면서 서로 적당히 봐주고 일을 흐리멍덩하게 넘기는 것이 예사로 되어 있다. 한자말은 이래서 남을 속이고 자기를 감추는 데 잘도 쓰인다.

같은 날 같은 신문 다른 또 하나 기사에는 유감이란 말을 본뜻대로 쓰고 있다. "이에 대해 김옥두 국민회의 지방자치 위원장은 14일 간부 간담회에서 '국가 지도자를 지낸 분이 지역감정을 유발하는 발언을 한 것은 개탄스럽고 유감스런 일'이라고 반격했다"와 같이.

위 보기글에서도 "결과적"이란 말이 나왔다. "결과" 다음에 적을 붙여

야 할 까닭이 없고, 뜻을 따지자면 붙여서는 안 되는 것이다. '결과에서'
나 '결과로'라고 해야 올바른 말이 된다.

- 金 전 대통령은 답변서 말미에 "오늘날 경제위기를 초래한 궁극적인 책임은 국정 최고 책임자인 본인에게 있음을 통감한다"며 "경제 분야에서 좀더 면밀히 분석하고 장래를 정확히 예측하지 못해 <u>유감스럽다</u>"고 밝혔다. (→죄송하다) 『중앙일보』, 1998. 5. 7.

여기서도 유감스럽다는 말을 잘못 썼다. 잘못한 것을 솔직하게 말해서 사과하는 말이 아니라 일부러 이런 이상한 한자말을 써서 한편 사과하는 것같이 보이면서 자기 위신을 세우려는 것인지도 모른다. 그렇게 이 유감스럽다는 말은 경우에 따라 아주 반대되는 말로 쓰고, 반대되는 뜻으로도 알게 되도록 잘도 이용하는 것이다.

- 신춘문예 당선 소감 <u>유감</u> 『한국일보』, 1999. 1. 16.
- 기묘년 干支 풀이 <u>유감</u> 『중앙일보』, 1999. 1. 18.
- 단독 청문회 <u>유감</u> 『동아일보』, 1999. 1. 18.

유감은 또 어떤 일에 대한 생각이나 느낌이 있다는 뜻으로도 많이 쓴다. 이럴 때는 '유우감'이라 해서 앞의 "유"를 길게 소리 낸다. 그러나 글자로 쓰면 무슨 말인지 모른다. 위의 세 가지 보기에서도 이 유감이 '섭섭하다' '잘못되었다'는 뜻의 유감인지, 어떤 느낌이나 생각이 있다는 뜻으로 쓴 유감인지 알 수 없다. 본문을 죄다 읽어도 알 수 없게 되어 있다. 이러니까 유감이란 말은 쓰지 않는 것이 좋다. 아주 우리 말을 쓰면 다 되는 것이다. 위의 세 가지 보기에서 쓴 유감이 무슨 일에 대해서 어떤 느낌을 가졌다는 뜻으로 쓴 제목이라면 "신춘문예 당선소감을 읽고" "기묘년 干支 풀이에 대하여" "단독 청문회에 할 말 있다" 이와 같이 말이다.

사납고 괴상하게 들리고, 또는 엉뚱한 느낌이 드는 말을 써서 우리 말에 대한 감각을 마비시킨다

이렇게 쓰는 괴상한 한자말들은 거의 모두 또 다른 깨끗한 어떤 엉뚱한 우리 말을 연상하게 하여 흔히 말뜻을 헷갈리게 하고, 그래서 우리 말은 자꾸 버려지고 매장되고 만다.

- 향기로운 송이 맛을 만끽할 수 있는 좋은 기회다. (→실컷 볼 수)
  『한겨레』, 1998. 8. 20.
- 언론 개혁도 머지않아 어떤 형태로든 가시화할 것으로 예측된다. (→드러날) 『한겨레』, 1998. 8. 18.
- 개혁 '시민연합' 내달 발족 (→다음달 결성, 다음달 출발, 다음달 나선다) 『한겨레』, 1998. 8. 17.
- 발발 4주째 접어든 콩고민주공화국 내전이 주변 국가들의 개입으로 복잡한 양상으로 치닫고 있다. (→터진 지, 일어난 지) 『한겨레』, 1998. 8. 25.
- 금융 구조 조정 마무리 '박차' (→서둘러) 『한겨레』, 1998. 8. 28.
- 그가 지도교수인 학생들에게 논문 통과도 안 되고 교수 자리 얻기도 힘들 것이라며 지도교수를 바꾸라고 종용하는 사례도 있었다. (→권하는) 『한겨레』, 1998. 8. 15.
- 오지 여행가 (→벽지, 산골) 『한겨레』, 1998. 7. 30.
- 한국노총은 27일 올해 주요 사업의 하나로 일용직 노조 설립과 임시직 노동자의 노조 가입을 추진하기로 한다. (→날품) 『한겨레』, 1998. 8. 28.
- 아버지가 세상을 떠난 뒤 생계를 떠맡은 어머니의 변신은 경이였다 (→몸바꿈 | →놀라움) 『한겨레』, 1998. 8. 25.
- 박세리 골프채 억대 호가 (→불러) 『한겨레』, 1998. 7. 30.

- 금개구리 바닷가 서식 (→살아) 『한겨레』, 1998. 8. 14.
- 우애의 사회를 향하여 (→사랑에 넘치는) 『한겨레』, 1996. 2. 28.

홀소리만 잇달아 나오는 이런 말은 귀로 들어서 무슨 말인지 알 수 없다. 글을 읽어보니 형제 사랑이나 벗 사랑뿐 아니라 이 땅에서 살아가는 모든 사람들이 가져야 할 사람다운 정을 말했으니 '사랑에 넘치는'이라고 쓰는 것이 좋겠다.

- 정치의 戱畵化 (→〔정치가〕 만화 감으로, 웃음거리로) 『동아일보』, 1998. 9. 3.

희화화, 이것이 무슨 말이 되겠는가.

- 예물 다이아 최저가 특별전 (→가장 싼 값) 『중앙일보』, 1998. 9. 5.
- 목자들이 애곡하는 소리여 나 여호와가 그들의 초장으로 황폐케 함으로다. (→풀밭) 『구약전서』, 「예레미야」 25장 36절.
- 수시간을 입술기도와 찬송으로 시간을 보내는 것이 옳게 여겨지더냐. (→몇 시간) 『한겨레』, 1998. 9. 9.
- 아시아 러시아 중남미 등 세계적인 경제 위기 상황에서 성추문 폭풍에 휩말린 미국의 지도력 실추는 세계 경제를 한층 더 나락으로 빠뜨릴 수 있다고 보는 것이다. (→지옥, 밑바닥) 『한겨레』, 1998. 9. 14.
- 그들은 희망을 잃은 채 나락으로 떨어진다는 느낌을 받기 쉽다. (→지옥, 밑바닥) 『한겨레』, 1998. 9. 14.
- 한편 북한 노동신문은 지난달 31일 발사한 인공위성을 '광명성(光明星) 1호'로 명명했다고 전했다. (→이름을 지었다고, 이름을 붙였다고) 『중앙일보』, 1998. 9. 8.
- 자신이나 이웃의 절절한 밥 이야기를 원고지 1장 이상 자유롭게

작성해 (→꼭 하고 싶은) 『한겨레』, 1998. 10. 23.
- "클린턴, 북 위협 억지 결의 표명" 19일 연두교서 발표 (→억제, 억누를) 『한겨레』, 1999. 1. 17.

    이 기사 제목으로 나온 억지란 무슨 말인가? 우리 말에서 억지라면 '억지를 쓴다' '억지를 부린다'고 할 때 쓰는 말이다. 곧, 잘 되지 않을 일을 무리하게 해내려는 고집을 가리키는 말이다. 떼를 쓴다는 말도 이와 비슷한 뜻으로 쓴다. 그런데 이 기사를 읽어보니 제목에서 쓴 억지는 '억누른다'는 뜻으로 쓴 한자말 억지(抑止)다. 그렇다면 다 같은 한자말이라도 '억제'란 말을 써야 한다. '억제'라고 하면 헷갈리어 혼란을 일으키는 일은 일어날 수 없기 때문이다. 그러니까 억지란 한자말은 우리 말이 될 자격이 없고, '억제'란 한자말은 우리 말로 쓸 수도 있다. 하지만 '억제'란 한자말조차 '억누르다'라는 우리 말이 있으니 아주 우리 말을 쓰는 것이 가장 좋은 길임은 말할 나위가 없다.
    이와 같이 괴상하고 엉뚱한 느낌이 드는 한자말도 얼마든지 들 수 있다.

5. 한자말을 쓰지 말아야 하는 까닭4)

한자말을 쓰면 한문글자를 쓰게 된다

산, 강, 벽, 학교, 신문, 지식과 같은 말은 본래는 한자말이었지만 아주 우리 말이 되어버린 것이니 굳이 한자말이라 할 필요도 없다. 그런데 한글로 써놓으면 무슨 말인지 모르는 한자말은 우리 말이 아니다. 이런 말을 자꾸 쓰면 우리 말은 죽어버리고, 말과 글이 어지러워지고, 무슨 말인지 알 수 없게 된다. 그래서 이런 알 수 없는 말을 알아볼 수 있도록 하기 위해서 한글을 안 쓰고 한문글자를 써야 한다는 주장이 나온다. 한문글자를 알아야 우리 말을 알게 된다는 괴상한 말이 이래서 나오는 것이다.

- 함께 일할 분 大 모집 (→많이) 『한겨레』, 1998. 8. 5. 광고
- 유능하고 성실한 분들을 大 모집합니다. (→많이) 『한겨레』, 1998. 8. 5. 광고

아무리 획수가 적은 글자라도 한문글자를 쓰면 우리 말을 버리게 된다.

- 주기기 사흘 민에 하락세로 돌아섰나. (→수식값 | →내림세) 『한겨레』, 1998. 8. 28.

주가, 하락세 이렇게 한글로 쓰면 그 말뜻을 얼른 알아낼 수가 없다. 그래서 한문글자를 써야 하고 한문글자를 배워야 한다는 말이 나온다.

- 일본만 株價─엔貨 모두 강세 (→주식값─'엔'돈) 『조선일보』, 1998. 9. 2.
- 濃霧=500m 밖 '캄캄' (→안개) 『조선일보』, 1998. 4. 8.
- 美人대회 遺憾 (→미인 | →섭섭하다, 유감스럽다) 『조선일보』, 1998. 3. 31.
- 北韓 주민 飢餓상태 상상 초월 (→북한 | →굶주림) 『조선일보』, 1998. 4. 13.
- 權彝淡 목포시장은 23일 목포대에서…… 『한국일보』, 1998. 2. 24.

이 이름을 읽을 사람이 우리 나라에 몇이나 될까?

- 시카고 3連覇냐 유타스 첫 우승이냐 (→연속 우승, 연우승) 『한국일보』, 1998. 6. 4.
- 光州 민주항쟁 國內外 홍보를 (→광주 | →국내외, 나라 안팎) 『조선일보』, 1998. 8. 27.

이와 같이 아무것도 아닌 말도 한문글자로 쓰게 된다.

- 서양화의 거장 25명의 명화를 표지(標識) 삼아 서양 미술사의 흐름을 꿰뚫는다. (→표로, 푯대로) 『동아일보』, 1998. 2. 27.
- 저유 탱크 243개 漏油 가능성 (→기름 샌 듯) 『한국일보』, 1996. 2. 15.
- 임시국회 첫날 空轉 (→헛돌아) 『한국일보』, 1996. 1. 11.
- "꽃향기에 흠뻑" 蘭대전 개막 (→난초 큰 전시) 『한국일보』, 1998. 2. 25.
- 貧國 덮친 水災 (→가난한 나라 | →물난리) 『조선일보』, 1998. 8. 28.
- 민주당 일각에서 "지나친 처사가 여론을 등지는 우(愚)가 될 수 있다"는 우려도 제기하지만, 강공의 대세에 밀리고 있는 현실이

다. (→어리석음이)『한국일보』, 1995. 3. 8.

일각은 '한쪽'으로, 우려는 '걱정'으로 "제기하지만"은 '나오지만'으로 써야 하고, "강공의 대세"도 '강하게 공격하자는 큰 세력'쯤으로 쓰는 것이 좋겠다.

• 嚬蹙 (→눈살 찌푸림, 얼굴 찡그림) 『중앙일보』, 1994. 12. 20.

이것은 한문글자와 한자말을 가르치는 『재미있는 漢子 여행』에 나온 글자다. 눈살을 찌푸린다든지, 얼굴을 찌푸렸다고 하면 되는데, 무엇 때문에 이렇게 쓰기 어려운 글자를 배워서 써야 할까. 이보다 획수가 적은 글자도 틀리게 쓰기가 예사인데, 이런 글자를 제대로 쓰는 사람이 몇이나 될까? 이렇게 복잡하고 어려운 글자를 읽고 쓰는 것이 '재미'일까? 이런 한문글자를 쓰는 나라가 어디 있는가?

틀린 한문글자를 예사로 쓴다

한문글자는 획수가 많고 복잡해서 틀리지 않게 쓰는 사람이 드물다. 그리고 틀리게 써놓아도 그것이 틀렸다고 알아보는 사람이 또 드무니 더욱 제멋대로 쓰게 된다. 옛날에는 그렇지 않았는데 오늘날에는 그렇다.

얼마 전에 유치원 교육에 관한 월간지를 내기도 하고 유아 교육을 연구하는 일도 하고 있는 어느 회사 사무실에 갔더니 벽에다가 한문글자로 크게 써 붙여놓은 '사훈'(社訓)이란 것이 눈에 띄어 읽어보았더니 그다지 어렵지도 않은 한문글자를 아주 틀리게 써놓았다. 그래서 내가 "저 글자가 틀렸습니다. 왜 한글로 쓰면 될 것을 한문글자로 썼습니까?" 했더니 그 방의 일을 맡고 있는 사람이 뜻밖이란 듯 놀라면서 "저 글씨가 이름난 서예가 ×××씨 작품인데요." 했다. 그 뒤 두어 달이 지나 다시 그 사무실에 가게 되었는데 여전히 틀린 그 글자를 고치지 않고 그대로 두고 있었다.

또 무슨 "서예 전시회"라 하여 한문글자로 도시 큰 건물 벽이나 길 위에다가 현수막이나 걸개막을 만들어 걸어놓았는데 전시회의 "展"자를 "典"이라고 써놓은 것도 숱하게 보았다. 이러니 만약에 한문글자를 널리 쓰게 되면 어떤 현상이 벌어지겠는가? 그야말로 엉망진창이 될 것이다. 그럴수록 어려운 한문글자 팔아먹는 장사꾼들은 제 세상 왔다고 큰소리 치면서 좋아할 터이지만, 그까짓 한문글자야 엉망이 되든지 진창이 되든지 상관없다. 다만 우리 말이 죽어버리는 것이 큰 문제고, 그래서 우리 겨레 마음이 엉망이 되고 진창이 되어버리는 것이 원통할 뿐이다.

- B型 肝에 坒한 民間療法 (→B형 간에 대〔對〕한 민간요법, B형 간 민간요법) 어느 인쇄물에 나온 글

이것은 어느 이름난 한의학 연구원에서 받은 인쇄물에 적힌 글자다.

- 암 100% 政服 次元 (→정복〔征服〕) 『한국일보』, 1995. 2. 27.

이것은 어느 '물리 치료소'에서 낸 광고문 제목인데, 온통 새까만 한문글자로 된 이 광고문에는 이밖에도 "癌發生基" "懇證" 따위로 여러 곳에 한문글자를 엉터리로 써놓았다. 쉬운 우리 말 우리 글자를 두고 왜 알지도 못하는 한문글자를 쓰려고 할까?

- 한글 專用政策은 큰 施行錯誤 (→시행착오〔試行錯誤〕) 『중앙일보』, 1994. 12. 17.

이것은 '사단법인한자교육진흥회'(社團法人漢字敎育振興會)에서 낸

광고문 제목이다. "試行錯誤"란 한문글자도 못 쓰면서 '한자' 교육을 한다고 하는 것이 '한자' 쓰기를 주장하는 사람들이다.

그런데 컴퓨터에 나오는 글자도 "施行錯誤"로 되어 있다고 한다. 이러니까 한문글자를 온 국민이 배워서 쓴다는 것은 꿈에도 생각하지 말아야 할 일이다.

• 政府 및 立法部에 建議社項 (→입법부〔立法府〕) 『한국일보』, 1998. 12. 25.

이것 역시 '사단법인한자교육진흥회'란 데서 낸 광고문이다. "한자를 알면 머리가 좋아진다" "한자 위력 시대가 왔다" "한자 교육은 반드시 해야 한다"면서 떠들어대는 단체에서 내놓은 광고문에 틀린 '한자'를 써놓았다.

말을 올바르게 나타내지 않는다(틀린 말을 쓴다)

• 웃음 잃은 동심 (→어린이) 『한겨레』, 1998. 8. 24.

'어린이 마음'이 웃음을 잃은 것이 아니라 '어린이'가 웃음을 잃었다고 해야 된다.

• 음지서 눈물 감추는 동심들 (→아이들, 어린이들) 『한겨레』, 1998. 5. 5.

여기서도 동심들이라 할 필요가 없다. '아이들' '어린이들'이 더 알맞고 자연스러운 우리 말이다.

• 새벽녘, 두 친구는 화장실로 향했다. (→갔다.) 『한겨레』, 1998. 8. 28.

이 향한다는 말은 어느 쪽을 본다든지 목표로 한다는 뜻으로 쓰는 말이다. '간다'는 뜻으로 쓰는 것은 알맞게 쓰는 말이라 할 수 없다. 이래서 순 우리 말 '간다'를 자꾸 버리게 된다.

- 캐시와 스토로마이어가 함께 화장실로 <u>향하는</u> 장면이 폐쇄회로 카메라에 잡혔기 때문이다. (→가는) 『한겨레』, 1998. 8. 28.

'학교에 간다' '집으로 간다'고 할 것을 "학교로 향한다" "집으로 향한다"고 예사로 쓰는데, 잘못된 말이고, 병든 글쓰기다.

- 노동·시민 단체 10여 명 지방의원 <u>출사표</u> (→출마, 후보로, 입후보) 『한겨레』, 1998. 5. 9.

출사표란 '출병할 때 그 뜻을 적어서 임금께 올리는 글'이란 말이니 여기서는 아주 틀리게 썼다.

- <u>死體</u> 일부를 '1명'으로 계산 (→시체, 시신, 주검) 『동아일보』, 1995. 5. 8.

짐승이 죽은 몸뚱이를 사체라 한다. 이것도 일본글에 나오는 한문글자, 한자말을 그대로 따라 쓰다보니 이렇게 된다.

- 쉘로우 그레이브, 돈가방 가로채려 <u>사체</u> 유기 (→시체, 시신, 주검) 『한겨레』, 1996. 3. 16.
- 춘천 막국수 <u>축제</u> (→잔치) 『조선일보』, 1998. 8. 28.

먹고 즐기는 것이니까 '잔치'라 해야지, 어째서 '제사'란 뜻이 들어 있는 축제가 되는가? 일본말 따라서 쓰니까 이 꼴이 된다.

- 前·現 광역장 3명 청구 돈 <u>수수</u> 포착 (→받은 사실 잡아) 『한국일보』, 1998. 9. 2.

수수란 말은 '주고받음'이란 말인데, 여기서는 받았다는 뜻으로 썼으니 잘못 쓴 말이다. 쉬운 우리 말을 안 쓰고 한자말을 쓰니 이런 꼴이 되고, 또 틀린 말을 써도 모두 모르니까 예사로 보고 넘어간다. 이래서 말도 잘못되고, 사람도 잘못되는 것이다.

- 4,000만 원 <u>수수</u> 혐의…… 백남치 의원 오늘 소환 (→받은) 『한국일보』, 1998. 9. 3.
- "전쟁 나면 후방 군수 시설 <u>적 공격에 노출</u>" (→적 공격 앞에 드러나, 적 앞에 드러나) 『조선일보』, 1998. 9. 4.
- 철새의 <u>群舞</u> (→철새의 무리 춤, 철새떼의 춤, 춤추는 철새떼) 『문화일보』, 1999. 1. 3.

그런데 이 사진을 보니 청둥오리들이 (설명문에 쓴 대로) "얼어붙은 한강 밤섬에 모여들어" 있을 뿐이지 춤을 추는 오리는 한 마리도 없다. 한자말은 흔히 이렇데 사물을 정직하고 정확한 말을 하기 위해 쓰는 것이 아니라, 어렵고 유식하게 보이려고 쓰는 말이기 때문이다.

- 갈매기 <u>群舞</u> 장관 (→갈매기떼가 춤추는 장관, 볼만한 갈매기떼의 춤) 『한국일보』, 1999. 1. 19.

이 사진에서도 갈매기들이 춤추는 것이 아니라 그냥 날아가고 있다.

- 서구의 식민지였던 이들 나라 출신들과는 달리 외국어를 접할 기회가 거의 없었다는 사실을 이해해주기를 기대하기는 어려운 일

이고 (→외국어를 가까이할, 외국인을 만나고 외국어를 들을) 『한국일보』, 1998. 7. 4.

- 그는 이어 새로운 세계 경제 질서 <u>하</u>에서 성공하기 위해서는 자유가 보장되고 정보가 물 흐르듯 흐를 수 있어야 한다며 (→안에서, 속에서) 『한국일보』, 1998. 7. 3.

"질서하에서"란 곧 '질서 밑에서'다. 그런데 '질서 밑에서'가 아니라 '질서 안에서'나 '질서 속에서'라 해야 맞는 말이다. "질서하" "체제하" "시국하" "전시하"……. 이렇게 쓰는 하(下)가 따지고 보면 다 옳게 쓴 말이 아니다. 한자말을 쓰면 이렇게 되는 것이다.

- 이런 배경 <u>위</u>에서 쿠르트 노동자당을 창설한 오잘란은 84년 이래 무장투쟁 노선을 걸어왔다. (→-에서) 『한겨레』, 1999. 2. 19.

이 "위에서"는 한자말이 아니지만 상(上)이란 한자말을 그대로 옮긴 꼴이다. 그래서 이런 어색한 말이 된 것이다. '사정상' '형편상' '사무상' '교육상' 한다면 이렇게 쓰고 있는 상이 무슨 하라고 하는 것과 마찬가지로 올바르게 쓰는 말이 아니다. 모두 '사정에서' '형편으로' '사무에서'(사무 보는 데) '교육에서'(교육하는 데)…… 이렇게 써야 할 말이다.

"이래"는 일본말 따라가는 말이다. '이후'라고 쓰든지, '-부터'라고 써야 한다.

일본말 따라 쓰는 꼴이 된다

- 김우중 대우 그룹 회장이 (줄임) 에스케이 부사장 <u>등</u> 유가족을 위로하고 있다. (→과, 그밖의) 『한겨레』, 1998. 8. 28.
- 환율 관계없이 금리 <u>인하</u> (→내려) 『한겨레』, 1998. 7. 29.

- 유전자 조작 곡물, 수입 금지 촉구 (→곡식) 『한겨레』, 1998. 8. 25.
- 수해복구가 <u>전혀</u> 이뤄지지 않고 있는 충남 태안군 소원면 영전 2리에서…… (→조금도) 『한겨레』, 1998. 8. 20.
- 되도록이면 우리 힘으로 경제 개혁을 추진하여, <u>절체절명의 위기</u>를 극복하는 것이 백번 좋다. (→꼼짝 못 하는) 『한겨레』, 1998. 7. 11.

"극복하는"은 '이겨내는'이라고 쓰는 것이 좋겠다.

- 아시아 홍수 <u>식량난</u> 부를 것 (→양식 난, 양식 난리) 『한겨레』, 1998. 8. 31.

우리 말은 '양식'인데 일본말 따라서 식량을 쓰게 되었지만 지금이라도 우리 말을 찾아 쓰는 것이 옳다. 홍수도 우리 말은 '큰물'이다.

- <u>감자묘 1개당</u> 생산비가 400~500원 정도 드는 반면 (→감자 모종, 감자싹 | →1개에) 『한겨레』, 1998. 8. 21.
- 수확량도 <u>평당</u> 940개로…… (→1평에) 『한겨레』, 1998. 8. 21.
- 송아지 <u>한 마리당</u> 10만원 씩 (→한 마리) 『중앙일보』, 1998. 10. 10.
- DJ―이회창, <u>진검승부</u> 벌이나? (→사생결판) 『NEWS+』, 1998. 9. 10.

일본 사무라이들이 쓰던 말이 이제 우리 땅에서 살아나는 판이 되었으니 이 나라가 도대체 어느 나라인가?

- 토종 <u>할인점</u> "식품류로 <u>승부</u>" (→싸게 파는 가게 | →결판) 『동아일보』, 1998. 9. 3.

이 할인도 승부도 일본말이다.

- 따라서 밀 등의 곡물, 섬유질이 많은 빵, 신선한 채소나 야채류 등을 매일 섭취하는 것이 좋다. (→따위 | 곡식 | →채소 같은 것을 | →날마다 | →먹는)『한국일보』, 1998. 1. 3.

여기 나오는 한자말은 죄다 일본글을 따라서 쓰는 말이다. "채소"와 야채는 어떻게 다른가? 똑같은 말인데, 다만 야채는 일본말일 따름이다.

- '대선 자금 창구' 국세청 (→창문)『동아일보』, 1998. 9. 2.
- 더 걷자니 '불황' 덜 걷자니 '적자' (→손실)『중앙일보』, 1998. 9. 5.
- 한국이 낳은 세계적인 컴퓨터! e-머신즈 국내 판매 개시 (→세계의 | →팔기 | →시작)『중앙일보』, 1998. 10. 17.
- 가격도 저렴하고 수취인 주소를 적으면 선물을 받을 사람에게 카드와 함께 주문한 물건이 배달된다. (→받는 사람)『동아일보』, 1998. 12. 9.

"가격도 저렴하고"는 '값도 싸고'나 '값도 헐하고'라고 써야 한다.

- 수취인 주소·성명 (→받는 사람)『중앙일보』, 1998. 12. 10.
- 연말 우편물 취급 요령 (→다루는)『중앙일보』, 1998. 12. 10.
- 멕시코가 원산지로 임진왜란 이후 한반도에 전해진 고추가 김치의 발전에 어떤 역할을 했는지도 조명한다. (→노릇, 구실)『한국일보』, 1998. 7. 2.
- 그래서 그는 예술인들의 역할을 강조한다. (→[-이] 할 일)『한국일보』, 1998. 7. 4.
- 지구상의 작물 중에서 콩이 유일하게 한반도에서 기원했다는 사실을 일깨우면서…… (→곡식 | →가운데서)『한국일보』, 1998. 7. 4.

'곡식'도 본래는 한자말이지만 우리 말이 되어버렸다. "유일하게 한반도에서 기원했다는"은 '오직 한반도에서만 생겨났다는'으로 쓰는 것이 좋겠다.

- 특히 요즈음은 등산 인구가 늘어나 북한산은 인산인해를 이루고 있는 것 같다. (→더구나, 유달리) 『동아일보』, 1998. 12. 9.

모두가 예사로 쓰고 있는 이 특히란 말도 일본말 따라가는 말이라 보아야 한다.

- 컴퓨터에 몰두할 때마다 간질증세를 보이던 대학 휴학생이 컴퓨터를 사용하다 발작을 일으킨 뒤 사고로 숨졌다. (→쓰다가, 치다가) 『한겨레』, 1999. 3. 1.

많이 쓰고 있는 사용하다도 일본글 따라가는 꼴이라 보아야 한다.

- 교육과 복지에 관해 관심을 가지고 있는 『한겨레』가 단어 사용에도 신경을 써주었으면 한다. (→낱말을 쓰는데도 마음을) 『한겨레』, 1999. 2. 7.

- 지난 93년 오락기 제조업체인 일본 닌텐도의 전자오락 게임을 하던 어린이 수천 명이 집단적으로 경련과 구토, 호흡곤란, 발작 등의 '과민성 착란(발작)'을 일으켜 전자오락 유해성 논란이 인 바 있다. (→무더기로, 죄다 | →따위, -과 같은) 『한겨레』, 1999. 3. 1.

많이 쓰고 있는 무슨 -적이란 말과 등도 모두 일본말, 일본글을 따라 쓰는 것이 분명하다.

6. 한자말을 쓰지 말아야 하는 까닭5)

괴상한 번역투 말을 쓰게 한다

여기서 말하는 번역투란 입에서 나오는 말이 아닌 글, 외국의 글이나 말을 그대로 옮겨놓은 말이다. 한문의 문장이나 구절을 그대로 따라 쓰거나, 일본의 글을 그대로 옮겨 쓰거나, 서양말을 옮겨 쓰거나 하면서 한자말로 적는데, 어쨌든 우리 말이 아닌 것이다. 이런 말 가운데서 아주 많이 쓰는 말을 몇 가지 들면 가능성을 배제하지 않는다, 그럼에도 불구하고, -에 노출되어 있다, -에 의하여, -되어진다와 같은 것이다. 대대적, 전국적, 사회적, 철학적…… 이렇게 쓰는 무슨 -적이란 말도 죄다 일본글 번역하면서 그대로 따라 쓰는 말이다. 또 처한다, 가한다, 발한다, 임한다, 기한다, 필한다, 향한다, 고한다 따위도 번역투 말이라 하지 않을 수 없다.

- 그러나 한나라당이 체포동의안 상정에 끝까지 반대할 경우 여당 단독의 본회의 상정도 <u>배제하지 않고</u> 있는 것으로 알려졌다. (→할 수) 『한겨레』, 1998. 8. 28.
- 이처럼 <u>협동의 가능성을 배제할 수 없는</u> 문건과…… (→협동할 수 있는 사정을 제쳐놓을 수 없는, 협동할 수 있는) '작가회의 제1회 통일

심포지움' 주제발표문

- 인도네시아의 내부 갈등이 계속될 경우 구유고연방이나 구소련처럼 국가가 분해될 <u>가능성을 배제할 수 없다.</u> (→수도 있다.) 『동아일보』, 1998. 6. 5.

"구유고연방" "구소련"은 '옛 유고연방' '옛 소련'이라고 써야 한다.

- 하지만 기본적으로 정부와 당선자 측은 이산가족 사업이 앞으로 남북 관계 개선의 전기가 될 <u>가능성을 배제하지 않고 있다.</u> (→수 있음을 부인하지 않고 있다, 될 수 있다고 말하고 있다.) 『한국일보』, 1998. 2. 17.

"기본적으로"는 '기본으로'라 쓰고, "관계 개선의 전기"는 '관계를 개선하는 기회'라 써야 한다.

- 그러나 조사팀은 조종사가 판단착오로 강풍 속에서 무리하게 착륙을 시도하거나 계기를 잘못 조종해 사고가 났을 <u>가능성도 배제하지 않고 있다.</u> (→수도 있다고 보고) 『동아일보』, 1999. 3. 17.

"시도하거나"는 '하려 했거나'로 쓰는 것이 좋다.

- 아프리카와 남미·동남아시아 등 어린이의 상당수가 기아와 질병의 최전선에 아무런 보호막 없이 <u>노출돼 있다.</u> (→버려져 있다.) 『중앙일보』, 1999. 3. 19.

"기아"는 '굶주림'이라 써야 한다.

- 99′ 한국 전통주와 떡 축제 열려 (→우리 술과 떡 잔치 열어, 한국 술과 떡 잔치 차려) 『뚝배기』, 1999. 3.

전통주란 술 이름도 없고, 떡 먹는 자리라면 마땅히 '잔치'라 할 것이지 축제란 말을 쓴 것도 잘못되었고, "열려"라는 말도 우리 말법이 아니다. 한자말을 쓰면 이렇게 번역말투가 되는 것이다.

- 하지만 발표를 접하면서 보다 근본적인 문제에 의문을 갖게 된다. (→발표를 보고 더 근본되는 문제를 의심하게 된다.) 『동아일보』, 1993. 3. 13.
- 올해 시도 교육청은 반대여론에도 불구하고 중고교 등록금을 9.9% 인상했다. (→여론이 반대했는데도 | →올렸다) 『동아일보』, 1999. 3. 13.

"시도"는 '시·도'라고 써야 한다.

- 그러나 이런 유족의 호소에도 불구하고 정치권의 설전은 이날도 계속됐다. (→호소가 있었는데도, 〔유족이〕 호소했지만 | →말다툼은, 말싸움은 | →이어졌다) 『동아일보』, 1993. 3. 13.
- 그러나 오랜 세월 모래 바람에 침식되고, 지하수와 산성비 피해로 붕괴위기에 처했었다. (→깎이고 | →무너질 판이 됐다.) 『중앙일보』, 1999. 3. 17.
- 남편이 나 몰래 빚보증을 섰다는 사실을 알게 된다면, 난 우선 눈꼬리를 치켜뜨고 기선을 제압하겠다. (→선수를 쓰겠다.) 『권력문화』, 1999. 1~2.
- 생명과 기계는 멈포드의 사유의 두 축이다. (→생각에서 두 심대가 된다.) 『녹색평론』, 1999. 3~4.

- 그러한 종교는 대지의 풍요로움을 부정한다. (→땅이 푸짐하지 않다고 한다.) 『녹색평론』, 1999. 3~4.
- 생태적 귀농을 위하여 (→자연과 어울리는 농사꾼이 되기 위하여) 『녹색평론』, 1999. 3~4.

"생태적 귀농", 이게 무슨 말인가?

- 대부분의 선생님은 첫인상의 중요성을 인식하고 활짝은 아니더라도 안면에 미소를 띠고 입장하는 게 상식인데. (→거의 모든 선생님들은 첫인상이 중요하다고 생각해서 활짝 웃지는 않더라도 얼굴에 웃음을 띠고 들어오는 게 상식인데) 어느 동화 작품
- 그러나, 과연 한국의 평균적인 성인은 우리 말글을 얼마나 잘 쓰고 있는 것일까. 아름답고 효과적인 것은 둘째 치고라도, 어법에 어긋나지 않게 올바른 글과 말을 구사하는 이는 얼마나 될까. 국어학자와 아나운서를 비롯한 몇몇 예외를 제하고는 엉터리 우리말을 쓰고 말하면서도 그것을 모르는 경우가 대부분이다. (→정말 한국의 보통 어른들은 말을 얼마나 잘하고 | →효과 있는, 올바른 | →말법 | →글을 쓰고 말을 하는 | →사람을 빼면 | →하면서도 거의 모두 그것을 모르고 있다.) 『한겨레』, 1997. 10. 7.
- 글쓰기를 업으로 삼는 작가들 가운데서도 오문과 비문, 또는 띄어쓰기가 잘못된 문장들을 내놓는 경우가 많다. (→틀린 글과 말이 될 수 없는 글) 『한겨레』, 1997. 10. 7.
- 우리는 언어생활에서 과연 어문규정에 맞는 언어를 사용하고 있을까? (→나날의 삶에서 정말 말법에 맞는 말을 하고 있을까?) 어느 대학 신문
- 통일정책은 통일과정의 '비가역성'(irreversibility)을 담보할 수 있어야 한다. (→거스를 수 없는 성격을 보장할) 『남북협력시대를 위한

- 그 말에 재학생들이 동창회원 자격으로 동창회비에 대해 <u>의의를 제기했더니</u> 설명이 가관이었다. (→다른 의견을 말했더니) 『한겨레』, 1999. 3. 16.

- "김대중 대통령이 여론의 <u>동향을 예의 주시한다고</u> 한 만큼 내각제 홍보를 잠시도 늦출 수 없다"고 맞받았다. (→움직임을 잘 살펴보겠다고) 『한겨레』, 1999. 3. 12.

우리 말을 쓴다는 것이 한자말을 따라가면서 풀이하는 꼴로 되어버린다

왜 이렇게 되는가? 글을 전문으로 쓰는 사람들은 어려서부터 한자말 투성이로 된 글만 읽어서 그런 말이 머릿속에 꽉 들어차 있다. 그래서 글을 쓰게 되면 삶 속에서 얻은 쉬운 우리 말은 안 나오고, 글에서 읽은 말만 줄줄이 쏟아져 나오게 된다. 이래선 안 되겠다. 우리 말로 써야지, 하고 우리 말을 찾아 쓴다는 것이, 머릿속에서 나온 그 한자말을 우리 말로 옮겨놓는 꼴이 되는 것이다. 어느 이름난 한글학자가 일본말 '그럼에도 불구하고'를 "그럼에도 매이잖고"로 쓴 것은 이런 보기 가운데 대표가 될 만하다고 하겠다.

및, 이미같이, 벌써 죽어버린 옛말을 쓰는 것도 한자말의 허깨비를 따라다니는 꼴이라 할 수 있고, 몇 해 전부터 유행이 될 만큼 많이 쓰는 '더불어'란 말도 마찬가지다. 귀로 듣고 입으로 하는 살아 있는 말은 쓸 줄 모르고, 유식한 사람들 써놓은 글을 따라 쓰다보니 그 말뜻이 무엇인지도 모르고 그만 '더불어 함께' 하는 곶감겹말을 예사로 쓰기도 하는 것이다.

- 그들은 기득권 세력을 대변하고, 지역주의를 조장하고, 냉전과 남

북 대립을 부추기고, 개혁 작업에 사사건건 시비를 일으키는 행태를 안정과 애국이라는 이름 아래 버젓이 되풀이한다. (→이름으로, 핑계로) 『한겨레』, 1998. 8. 28.
- '언론 개혁 없이 사회 개혁 없다'는 인식 아래 언론·시민 운동 단체들이 어제 언론개혁 시민연대를 공식을 묶어냈다. (→생각으로, 깨달음으로) 『한겨레』, 1998. 8. 28.

이 '×× 아래'는 한자말 ××하에란 말을 그대로 따라 쓰는 꼴이다.

- 우리 민족이 말살 위기에 처한 일제말에 우리 작가들이 강제적으로든 자발적으로든 국민문학의 이름 아래 친일에 동원되었던 것과 해방 후 역대 독재정권에 순수문학의 이름 아래 정치적으로 순응해갔던 것은 그 대표적인 예들입니다. (→이름으로) '민족문화작가회의 제1회 통일문화제 심포지움' 주제발표문

"강제적으로든 자발적으로든"은 '강제로든 스스로 한 것이든'으로 써야 하고, "정치적으로"는 '정치에서'로, "대표적"은 '대표되는'으로 써야 한다.

- 그동안 우리는 자원으로서 물의 귀중함을 잊고 있었고, 정부 역시 이런 인식 아래 물 공급을 해왔다. (→생각으로) 『한국일보』, 1999. 3. 23.
- 교육부 후원 아래 곧 법인 등록 (→후원으로) 『한겨레』, 1999. 3. 16.
- 모두 합쳐서 열 쪽이 안 되는 취임사 속에서 한 쪽이 교육 분야에만 할애되어 있다는 점도 그렇지만, 더욱 중요한 것은 "만난을 무릅쓰고라도 교육개혁을 반드시 성취하겠다"는 다짐이 취임사 속에 쓰여져 있고, 취임식장에서 큰 소리로 다짐하였다는 것이다. (→취임사에서 | →취임사에) 『조선일보』, 1998. 2. 27.

- 잘못된 <u>말글살이</u>는 신문이나 방송과 같은 대중매체에서도 마찬가지다. (→말과 글은) 『한겨레』, 1997. 10. 7.
- 공영방송이 바른 <u>말글살이를</u> 안내하는 프로그램을 마련한 것을 높이 평가할 만하지만…… (→말과 글을) 『한겨레』, 1997. 10. 7.
- 제목 그대로 사진을 통해 그릇된 <u>말글살이를</u> 바로잡고자 하는 책이다. (→말과 글을) 『한겨레』, 1997. 10. 7.

이 말글살이는 '언어생활'이란 한자말을 순 우리 말로 바꿔놓은 말이다. 그런데 우리 말로 하게 되면 '살이'란 말을 붙일 필요가 없다. "사진을 통해"는 '사진으로' 하면 우리 말법이 된다.

- 그러나 아름다울 뿐 아니라 우리 체질과 <u>말살이</u>에 가장 적합한 우리 말이 국어사전과 일상생활에서 소외되고 있어 안타깝다. (→삶에) 『한겨레』, 1997. 10. 7.

여기서는 말살이라 했는데, '말'이라고 쓸 것을 이렇게 썼겠지만, 그 뒤에 오는 말로 보아 '말'이 아니라 '삶'(생활)이라고 써야 글이 제대로 될 것 같다. "적합한"은 '알맞은'으로, "소외되고"는 '버려지고'로 써야 한다.

- <u>12개 한약제 제조 및 판매 업소를</u> 약사법 위반으로 검·경에 고발하는 한편 해당 시·도에 행정처분을 의뢰했다. (→한약제를 만들고 파는 12개를) 『한겨레』, 1998. 8. 26.

및은 입에서 나오는 말이 아니다. 한문글자 '미칠 급(及) 자'를 따라서 쓰다가 그 글자말을 그대로 옮기다보니 및이 되어버렸다.

제2장 한자말, 어떻게 볼 것인가

- 일행 중 두 명은 <u>이미</u> 죽었다고 했다. (→벌써) 『중앙일보』, 1999. 3. 19.

이 이미도 입으로 하는 말은 아니다. '이미 기(旣)' 자를 읽고 쓰다가 그것을 우리 말로 옮긴다는 것이 이렇게 되어버렸다. "두 명"은 '두 사람'이라 써야 한다.

- <u>이미</u> 수백 명의 어린이와 여자들이 잡혀 와 있었다. (→벌써) 『중앙일보』, 1999. 3. 19.

"수백 명의 어린이와 여자들이"는 '어린이와 여자들 수백 명이'라고 써야 올바른 우리 말법이 된다.

- 3월 교육은 <u>이미</u> 마감됐고, 4월에는 12~16일 강좌가 개설된다 (→벌써) 『중앙일보』, 1999. 3. 19.

이와 같이 '벌써'를 쓰는 사람은 없고 모두가 이미를 쓴다. 한문글자와 한자말은 죽어 사라져버려도 그 허깨비가 살아 있는 우리 말을 죽이고 있는 것이다.

관청에서 쓰는 말을 따라가는 꼴이 된다

몸으로 일을 하면서 살아가는 사람들이 하는 말에는 어려운 한자말이 없다. 일하는 사람들의 말은 깨끗한 우리 말이거나, 한자말이 나와도 우리 말이 되어버린 말이다. 그런데 관공서란 데서 사무를 보거나 머리를 쓰는 사람들이 국민들 앞에서 내어놓는 말이나 글은 한자말투성이다. 관공서는 어려운 한자말을 강요하고 퍼뜨리는 가장 큰 원인이 되어 있다.

- 기자가 'feet'를 'm'으로 착각해 이 같은 실수가 빚어졌다는 해명을 들었지만 신문은 공신력이 생명인 만큼 <u>정확성에 만전을 기해</u> 주기 바란다. (→틀리지 않도록 정성을 다해) 『동아일보』, 1999. 3. 19.

관공서 공문에 자주 나오는 만전을 기한다는 말을 신문에서 쓰고 있다.

- 데이 1의 <u>1교시</u>는 9시 10분부터 10시 25분까지 75분 동안 진행된다. 75분이나 되는 긴 <u>수업</u> 시간을 아이들이 어떻게 견뎌내는 것일까? (→첫 시간 | →공부) 『한겨레』, 1999. 3. 24.

학교에서 쓰고 있는 ×교시, 수업은 교사들이 쓰는 말이다. 배우는 학생들은 무시되고, 가르치는 사람을 중심으로 교육이 이뤄진다는 사실이 이런 말에서도 잘 나타나 있다. 이 글은 외국의 교육 현장을 소개한 글이지만, 외국 교육을 이야기하는 글에서도 우리 버릇대로 말을 하고 글을 쓰게 되는 것이다.

- 수업은 조별로 '모의 선거'를 준비하는 프로젝트 수업으로 진행됐다. '선거'를 몸으로 체험해서 배우는 그야말로 살아 있는 <u>수업</u>이다. 4명이 한 조를 이뤄 정당을 만든 뒤 조원들끼리의 비밀투표를 통해 후보자를 결정한다. (→공부) 『한겨레』, 1999. 3. 24.

이와 같이 학생들이 몸으로 삶을 겪으면서 스스로 깨닫도록 하는 것이 참된 공부다. 그렇다면 수업('업을 준다' '선생님이 학생들에게 가르쳐 준다'는 뜻)이란 케케묵은 교사 중심의 한자말은 아주 맞지 않은 말이다. 식민지 시대의 지시 명령 교육, 군대식 교육이 이런 말에 그대로 남아 있는 것이다. "조별로"는 '모둠마다'로, "한 조"는 '한 모둠'으로, "조원"은 '모둠 학생'으로 쓰는 것이 좋겠다. 조라는 말은 일본말을 그대로 따라 쓴 것이다. 또 "비밀투표를 통해"는 '비밀투표로'라고 써야 우리 말 법에 맞다. "조원들끼리의"는 -의를 없애야 한다. "후보자"도 '후보'라고 하면 된다.

- 아침 <u>자율학습</u>이나 <u>보충수업</u>이 없으니 당연히 새벽잠을 설칠 필요도 없다. (→스스로 하는 공부시간 | →보충 공부시간) 『한겨레』, 1999. 3. 24.

우리 나라 학교에서 학생들이 하고 있는 자율학습이 말 그대로 '자율'로 하는 공부라고 생각하는 학생은 한 사람도 없다. 한자말은 이와 같이 위에서 내려오는 말, 어른들이 덮어씌우는 말, 사실과 다른 속임수 말로 잘 쓰인다.

- 오늘 <u>수업</u>이 끝나고 컴퓨터실에 줄을 서 있으려고 갔더니 아무도 없었다. (→공부가) 이부영 지음, 『2학년 일기 쓰기: 강아지소동』

어린이들의 말과 삶을 귀하게 여기는 교육을 하고 있는 교실에서조차 2학년 어린이의 입에서 수업이란 말이 나오니, 이 말이 우리 나라 학교에서 얼마나 널리 예사로 쓰는 말로 되어버렸는가를 알 수 있다.

- 이정무 건설교통부 장관은 18일 오전 선산초등학교와 선산중학교에서 <u>일일교사</u>로 나서 21세기 우리 나라 국토의 모습과 발전 전망에 대해 설명한다. (→하루 교사, 하루 선생님) 『한겨레』, 1999. 3. 18.

'의자'(→걸상), '등교'(→학교에 감), '휴식 시간'(→쉬는 시간), '복장 단정' 따위 말도 모두 교육 행정을 하는 관리들이 쓴 말이나.

- 내구성 강한 피폭물 사용 (→질긴 덮개 쓰기) 『주간 담배 인삼』, 1999. 3. 12.
- 피폭물 부착 방법 (→덮개 씌우는) 『주간 담배 인삼』, 1999. 3. 12.

피폭물이란 무슨 말일까? '덮개'란 말을 이런 괴상한 한자말로 쓴 것 아닌가 싶다. 농민들을 지도한다는 사람들이 쓰고 있는 말이 모두 이런 괴상하고 어려운 한자말로 되어 있다. 농사꾼들이 잘 알고 있는 말로 지도를 하면 권위가 없어 보인다고 일부러 어려운 말을 만들어내어 쓰는 것이라고밖에 생각할 수 없다.

- TMV가 집단 발병된 포지에 수확을 앞둔 잎담배들이 노랗게 물들어 죽어 있다. (→담배 바이러스가 무더기로 생겨난 담배 밭에 잎을 따 거둘 때가 된) 『주간 담배 인삼』, 1999. 3. 12.

포지란 무슨 말인가?

- 우유는 물에 잘 풀리고 담배잎에 잘 접착되는 탈지분유 1kg을 물 10l에 희석한 10% 용액을 사용하면 90% 이상의 효과를 얻을 수 있는데, 우유농도 10%는 감염 억제력에 좌우되기 때문에 꼭 지켜져야 한다. (→붙는, 묻는 | →탄 | →녹인물을 쓰면 〔뿌리면〕 | →병들지 않도록 하는 힘을 갖게 하기) 『주간 담배 인삼』, 1999. 3. 12.

"지켜져야"도 '지켜야'로 써야 바른 말이 된다.

- 왕따 극복하기 (→이겨내기) 어느 책 이름

"왕따"는 이런 일이 일어나는 아이들의 입에서 저절로 나온 말이다. 그런데 극복이란 말은 행정하는 사람들이 즐겨 쓰는 말이다.

- 실업 극복 운동에 앞장서온 민간단체들이 실업자를 위한 일자리 창출에 적극 나서고 있다. (→이겨내기 | →만들기) 『한겨레』, 1999. 3. 19.
- 이원종 충북지사와 김준석 도의회 의장이 18일 오전 도청 현관 앞에서 충북도의 새로운 도기를 게양하고 있다. (→달고) 『한겨레』, 1999. 3. 19.

"현관"은 '문간'이라 해야 우리 말이 된다. 그런데 사진을 보니 문간도 아니고 '문간 앞'이다.

- 3차 지원 산업…… 저소득층 집수리 등 일자리 만들기 대부분 (→가난한 이들) 『한겨레』, 1999. 3. 19.

이 저소득층이란 말도 관청에서 쓴 말이다. 등은 '따위'나 '같은'으로 쓰면 우리 말이 된다.

- 모두 83건 선정 건당 1억여 원 지원 (→가지 | →한 가지에) 『한겨레』, 1999. 3. 19.

이 건, 건당이란 말도 관청에서 퍼뜨린 말이다.

- 농업용 살균제 신물질 개발 (→새 물질 만들어) 『한겨레』, 1999. 3. 19.
- '신지식인'을 찾습니다. (→새 지식인) 정보통신정책연구원 정보사회연구실 광고문

이밖에 "신정책" "신도시" "신상품" "신품종" 따위 행정관청에서 짓는 이름으로 '새-'라고 하는 말은 한 가지도 없고 모조리 신-뿐이다.

- 제21회 에너지 절약 작품 현상 공모 (→아껴 쓰기) 에너지 관리공단 공고문

- '방문' 전 곡물 10만t 하반기 50만t (→곡식) 『한겨레』, 1999. 3. 18.

우리 말로는 '곡식'이다. 관청에서는 이렇게 일본사람들이 쓰는 한자말을 따라 써서 퍼뜨린다.

이밖에 파종, 제초, 살포, 관수, 이앙, 수확, 작목, 노천, 노지, 추곡 수매 따위 농사말이 모두 관청에서 쓰는 말이다. '식량'이란 말도 우리는 본래 '양식'이라 했는데 관청에서 일본말 따라 써서 '식량'이 되어버렸다.

- '실업자 힘내라 대부'가 있다. 본의 아니게 실업자가 된 나는 이 제도를 이용해 대부를 받은 바 있다. (→〔돈〕 빌려주기 | →돈을 빌린) 『한겨레』, 1999. 3. 12.
- 임금 체불된 근로자 생계비 대부 검토 (→삯돈 늦어진 일꾼들 생활비 빌려주기) 『한겨레』, 1999. 3. 12.

임금, 체불, 생계비, 대부 따위 말이 모두 관공서나 지식인들이 쓰는 말이고, 일하는 사람들의 말이 아니었다.

- 외채 첫 조기 상환 (→외국 빚 | →일찍 갚기로) 『한겨레』, 1999. 3. 15.

이렇게 쓰면 "첫"은 '처음'이라 해야 된다.

- 북한과 관계 개선 용의 (→하겠다, 할 터) 『한겨레』, 1999. 3. 15.
- 고용 조정 갈등 '심심찮은 봄' (→취직, 취업) 『한겨레』, 1999. 3. 13.

이 고용도 사람을 부리는 쪽에서 쓰는 말을 관청에서 퍼뜨린 것이다. "갈등"은 '얽힘'이나 '다툼'으로 쓰면 되겠다.

- 여야 총재 내일 조찬 회담 (→아침, 아침 식사) 『한겨레』, 1999. 3. 16.
- 거풍 자원의 직원 세 사람은 모두 한때 노숙자였다. (→한데 자는 사람) 『한겨레』, 1999. 3. 16.
- 폐지 수집 트럭에 '재기의 꿈' 가득 (→버린 종이 모으기 | →다시 사는) 『한겨레』, 1999. 3. 16.
- 어민 의견 수렴 소홀 (→제대로 안 모아) 『한겨레』, 1999. 3. 16.
- 일선학교의 독서환경이 비교적 양호하다는 서울지역에서……(→대체로 좋다는) 『한겨레』, 1999. 3. 17.
- 그러나 정기간행물과, 세로쓰기 등 폐기 직전 도서가 대부분임을 감안하면…… (→생각하면) 『한겨레』, 1999. 3. 17.

등은 '따위'로, "폐기 직전"은 '곧 버리게 되어 있는'으로 써야 한다.

- 올해부터는 예비군 훈련에 불참하는 경우 고발되고 벌금이 이전에 비해 훨씬 강화되었다. (→안 나가는 | →많아졌다.) 『한겨레』, 1999. 3. 16.

"이전에 비해"는 '이전에 대면'이라고 쓰는 것이 좋겠다.

- 영월댐을 건설하려면 1조 원이나 드는데 이 비용이면 노후된 수도관을 교체할 수 있지요. (→만들려면 | →낡은 | →바꿀) 『한겨레』, 1999. 3. 13.
- 어린 꿈은 퇴출될 수 없지요. (→쫓겨날) 『한겨레』, 1999. 3. 15.
- 영국의 저명한 천체 물리학자 스티븐 호킹 박사는 미래의 세기에 '유전적으로 변형된' 새롭고도 향상된 종류의 인간이 필연적으로 나타날 것이라고 12일 예언했다. (→다가오는 | →유전으로 | →반드시) 『한겨레』, 1999. 3. 15.

미래란 말은 일반 지식인들이 즐겨 쓰지만 관청에서도 마구 쓰고 있다. 대개는 '앞날'이라고 해야 할 말이다. 무슨 –적이라는 일본말도 지식인들뿐 아니라 관청에서도 자꾸 퍼뜨린다.

- 감척 희망 어민 어구비 지원 (→배 숫자 줄이기 | →고기잡이 기구 비용) 『한겨레』, 1999. 3. 13.

감척, 어구비 이게 무슨 말일까? 관청에서 쓰는 말이 모두 이렇게 어렵다.

이밖에 행정 관료들이 잘 쓰는 말로 세계화, 국위선양, 애로사항, 실천사항, 조치를 취한다, 엄벌에 처한다, 철저를 기한다, 박차를 가한다, 단속을 강화한다 따위 얼마든지 들 수 있다.

7. 한자말을 쓰지 말아야 하는 까닭6)

잘못된 문인들의 글말을 따라가게 된다

이렇게 "잘못된 문인들의 글"이라 했다. 왜 문인들의 글이 잘못되었는가? 삶이 없이, 방 안에서 글만 쓰기 때문이다. 책만 읽고 글을 쓰니 그 글이 살아 있는 지식으로, 책에서 읽은 이론으로, 방에 앉아 떠올리는 생각만으로 글을 쓰니 그 글이 저절로 글에서만 쓰는 말로 될 수밖에 없다. 글로만 쓰는 말은 거의 모두 우리 말이 아니다. 어려운 한자말이거나 일본말, 일본말법이거나 서양말, 서양말법이다. 내가 보기에는 이런 잘못된 문인들의 글은 시인이란 사람들이 쓰는 시와 평론가들이 쓰는 글에서 가장 심하게 나타나고, 소설이 그다음이고, 그래도 좀 낫다는 아동문학과 수필조차 아주 깨끗한 우리 말로 쓴 작품은 거의 없다. 다음에 보기로 들겠다.

1) 『현대한국문학전집: 52인 시집』, 신구문화사, 1972.

이 책에서는 주로 작품 제목과 한문글자로 적어놓은 말만 대강 보고 옮긴다. 시인의 이름은 적지 않겠다.

- 光線과 함께
- 旗의 意味

모두 시 제목이다. '빛과 함께' '깃발의 뜻'이라면 얼마나 좋겠나.

- 하루만의 戀唄
- 나의 잉태한 戀人
- 그대 視野 밖에서 艷艷한 아지랑이가 배고

"戀唄" "戀人" 모두 일본말로 된 한자말이다. "나의 잉태한 戀人"은 또 일본말법이다. 그다음 것은 '그대 눈길 밖에서 고운 아지랑이가 배고' 하면 될 것이다.

- 焦土의 詩
- 虛의 章
- 秘儀
- 情景

모두 한 시인의 시 제목이다. 우리 말로 얼마든지 쓸 수 있는 말이다. 이렇게 한자말을 한문글자로 써야 시를 쓸 수 있다면 차라리 이런 시는 안 쓰는 것이 좋겠다.

- 城
- 親和
- 埠頭小曲
- 農家의 어둠

모두 어느 한 시인의 시 제목이다. 한문글자 쓰기를 즐기는 이런 시인들이 어떻게 우리 겨레의 마음에 와 닿는 시를 쓰겠는가.

- 머리 감아 빗고 飇然한 제 모습에 스스로 恍惚하여
- 絲竹이 아니래도 瀏喨한 鶴唳!
- 游鯤의 書
- 饕飧餐志
- 腹의 書
- 鵬翔雲表!
- 襤褸를 벗어
- 峨峨한 山아

모두 한 시인의 것이다. 도대체 이것들이 무슨 글자고 무슨 말인가? 우리 시문학이란 것이 이런 병든 전통을 이어받고 있다는 사실을 똑똑히 알아두어야 하겠다.

- 閑日
- 姓名
- 盲目

이것도 어느 시인의 시 제목들이다. '한가한 날' '이름' '장님'이라는 우리 말로는 시가 안 된다고 생각하는 시인이 어찌 이 사람뿐이겠는가?

- 새〔鳥〕는 백합꽃을 타고
- 개뿔〔犬角〕 같은 이야기였다.
- 아직도 땅〔地〕은 우리를 중심하고
- 三重으로 가지〔枝〕를 흔든다.

- 거리는 피〔血〕처럼 거룩하다.
- 列車에 쌓인 눈〔雪〕처럼
- 다리〔橋〕에서 무수한 해는 쓰러진다.
- 그의 즐거움은 가난〔貧〕
- 타버린 下肢 밑에 흩어진 쌀〔米〕

모두 어느 긴 시에 나오는 한 구절들이다. 얼마나 한문글자를 쓰고 싶었기에 우리 말을 써놓고 이렇게 또 묶음표 안에다가 같은 뜻의 한문글자를 적었을까? 이런 사람은 우리 말을 우리 글자로 적어놓으면 도무지 글자 같아 보이지 않는 모양이다. 마치 요즘 한문글자 쓰기를 주장하는 사람들이 한문글자 못 쓰는 젊은이들을 무식쟁이, 문맹자, 글봉사라면서 깔보고 비웃듯이.

- 邪夜
- 葡萄酒
- 雅歌
- 落葉은 쌓여라

모두 한 시인의 시 제목 "葡萄酒"와 "落葉"은 한글로 '포도주' '낙엽'이라 쓰면 된다. 어려운 한문글자를 써야 할 까닭이 조금도 없다. "邪夜"는 '사야'로 써서는 무슨 말인지 모르니, 이것은 우리 말이 될 수 없다. 작품을 읽어보면 알맞은 우리 말로 고쳐 보일 수 있겠지만, 그런 헛 시간 보내고 싶지 않다. "雅歌"도 '아가'라 쓰면 아주 다른 말이 된다. 『구약성경』에는 「아가서」라 했는데, 그 『구약성경』의 말에서 따온 것일까? 그랬다고 하더라도 내 의견으로는 '사랑 노래'쯤으로 쓰면 좋을 것 같다. 또 낙엽이란 말인데, 우리 시인들 가운데 '가랑잎'이란 우리 말을 쓰는 사람을 보지 못했다. 일본사람들이 "落葉"이라고 쓰니까 모두 일본글을 따라 낙엽이라 쓰고, 낙엽이 아니면 시가 안 되는 줄 안다. 일본사람들은 '오찌바'라는 자기들 말(우리 '가랑잎'과 같은 말)을 글자로 쓸 때는 '落葉'이란 한문글자로 쓰는 것이다. 바꿔 말하면 '落葉'이라 써놓고 우리처럼 한문글자 소리로 안 읽고 자기들 말로 읽는다. 이래서 우리는 한문글자를 쓰면서 우리 말을 다 죽이는 얼빠진 짓을 하고 있는 것이다.

- 不定期的인 중단/不定期的인 위협
- 그녀가 새벽부터 不定期的으로

아주 싱싱한 말로 시를 쓴 이 시인도 일본말 흉내내는 병든 문인들의 글쓰기 질서에서 벗어나지 못해 무슨 –적 하는 말과 그녀란 말을 그대로 썼다. 이 시인이 해방 직후 우리 말 우리 글로 시를 쓰기 시작했을 때 "먼저 일본말로 써놓고 난 다음에 그것을 우리 말로 번역했다"고 했으니, 깨끗한 우리 말의 세계로 아주 돌아오기는 정말 어려웠으리라. 훌륭한 시인조차 이러니 다른 사람들이야 말할 나위가 없다.

- 倦怠
- 房
- 失手

모두 어느 시인의 시 제목이다. 세 가지 모두 한글로 '권태' '방' '실수'라 쓰면 될 말이다. 권태는 아주 우리 말로 '게으름'이나 '싫증'이라고 쓰면 더 좋겠지.

- 그 女子의/피부 속에 차려놓은/푸른 혈관에서/薄荷 냄새가 풍기는/房
- 壁에는 帽子가 걸려 있었고

역시 같은 시인의 시구절이다. 시에서 말재주를 부리는 취미나 아무짝에도 쓸데없는 한문글자 쓰기를 즐기는 버릇이 모두 타락한 시인들이 보여주는 병든 증상이다.

- 완만한 丘陵을 넘어
- 不可思議의 향기를 풍기며
- 비로소 내 눈은 純粹하게 빛난다.
- 맑은 溪谷의 물은
- 午睡의 절벽 끝을
- 人間의 濁聲이 섞이지 않는
- 黃昏에 돌아오는 고기잡이 배다
- 哀愁처럼/고요히 번지는/새벽 어스름

여기 나온 한문글자로 된 말은 아주 쉬운 우리 말로 누구나 쓸 수 있다. "완만한 丘陵"은 '밋밋한 언덕'이고 "不可思議의"는 '알 수 없는'이고, "純粹하게"는 '깨끗하게'이고, "溪谷"은 '골짜기'고, "午睡"는 '낮잠'이고, "人間의 濁聲"은 '사람의 흐린소리'고, "黃昏"은 '해질 녘'이고, "哀愁"는 '슬픔'이다. 또 우리 말에는 '해질 녘'이나 '슬픔' 말고도 '땅거미' '저녁 어스름'이나 '근심' '시름' 따위 온갖 말이 넉넉하게 있다. 그런데 시인들은 이렇게 좋은 우리 말을 안 쓰고 언제나 유식해 보이는 한자말 구릉, 불가사의, 순수, 계곡, 오수, 황혼, 애수 따위 말을 쓰고 있다. 이렇게 시인을 비롯한 문인들이 하도 이런 말을 많이 퍼뜨려놓아서 이제는 신문기자도 학생도 '언덕' '골짜기' '저녁 무렵'이라 하지 않고 구릉, 계곡, 황혼이라 한다. '깨끗하다'고 하면 될 것을 순수하다고 해야 그럴듯해 보이는 말이라 생각한다. '근심에 잠겨' 하는 사람이 없고, 글줄이라도 쓰는 사람은 모두 애수에 잠겨라 쓴다.

시를 쓰는 사람은 다른 어떤 사람들보다도 유달리 말에 민감하여, 깨끗하고 고운 제 겨레말을 아주 신경질이 되어 찾아 쓰고 써서는 다듬고 매만지고 하는 것이다. 그런데 어찌 된 일인지 우리 나라 시인들은 다른 어떤 사람들보다도 말에 둔감하여 우리 말을 찾아 쓸 줄 모르고 병든 남의 말, 굳어진 죽은 말, 도무지 시가 될 수 없는 말만 골라 쓰는 사람들이 아닌가. 그래서 시인들이 우리 말을 살리는 데 앞장서 있는 것이 아니라 도리어 죽이는 데 앞장서 있는 게 아닌가 하는 생각을 버릴 수 없다.

지금까지 『현대한국문학전집: 52인 시집』에서, 그 첫머리부터 차례로 겨우 열한 사람의 시를 대강 훑어보면서 몇 가지씩 들었는데, 너무 길어졌기에 이 책의 보기는 그만 들기로 한다.

2) 90년대의 시에서

다음은 90년대에 들어서부터 최근까지 나온 시집 몇 권, 잡지 몇 권을 아무 것이나 뽑아 펴본 책장에서 눈에 띄는 말들이다.

- 그리고 내일의 밝은 미래를
- 새로운 憂愁
- 피가 잘 도는 山河

시인들이 쓴 시에서 '앞날'이란 우리 말을 쓴 것은 못 보았다. 모조리 미래다. 또 시인들은 '근심' '걱정'이란 말도 무식한 시골사람들의 입에서나 나오는 말이라 여긴다. 모조리 우수(憂愁)라고 쓴다. 우리가 지난날 많이 쓰던 '강산'이란 말도 내버리고 일본사람들이 쓰는 글에 나오는 산하(山河)를 쓰고 있다.

- 신음하듯 오열을 삼키면서도

신음한다는 '앓는다'는 말이다. 오열은 '울음'이다. '목메어 운다' 하지 않고 '오열한다'고 써야 시가 되는가?

• 급한 계곡을 내달아

70년대까지는 '溪谷'이라고 썼는데, 요즘은 계곡이라 쓴다. 한글로 적었다고 해서 우리 말이 되는 것은 아니다. '골짜기'란 우리 말을 살려야 시도 살아난다.

• 실루엣처럼 고독이 찾아든다.

고독과 '외로움'이 어떻게 다른가? 만약 다르다면 고독은 유식한 사람이 하는 말이라 느껴지는 것이다. 우리 시는 이래서 유식한 사람이 쓰는 유식한 글이 되었다. 한자말은 아니지만 실루엣도 유식한 사람이 쓰는 서양말이다. 유식병에서 걸려 있는 우리 시와 시인들이 참 딱하다.

• 젊은 연인들의/긴긴 입맞춤은/꿀물을 빨듯이 ―

여기서도 연인이라 한글로 썼지만, 여전히 우리 말을 찾아낼 줄은 모른다. '애인'이라 해도 되겠지만, 시를 쓰는 사람이라면 얼마든지 더 좋은 우리 말을 찾아내어 쓸 수 있을 것이다. "젊은 연인들의"를 '사랑하는 젊은이들의'로 쓴다든지 해서.

• 그녀는 웃으며 자신의 팔 하나를 떼어

어느 분이 "'그녀'라고 하면 여자를 욕하는 말로 들린다"고 했는데 아주 당연한 말이다. 말에 대한 시인들의 감각이 이처럼 무디어서야 어찌 제대로 된 시를 쓰겠는가?

• 평화롭고 우아한 어린 초록이

시인들이 즐겨 쓰는 우아한이란 말이 무슨 뜻인가? '곱다' '아름답다'고 하면 시시한 말이 되고 우아하다고 하면 아주 근사하게 느껴지는가? 사전에도 우아하다란 말을 풀이하면서 "고상하고 기품이 있으며 아름답다" 또는 "점잖고 아름다워 품위가 있다"고 해놓았다. 그렇다면 '아름답다'란 우리 말에서는 '고상하고' 어쩌고 하는 느낌이 나지 않는 것일까? 이것은 우리 말을 우리 스스로 천대하여 때를 묻히고 더럽히는 꼴이다. 우리 말을 우리가 모르고, 알려고도 하지 않고 따돌리고 외면해 버리는 태도에서 빚어지는, 참으로 못난 족속들의 병든 심리 현상이다. 이런 현상이 더구나 시를 쓴다는 사람들의 작품에서 잘 나타나고 있는 데 더 큰 문제가 있다.

그리고 또 문제가 있다. 우아하다는 말을 귀로 들었을 때 어떻게 들리는가? 무슨 소리를 내는지, 어떤 말, 어떤 뜻을 담은 말을 하는지 알아들을 수 있겠는가? 그래서 이 말은 도무지 우리 말이 될 수 없다. 도무지 우리 말이 될 수 없는 이런 괴상한 말을 가장 근사한 말로, 그야말로 고상하고 점잖고 품위가 있는 시가 되는 말로 여겨서 즐겨 쓰고 있는 시인들의 그 둔감하고 뒤틀린 감각에는 다만 놀랄 수밖에 없다.

• 그녀는 창녀의 미소를 감추고

여기도 그녀가 나왔다. 말을 그저 책에서 읽은 대로, 시험공부에서 익힌 대로, 또는 방송에서 들은 대로 생각 없이 따라 쓰다보면 귀신도 모르게 엉뚱한 글쟁이 신세가 되는 것이 지금 우리 겨레가 놓여 있는 어찌할 수 없는 말과 글의 운명이다. 미소란 말도 우리 말이 될 수 없다. 일본말 일본글 따라 얼빠진 글쟁이들이 쓰고 있는 이 말이 아무리 널리 퍼져 있다고 하더라도 시인들만은 쓰지 않아야 되겠는데, 시인들이 더 신나서 쓰고 있으니 참 할 말이 없다.

• 전에 비하여

-에 비하여 누구나 다 이렇게 쓴다. 그러나 이것도 책에서 읽은 말이고 글에서 나온 말이지, 귀로 들어서 배운 우리 말은 아니다. 우리 말은 '-에 대면' '-에 견주면'이다. 다른 사람은 몰라도 시를 쓰는 사람이라면 이런 정도는 알아야 한다.

• 이 세상에서 제일/맑은 생각을/갖고자 했던

제일, 참 많이 쓰는 말이다. 이 말을 쓰는 수밖에 없다면 어쩔 수 없다. 이 정도는 써도 괜찮다고 할 수도 있다. 그러나 우리가 조금이라도 깨끗한 우리 것을 찾아 가지려고 한다면 이런 말도 쉽게 다른 말로 바꿔 쓸 수 있다. '가장'이란 말이 위의 구절에는 더 잘 어울리기도 한다. 또 다른 자리에서는 '첫째'란 말을 쓸 수도 있을 것이다.

• 전신주 꼭대기에 앉는다

정부 각 부처에서 펴내고 있는 우리 말 다듬어 쓰기 책에서도 전신주는 '전봇대'로 쓰라고 되어 있을 것 같은데-.

• 주방으로 쓰이는 씽크대와 장탁자가 있고/식탁은 모두 세 개에

주방은 '부엌'이고 씽크대는 '개수대'나 '설겆이대'고 장탁자는 '긴 탁자'

나 '긴 상'이고 식탁은 '밥상'이다. 이쯤 되면 시가 우리 말 오염의 원천이 되고 있다는 사실을 인정하지 않을 수 없을 것이다.

• 이제 투쟁이다/드디어 투쟁의 시작이다

어느 시의 첫머리다. 여기 나오는 투쟁이란 말을 써서는 안 되는 말이라고, 쓰지 말자고 하는 것이 아니다. 다만 '싸움'이란 말과 투쟁이란 말이 어떻게 다른가? 왜 '싸움'이란 말은 안 쓰고 투쟁이란 말만 쓰는가 하는 것을 생각해보자는 것이다. 어째서 '일'이라 하지 않고 '작업'이라고만 하고, '일한다' 하지 않고 '노동한다' 하고, '일꾼'이란 말이 있는데도 '노동자'란 말만 쓰게 되었는가? 우리 말로서는 세상일을 이치에 맞게 말할 수 없고, 학문에서 이론을 세울 수 없는가? 그럴 리가 없다. 결국 이 모든 한자말은 책에서, 더구나 일본말로 된 책에서 나온 것이다. 지금 우리가 읽고 있는 정치·경제·사회·교육·문학·예술…… 모든 부문의 이론을 적어놓은 책 속의 문장은 일본말과 일본말법을 뼈대로 한 한자말의 질서로 되어 있다.

이러니까 우리가 무슨 학문이고 예술이고 우리 생각을 펼쳐본다고 머릿속에 있는 지식을 아무리 애써 끄집어 내어봐야 결국 그것은 남의 것 복사하는 것이 되거나 남의 것 따라가고 흉내내는 것밖에 안 된다. 거기 우리 말이 없는데 어떻게 우리 마음, 우리 삶이 담길 수 있겠는가? 일제 시대부터 나라 사랑·겨레 사랑의 뜻을 나타낸 그 많은 지식인들의 글에 담긴 온갖 이론들, 심지어 그 생각을 몸으로 보여 준다고 피를 흘리며 싸웠던 숱한 젊은이들의 머릿속에 그리고 있던 그 이상의 사회, 관념의 세계조차 이제 와서는 한갓 바람 빠진 풍선 같은 꼴이 되어 땅에 떨어져 그 흔적을 찾는 사람조차 없어진 까닭이 무엇인가? 우리 말 우리 얼이 담길 수 없는 남의 말 남의 글을 따라갔기 때문이다. 허깨비를 따라갔기 때문이다. 시인들이 쓰는 시까지 이 허깨비에 홀려 다니는 꼴이 되었으니 우리 역사가 어떻게 제 길을 가겠는가? 우리 문화가 어떻게 백성의 것으로 될 수 있겠는가.

• 삶의 대지에 뿌리박은 팽창된 힘

이것은 시의 한 구절이 아니고, 시집 뒤에 붙여놓은 시인의 산문 제목이다. 바로 박노해 시인의 글이다. 이 땅의 80년대와 90년대를 가장 뜨겁게 생각하고 행동하면서 살았던 시인이기에 그의 시는 정말 싱싱한 말로 되어 있다. 그러나 그가 한자말의 허깨비에서 완전히 자유로울 수 없었던 것은 이 산문 제목만 보아도 쉽게 알 수 있다. 땀 흘려 일하면서 그토록 사람답게 살아가고 싶어 했던 이 젊은이가 어째서 '땅'이라는 말을 쓰지 않고 대지라는 괴상한 한자말을 태연하게 쓰는가? '부풀어 오른'이라 하지 않고 팽창된이라 썼을까? 그래서 '살아가는 땅에 뿌리박은 부풀어 오른 힘'이라 하지 않고 "삶의 대지에 뿌리박은 팽창된 힘"이란 제목을 붙였을까? 이제 이 시인은 온갖 험난한 고비를 넘기고 자기가 지난날 좇고 있던 그 세계가 한갓 무지개였다는 것을 깨닫고 그 빈 하늘에서 내려와 풀꽃들 피어나고 새소리 들리는 땅에 발에 발을 딛게 된 듯하다. 그러나 두고 볼 일이다. '땅'을 대지라 하고 '풀밭'이나 '들판'을 '초원'이라고 한다면 그는 여전히 허깨비의 글 세계에서 아주 벗어나지 못 하고 말 테니까.

3) 평론 문장에서

• 어떻게 해서 그는 절망의 구렁텅이에서 새삼스런 내적 지양의 계기를 획득해낸 것일까.

이것은 한 시인의 시집 뒤에 붙여놓은 어느 평론가의 글 첫머리 부분에 나오는 말이다. "내적 지양의 계기를 획득해"라고 쓴 것이, 대강 그 뜻을 짐작은 하겠는데, 글을 이렇게 어렵게 써야 평론이 되는지, 문학평론가들의 글이 그 내용보다도 우선 문장부터 문제가 많구나 하고 새삼 느끼게 된다.

- 言語의 사회공동의 機具로서의 객관적 실재성에 부수되어지는 몇 가지 문제와 精神發現의 作爲를 위한 주관적 실재성에 따르는 문제가 문화 일반에 미치는 몇몇 事例를 두고 추구해볼까 한다. (줄임) A의 경우를 열거한다면 그의 第1類는 프랑스에 있어서의 파르나시앙들의 詩나 큐비즘의 작품들과 같은 의식적으로 抽象的 心理의 불명확한 자기세계의 高踏的 作亂을 시도한 언어표현 말하자면 한국의 李箱의 詩 제일호와 같은 목적확정성이 없는 따라서 그를 읽는 독자에게는 언어의 제일의성에 있어서의 곧 '아이' '무섭다' '13人'과 같은 언어가 純直感 이외의 뜻에서는 전혀 暗號解得의 효과밖에 기대할 수 없는 작품이 그것이다.
  곧 단순한 奇貨 내지 寄禍的 數字에 불과한 십삼이라는 숫자가 십삼도나 아다링 열세 개나 예수 최후의 만찬의 십삼인의 그 어느 것에서 우연적 심리의 因子를 誘發시켰던 간에 우리에게는 영구히 암호에 불과할 성질의 것이라는 것이다.

한 평론가의 글이다. 왜 이렇게 어려운 말과 글자로 복잡하고 요란하게 썼을까 입이 딱 벌어질 지경이다. 글의 꼴을 보니 −로서의, 되어지는, −에 있어서의 따위 일본말법과 무슨 −적이라는 일본말이 뼈대가 되어 있는데다가 한자말로 된 꾸밈말을 덕지덕지 붙이고 보태어서 복잡하기 짝이 없는 긴 글로 만들어놓았다. 글을 쉬운 말로 잘 알 수 있도록 쓰면 읽는 사람들이 시시하고 무시한 평론가라고 얕잡아 보게 되니까 될 수 있는 대로 어려운 말로, 그리고 길게 복잡하게 써서 읽는 사람들이 쉽게 알 수 없도록 해야 유식해 보이고 권위가 있는 글로 느껴질 것이라고 생각해서 일부러 이렇게 썼을 것이다. 그렇지 않고야 어떻게 이런 글이 나올 수 있겠는가?

• 몇 년 전부터 신세대문학이 문단의 중심부로 갑자기 부상하고 이와 동시에 적어도 <u>표면적</u>으로는 신세대 문학에 대한 <u>비판적</u> 담론이 <u>점차</u>로 감퇴하기 시작했다는 사실을 <u>미시적</u>이며 <u>구체적인</u> 측면에서도 살펴볼 수 있을 것이다.

어느 계간지에 나온 평론 문장의 한 대문이다. 별나게 어려운 말을 썼다고 할 수 없고 복잡하게 되어 있는 글도 아니다. 이 정도로 된 글은 문학을 논의한 글에서는 오히려 읽기 수월한 편이 아닌가 싶다. 그런데도 이렇게 어느 책 어느 글에서도 비슷한 보기를 들 수 있겠다 싶은 글을 내보이는 까닭은, 문학의 문제를 말하는 글이 모두 이렇게 주로 한자말로 되어 있다는 사실을 한번 생각해보고 싶어서이다. 대관절 한자말을 이렇게 많이 써야 문학을 말할 수 있는가? 나는 그렇다고 말할 수 없다. 더구나 이렇게 한자말을 많이 쓰면 그 말과 글의 질서가 저절로 일본말 일본글의 질서로 되어버린다. 이 보기글에서 나오는 무슨 -적이란 말을 안 쓰고는 글 한 줄도 못 쓰게 되는 것이 우리 나라 문인들의 실정이다. 점차란 말도 일본글에서 온 것이다. 위의 보기글을 우리 말로 다듬어보겠다.

"몇 해 전부터 신세대 문학이 문단의 중심 자리에 갑자기 떠오르고, 이와 함께 적어도 겉으로는 신세대 문학을 비판하는 말이 차츰 줄어들기 시작했다는 사실을 아주 자세하고 뚜렷하게 살펴볼 수 있을 것이다."

우리 문인들의 글쓰기가 한자말에 기대고 일본글의 질서를 따라가기만 한다면 절대로 우리 겨레의 삶과 마음을 붙잡지 못할 것이다.

• 대지는 가장 <u>원초적</u>인 삶의 터전이다.

어느 계간지에 나온 말이다. 문학을 말하는 이들이 유달리 즐겨 쓰는 말 가운데 하나가 원초적이란 말이다. 이 보기글을 내가 쓴다면 다음과 같이 쓸 것이다. "땅은 맨 처음부터 살아가는 터전이다."

- 이 과정에 참여하면서 필자는 여러 사회에서 여성과 환경에 관한 논의를 집약한 자료를 접하게 되었다.

어느 계간지에 나온 글의 한 대문이다. 평론가들이 글을 쓰면서 자기 자신을 가리키는 말로 '나'라고 쓰는 사람을 보지 못했다. 모두가 필자라고 쓴다. 이것부터 고쳐야 한다. 그렇지 않고는 사람다운 글을 쓸 수 없고, 요란스럽고 뒤틀린 외국말법과 어려운 한자말을 언제까지나 자랑스럽게 쓸 것이다.

이 보기글에는 또 "접하게"란 말이 나오는데, 이 정도의 말도 우리 말로 쓸 수 없다면 글쓰기를 그만두는 것이, 쓰는 이를 위해서나 읽는 이를 위해서 백배도 더 낫겠다.

- 전공상 서양의 본격소설을 늘 접하면서 저 역시 오늘 같은 주제가 한번은 구체적으로 논의되어야 할 필요를 느껴왔습니다. 저의 경우 서양의 고전소설 혹은 명작소설을 설익게 접한 것이 중학교 때였는데……

이것은 어느 계간지에 나온 좌담 기록의 한 대문이다. 이와 같이 접한다는 말은 글뿐 아니고 이제는 입으로 하는 말에도 예사로 나온다. 그러나 아무리 입말까지 오염되어 있다고 하더라도 잘못된 말이라면 고쳐야 한다.

- 거기에는 청소년들의 보편적인 정서와 사유에 조응할 만한 요인들이 들어 있어요.
- 그런데 『데미안』은 이런 것들을 골고루 <u>내장하고</u> 있지요.

역시 같은 좌담에서 나온 말들이다. 글로 이론을 늘어놓는 사람들은 말을 할 때도 어려운 한자말을 예사로 쓴다. 앞의 말은 "거기에는 청소년들에게 널리 퍼진 정서와 생각에 어울려 맞을 만한 중요 원인들이 있어요" 하면 되겠고, 뒤의 말에서 "내장하고"는 '가지고'다.

- 수필이 수필다워지기 위해서는 <u>문학으로서의 미적 경로를</u> 밟아야 한다. 미적 경로란 수필의 진실이 <u>언어미학으로 그려지는 감동화</u>이다.

어느 평론가의 글이다. 여기 나오는 말 "문학으로서의 미적 경로"라든가, "언어미학으로 그려지는 감동화"란 말이 어떤 뜻인지 잘 머리에 들어오지 않는다. 수필을 써온 나 같은 사람이라면 수필 문제를 이야기한 이런 말을 시원스럽게 알 수 있어야 할 것 아닌가. 혹시 어떤 사람은 "이런 말은 쉬운 말로 쓸 수 없겠지. 그러니까 이런 어려운 말로 글을 쓰는 평론가들이 있을 것이다"고 할 것 같은데, 나는 그렇게 안 본다. 나 같으면 "문학으로서의 미적 경로"는 '문학이 되는 아름다운 길'이라 쓰겠고, "미적 경로"는 '아름다운 길' 또는 '아름다움의 길'로, 그리고 "진실이 언어미학으로 그려지는 감동화"는 '참된 것을 아름다운 말로 그려 보이는 감동의 세계'라고 쓰겠다.

- 대부분이 미발표작인 이 <u>집중적이고 도저한 내성의 시편들을</u> 읽기 전에…….

어느 한 시인의 시집 뒤에 써놓은 작품해설에 나온 구절이다. "집중적이고 도저한 내성의 시"라 했는데, 이런 말은 평론을 하는 사람이라면 보통으로 쓰는 말이다. 그러나 문학을 말하는 글은 보통 사람들이 하는 말로 쓸 수 없을까, 하는 문제를 여기서도 생각하게 된다. 그래서 쉬운 말로 고쳐본다. '집중해서 자신을 깊이 살핀 시'라고.

보통의 사람들이 나날이 주고받는 말로 문학을 이야기할 수 없다면, 그런 문학은 결국 특수한 부류의 사람들을 위한 사치스런 취미활동이거나 돈벌이를 목표로 하는 것밖에 안 될 것이다.

- 한 편의 시가 존재해야 하는 이유는 그것을 통해 시 이외의 장르나 문화현상들과는 다른 시적 감동을 얻을 수 있기 때문이다. 그런데 오늘날 많은 시인들은 이 사실을 망각하고 있다.

이것은 신문에 나온 '백일장 심사평' 첫머리 말이다. 소설이고 시는 말할 것도 없고, 그런 작품을 평하는 글도 될 수 있는 대로 쉬운 말로 써야 한다. 쉬운 말로, 깨끗한 우리 말로 쓰려고 하는 생각이 조금도 없다면, 그런 태도로 쓰는 글은 우리 말과 글을 오염하는 근원이 되고, 그래서 글을 쓰는 사람은 우리 말과 글을 학대하고 학살하는 죄인이 될 것이다. 이 보기글을 쉬운 말로 고쳐본다. '시 한 편이 있어야 하는 까닭은, 거기에서 시가 아닌 글이나 문화현상들과는 다른, 시에서만 얻게 되는 감동이 있기 때문이다. 그런데 오늘날 많은 시인들은 이 사실을 잊어버리고 있다.'

- 시조 역시 마찬가지며 시조가 보다 대중적인 사랑을 획득하고 있지 못하는 이유 또한 여기에 있다고 볼 수 있다.

같은 심사평에 나온 글이다. 이것을 쉬운 말로 고쳐본다. '시조 역시 마찬가지며, 시조가 더 많은 사람들의 사랑을 받지 못하는 까닭도 여기에

있다.'

　보통 사람들이 하는 말로 쉽게 쓰지 않고 이처럼 글에서만 나오는 말로, 시를 쓰는 사람들에게 보통 백성들의 사랑을 받을 수 있는 작품을 쓰라고 하니, 그 가르침이 잘못되었다.

- 그것이 현대적 일상의 복합성과 경험의 모습을 배제하는 평면적인 언술구조를 가지고 있기 때문이다.
- 이 시집에서 시적화자가 타자들의 공간에서 받은 모욕들은 넋두리의 형식으로 해소되지 않고 타락한 세계 안에서 자기 존재의 불길한 정체성에 대한 뼈아픈 질문들로 언어화된다.

　이 두 보기글 모두 한 일간신문에 난 어느 문학평론가의 글에서 따온 것이다. 글이 짜여 있는 대로 두고 대강 그 줄을 따라 내가 하는 말로 옮겨본다. '그것이 오늘날 일상으로 된 복합성과 경험의 모습을 제쳐놓는 단순한 말로 되어 있기 때문이다.' '이 시집에서, 시 속의 말하는 이가 남의 자리에서 받은 모욕들은 넋두리로서 풀리지 않고, 타락한 세계에서 자신이 불길하게 살아 있는 본모습에 대한 뼈아픈 질문들을 해놓았다.'

8. 한자말을 쓰지 말아야 하는 까닭7)

그 말뜻이 아주 다르거나 정반대가 되는 두 가지 말을 똑같은 글자로 쓰고 똑같은 소리로 말해서 우리 말과 글을 어수선하게 하고 말과 글의 질서를 어지럽게 한다

운동경기에서 이기면 이겼다, 지면 졌다고 하고, 이기고 지는 결판이 안 나면 비겼다고 한다. 이것이 우리 말이다. 그런데 신문에서는 이와 같은 우리 말을 안 쓰고 한자말만 쓰고 있다. 이긴다는 말은 승리라 한다. 진다는 말은 패배한다고 한다. 또 일본말을 따라 이기고 지는 것은 '승부'라 하고 비기는 것을 '무승부'라 한다. 그뿐 아니다. 패했다, 패배했다, 패자가 됐다, 연패했다…… 이렇게 말할 때 들어 있는 '질 패'(敗)자와 똑같은 소리가 나면서 이와는 아주 반대가 되는 뜻을 가진 '으뜸 패'(覇) 자를 써서 패자가 됐다, 연패했다고 쓰고 있어서, 여기에 따른 우리 말의 혼란이 아주 큰 문제가 되어 있는데도 신문은 조금도 반성하지 않고 몇십 년 동안 그대로 쓰고 있다.

만약 한자말을 그대로 쓴다면 이기는 것은 '승리', 지는 것은 '패배', 비기는 것은 '무승패'로 하는 것이 옳고, 실제로 이렇게 많이 쓰고 있다.

• 한국은 지난 90년 베이징 아시아 경기대회에서 두 번 대결해 1-0,

2-1로 모두 승리했고 이듬해 열린 아시아 선수권 대회에서는 0-4
로 패했다. 『한겨레』, 1998. 12. 7.
- 새해를 2연승으로 기분 좋게 출발했지만 클리프 리드와 제이슨
윌리포드 '외국인 콤비'의 난조가 이어지면서 다시 대우와 LG에
연패를 맛본 터라…… 『한겨레』, 1999. 1. 9.
- 여자부 제일화재는 초당대를 누르고 4승 1무로 예선 1위를 차지
했다. 『한겨레』, 1999. 1. 9.
- 4승 3패 『조선일보』, 1998. 6. 16.

이와 같이 승(승리, 연승, 승)은 이긴 것이고, 패(패했다, 연패, 패)는 진 것이고, 무는 승패 없다는 것, 곧 비겼다는 말로 모두가 잘 알고 있고, 그렇게 널리 쓰고 있다.

그런데 다음 문장은 어떻게 읽어야 하나?

- 불스는 조던의 신들린 활약에 힘입어 4승 2패로 패권을 차지했다.
96년 이후 3연패 포함 통산 6번째 우승 『조선일보』, 1998. 6. 16.

이 글에 나온 "4승 2패"의 패는 졌다는 뜻이다. 그런데 바로 그다음에 나오는 "패권"이란 말의 패는 졌다는 뜻이 아니라 이겼다는 뜻으로 썼다. 다시 또 그 뒤에 나오는 "3연패"란 말도 세 번 잇달아 졌다는 말이 아니고 세 번 잇달아 우승했다는 말로 썼다. 한 문장에서 같은 패를 아주 반대되는 뜻으로 썼으니 이래서 되겠는가?

- 결과는 한판패였다.
- 김혜숙에겐 계순희에게 진 이 대회가 국제무대 첫 패배이기도
했다.

이것은 『한겨레』 1998년 12월 8일자에 나온 기사다. 그런데 이 글 바로 옆에는 다음과 같은 또 다른 기사 제목이 나와 있다.

• 정성숙 유도 2연패 도전

앞에서 쓴 패는 졌다는 뜻이지만, 이 "2연패"의 패는 이겼다는 뜻으로 썼다. 그런데 똑같은 연패를 한 신문에서는 잇달아 우승했다는 뜻으로 쓰고, 다른 신문에서는 잇달아 졌다는 뜻으로 쓰기도 하지만, 같은 신문에서 이 연패를 때로는 잇달아 졌다는 뜻으로 쓰고, 때로는 잇달아 우승했다는 뜻으로 쓰기가 예사다. 또 심지어 같은 날 같은 자리에서 이 연패를 아주 반대되는 뜻으로 쓰는 일도 흔히 있어, 읽는 사람들을 어리둥절하게 한다.

• 주택은 짜릿한 3연패 『중앙일보』, 1998. 4. 7.
• 다저스 4연패 탈출 『중앙일보』, 1998. 4. 7.

이 경우 한 기사는 30면에 실려 있고, 또 한 기사는 31면에 실려 있다. 그리고 기사를 읽어보면 앞의 "3연패"는 세 번 잇달아 우승했다는 말이고, 뒤의 "4연패"는 네 번 잇달아 진다는 뜻임을 알 수는 있다. 이렇게 자주 쓰게 되는, 뜻이 아주 반대가 되는 말을 같은 체육기사에 썼다.

• 어윈, 시니어 골프 3연패 『중앙일보』, 1998. 4. 21.

이 제목만 보면 "3연패"가 세 번 잇달아 이겼다는 것인지, 잇달아 졌다는 것인지 알 수 없다.

• 고려大 2連覇 가능할까 『동아일보』, 1995. 6. 12.

• 태평양 모처럼 웃다. 롯데에 11대 4 金동기 2점砲…… 12連敗 사슬 끊어 『한국일보』, 1995. 6. 11.

몇 해 전까지만 해도 신문에서는 두 가지 **연패**를 구별해서 읽도록 이와 같이 기사 제목에서만은 한문글자로 쓰기도 했고, 아직도 가끔 한문글자로 쓰는 신문이 있다. 그러나 한문글자로 쓴다고 풀리는 문제가 아니다. 입으로 말하고 귀로 듣게 되어 있는 것이 말이기 때문이다. 또 이 어려운 한문글자를 모두가 배워야 신문을 읽는다면 우리는 얼마나 뒤떨어진 국민이 되겠는가?

• 휴스턴, 감격의 2連覇 『한국일보』, 1995. 6. 16.
• 태평양은 12연패 후 4연승의 상승세를 타고 있고, 삼성은 6연패에 빠졌다. 『한국일보』, 1995. 6. 16.

여기도 같은 날자 같은 신문에 연패란 말이 두 가지 다른 뜻으로 쓰였다. 앞의 것은 28면에 나오고, 뒤의 것은 29면에 나오지만, 이렇게 써서는 안 된다.

• 쌍방울 10연패 『동아일보』, 1995. 5. 15.

여기서도 "10연패"가 열 번 잇달아 이겼다는 말인지, 열 번 졌다는 말인지 알 수 없다. 기사 본문을 읽어보니 "삼성은 수직 상승, 쌍방울은 수직 하락" 이런 말이 나와서 비로소 어느 쪽인지 알게 되었다.

• 고지수 대회 2연패 "문턱" 『서울신문』, 1995. 6. 19.
• 태평양 원정 13연패 탈출…… 롯데 눌러 『서울신문』, 1995. 6. 19.

이것은 같은 신문 같은 날짜 같은 자리에 아래위로 나란히 연패란 말을 아주 다른 뜻으로 썼다.

- 고려 '2連霸'냐…… 인하 '반란'이냐 『동아일보』, 1995. 6. 20.
- 마운드 불안과 팀 연패 『동아일보』, 1995. 6. 20.

이것은 같은 27면에서, 하나는 기사 제목으로 썼고, 다른 하나는 칼럼 제목으로 썼는데, 그 뜻이 아주 다르다.

- 샘프라스, 윔블던 3連霸 "파란불" 『한국일보』, 1995. 6. 20.
- 한편 12연패의 충격을 벗어던진 이후 최근 5승 2무 1패의 상승곡선을 그리고 있는 태평양의 탈꼴찌 여부도 관심거리이다. 『한국일보』, 1995. 6. 20.

앞의 것은 28면이고 뒤의 것은 29면이다. 앞의 "3연패"는 세 번 잇달아 우승했다는 말이고, 뒤의 "12연패"는 열두 번 잇달아 졌다는 뜻이다.

- 고려대 2連霸 『한국일보』, 1995. 6. 21.
- 해태는 14안타로 쌍방울에 13-4로 대승, 쌍방울전 5연패와 원정경기 8연패에서 탈출했다. 『한국일보』, 1995. 6. 21.

여기서도 같은 신문 같은 날 같은 면에 나온 두 기사에서 '연패'란 말을 아주 반대가 되는 뜻으로 썼다.

- 삼성, LG 7점 差 대파 3연패 탈출 『동아일보』, 1995. 7. 2.
- 일화 선두질주…… 전남 4連敗 『동아일보』, 1995. 7. 2.
- 전남은 4연패의 수렁에 빠졌다. 『동아일보』, 1995. 7. 2.

- 샘프라스-마르티네스 윔블던 3, 2連覇 순항 『동아일보』, 1995. 7. 2.
- 6-2로 역전승, 3연패를 향한 순항을 계속했다. 『동아일보』, 1995. 7. 2.

이 다섯 가지 보기글은 모두 같은 날짜 같은 신문에 나온 것이다. 첫째 글은 27면의 야구 기사 제목이고, 둘째와 셋째 글은 같은 면에 나온 축구 기사 제목과 그 기사 한 토막이다. 축구 기사 제목과 테니스 기사 제목에서는 연패를 한문글자로 쓰고, 기사 본문에서는 한글로 썼다. 그리고 야구 기사와 축구 기사에서는 연패를 잇달아 졌다는 뜻으로 썼고, 테니스 기사에서는 연패를 잇달아 우승한다는 뜻으로 썼다.

- 샘프라스 "3連覇 보인다" 『동아일보』, 1995. 7. 8.
- 한국 4連敗 4강 좌절 『동아일보』, 1995. 7. 2.
- LG戰 3연패 분풀이. OB, 한화에 17안타 뭇매 『동아일보』, 1995. 7. 2.

같은 26면에 나온 테니스 기사 제목과 배구 기사 제목에서 연패는 한문글자로 써서 두 가지 뜻을 나타내었다. 같은 신문 27면에 나온 셋째번의 "3연패"는 세 번 잇달아 졌다는 뜻으로 썼다.

- 일화의 사상 첫 3연패 달성의 가능성은 70~80% 이상이라고 볼 수 있다. 『한국일보』, 1995. 7. 27.
- 태평양은 3연패 『한국일보』, 1995. 7. 27.

앞의 것은 28면이고, 뒤의 것은 29면에 나온 기사다. 앞의 것은 잇달아 우승한다는 연패이고, 뒤의 것은 잇달아 졌다는 연패다.

- 한화 한용덕은 이날 9회까지 해태타선에 산발 5안타만 허용하며 무사사구 완봉승을 거둬 지난해 7월 13일부터 이어진 해태전 4연

패의 수렁에서 벗어났다. 『동아일보』, 1995. 7. 22.
- 명지고가 제50회 전국남녀종별 농구선수권대회 남고부에서 우승, 대회 2연패를 이루며 올 시즌 3관왕에 올랐다. 『동아일보』, 1995. 7. 22.

같은 신문 같은 자리에 이와 같이 연패를 아주 다른 뜻으로 나란히 써 놓았다.

- 잠실 경기에서는 OB가 태평양을 3대 0으로 눌러 태평양을 5연패의 수렁으로 몰아넣었다. 『동아일보』, 1995. 8. 18.
- 95′ 세계 육상 1만m에서 우승, 대회 2연패를 달성했던 게브레실라시에는 16일 세계육상 4대 메이저 대회인 취리히 그랑프리 5,000m에서 12분 44초 39를 기록…… 『동아일보』, 1995. 8. 18.

여기서도 같은 날 같은 신문에 연패를 두 가지 다른 말로 썼다.

- 9할에 육박하는 승률을 자랑하고 있는 에이스 이상훈이 팀의 연패를 언제든지 막아줄 수 있다는 것도 LG가 선두를 독주하는 비결 가운데 하나다. 『동아일보』, 1995. 8. 15.
- 한국 청소년 대표팀이 95′ 세계청소년 야구 선수권 대회에서 3연승을 거둬 대회 2연패를 향한 순항을 계속했다. 『동아일보』, 1995. 8. 15

같은 면 위아래에 나와 있는 기사에서 이와 같이 연패를 아주 다른 뜻으로 썼다. 더구나 야구 기사에서 쓴 연패는 바로 그 앞에, 보통으로 쓰는 잇달아 진다는 연패와 반대가 되고 짝이 되는 "연승"이란 말이 나와서, 비록 그다음에 "-를 향한 순항을"이란 말이 나오지만 아무래도 혼란스럽게 느껴진다.

- '나는 인간 새' 세르게이 부브카는 남자장대높이뛰기에서 대회 5연패의 신화를 창조했다. 『동아일보』, 1995. 8. 13.
- 롯데는…… 지난해 6월 26일부터 계속돼 온 태평양전 7연패의 늪에서 벗어났다. 『동아일보』, 1995. 8. 13.

앞의 것은 26면에 나온 것이고, 뒤의 것은 27면의 기사다.

- 이정은 대회 2連覇 『동아일보』, 1995. 8. 12.
- 한화 6연패 끊고 팀 600승 『동아일보』, 1995. 8. 12.

앞의 기사는 22면이고, 뒤의 기사는 23면이다.

- 美 존슨 男 400m 2연패 『동아일보』, 1995. 8. 11.
- 한국 2연패 "힘찬 시동" 『동아일보』, 1995. 8. 11.
- 호랑이, 거인 물고 3連敗 탈출 『동아일보』, 1995. 8. 11.
- 해태는 10일 마산 경기에서 롯데를 4대 0으로 꺾고 3연패의 늪에서 탈출했다. 『동아일보』, 1995. 8. 11.
- 잠실 경기에서 LG는 연장전 끝에 한화를 2대 1로 이겨 한화를 6연패의 벼랑으로 몰아붙였다. 『동아일보』, 1995. 8. 11.

같은 날, 같은 신문 체육 기사에서 연패를 다섯 번 썼는데, 두 번은 '잇달아 우승'이란 뜻으로 썼고, 세 번은 '잇달아 졌다'는 말로 썼다.

- OB는 김형석의 만루 홈런으로 연패 위기를 벗어났다. 『동아일보』, 1995. 8. 3.
- 여자부는 별다른 라이벌이 없어 개인 및 단체전 4연패를 낙관하는데 반해…… 『동아일보』, 1995. 8. 3.

같은 신문 26면과 27면에 난 기사가 이렇게 연패를 달리 썼다.

- 모르셀리 男 1,500m 3연패 『한국일보』, 1995. 8. 14.
- 알제리의 육상 영웅 누레딘 모르셀리가 95´세계육상대회 남자 1,500m서 우승, 대회 3연패를 이룩했다. 『한국일보』, 1995. 8. 14.
- 최근 6연패의 늪에 허덕였던 한화는…… 『한국일보』, 1995. 8. 14.

같은 신문 26면과 27면에서 이렇게 헷갈리게 썼다.

- 한국 여자 양궁이 개인전 4연패에 실패했다. 『한국일보』, 1995. 8. 5.
- 해태 LG 잡고 4위 복귀…… 박충식 호투로 삼성 3연패 탈출 『한국일보』, 1995. 8. 5.
- 삼성은 쌍방울에 홈(대구) 경기 7전승을 거두며 최근 3연패의 부진에서도 벗어났다. 『한국일보』, 1995. 8. 5.

같은 24면에 나온 기사다.

- 오성옥은 한국 여자 핸드볼이 올림픽 3연패를 달성하는 데 열쇠를 쥐고 있는 간판스타이다. 『한국일보』, 1995. 5. 4.
- 6연패의 부진에 빠졌던 한화도 LG와의 연속 경기를 내리 2-0, 1-0의 완봉승으로 장식했다. 『한국일보』, 1995. 5. 4.

같은 면에 위아래로 나와 있는 기사다.

- 한화는 3일 연속 경기서 2연승을 거두며 6연패의 수렁을 벗어났지만 타격이 여전히 침체돼 있다. 『조선일보』, 1995. 9. 5.
- 여자 핸드볼 대표팀 '서울컵'서 전력 안정 입증 "올림픽 3연패" 다

짐 『조선일보』, 1995. 9. 5.
- 비카리오 "산산이 깨진 2연패" 『조선일보』, 1995. 9. 5.

이 세 가지 기사가 모두 같은 면에 나왔다. 첫째로 든 야구 기사에 나온 "6연패"는 여섯 번 잇달아 진다는 뜻이고, 그다음에 든 "3연패"와 "2연패"는 잇달아 이긴다는 뜻으로 썼다.

- 부브카 장대높이뛰기 5連覇 『문화일보』, 1995. 8. 12.
- 인간 새 세르게이 부브카가 95′ 세계 육상 선수권대회 장대높이뛰기에서 우승, 대회 5연패라는 불멸의 대기록을 달성했다. 『문화일보』, 1995. 8. 12.
- 대전서는 한화가 2억 원짜리 신인 신재웅의 호투에 힘입어 6연패 끝에 삼성을 꺾고 승리, 팀 통산 6백승 고지에 오르는 감격을 누렸다. 『문화일보』, 1995. 8. 12.

이와 같이 같은 면에 두 가지 연패를 썼다.

- 롯데는 천신만고 끝에 6연패에서 탈출했다. 『한겨레』, 1995. 9. 16.
- 남자 배구 아시아 2연패 출동 『한겨레』, 1995. 9. 16.
- 유리한 안방경기서 지난 대회에 이어 2연패를 차지하겠다는 의욕이다. 『한겨레』, 1995. 9. 16.

여기서도 같은 면에다가 두 가지 아주 반대되는 연패를 나란히 써놓았다.

- 한국 펜싱 아시아 2연패 『한겨레』, 1995. 8. 6.
- 팀 통산 600승을 1승 앞둔 한화는 2연패에 빠졌다. 『한겨레』, 1995. 8. 6.

같은 면에다가 아시아 경기대회 기사에서는 연패를 잇달아 우승했다는 뜻으로, 야구 기사에서는 연패를 잇달아 졌다는 뜻으로 나란히 써놓았다.

- 독수리 2연패 탈출 『중앙일보』, 1998. 5. 2.
- 강석천(한화)이 4연패에 빠졌던 팀을 건졌다. 『중앙일보』, 1998. 5. 2.
- 그러나 92년 바르셀로나 올림픽 제패 후 자신과 약속한 올림픽 3연패의 꿈이 마음속에서 꿈틀거렸다. 『중앙일보』, 1998. 5. 2.

같은 면인데, 야구 기사에서는 연패를 잇달아 진다는 말로 썼고, 그 옆에 나와 있는 역도선수 기사에서는 연패를 잇달아 우승한다는 말로 썼다.

- 심성보 2타점 힘입어 쌍방울 7연패 늪 탈출 『동아일보』, 1998. 5. 5.
- 시카고 3연패 항로 '순항' 『동아일보』, 1998. 5. 5.

같은 신문 같은 면에다가 제목에서부터 연패를 쓰면서 야구 기사에서는 잇달아 졌다는 뜻으로 썼고, 농구 기사에서는 잇달아 우승했다는 뜻으로 썼다.

- 삼성은…… LG에 8-4로 역전승, 3연패의 늪에서 벗어났다. 『한국일보』, 1998. 6. 4.
- 시카고 불스의 3연패냐, 유타 재즈의 창단 첫 우승이냐. 『한국일보』, 1998. 6. 4.

같은 신문 같은 자리에 아래위로 나란히 썼는데, 야구 기사와 농구 기사가 서로 반대되는 뜻으로 연패를 썼다. 농구 기사에서는 연패를 한문글자로 써놓았다.

- 그러나 이번 대회에서 지난 대회 준우승팀 제일생명을 제압한 데 이어 대회 2연패를 노리는 대구시청과 무승부를 기록해 정상까지 넘보는 강호로 변신, 지각변동을 예고하고 있다. 『대한매일』, 1999. 1. 7.
- 3연패를 노리는 삼성은…… 『대한매일』, 1999. 1. 7.
- 나산 꺾고 3연패 탈출 『대한매일』, 1999. 1. 7.
- 삼성은…… 나산 플라망스를 79-76으로 누르고 3연패에서 벗어났다. 『대한매일』, 1999. 1. 7.

모두 같은 신문 같은 15면에 나온 것이다. 핸드볼 기사와 배구 기사에서는 연패를 잇달아 우승한다는 말로 썼고, 농구 기사에서는 제목에서부터 연패를 잇달아 진다는 말로 썼다.

- 조치훈 '本因坊 10연패' 도전 『동아일보』, 1998. 6. 1.

연패란 말은 운동경기 기사에서뿐 아니고 이와 같이 바둑 기사에서도 쓰고 있다. 그러나 아무리 오랫동안 모든 신문에서 써왔다고 하더라도 잘못된 말이면 고쳐야 한다. 무엇보다도 '잇달아 우승한다'는 연패가 '잇달아 진다'는 연패와 같이 쓰게 되어 혼란을 일으킨다. 지금까지 지루할 만큼 신문에 났던 말을 보기로 든 까닭은, 모든 신문들이 오랫동안 우리말이 될 수 없는 한자말을 마구잡이로 써서 혼란을 일으키면서 조금이라도 그것을 바로잡으려고 하지 않는다는 사실을 이 연패란 말에서 확인하기 위해서였다.

그러면 두 가지 연패 가운데 어느 것을 없애야 하나? 말할 나위도 없이 '잇달아 우승한다는' 뜻으로 쓰는 연패다. 그 까닭은 '잇달아 진다'는 연패는, 패한다, 패배한다, 실패한다, 패자, 패자전, 승패, 3승 2패…… 따위로 많이 쓰고 있어서 '패'가 들어 있는 이 연패란 말은 누구나 '잇달아 진다'는 뜻을 가진 말로 알고 있기 때문이다. 그래서 '연승' '연패'와 같은 한자말은 한글로 써도 모두 잘 알고 있는 말이기 때문에 그대로 쓰는 것이 옳다고 본다.

한문글자를 쓰자고 우기는 사람들은 여기서도 두 가지 **연패**를 '連覇' '連敗'로 한문글자로 쓰자고 말할 것이다. 그러나 이런 어려운 글자까지 써서 **연패**란 말을 쓸 까닭이 어디에 있는가? 그리고 아무리 한문글자를 잘 쓴다고 하더라도 입으로 말할 때는 연패라는 소리밖에 낼 수 없으니 두 가지 말의 구분이 되지 않는다. 귀로 들어서도 잘 알아들을 수 있어야 옳은 말이 되는 것이다.

그러면 잇달아 우승한다는 **연패**를 어떤 말로 바꾸어 쓰면 될까?

다음에 드는 신문기사 한 대문을 읽어보자.

- 일본에서 활약 중인 프로 기사 조치훈 9단이 혼인보 타이틀전에서 '10년 연속 우승'이란 신기록에 도전하고 있다. 『동아일보』, 1998. 6. 1.

이 기사문에 "연속 우승"이란 말이 나오는데, **연패**란 말을 쓰지 말고 '연속 우승'이란 말을 쓰면 될 것이다. 연패는 바로 '연속 우승'인 것이다.

만약에 글자를 넉 자나 쓰는 것이 불편하다면 (글자 넉 자 쓰는 것이 불편하다면 '連覇'는 얼마나 불편한가? 우선 획수만 세어봐도 한문글자는 31획이고, 한글 넉 자는 17획밖에 안 된다.) '연우승'이라 써도 좋겠다.

끝으로 이 **연패**란 말을 쓰지 말아야 하는 까닭을 또 하나 말해두고 싶다. 이 **연패(連覇)**란 말은 일제시대부터 일본신문에서 써온 말이다. 그런데 일본사람들은 '連覇'와 '連敗' 두 가지를 쓰지만, 이 말을 입으로 말할 때는 '連覇'는 '렌빠'라 하고, '連敗'는 '렌빠이'라 한다. 그리고 언제나 한문글자로 쓰는 두 말이 뒤범벅이 될 수가 없다. 그런데 우리는 두 가지 말을 똑같이 연패라고 한다. 그러면서 바로잡으려고도 하지 않고 지금도 자꾸 쓰고 있다. 일본말 일본글 따라서 쓰는 말이 이 말뿐 아니고 얼마든지 또 있다. 하지만 그 가운데서 한 가지만이라도 바로잡아야 하겠는데, 우선 신문의 체육기사에서 잘못 쓰고 있어서 신문을 읽는 모든 사람들의 머리를 혼란스럽게 하는 이 연패란 말 하나라도 바른 우리 말로 바꿔 쓰도록 했으면 좋겠다.

아주 반대가 되는 말은 아니지만 똑같이 소리나는 말을 다른 뜻으로 써서 혼란을 일으키는 한자말이 적지 않는데, 그 가운데서 유감이란 말이 있다.

1) 타이타닉 유감 『한국일보』, 1998. 2. 20.
2) 유치원 유감 『조선일보』, 1998. 3. 25.
3) 映協 재선거 유감 『한국일보』, 1998. 4. 8.
4) 지방선거 유감 『한국일보』, 1998. 5. 5.

신문과 잡지의 칼럼난이나 테두리 기사에 나오는 글제로 아주 흔하게 쓰는 이 ×××유감이라는 말은 이밖에도 얼마든지 그 보기를 찾을 수 있을 것이다. 그런데 이 유감이 무슨 뜻인가? 신문의 정치 기사에서 심심찮게 나오기도 하는 유감(스럽다)이란 말은 '섭섭하다'든지 '불만스럽다' 든지 하는 뜻을 나타내는 말이고, 어떤 일에 대한 의견이나 느낌을 말한다는 뜻으로 쓰는 유감도 있다. 여기 들어놓은 보기와 같이 이렇게 글제만 보아서는 두 가지 유감 가운데 어느 말을 썼는지 알 수 없다. 그래서 이런 경우에 무슨 말인가 싶어 본문을 읽어보지만, 본문을 죄다 읽어도 대게는 끝내 어느 쪽의 유감인지 알 수 없다. 어찌 보면 두 가지 말뜻이 다 들어 있는 유감 같기도 해서 참 세상에도 희한한 말을 쓰는구나 하고 놀라게도 된다.

그래서 이 경우에도 또 한문글자 쓰자고 우기는 사람들은 신바람이 나서 자기주장을 내세울 것이다. "그것 봐라, 한문글자를 써야 정확한 표현이 된다!" 하고. 사실 한문글자 쓰기에 앞장서고 싶어 하는 신문은 이런 말을 한문글자로 쓰고 있다.

- 美人대회 遺憾 『조선일보』, 1998. 3. 31.

어느 소설가가 쓴 글이지만, 한글로 쓴 제목을 신문사에서 고친 것이 아닌가 하는 생각이 든다. (내 경험으로 신문사에 써낸 글이 고쳐지지 않고 그대로 발표되는 경우는 한 번도 없으니까.) 어찌 되었든 이렇게 한문글자로 쓰면 두 가지 유감 중에서 어느 말인가는 밝혀진다. 그런데 그 아리송한 한문글자말을 분별해 쓰기 위해서 이렇게 어려운 글자를 배우고 쓴다는 것은 얼마나 헛되고 또 헛된 노릇인가!

귀로 들어서 그 말이 무슨 말인지 알 수 없는 말, 우리 글자로 적어서 무슨 뜻인지 알 수 없는 말은 우리 말이 아니고, 우리 말이 될 수도 없다. 그러니 유감이란 말은 '섭섭하다'는 뜻으로 쓰는 말이든, 어떤 느낌을 가졌다는 말이든, 아주 쓰지 않는 것이 가장 좋다. 그럼 이런 말을 안 쓰면 다른 말로 어떻게 써야 하나? '섭섭하다'는 뜻이라면 바로 '섭섭하다'고 하면 될 것이고, 어떤 의견이나 느낌을 말한다면 또 그렇게 쓰면 그만이다. 가령 위에서 들어놓은 네 가지 글제가 모두 어떤 불만스러운 생각을 쓰고 싶어서 그런 말뜻으로 유감이란 말을 제목에다 썼다면 다음과 같이 쓸 수도 있을 것이다.

1) 잘못된 타이타닉, 타이타닉 이래서 되나
2) 섭섭한 유치원, 잘못된 유치원, 유치원이 이래서 되겠는가
3) 영화협회 두 번 선거 잘못되었다, 영화협회 재선거 유감스럽다, 섭섭한 영화 협회 재차 선거
4) 지방선거 유감스럽다, 유감스런 지방선거 잘못된 지방선거, 시방 선거 이래서 되나

만약 어떤 생각이나 느낌이란 뜻으로 썼다면 유감 대신에 다음과 같이 쓰면 될 것이다.

1) 타이타닉 생각, 타이타닉에 대하여, 타이타닉을 보고
2) 유치원에 대한 생각, 유치원에 대하여, 유치원에 다녀와서
3) 영화협회 선거를 보고, 영화협회 재선거에 할 말 있다
4) 지방선거를 보고, 지방선거에 대한 느낌, 지방선거

사실은 '유감스럽다'는 말만은 그대로 쓸 수도 있고 써도 되겠다는 생각도 든다. 우리 보통사람들이 나날이 하는 말에서 어느 상대쪽 사람에게 무슨 일로 불만스러운 생각을 말할 때 "유감스럽다"는 말을 흔히 하기 때문이다. 그런데 정치인들이 이 말을 잘못 써서 신문으로 자꾸 퍼뜨리고 있으니 이러다가는 이 유감이라는 말도 괴상한 말이 되겠구나 싶어 그만 다른 말로 바꾸자는 것이다.

다음은, 요즘 많이 쓰고 있는 정체성이란 말이 있는데, 이 말이 나올 때마다 나는 무슨 뜻으로 쓴 것인지 어리둥절하다.

- 제3세계 작가 정체성 고민······ 제국주의 신랄한 비판 『한겨레』, 1999. 6. 22.

'정체'라는 한자말로 가끔 쓰는 말이 두 가지 있는데, 그 하나는 '사물의 본 모습'이라는 뜻으로 쓰는 말이고, 또 하나는 '사물의 상태가 앞으로 나아가지 못하고 한곳에 머물러 있거나 꽉 막혀 있는 것'을 뜻하는 말이다. 그런데 앞에 들어놓은 신문기사 제목에 나온 정체성은 둘 중 어느 것인가 알 수 없다. 그래서 기사 본문을 읽었는데, 본문 가운데 다시 이 정체성이 또 한 번 나온다.

• 이처럼 대립되는 두 사람의 주장에는 최근 국내에서 일고 있는 '한국(어)문학'의 <u>정체성</u> 논란과 관련해서도 새겨들을 대목이 있어 보인다.

그런데 이렇게 쓴 정체성도 '본모습'이란 뜻인지, '한곳에 머물러 있어서 나아가지 못한다'는 뜻인지 알 수 없다. 그런데도 이 정체성이란 말은 요즘 크게 유행이 되어 마구 쓰이고 있다. 대관절 '정체'라고만 해도 될 것을 여기에다 -성을 자꾸 붙이는 것도 잘못되었지만, 무슨 말인지 알 수 없는 말을 유행 따라 너도 나도 쓰고 있으니 이래서 되겠는가?
이밖에 찬성한다는 뜻으로 쓰는 '동의'와, 회의 중에 어떤 안건을 내어 놓는다는 뜻으로 쓰는 '동의'가 흔히 한자리에 나와서 말의 혼란을 일으킨다. 상을 받는다는 말과 상을 준다는 말이 다같이 '수상'으로 쓰이는 것도 잘못되었다. 이런 모든 말의 혼란 문제는 한자말을 버리고 우리 말을 쓰는 데서만 시원스럽게 풀리게 되는 것이다.

9. 저도 모르게 튀어나오는 괴상한 한자말

다음은 『ㄷ일보』에 실렸던 한 대학생의 글이다. 이 글의 내용과 문장을 생각해보자.

　도서관서 책가방째 도난당해
　얼마 전 학교 도서관에서 공부를 하다 잠깐 자리를 비운 사이 가방과 지갑은 물론 책상 위에 펴놓았던 책까지 모두 잃어버렸다.
　사람들이 많은 곳에서 5분도 안 되는 사이에 그런 일을 당하고 정말 당황했다. 가방을 뒤지면 의심받을 수 있으니까 자기 물건인 것처럼 전부 가지고 가지 않았나 싶다.
　돈을 잃어버린 것은 차치하고 내게는 너무나 중요한 책과 자료들이 쓰레기통에 버려질 생각을 하니 그 사람이 원망스러웠다. 며칠 동안 도서관 앞에 돌려달라는 광고를 내보았지만 아직까지 찾지 못했다.
　훔쳐간 사람에겐 짐만 되는 물건들이겠지만 주인에게는 모두 소중한 것들이다. 모두 그런 생각을 가지고 자신의 잘못된 행동을 자제할 수 있었으면 좋겠다.

먼저, 글의 내용인데 참 어처구니없는 일을 당했구나 싶다. 가방과 지갑과 책과 자료들을 죄다 잃고서 찾지 못하고 답답한 마음을 어찌할 수가 없어 이렇게 글이라도 써서 신문에 내어 조금이라도 위로를 받고 싶었던 것이리라. 어쩌면 이 글을 읽고 세상 사람들 가운데 다시는 이런 사람이 나오지 않기를 바랐는지도 모르지만, 자기만 생각하고 남의 어려움은 조금도 걱정하지 않는 사람이 이런 글을 읽는다고 해서 그 마음이 조금이라도 달라지지는 않을 것 같다.

다른 나라에도 이런 일이 있을까? 내가 알기로 이런 일이 어쩌다가라도 있는 나라는 아주 드물다. 우리 사회가 얼마나 비참한가? 이렇게 된 까닭은 교육을 잘못했기 때문이다. 지난 반세기 동안 사람답게 살아가도록 하는 교육은 하지 않고, 수단과 방법을 가리지 않고 점수 많이 따서 남의 위에 올라서도록 하는 교육, 자기만 생각해서 살아가도록 하는 교육을 해왔기 때문이다. 교육을 바로잡지 않고는 우리 사회가 절대로 바로 될 수 없다.

다음은 문장인데, 우선 이 글이 우리 말로 되어 있는가를 보면, 참 쉽고 깨끗한 말을 썼다. 그런데 다만 한 군데, 엉뚱한 말이 쑥 튀어나왔다. "돈을 잃어버린 것은 차치하고 내게는……" 하는 대문에 나오는 차치하고다. 어째서 이런 괴상한 한자말을 쓰게 되었을까, 하고 생각해본다. 대학생이니까 지금까지 교과서와 그밖의 책으로 신문으로 온갖 유식한 문장을 읽으면서 보통 생활에서는 쓰지 않는 말을 많이 익혔을 것이 분명하다. 그래서 자기가 겪은 일을 쉬운 말로 쓰게 되는 이런 글에서까지 그만 저도 모르게 책에서 읽은 유식한 말을 쓴 것이라 생각된다. 내가 "엉뚱한 말이 튀어나왔다"고 했지만, 이 글을 쓴 사람 자신은 그냥 보통으로 하는 말이라 여겼을 것 같다.

이것이 큰 문제다. 우리 말이 될 수 없는 괴상한 한자말, 글에서만 잘못 길이 들어서 쓰는 말을 보통 입으로 하는 말과 구별을 하지 못하고 그대로 마구 쓰는 이 글쟁이들의 병든 버릇이 문제다. 대학생뿐 아니라 이제는 중고등학생부터도 이런 글쟁이가 되어가고 있는 것이 사실이다.

차치하고, 차치하고라도는 우리 말로 '그만두고' '그만두고라도'라고 써야 할 말이다. '이 말이 우리 말인가, 아닌가?' 하고 조금이라도 의심이 날 때는, 집에서 부모형제끼리 말을 할 경우를 생각해보면 된다. 집안 식구들이 모여 밥을 먹으면서나 무슨 일을 하면서 말을 주고받을 때 차치하고 따위 말을 누가 하겠는가? 그러니 이 말은 우리 말이 될 수 없고, 우리 말은 따로 있는 것이다.
　문장 표현에서도 한 군데만 말한다면, 맨 마지막에 쓴 말이다.
　"모두 그런 생각을 가지고 자신의 잘못된 행동을 자제할 수 있었으면 좋겠다."
　이 말은 다음과 같이 쓰는 것이 더 알맞은 말이 될 것이다.
　"모두 이런 생각을 가지고 남을 해치는 짓은 하지 않았으면 좋겠다."

제3장 없애야 할 일본말들

1) 일본제국주의에 영향받은 말들

1. 우리 목소리와 남의 목소리

　1923년 9월 일본의 수도에서 큰 지진이 일어나서 수라장이 되었을 때, 악독한 일본의 제국주의자들은 사회주의자들이 정권을 탈취할까 겁이 났다. 그래서 혁명을 미리 막기 위해 일본국민들의 관심과 감정과 힘을 아주 엉뚱한 데로 돌리는 끔찍한 묘안을 생각해냈는데, 그것은 지진을 틈타서 지금 조선인들이 불을 지르고 사람을 죽이고 재산을 약탈하면서 돌아다닌다는 선전을 하는 것이었다. 이 허무맹랑한 선전이 매스컴으로 터져 나오자 하늘과 땅이 함께 분노할 사람 사냥의 참극이 한 나라의 수도에서 벌어졌다. 일본국민들은 알 수도 없었던 재앙이 가져온 공포와 피해자로서 가지게 된 원한을 한꺼번에 폭발시키는 대상자들을 찾아내게 된 셈이라, 군인들과 우익청년들을 뒤따라 너도 나도 죽창을 들고 조선사람을 찾아 나섰던 것이니, 이래서 그 국제 범죄의 결과가 그토록 엄청난 것이 되리라고는 아마도 그 음모를 꾸며낸 살인마들도 상상하지 못했을 것이다. 그때 왜놈들의 칼과 죽창에 찔려 죽은 조선사람이 5,000명이라고도 하고 2만 명이라고도 하고 4만 명이란 말도 있는데, 아직까지 죽은 사람의 수를 정확하게는 모르고 있다.
　왜 여기서 이른바 '관동대지진' 이야기를 하는가 하면, 왜놈들이 조선사람을 가려내는 방법으로 저도 모르게 튀어나오는 목소리로 알아냈다는 이야기를 들었기 때문이다. 조금이라도 수상해 보이는 사람이 있으면 그 사람의 머리 뒤통수를 주먹으로 세게 쳐서 외마디 소리를 지르게 하는데, 그때 "아이따" 하면 그냥 두고, "아이고"나 "아야" 하면 덮어놓고 옆구리를 칼과 죽창으로 찔러 죽였다는 것이다.

민족이 다르면 말이 다르고, 말이 다르면 아플 때 저도 모르게 지르는 외마디소리도 달리 나온다. 이 엄연한 사실을 똑똑하게 알아두자.

다음은 ㄴ 선생이 전해준 이야기다. 언젠가 서울에서 우리 선수와 일본 선수가 맞붙어 권투 경기를 하는데, 일본 쪽 응원단은 그 수가 얼마 되지 않고, 온통 우리 선수를 응원하는 사람으로 꽉 차 있었다. 그런데 경기가 한창 진행되자 웬일로 "요이샤, 요이샤" 하는 외치는 응원 소리가 온 관중석에서 터져 나와, 처음에는 일본 응원단이 자기들을 응원하는 소리인 줄 알고 소리를 함께하여 "요이샤, 요이샤" 하다가, 나중에 그것이 아닌 줄 알고 어리둥절해하더라고 했다. 정말 그런 일이 있었을까? 우스개 이야기로 지어낸 것이 아닐까 싶었지만, 그 뒤에 나도 어느 자리에서 젊은이들이 "요이샤, 요이샤" 하는 소리를 몇 번이나 듣고는 어이가 없었다. ㄴ 선생이 한 이야기가 지어낸 우스개가 아니었던 것이다.

요즘은 거의 모든 일간신문에서 일본말 강좌를 연재하고 있다. 다음은 며칠 전 서울에서 나온 어느 일간지에 실렸던 일본말 강좌에서 교재로 다룬 대화문의 첫머리다.

森: はい, これ, ハンさんの。
ハン: えっ, なんですか。これ。

이 일본글을 우리 말로 옮겨놓은 것이 다음과 같다.

모리: 네, 이것, 한국진 씨 것.
한: 옛, 밉니꺼? 이게.

이렇게 "えっ"이란 일본말을 소리 그대로 "엣"이라고 번역해놓았다. 이 "えっ"이란 일본말은 놀랐을 때나 힘을 줄 때 내는 소리로, 낱말의 갈래로는 느낌씨가 된다. 얻어맞았을 때 저도 몰래 지르는 소리와 마찬가지로, 응원을 할 때 외치는 소리와 마찬가지로 이렇게 놀랐을 때나 힘을 쏠 때 내는 소리도 일본말과 우리 말이 엄연하게 다르다. 일본사람들이 놀랐을 때 내는 소리를 우리가 그대로 따라 쓴다는 것은 아주 잘못이고, 정신이 없이 하는 짓이다.

이럴 때는 어떤 소리가 나오는가를 조금만 생각하면 누구나 알 수 있다. "엣, 뭡니까?" 이렇게 말하는 사람은 아무도 없다. "어? 뭐지요?" 하든지 "뭐, 뭐라구요?" 하든지 할 것이다. 실제로 우리가 입으로 하는 말, 우리 말을 써야 하는 것이지, 일본말 소리를 그대로 적어서 어찌 되겠는가? 이러니까 일본 말이 자꾸 우리 말에 들어와 섞여서 우리 말이 엉망으로 되는 것이다.

어느 초등학교 6학년 학생이 쓴 시에 다음과 같은 구절이 나온다.

밥 다 먹고
찌개 안을 이리저리 뒤지다가
삼겹살을 봤다.
앗싸.
얼른 집어먹으려는데
옆에서 동생이 보고 있었다.
• 이정선(속초 교동초등학교 6학년), 「김치찌개」 부분

이 구절이 들어 있는 「김치찌개」란 작품을 '글쓰기회' 회원들이 모여서 합평을 했을 때, 바로 여기 나와 있는 앗싸란 말에 언급한 사람이 여럿 있었으니 그것을 적으면 다음과 같다.

- "앗싸"는 잘못된 말이니 고쳐야 한다.
- 재미있다. "앗싸…… 줘버렸다"까지 재미있게 썼다.
- "앗싸"는 빠졌으면 좋겠다.
- "앗싸" 재미있다.
- "앗싸" 이런 말은 피했으면 좋겠다.

이와 같은 의견과 앗싸란 말에 대한 내 생각을 『글쓰기』 회보에 쓴 글이 있기에 그것을 여기 그대로 옮겨본다.

이렇게 다섯 사람 가운데 세 사람은 잘못된 말이니까 안 썼으면 좋겠다고 했고, 두 사람은 재미있는 말이라고 했다. 어느 주장이 옳은가?
앗싸란 말이 재미있다고 한 사람들은 이 말이 어째서 재미있다고 보았을까? 그 까닭을 말하지 않았다. 잘못된 말이니 안 썼으면 좋겠다고 한 사람들도 이 말이 어째서 잘못되었는지 그 까닭을 말하지 않았다.
이 앗싸는 우리 말이 아니다. 사전에도 안 나올 것이고 나와 있다면 그 사전이 잘못된 것이다. 이 앗싸는 일본말 느낌씨(감탄사)다. 이걸 어째서 우리 아이들이 이렇게 쓰게 되었나? 벌써 몇 해 전에 듣기로 유행하는 노래에 이 말이 나온다고 했다. 유행가에서 이 말을 퍼뜨리지 않았다면 일본 만화가 퍼뜨렸을 것이다. 일본사람들이 소리 내는 감탄사까지 그대로 받아 소리 내는 지경이 되었으니 이게 무슨 꼴인가?
우리 '글쓰기회'에서도 회원 다섯 사람 가운데서 두 사람이 앗싸가 재미있는 말이라고 하고 있으니 이게 어디 예삿일인가? 이런 뒤죽박죽 막돼먹은 세상에는 누구든지 정말 정신 바짝 차리지 않고서는 언제 어디서 어떤 부끄러운 노릇을 스스로 연출하게 될지 모른다는 사실을 단단히 알아두어야 한다. 일본말 느낌씨 하나 아이들이 쓰는 것을 막지 못하고 막으려고 애쓰지도 않는다면 '글쓰기회'가 무엇 때문에 있어야 할까 생각하지 않을 수 없다.

생각해보니 이제는 무슨 글쓰기 이념이고 철학이고 목표고 다 그만 두고 아이들에게 느낌씨부터 가르쳐야 되겠구나, 하고 깨닫게 된다. 우리 아이들에게 우리 겨레의 목소리를 내도록 해야 되겠다. 그렇게 하지 않고 우리 겨레가 살아남을 도리가 없다. 우리가 어쩌다가 이런 막다른 골목까지 몰리게 되었나 참으로 비참하다. 아이들에게 우리 목소리를 내게 하자면 우리 어른들 스스로 우리 목소리를 내어서 들려주어야 하겠는데, 그럴 자신이 있는가? 없다면 우리부터 갓난아기가 되어 우리 목소리를 배우는 수밖에, 다른 길은 절대로 없다.

지난날 빼앗긴 나라를 도로 찾겠다고 해서 적어놓은 「독립선언문」 가운데 이런 대문이 나온다.

  희라, 구래의 억울을 선창하려 하면, 시하의 고통을 파탈하려 하면 ……

이 독립선언문은 모든 말들이 괴상한 한자말로만 되어 있지만 "오오"라든가 "아아"라고 적어야 할 우리 목소리조차 이렇게 엉뚱한 남의 나라 글자말로 쓴다고 희라로 썼으니 참 가관이다. 우리가 일본사람들 목소리 따라가는 버릇은 벌써 그 이전에 중국사람 목소리 따라가는 버릇에서부터 시작되었던 것이고, 그래서 이제는 미국사람들 목소리까지 흉내낸다고 별꼴을 다 보이고 있는 것이다.

2. 일본제국의 쇠말뚝 뽑기

　요즘 행정당국에서, 지난날 일본제국이 우리 땅 곳곳에 박아놓은 쇠말뚝을 뽑아내는 일과, 일본제국이 좋지 못하게 고쳐놓은 땅 이름을 우리 것으로 도로 찾아내는 일을 한다고 떠들썩하다. 이런 일들은 민간에서 하는 것이 바람직하고, 실제로 오래전부터 민간에서 해오던 일이다. 행정하는 사람들은 행정이 아니면 할 수 없는 일이 산같이 쌓여 있는데 이런 일까지 한다고 하는 것이 고개를 갸웃거리게 한다. 행정이 민간에서 하는 일을 도와주면 얼마나 좋겠나.

　1995년 2월 17일 『ㅎ신문』에 난 「'일제 쇠말뚝' 뽑기·옛 지명 살리기」 기사에서 몇 대문을 들어 잘못된 말을 바로 잡아보겠다.

　• '일제 쇠말뚝' 뽑기·옛 지명 살리기

　이 제목에 나온 일제와 지명은 한문글자로 나와 있다. 우리 글자로 일제라 써서 잘못 알 것 같으면 '일본제국'이라 쓰면 된다. 지명은 '땅 이름'이라 써야 하고.

　• 광복 50년, 통일로 미래로

연재하는 기획 기사의 제목인 듯하다. 먼저 광복이란 말인데, 올해가 광복 50년이냐 해방 50년이냐로 의견이 맞서고 있는 모양이다. 행정부에서는 광복 50년이라 하고, 학계에서는 해방 50년이라고 하는 것 같다. 내 생각은 해방 50년이 옳다. 광복이란 말은 1948년 대한민국 정부가 섰을 때 정부에서 쓰기 시작해서 퍼뜨린 말이기 때문에, 올해가 광복 50년은 아니다. 그런데 해방이란 말은 1945년 일본제국이 패망하자 우리 백성들의 입에서 저절로 나온 말이다.

그다음 미래라는 말인데, 우리 말로 '앞날'이라면 될 것을 왜 모두 미래라는 말을 쓰고 싶어 하는지 한심하다.

'통일로 앞날로' 이렇게 써도 좋지만, '하나되는 앞날로'라고 쓰면 더욱 좋겠다는 생각이 든다. "해방 50년, 하나로 되는 앞날로!" 이렇게 말이다. 무슨 말이든지 백성들이 쓰는 말을 써야지, 관청에서 쓰는 말을 따라 써서 어떻게 '참 언론' 노릇을 하겠는가.

- 일제가 민족정기를 <u>차단하기</u> 위해 우리 국토의 '혈맥' 곳곳에 박아놓은 쇠말뚝을 뽑아내고 <u>일제에 의해 개악된 지명은 고유지명으로</u> 바꾼다.

차단하기는 '막기' 또는 '끊기'로 쓰면 된다.
"일제에 의해……"는 '일제가 나쁘게 고친 땅 이름은 우리 땅 이름으로' 이렇게 써야 할 말이다.

- <u>대표적인</u> 예를 들어 보면 경북 의성군의 자미산은 봉황이 알을 품고 있는 <u>형상인데</u> 일제가 '봉황이 날아가버렸다'는 <u>의미</u>의 비봉산으로 억지로 지도에 <u>표기해 현재</u> 비봉산으로 불리고 있다고 한다.

대표적인은 '대표가 되는'이라고 써야 우리 말이 된다.

형상은 '모습'이라 하든지 '생김새'라고 하는 것이 좋다.
의미는 '뜻'이라 하면 된다.
표기해는 '적어'라고 쓰면 된다.
현재는 '지금'이 좋다.
비봉산으로 불리고는 '비봉산이라 (말)하고'로 써야 우리 말이 된다. 이 불리고가 일본말법이다.

- 3월 1일 '광복 50주년 3절 기념 문화 축제'가 4,000여 명이 참석한 가운데 국립중앙박물관 앞마당에서 대대적으로 펼쳐진다. 3·1절 기념행사가 옥외에서 문화 축제로 치러지기는 처음이다.

축제, 이것은 일본말을 따라서 쓰는 말이다. 우리 말은 '잔치'다.
대대적으로, 이것도 일본말이다. '크게' 하면 시원스런 우리 말이 된다.
옥외, 이것도 일본말 따라서 쓰는 말이다. '바깥'이나 '집 밖'이라 하면 된다.

- 고유제에 이어 철거 경과보고가 있고 원로시인 박두진 선생이 광복과 철거의 의미를 서사시 형식으로 쓴 '대국민 메시지'를 낭독한다.

고유제란 말은 큰일을 알리는 제사를 가리키는 말이니 그대로 써야 하겠다.
의미는 '뜻'이란 우리 말을 쓰는 것이 좋다.
대국민 메시지는 "대국민"이란 한자말도 안 써야 하고, "메시지"란 서양말도 버려야 한다. 더구나 이것이 시의 제목이라니! '국민에게 알립니다'든지 '온 국민 앞에 밝힙니다'고 하면 얼마나 좋겠는가.
낭독한다도 '읽는다' 하면 그만이다.

지금까지 지적한 말들은 거의 모두 일본말과 일본말법으로 된 말이다. 바위에 박혀 있는 쇠말뚝을 뽑는 일도, 총독부 건물 뜯어 없애는 일도 다 할 만한 일이다. 그러나 사람들마다 머릿속에 박혀 있는 일본말의 쇠말뚝은 어째서 뽑으려고 하지 않는가? 일제 총독부가 우리 온 겨레의 피 속에 주사해 넣어놓은 독약과 같은 일본말은 어째서 그토록 신이 나서 쓰고 싶어 하는가? 우리 말이 이 지경으로 되어가지고야 쇠말뚝이고 돌집이고 아무리 알뜰히 뽑고 뜯어 없앤다고 해도 민족정기는 찾아내지 못할 것이다. 그래서 앞으로 점점 기가 살아 날뛰는 일본 군국주의자들의 웃음거리가 될 것이다.

3. 일본에 관계되는 말과 일본에서 가져온 말

여기서 일본에 관계되는 말과 일본에서 건너온 말 몇 가지를 생각나는 대로 들어보려고 한다. 이 가운데는 가끔 신문의 독자란에서 논란거리가 되어 있는 말도 있고, 신문의 새소식 거리로 다루어진 말도 있고, 널리 유행하게 된 말도 있다. 아무튼 이런 말들을 곰곰이 되새겨보는 가운데 우리 역사를 돌아보고, 지금 우리가 가지고 있는 마음가짐과 살아가는 태도를 '말'을 중심으로 해서 슬기롭게 살펴보는 기회가 되었으면 좋겠다.

일제 36년

우리가 강도 일본제국에 짓밟혔던 세월을 말할 때면 누구나 일제 36년이라고 해왔다. 1910년 8월에 이른바 '한일합방조약'이란 것이 강제로 맺어진 뒤, 1945년 8월에 일본제국이 전쟁에 패망해 이 땅에서 쫓겨난 때까지, 햇수로 쳐서 틀림없이 36년이 되는 셈이다.

논밭을 빼앗겨 삼십육 년간
우리의 피땀을 흙에 섞었네.
• 「농민의 노래」 부분

> 백성과 나라가
> 이적에 팔리우고
> 국사(國祠)에 사신(邪神)이
> 오연히 앉은 지
> 죽음보다 어두운
> 오호, 36년!
> • 정지용, 「그대들 돌아오시니」 부분

> 일제 36년은 독일의 불란서 점령과는 비교될 수 없는 성질의 것인지도 모른다.
> • 임종국, 「친일문학론」 부분

이렇게 글을 쓰고 노래를 짓고 한 사람들이 모두 36년이라고 말해온 것이 머리가 나쁜 사람들이라 계산할 줄을 몰라서 그랬던 것이 결코 아닙니다. 우리가 나이를 셀 때도 지난해 8월에 났으면 올해는 두 살이라 말한다.

그런데 신문 독자란에는 이따금 심심찮게 "일제 36년이라고 하는 것은 틀린 말이다. 35년이라 해야 정확한 말이다"라면서, 왜놈들에게 부끄러운 종살이를 한 햇수를 한 해라도 늘리고 싶어 하는 것이 한심하다고 주장하는 글을 보게 된다.

36년을 35년으로 하면 우리 역사가 달라지는가? 그렇게 된다면야 얼마나 다행인가? 그런데 우리가 왜적들에게 짓밟힌 역사를 살펴보면 사실은 36년도 훨씬 더 된다. 청일전쟁 뒤인 1904년에는 한국이 일본의 보호국이 된다는 협정(한일 의정서)을 했고, 그 다음해인 1905년에는 외교권과 재정권이 빼앗긴 조약(을사조약)을 강제로 맺었으니, 그때부터 우리 주권은 짓밟혔던 것인데, 그렇게 치면 40년도 넘는다.

아무튼 "일제시대 35년"이라고 해서 무슨 대단한 발견이라도 한 것처럼 자꾸 말썽을 일으키는 것은 철모르는 어린애들이 하는 짓 같아 보인다.

한반도

이 한반도란 말에 대한 의견도 얼마 전에 어느 신문의 독자투고란에서 읽었다. 그 내용은 "우리 나라 땅을 가리켜 한반도라 하는 것은 잘못되었다. 그것은 일제시대에 일본인들이 '조선 반도' '반도인'이라 했기 때문에 그 말이 이어져온 것이다. 일본인들은 저들 나라가 완전한 섬이고 우리는 반밖에 안 되는 섬이라고 멸시해서 그렇게 말했다." 대강 이런 말이었던 것으로 기억한다.

나는 이런 주장을 하는 사람들을 못마땅하게 생각한다. 그 말이 옳은 말인가 틀린 말인가 하는 것이 문제이지, 일본인들이 말했다고 해서 당연히 써야 할 말도 안 쓴다면 그런 못난 짓이 어디 있는가? '반도'란 말은 한쪽이 대륙에 닿아 있고 그밖에 다른 쪽은 죄다 바다로 둘러싸여 있는 땅을 가리키는 말이다. 이탈리아 반도, 스칸디나비아 반도…… 이렇게 꼭 써야 하는 말인 것이다. "삼천리 반도 금수강산" 일제시대에 우리가 즐겨 부르던 노래에도 반도란 말이 들어 있었다. 온 섬은 자랑스럽고 반 섬은 부끄러워? 무슨 근거로 그런 말을 하는가? 일본인들이 그런 말을 했다면 도리어 비웃어줘야지.

조선인

'반도인'에서 생각나는 것이 조선인이다. 일제시대에 이 말을 일본인들은 한문글자로 쓰고는 조센진이라 읽고 말했던 것이다. 요즘도 일제시대를 돌이켜보면서 그때 이야기를 하거나 글로 쓰는 사람들은, 일본인들이 우리를 가리켜 조센진이라고 말하는 것을 들었을 때는 우리 민족을 차별해서 깔보고 멸시하는 말이라 아주 불쾌했다고 흔히 말하는 것을 본다.

나는 이런 사람을 만날 때마다 참 딱하다. 그렇다면 일본인들이 우리를 가리켜 조센진이라 하지 않고 '닛폰진'(일본인)이라 해야 되었을까? 그렇게 말했다면 기분이 좋았겠는가? 당연히 기분이 좋았다고 말해야 될 것이다. 왜 그런가 하면 일본인들이 우리를 가리켜 하는 말로는 조센진이 아니면 '닛폰진' 두 가지밖에는 없었기 때문이다.

여기서 우리는, 우리 겨레가 길들여진 슬픈 종살이 버릇을 바로 보고 바로 깨달아야 한다. 그것은 놀랍게도 지식층에까지 아주 널리, 아니 지식층일수록 뼛속까지 깊이 스며들어 있는 버릇인지도 모른다. 겉으로는 그렇지 않은 것처럼 온갖 말재주를 부리면서 말이다.

일본인들이야 말할 것도 없이 우리를 같은 일본인이라 하기 싫어서 깔보고 멸시하는 말로 조센진이라 했겠지. 그러나 그 말을 들은 우리는 ("닛폰진"이라 불러주기를 바랄 것이 아니라) 도리어 당당하게 "그래, 우리는 조선인이다!" 하고 말해주고 대해주어야 할 것 아닌가? 그래야 우리가 살아 있는 것이지.

여기서 다시 또 생각나는 것은 '동무'란 말이다. 북쪽 사람들이 '동무'란 말을 많이 쓴다고 해서 이 말을 아이들이 배우는 교과서에서 싹 없애 버리고, 그래서 아이들에게 '친구'라는, 어른들이나 쓰는 한자말을 쓰게 한 꼴도 앞에서 말한 것과 비슷한 정신 상태에서 한 짓이라 본다.

대관절 우리는 제정신을 안 가지고 살아왔다. 그것은 무엇보다도 말과 글을 어떻게 써왔는가를 살펴보면 환히 드러난다. 중국인들이 쓰는 글과 말을 1,000년 동안 하늘같이 받들다가, 총칼로 들어온 일본인들이 쓰는 글과 말을 또 받아들이고, 다시 또 미국인들이 쓰는 말을 서로 다투어 흉내내면서 잘난 척하고……. 이런 망국망족의 종살이 버릇에서 깨어나지 않고는 우리가 절대로 사람 노릇 하기는 글렀고, 이 땅을 내 나라 내 땅으로 삼을 수도 없을 것이다.

한일합방

일제시대에 왜놈들은 우리들에게 '일한병합'(日韓倂合)이라고 말하고 학교에서도 그렇게 가르쳤다. 해방이 되자 우리는 한일합방이라고 해서 아이들에게 가르쳤다. '병합'이나 '합방'이나 같은 뜻인데, 나라 이름만 그 차례를 바꿔놓았던 것이다.

1992년에 초판에 찍혀 나온 한글학회의 『우리말 큰사전』에도 한일합방이란 말이 올려 있는데, 그 풀이가 다음과 같이 되어 있다.

> 대한 제국 융희 4년(1910) 8월의 한일합병조약에 의거, 우리 나라의 주권을 일제에게 넘겨주고 일본에 합병된 일

그러니까 '한일합병조약'을 강제로 맺게 되고, 그래서 주권을 아주 빼앗긴 그 사실을 한일합방이라고 이 사전은 말하고 있는 것이다.

여기서 이 한일합방이란 말을 살펴보자. "합방"에서 "방"은 '나라 방 자'(邦)다. 그러니까 '합방'은 두 나라가 하나로 되었다는 말이다. 바로 당한 사람들이 아닌 남의 나라 사람들이 볼 때는 아주 틀린 말이라고만 할 수는 없다. 그러나 사실의 참 모습을 덮어 감추는 고약한 속임수로 된 말이다.

가령 여기 물속에 메기 한 마리가 붕어 한 마리를 잡아먹었다고 하자. 잡아먹기 전에는 물고기가 분명히 두 마리 있었는데, 잡아먹은 다음에는 한 마리가 되었으니 두 마리가 한 마리로 된 것이다. 한일합방이란 말도 그렇게 보고 하는 말이 분명하다. 그러나 이 말에는 한쪽이 다른 한쪽을 잡아먹었다는 엄연한 사실을 덮어 감추고 있다. 일본이 한국의 주권을 강탈했다는 사실을 겉으로 나타내어 보이지 않으려고, 나라 숫자가 둘이 하나로 되었다는 단순한 겉모양만을 알리는 말로 만들어놓은 것이다. 이것은 의심의 여지가 없이 강도 일본제국주의자들이 아니면 그놈들에게

나라를 팔아먹은 친일도당들이나 할 말이요, 놈들이 한 말을 그대로 번역하듯이 해놓은 말이다. 참으로 어이가 없다. 우리가 지금까지 이런 말을 예사로 쓰고 사전에도 올려놓을 만큼 멍청하게 살아왔으니 나라꼴이 제대로 될 턱이 없다.

『우리말 사전』에 '한일합방조약'이란 말이면 올릴 수도 있을 것이다. 그러나 왜놈들과 매국역적들이 퍼뜨린 한일합방이란 말을 올려서는 안 될 일이다.

그러면 위에 들어놓은『우리말 큰사전』의 풀이말대로 "대한제국 융희 4년(1910) 8월의 한일합방조약에 의거, 우리 나라의 주권을 일제에게 넘겨주고 일본에 합병된 일"을 가리키는 말을 무엇이라고 해야 하나?

'경술국치'란 말이 있기는 있다. 그런데 한문글자를 안 쓰는 시대에 '경술국치'는 언뜻 머리에 안 들어오는 어려운 말이다. 8월 29일을 '국치일'이라고 하는 것이야 그렇게 하더라도, 그 역사의 사실을 가리킬 때 하는 말은 있어야 한다. 다음과 같은 몇 가지를 생각해보았다.

- 강도 일본, 한국을 병탄함
- 일본, 한국의 주권을 강탈함
- 한국이 일본에 주권을 빼앗김
- 주권을 일본에 강탈당함

아무튼 이렇게 "병탄" "주권강탈"과 같은 말이 반드시 들어가는 말로 그때그때 알맞게 말해야 할 것이라 생각한다.

조선총독부

일제 36년 동안 이 땅 한가운데 버티고 앉아 우리 겨레의 피를 빨다가 마침내 아주 우리 겨레를 싹 없애버리려고 하던 그 음흉한 마귀굴 조선총독부! 이 조선총독부란 이름을 두고 무슨 논란이 있을 수야 없지만, 조선총독부가 36년 동안 우리 민족을 채찍질하고 부리면서 심어놓은 더러운 종살이 버릇과 병든 일본말을 청산해야 한다는 말은 온 나라에 들끓어야 할 터인데, 그런 말이 이제는 들려오지도 않는다. 다만 조선총독부 청사로 지어 쓰던 그 집을 뜯어 없애야 한다, 그냥 두어야 한다 해서 오랫동안 맞선 두 주장이 다투어왔을 뿐이다. 그러다가 올해에는 김 대통령이 결단을 내려 아주 철거하기로 해서, 지난 8월 15일에는 그 총독부 건물 꼭대기 뾰족탑부터 싹둑 잘라 없앴다.

총독부 건물 꼭대기가 왜놈 상투 잘리듯이 잘려 나가는 것을 보던 수많은 시민들은 기뻐서 소리치고 만세를 불렀다. 역시 그것을 텔레비전으로 보던 모든 국민들이 그랬을 것이다. 신문들도 며칠 동안 그 기사를 실으면서 잔치 기분을 돋우었다.

그러나 한편, 모처럼 지어놓은 집을 어쩌자고 그 많은 돈을 들여 뜯어 없애야 하나, 그 집을 살아 있는 교육의 자리로, 지난날 우리 겨레가 이런 기막힌 식민지로 살았다는 사실을 자자손손 가르쳐주는 자리로 써야 하지, 어쩌자고 그 귀한 역사의 증거물을 없애려고 하나, 하는 의견은 여전히 신문 한 귀퉁이에 실리고 있었다.

나는 오래전부터, 총독부 건물을 뜯어 없애야 한다고 주장하는 사람들이 모인 자리에 앉게 되면 그 사람들 주장에 찬성하고, 그 건물을 보존해서 잘 이용해야 한다는 사람들이 모인 자리가 되면 또 그 주장이 맞다고 했다. 그럼 나는 소갈머리도 없는 사람인가? 그렇지는 않다.

내 생각은 이렇다. 총독부 건물을 없애든지, 그냥 두든지, 어느 쪽이든 좋다. 잘만 하면 된다. 잘하지 못하면 뜯어 없애도 문제고, 그냥 두어도 문제다. 결국 총독부 건물을 뜯나 안 뜯나 하는 것 자체가 가장 중요한 문제로 될 수 없다. 건물보다 더 중요한 것이 있다. 그것을 제대로 잘해야 한다.

총독부 건물보다 더 중요한 것을 일본제국이 우리 겨레의 마음속에 심어놓은 식민지 종살이 버릇이다. 무엇이든지 '위'에서 지시하고 명령해주기를 바라고, 제 것을 멸시하면서 외국 것 우러러보고, 아이들을 군대식으로 채찍질해서 가르치고, 남이야 어찌 되든 나만 살면 그만이란 생각으로 행동하고, 우리 말을 버리고 일본말 일본말법을 따라서 쓰는 것……. 이것이 우리들 한 사람 한 사람의 마음속에 버젓하게 들어앉아 요지부동으로 버티고 있는 총독부 건물이요, 우리들 머리마다 박혀 있는 왜놈들의 쇠말뚝이다. 그런데 사람들은 제 마음속에 들어앉아 있는 총독부는 볼 줄 모르고, 제 머리 정수리에 박혀 있는 쇠말뚝을 뽑아낼 생각은 않고, 눈에 보이는 그 집만 뜯어내면 문제는 다 해결되는 줄 알고 있다. 참 너무 한심하다.

결론을 말하면, 우리 겨레의 마음가짐이 겨우 이 정도밖에 안 되니까 총독부 건물을 그냥 두기보다 없애는 것이 조금은 낫다. 왜 그런가 하면, 그 집을 그냥 두고서 살아 있는 교육의 자리로 잘 살려 쓸 정신과 능력이 없고, 그래서 도리어 여러 가지 해악이 생겨날 것 같아서다. 우리들 정도가 그렇다. 가끔 관광하러 온 일본의 젊은이들이 그 건물 앞에서 히히거리면서 사진을 찍고 하는 꼴도 보기 싫다. 우리 아이들도 그 건물을 쳐다보고 제정신을 가다듬는 마음가짐이 되기보다 도리어 상처를 입게 될 것 같으니 말이다.

만약 우리가 제정신만 잘 가지고 있다면, 그래서 우리 마음속에 들어앉아 있는 총독부 건물을 모조리 싹 뜯어 없앨 마음가짐만 되어 있다면, 그 건물은 우리 겨레를 채찍질하는 거울이요 스승으로서 영원히 보존될 만한 가치가 있다. 하지만 지금은 도무지 그렇게 되기를 바랄 수 없다.

8월 15일 총독부 건물 꼭대기 뾰족탑을 잘라냈다고 했는데, 왜 신문이고 방송이고 뾰족탑이란 말을 안 쓰고 "첨탑"이라고만 하나? 어느 신문이고 방송이고 뾰족탑이란 말을 안 썼다. 모조리 일본사람들이 써온 대로 "첨탑"이라 했다. 첨탑에서 "첨"자가 '뾰족 첨' 자라 해서 그 한자말을 우리 말로 바꾸자는 것이 아니다. 교회당 꼭대기 뾰족한 탑 모양을 쳐다보면 '뾰족탑'이란 말이 저절로 나온다. 그래서 우리 말로 쓰자는 것이다. 이런 말 하나도 우리 말로 쓸 줄 모르고서 온갖 일본말을 퍼뜨리는 신문과 방송들이 총독부 건물 없어진다고 좋아서 야단이니, 이래가지고 우리 앞날이 어떻게 트일 수 있겠는가?

초등학교

다음해부터 국민학교가 초등학교로 된다고 했지. 왜놈들이 이 땅에서 쫓겨 간 뒤에도 그 미치광이들이 갖다 걸어놓은 학교 간판을 반세기 동안 신주 모시듯이 해서 아이들 교육을 한다고 해왔으니, 이것 하나만으로 다른 정치고 경제고 산업이고 문화고 뭐고, 보지 않고도 이 나라의 역사가 어떻게 돌아가고 어떻게 되어왔는지 충분히 알 만하다. 교육을 엉망으로 해놓고 정치를 잘해보겠다고 하는 사람들, 아이들 잡는 교육을 해놓고도 잘 살아보겠다고 하는 족속들, 이것이 손가락에 불 켜서 하늘에 올리겠다고 하는 사람들 아니고 무엇인가?

이제 국민학교가 초등학교로 바뀌었으니 앞으로는 교육이 잘 될까? 부디 그렇게 되었으면 얼마나 좋을까마는, 지금까지 하는 것으로 보아서 거의 믿지지 않는다. 그리고 사람은 누구든지 자기가 어렸을 때 받은 교육만큼 사람이 되어 그 자식들을 또 그렇게 키우고 가르친다. 앞에서 총독부 건물 이야기를 했지만, 모든 어른들이 그 몸속에 지니고 있는 병든 버릇을 그대로 또 아이들에게 물려주게 되는 문제를 어떻게 풀어야 할까? 학교 간판을 바꾸는 것은 다만 간판만 바꾸는 것이 아니라 교육의 내용과 방법까지 아주 딴것으로 바꿔야 하겠는데, 지금 교육행정을 하는 사람들이 도무지 그렇게 해줄 것 같지 않다. 이런 문제에 대한 인식마저 가지고 있는지 의문이다. 만약 그렇다면 간판은 바꾸나 마나다. 총독부 건물 뜯으니 미니듯이.

초등학교란 이름에 대해서도 생각해볼 만하다. 보통학교, 소학교, 어린이학교, 그밖에도 몇 가지 의견이 나왔던 모양인데, 왜 온 나라 사람들의 교육을 하게 되는 학교 이름을 정하는데 일반 백성들의 의견을 물어 보지 않고 행정관청에서 마음대로 정하나? 어떤 곳에서 몇천 명인가를 상대로 알아보기는 한 모양인데, 그래서는 안 된다. 내가 보기로는 어떤 직위에 있는 사람이 어떤 이름을 바라나 하는 것이 훤하다. 그러니 이런 여론 조사는 조사 대상을 어떤 사람으로 하나 하는 데 따라서 얼마든지 바라는 대로 그 결과를 얻어 낼 수 있다.

내 생각에는 어린이학교가 가장 좋다. 그러나 어린이학교로 되리라고는 바랄 수가 없었기에 내 의견을 한 번도 발표하지 않았다. 어린이학교가 되려면 아이들의 의견을 들어봐야 하겠는데, 일반 교사들보다도 교감 교장의 의견을 더 잘 듣는 지금의 행정당국이 아이들의 의견에 귀를 기울여주리라고 생각할 수 없었기 때문이다.

초등학교, 그 정도로 될 줄 알았지. 우리가 하는 정도가 그저 이런 정도밖에 안 되니까. 초등학교가 되더라도 좋으니 부디 교육이나 좀 달라졌으면, 하고 바랄 밖에 없다.

초등학교, 아, 그 몸서리 나는 국민, 국민, 국민 총동원, 총후국민, 비국민, 황국민, 국민정신작흥주간, 대일본국민체조, 국민독본, 국민복……. 이제 그 왜정 때의 지긋지긋한 국민이란 말에서 벗어나게 되려나.

신(新)

지난번 대통령 선거 때부터 민자당에서 "신한국"이란 말을 걸핏하면 내걸고 했는데. 나는 이 말이 맨 처음 정책 광고로 신문에 커다랗게 날 때부터 아주 기분이 나빴다. 더구나 '신한국' 석 자에서 신 자는 한문글자로 新이라 쓴 것이 역겨워 견딜 수가 없었다. 이것은 단순히 우리 말 '새'를 안 쓰고 중국글자 新을 썼기 때문만은 아니다. 내가 이렇게까지 이 新 뭐라는 말을 기분 나쁘게 여기는 까닭을 요즘 젊은이들은 이해하지 못할 것이라 생각되기에 여기 좀 설명을 하고 싶다.

이것은 일제시대로 거슬러 올라가는 얘기가 된다. 일본이 한창 중국대륙에 군대와 무기를 보내어 총칼로 사람을 무더기로 죽이기를 개미떼 죽이듯이 할 때, 일본정부에서 내어 건 구호 간판이 바로 "신지쓰조 켄세쓰"(新秩序建設·신질서 건설)이었다. 그 무렵 이 "신질서"란 말이 얼마나 쓰였는지 귀에 못이 박힐 정도였던 것이다.

또 "신타이세이"(新體制·신체제)란 말이 그다음을 이었다. 이 말도 일본 관리들의 말끝마다 튀어나올 정도로 많이 쓰였고, "'신타이세이'의 해가 떠오른다"는 노래까지 있었다.

또 생각난다. "신닛폰 겐세쓰"(新日本建設·신일본건설)이다. 이것도 노래까지 나왔다. "신닛폰노 겐세쓰니……" 하고 시작하는데, 「경방단(소방단) 노래」라고 기억한다.

이래서 반세기가 지났는데도 신(新) 어쩌고 하는 말만 나오면 왜정 때 왜놈들이 하던 생각이 나고, 그래서 이만저만 불쾌한 것이 아니다. 더구나 한문글자로 新이라 써서 더 그렇다. 이 新자는 우리도 일본사람들도 똑같이 신이라 읽는 것이다.

그런데 정부에서는 끊임없이 자랑스럽게 '新韓國' 또는 '新한국'을 건설한다고 선전해왔다.

정부가 이러니까 온갖 기업체에서 그 구호에 맞춰 '신기술'을 개발한다고 떠들어대고, 온갖 장사꾼들이 '신상품'을 사라고 외친다. '신도시' '신세대' '신소재' '신품종' '신고전'에서 '신여름' '신과소비'까지 나왔다.

심지어 교육계에서는 그전에 쓰던 '새교육'이란 말까지 버리고 '新教育'을 내걸게 되었다. 참으로 가관이다. 이것이 식민지 종살이 버릇과 아무 관계가 없다고 어떻게 말할 수 있는가?

말 하나 제대로, 제 나라 말로, 제정신으로 하지 못하는 백성들이 무엇을 하겠는가?

지금 정치를 하는 사람들이 걸핏하면 쓰고 싶어 하는 신 무엇이란 말이 설혹 일제 식민지 때 쓰던 말과 바로 관계가 없다고 하더라도, 어느 시대 어느 나라의 집권자들도 백성들을 속이는데 한결같이 이용하는 말로 쓰기를 잘하는 것이 신 무엇이란 말임을, 우리는 앞으로 어떤 정권이 들어서든 마음에 단단히 새겨둘 일이다. 그리고 어느 힘 가진 사람이 한 마디만 하면 서로 다투어 그 말을 복창하듯 하는 이 더러운 종놈 버릇을 못 한다는 사실도 아울러 마음 깊이 다져두어야 하겠다.

민초·문민·신토불이

지식인들과 행정이 퍼뜨리는, 일본에서 온 온갖 말들 가운데 여기서는 대표가 되는 이 세 가지를 들어놓고 싶다.

지식인들은 백성이라는 우리 말을 쓰기 싫어서 일본의 지식인들이 글에서 쓰던 민중을 즐겨 쓴다. 그래서 오늘날에는 민중이란 말이 아니면 글을 못 쓸 정도로 되었다. 그런데 여기서 다시 또 멋을 부린다고 민초란 말을 가끔 쓰고 있다. 이 민초(民草)란 말은 일본에서도 백성들을 생각하는 척하던 '천황'들이 즐겨 썼고, 일제시대에는 친일파들이 자랑스럽게 쓰던 말이다.

문민이란 말도 우리 나라에 없었다.『일본말 사전』에 보면 "ブンミン"(文民)이 나오는데. 바로 풀이를 해놓지 않고 "→シビリアン"이라고 해놓았다. 곧 "시빌리언"에서 온 말, '시빌리언'이란 말이니 거기 찾아보란 것이다. 그래서 'シビリアン'을 찾아보니 다음과 같이 풀이해놓았다.

シビリアン(civilian): 1) 일반시민(영국과 미국에서는 군인·성직자를 뺀 시민), 2) 문관(일본국헌법에는 '문민'이라 번역함), 3) 군대 안에 있는 비전투원, 군속『新潮國語辭典』

내가 알기로는 영국 헌법에서 "시빌리언"이 아니면 정부의 각료가 될 수 없다는 조문이 있는데, 일본에서 이 말을 文民이라 번역해서 일본헌법도 그렇게 만들어놓았다고 한다. 그러니 이 말도 일본에서 가져온 것이다. 몇 해 전 대통령 선거 때 김영삼 후보가 문민 정권을 세워야 한다면서 애써 군사정권과 다름을 강조한 뒤로, 집권한 다음에도 끊임없이 이 말을 써와서 이제는 현 정부를 가리켜 말할 때 예사로 들어가는 꾸밈말이 되어버렸다.

문민이란 말을 절대로 써서는 안 되는 말이라고 하는 것이 아니다. 하필이면 일본사람들이 쓰는 말을 따라 써야 할까? 모든 것이 일본을 따라가고 일본을 흉내내어온 역사의 흐름 속에서, 정부의 성격을 규정하는 말조차 우리 말로 표현할 줄 모르고 일본사람들이 번역해놓은 말을 그대로 써야 할까? 그렇게 우리 말이 빈곤하단 말인가?

내가 품지 않을 수 없는 이런 의문에 대해 적지 않은 사람들이 말할 것이다. "알맞은 우리 말이 없는데" 하고.

그러나 마음만 있으면 말이 없을 턱이 없다. 우리 말을 보잘것없다고 생각하니까 없는 것이지. 우리 말만큼 풍성한 말이 세계 어느 나라에 있는가? 정신이 모두 빠져서 제 것은 시원찮다고 버리니까 안 보이는 것이고 없는 것이지. 제 발로 짓밟고 있으면서 그게 안 보인다, 없다고 하니 될 말인가? 중국글자말이고 일본말이고 서양말이고 무슨 말이든지 남의 것 자랑스럽게 흉내내어 쓰는 사람들이 자기를 변명하는 말은 열이면 열 모두 똑같다. "우리 말이 없어요" 하고. 우리 말에 대한 믿음이 없는 사람, 이런 사람을 우리가 어떻게 믿을 수 있겠는가.

신토불이(身土不二), 이것도 일본에서 가져온 말이라고 모두가 알고 있다. 일본사람들도 이런 말은 안 쓴다. (이런 한자말을 우리 아니고 어느 나라에서 쓰겠는가?) 일본의 어느 책에 있는 말을, 무슨 신통한 보물이리도 찾아낸 것처럼 누가 별난 해설을 붙여 쓰니까 그게 유식해 보이고 그래서 유식함을 자랑하기에 좋겠다 싶었는지 유식병에 걸린 사람들이 너도 나도 쓰게 되고, 이렇게 되니까 문화운동이니 환경운동이니 농민운동을 하는 사람들까지 이런 유식층에 들어가고 싶어서 다투어 쓰고, 드디어 웬만한 상품에는 다 이 신토불이란 유행말 딱지가 붙게 된 것이다. 깨끗한 우리 말은 아무리 쓰라고 해도 안 쓴다. 그래서 옛날부터 어린애들도 다 아는 말은 하나씩 하나씩 헌신짝 버리듯이 버린다. 모두 다 잘 아는 말은 시시하니까, 멋이 없으니까, 그런 것 쓰면 무식해 보이니까 마구 버린다. 그 대신 난데없이 밖에서 들어온 말, 학자들이 쓰는 글에서나 나올 것 같은 말, 촌사람 겁주는 말은 서로 많이 쓰려고 환장이다. 정말 이게 환장한 꼴이 아니고 무엇인가?

  민초는 문인들이 쓰기 시작했고, 문민은 정치인들이 쓰기 시작했다. 그런데 **신토불이**는 할 일 없이 앉아 신묘한 철학이나 팔고 있는 학자들이 쓰기 시작하더니 드디어 온갖 장사꾼들이 이 말을 팔면서 유식계급 흉내를 내기에 이르렀다.

  사람마다 정수리에 쇠말뚝이 박혀 있고, 가슴 깊숙이 총독부 건물을 신주 모시듯이 모셔놓고 있다고 하는 내 말이 이래도 곧이들리지 않는다면 나도 이젠 글쓰기를 그만두는 수밖에 없다.

4. 나라 이름, 태극기
붓 가는 대로 마음 가는 대로

나라 이름

우리 나라 이름이 대한민국이다. 헌법에도 제1조에서 대한민국이라 밝혀놓고, 제5조까지 잇달아 대한민국이란 나라 이름을 여섯 번이나 거듭해놓았다. 그런데 나는 이런 우리 나라 이름이 아주 마음에 안 든다. 굳이 '한'이 좋다면 '한국'이라든지 '한나라'라든지 해도 될 것인데 어째 앞에다가 큰 대 자를 붙여놓았나? 이게 영 촌사람들이 한 짓이다. 그것도 우리 말이 아니고 중국글자로 말이다. 지금 세계 어느 나라도 제 나라 이름에 크다는 말을 붙인 나라는 없는 줄 안다.

한때 '대영제국'이 있었다. 그거야 육대주 어디를 가도 자기들이 정복해서 차지한 땅이 있기에 그렇게 나라 이름을 붙인 것이지. 그 대영제국은 망했다. 또 이웃나라 일본이 한때 '대일본' '대일본제국'이라 했다가 그들도 망했다. 일본이 지금은 경제대국이 되었지만 그냥 일본이라 하지 대일본이라 하지는 않는다. '대' 자는 제국주의 나라에나 붙이던 이름이다. 우리 나라와 땅에 맞붙어 있는 중국이나 러시아도 나라 땅 넓이로나 인구로 보나 우리 나라로서는 대볼 수 없을 만큼 큰 나라지만, 나라 이름에 '내' 사나 '그나'는 말은 붙이지 않았다. 우리가 한농안 잘살게 되었다고 거들먹거리다가 그만 하루아침에 거지 신세가 되었는데, 이렇게 된 까닭을 생각해보면, 나라 이름부터 허풍스럽게 지어놓고 그런 허풍쟁이 같은 마음가짐과 몸가짐으로 살아왔기 때문이다. 무엇이든지 겉모양은 크게, 으리으리하게 보이고 싶어 하고, 겉치레만 근사하게 꾸미면서 속은 다 썩고 텅 비어 있어도 조금도 바로잡으려고 하지 않았으니, 그런 병든 삶이 어찌 망하지 않을 수 있겠는가? 이제 앞으로 우리가 정말 옳은 정신 가지고 살아간다면, 나라 이름도 부끄럽지 않게 고쳐야 할 것이다. 민주주의 나라답게, 깨끗한 우리 말로 바로잡아야 할 것이다.

태극기

언제던가, 태극기를 예찬해놓은 함석헌 선생의 글을 읽었다. 그때까지 나는 태극기를 그다지 좋게 보지 않았는데, 함 선생의 글을 읽고 생각을 좀 바꾸었다. 그러나 이치를 따져서 알게 되는 것과 느낌으로 받아들이는 것은 달라서, 태극기를 쳐다볼 때는 여전히 내 마음에 자연스럽게 안겨 들어오지 않았다. 왜 그럴까? 어쩌면 그 태극기가 날마다 펄럭이는 학교에서 언제나 아이들을 사람답지 않게 몰아붙이고 길들이는 짓을 교육이라고 해야 되었던 내 답답한 삶 때문이 아닌가 하는 생각도 해보았다.

그런데 얼마 전 신문에서 우리 나라에서 맨 처음에 만들었던 태극기를 찾아냈다는 기사가 나왔다. 그 기사를 읽어보았더니 맨 처음에 만든 태극기는 지금 우리가 알고 있는 것과는 달랐다. 사괘가 검은빛이 아니고 자줏빛이었다. 그때에야 아하, 내가 태극기를 보고 좋지 않은 느낌을 가지게 된 것이 바로 시커먼 사괘 때문이었구나 하고 깨달았다. 태극이 가운데 돌면서 둘레에 눈부신 빛을 뿌리는 것이 아니라 시커먼 것을 뿌리는 꼴로 되어 있는 것이다. 아무래도 태극기는 맨 처음에 만든 그대로 사괘를 자줏빛으로 하는 것이 옳다. 내 생각에는 자줏빛보다도 노란빛으로, 금빛으로 바꾸면 더욱 좋겠다. 이렇게 고친다면 어른들도 좋아하겠지만, 아이들은 그 고운 국기를 쳐다보고 좋아라 소리칠 것이다. 국경일 같은 날에 국기를 달라고 하지 않아도 집집마다 그 국기를 달아놓고 쳐다보고 싶어 국기 다는 날을 아이들은 손꼽아 기다리게 될지도 모른다. 나 혼자만 멋대로 하는 생각일까?

애국가

얼마 전 어느 자리에 나갔다가 '국민의례'가 있어 애국가를 부르게 되었다. 모두 자리에서 일어나 목청을 가다듬어 부르는데, 그날따라 나는 벙어리가 되었다. 애국가를 부를 마음이 안 났던 것이다. 나는 사람들이 부르는 애국가를 들으면서, 이제부터 내 입으로 이 애국가를 부를 수는 없다는 생각을 했다. 우리 국민이면 어린아이들도 누구나 부르는 애국가, 나 자신이 50년도 넘게 불러온 애국가를 왜 부르지 않겠다고 생각했나?

그 까닭은 이렇다. 바로 며칠 전에 어느 일간신문에서, 「애국가」 노랫말을 지은 사람이 윤치호란 사실을 알게 되었던 것이다. 그 신문은 윤치호가 자신이 지은 「애국가」를 손수 붓으로 써서 "윤치호 작사"라 해놓은 것을 사진으로 공개했다. 이래서 지금까지 누가 지었는지 확실히 몰랐던 「애국가」 작사가가 윤치호란 사실이 밝혀진 것이다.

윤치호라면 세상이 다 아는 친일파로 우리 민족을 배반한 사람이다. 우리가 얼마나 부를 노래가 없어서 하필이면 민족을 팔아먹은 반역자가 지은 노래를 의식 때마다 불러야 하나? 지금까지는 몰라서 불렀지만, 그 사실을 안 다음에는 부를 수가 없다. 그런 노래를 부른다는 것은 내 감정과 양심이 허락하지 않는 것이다.

그렇잖아도 나는 전부터 우리 「애국가」를 별로 신통찮게 여겨온 터다. 노랫말도 그렇고, 곡도 좋게 안 보았다. 우리 「애국가」 노랫말이 일본제국의 국가인 「기미가요」를 닮았다고 하는 말은 진작부터 있었다. 일본의 「기미가요」를 우리 말로 옮겨보자.

우리 천황 거룩한 세상은
천년이고 만년이고
조그만 돌이 큰 바위 되어
이끼가 낄 때까지 (영원하리라)

이 일본의 국가는 "조그만 돌이 큰 바위 되어……" 했는데 우리는 반대로 그 넓고 커다란 "동해물과 백두산"이 "마르고 닳도록" 했으니 더욱 좋지 않다는 말도 가끔 들었다. 아무튼 우리「애국가」는 국민들의 정서에서 자연스럽게 우러나온 말이 아니고, 국민들의 가슴에 반갑게 안겨들거나 가슴을 찡하게 울려주는 것이 없는, 다만 머리로 만들어낸 말로 되어 있는 것만은 분명하다.

다음은 곡이 또 문제가 된다. 이 곡은 우선 크고 무거운 느낌을 주어서 점잖고 엄숙한 몸가짐으로 부르게 된다. 우리가 부르고 들어온 의식 노래는 일제시대부터「기미가요」를 비롯해서 으레 사람의 마음을 얼어붙게 하거나 굳어지게 하는 것이었기에「애국가」도 당연히 그래야만 된다고 여길 것 같다. 그러나 그런 노래와는 반대로 사람의 마음을 활짝 열어주고 피어나게 하는 노래, 따뜻하고 기쁘게 해주는 노래, 또는 가슴에서 저절로 터져 나오는 듯한 노래는 애국가나 국가로 될 수 없을까? 민주주의로 살아가는 나라의 사람들이 모여서 부르는 노래라면 당연히 이런 노래라야 참된 나라 사랑의 노래가 되고, 땅 사랑, 사람 사랑의 노래가 될 것 아닌가? 나는 세계의 다른 많은 나라의 노래를 그다지 알고 있지는 않지만, 우리처럼 꼿꼿하게 '차려'를 해서 한결같이 굳은 표정으로 애국가나 국가를 부르는 사람은 우리 말고는 일본사람들밖에 없는 줄 안다.

무슨 일이 있어 사람들이 많이 모였을 때, 먼저「애국가」를 부르고 나면 그만 자리가 아주 차가워지고 흥이 나지 않아서 그 일이 제대로 안 되는 수가 많다. 의논을 할 때는 딱딱한 말, 형식으로 꾸민 말, 겉도는 말부터 나온다. 초등학교 학생들이 교실에서 어린이회나 학급회 회의를 할 때 먼저 「애국가」를 부르고 나면 그만 아이들 마음이 얼어붙어서 말이 잘 안 나온다. 선생님이 언제나 지시하는 말을 흉내내고 되풀이하다가 끝내기가 보통이다. 이것이 「애국가」의 효용성이다.

좋은 애국가를 새로 만들 수는 없는가? 많은 사람들이 모인 자리에서 참된 나라 사랑, 겨레 사랑의 마음을 일으키려 한다면 차라리 「아리랑」이나 「고향의 봄」을 부르는 것이 좋지 않겠나 싶다. 이런 노래라면 부르는 사람 모두가 저마다 가슴속에서 조국과 고향을 생각하는 뜨거운 마음이 터져 나와, 그 자리가 모든 사람을 하나로 이어주는 참으로 바람직한 자리가 될 것이다.

한국과 일본의 애국가와 국가를 견주어보면 두 나라가 어떤 점에서 아주 닮았다는 느낌이 들면서, 며칠 전 『ㅎ신문』「아침 햇살」에 쓴 ㄱ 논설주간의 글이 머리에 떠오른다. 그 글의 중간 제목이 「한·일, 비겁한 동반자」로 되어 있는데, 마지막에 맺은 말이 다음과 같다.

반세기가 지나도록 침략전쟁을 반성하지 않는 일본과, 식민지 청산을 주도하기는커녕 오히려 그들의 혈손이나 정신적 후손이 강고히 권력을 붙잡고 있는 한국은 사실 정신적으로 동반자 관계를 이제껏 지속하면서 오늘에 이르고 있는 것이다. 그러므로 정권교체가 이루어진 뒤에도 군사정권의 잔재라 여전히 활개를 치는 것을 보면서 더욱 착잡해지는 것은, 그 연유가 어제오늘에 있지 않다.

제3장 없애야 할 일본말들
2) 잘못 쓰이는 일본말들

1. 왜 공부를 하면 한 만큼 더 오염된 말을 쓰나

초등학교학생들보다 중고등학생들이 더 어렵고 잘못된 말을 쓴다. 중고등학생보다 대학생들이 더 유식한 글말을 쓴다. 어쩌다가 그렇지 않은 사람이 있기는 하지만 대체로 우리 나라 사람들의 말과 글은 학교 공부를 많이 할수록 더 오염되어 있다. 가장 깨끗한 말을 하는 사람은 아직 학교에도 가지 않은 아이들과, 학교 공부를 하지 않아서 책을 읽지 않는 할머니와 할아버지들이란 사실을 여기서 다시 한 번 말해두고 싶다.

다음에 드는 글은 어느 대학신문에 실려 있는 대학생의 글이다. 그 대학신문에는 학생들의 글을 모집해서 잘된 글을 뽑아 싣는 자리가 있는데, 글제는 미리 광고해서 정해놓은 대로 쓰게 되어 있다. 여기 인용한 글제는 「왕따」인데, 지면 관계로 중간 부분만 들겠다.

때문에 사회 일각에서는 왕따 퇴치 프로그램을 공모하는 등의 활동에 열을 올리고 있다. 이런 일련의 움직임을 통해 분석해낸 문제의 원인이라든가 대책들은 분명히 일리가 있다.
그러나 본인이 덧붙이고 싶은 말은 사실 우리 모두가 왕따일지도 모른다는 점이다. 불멸을 꿈꾸었으나 신으로부터 외면당하고 인간으로 머물고 있으니 말이다. 그렇게 세상에 던져진 존재라면 의당 서로를 감싸고 위로하며 살아야 할 터이다.

그럼에도 불구하고 누군가에게 발길질을 해대며 무리에서 이탈시키려는 행위에서 우리가 깨닫지 못하는 부분이 또 하나 있음을 느끼게 된다. 사랑하며 살아도 시간이 부족할 것이라는 거대한 진리로부터 스스로 따돌려지고 있다는 사실을.

먼저 이 글의 내용부터 생각해본다. 요즘 학생 사회에서 일어나고 있는 '왕따' 문제는 우리 교육이 지난 반세기 동안 얼마나 잘못된 길을 걸어왔는가를 잘 말해준다. 그래서 모든 교육자들과 부모들이 이 문제를 풀기 위해 걱정하고 애쓰고 있다. 그런데 이 글을 쓴 학생은 바로「왕따」라는 제목으로 쓴 이 글에서 아주 엉뚱한 딴전을 부리고 있다. "우리 모두가 왕따일지도 모른다"면서 그 까닭으로 "불멸을 꿈꾸었으나 신으로부터 외면당하고 인간으로 머물고 있으니 말이다"라고 했다. 대관절 이게 무슨 말인가? 외국인들이 쓴 글 나부랭이를 읽고 그 흉내를 내어 유식함을 내보이려고 한 것이라고 할밖에 없다.

다음은 말의 오염과 문장표현이다. 벌써 글의 내용이 이러하니 낱말이고 문장이 제대로 될 수 없겠다는 짐작을 할 수 있다. 바로잡아야 할 말을 차례로 적어본다. 밑줄을 친 말이 잘못된 말이다.

- 때문에 사회 일각에서는 왕따 퇴치 프로그램을 공모하는 등의 활동에 열을 올리고 있다. (→이 때문에 사회 한쪽에서는 왕따 없는 학생 사회가 되게 하는 방법을 공모한다든지 하는 활동에 힘을 기울이고 있다.)

때문에란 말 앞에는 반드시 '이, 그, 이런, 그런' 따위 말이 있어야 한다. 문장 첫 머리에 때문에로 시작한 글은 일본글을 따라서 쓰는 꼴이다. "왕따 퇴치"라고 하면 왕따를 당하는 아이를 죽여 없앤다는 뜻이 된다.

- 이런 일련의 움직임을 통해…… (→이런 한 가닥 움직임으로)
- 그러나 본인이 덧붙이고 싶은 말은…… (→그러나 내가 덧붙이고 싶은 말은)

본인은…… 이렇게 쓰는 말은 군대나 관료 사회에서 상관이 아랫사람들 앞에 나가 훈시할 때 쓰는 말이다. 물론 군대나 관청에서도 민주주의가 제대로 되어 있다면 이런 말은 안 쓴다. 그런데 학생들이 이런 말을 쓰고 있으니 크게 잘못되었다. 이 학생이 쓴 글이 실려 있는 같은 신문 첫 면에 보니 그 학교 총장의 축사가 실려 있는데, 그 축사에 "본인은 우리 대학 학보가……" 하고 나와 있다. 학생이 총장님의 말을 따라서 쓰는 것이 자연스럽다고 해야 할까?

- 그렇게 세상에 던져진 존재라면 의당 서로를 감싸고…… (→그렇게 세상에 버려진 존재라면 마땅히 서로를 감싸고)
- 그럼에도 불구하고…… (→그런데도, 그러한데도)

같은 신문 '사설'에는 이 그럼에도 불구하고가 두 번이나 나와 있다. 이것도 일본말을 그대로 옮겨 쓰는 말이다.

- 이탈시키려드는…… (→벗어나게 하려 하는)
- 거대한 진리로부터…… (→크나큰 진리에서)

2. 한자말과 일본말

 우리 말은 모든 신문과 잡지와 그밖의 책에서 쫓겨나 땅바닥에 팽개쳐져서 유식한 사람들의 구둣발에 짓밟히게 되었다. 지난번에 이어 월간지와 주간지에서 농사일을 지도한다는 사람들이 써놓은 글을 더 들어본다. 밑줄친 부분이 고쳐야 할 말이다.

- 토양수분 60% 정도 때 밭갈이 작업 실시 (→땅 물기 60% 정도 때 밭갈이해야)
- 밭갈이를 하면 흙덩어리가 물리적으로 깨져서 작은 입자가 많이 만들어질 뿐 아니라 토양 중에 있는 유기물의 분해가 촉진되고 토양의 입단화를 조성하게 되며…… (→밭을 갈면 흙덩어리가 깨져서 작은 알갱이가 많이 만들어질 뿐 아니라 흙 속에 있는 유기물이 빨리 분해되고 흙이 부드러워지며)

 "유기물의 분해가 촉진되고"를 차라리 '동식물과 같은 물질이 흙과 함께 되며' 하고 쓰는 것이 더 알기 쉬울 것이다. 요즘 '유기농사'란 말을 많이 쓰는데, '유기'란 말은 어려우니 쓸 필요가 없다. '거름농사' '두엄농사' 하면 그만이다.
 입단화가 무슨 말인가? 아마도 알갱이가 많이 만들어져서 푸석푸석하고 부드러운 흙이 된다는 말 같은데, 왜 이런 어려운 말, 알 수 없는 말을 쓸까? 또 물리적으로란 말도 아무 소용이 없다. '시간적으로 바빠서' '심리적으로 불안해서' '공간적으로 자리가 좁아서' 할 때 '시간적으로' '심리적으로' '공간적으로'와 같은 말이 아무 소용없듯이.

- 하우스 토양이 건조하게 되면 관수를 하게 되는데…… (→비닐 온상 흙이 마르게 되면 물을 주게 되는데)
- 10% 개화와 만개시에 바이오효소 엽면 살포 (→꽃이 10% 필 때와 활짝 피었을 때 바이오효소를 잎에 뿌려)
- 8월 한 달 동안 전체일수의 1/10밖에 일조량을 얻지 못한 결과 전국의 대부분 수도작 포장에는 출수지연과 아울러 도복의 우려가 정도를 더해가고 있다. (→8월 한 달 동안 전체일수의 1/10밖에 햇볕을 받지 못한 결과 전국의 거의 모든 벼논에는 이삭이 늦게 패고, 벼가 쓰러질 걱정이 더해가고 있다.)
- 과중 큰 것은 70g까지 가는 대과이며…… (→열매가 큰 것은 70g까지 가며)

과중, 대과 이런 말은 없다.

지금까지 보기로 든 글 가운데 나오는 토양, 작업, 물리적, 입자, 유기물, 관수, 개화, 만개, 살포, 수도작, 출수, 우려 따위 말은 모두 일본책에서 쓴 한자말을 그대로 따라 쓰는 말이다.

3. 일본말은 우리 말을 더럽히는 가장 큰 물줄기

다음에 들어놓은 글들은, 일본의 한 학자가 쓴 건강에 관한 책을 어느 분이 우리 글로 옮겨놓은 것인데, 책의 앞부분을 아무데나 따 적은 것이다. 이것만 보아도 오늘날 우리 말, 우리 글을 오염하는 가장 큰 물줄기가 일본글임을 환히 알 수 있다.

그러면 <u>생에서 죽음까지</u>의 생명, 이 생명이란 어떤 것일까. 그리고 또 이 <u>생명</u>을 키우는 <u>식품</u>(食品)으로, <u>동적</u>(動的)인 특질을 갖고 있는 산 식품, 예컨대 <u>생</u>의 <u>야채</u> 등이 좋은가 아니면 불에 익혀서 <u>생명</u>을 잃은 즉 <u>동적</u> 특질을 잃은 조리(調理)한 야채가 좋은가. 이것 <u>등</u>에 관해서는 <u>후</u>에 <u>진술</u>하게 될 것이다.

일본글을 그대로 옮기고, 더구나 한문글자로 적어놓은 일본말을 한문글자 그대로 적어서 우리가 읽는 대로 읽거나, 읽는 대로 적으니까 말이 이렇게 되는 것이다. 밑줄을 친 말을 우리 말로 다듬어본다.

- 생에서 죽음까지 (→태어나서 죽기까지)
- 생명 (→목숨)

이 생명이란 말은 워낙 많이 써서 그대로 두어도 되겠지만, 우리 말 '목숨'을 살려 쓰는 것이 훨씬 더 낫다.

- 식품 (→먹을거리, 먹을 것)

이 식품도 그대로 쓸 수 있지만 '먹을거리'나 '먹을 것'이라 쓰는 것이 더 좋다. 식품이라고 쓰더라도 그다음에 다시 한문글자를 묶음표로 적을 필요는 조금도 없다.

- 동적(動的)인 (→움직이는, 살아 있는)
- 생의 (→살아 있는, 싱싱한)
- 야채 (→채소, 나물)
- 즉 (→곧)
- 등 (→들)
- 후 (→뒤)
- 진술하게 (→말하게)

그런데 어디에도 있고 어디에 가도 자유로이 거저 얻을 수 있는 물(水)에 대하여, 그리고 또 무한(無限)히 존재하고 있는 공기(空氣)와 일광(日光)에 대하여는, 그 혜택(惠澤)이 너무나 커서 도리어 의식하지 못하기 때문인지, 이것을 생활상 필요하다고 설명한 사람은, 비교적 적은 것 같다.

이 글을 보면 물, 무한, 공기, 혜택 같은 말조차 그다음에 한문글자를 적어놓았다. 무슨 까닭으로 이렇게 했는가? 일본글에 나오는 한문글자는 그대로 적어놓아야 된다는 생각이 아니고는 이렇게 할 수 없겠는데, 그런 생각을 어째서 하게 되었는지 도무지 알 수 없다. 또 '햇빛'이라면 될 텐데 일광이라 해놓고는 여기도 한문글자를 적어놓았다. '견주어본다' '대어본다' 하는 우리 말을 쓸 줄 모르고 모두 비교한다, 비해, 비교적이란 말을 쓰는 것도 일본글을 따라가기 때문이다. 그리고 여기서는 비교적이란 말이 필요가 없다. 쉼표를 많이 해놓은 것도 일본글에 있는 것을 그대로 옮겨놓은 것이다.

위의 글을 우리 말로 다듬어서 다시 쓰면 다음과 같다.

그런데 어디서도 있고 어디에 가도 자유로이 거저 얻을 수 있는 물에 대하여, 그리고 또 끝없이 있는 공기와 햇빛에 대하여는 그 혜택이 너무나 커서, 도리어 깨닫지 못하기 때문인지, 이것이 살아가는 데 필요하다고 설명한 사람은 적은 것 같다.

이 책은 1953년에 나왔다. 그래서 이런 글을 썼던 것이다.

더구나 <u>피부</u>는 피부식(皮膚食)이라는 것을 <u>섭취</u>하지 않는다. 피부는 다른 기관과 같이 <u>혈액</u>으로부터 영양을 <u>취하는</u> 것이다. 아무리 떠들썩하게 광고를 하여 피부를 <u>설득(說得)</u>하고 <u>방향(芳香)</u>이 든 <u>지방(脂肪)</u>을 발라 넣어도, <u>피부</u>를 살릴 수는 없다.

• 피부 (→살갗)

워낙 많이 쓰고 있으니 그대로 두어도 되겠지만 '살갗'이란 우리 말을 살려서 쓰면 더욱 좋겠다.

• 피부식 (→살갗 식품, 살갗 먹이, 살갗 먹을거리, 피부 식품, 피부 믹이)

피부식이란 말만은 쓰지 말아야겠다. 한글로 써서는 무슨 말인지 얼른 알아보기 어렵고, 귀로 들어도 그렇기 때문이다.

- 섭취하지 (→먹지, 받아들이지)
- 혈액으로부터 (→피에서)

이 –으로부터를 많이 쓰는데, 거의 모두 '-에서'를 써야 할 자리에 이런 괴상한 말을 쓰는 것이다.

- 취하는 (→받아들이는)

발한다, 취한다, 접한다, 필한다 따위 모두 우리 말로 바꿔서 쓰는 것이 좋다.

- 설득하고 (→알아듣게 하고, 타이르고)
- 방향 (→좋은 향기)
- 지방 (→기름, 굳기름)

"지방을 발라도, 피부를 살릴 수는 없다." 여기도 쉼표를 엉뚱한 데다 찍었다.
위의 글을 다듬어서 다시 써본다.

　더구나 살갗은 살갗 먹이란 것을 먹지 않는다. 살갗은 다른 기관과 같이 피에서 영양을 받아들인다. 아무리 떠들썩하게 광고를 하여 살갗을 알아듣게 하고 좋은 향기가 든 기름을 발라 넣어도 살갗을 살릴 수는 없다.

일본 원서를 보지 못하고 어디까지나 번역해놓은 글을 가지고 다듬었다는 사실을 참고해주었으면 좋겠다.

위의 뜻은, 피부라고 하는 것은 생체의 생활을 위해서 노폐 가스를 배설하는 동시에, 한선(汗腺)에 의하여 혈액 중의 노폐물을 여과(濾過) 배설하는 작용을 갖고 있으므로, 항상 피부의 모공(毛孔)이나 한선(汗腺)이 폐색(閉塞)되지 않도록, 피부 기능을 바르게 하여두지 않으면 안 된다고 가르친 것이다.

- 생체 (→산 몸)
- 노폐 (→묵은 찌꺼기)
- 배설하는 (→내보내는)
- 한선〔汗腺〕에 의하여 (→땀샘으로)
- 혈액 (→피)
- 노폐물(→묵은 찌꺼기)
- 여과〔濾過〕 배설하는 (→걸러 내보내는)
- 작용을 갖고 있으므로 (→작용을 하기에, 일을 하기에)
- 항상 (→언제나, 늘)

이것은 일본말은 아니다. 그러나 같은 값이면 순 우리 말, 어린이들도 하는 우리 말을 쓰는 것이 좋다.

- 모공〔毛孔〕 (→털구멍)
- 폐색〔閉塞〕되지 (→막히지)
- 피부 기능을 (→살갗이 하는 일을)

공연히 어려운 한자말을 쓰고 한문글자를 적어놓았는데, 한문글자 가운데는 틀리게 적은 것도 있었지만 여기서는 바로잡아놓았다. 따온 글을 다듬어놓은 대로 다시 쓰면 다음과 같다.

위의 뜻은, 살갗이라고 하는 것은 몸이 살아가기 위해서 묵은 가스를 내보내고, 또 땀샘으로 피 속의 묵은 찌꺼기도 걸러서 내보내는 일을 하기 때문에, 늘 살갗의 털구멍이나 땀샘이 막히지 않도록 살갗이 하는 일을 바르게 하여두지 않으면 안 된다고 가르친 것이다.

"생체의 생활을 위해서"는 '산 몸의 생활을 위해서'라고 해도 되겠지만, 더 쉬운 말로 '몸이 살아가기 위해서'라고 다듬었다. 이렇게 해서 아주 순우리 말로만 써도 얼마든지 되는 것이고, 또 이렇게 써놓은 글이 얼마나 읽기 좋고 쉽게 알아볼 수 있는가를 누구든지 깨달을 수 있을 것이다.

생물 중의 식물(植物)은, 생식(生殖)하고, 태양의 광선과 대지의 무기물을 영양으로, 발아(發芽)하여 성장(成長)하다가, 이윽고 노쇠하여 드디어는 말라 죽는다.

여기도 쓸데없는 한자말을 늘어놓았다. 일본 책에 나오는 말을 글자까지 그대로 적어 보이려고 한 것이다. 이 글에 나오는 잘못된 말을 모두 고쳐서 글 전체를 다시 써본다.

생물 중의 식물은 불어나고, 햇빛과 땅의 무기물을 영양으로 하여 싹이 터 자라나다가 이윽고 늙어서 드디어는 말라 죽는다.

글을 쓰는 사람들은 어째서 '땅'을 대지라고만 쓸까? 일본사람들이 한 문글자로 그렇게 쓰기 때문이고, 책에 나오는 글말을 쓰면 유식해 보이기 때문이고, 유식한 말을 써야 사람들이 우러러보기 때문이다. 우리 말을 살려 쓰는 일은 이래서 한갓 개인의 취미가 아니다. 그것은 우리 민족 전체가 걸려 있는 외국숭배와 유식병이라는 무서운 병과 싸우는 일임을 부디 알아주었으면 좋겠다.

끝으로 짧은 구절 몇 군데만 들어본다.

1) <u>앙와의 자세로 되어서</u> 베개를 목에 베고
2) <u>환부에 촉수하여</u>
3) 양손을 <u>미진동하여</u>

그저 쓴웃음이 나올 뿐인데, 문제는 이런 글을 읽는 거의 모든 사람들이 자신을 무식하다고 느끼고 이런 말을 따라서 쓰고 싶어 한다는 것이다.

1)은 '바로 누워'란 말이고, 2)는 '아픈 데에 손을 갖다 댄다'는 말이고, 3)은 '조금 흔들어'란 말이다.

4. 잘못된 번역문 바로잡기

지난번에 이어 같은 책에서 더 들어본다. 밑줄을 친 말이 쉬운 우리 말로 고쳐 써야 할 말이다.

1) 단백질, 지질, 당질을 체내에서 적절히 과부족(過不足) 없이 교류시키는 것이, 또 건강의 요체(要諦)이기도 해서, 그 목적을 위해서 나는 다음의 조작(操作)을 장려하고 있다.
　제1로 수분(水分)을 결핍시키지 않을 것.
　제2로 지질로부터 당질을 만드는 데는 냉온욕과 나(裸) 요법을 행할 것.
　제3으로 지질로부터 단백질을 만드는 데는 나(裸) 요법에 주력(主力)을 쏟을 것.
　제4로 단백질로부터 지질을 합성(合成)하는 데는, 운동을 적도(適度)로 행하고 휴양을 충분히 취할 것.

우선 밑줄 친 말을 우리 말로 고쳐보자.

- 지질 (→기름물질)
- 체내 (→몸 안, 몸속)

- 적절히 (→알맞게)
- 과부족 (→넘고 모자람)
- 교류시키는 (→서로 바꾸는, 주고받는)
- 요체 (→알짜, 알맹이)
- 조작 (→부림, 함)
- 장려하고 (→권하고)
- 수분 (→물기)
- 결핍시키지 (→모자라게)
- 지질로부터 (→기름물질에서)
- 냉온욕 (→온랭욕)

일본사람들은 냉온, 냉온욕이라고 하지만 우리는 '온랭'이라고 했으니 '온랭욕'이라고 하는 것이 좋겠다.

- 나 (→알몸)
- 행할 (→할)
- 주력을 쏟을 (→주로 힘쓸, 특별히 힘쓸)
- 합성하는 (→만드는)
- 적도로 (→알맞게)
- 휴양을 충분히 취할 (→충분히 쉴)

이렇게 낱말이나 글귀만 고쳐도 안 되니 앞에 든 글 전체를 다시 써보겠다.

단백질, 기름물질, 당질을 몸속에서 알맞게, 넘고모자람 없이 주고받는 것이 또 건강의 알맹이기도 해서, 그 목적을 위해서 나는 다음과 같이 하도록 권하고 있다.

첫째로 물기가 모자라지 않게 할 것.

둘째로 기름물질에서 당질을 만드는 데는 온랭욕과 알몸 요법을 할 것.

셋째로 기름물질에서 단백질을 만드는 데는 알몸 요법에 특별히 힘쓸 것.

넷째로 단백질에서 기름물질을 만드는 데는 운동을 알맞게 하고 충분히 쉴 것.

지질, 적도, 나요법, 따위 말은 무슨 말인지 알 수 없고, 요체, 결핍은 쉬운 말로 쓰는 것이 옳다. 수분은 그대로 써도 되지만, 우리 말을 찾아 쓰면 더 좋겠다.

'쉰다'고 하면 될 것을 휴식을 취한다고 하는 것은 '잔다'고 할 것을 '수면을 취한다'고 하는 것과 같다. 얼빠진 바보가 되지 않고야 어떻게 글을 이렇게 쓰고 말까지 이렇게 할 수 있겠는가? 무엇 '-에서'라고 해야 할 것을 -(으)로부터라고 쓰는 것도 마찬가지다.

2) 소나 양은 <u>야초(野草)</u>만 먹고 있는데도 뭉실뭉실 살이 찌고 있다. 이 자연의 <u>사실(事實)</u>을 바라보고, 사실의 <u>진상(眞相)</u>에 숨겨져 있는 <u>진실(眞實)</u>을 파악하여, 이를 <u>과학적으로</u> 설명해주었으면 하는 것이다.

이 글에서 묶음표 안에 한문글자를 적어놓은 낱말이 네 개 있다. 그중 야초란 말은 일본말이다. 우리는 '들풀'이라고도 안 하고 그냥 '풀'이라 한다. 나머지 세 낱말은 어느 것이나 한문글자로 적어 보일 필요가 없다. 사실은 아이들도 쓰는 말이고, 진상, 진실은 그대로 써도 되지만 '참 모습' '참된 것'이라 하면 더 낫다. 과학적으로는 '과학으로'라고 해야 우리 말이 되고, 숨겨져도 일본글 따라서 쓴 말이다. 우리 말로는 '숨어'다.

이 글을 다듬어서 다시 써본다.

　소나 양은 풀만 먹고 있는데도 뭉실뭉실 살이 찌고 있다. 이 자연의 사실을 바라보고, 사실의 참모습에 숨어 있는 참된 것을 붙잡아, 이것을 과학으로 설명해주었으면 하는 것이다.

"설명해주었으면"을 '풀어주었으면'이나 '밝혀주었으면'으로 써도 좋겠다.

　3) 야채에 관하여 생각나는 것은, 비타민C의 발견자로 세계적으로 명성(名聲)을 떨친 세인트·게오르기가 1937년에 '임금님이라도 캬베츠와 근본적인 상위(相違)는 없다'라고 하여, 임금님도 야채로부터 이루어져 있다고 단언한 일이 있다. 임금님이라고 해서 좋은 고기[肉]만 먹고 있는 것도 아니고, 또 고기를 먹고 있다고 해도, 그 소나 돼지가 야채를 먹고 그것을 고기로 한 것이므로 결국 임금님도 캬베츠도 매한가지라고 하는 설(說)이다. 과연 비타민C 발견자의 명언(名言)이다.

　• 야채 (→나물, 푸성귀, 채소)

'나물' '푸성귀' '채소' 이렇게 여러 가지로 쓸 수 있는 우리 말이 있는데 신문이나 책에서 자꾸 야채라 쓰는 것은 일본사람들이 야채를 쓰기 때문이다. 독도를 잃을까봐 야단법석을 떨면서 우리 온 겨레의 얼이 담겨 있는 말은 헌신짝같이 버리고 일본말 따라가기에 미쳐 있으니 이래서야 되겠는가?

　• 세계적으로 (→세계에, 온 세계에)

- 명성 (→이름)

그대로 쓴다고 하더라도 한문글자까지 써 보일 필요가 없다.

- 캬베츠 (→양배추)

여기서는 그냥 '배추'라고 하는 것이 좋겠다.

- 근본적인 (→근본에서)
- 상위 (→다름, 다른 것, 틀리는 것)
- 야채로부터 (→채소로, 푸성귀로)
- 단언한 (→잘라 말한)
- 설 (→말, 주장)
- 명언 (→훌륭한 말)

설이란 말은 무슨 말인지 알아보기 힘들고, 고기, 명언 따위 말 다음에 묶음표로 한문글자를 쓴 것도 공연한 짓이다. 이제 위의 글을 다시 써 본다.

채소에 관하여 생각나는 것은, 비타민C를 발견해서 온 세계에 이름을 떨친 세인트·게오르기가 1937년에 한 말이다. 그는 "임금님이라도 배추와 근본에서 다를 것이 없다"고 하여 임금님도 채소로 이루어져 있다고 잘라 말했다. 임금님이라고 좋은 고기만 먹고 있는 것도 아니고, 또 고기를 먹고 있다고 해도 그 소나 돼지가 채소를 먹고 그것을 고기로 한 것이기에 결국 임금님도 배추도 매한가지라고 하는 주장이다. 정말 비타민C를 발견한 사람의 훌륭한 말이다.

글의 짜임이 좀 잘못된 것도 바로잡았다. 이 보기글에서 가장 잘못된 말은 "야채로부터" 하는 말이다.

　4) 나는 끓였던 <u>더운물과 생수와는</u> <u>전연</u> 그 성질이 다른 것이므로 마시려면 <u>생수를</u> 마시라고 주장하여왔다. 한번 끓였던 물로는 붕어를 키워도 죽어버리고, 화분의 화초에 주어도 말라버린다. 끓였다 식힌 것은 전연 안 마시는 것보다는 낫지만, <u>영양의 점에 있어서는</u> 생수와 <u>비교가 안 되는</u> 것이다.

　• 생수 (→샘물)

일본사람들은 生水라 쓰고는 '나마미즈'라 읽는다. 끓이지 않은 물이란 말이다. 그러니 요즘 우리 나라 물장수들이 상품으로 물을 담아 팔고 있는 병에 生水, 생수라고 쓴 것은 일본말인 것이다. 물 한 가지도 우리 말을 쓸 줄 모른다. 찬물은 '냉수', 더운물은 '온수', 마실 물은 '음료수' 이런 꼴이다.

　• 더운물과 생수와는 (→더운물과 샘물은)

두 가지 사물을 견주어 말할 때 우리 말에서는 '××과 ××은' 이렇게 말한다. '××과 ××과는' 이렇게 쓰는 것은 일본말법이다.

　• 전연 (→아주)
　• 영양의 점에 있어서는 (→영양이란 점에서는, 영양에서는)
　• 비교가 안 되는 (→견줄 수 없는, 댈 수 없는)

위의 보기글을 다시 써본다.

나는 끓였던 물과 끓이지 않은 샘물은 아주 그 성질이 다른 것이기에 마시려면 끓이지 않은 샘물을 마시라고 주장해왔다. 한번 끓였던 물로는 붕어를 키워도 죽어버리고, 화분의 화초에 주어도 말라버린다. 끓였다 식힌 것은 아주 안 마시는 것보다는 낫지만, 영양이란 점에서는 샘물에 댈 수 없는 것이다.

5) 원수 같은 대진재(大震災)였지만 나에게 있어서는, 나의 학설과 이론을 사실에 있어서 증명해준 큰 은혜였다.

- 대진재 (→큰 지진)

일본사람들이 쓴 말인데, 한글로 대진재라 써서는 무슨 말인지 알 수 없다. '큰 지진의 재앙'이란 뜻인데, 큰 지진이면 재앙이니까 '큰 지진'이라고만 해도 될 것이다.

- 나에게 있어서는 (→나에게는)
- 사실에 있어서 (→사실에서, 사실로)

이렇게 일본말 따라가는 −에 있어서는 절대로 써서 안 된다.
이 보기글을 다시 써본다.

원수 같은 큰 지진이었지만 내게는 내 학설과 이론을 사실로 증명해준 큰 은혜였다.

제4장 영어 사용, 어떻게 볼 것인가

1) 영어공용어론을 반대한다

1. 가지 않을 수 없는 길1)
망국 망족의 영어공용어 주장

지난달 어느 일간 신문에서, 영어를 우리 나라 모든 사람이 공식으로 쓰는 말로 정하는 것이 좋겠다는 주장을 하는 몇 사람과, 이를 비판하는 몇 사람이 토론하는 글을 여러 날 연재한 바 있다. 민주사회에서 토론을 하는 것은 바람직하다. 그러나 어쩌다가 우리가 여기까지 왔나 싶어 한숨이 저절로 나온다. 그토록 오랫동안 끊임없이 제 겨레 말과 글을 푸대접하고 짓밟으면서 남의 글 남의 말은 하늘같이 받들어 섬기더니, 드디어 세계화다 경제 살리기다 하는 정치 풍토를 타서 이제는 아주 드러내 어놓고 영어를 나라말로 하자는 주장을 큰소리로 자랑스럽게 외치는 막판에 왔구나 싶다.

대관절 민족이란 무엇이고 어디에 있는가? 우리 7,000만 동포를 한 형제자매로 이어주고, 이 삼천리강산을 조국으로 느끼게 하는 것이 무엇인가? 우리 겨레말, 배달말을 버리고 우리 민족이 있을 수 있는가? 절대로 없다. 배달말은 우리 민족이 마지막까지 지켜야 할 목숨줄이다. 지금까지도 그랬지만 앞으로도 우리 겨레가 다른 모든 것을 다 바치고서라도 이것만은 끝내 부둥켜안고 있어야 할 목숨의 표적이다. 어떠한 유혹의 손이 뻗어 온다고 해도, 어떤 힘이 우리를 위협하더라도, 또 아무리 우리가 곤궁하더라도 우리에게 오직 하나 남아 있는 이 목숨줄만은 그 어떤 다른 나라나 민족에 팔아 넘겨서는 안 된다. 절대로!

"어디 누가 우리 말을 팔아먹자고 했나? 영어도 같이 쓰는 게 편리하겠다는 말이지."

이게 바로 영어를 모국어로 하여 살고 있는 영국이나 미국사람들이 즐겨 하는 속임수 말이다. "영어를 공용어로 함께 써야 약소국 신세를 벗어나느니라"고.

지난 반세기 동안 한국의 중학교에서 영어 공부 시간은 국어 시간과 맞먹거나 오히려 더 많은 시간을 차지했다. 더구나 몇 해 전부터 초등학교학생들부터 영어를 가르치게 되고부터는 유치원생들까지 영어 학원에 보내는 바람이 불어, 어린애들의 이름을 영어로 지어 부르기를 자랑으로 삼는 부모들, 영어를 잘하도록 아이 혀를 수술하는 부모들이 쏟아져 나오는 판이 되었다. 영어가 외국어로 되어 있어도 이 모양인데, 만약에 영어를 공용어로 정한다면 어떻게 되겠는가? 그 결과는 불을 보는 것보다 더 훤하다.

'세기말 현상'이라는 말이 100년 전에 있었는데, 이제 우리 사회에 또 그런 현상이 나타났는가? 아니다. 이것은 '세기말' 정도가 아니다. 민족이고 문화고 도덕이고 정의고 다 소용없고 우리에게 필요한 것은 다만 우리 당대만이라도 잘 먹고 기분 좋게 사는 것, 그래서 돈과 그 돈이 가져오는 힘만이 우리가 찾는 최고 목표가 되고 오직 하나 갈 길이다! 이쯤 되면 인간의 운명이란 다한 것이고, 인류 문명 자체가 끝장을 맞았다고 보아야 한다.

영어를 또 하나의 국어로 하고 싶어 하는 사람들은, 우리 말을 살리는 일을 하는 나 같은 사람을 아주 낡은 옛 생각에 사로잡혀 있는 민족주의자라 한다. 그리고 또 흔히 국수주의라고 비난한다. 옛것이고 민족주의고 다 좋다. 나는 민족을 생각하는 사람이지만 민족주의란 것은 무엇인지 모르겠다. 그런데 국수주의라면 내가 알기로 일본의 천황숭배자들, 서양이라면 히틀러나 무솔리니 추종자들이다. 우리 말 우리 글을 살리는 일은, 일하면서 살아가는 서민들을 살리고 민주주의를 살리는 일 아닌

가. 이런 일을 하고 싶어 하는 사람은 우리 겨레 우리 국민뿐 아니고 다른 모든 민족 모든 나라 백성들과도 함께 손잡고 살아가고 싶어 하는 사람으로, 남을 배척하는 국수주의와는 아주 반대편이 되고 적이 될 수밖에 없다. 영어를 국어로 쓰게 하자고 주장하는 사람들이 우리 말을 살려야 한다고 하는 사람을 가리켜 국수주의자라고 비난하는 이 한 가지 사실만 보아도, 힘의 논리만을 따르면서 정의와 인도에 어긋나는 주장을 펴는 그들이 얼마나 자기와 다른 생각으로 살아가는 사람을 이해하지 못하고, 사실을 잘못 보고 있는가 알게 된다. 만약 잘못 보고 잘못 알고 있지 않다면, 민족을 멸망으로 끌어가는 무서운 길을, 마치 보랏빛 꿈의 세계로 가는 길처럼 보이기 위해 일부러 그런 엉뚱한 비난을 겨레말을 지키려는 이들에게 퍼부어, 사람들의 눈길을 돌리면서 올바른 판단을 할 수 없도록 어리둥절하게 만들어놓는 것이라 본다.

그들은 우리를 민족주의니 국수주의니 하겠지만, 우리가 보기에 그들은 영락없이 우리 겨레를 등진 사람들이다. 대체 어째서 하필 이 어려운 경제난국 판에 민족을 배반하는 사람들이 큰소리치고 나오는가?

생각해보니 짐작되는 것이 있다. 우리 말을 살려 쓰고 싶어 하고, 우리 말 살리는 일을 하고 싶다고 하는 젊은이들 가운데는 더러 내 얘기를 듣고 나서도 되묻는 이들이 있다.

"그렇지만 세상 사람들이 어디 제 말버릇이고 글 버릇이고 고치려고 합니까? 또 모두 그렇게 잘못 쓰고 잘못 말한다면 그대로 따르는 수밖에 없는 것 아닙니까?"

이럴 때 내 대답의 첫마디는 으레 이렇다.

"세상 사람들이 다 도둑질하고 사는데 나도 도둑질을 할밖에 없다는 말인가요? 온 세상 사람이 다 잘못된 길을 가더라도 나만은 바른 길을 가겠다는 정신을 가져야지요."

요즘 사람들이 왜 이럴까? 세상 흐름이 이러니까, 모두 그렇게 하는데, 나만 별나게 살면 불편하고 손해 본다. 따돌림 받고 천대받는다. 그러니 사람들이 많이 가는 길을 따라가야 한다. 힘 있는 편, 돈 많은 쪽에 붙어야 잘 살 수 있지……. 도덕이 다 무너진 것이다. 세상이 왜 이렇게 되었나? 생각해보니 당연하구나 싶다. 그렇게 우리 모두가 가르쳤고, 그 가르침대로 배웠으니 그렇게 될 수밖에 없다. 어릴 때부터 점수 따기 경쟁으로, 입신출세만을 목표로 살아왔으니, 어른이 되어 무슨 직업을 가지고 무슨 일을 하더라도 그 생각이나 행동이 자기중심의 이익 챙기기에서 벗어날 수 없다.

우리 사회의 모든 문제가 여기서 일어난다. 오늘날 나라 살림이 결딴난 까닭도 이래서 훤하다. 미국의 이름난 경제학자들이 한국의 경제난국의 원인을 잘못된 교육에서 찾아냈다는 신문 보도를 읽었는데, 참으로 옳게 본 것이다. 멀리 있는 미국사람들은 우리 속을 훤하게 꿰뚫어보고 있는데, 정작 우리 학자들은 왜 이 뻔한 사실을 보지 못할까? 등잔 밑이 어둡다는 핑계를 댈 판인가? 아무튼 사람을 사람답게 키우지 못하는 교육, 바로 눈앞의 이익만 챙기기에 정신을 다 쓰게 하는 저질 교육을 하기에 온 나라 어른들이 미쳐 있는 나라, 이런 나라에서 온 세계의 자랑할 만한 제 겨레말과 글 대신에 영어를 나라말로 하자고 하는 주장을 거침없이 내뱉는 학자들이 나오는 것도 당연한 역사의 흐름이라 보지 않을 수 없다.

그러나 우리 배달 동포 형제들이여! 나는 여기서 꼭 한 가지 말해두고 싶은 것이 있다. 우리가 이 땅에 태어나서 살아간다는 것이 무엇인가? 젊은이들이여! 우리가 도대체 무엇을 해야 하나? 우리가 그 무엇을 해야 한다는 것은 그것을 하지 않을 수 없어서 하는 것이다. 사람으로 태어나서 사람으로 살아가기 위해서 하지 않을 수 없는 일을 하는 것이다. 그것이 잘 되나 잘 안 되나 하는 결과만을 생각해서, 잘될 것 같으면 하고, 잘 될 것 같지 않으면 안 하고—이렇게 되면 이것은 사람이 아니다. 짐승도 이렇게는 안 한다. 자연도 이렇게 되어 있지는 않다. 어째서 자연에 거스르고, 짐승만도 못한 길을 가려고 하는가? 다시 말하지만 우리는 가지 않으면 안 되는 길이기에 가는 것이다. 우리 인류의 역사가 몇 발자국이라도 앞으로 나아갔다면 이런 마음가짐으로 살아왔기 때문이다. 우리 겨레가 온갖 고난에 시달리면서도 이 땅을 지켜온 것도 이런 지조를 잃지 않았기 때문이다.

나는 지금 관념으로 된 억지스런 생각을 말하는 것이 아니다. 우리가 서 있는 이 자리가 '세기말'이든 '인류와 지구의 종말'이든, 아무튼 어떻게 보든지 우리가 개인으로나 한겨레로서나 죽지 않고 살아남을 수 있는 길은 다만 제정신을 찾아가지고 사람답게 살아가는 길뿐이다. 내가 살아온 짧은 세월을 돌아보고, 내가 살고 있는 세상을 살펴보아도 그것은 너무나 뚜렷한 진리로 되어 있다. 한두 가지만 보기를 들어보자.

신문 방송의 보도로 아직도 우리 기억에서 사라지지 않고 있는 일본의 국회의원(중의원 의원) 아라이 쇼케의 자살 사건부터 생각해본다. 그는 우리와 같은 핏줄을 타고난 사람이었다. 일본이란 섬나라에서 한국사람들이 얼마나 발붙여 살기 힘들고 험난한 길을 가야 하는가 하는 것은 실제로 그곳에서 살아보지 않은 사람은 상상도 할 수 없다. 그런데 그는 국회의원까지 되었으니 무슨 귀신같은 재주가 있었던가?

그렇다. 그는 정말 귀신같은 재주를 부렸다. 철저하게 자기 모습을 감추고 일본사람으로 행세한 것이다. 이름과 겉모양뿐 아니라 마음까지 속속들이 진짜 일본사람이 되려 했고, 그래서 정말 일본사람이 아주 되었다고 스스로 믿고 그렇게 행세했던 것이다. 그의 비극은 바로 여기서 생겨날 수밖에 없었다. 자기 뿌리를 부정하고 본성을 지워 없애는 데서. 허망한 입신출세의 길을 가려고 했던 한 약삭빠른 실리주의자의 비극! 그것은 분명 사람다운 삶에서 벗어난 길이었다.

사람은 누구든지 이 세상에 태어날 때는 반드시 그 어떤 겨레붙이로 태어난다. 이것이 사람의 운명이다. 온 세계의 평화를 위해서 일을 한다 하더라도 자기가 태어난 그 겨레의 말과 글과 삶을 바탕으로 하고 뿌리로 하는 수밖에는 다른 길이 없다. 민족을 부정하는 것은 자기를 부정하는 것이고, 개성과 생명을 부정하는 것이다. 바로 얼이 빠진 사람이란 이런 사람을 가리키는 것이고, 아라이 쇼케가 그 본을 보여주었다.

아라이가 죽은 뒤에 비슷한 나이의 일본인 작가 이시카와 요시미는, 『아사히 신문』에 발표한 추도문에서 아라이는 돌아갈 고향이 없다고 했다. "아라이의 고향은 피를 이어받은 한국도, 자신이 태어난 일본도 아니었다. 그의 고향은 자신이 스스로 만들어나가지 않으면 안 되는 앞날이었다. 지난날이 아니라 앞날이 고향일 수밖에 없는 인간을 도대체 누가 만들어냈나? 그것은 근대 일본이다"고 했다. 일본사람다운 생각이지만, 내가 보기로 아라이는 고향을 찾으려고도 하지 않았다. 고향을 부정하고, 될 수 있는 대로 고향에서 멀리 떠나려고 했다. 뿌리가 없는 허공에 고향을 만들려고 하는 망상에 사로잡혔던 것이다.

이 사실은 같은 재일교포들 가운데서도 온갖 고난을 무릅쓰고 당당하게 그 뿌리를 자랑스럽게 밝히면서 살아왔던 이희성, 이양지, 유미리와 같은 아쿠타가와 상을 받은 작가들의 삶과 견주어보면, 그 밝고 어두움이 잘 대조가 된다. 어떤 사람도 겨레를 부정하고 고향을 버리면 앞길이 꽉 막힐 수밖에 없는 것이다.

또 한 가지 보기로 일제시대에 우리 민족을 배반한 지식인들의 행태를 볼 수 있다. 최남선이나 이광수 같은 사람은 좀더 재주가 있고 좀더 약삭빨라서 진작부터 일본사람이 되려고 했지만, 일본군대가 한창 기세를 올려 중국 땅 요지를 다 차지하고, 태평양 바다의 그 많은 섬까지 점령했을 때는 온 천지가 일본 세상이 될 것 같았다. 이러다가는 우리만 뒤떨어지겠구나, 나만 손해 보겠다, 아무래도 내 평생은 일본의 황국신민으로 사는 수밖에 없으니 아주 일본사람이 되어 잘살아보자! 이래서 거의 모든 지식인들이 우리 말 우리 글을 버리고 일본말 일본글로 일본을 찬양하는 글을 썼던 것이다.

일제시대에 일본말을 하고 일본글을 쓰면서 살았던 일과 오늘날 영어로 말하고 영어를 쓰고 싶어 하는 풍조를 견주어보면, 본질은 같지만 겉으로 나타나는 모양이나 정도는 많이 다르다고 생각된다. 본질이 같다는 것은, 우리 것은 보잘것없게 여기면서 남의 것을 쳐다보고 따르고 싶어 하거나, 우리 것을 버리고 남의 것, 힘 있는 것을 얻어 가져야 내게 유리하다는 식민지 종살이 버릇이다. 그렇다면 다른 것은 무엇인가?

일제시대에는 일본말 일본글 모르면 관공서에 가서 아주 간단한 볼일조차 볼 수 없었다. 예닐곱 살 어린애들도 학교에서는 일본말을 해야 되었다. 책이고 신문이고 일본글뿐이었다. 그런데 오늘날은 영어를 모른다고 해서 그다지 불편한 생활을 해야 하는 것은 아니다. 한글만 읽으면 책이고 신문이고 마음대로 볼 수 있다. 신문이나 책들에 아무 쓸데도 없는 영어가 상당히 나오기는 하지만, 그따위는 무시해버리면 그만이다.

그런데도 영어를 알아야 앞선 사람으로 대접받고, 영어를 공용어로 하자는 주장까지 당당하게 펴는 지식인이 나오는 판이 되었다. 일제시대에 일본말을 상용하자고 하는 말은 이광수 같은 친일반역자들이나 부끄럼 없이 했는데, 오늘날은 우리들 일상생활에 그다지 필요성을 느낄 수 없는데도 영어를 공용어로 하자는 주장을 펴는 사람들이 나왔으니, 그만큼 우리 겨레 얼이 시들어진 것이다. 그만큼 자기중심의 이해만 따져서 약삭빠르게 처신하는 사람들이 온통 세상에 넘치는 시대가 된 것이다. 그리고 바로 이것이 지난 반세기 동안 이뤄놓은 국민교육의 열매다!

그러나 분명히 말하지만 줏대를 잃고 잇속만 차려서 세상 흐름을 경솔하게 판단하여 민족의 운명을 그르치는 주장을 하는 짓은 단순히 어리석고 못난 짓에 그치지 않는다. 그것은 우리 겨레를 또다시 그 어느 나라에 팔아넘기는, 천추에 씻을 수 없는 범죄 행위가 될 수 있다는 것을 똑똑히 알아두어야 할 것이다.

2. 가지 않을 수 없는 길2)
바벨탑(나가토 요이치 씨의 글)

다음 글은 두어 해 전에 5·18 광주 민중항쟁 기념식을 보러 서울에 찾아온 나가토 요이치 씨의 글이다. 나가토 씨는 일본에서 우리 동포 노동자들을 도와주는 일을 하는 분으로, 어려운 한자말이나 영어를 쓰지 말고 쉬운 일본말을 쓰자고 하는 주장을 하면서 그런 일도 하고 있다. 이 글은 가톨릭 신자인 그가 나가고 있는 교회에서 펴낸 주보에 실렸던 것인데, 한자말과 영어를 쓰고 싶어 하는 점에서는 일본과 우리가 비슷하고, 더구나 영어를 공용어나 국제어로 삼는 문제에서 이 글이 좋은 깨달음을 줄 수 있을 것이라 생각되어 여기 옮겨보았다. 본디 글의 제목은 「성경을 읽고」로 되어 있다.

온 세상이 한 가지 말을 하고 있었다. 물론 낱말도 같았다. 사람들은 동쪽에서 옮아 오다가 시날 지방 한 들판에 이르러 거기 자리를 잡고는 의논하였다. "어서 벽돌을 빚어 불에 단단히 구워내자." 이리하여 사람들은 돌 대신에 벽돌을 쓰고, 흙 대신에 역청을 쓰게 되었다. 또 사람들은 의논하였다. "어서 도시를 세우고 그 가운데 꼭대기가 하늘에 닿게 탑을 쌓아 우리 이름을 날려 사방으로 흩어지지 않도록 하자."
야훼께서 땅에 내려오시어 사람들이 이렇게 세운 도시와 탑을 보시고 생각하셨다. "사람들이 한 종족이라 말이 같아서 안 되겠구나. 이것은 사람들이 하려는 일의 시작에 지나지 않겠지. 앞으로 하려고만 하면 못 할 일이 없겠구나. 당장 땅에 내려가서 사람들이 하는 말을 섞어놓아 서로 알아듣지 못하게 해야겠다." 야훼께서는 사람들을 거기에서 온 땅으로 흩으셨다. 그리하여 사람들은 도시를 세우던 일을 그만두었다. 야훼께서 온 세상의 말을 거기에서 뒤섞어 놓아 사람들은 온 땅에 흩으셨다고 해서 그 도시의 이름을 바벨이라고 했다. 「창세기」, 11장 1절~9절.

이 『성서』 구절은 나가토 씨가 써놓은 것을 번역하지 않고 『공동번역 성서』에서 옮겼는데, 낱말 두 가지(세 군데)만 바로잡아 썼습니다. ('말을 쓰고'→'말을 하고', '쓰는 말을'→'하는 말을', '바벨이라 불렀다'→'바벨이라고 했다')

이 이야기가 완성된 때는 기원전 850년 무렵. 예루살렘 근처에서 전해 내려온 이야기를 적은 것이다. 그 무렵에 벌써 사람들이 많이 모여 사는 데서 생겨나는 위험성을 알고 있었다는 것은 놀랄 만하다. 사람은 살아가기 위해서 어쩔 수 없이 말을 하지만, 그 이상의 일도 하게 되었다. 사람은 말이 있고 슬기를 가졌기에 의학이 발달해서 심장까지 만들고 유전자까지 손대게 되었다. 그만큼 하느님에 가까이 가고, 하느님이 지배하는 자연에서 멀어진 것이다. 그러나 그런 치료를 할 수 있게 된 지금에는 그것을 하지 않을 수 없게 되었다. 이제는 뒷걸음칠 수가 없이 되어버렸다. 또 『성경』은 원자폭탄이나 원자발전소 같은 것도 알고 있었던 것 같다. 1억 인의 나라가 만드는 원자발전소의 원자로는 바벨탑 바로 그것이 아닌가.

다행스럽게도 온 세계에서는 온갖 말을 하게 되어 있어서 서로 통하지 않고, 서로 다투고, '흩어져서' 하나로 될 수 없게 되어 있다. 온 세계가 한 나라로 되어버리면 무슨 짓을 하게 될는지 짐작을 할 수 있다.

그런데 세계를 하나로 만들고 싶어 하는 모둠(집단)으로 대표가 되는 것이 미국이다. 미국사람들은 온 세계 사람들이 자기들 말인 영어로 말해주기를 바란다. 그 소원은 기대가 되고, 이제는 마땅히 영어로 말해야 한다고 되어 있다. 그리고 그것은 조금씩 물들어서 일본사람 가운데서도, 그리고 일본의 가톨릭 신자 가운데서도 그런 사람이 있다. 외국사람들과 교류할 때는 '할 수 없이 영어로'가 아니고, '먼저 영어로'라는 생각이 많다. '영어를 할 줄 몰라서' 열등감을 갖는 것은 '영어는 세계어로, 모두가 그 말 공부를 해야 하는 것'이라는 생각과 같다. 만약 그렇다면 태어나서부터 언제나 영어로만 살아가고 있는 미국인이나 영국인들은 이득을 볼 것이다.

나는 여러 나라 사람들의 모임이나 편지에서 '공용어'를 정하는 것은 반대한다. '공용어'란 결국 "말을 이해할 수 없으면, 할 수 없는 쪽에서 힘이 모자란 것이니 더 애써서 공부를 해라" "정식으로 된 편지는 영어로 쓰지 않으면 안 된다"고 하는 것으로, 우연히 두 사람에게 공통되는 말이 영어였다고 하는 '공통어'와는 다르다.

가령 다섯 나라가 있다고 할 때, 모두가 영어를 공부할 필요가 없고, 나라마다 두 사람씩 통역만 있으면 그만이다. '그렇지만 영어라면 바로 말할 수 있다'고 생각하는 사람이라면 상대편에게도 영어를 공부하라고 할 것이다. 만약 정말로 바로 말하고 싶다면 상대편의 말을 공부해주자. 하지만 열이고 스물이고 공부할 수는 없으니 그것은 단념하는 것이 좋을 것이다. 그렇다면 어떻게 하면 국제회의를 할 수 있을까? 본래 "말을 뒤섞어놓아 서로 알아듣지 못하게 해야겠다"고 한 것이니까, 국제회의가 안 되는 것이 하느님의 뜻인지도 모른다. 말을 서로 주고받는 것보다 훨씬 더 중요한 일이 있는 것은 아닐까?

3. 가지 않을 수 없는 길3)
『조선일보』의 영어공용어 논쟁

『조선일보』의 영어공용어 논쟁

 뜻밖에 길어진 이 글을 더 써나가기 전에 여기서 이 글을 쓰게 된 경위를 잠시 말해두고 싶다. 맨 처음 나는 나가토 요이치 씨의 글 「성경을 읽고」를 번역해서 우리 회보에 싣고 싶었다. 『구약성서』「창세기」제11장에 나오는 이야기를 풀이해놓은 것이 재미있고, 또 그것은 나 자신도 미처 생각해보지 못했던 것이기 때문이다. 사람의 역사를 깊이 있게 되돌아보게 하고, 더구나 공용어 문제를 슬기로운 생각으로 꿰뚫어보게 하는 글이라고 보았던 것이다.
 그런데 이 나가토 씨의 글을 번역해놓고, 다시 이 글에 대한 풀이와 내 생각을 적다보니 내가 쓴 글이 도리어 더 길어져버렸다. 그래서 그만 글의 차례를 바꾸어 내 글을 앞에 내고, 번역해놓은 나가토 씨의 글은 작은 제목을 붙여 그 뒤에 이어놓았다. 이렇게 하는 가운데 『조선일보』에 영어공용어 문제를 토론하는 글이 연재된다는 사실을 알게 되었고, 그래서 글 전체를 공용어 문제를 생각하는 내용으로 채우기로 해서 첫머리에 쓴 글도 이에 맞추어 좀 고치고, 다시 『조선일보』에 나왔던 여러 사람의 주장에 대해서도 내 생각을 정리해야겠다고 해서 이와 같이 쓰게 되었다. 그러니까 지금까지 쓴 글은 『조선일보』에 나온 글을 제목들과 쓴 사람의 이름만 보고 그 내용은 읽지도 않은 상태에서 쓴 것이다. 이제 그 글들을 죄다 읽었으니 한 편 한 편에 대한 내 느낌을 적어보겠다.

『조선일보』에서 지난 7월 1일부터 7월 21일까지, 영어공용어론 문제를 두고 토론하는 글을 발표한 사람은 모두 일곱 사람이었고, 아홉 편의 글이 실렸다. 내가 오려둔 자료에서 글의 제목과 쓴 사람을 차례로 적으면 다음과 같다.

1) 「'국제어 시대의 민족어' 과잉 민족주의에 반기」
   복거일, 1998. 7. 1.
2) 「세계화 위해 민족 버리라고?」
   남영신, 1998. 7. 7.
3) 「'영어 공동어'는 대세다: '남영신 반론' 비판」
   복거일, 1998. 7. 8.
4) 「'지구제국'은 강대국 희망 사항이다: '탈민족주의'론 비판」
   한영우, 1998. 7. 10.
5) 「'지구제국'은 실제로 존재한다」
   복거일, 1998. 7. 11.
6) 「영어 '내것화'가 관건이다: '영어 공동어'론 옹호」
   정과리, 1998. 7. 14.
7) 「탈민족주의에는 찬성, 영어공용어 시기상조」
   박이문, 1998. 7. 18.
8) 「영어공용화는 반민족주의 아니다」
   함재봉, 1998. 7. 20.
9) 「영어공용화론 서구 패권주의 연장」
   최원식, 1998. 7. 21.

지식인들의 겨레 멸시 사상

맨 처음 7월 1일에 나온「'국제어 시대의 민족어' 과잉 민족주의에 반기」란 제목의 글은 복거일 씨가 낸 책의 내용을 소개한 기사였다. 그러니 복거일 씨의 주장을 낱낱이 살펴보려고 하면 바로 그 책을 읽어야 하겠는데, 그렇게 하지 못하고 여기서는 신문 기사로 나온 글만 가지고 소견을 말하게 되었다. 어떤 사람이 가지고 있는 생각에 대해 의견을 말하려고 할 때, 그가 써놓은 책을 읽고 자세한 부분까지 말하기보다는, 오히려 그런 책의 내용을 요약해서 기본이 되고 알맹이가 되는 문제만 가지고 말하는 것이 더 낫겠다는 생각이 들기 때문이다.

신문기사에서 복 씨의 중요한 주장을 세 가지로 읽었다. 그 첫째는 '민족주의'에 대한 비판인데, "이 세기말, '지구제국'의 시대에 민족주의는 더 이상 우리 사회를 이끄는 이념이 될 수 없다는 주장들이 조심스럽게 대두되고 있다. 그 대표적 논객 중 하나인 소설가 복거일 씨. 그가 내놓은 '국제어 시대의 민족어'는 모국어 문제를 중심으로 아직도 우리 사회의 가장 강력한 정서적 공감대인 민족주의를 비판한 드문 지적 모험이다." 이렇게 적어놓았다.

이와 같이 소개된 복 씨의 주장을 좀더 알기 쉽게 말하면, 오늘날은 지구제국의 시대가 되었는데, 케케묵은 민족주의를 부르짖어보았자 소용이 없고 손해만 본다. 힘이 있는 제국주의에 따라갈 수밖에 없고 그렇게 해야 우리한테 이롭다는 것이다. 어찌 생각하면 이것은 민족과 나라의 문제를 해결하기 위한 매우 편하고 쉬운 길을 솔직하게 가리킨 말이라 볼 수 있고, 실제로 그렇게 받아들이는 젊은이들이 제법 많지 않겠나 싶다. 그래서 신문 기사에서도 "모국어를 중심으로 아직도 우리 사회의 가장 강력한 정서적 공감대인 민족주의"를 비판해놓은 "드문 지적 모험"이라고 그 용기를 찬양해놓았다.

그런데 이 지구상에 제국주의라면 어제오늘 갑자기 나타나는 것이 아니다. 그래서 그 옛날부터 제국주의의 위협을 받아온 작은 나라 약한 민족들은 나라 사랑 겨레 사랑의 한 마음으로 살면서 그 목숨을 지켜왔던 것이다. "아직도 우리 사회의 가장 강력한 정서적 공감대인 민족주의"라 했는데, 이 말이 그 책에서 쓴 그대로 따라서 쓴 말인지(흔히 신문기자들이 책을 소개할 때 책에 나온 글을 그대로 옮겨 쓰는 것과 같이) 기자 자신이 쓴 말인지 모르지만, 아무튼 우리 사회에서 가장 강력한 정서의 공감대가 '민족'이란 사실은 지극히 자연스럽고 너무나 당연한 하늘과 땅의 이치로 누구나 인정할 것이다.

우리가 어린아이고 어른이고 누구든지 다 잘 알고 있는 「아리랑」 노래를 불렀을 때 저절로 가슴이 뜨거워지고 온몸이 떨리는 것은 아무 까닭이 없는 것일까? 옛날에는 까닭이 있었지만 이제는 아무 뜻이 없는 어리석은 '민족주의'란 것일까? 또 우리가 윤동주의 시를 읽었을 때, 소월의 시를 읽었을 때, 혹은 「빼앗긴 들에도 봄은 오는가」 하는 이상화의 시를 읽었을 때, 이 땅과 이 땅에서 살아온 동포 형제자매에 대해서 우리만이 한결같이 느끼는 그 깨끗하고 아름답고 참된 감정은 이제 아무짝에도 쓸모가 없게 된 것일까?

우리가 민족을 생각하고, 그래서 아직도 우리 말 우리 글이 우리를 지켜주는 오직 하나 목숨줄로 생각할 수밖에 없는 까닭, 우리 말 우리 글을 버리고 민족을 버리고는 절대로 이 지구에서 살아남을 수 없다고 느끼고 생각하는 까닭은 분명히 있는 것이다. 그것은 어떤 학자가 가르쳐준 것도 아니고, 어떤 권력자가 이런 생각을 하라고 지시해서 가지게 된 것도 아니고, 서당이나 학교에서 책 따위로 배워 익힌 것도 아니고, 다만 우리 모든 백성들이 그 옛날부터 이 땅에서 땀 흘려 일하면서 살아오는 동안에 저절로 온몸에 배어들게 된 느낌이요 생각인 것이다.

생각해보자. 아니 생각해볼 것까지도 없다. 세상천지에 우리 민족의 한 사람으로 태어나서 두 눈이 있다면, 또 귀가 있다면 누구나 보고 들을 것이다. 우리 민족은 아직도 남과 북, 두 쪽으로 갈라져 있다는 이 슬프고 기막힌 현실을! 이런데도 민족을 생각할 필요가 없다고? '민족주의'는 한물간 옛것이라고? 지구제국주의로 살아야 한다고? 대관절 이런 생각이 어떻게 나올 수 있나? 이게 '용기'란 것인가? 훌륭한 '지적 모험'이란 것인가? 그렇다면 이완용이도 윤치호도 이광수도 대단한 용기를 가졌던 사람이고 '지적 모험'을 한 사람들임이 틀림없다.

우리가 가령 통일이 되어 잘 살고 있다고 하더라도 '지구제국'을 따라가면서 민족을 버린다면 그보다 얼빠진 광대 노릇은 없을 것이다. 지금은 '지구제국'의 시대라고 했는데 내가 보기로는 이 지구상의 어느 나라도 자기 나라 자기 민족을 중심으로 나라를 경영하고 문화를 만들고 교육을 해나가고 있는 줄 안다. 그런데도 "민족주의를 버려라" 하고 말하는 사람은 바로 그 "지구제국"이거나 그 "지구제국"과 야합해서 지구 사회를 움직이는 강대국 사람들이다. 그리고 그런 강대국들 가운데서도 더 힘센 나라와 이해관계가 맞지 않을 때는 자기 민족과 국가를 앞세운다.

그러니 민족주의를 버리라고 하는 말은 어디까지나 큰 나라 사람들이 작은 나라 사람들에게 하는 말인 것이다. 그런데도 우리 같은 나라, 1,000년 전부터 언제나 이웃 나라 이웃 민족에게 시달리면서 온갖 고초를 겪어온 나라에서 민족을 버리자고 하는 소리가 나온다니, 이게 어떻게 돼먹은 세상인가? 이제 잘살게 되었기 때문인가? 학문이 나아가고 교육을 많이 받았기 때문인가? 민주주의가 되었기 때문인가? 아무리 생각을 넓혀도 내 머리로서는 이해할 도리가 없다. 사람의 문명이 병들 대로 병들어 머지않아 나라고 민족이고 다 망하게 되는 징조가 이렇게 지식인들의 머릿속에서도 병균처럼 생겨나는 것이 아닌가 하는 생각만 든다.

복 씨의 주장 가운데 두 번째 지적하지 않을 수 없는 말이 "한국사회처럼 민족주의가 모든 사회 문제들에 대한 시민들의 판단을 뒤틀리게 하는 경우는 드물다"고 한 것이다. 참 너무 어처구니가 없어서 말이 안 나오지만, '민족주의'를 비난하고 '지구제국'주의를 부르짖는 사람으로서는 마땅히 할 말이다. 복 씨의 이 주장을 따르면 단재 선생을 비롯해서 일제 시대에 그 숱한 항일 독립투사들이 모두 우리 동포들의 정신을 어지럽게 한 사람들이고 우리 백성들을 괴롭힌 나쁜 사람들이 된다. 왜 그렇게 제국주의에 반대하고 민족만 생각해서 되지도 않을 독립운동을 한다고 스스로 목숨을 버리고 백성들까지 못살게 했는가? 차라리 일본의 황국신민이 되어 충성을 바쳤더라면 천황 폐하의 성은을 듬뿍 받아 잘살게 되었을 것을! 그렇게 했더라면 대동아전쟁에서 일본이 또 얼마나 유리했겠나! 민족주의가 이래서 우리 사회 문제를 바로 보지 못하게 한다! 이등박문이를 죽인 안중근 의사도 잘못했다. 안 의사가 그런 짓을 안 했더라면 일본사람들이 우리 조선사람을 얼마나 곱게 보고 후하게 대접했을 것인가? 김구 선생도 평생 민족만 생각하다가 그만 그렇게 비참하게 죽게 되었지. 민족, 민족 하다가는 개인도 죽고 나라도 가난해지는 것밖에 아무것도 없어!

이것 또한 아무리 좋게 생각을 하려고 해도 내 소견 가지고는 복 씨의 주장을 이렇게밖에 달리 풀이할 길이 없다.

그런데 민족주의가 사람들의 생각을 잘못되게 하는 보기로 복 씨가 들어놓은 것이 있는데, 그것은 "언어생활에서 쓸모 있는 말들을 특정 외국어에서 나왔다는 이유만으로 몰아낸다면 시민들에게 언어의 편식을 강요하는 일"이라면서 "쓰리, 네다바이, 나와바리, 와이로, 히야카시"처럼 "그에 딱 들어맞는 한국어가 없는 어휘들은 설령 일본어라도 과감히 도입해야" 한다는 것이다.

이렇게 들어놓은 일본말 다섯 가지 낱말은 모두 사람의 어떤 행위를 가리키는 말로, 그것도 거의 모두 나쁜 짓을 가리키는 말이다. 복 씨가 왜 하필 이런 일본말을 보기로 들었을까? 아마도 이런 말만은 "그에 딱 들어맞는 한국어가 없는" 것이라고 보았기 때문일 것이다. 그러나 어떤 나라의 말을 다른 나라 말로 바꾼다고 할 때 "그에 딱 들어맞는" 다른 나라 말이 얼마나 있을까? 만약 "그에 딱 들어맞는 말"이라야 어느 나라 말을 다른 나라 말로 바꿔서 말하거나 쓸 수 있다고 한다면, 통역이고 번역이란 것은 거의 할 수 없는 노릇이 아닌가.

하지만 내가 알기로 이 다섯 가지 낱말은 얼마든지 우리 말로 바꿔서 말할 수 있고, 또 실제로 모두 우리 말로 쓰고 있다. '쓰리'는 '소매치기'고, '와이로'는 '뇌물'이니 '촌지'니 '떡값' 같은 말로 신문에서도 쓰고 있다. '히야카시'도 '놀린다'는 말이면 그만이다. 일본에서 자라나서 그곳에서만 살다가 우리 나라에 잠시 다니러 온 재일동포가 아니라면 '쓰리' '와이로' '히야카시' 같은 말을 입으로 지껄이는 사람은 매우 드물다. '네바다이' '나와바리' 같은 말도 그때그때 얼마든지 알맞은 우리 말로 할 수 있고, 또 실제로 이런 일본말을 하는 사람보다는 우리 말로 하는 사람이 훨씬 더 많다고 믿는다. 그런데 복 씨는 어째서 이런 일본말을 "과감히 도입해야 한다"고 하는지 도무지 알 수가 없다. 일본글과 일본말법으로 쓴 글을 워낙 많이 읽어서 그런 말과 글에 그만 그 생각과 정서가 푹 빠져서 온몸에 그것이 배어 있지 않고야 어떻게 이런 주장을 할 수가 있을까?

벌써 우리 나라 사람들이 거의 모두 우리 말로 자연스럽게 쓰고 있는 말조차 쓸모 있는 외국말은 그대로 받아들여야 한다면서 굳이 우리 말을 버리고 남의 나라 말을 쓰고 싶어 하는 사람이라면, 오늘날까지 지식인들이 글과 말로 마구잡이로 써서 신문이고 잡지고 문학작품에서고 방송에서고 함부로 퍼뜨리고 있는 잘못된 일본말과 일본말법은 얼마나 거리낌 없이 태연하게, 자랑스럽게 쓰고 있을까? 나는 복 씨가 쓴 논문이고 소설을 읽지 않았지만 그 문장들이 어떤 말로 되어 있는가를 짐작하고도 남을 것 같다. 거의 모든 글쟁이들, 소설가·시인들이 일제시대부터 철없이 쓰면서 우리 말을 더럽혀놓은 말들—입장, 역할, 취급, 입구, 인상, 인하 따위의 한자말들을 비롯해서, -에 있어서, 그럼에도 불구하고, -에 다름 아니다, -에의, -로의, -으로부터의, 보다 나은, 그녀, 불린다, 되어진다 이런 괴상한 모든 말법들을 복 씨도 당연히 써야 할 말로 쓰고 있을 뿐 아니라, 누구보다도 더 자신 있는 태도로 이런 모든 말을 우리 것으로 받아들여야 한다고 주장할 사람이라 판단된다.

우리 말을 살리자고 하는 사람은 모두 같은 생각이지만 나 역시 일본말이고 영어고 또 한자말이고 밖에서 들어온 말을 모조리 쓰지 말자고 하는 것이 아니다. 산, 강, 학교, 버스, 아파트, 피아노…… 이런 말들은 그대로 써야 한다. 그뿐 아니고 나 혼자 생각으로는 우동, 돈부리, 우메보시 같은 음식물 이름도 일본말 그대로 써도 된다고 생각한다. 어느 나라 물건이고 그것이 들어왔을 때 알맞은 우리 말로 자연스럽게 옮겨 말할 수 있으면 그렇게 하는 것이 좋겠지만, 죄다 그렇게 할 수는 없고, 또 굳이 그럴 필요도 없다. 그까짓 음식이나 물건 이름쯤이야 열 가지고 스무 가지고 외국말 그대로 쓴다고 해서 우리 말이 다치거나 병드는 것이 아니다. 쓰지 말아야 할 외국말은, 그것을 쓰기 때문에 우리 말이 쫓겨나고 짓밟혀 죽게 되는 말이다. 바로 앞에 들어놓은 입장, 역할, 취급, 입구, 창구…… 같은 말이고, 에의, 로의, 에 있어서 같은 말이고, 그녀, 보다(나은) 같은 말이고, 되어지는, 불리는 따위 말이다

어떤 물건 이름이 아니고 행동을 나타내는 말조차 우리는 어쩔 수 없이 남의 나라 말을 그래도 써야 할 경우가 있다. 물론 매우 드문 보기가 되겠지만, 가령 기합 같은 말이다. 이 말은 일제 시대에 일본 군대에서 쓰던 말이다. 이 말을 우리 말로 어떻게 바꿔서 말할 수 있는지 나는 모른다. 불행하게도 우리 군대에서는 말할 것도 없고 학교에서조차 기합을 주고 기합을 당하는 사실이 엄연하게 있으니 이런 사실을 두고 말을 하거나 글을 쓸 때 이 말은 쓰지 않을 수 없다. 어떤 사람은 "왜 그런 일본말을 쓰나" 하지만, 누가 쓰고 싶어서 쓰는가? 그런 사실이 뚜렷하게 있는데, 말만 바꾸어 쓴다고 그 부끄러운 사실이 없어지는가? 도리어 일본말을 그대로 써서 이것이 일본제국의 군대에서 배운 부끄러운 짓임을 밝히는 것이 낫겠다는 생각도 드는 것이다. (기합이란 말은 일본말 '기아이'를

따른 말이다. 일본사람들은 '氣合'이라고 써서 '기아이'로 읽는다. 일본사람들이 써놓은 한문글자를 우리는 기합이라 읽으니 말도 기합이 된 것이다.)

아무튼 밖에서 들어오는 말을 모조리 다 버리고 순 우리 말만 쓸 수가 없는 것은 옛날에도 그랬지만 더구나 요즘은 그러하다. 어떤 이는 무슨 말이든 다 우리 말로만 쓰기를 고집해서 어설픈 말을 만들어내거나 일반 사람들이 모르는 옛말을 쓰는데, 이런 사람은 우리 말을 살리는 일에 도움이 조금도 안 된다. 남들이 쓰지 않는 말을 나는 이렇게 쓰고 있다는 것을 자랑하기 위한 것이요, 뒤집어보면 어려운 외국말을 써서 자기가 유식함을 자랑하는 것과 똑같은 심리에서 그렇게 한다고 볼 수 있다. '도로'를 '길'이라 하고, '차로'는 '찻길'이라 하고, '계곡'을 '골짜기'라 하는 것은 옳다. 교실에서 아이들이 앉는 '걸상'을 '의자'라 하지 말아야 한다. 그런데 비행기를 '날틀'이라거나 학교를 '배움집'이라 할 필요는 없는 것이다. 복 씨가 "민족주의"라고 해서 비난하는 상대가 이렇게 비행기를 '날틀'로 하자고 하는 사람들이라면 그럴 만도 하다.

그러나 복 씨의 주장은 그게 아니다. 사실 '날틀'이고 '배움집' 따위 말을 쓰자고 하는 사람이 몇이나 되나, 그런 것은 문제가 될 수 없다. 또 세상에는 별의별 생각과 주장을 하는 사람이 다 있는 것이고, 그런 온갖 사람들이 어울려 살고 있는 것이 사람 세상이다. 복 씨의 주장 또한 그런 것쯤으로 웃어넘길 수도 있다. 하지만 문제는 그가 우리 말이 버젓이 있는데도 그것을 버리고 남의 말을 쓰자고 하는 것이고, 우리 말을 잡아먹는 황소개구리 같은 남의 말을 쓰는 것이 우리를 이롭게 한다고 우기는 것이다. 그래서 황소개구리임이 틀림없는 일본말이나 미국말을 쓰지 말자, 쉽고 깨끗한 우리 말을 쓰자고 하는 것은 "시민들에게 언어의 편식을 강요하는 일"이라고 하는 것이다. 우리 말에 대해 우리 민족에 대해 이렇게 뒤집어진 눈으로 보고 생각하는 지식인이 있다는 사실을 두고 그저 철없는 사람이라고 너그럽게 보아 넘길 수만은 없는 것이, 도무지 상식에도 못 미치게 돌아가는 오늘날 우리 사회 꼴 아닌가.

또 하나, 세 번째로 주장한 것이 바로 영어를 공용어로 하자는 것인데, 이것은 앞에서 말한 첫 번째와 두 번째 주장으로 보아서 당연히 나올 법한 말이다. "영어는 이제 단지 앵글로색슨 족만의 언어가 아니라 '지구 제국'의 언어다. 국제어인 영어를 쓰지 않음으로 해서 우리가 보는 손해나 비용은 너무 커서 이대로 가다간 다른 나라에 뒤떨어지는 게 필연이다"라고 했다. 이 주장에 대해서는 벌써 지난 호 회보에서 충분히 말했고, 나뿐 아니고 다른 몇 분의 글에서도 언급이 되었기에, 여기 다시 말할 필요를 느끼지 않는다. 국제어로 영어가 꼭 필요하다면 그런 자리에 나가는 사람만 영어로 말할 수 있도록 하면 그만이다. 무엇 때문에 온 국민이 영어를 공용어로 쓰는 미친 짓을 해야 하는가? 온 국민이 영어 공부를 하고 영어를 지껄이는 데는 손해가 없고, 이득만 있는가? 영어를 공용어로 쓰는데도 우리 말이 그대로 살아 있을 수 있는가? 나라 안에서 살아가는 데 아무 소용이 없는데도, 그리고 그것이 외국어로 되어 있는데도 온통 아이들에게 영어 공부를 시킨다고 난리를 치고, 우리 말 대신에 외국말 지껄이기를 자랑으로 여기는 이 병든 식민지 문화 풍토에서 영어를 공용어로 하게 되면 그 결과가 어떻게 되겠는가? "어떻게 되다니, 그 결과가 뻔하지! 모두 훌륭한 미국인 되고 영국인이 되겠지 뭐!"

그렇다. 복 씨는 우리가 모두 이대로 궁색하게 사는 것보다 아주 미국의 한 주로 편입해서 사는 것이 훨씬 행복하다고 생각하는 것이 분명하다. 그렇지 않고서야 이런 주장을 할 리가 없다. 겉으로는 무슨 변명을 한다고 해도 그 속은 뻔하다. 그런데 우리가 아주 우리 말을 버리고 영어로 지껄이게 되면 미국사람으로 잘살 수 있다니, 이 얼마나 어리석은 생각이고 얼빠진 생각인가? 이런 생각을 하고 수상을 세우는 사람이 단지 복 씨뿐 아니고 그밖에 또 몇 사람, 혹은 더 많은 사람이(나는 이런 어처구니없는 주장을 하는 사람의 수가 결코 그다지 많지 않을 거라고 본다) 있을 것 같은데, 이런 지식인들이 큰소리치고 나타나는 현상이 예사로 생각되지 않는다. 이것은 마치 요즘 날씨가 괴변을 일으켜 겨울에도 봄에도 번개가 치고, 여름날 밤새도록 천둥소리가 차 소리처럼 들리면서 장대비가 쏟아져 물난리가 나고, 언제나 검은 구름이 하늘을 덮고 있어 과일이고 곡식이고 열매를 맺지 못하고 있는 것과 같이, 사람의 머릿속도 이상하게 돌아버린 것이 아닌가, 그래서 이런 사람이 앞으로는 자꾸 불어날 것 아닌가, 하는 생각이 든다.

마지막으로 복 씨는 "자신의 지향점이 '열린 민족주의'라고 밝힌다"고 했다. 이렇게 되면 뭐가 뭔지 어리둥절하게 된다. 이거야말로 겨울밤의 천둥소리처럼 자연스런 사람의 생각이나 판단을 헝클어놓는다. '사기'란 말이야 차마 할 수 없고, '궤변'이란 말이 있는데 이런 경우에 쓰면 꼭 맞겠다. 그런 용기 있는 주장을 했다면 왜 끝까지 좀 솔직하게 말하지 않고, 그렇게 꺼리면서 고약한 생각이라고 비판한 민족주의를, 거기다가 '열린'이란 꾸밈말까지 덧붙여서 이번에는 제 것이라고 말하는가? 글을 팔아먹는 사람들은 이래서 그 글재주로 세상을 어지럽게 하는 사람이 된다.

사실은 이완용도 민족을 위한다고 했고, 이광수도 민족의 앞날을 위해 황국신민이 되자, 젊은이들은 황국의 군대로 영광스런 출정을 해야 한다고 했으니, 이제 또 한 사람이 영어를 우리 말로 하자면서 자기는 열린 민족주의자라고 말하는 것도 당연하다. 동물 같은 자기 목숨을 지키고 싶어 하는 글쟁이들은 천박하고 편리한 말재주 부리기를 예사로 하는 것이니까.

나는 지금까지 영어를 공용어로 삼자고 하는 한 사람의 주장에 대해서 차근차근 이치를 따져서 그 생각이 크게 잘못되었다고 설득하기보다는 대체로 느낌에서 나오는 말을 많이 썼다. "왜 글을 이렇게 썼나" 하고 말할 사람이 있겠는데, 그런 사람에게 나는 이렇게 묻고 싶다. 당신은 어느 나라 사람이고 어느 민족이냐고. 그리고 또 한 가지, 만약 당신이 살고 있는 집에 어떤 정신이상자 같은 사람이 들어와서 불을 지른다고 할 때, 그 사람을 붙잡고 어떻게 하겠는가? 집에 불을 지르면 그 집이 다 타 버리게 되고, 그렇게 되면 그 집에서 살던 사람은 가령 목숨을 잃지 않는다고 하더라도 양식이며 이불이며 세간이 다 타버려서 거지 신세가 되고, 자칫하면 목숨까지 잃게 되니 부디 이런 나쁜 짓은 하지 말아달라고 가르칠 것인가?

나는 그렇게 할 수 없다. 그런 말은 소용이 없다. 그 사람이 그런 말을 알아들을 수 있는 마음이 되어 있다면 그런 짓을 하지도 않았을 것이고, 알아듣지 못하는 정신병자라면 그런 말이 아무 소용 없을 것이다. 그래서 나 같으면 급히 달려가 그 사람이 가지고 있는 성냥이나 라이터, 석유통 같은 것을 다짜고짜로 빼앗을 것이고, 그 사람을 잡아서 경찰에 넘겨 다시는 그런 짓을 못하도록 할 것이다. 그래서 이 일을 옆에서 보고 있는 다른 사람들에게도 알려서 누구든지 그런 범죄 행위를 하지 못하게 할 것이다.

무슨 말로 변명한다 해도 영어를 공용어로 하자는 사람은 우리 말을 버리고 싶어 하는 사람이고 우리 말을 버려도 좋다고 생각하는 사람이다. 어째서 이런 사람이 나오게 되었나? 그 까닭은 훤하다. 오늘날 지식인들 가운데는 서양 문물에 온통 정신이 빠져서 우리 것을 보잘것없게 생각하고 우리 말 우리 글을 천시하는 사람이 많기 때문이다. 이런 사람은 민족이라는 것에서 벗어나고 싶어 한다. 그리고 앞으로는 이런 사람이 점점 더 불어날 것이다. 우리 민족으로서 가장 중요하고 가장 서둘러 바로잡아야 할 문제가 바로 이것이다.

왜 우리 지식인들이 이렇게 비참하게 되어가는가? 그 까닭도 너무나 훤하다. 지난 반세기 동안 우리는 그런 정치를 해왔고, 그런 사회경제 질서를 잡아왔고, 또 무엇보다도 교육을 그렇게 해왔던 것이니, 아이들에게 한자말 일본말법으로 된 책만 읽혀서 입신출세를 가르치고, 서양문학을 중심으로 아이들의 교육을 하면서 생각이고 감정이고 모조리 외국을 쳐다보고 숭배하도록 하는 짓만을 교육이라고 온통 정신을 다 쏟았으니, 이래서 자라난 사람들이 우리 말, 우리 겨레, 우리 마음, 우리 땅, 우리 부모형제를 참 마음으로 아끼고 사랑하는 정신이 되어 있을 수가 없다. 시인이 되어도 소설가가 되어도 학자가 되어도 말로만 글로만 재주를 부렸지 그 속마음은 우리 겨레에서 멀리 떠나 있는 것이다. 이제 우리가 이 땅 위에서 사람으로 살아가려고 한다면 그 무엇보다도 민족을 배반하고 민족을 업신여기는 이 기막힌 식민지 종살이 버릇과 맞붙어 싸우는 수밖에 없다.

제4장 영어 사용, 어떻게 볼 것인가
2) 미군문제에 관한 글

1. 미군 범죄 사건1)
48년 미군의 독도 고기잡이배 폭격 사건을 돌아보며

　5,000년 인류의 역사는 온갖 끔찍한 전쟁으로 얼룩져 있다. 그중에서도 같은 시간 동안, 그리고 비슷한 면적의 땅에서 가장 많은 사람을 죽인 전쟁은 우리 나라의 6·25전쟁이라 한다. 더구나 이 전쟁은 같은 겨레가 서로 원수가 되어 총칼을 겨누어 죽이기를 한데다가, 동서양 온 세계 여러 종족들이 와서 사람 죽이는 일을 함께했다. 부끄럽고 또 부끄러워 우리가 사람이라고 낯짝을 들지 못할 일이다.
　그때 그 싸움에서 코쟁이들이 우리 백성들을 가는 곳마다 개미 죽이듯이 죽였다고 해서 지난달 초부터 나날이 우리 신문들이 보도하고 있다. 그것도 외국의 한 통신사가 보도하니까 거의 반세기가 다 지나간 이제사 백성들 편드는 것처럼 가는 것이다.
　미국의 군대가 우리 백성들을 학살했다고 하는 말은 의심할 여지가 없이 이북정권을 이롭게 하고 그들을 편드는 말이다. 그것은 분명히 보안법에 걸리는 말이다. 그래서 아무리 사실이라고 하더라도 그런 말은 입 밖에 내지 못했다. 그런데 미국 사람들이 먼저 그런 말을 하니까 너도 나도 따라서 미군이 우리 백성들을 죽였다고 떠들어댄다. 코쟁이들을 따라가고 그들 흉내만 내면 그 무서운 보안법도 다 쉽게 피할 수 있다. 하지만 우리 스스로 자유롭게 어떤 역사의 참 모습을 말하는 데는 아직도 온갖 위협과 수난을 각오해야 한다. 왜 많은 신문들은 노근리 양민 학살 사건을 미군들의 야만행위라 비난하면서, 보안법 폐지를 신중하게 생각해야 한다고 떠벌리는가?

미국이 어떤 나라인가? 6·25 때 유엔군으로 이 땅에 올라오기 전에도 미국의 군대가 우리 백성들을 잔인무도하게 죽인 일이 있다. 지난 10월 11일 『한겨레』에는 "1948년 6월 미군이 독도에서 우리 고기잡이배들을 폭격해서 150명이 죽거나 간곳없이 되었다"는 기사가 났다. 그 기사를 쉬운 말로 좀 다듬어 그대로 옮겨본다.

미군 48년 독도서 무차별 폭격 조업중 어부 150명 실종·사망 울릉도 주민들 주장

미군정 말기인 1948년 6월, 미군이 독도 가까운 바다에서 일하던 수십 척의 우리 고기잡이배를 마구잡이로 폭격해서 적어도 150명 이상의 고기잡이들이 간곳없이 되거나 숨졌다는 주장이 나왔다.

'푸른독도가꾸기모임'과 '한국외국어대 독도문제연구회', 울릉도 주민들은 10일, 미군정기인 48년 6월 8일 오전 10시~11시께 경북 울릉군 독도 근처 바다에서 고기를 잡던 강원도와 울릉도의 고기잡이배 82척이 미공군기 10여 대로부터 폭탄과 기총사격 세례를 받아 적어도 150명 이상의 고기잡이들이 숨졌는데도 지금까지 정확한 사망자 수나 피해규모와 같은 참 모습이 밝혀지지 않고 있다고 주장했다.

그때 일부 언론에는 "미군이 잘못 보고 폭격해서 독도 가까운 바다에서 일하던 조선인 고기잡이들 14명이 숨진 사실이 있다"고 보도됐으며, 미군 당국도 뒤늦게 "미공군기들이 훈련을 하던 중 고기잡이배를 바위로 잘못 보고 폭격했다"고 인정한 정도였다.

그러나 살아남은 사람과 주민들은 "그때 죽은 사람들은 발표된 것보다 훨씬 많았으며 미군 주장처럼 잘못 보고 폭격한 것이 아니라 우리 고기잡이배인 것을 확인한 상태에서 폭격했다"고 주장했다.

지난 95년 6~7월 두 달 동안 울릉도에서 살아남은 사람들을 상대로 조사에 나섰던 '한국외국어대 독도문제연구회'는 "미 공군 폭격기의 폭격으로 동·서도에서 미역 같은 것을 따던 80척의 고기잡이배들이 가라앉고 2척만이 살아남았다"고 주장하는, 살아 있는 사람들의 목소리를 증거로 녹음해놓았다.

- 근해 (→가까운 바다)
- 조업중이던 (→일하던)
- 어선 (→고기잡이배)
- 무차별 폭격을 가해 (→마구잡이로 폭격해서)
- 어부들이 (→고기잡이들이)
- 실종되거나 (→간곳없이 되거나)
- 제기됐다 (→나왔다)
- 연안에서 (→근처 바다에서)
- 어로작업을 하던 (→고기를 잡던)
- 강원도와 울릉도 소속 어선 (→강원도와 울릉도의 고기잡이배)
- 등 진상이 (→와 같은 참 모습이)
- 당시 (→그때)
- 미군의 오인 폭격으로 (→미군이 잘못 보고 폭격해서)
- 오인한 폭격이 있었다 (→잘못 보고 폭격했다)
- 생존자 (→살아남은 사람)
- 미역 등을 채취하던 (→미역 같은 것을 따던)
- 침몰하고 (→가라앉고)
- 생존자들의 육성 증언을 (→살아 있는 사람들의 목소리를 증거로)

이 기사를 읽고 머리에 떠오른 것이 시인 이병철이 쓴 「수장」(水葬)이란 시다. 그때 이 시를 읽고, 독도에서 그런 일이 있었던가? 왜 신문에는 그런 기사가 안 날까? 하고 궁금하게 여겼더니, 그게 사실이었구나 하고 이제사 알게 되었다. 그러니까 이런 일이 곳곳에서 벌어져도 우리 국민들이 알 턱이 없는 것이다.

다음은 시 「수장」 전문이다. 이 시에서 "열네 목숨을 비밀 속에 묻던 날"이라고 적은 것은, 앞에 든 『한겨레』에서 그 당시 어느 신문이 "조선인 어부 14명이 숨진 사실이 있다"고 보도했다는 내용과 들어맞는다. 이병철 시인은 아마도 신문 한쪽에 조그마하게 난 기사를 보고 그 시를 썼을 것이다. 그런데 82척 가운데서 2척만 남고 모조리 바닷물 속으로 가라앉았다면 어찌 열네 사람만 죽었겠는가? 그런데도 반세기가 더 지나도록 그 유족들은, 하늘이 무너져 내린 그 억울한 사실을 그 어디에도 호소할 수 없었으니, 이런 역사를 우리가 언제까지 이어가야 하는가? 보안법이 모든 국민의 입을 봉하고 가슴을 짓누르고 있는 것이다.

수장—독도의 악보를 받고 이병철

갈매기마저 날아 이르지 못한다는 해심 1400마일의 한바다 지음할 수 없는 파도소리 속.

푸른 바다의 천길 수심에 숨이 모자라서 허리가 가느러진 물개들만이 하늘을 짖으며 산다는 섬.

독도여, 너 슬픈 나라의 이름으로 불리우는 우리들의 해역에 외로이 자리한 섬이여…….

일천구백사십팔년 유월 팔일 오후 두 시의 해도 우에 원수의 핏발 선 눈의 희번덕이던 날.

바다 먼 바다의 물결을 헤치며 미역 따던 우리 동포의 어진 열네 목숨을 비말(飛沫) 속에 묻던 날.

　아무리 태극기를 흔들어도 흔들어도 비오듯 퍼붓는 탄자(彈子)는 하냥 멈추지 않더란다.

　천심에 사무치도록 '조선사람'인 것을 소리소리 외치면서 아, 정녕코 살고 싶었으나 어느 동서남북으로도 목숨 숨길 곳이 없더란다.

　청천백일하에 하늘이 도와 살아온 두 사람, 분명히 보았다는 검은 날개에 '흰 별표'의 비행기여……. 너 제국주의의 상징이여…….

　물개마저 숨이 모자란다는 1200미터의 검푸른 해심에 억울히 묻힌 스물여덟 개의 검은 눈망울 속 눈망울마다 감고 간 원수의 모습이여.

　오늘도 바다 먼 언덕에 서서 바다를 물어보는 눈먼 사람들 가슴속 돌아오지 않는 아비요── 남편이요──.
　•『조선문학전집·시집』, 한성도서, 1949.

2. 미군 범죄 사건2)
사냥감이 된 우리 어린이들(69년 구미읍 미군 어린이사냥 사건)

내가 오려둔 신문 자료 가운데 나오는 또 하나 미군 만행 사건을 되새겨보고 싶다. 1969년 2월 22일, 경북 구미읍 비산동 뒷산에서 사냥을 하던 미국 병사들이, 그들에게 꿩이 있는 곳을 가르쳐주겠다고 따라갔던 아이들을 보고 총을 마구 쏘아서 두 아이가 중상을 입고 뇌수술을 한 사건이다. 이 일이 있은 다음 25일에는 구미 동부초등학교 아이들이 '데모'를 했다. 그때 어른들도 하지 못한 '데모'를 아이들이 한 것이다.

사건이 터진 사흘 뒤 『영남일보』에 났던 기사를 그대로 옮기면 다음과 같다.

> 사냥 나온 미국 병사들 어린이들에 마구 쏴
> 22일 오후 구미읍 비산동 뒷산서
> 꿩 잡게 해주겠다는 초등교 6년생들 엉뚱한 재앙
> '가라' 시늉에 뛰어가는데 등뒤서 네 발 쏴 넷 중경상
> 30m 가까운 거리서 발사
> 머리·등에 산탄 12알 밝혀
>
> 22일 오후 4시쯤 선산군 구미읍 비산동 뒷산에 사냥을 나왔던 미국 군인 5명이 몰이꾼으로 따라간 7명의 이 마을 어린이들에게 사냥

에 방해된다고 사냥총 4발을 마구 쏴, 동부 초등학교 5학년 김용배 군(12)과 손병찬 군(12)의 뒷머리와 등에 각각 12알씩의 산탄이 박히는 중상을 입었으며 강시중 군(12)과 배준형 군(12)이 경상을 입은 사건이 발생했다.

사건 개요

중상을 입은 손병찬 군에 따르면 이날 오후 2시 반쯤 학교에서 나와 구미읍 비산동 1구의 집으로 오던 중 미군인 5명이 암골산 쪽으로 가는 것을 발견, 손 군들 7명이 "꿩 있는 곳을 가르쳐 주겠다"며 그들을 따라 올라갔다. 손 군들 2명은 오르막의 갈림길에서 왼편으로 꺾인 길로 미군 2명을 안내, 꿩 한 마리를 잡게 해주었으며 나머지 미군 3명은 김용배 군들과 오른편 길로 들어갔다.

30분쯤 뒤 암골산 꼭대기에 미군인 5명을 만났는데 뒤따라오던 어린이들에게 돌아가라는 시늉을 했다. 어린이들이 돌아서 내려오려 하는 순간 총소리가 났다(공포 2발). 어린이들은 놀라 뛰기 시작했다.

이때 다시 2발의 총소리가 울리고 맨 뒤에 달아나던 손 군과 김 군은 그 자리에 쓰러졌다.

7명 중 앞서 뛰어가던 3명은 무사했고 2명은 등에 한 발씩, 그리고 나머지 2명은 머리와 등에 각각 12발의 산탄이 꽂혔다.

미군은 바로 30m 밖에서 어린이들을 겨누어 쏘았다는데, 사냥총 유효 사격거리는 50m로 알려져 있다. 머리와 옷이 온통 피투성이가 된 손 군이 정신을 차렸을 때 미군인 한 명이 손 군을 지켜보고 서 있다가 손 군이 몸을 움직이자 날쌔게 몸을 돌려 도망쳤다는 것이다.

중경상자

중경상자는 동산기독병원에 입원하고 있는데, 김용배 군은 12발 중 머리에 9발을 맞아 몹시 고통을 받고 있으며, 한 발이 귀를 관통, 귀 언저리가 거의 마비되어 있다. 이들은 모두 등과 머리에 총알이 박혀 있다. 다행히 생명은 건질 수 있다고 주치의가 밝혔다.

"총 쏜 일 없다" 부인
잡힌 미병들, 경찰 수사도 미지근

사건 발생 30분 만에 신고를 받은 경찰은 이들의 퇴로를 지키다 이날 오후 5시 30분쯤 선산경찰서 낙동강지서 앞에서 이들이 탄 '지프'차를 붙잡아 대구 주둔 제3항공파견대 소속 '돈·수만·해리두' 하사들 5명을 용의자로 검거, 미군 'CID'와 합동수사를 펴고 있다.

이들은 24일 현재까지 "사건 현장에는 갔으나 발포한 사실은 없다"고 범행을 부인하고 있다.

수사반은 23일 용의 미군들을 수십 명의 다른 미군과 섞어 피해 어린이들과 대질신문했으나 어린이들은 가해 미군들의 얼굴을 잘 분간해내지 못했다. 그러나 피해자들은 '돈' 하사들이 탔던 '지프'를 가해 미군들이 탔던 것과 같은 것으로 증언했다.

한편 경찰은 미군 'CID'에서 전담수사를 하겠다는 제안을 받고 엉거주춤, 24일 정오 현재 아직 피해자의 진술조서조차 받지 않고 수사에 늑장을 부리고 있어 비난을 사고 있다.

• 『영남일보』, 1969. 2. 25.

미군 아저씨들 총 쏘지 마세요
눈시울 적신 동심의 분노

구미동부교 어린이들
플래카드 들고 데모

 선산군 구미읍 비산동 뒷산의 미군 사냥총 난사 사건이 현장검증 결과 사냥 사격으로 밝혀지자 4명의 급우들을 병원에 입원시킨 구미 동부 초등학교 어린이들은 울분을 참지 못해 미군의 만행을 규탄하는 데 나섰다.
 25일 오후 동부 초등학교 어린이회에서는 미군들이 공포를 쏜 것이 아니라 어린이들을 겨누어 쏘았다는 소식을 듣자 "미군 아저씨들 총 쏘지 마세요"란 '플래카드'를 들고 마을 거리로 뛰쳐나와, 보는 사람들의 눈시울을 적시게 했다.
 지난 22일 오후 3시 반쯤 구미읍 비산동 '안골 까치바위'에서 미군들의 무차별 난사에 중상을 입은 4명의 어린이 중 김용배 군(12)은 집이 가난하여 이날 아침밥도 먹지 못한 채 학교에 다녀오다 참변을 당했다고 어린이 동무들이 슬퍼했다.
 김 군의 아버지 김수이 씨(50)는 "종묘 논밭 7마지기로 10식구가 연명해오다 지난해의 가뭄으로 한 달 전부터 양식이 떨어져서 끼니를 잇지 못한다"고 털어놨다. 동민들은 "미군들이 가난이 무엇인지는 이해하지 못한다 해도 생명이 어떤 것인지는 알 것 아니냐"고 분개했다.
 • 『영남일보』, 1969. 2. 27.

중상 입은 두 어린이 뇌 수술 해야
경대병원에선 입원비 없다고 내쫓아

 미군 사냥총 난사 사건으로 다친 네 어린이가 23일 중태에 빠진 몸을 이끌고 하루 종일 미군 수사관원들의 현장검증에 끌려다니다가 오후 7시쯤 대구 경대병원에 입원코자 갔으나 입원비 한 사람에 1만 5,000원과 X레이 2명분 1만 500원을 미리 내지 않으면 안 된다고 하는 병원 쪽 처사에 2시간 동안 옥신각신하다가 이날 밤 대구 동산기독병원으로 옮겨 갔음이 인솔자 오태진 비산동장(45)의 말로 뒤늦게 알려졌다.

한편 동산병원의 주치의는 김용배 군과 손병찬 군의 머리에는 각각 두 알씩의 총알이 깊숙이 박혀 있기 때문에 뇌수술을 하지 않으면 이를 빼낼 수 없다고 진단했다.

• 『영남일보』, 1969. 2. 27

- 미병 (→미국 병사)
- 난사〔亂射〕(→마구 쏴)
- 지근〔至近〕(→가까운)
- 미군인 (→미국 군인)
- 엽총 (→사냥 총)
- 무차별 난사 (→마구 쏴)
- -에 의하면 (→에 따르면)
- 등 (→들)
- 속칭 암골산 (→암골산)
- 어린이들을 향해 (→어린이들을 겨누어)
- 사거리 (→사격거리)
- 미온적 (→미지근)
- 속칭 '안골 까치바위' (→'안골 까치바위')
- 동료 어린이들이 (→어린이 동무들이)
- 전답 7두락 (→논밭 7마지기)
- 절량 상태에 들어가 (→양식이 떨어져서)
- 부상을 입은 4명의 어린이가 (→다친 네 어린이가)
- 1인당 (→한 사람에)
- 선불하지 않으면 (→미리 내지 않으면)

- -에 의해 (→-의 말로)
- 탄환 (→총알)
- 제거할 수 (→빼 낼 수)
- 무려 (→놀랍게도)
- 땅 밑에 (→땅에)
- 향해 겨냥 사격했다는 (→겨냥 사격했다는)

이밖에도 2월 27일 같은 신문에서는 현장검증의 결과가 보도되어 있는데, "위협 사격이 아닌 겨냥 사격으로 뚜렷하게 밝혀져 주민들의 분노를 샀다"고 되어 있고, "어린이들이 총을 맞았다는 근처에서 소나무가 박살난 소름 끼치는 물증을 잡았다. 사격지점으로 알려진 곳에서 31m 떨어진 곳에 있는 직경 1cm 높이 1m 60cm의 소나무와 직경 2cm 높이 2m 30cm 정도의 두 소나무는 놀랍게도 16알의 산탄이 관통했으며, 잔가지는 박살이 나 땅에 떨어져 있거나 부러져 있었다"고 적혀 있다.

또 "배·강 군이 총 맞은 현장과 관통한 소나무와 발사지점으로 알려진(31m) 곳을 직경으로 거슬러 올라가면서 검증을 계속한 결과 10m 40cm 지점의 소나무에도 14군데의 관통 흔적이 밝혀졌다. 따라서 소나무가 듬성듬성한 산꼭대기 바로 밑에서 약 30도의 경사진 아래로 겨냥 사격했다는 움직일 수 없는 확증을 잡은 것이다." "검증 결과 미군은 겨냥 사격을 두 번 했으며 도망치는 어린이들을 30여m나 추격, 산꼭대기를 지나 약 5m나 더 내려와서 31m 지점(오른쪽) 26m 지점(가운데)에 있는 어린이들을 겨누어 쏘았다는 사실을 잡을 수 있어 엄연한 '살인미수'로 굳혀졌다"고 하는 기사도 나와 있다.

그 뒤 크게 다친 아이들은 어찌 되었을까? 아이들을 사냥감으로 총을 마구 쏜 미군 병사들의 처리는 어떻게 했을까? 27일, 같은 신문에는 "가해 미군으로 알려진 5명엔 특별한 조치 없이 출국금지 정도로 대기시켜 놓고 있다" "가해 미군이 묵비권을 행사하고 있어 수사 진전이 없다" "현장에 있었다는 사실밖에는 아무것도 모른다고 한다"는 소식만 나 있을 뿐이다. 이제 와서 이 사건을 되돌아보면서 우리 역사와 사회를 생각할 때, 우리 나라와 미국이 얽혀 있는 온갖 문제를 발견하게 되지만, 그 가운데서 다만 아이들 교육에 관련된 것 한 가지만을 여기서 지적해두고 싶다. 대관절 우리는 반세기 동안 미국이란 나라를 너무 하늘같이 높이 받들어 모시고 숭배해왔다. 얼마나 그랬기에 "미국 것이라면 똥도 서로 먹을라 한다"는 말이 나왔겠는가. 그렇게 수없이 당하고도 이런 꼴이니 우리가 어찌 제정신을 가졌다고 하겠는가?

물론 이것은 이승만 때부터 온갖 친일 반역 정치인들이 총칼로 그 자리를 지키면서 온 국민을 그렇게 몰아가고, 아이들 교육을 또 그렇게 했기 때문이다. 미국에 붙지 않으면 그 자리를 지킬 수 없었기 때문이다. 그러나 아무리 그런 정치제체라고 하더라도 우리가 조금만 제정신을 가지고 있었다면 학교의 선생들이고 가정의 부모들이고 아이들에게 그처럼 거짓스런 말을 하면서 미국을 하늘같이, 미국 군대를 천사같이 가르치지는 않았을 것이다. 그래서 "미국 군인들 조심해서 가까이 가지 마라!" 하고 아이들에게 타일렀을 것이다. 자기 아이들의 귀한 목숨을 지키기 위해서도!

그런데 아이들조차 미국 군인이라면 할배를 만난 것처럼 졸졸 따라다니고 싶어 하도록 만들었으니, 이게 무슨 꼴인가. 우리 교육자와 부모들은 우리 아이들이 제 목숨을 지키는 최소한도의 교육조차 하지 못하는, 참으로 어리석고 비참한 삶을 이어온 것이다.

이 구미 미군병사 사냥총 난사 사건을 신문으로 보고, 그때 내가 아이들이 읽을 수 있도록 써놓은 시 한 편이 있다. 아이들이 그 지경을 당했을 때, 그 아이들은 거리에 뛰어나가 데모를 했는데도 나 같은 어른들은 겁이나 한 마디 말도 못하고, 그 시시한 시를 썼지만 발표조차 못 했으니 참으로 부끄럽다. 이번에 이삿짐을 정리하다가 우연히 신문 자료와 함께 그 시가 나왔기에 여기 옮겨본다. 다음이 그 시다.

미군이 말하기를

우리는

세계를 지키는 자유의 군대다.

그리운 고국 땅을 지구 저편에 두고 와서

누구를 위해 이렇게 할 일 없이

지긋지긋한 낮과 밤을 견디는가?

너희들 멧돼지 한 마리 보이지 않는

붉은 산만 쳐다보고

하 심심해서 견디다 못해

사냥 연습 잠시 했기로니

그까짓 아이새끼 몇 놈의 목숨이

무엇 대순가?

우리 위대한 아메리카 땅에 가면

검둥이들 달려와 우리 구둣발에 입맞추다가

이 엠왕 총구멍 앞에서 멧돼지같이

산을 쫓겨 다니는 게

얼마나 신나는지 너희들은 모를 게다.

자, 보아라! 너희들 젊은이가 잡고 있는 것도 엠왕 아닌가?

너희들이 쳐다보는 저 하늘을 쌩쌩 날아가는 젯트기,

그걸 다 누가 만들었는지 알겠지?

너희들 역시 그 총으로

멀리 또 다른 나라에 가서

우리처럼 사냥질하며 재미를 톡톡히 보잖느냐.

그게 모두 우리가 베푼 은혜란 걸 모른다면

너희들의 반공정신이 의심스럽다 이거야.

우리는 세계를 지탱하고 있는 크나큰 기둥,

너희 게딱지 같은 초가집에 살아가는 누렁뱅이들 목숨쯤

하루아침에 10만을 싹쓸어 없애기도 했는데,
그까짓 쥐새끼 같은 애들 목숨이
무엇 대순가?
우리들이 떠받들고 있는 위대한 자유 세계에는
이런 것쯤 예사로 있다는 사실을
자유인의 상식으로 똑똑히 알아둬야 하는 거다.
알았어?
우리는 세계를 지키는 위한 자유의 군대란 것을.
• 이오덕

제5장 우리 말을 쓰려는 사람들

1. 시대에 앞장서는 감사원 일꾼들
'감사문장 바로 쓰기 다짐대회'를 보고

지난 1월 15일 감사원에서는 참 희한한 행사를 했다. 그 행사 이름은 '감사문장 바로 쓰기 다짐대회'.

감사문장을 바로 쓰다니 어떻게 쓰려고 하는 것일까? 또 그것을 다짐하다니, 어째서 다짐까지 하게 된 것일까? 감사원이라면 감사나 올바르게 잘 할 일이지, 참 별난 행사도 다 하네. 이 행사가 있다는 소식을 들었다면 보통 사람들은 대개 이렇게 생각할 것이다. 그래서 그런지 그 행사에는 바깥사람들을 아무도 초청하지 않았고, 신문기자도 한 사람 오지 않았다.

감사원에서 나온 자료를 보니, 이 다짐 대회를 열게 되기까지 참 많은 준비를 했다는 사실을 알 수 있다.

그동안 여러 분야에서 뜻 있는 사람들이 국어순화운동을 펼쳐왔고 정부에서도 행정용어들 2만여 개의 어려운 말을 골라 쉬운 순화용어로 바꾸어 쓰기를 권장하여왔습니다. 그러나 정부 수립 50년이 지난 오늘에 이르기까지도 어려운 한자말이나 일본어투의 말에 밀려 우리 말이 제대로 쓰이지 못하고 있는 것이 현실입니다.

그중에서도 특히 관공서에서 쓰는 용어들은 어려운 한자말이나 일본어투의 용어가 많다는 지적이 있어왔습니다. 그 점에서는 감사원도 예외는 아닙니다. 그뿐만 아니라 감사문장은 복잡한 감사결과 지적 내용을 한 개의 문장으로 서술하고 있기 때문에 그 뜻을 파악하는 데 혼란스러운 경우도 적지 않았습니다.

이래서 감사원에서는 지난해 6월 초에 '바른 글쓰기와 표현의 민주화'에 관한 특강을 포함하여 3일 동안 문장력을 기르는 직원 특별 교육을 하면서 "공용문서에서는 낱말이나 글을 쉽게 써야 하는데, 이것은 문서를 만드는 사람의 마음가짐에 관한 문제이자 공직사회에서 백성을 위하는 수준이 되기도 한다"는 점을 강조했다. 그리고 6월 22일에는 감사문장의 순화·향상을 위한 특별반을 구성했다. 이 특별반에서는 여러 가지 자료를 검토하고 '국립국어연구원'과 같은 어문 관계 기관에 있는 사람들에게 자문을 하여 「감사문장을 바로 쓰기 위한 8가지 실천방안」과 이를 주요 내용으로 하는 「감사문장 작성 기준 초안」을 마련하는 한편, 87개 유형의 감사결과 지적사례를 새로운 문장 체제로 바꾸어 쓰는 일을 한 다음, 지난 연말에는 '감사 문장 작성 기준'을 '감사원 예규'로 정하고, 420쪽이 되는 『감사문장 바로쓰기 편람』이란 큰 책을 내기까지 했다.

이 『감사문장 바로쓰기 편람』을 보면, 예규로 정한 "감사문장 작성 기준"이 첫머리에 나오고, 그다음에 "감사문장 작성 요령"과 "개별 처리안 작성례"가 자세하게 나와 있다. 그리고 부록으로 "법령에서 한글로 써야 하는 말 모음"과 "우리 말로 다듬어 써야 하는 말 222개"를 모아놓았고, "감사문장에서 자주 쓰게 되는 말 적는 방법"과 "띄어쓰기 요령"까지 있어, 실제 일을 하는 사람들이 언제나 펴 보고 참고하기 좋도록 엮어 놓았다.

이 자료들을 대강 훑어보기만 해도 감사원에서 글을 바로 쓴다는 것이 예사로운 일이 아니구나, 단순한 글쓰기 취미에서 하는 것이 아니구나 하고 깨닫게 된다. 감사문장을 바로 쓴다는 것은 지금까지 써온 어려운 한자말과 그 한자말을 엮어놓기만 하던 어려운 글체, 일본말법과 서양말법에 따라 쓰면서 권위를 세우려고 하던 글쓰기에서 아주 벗어나, 우리 국민이면 누구나 쉽게 알 수 있는 우리 말로 감사문장을 쓰려고 하는 것임을 알게 된다. 그렇다면 이것은 놀랄 만한 일이다.

사실 오늘날 우리가 살고 있는 이 사회는 글쓰기로 이뤄져 있고, 글로 움직이는 글 세상이 되어 있다. 헌법을 비롯한 모든 법이 글로 되어 있고, 사람이 하는 모든 행동이 글로 적혀서 그 표적을 남긴다. 관공서의 모든 일이 글로 시행되고, 모든 정보가 글이고, 학교에서 가르치고 배우는 것이 글이다. 학문이 글이고, 문학도 바로 글이다. 모든 종교의 경전과 교리가 역시 글이다. 언론은 말인데, 말이 곧 글이다. 옛날에는 글이 말을 따랐지만 이제는 거꾸로 말이 글에 끌려가는 판이 되었다. 세상에 글 아닌 것이 없고, 글이 전부다. 그래서 글이 잘못되고 글이 병들면 모든 자리가 잘못되고 병드는 것이다. 글을 바로 쓴다는 것은 모든 자리에서 그 맡은 일을 올바르게 하는 것이 된다. 감사원에서 감사문장을 바로 쓴다는 것이 감사라는 일을 올바르게 하는 일로 되는 까닭이 이러하다. 글을 바로 쓰는 일이 나라를 바로 세우고 사회를 바로잡는 가장 으뜸가는 일, 밑뿌리가 되는 까닭이 이러하다.

지금 우리 나라가 왜 이렇게 되었는가? 온갖 일을 하는 사람들이 온갖 의견으로 우리 사회의 문제점을 말하지만, 그 모든 문제의 근본은 사람들의 마음가짐이고 정신이다. 말이고 글이다. 사람의 생각, 정신이란 것이 말로 이뤄지는데, 이 말이 잘못된 글로 병들었으니 우리 사회의 모든 일그러지고 헝클어지고 뒤틀린 가닥의 근본 원흉은 글이라 아니 할 수 없다.

나라의 감사일을 맡은 분들이 세상을 바로잡는 근본 이치를 깊이 깨닫고 감사문장부터 바로쓰겠다고 나선 데 대해 우리는 뜨거운 박수로 환영하면서 성원을 보내고 싶다. 더구나 이런 일을 소문도 내지 않고 하면서 내부 행사로 다짐대회까지 했다는 것은 우리 나라 모든 자리의 모든 모임에서 두고두고 본받을 만한 일이다. 누구나 다 잘 알다시피 오늘날 우리 사회는 민주 세상이 되었다고 온갖 단체와 온갖 개인들이 자기들의 주장을 외치고 자기 의견을 말하고 있다. 그런데 이런 외침을 잘 살펴보면 거의 모두 남들이 어떻게 해주기를 바라는 말이고 남에게 요구하는 말이지, 자기 스스로 어떻게 하겠다는 소리는 거의 없다. 이래서는 우리 사회가 제대로 될 수 없다. 부디 감사원의 이 귀한 노력이 훌륭한 열매를 거두게 되고, 그리하여 꽉 막혔던 역사의 벽을 시원스럽게 무너뜨려 새로운 역사의 물줄기를 만들게 되는 크나큰 힘으로 작용하게 되기를 바라는 마음 간절하다.

2. 방송말과 운전기사의 말

　지난 1월 15일 감사원에서 있었던 '감사문장 바로 쓰기 다짐대회'에 다녀왔는데, 그때 가고 오면서 차 안에서 들었던 말을 적어두고 싶다. 그 다짐대회에 바깥 사람으로는 나 혼자만 초청을 받아 갔던 것이다. 방송말은 갈 때 라디오로 들었고, 운전기사 말은 돌아오면서 들었다. 차편은 내가 건강이 좋지 않다는 말을 들은 감사원에서 보내준 승용차를 탔던 것이다.

　방송말

　　• 산불 <u>진화작업</u>에 나섰는데

　그날 아침 소식을 라디오에서 알리는데, 어디서 산불이 났다면서 진화작업 이런 말을 자꾸 했다. 산불을 '끈다'고 하면 될 것을 한 번도 불을 끈다는 말은 안 하고 몇 번이고 <u>진화, 진화작업</u>이라고만 했다.
　신문에도 보면 가끔 산이나 집에 불이 났다는 기사를 싣고 사진도 싣는데, 이럴 때도 '불을 끈다'는 말을 쓸 줄 모르고 어느 신문이고 진화고 <u>진화작업</u>이라 쓴다. 방송말이 이렇게 된 것이 사실은 신문 같은 데서 쓰는 글을 따라가기 때문이다. 자기 집이나 이웃집에 불이 났을 때 "불이야!" "불 좀 꺼주세요!" 했으면 했지, 누가 "진화해주세요!" "진화작업 좀 해주세요!" 하겠는가. 글을 따라가기 때문에 우리 말은 자꾸 죽어간다.

- 감소세로 돌아선 것은

차 안에서 들은 말을 한 마디씩 적다보니 이렇게 되어 있다. 이것은 요즘 들어 우편물의 양이 줄어들었다는 이야기였다. "줄어든 것은" 하면 될 것인데 어째서 "감소세로 돌아선 것은"이라고 하는지 도무지 알 수 없다. 설마 일부러 어려운 한자말을 써야만 좋은 방송이 된다고 생각하는 것은 아니겠지.

- <u>보다</u> 안전한 도로를
- <u>보다</u> 나은 방편이

이렇게 보다란 말을 어찌씨(부사)로 쓰는 외국말법도 몇 번이나 내 귀에 들어와, 방송인들이 우리 말을 이렇게 잘못 쓰면서 태연하구나 싶어 놀랐다. 나는 집에서 텔레비전이고 라디오고 방송을 안 듣는다. 방송을 늘 듣는 사람들은 이런 말이 잘못된 말임을 알고 있다고 하더라도 하도 자주 듣게 되면 그만 그 말을 예사로 받아들이게 되고, 그러다가 어느새 자기도 모르게 자기 입에서까지 그런 잘못된 말이 튀어 나오게 될 것이다. 어떤 말과 글의 질서 속에 빠져서 산다는 것은 그 말과 글에 마취되는 상태를 말하는 것이다.

- -에 있어서
- 나름대로의

이 두 가지 잘못된 외국말법도 두세 번 들었다. 이런 말이 방송으로 날마다 온 나라 사람들의 귀로 들어가 우리 말이 병들어가는구나 싶으니 아찔한 느낌이 든다. 내가 이런 자리에 글 한두 줄 적는다는 것이 무슨 뜻이 있겠나 싶기도 하다.

- 상당한 <u>우려</u>가 있습니다.
- 일부에서는 <u>우려</u>하고 있습니다.

우리 말로는 '걱정'이라고 해야 된다. 또 경우에 따라 한자말이라도 '염려'를 쓸 수 있다. 그런데 우려란 말은 입으로 하는 말이 아니다. 일본말 일본글에 우려란 한자말이 있기 때문에 이렇게 남의 말, 남의 글을 따라 쓰는 것인데, 글 따라 말까지도 이 꼴이 되었으니 참 어이가 없다. 방송인들! 대체 당신들은 어느 나라 사람이오?

- 환경친화적인 도로를

이게 무슨 말인가? '환경에 잘 어울리는 길'이라든가 '환경을 살려주는 길'이라면 얼마나 좋겠는가.

이밖에도 잠깐 사이 들었던 무슨 –적이란 말이 다음과 같다.

- 순차적으로
- 지속적으로
- 대체적으로

"순차적으로"는 '차례로' '차례대로'라 해야 할 말이다. "지속적으로"는 '꾸준히' '잇달아'로 써야 할 말이다. "대체적으로"는 '대체로' 하면 된다.

하도 이런 말이 자꾸 튀어 나와서 나는 그만 수첩을 주머니에 넣고 말 았다. 방송국이 없어져야 우리 말이 살겠는데…….

운전기사 말

돌아오는 길에 앞에서 차를 운전하던 기사가 나한테 말을 걸었다.
"선생님도 우리 말을 바로 쓰는 일에 관심이 많으신 것 같은데요?"
나는 곧 '아하, 이 운전기사는 차를 운전하는 일뿐 아니라 자기가 근무하고 있는 기관에서 하고 있는 일을 잘 알고 있구나' 하는 생각이 들었다. 그래서
"그래요. 나도 우리 말을 살리는 일을 하고 있습니다" 하고 대답했더니, 이번에는 참 뜻밖의 말을 했다.
"우리 말을 바로 쓰자고 하는 사람은 마음씨도 고와요!"
나는 이 말을 듣고 좀 어리둥절했다. 어째서 운전기사가 이런 말을 하게 된 것일까? 그냥 듣기 좋게 하는 말일까? 무슨 말로 대답을 해야 할지 몰라서 "그래요?" 하고 가만히 있으니 운전기사가 다음과 같은 이야기를 했다.
"제가 여기서 근무한 지가 20년 가까이 돼요. 그동안 많은 원장님을 모셔왔는데, 지금 모시고 있는 한 원장님 같은 분은 처음이라요. 참 마음이 곱고 인정이 많아요. 역시 쉬운 말을 쓰자고 하는 분은 다르구나 싶어요. 어려운 말을 하는 사람들은 모두 인정도 없고 무섭기만 하대요."
아하, 그랬구나. 윗사람을 모시면서 몸으로 겪은 사실을 말한 것이구나. 나는 참 반갑고 귀하고 재미있는 이야기를 들었다 싶어 곧 내 생각을 말해주었다.
"정말 그렇지요. 그럴 수밖에 없어요. 말을 쉬운 우리 말로 하고, 글도 쉬운 우리 말로 쓰자고 하는 사람은 시골 할미니나 아이들도 잘 알 수 있는 말을 쓰자고 하는 사람입니다. 이런 사람은 공부도 못 하고 고생하면

서 살아온 사람들의 마음을 언제나 생각하면서 말을 하고 글을 쓰지요. 그러니까 인정이 있을 수밖에요. 그런데 어려운 한자말을 유식하게 지껄이거나 이상한 외국말법으로 글을 쓰는 사람은 자기밖에 모르는 사람이지요. 어려운 말과 글로 자기들의 권위를 세우고, 그래서 그 높은 자리를 언제까지나 독차지하려고 하는 사람이지요."

이런 말을 해놓고 차에서 내려 내 방에 돌아와서도 한참 동안 나는 그 운전기사가 한 말이 자꾸 생각났다.

"쉬운 말을 쓰자고 하는 사람은 마음씨도 고와요!"

아, 나는 오늘 정말 좋은 말을 들었다. 귀한 말, 재미있는 말을 들었다. 책을 몇 권 읽은 것보다 더 흐뭇하고 기쁘다. 쉬운 말을 하는 사람, 우리 말로 글을 쓰는 사람은 마음이 고운 사람이다! 이 얼마나 반가운 진리인가. 이 얼마나 힘을 돋우어주고 믿음을 주는 말인가. 그래서 신나는 말인가. 귀한 가르침을 주는 말인가. 자신을 돌아보게 하고, 바르게 살아가도록 하는 말인가!

나는 그날 감사원에서 문화관광부 장관과 함께 축사를 했고, 강당을 꽉 차게 메운 감사원들의 빛나는 눈빛에서 도리어 나 자신이 하고 있는 일에 대해 크게 격려를 받았다는 느낌이 들어 무척 기뻤지만, 그 이상으로 돌아오는 차 안에서 들었던 그 운전기사의 말에서 큰 기쁨을 느끼고 용기를 얻었다. 그런 말을 어느 학자의 입에서 들을 수 있겠는가.

그리고 또 나는 아침에 갈 때 차 안에서 들었던 방송인들의 말과, 돌아올 때 들었던 운전기사의 말이 저절로 비교가 되어 머리에 떠올랐다. 그 운전기사는 앞에서 내가 적어놓은 말밖에도 여러 가지 이야기를 해주었는데, 그 어느 말도 다 우리 온 백성들이 누구나 잘 알고 있는 쉬운 우리 말이었고, 글에서만 쓰는 말은 한마디도 없었다. 그런데 분명히 말을 잘한다고 뽑혀 나가 운전기사의 몇 배가 되는 월급을 받으면서 온 국민 앞에서 자랑스럽게 말을 하고 있는 방송인들의 말은 온통 잘못된 말투성이였다.

방송인들이여, 책에서 말을 배우려고 하지 말라! 학생들이여, 제발 방송을 멀리하라! 책도 보기는 해야 하겠지만 그 속에 빠져버리지는 말라! "사람이 책을 만들고, 책이 사람을 만든다"고 하는데, 내가 알기로는 책이 사람을 만드는 것이 아니라 책이 사람을 잡아먹는다. 글(책)이 말을 잡아먹고 사람을 집어삼키는 것이 아주 엄연한 현실이다! 말은 언제나 삶 속에, 자연과 어울린 삶 속에 있는 것이다.

쉬운 말 하는 사람은 마음도 고와요!

3. 산 말을 남긴 사람, 죽은 글을 남긴 사람
죽음에 관한 소식을 알린 두 광고문을 보고

　지난 2월 23일 여러 신문 광고란에 안호상 박사의 부고와 제정구 의원의 장례 인사말이 함께 실려 있었다. 그 글이 하나는 쉬운 우리 말을 한글로만 썼고, 다른 하나는 어려운 한자말을 한문글자로 섞어 써놓아서 잘 대조가 될 뿐 아니라, 두 분이 살아갔던 발자취를 생각할 때 뜻밖이고 재미있다는 느낌이 들었다. 죽음을 알리는 글은 바로 그 죽은 사람이 쓰는 것은 아니지만, 그 사람이 살았을 때 어떤 말과 글을 썼는가를 알 수 있다고 보기 때문이다.

　안 박사의 별세를 알리는 글은 "안호상 박사께서 1999년 2월 21일 오후 11시 5분 별세하셨기에 삼가 알려드립니다." 이렇게 되어 있고, 유족들의 이름도 "아들, 딸, 며느리, 사위……"라고 해서 모두 한글로 적었다. '사회장 공고'도 쉬운 말로 쓰고, 장례위원장을 비롯한 장례위원들의 천 명 가까운 이름을 죄다 한글로 적었다. 그런데 제 의원의 장례 인사말에는 "人事, 故, 諸廷坵, 國會議員, 喪事, 鄭重, 弔意, 感謝, 慌忙中, 罪悚, 紙面, 禮, 未亡人, 孤哀子, 兄, 弟" 따위 한문글자들이 새까맣게 섞여 있었다.

　만약 이 두 분이 어떤 일을 하면서 살아갔는지를 모르는 사람이 이 두 광고문을 보았다면 틀림없이 '안호상'이란 사람은 진보 사상을 가지고 사회운동 같은 것도 많이 했을 것이고, 거기다가 어쩌면 아직은 많은 활동할 수 있는 나이에 돌아가신 분이라 여길 것이고, 이와는 달리 '제정구'란 사람은 나이가 많았고, 아주 옛스런 생각을 가졌던 사람이라고 짐작할 것이다. 그런데 사실은 아주 반대로 되어 있으니 뜻밖이고 재미있는 얘기거리가 될 만하다.

요즘 한문글자를 섞어 쓰자고 하면서 우리 정신문화를 100년 전으로 되돌리려고 하는 반민족 친일 세력들이 설치고 있는데, 이들 가운데 뜻밖에도 지난날 진보진영에서 활동한 사람이 가끔 섞여 있는 것을 볼 수 있다. 나는 다른 글에서, 아무리 이런 사람들이 민중을 위해 어떤 일을 했다고 하더라도 그들은 결국 어느 마지막 판이 되면 백성에게 등을 돌리게 될 사람이고, 그런 지식인의 한계를 어쩔 수 없이 가지고 있는 사람, 곧 삶이 없이 책 속에서 잘못된 글말의 질서로 자기 세계를 만들어온 사람이라고 했다. 그렇다면 제정구 의원도 그런 한계를 지닌 사람이었던가? 어느 한 사람을 두고 딱 잘라 말하기는 어렵다. 하지만 다만 여기서 할 수 있는 말은, 그가 아직은 한창 활동할 수 있는 나이에 죽었으니, 살았을 때 가졌던 그 생각에서 앞으로 많이 달라지고 발전할 수 있었을 터인데, 참 아까운 나이에 세상을 마감했다는 것이다. 그래서 제 의원의 장례 인사말에 새까만 한문글자들이 섞여 있는 것을 볼 때, 아직 개구리가 못 된 올챙이 꼬리를 달고 있다고 느낀다면 그분에 대해 예의가 아닌지 모르지만 어쩔 수 없이 내 솔직한 느낌은 그렇다.

한편 안 박사 쪽은 참 시원스런 우리 말, 우리 글을 써서 겨레 마음을 살렸구나 싶다. 그 사회장 공고에 이름이 올라 있는 숱한 유명인사들, 더구나 한문글자를 즐겨 쓰는 많은 보수진영 사람들의 이름이 모조리 한글로 적혀 있는 것을 보면서, 이런 분들이 이렇게 자기 이름이 한글로 적힌 것을 보고 아마도 '역사의 큰 물결은 거스를 수가 없구나' 하고 느꼈겠다는 생각이 든다. 안 박사는 죽은 뒤까지 우리 말을 살리는 자리를 마련하여 큰 울림을 울렸다. 죽어서 죽은 말을 남긴 사람과, 죽어서 산 말을 남긴 사람이 이렇게 다르구나 싶다.

4. 한문글자 쓰기 또 한바탕 난리
이번에는 새 주민증 이름에…… 국무총리가 검토 지시했다고

다음달 7월부터 새로 만들어 가지게 되는 주민등록증에 적히는 이름을 한글과 함께 한문글자도 쓰도록 하는 문제를 검토하라는 지시를 국무총리가 했다는 보도가 5월 31일자 각 일간신문에 나왔다. 애초에는 한글로만 쓰기로 되어 있었다. 주민등록등본을 떼어 보면 주소고 이름이고 죄다 시원스럽게 한글로만 적혀 있다. 우리 땅에 사는 우리 이름을 우리 글자로 쓰는 것은 너무나 당연하다. 그런데 어째서 새 주민증에는 한문글자 이름을 더 적어야 하나?

국무조정실 관계자는 이렇게 하려고 하는 까닭을 두 가지로 들었다. 하나는, 한글로만 적으면 같은 이름이 많아 혼란이 일어난다는 것이고, 또 하나는 정부의 말글 정책과도 맞지 않는다는 것이다. 그러나 이것은 얼토당토않은 억지 핑계다.

첫째, 같은 이름이 많다고 했는데, 가령 우리 이름에 가장 많이 나오는 글자가 순, 남, 철, 옥, 상, 희, 준, 영 따위다. 그런데 이것은 한문글자에서 온 것이기 때문에 도무지 말이 안 되는 억지를 부린다고 할 수밖에 없다.

주민등록증에 이름이 같더라도 얼굴 사진이 다르고, 등록번호도 다르니 이름이 같다고 해서 혼란이 일어날 리가 없다. 그런 것 걱정되면 주민등록증 같은 것 뭣 때문에 만드나?

다음 두 번째는 정부의 말글 정책에 안 맞는다는 것인데, 한문글자 쓰는 것이 정부 정책인가? 모든 공문서는 한글로만 써야 하는 것이 법으로 밝혀놓은 원칙인데, 정부를 법을 어기는 정책을 써도 되는가? 행정부는 법 위에 올라앉아 있는 기관인가? 더구나 이런 지시를 국무총리가 했다니, 도대체 이 나라가 어떻게 돌아가는 판인가?

주민등록증의 이름을 한문글자로 함께 쓸 경우 행정자치부 중앙전산망과 읍·면·동의 컴퓨터 프로그램을 새로 개발해야 하고, 그렇게 하려면 막대한 추가 예산이 필요하다고 한다. 누구나 짐작하는 일이지만, 사람 이름에 나오는 한문글자에는 별의별 희한한 글자가 다 나온다. 한문글자 함께 쓰기 소프트웨어 개발과 한문글자 데이터베이스 확충에만 적어도 1년이 걸린다고 행정자치부 관계자가 말했다고 하니, 나랏돈이 얼마나 많이 남아돌기에 이런 쓸데없는 일에다 쏟아부으려고 하는가?

지금 이 나라에는 도무지 상식으로 판단할 수 없는 괴이하기 짝이 없는 일들이 지난날 군사독재 정권 때와 다름없이 벌어지고 있는 것 같아 참으로 서글프다. 국무총리란 분이 과연 그런 상식 이하의 지시를 했는지 의심이 되지만, 한때 잘못된 판단을 할 수도 있을 것이다. 엉뚱한 짓으로 나라 전체가 막대한 손해를 입게 되는 시책을 강행한다면, 우리 온 국민이 결코 그대로 보고만 있지 않을 것이지만, 제발 행정을 하는 사람들은 윗사람이 지시했다고 해서 무슨 일이고 덮어놓고 밀고 나가는 어리석은 짓을 하지 말아주기를 바랄 뿐이다.

5. 우리 말 우리 글을 쓰려고 하는 사람들
'백범기념관건립위원회'에서 보내온 글에 대한 생각

　지난 4월 초에 사단법인 '백범기념관건립위원회'에서 편지가 왔다. 봉투에 든 글이 세 가지인데 "모시는 글" "白凡紀念館建立趣旨文" "指導委員承諾書"다. 취지문을 읽어보니 기념관을 세우려는 뜻은 좋았지만 온통 새까맣게 한문글자를 섞어 써놓았다. 백범 선생의 기념관을 세운다고 하면서 우리 백성들의 글자를 안 쓰고 이렇게 어려운 한문글자를 쓰다니 어디 이럴 수가 있나? 하는 생각이 들었다. 그 취지문을 여기 들어 보이고 싶지만 길어서 그만두고, "모시는 글"과 "指導委員承諾書"만 들어보겠다.

　　모시는 글
　　李五德 先生님 貴下
　　安寧하십니까?
　　萬物이 蘇生하는 새봄을 맞아 先生님의 健康하심과 宅內 두루 平安하시기를 빕니다.
　　아뢰올 말씀은 다름이 아니오라,
　　白凡 先生의 거룩한 愛國愛族 精神과 思想을 담은 民族獨立精神의 殿堂이 될 白凡紀念館을 白凡紀念館建立推進委員會를 構成하여 全國民의 精誠을 모아 建立하고자 합니다.

先生님을 白凡紀念館建立推進委員會의 指導委員으로 모시고자 하오니 부디 承諾하여주시기 바랍니다.

1999年 4月

社團法人 白凡紀念館建立委員會

委員長 李 壽 成

指導委員 承諾書

白凡紀念館建立委員會 委員長 貴下

本人은 白凡紀念館建立委員會 指導 委員職을 承諾합니다.

姓名:　　　　㊞

1999年　　月　　日

이것을 읽고 생각한 끝에 나는 다음과 같은 회답을 써서 보냈다.

'백범기념관건립위원회' 이수성 위원장 앞

보내주신 취지문과 지도위원 승낙 요청서 잘 받았습니다. 위대한 민족의 지도자 백범 선생의 정신을 이어받기 위해 기념관을 세우려고 하시니, 그 귀한 뜻에 진심으로 찬동합니다. 그러나 저로서는 지도위원 승낙서를 보내드리지 못합니다. 그 까닭을 말하겠습니다.

취지문 첫머리에 "우리는 대한민국 온 국민의 이름으로 백범 기념관의 건립을 결의하고 이에 그 발기를 선언한다"고 했습니다. 이와 같이 온 국민의 이름으로 이 일을 추진한다면 마땅히 국민 모두가 잘 읽어서 알 수 있도록 우리 글인 한글로 취지문을 써야 옳을 터인데, 어째서 한문글자를 새까맣게 섞어 써놓았습니까? 이것은 지난날 한문이나 일본글 공부를 해서 높은 자리에 올라앉아 정치고 법이고 나랏일을 제멋대로 하면서 백성들을 호령하고 괴롭히던 사람들이 하던 버릇이라는 느낌을 털어버릴 수 없습니다.

더구나 요즘은 참된 민주사회가 오는 것을 두려워하는 사람들이 한문글자를 함께 쓰자고 하여 우리 역사를 100년 전 그 옛날로 돌리려고 하면서 국민의 여론도 무시하고 행정부를 움직여 '한자병용' 정책을 밀어붙이게 하고 있는 판입니다. 이런 때에 혹시나 백범 선생의 이름을 팔아 이렇게 한문글자를 쓰려고 하는 속셈을 가진 사람들에 휩쓸려 반문화, 반국민, 반민주의 편을 드시는 것은 아닌지요? 한문글자를 섞어서 쓰면 우리 말이 자꾸 쫓겨나고 짓밟혀 죽게 됩니다. 우리 말, 우리 글이 없으면 우리 민족도 없습니다.

백범 선생이 오늘날 살아 계신다면 결코 이런 한문글자를 써서 국민들 앞에 내어놓지는 않을 것입니다. 만약 취지문을 한문글자로 쓴 것이 실무자의 잘못이었고, 위원회 전체 사람들의 본뜻이 아니라면 지도위원 승낙서만이라도 한글로 적어서 다시 보내주십시오. 그러면 저는 지도위원이 되겠습니다.

끝으로, 기념관을 세우는 것은 건물이나 시설을 보기 좋게 해서 사람들에게 구경거리가 되게 하는 것이 목표가 아니라. 그런 시설을 세우고 자료를 모으고 다시 그것을 이용하는 과정에서 무엇보다도 우리 민족의 올바른 정신을 찾아 가지는 데 목표가 있어야 한다는 것을 부디 잊지 말아주시기 바랍니다.

1999년 4월 9일

이오덕 드림

이 편지를 보내놓고 답장이 오리라고는 그다지 기대하지 않았다. 그 까닭은, 백범 선생의 정신을 이어받으려고 하는 사람이라면 일반 백성들의 삶과 마음을 잘 알고 있는 사람들일 터이고, 그렇다면 취지문과 편지글을 마땅히 누구든지 쉽게 읽을 수 있도록 우리 말 우리 글로 쓸 것이기 때문이다. 그런데 이렇게 한문글자투성이로 쓴 것을 보면, 이 사업을 주동해서 추진하려는 사람은 아마 틀림없이 한문글자 쓰기를 주장하는 보수친일 인사일 것이고, 그런 사람이 백범 선생의 이름을 팔아 어떤 정치 목적을 이루기 위해 이런 일을 시작하는 것이 아닌가 의심이 갔다.

하지만 편지를 전송으로 보낸 즉시 기념관 건립위원회 쪽에서 "잘 받았습니다. 선생님께 결례를 했습니다"라고 하는 전화가 왔고, 그 며칠 뒤에는 한글만으로 다시 쓴 지도위원 승낙 요청서를 보내 왔다. 그래서 나는 승낙서를 써서 우송했다. 승낙서를 써 보낸 다음날 뜻밖에도 또 ㅎ 선생이 전화를 걸어왔다. "우리가 한문글자로 쓴 것이 잘못되었습니다. 앞으로는 모든 공문서를 한글로만 써서 보내겠습니다"고 해서, ㅎ 선생 같은 분이 거기서 일하는구나, 그렇다면 믿을 수 있겠다는 생각이 들었다. 위원회에서 한글로 다시 써 보낸 글은 다음과 같다.

이오덕 선생님 귀하

선생님께서 보내주신 글을 잘 받았습니다. 선생님께서 백범기념관 건립에 보여주신 관심과 따끔한 충고의 말씀에 감사드립니다. 온 국민의 이름으로 백범기념관 건립사업을 추진함에 있어 마땅히 국민 모두가 잘 읽어서 알 수 있도록 우리 글인 한글로써 취지문을 써야 한다는 선생님의 뜻을 깊이 헤아려 앞으로 신중히 일을 처리하도록 하겠습니다.

아울러 선생님을 '백범기념관건립추진위원회'의 지도위원으로 모시고자 하오니 부디 승낙하여주시고, 앞으로도 선생님의 좋은 말씀을 부탁드립니다.

1999년 4월 12일

사단법인 백범기념관건립위원회

그 뒤 『한겨레』(6월 24일)에 백범기념관건립을 발기하는 선언문이 광고란에 나왔는데, 그 내용은 지난번 제기 받은 취지문과 거의 같았지만, 순 한글로만 되어 있어서 '역시 약속을 지키는 분들이구나' 하고 마음이 놓였다. 그런데 위원장, 지도위원, 추진위원들의 이름이 700여 명 나와 있는데 거의 모두 한문글자로 새까맣게 적혀 있었고, 한글로 쓴 이름은 겨우 36명(전체의 5%)밖에 안 되었다.

  그리고 고문으로 전직 대통령 네 사람의 이름이 적혀 있는 것도 어디 이럴 수 있나 하는 생각이 들었다. 그 사람들이 한 일로 보아서 도무지 백범 선생의 정신을 이어받을 사람들이 아니기 때문이다. 한때 이 일 때문에 위원회에 항의하는 여론까지 터져 나와 신문에도 보도가 되었지만, 신문의 독자란에도 비판하는 글이 실렸는데, 그중 하나를 다음에 들어 본다.

백범기념관 광고 온통 한자
범부 헤아린 선생 정신 외면

  백범기념관 건립이 추진되고 있다니 반가운 일이다. 그런데 '백범기념관건립위원회'의 신문광고(24일치 14면)를 보면서 과연 백범의 뜻을 제대로 계승하고 있는지 의문이 들었다. '백범'이란 호에는 "가장 천하다는 백정이나 무식하다는 범부까지도 나(김구)만큼의 애국심을 갖게 하자"는 김구 선생의 뜻이 들어 있다. 그런데 광고에 적힌 추진위원들의 이름이 온통 한자투성이다. 중간중간에 한글 이름들도 있지만, 거의 대다수가 한자로 쓰였다. 추진위원 중에 전직 대통령으로서 자격 여부 논란이 된 사람들이 포함돼 백범의 뜻을 제대로 계승하고 있는지에 대한 강한 의문이 드는 것을 빼고도, 온 국민의 정성어린 참여를 기다린다면서 추진위원회의 이름을 한자로 적은 것은 백범 정신의 알맹이인 나라와 겨레 사랑을 제대로 보여주지 못하는 것이다. 누구나 쉽게 알아볼 수 있도록 한글로 적어야 했다. 그래야 아무리 낮은 사람보다도 더 낮은 자가 되고자 했던 김구 선생의 뜻이 제대로 표현되는 것이다. 왜 꼭 어려운 한자로 적어야 모양이 난다고 생각하는 것일까.

  • 최경호 서울 도봉구 창2동, 『한겨레』, 1999. 6. 29.

모두 짐작하겠지만, 앞에서 들어놓은 "指導委員承諾書"를 보면 모조리 새까맣게 된 한문글자로 되어 있어서, 거기 "姓名"이라고 적힌 다음에 이름을 쓰게 되면 저절로 한문글자 이름을 쓰게 되어 있다. 또 한문글자로 이름을 쓰라고 이런 승낙서 서식을 만들었을 것이다. 그러니까 이름을 적어 보낸 사람들 거의 모두가 한문글자로 쓴 것이다. 제정신을 잃지 않으려고 늘 긴장하면서 살아가는 아주 얼마 되지 않은 사람만이 한글로 이름을 적었을 것이다.

전직 대통령이 고문으로 되어 있는 문제는 나로서는 이렇게 정리했다. 처음부터 이렇게 될 줄 알았더라면 지도위원 승낙서를 보내지 않았을 것이다. 그런데 내가 요청한 대로 이렇게 모든 글을 우리 말과 한글로 다 듬어 쓰기까지 하고 있는 것을 보면 앞으로 위원회가 하는 일에 믿음이 간다.

그리고 전직 대통령들의 문제도 그렇다. 미우나 고우나 그들 역시 우리 동포일 수밖에 없다. 그들이 지난날을 뉘우치고 백범 정신으로 함께 손잡기를 바란다면 그렇게 하는 수밖에 없다. 그렇게 하지 않고 어떻게 우리 역사의 문제를 순조롭게 풀 수 있겠는가. 아마도 위원회 쪽에서도 이렇게 생각한 것이라 보고 싶다. 내 생각이 잘못되었다면 누구든지 말해주시기 바란다. 나는 그 누구든지 우리 말과 우리 글을 사랑하는 사람을 믿는다. 우리 말과 우리 글을 사랑하는 사람은 우리 겨레의 얼을 잃지 않은 사람이고, 진정으로 우리 백성들을 사랑하는 사람이기 때문이다. 더구나 한문글자를 썼다가 그것이 잘못되었다는 지적을 받자, 곧 깨닫고 우리 말 우리 글로 고쳐서 쓰는 분들을 믿지 않고 누구를 믿겠는가. 어려운 말과 글로 온갖 재주를 부리고, 근사한 이론을 늘어놓으면서 권위를 세우려고 하는 사람들을 나는 의심한다. 그러나 쉬운 우리 말을 쉬운 우리 글자로 쓰고 싶어 하는 사람을 나는 태산같이 믿는다.

6. 아이 이름을 우리 말글로 지읍시다

　가끔 낯선 사람한테서, 자기 아이 이름을 한글로 짓고 싶지만 어떻게 지어야 좋은지 모르니 좀 지어달라는 전화를 받는 일이 있다. 그러면 나는 언제나 이렇게 대답한다.
　"저는 어려운 한자말이나 괴상한 외국말법을 쓰지 말고 쉬운 우리 말을 하고 글도 누구든지 잘 알고 있는 우리 말로 쓰도록 권하는 일을 하고 있습니다. 아이들 이름에는 그다지 관심이 없어요. 이름은 한번 지어놓으면 대개는 평생 그대로 쓰게 되고, 또 이름 석 자에 별 뜻이 들어 있는 것도 아니니까 한글로 쓰기만 하면 그만입니다. 그러니 아이 이름은 부모님들이 지으세요. 너무 별난 이름보다는 그저 수수한 이름이 좋지요. 부르기 좋고, 듣기 좋고, 쓰기 좋으면 그만이지요. 꼭 저의 의견을 듣고 싶으시면 부모님들이 좋다고 생각하는 이름을 몇 가지 지어서 알려주세요. 그러면 그 가운데서 한 가지를 골라드릴 수는 있습니다."
　이래서 한 번도 남의 아이 이름을 지어준 적이 없고, 이른바 한글 이름을 지으라고 누구에게 권한 일도 없다. 그런데 이런 내 생각을 이번에 아주 바꾸게 되었다. '아이들의 이름은 꼭 한글로 쓰도록 지어야 되겠구나' 하고 크게 깨달았다. 생각을 바꾸게 된 까닭이 이렇다.
　그저께 우리 사무실에서 일하는 ㅅ 씨가, 정부에서 강행하려고 하는 공문서 한자병기 시책에 대한 우리 모임의 주장과 태도를 밝히는 성명서를 정부의 각 부처로 보내기 위해, 각부 장·차관의 이름을 좀 적어달라고 공보실에 요청했더니, 전송으로 보내 온 그 이름들이 죄다 한자로 적혀 있었다고 한다. 그래서 그 이름들 가운데 어려운 글자가 많아 읽을 수가 없고, 글자 획이 서로 붙어서 어떻게 된 글자인지 옮겨 적을 수가 없어, 이웃 방에 가서 묻기도 하고 사전을 찾기도 했지만 그래도 알 수 없는 이름이 있어 그만 우편물을 그날 부치지도 못했다는 것이다.

나는 그 얘기를 듣고 버럭 화가 났다. 정부가 이래서 온 국민을 골탕 먹이려 하는구나! 그토록 어려운 남의 나라 글자를 모든 공문서에 쓰게 하여 어른이고 아이고 한자공부 하는 데 쓸데없는 힘을 들이고 시간을 보내도록 하는 시책을 여론도 무시하고 억지로 밀고 가려 하니, 이것을 정부가 앞장서서 법(한글전용법)을 어기고 있다는 문제 이전에, 온 국민에게 제 나라 말과 글을 자유롭게 쓰지 못하도록 하는 폭력을 휘두르는 것 아니고 무엇인가? 이 나라가 어찌 되려고 이 지경으로 가고 있나?

우리는 지난날, 그 오랜 세월 동안 어려운 남의 나라 글을 팔아먹으면서 백성들 위에 올라앉아 있던 양반들 때문에 나라를 온통 다 망쳐버렸다. 지금도 한자 쓰기를 주장하는 사람들이 기회 있을 때마다 하는 말이 있는데, 요즘 아이들은 제 이름조차 한자로 쓸 줄 모른다. 대학생들은 자기가 다니는 학교 이름을 한자로 쓸 줄 모른다. 모두 한자 문맹자가 되었다고 하는 것이다. 이러니까 얼빠진 신문기자들도 덩달아 그게 무슨 신기한 기삿거리라도 된다 싶은지 신문에 낸다. 그러면 이것 또한 정신 나간 부모들이 있어 가뜩이나 영어다 미술이다 수학이다 또 무엇이다 하여 온갖 학원에 끌려다니느라 바보처럼 되어 있는 아이들에게 한문서당까지 가도록 들볶는다.

제 이름이고 부모 이름이고 또 그 누구의 이름이고 우리 글자로 쓰면 다 되는 것이지 무엇 때문에 한자로 적어야 하나? 한국 사람이 문맹—글봉사라면 한글을 제대로 읽을 줄 모르고 쓸 줄 모르는 사람이지. 어째서 남의 나라 글자를 모른다고 글봉사가 되나? 나는 지금까지 한자를 쓰자고 우기는 사람들 가운데서 우리 말을 틀리지 않게 쓰는 사람을 단 한 사람도 보지 못했다. 그들이야말로 진짜 글봉사들이다.

장·차관들의 한자 이름을 읽지 못해 애를 먹은 ㅅ 씨는 대학 국문학과를 나온 사람이다. 그가 모르는 한자를 옆방에서 함께 옥편을 찾으면서 읽으려 했던 분도 일류대학을 나와 출판계에서 수십 년 동안 일해온 이름난 출판인이다. '전국한자교육추진총연합회'의 주장대로 하자면 이런 사람들이 모두 글봉사다. 이렇게 한글로만 글을 쓰고 있는 나도 물론 글봉사가 된다.

ㅅ 씨의 말을 듣고 화가 치밀었을 때 곧 생각한 것이, 이 기회에 우리 모두 아이들 이름을 한글로만 쓸 수 있도록 지어야 되겠구나, 될 수만 있다면 어른들 이름도 한자로는 쓸 수가 없도록 바꾸는 것이 좋겠구나, 하는 것이다. 호적부에 올리는 이름을 우리 말글로 하는 것이야 법으로 보장되어 있을 테니까.

마침 며칠 전에는 신문 광고란에 지문날인을 거부한다는 선언문이 150인의 이름으로 나왔다. 그걸 보고 오랫동안 가슴이 꽉 막혀 있던 그 무슨 덩어리가 확 터져 내려가는 느낌이 들어 그럴 수가 없이 시원했다. 정말 지문―손도장 찍는 노릇은 범죄자나 하게 되는 일이다. 주민증에 온 국민이 손도장을 찍게 하는 것은 온 국민을 범죄자로 보는 짓으로, 세계 어느 나라에도 없는 일이다. 이런 일을 당하면서도 우리 국민들은 그저 시키는 대로 해왔으니 얼마나 제정신을 잃고 있었는가! 이러니 쉬운 우리 말글 쓰기를 그만두고 어려운 한자와 한자말을 쓰라고 하면, 그것이 우리 민족 얼을 다 빼어버리는 수작인 줄은 모르고, 도리어 어리석은 백성들에게 공부 많이 하라고 하는 은혜를 베푸는 거룩한 시책인 줄 알고 감지덕지하는 사람조차 나오는 판이 되는 것이다.

그리고 벌써 다 된 주민증에 다시 한자 이름을 더 넣기 위해, 온 국민이 피땀 흘려 낸 세금으로 엄청난 돈을 들이려고 해도 항의할 줄 모르고, 그런 짓을 하는 엉뚱한 핑계에 고스란히 넘어가 범죄자나 찍는 손도장을 아무 생각도 없이 찍어주게 되는 것이다.

  그러나 이제 우리는 지난날의 그 복종만 하던 어리석은 국민일 수 없다. 지문날인을 딱 잘라 거부하듯이, 한자 쓰기, 어려운 한자말 쓰기도 "그건 절대로 못 해!" 하고 거절하자. 그래서 우리 백성들이 살아 있다는 것을 보여주자. 신문이든지 책이든지 광고문이든지 간판이든지, 어려운 글자나 어려운 말이 나오면 '내가 공부를 못 해서 모르는구나' 하고 기죽는 못난 사람이 되지 말고, "왜 이렇게 어렵게 썼나. 쉬운 우리 말 우리 글자로 써라!" 하고 당당하게 요구하자. 어려운 말과 글에는 반드시 속임수가 들어 있으니 "그따위 속임수 집어치워!" 하고 말해주자. 그리고 우선 우리들 이름부터 싹 우리 말글로 바꿔서 우리 민족의 기를 도로 찾아가져야 하겠다.

7. 우리 것 멸시하는 같은 뿌리

영어가 더 큰 위협인데……

이오덕 선생님께

『샘이 깊은 물』 8월 호에 실린 선생님의 글 잘 읽었습니다. 전적으로 공감합니다. 그러나 한 가지 안타까운 점이 있어 이렇게 펜을 들었습니다. 뭔고 하니, 이제 우리의 말글에 더 큰 위협은 한자가 아니라 영어라는 점입니다. 이 점을 한글운동 하시는 분들이 제대로 알지 못하거나 알더라도 행동을 하지 않는 것 같아 무척 안타깝습니다.

지금 실제로 한자보다 영문자가 우리의 일상 생활에 더 많이 쓰이고 있습니다. 지금 당장 선생님 사무실 주위의 포스터나 간판, 안내장, 선전물 등을 보십시오. 제 말을 실감하실 것입니다. 저는 대학에 있어 특히 영어의 홍수 속에 살고 있습니다. 학생들의 게시판도 한글과 영문자가 거의 비슷한 빈도로 쓰이고 있습니다. 누가 시켜서가 아니고 자연스럽게 그렇게 나오는 것입니다. 지금 한글운동 하시는 분들은 영어가 덜 쓰이는 환경에 계시기 때문에 문제의 심각성을 제대로 파악하지 못하는 것이 아닌가 하는 생각도 해봅니다.

그런데 이것이 한자의 경우와 다른 점은 전혀 공식적인 쟁점이 되고 있지 않다는 점입니다. 한자의 경우는 '국한문 혼용' '한자병기' 등이 관심의 초점이 되고, 따라서 싸움도 그만큼 쉽습니다. 또 제가 보기에 어차피 한자를 덜 쓰는 추세는 거스를 수 없습니다. 최근의 문제들은 큰 흐름 속의 작은 역풍으로 생각할 수도 있습니다.

그러나 영어는 소리 없이, 아무런 저항 없이 이미 우리의 말과 글에 깊이 뿌리를 내렸습니다. 우리는 이미 국영문 혼용을 실행하고 있습니다. 신문, 방송, 정부 공문, 학술 서적, 잡지, 간판 어디고 영어(영문자) 없는 곳이 없습니다. (한글 로마자 표기를 말하는 것이 아닙니다.) 한자보다 훨씬 많습니다. 왜 이런 것은 문제 삼지 않으시는지요? 한자보다 훨씬 더 큰 노력을 기울여야 조금이라도 시정될 수 있습니다. 한자는 점점 덜 쓰는 추세이지만 영어는 점점 더 쓰는 추세이기 때문입니다.

정신 나간 몇몇 사람들이 '영어공용어'를 주장했을 때 저는 관심도 두지 않았지만, 그럴 것이 아니라는 점을 갈수록 느끼고 있습니다. 우리는 이미 반은 영어를 공용어로 하고 있습니다. 이 문제를 더 이상 방치할 수 없습니다. 한글운동 하시는 분들이 본격적으로 나서야 합니다. 한자보다 더 큰 문제입니다. 동봉한 자료들을 참고하시기 바랍니다.

안녕히 계십시오. 가능하면 답장 한 장 주시면 감사하겠습니다.

1999. 8. 4.

한림대 정치외교학과 교수 김영명 올림

편지(회답)

김영명 선생님께

뜻밖의 편지를 받고 반갑기 말할 수 없었는데, 회답이 늦어 미안합니다. 저의 글을 읽어주셔서 고맙습니다. 우리 말과 글이 자꾸 짓밟혀가는 일들을 눈앞에 두고 저희들과 같이 마음을 태우면서 걱정하는 분을 만났으니 이보다 더 기쁜 일이 어디 있겠습니까. 부디 앞으로 함께 손잡고 힘을 모아나갈 수 있게 되기를 바랍니다.

선생님께서 하신 말씀은 다 옳은 말씀이고, 우리 말 우리 글이 학대받는 현실을 답답하게 여기셔서 하신 말씀인 줄 압니다. 저 역시 지금 우리 나라 사람들이 젊은이들이고 나이 많은 사람들이고, 더구나 글을 쓰는 사람, 학문을 한다는 사람, 학생들 앞에서 강의를 하는 사람, 언론으로 사회를 바로잡는다는 사람들이 영어를 마구잡이로 쓰면서 그것을 자랑스럽게 여기고 있는 것을 어처구니없게 생각하고 있습니다. 이제 곧 저와 함께 우리 말글 살리는 일을 하는 사람들도 우리 말 속에 암처럼 번져가는 영어를 물리치는 일을 제대로 하도록 해야겠다고 생각하고 있습니다.

그런데 다만 선생님께서, 지금 저희들이 하고 있는 한문글자와 싸우는 일을 너무 가볍게 여기시는 것 같아서, 여기에 대한 의견을 좀 말하겠습니다. 선생님께서 편지 첫머리에 "이제 우리의 말글에 더 큰 위협은 한자가 아니라 영어라는 점입니다. 이 점을 한글운동 하시는 분들이 제대로 알지 못하거나 알더라도 행동을 하지 않는 것 같아 무척 안타깝습니다"고 하셨지요.

정말 그렇습니다. 우리 말을 짓밟고 잡아먹는 괴물의 위협은 한자와 한자말보다 영어가 더 크고 급합니다. 그래서 지난해 우리가 '우리말살리는겨레모임'을 만들었을 때도 7월에 회보 창간호를 내고 그 다음달 8월에 낸 제2호에는 곧 영어공용어론을 비판하는 글들을 특집으로 실었던 것입니다. 그리고 잇달아 영어를 함부로 쓰는 문제를 다루려고 했는데, 9월에 나온 제3호부터 지금까지는 주로 한자와 한자말 문제에 매달리게 되었습니다. 그 까닭은, 뜻밖에도 발등에 불이 떨어지는 일을 당했기 때문입니다. 잘 아시다시피 한자 쓰기를 주장하는 사람들이 단체를 만들어 어린아이들에게도 한자를 가르쳐야 한다, 공문서에 한자를 함께 써야 한다고 외치면서 집회를 열고, 신문광고를 크게 내고, 심지어 국회에는 한글전용법 폐지를 청원해서 이를 추진하는 운동을 펴고, 정부에는 국무총리와 문화관광부를 움직여 자기들의 뜻을 권력으로 밀어붙이도록 하는 사태가 벌어졌기 때문입니다.

이렇게 한자를 쓰는 세상을 만들고 싶어 하는 사람들 가운데는 지난날 무슨 대학 총장·국무총리·장관 따위 높은 자리에 앉아 있던 사람들이 많고, 친일파의 뒤를 잇는 사람들이 거의 모두 이 세력에 함께 뭉치고, 큰 재벌들의 후원을 받고 있습니다. 선생님은 "한자와 싸움이 더 쉽다"고 하셨는데, 그렇게만 볼 수는 없습니다. 나는 우리 말을 지키고 싶어 하는 사람들이 영어 문제만을 걱정하면서 한자와 한자말 문제는 대수롭잖게 여기는 데 대해 좀 불만스럽습니다. "역사의 흐름은 거스를 수 없다. 한문 숭상하는 사람들은 언젠가는 아침 이슬처럼 사라질 것이다"라고 하는 이들이 많고, 이들이 신문이나 잡지에서 한자말을 함부로 써서 우리 말이 자꾸 사라지고 우리 말이 도무지 될 수 없는 괴상한 일본한자말과 일본말법을 마구잡이로 써서 우리 말이 엉망으로 되어가고 있는 현실에 태연한 것을 보고 참 답답하게 여깁니다.

몰라서 그러한지, 현실을 다루기가 귀찮고 소득이 없는 일이라 그런 태도를 가지게 되는 것인지 모르겠습니다. 영어는 그것을 말이나 글로 쓸 때 그것이 영어란 사실을 모두가 잘 압니다. 그런데 잘못된 한자말이나 일본한자말, 그리고 일본말법은 그것이 우리 것인 줄 모두가 알고 있어요. 아마도 한자말 문제를 대수롭잖게 여기는 가장 큰 까닭이 여기에 있는 것은 아닌가 싶습니다. 실제로 한글운동을 한다는 사람들도 그들이 써놓은 글을 보면 우리 말이 될 수 없는 한자말과 일본말법을 예사로 쓰고 있는 사람들이 많으니까요. 그리고 지금도 끊임없이 일본말 일본글이 (주로 한자로 된 말로) 온갖 길을 거쳐서 우리 나라에 들어와 지식인들이 서로 다투어 자랑스럽게 쓰면서 그것을 온 국민이 쓰도록 퍼뜨리고 있습니다.

지금 친일 세력과 정부의 권력이 한자를 공문서에서부터 쓰게 하려 하고, 교과서에 넣고 싶어 하고, 한글전용법까지 없애려고 하는 것이 발등에 떨어진 불처럼 위험한 사태가 되어 있지만, 이 발등에 떨어진 불보다 더 근본이 되는 큰 문제는 방금 말한 것처럼 모든 사람들이 쓰고 있는 말 속에 잘못된 말, 우리 말이 될 수 없는 한자말과 일본말법이 쓰는 사람 자신도 모르게 마치 암세포처럼 들어와 번지고 있는 사실입니다. 저는 이것을 가장 큰 문제로 보고 있습니다.

그래서 한자와 한문과 싸우는 일이 500년 동안 이어왔지만 아직도 끝나지는 않았고, 앞으로도 얼마나 오래갈는지 아득하게 느낍니다. 어느 분이 공자가 죽어야 나라가 산다고 했는데, 공자가 그렇게 쉽게 죽지 아니하듯이 한자도 그렇게 쉽게 사라지지 않을 것입니다. 가령 한문글자야 어찌어찌해서 안 쓰게 된다고 하더라도, 우리 말을 잡아먹는 한자말, 우리 말이 될 수 없는 괴상한 한자말이 우리 말 속에 들어와 있는 이것을 어느 정도 청소해 없애버리지 않고서는 우리 말이 제자리를 찾아들 수 없다고 봅니다.

한자와 싸우는 일이 결코 그렇게 쉽지 않다는 사실은, 지금 한자 쓰자고 하는 사람들과 한글만 써야 한다고 하는 사람들의 싸움에서 거의 모든 신문들이 구경만 하고 있는 것을 보아도 짐작이 될 것입니다. 언론이 곧 말이고 글 아닙니까? 말과 글로 사회에 등불을 켠다는 신문들이 왜 그러합니까? 신문 만드는 사람들은 우리 말보다 한자와 한자말 쓰는 버릇을 어렸을 때부터 들여 그 속에서 벗어나려고 하지 않기 때문입니다. 그래서 차마 친일 보수세력과 권력에 동조해서 한자를 써야 한다고 할 수는 없으니 입을 다물고 있는 것이지요. 문인들이고 학자들이고 다 그렇습니다. 그러니 한자와 싸우는 일이 앞으로도 얼마나 갈는지 모릅니다. 한자와 싸운다는 것은 잘못된 한자말을 없애고 우리 말을 살리는 싸움입니다. 우리 것을 도로 찾는 싸움입니다. 제정신을 가지는 일입니다. 정신 바꾸기, 정신 혁명, 엄청난 일이지요. 이 일을 해내어야 영어도 이겨낼 수 있습니다.

따라서 한자를 물리치는 일이 곧 영어를 물리치는 일로 됩니다. 우리 것을 멸시하고 버리고 짓밟는 이 얼빠진 상태가 한문을 숭배하고 한자를 써왔고, 이제 그 한자 쓰기가 불편하고 별 이익이 없다 싶으니 이번에는 영어를 쓰자고 하는 것이지요. 이렇게 말하면 어떤 이는 다음과 같이 반박할 것입니다.

"한자 쓰자고 하는 사람들 가운데는 영어공용어론을 비판하는 이들이 많다. 한편 영어를 쓰자고 하는 사람들 가운데는 한자 쓰기를 반대하는 사람이 많다. 그들은 대개 서로 맞서 있고 적이 되어 있다. 그런데 한자 쓰기를 주장하는 사람과 영어 쓰기를 주장하는 사람이 어째서 같은 무리라고 말하는가?"

그렇지요. 그것도 사실입니다. 그런데 한자를 쓰자고 하는 사람이 영어를 쓰지 말자고 하는 까닭은 영어를 모르기 때문입니다. 그들은 자기들만 잘 안다고 생각하는 한문으로 옛날과 같이 언제까지나 특권을 누리고 싶어 하는 것입니다. 한편 영어를 쓰자고 하는 사람은 한자를 모르기 때문에 쓰지 말자고 하는 것입니다. 한자를 쓰자는 사람과 영어를 공용어로 하자는 사람에게 공통되는 것은 한결같이 우리 말을 제대로 모르고, 알아도 잘못 알고, 그래서 우리 말을 불편하게 여기고, 우리 말을 보잘것없는 것으로 낮춰 보고, 우리 말에 대한 믿음을 가지지 못한다는 것입니다. 이런 정신이기에 그 두 편이 다 한 뿌리에서 나온 것입니다. 그 뿌리의 가장 큰 밑뿌리는 한문 숭배, 한자 숭배사상입니다. 이 뿌리가 뽑히지 않고는 영어 숭배, 서양 숭배사상도 결코 뽑히지 않을 것입니다.

우리가 참으로 우리 말글을 사랑하고 우리 땅, 우리 겨레를 살릴 생각으로 일을 한다면 한자를 몰아내는 일이 그대로 영어를 몰아내는 일로 이어지고, 영어를 몰아내는 일이 한자를 몰아내는 일로 이어져야 할 것으로 압니다.

앞에서 인용한 선생님 편지 첫머리 말에서 "한글운동 하시는 분들이……"하는 대문이 다시 머리에 떠올라 너 보내고 싶습니다. 저희들이 하고 있는 일을 '한글운동'이 아니라고 할 수는 없습니다. 한글을 살리는 일이니까 한글운동이라 할 만하지요. 그러나 저희들이 하는 일을 딱 '한글운동'이라고 말하고 싶지는 않습니다. 그 까닭은, 지금까지 한글운동이란 것을 해온 분들이 한글만 쓰면 다 풀린다고 보고서 그렇게 해왔던 것 아닌가 싶어요. 그래서 잘못된 한자말도 그대로 한글로만 적어서 써오다 보니, 그만 이래서는 무슨 말인지 읽어도 알 수 없으니 아무래도 우리 말을 알라고 하면 한자를 배워서 한자도 함께 써야 된다고 하는 생각을 적지 않은 사람들이 하게 되고, 그래서 지난 50년 동안 의무교육으로 애써 한글 문화를 만들어놓았는데도 이제사 다시 한자 쓰자는 주장이 불거져 나오고 그런 말이 일부 사람들에게 먹혀드는 결과가 되는 것 아닌가 싶어요.

　이 점에서 지금까지 해온 한글운동은 깊이 반성해야 할 것 같습니다. 따라서 우리는 한글이라는 글자 운동이 아니고 말을 살리는 일을 하자고 나선 것입니다. 말을 살리는 것이 근본이고 으뜸 되는 일입니다. 말을 살리자면 글도 우리 말로 살아나야 되고, 글이 우리 말로 살아나려면 글자도 저절로 우리 것으로 되지 않을 수 없습니다. 이래서 한자 쓰기고 영어 쓰기고 다 똑같이 우리 말을 살리는 일에서는 싸움의 표적이 됩니다.

　너무 지루하게 썼습니다. 그래도 제가 말한 것을 좀더 알기 쉽게 하자면 더러 실제 보기 말도 들고 해야 하는데, 길어져서 그렇게 쓰지 못했습니다. 만약 선생님께서 우리가 하는 일에 함께 참석하셔서 영어공용어론이나 영어조기교육론을 비판하는 좋은 글을 써주시거나, 영어를 자랑스럽게 쓰는 철따구니 없는 젊은이들의 짓을 좀 따끔하게 꾸짖고 나무라시는 글을 써주신다면 얼마나 좋을까 생각합니다. 저희들도 되지도 않은 영어를 마구 섞어 쓰는 신문 잡지를 보면 구역질이 날 지경입니다만, 앞에서 말했듯이 당장 떨어진 불 끄기에 정신이 없습니다.

　부디 그렇게 알아주시고, 같이 일을 못 하고 따로 하시더라도 뜻을 함께하는 사람들이 여기도 있다고 생각하시고 힘을 내어주시기 바랍니다. 저희들도 선생님 같은 분이 계시기에 큰 힘을 얻었습니다. 늘 귀한 글 보여주시고, 언젠가 한번 만나게 되기를 바랍니다.

다시 더 붙여 씁니다. 이 글을 다 쓰고 나서야 선생님께서 편지와 함께 보내주신 『한글과 문화』 제1호를 읽어보았습니다. 참 좋은 일을 하시는구나 하고 놀랐습니다. 첫머리에 쓰신 취지문도 깊은 공감이 갔고, 몇 분들 앞으로 보내신 편지글도 정말 이런 글쓰기를 해야 하는데 나는 못 했구나 싶었습니다. 글을 쉬운 말로 쓰셨고, 어느 글이고 읽으면 속이 후련합니다. 다만 가끔 "이런 말은 우리가 보통 입으로 하는 말로 쓰면 글이 더 잘 살아나겠는데 아깝게 우리 말법이 아닌 글로만 쓰셨구나" 하는 말이 나오기는 합니다만, 그까짓 거야 선생님께서 하시는 큰일을 생각하면 대수롭지 않은 일이지요. 우리가 못 하는 일을 이렇게 해주시니 얼마나 마음이 든든한지 모릅니다. 『한글과 문화』를 많은 분들이 읽게 되기를 바랍니다. 부디 건강하시고, 우리 말, 우리 겨레를 살리는 귀한 일을 꾸준히 해주시기 바랍니다.

1999. 9. 5.

이오덕 드림

8. 우리 겨레 지키는 큰 지킴이

'지키미'(지킴이)라는 말이 있다. 사전에는 안 올라 있지만 옛날부터 많이 써온 말이다. 집 지키미, 마을 지키미, 나라 지키미, 겨레 지키미 …… 와 같이 썼고, 쓸 수 있는 말이다. 이번에 '우리말살리는겨레모임'에서 지난 한 해 동안 우리 말을 지키고 가꾸는 일에 남달리 힘을 기울인 사람 열 분을 뽑아서 '우리 말 지킴이'라 하고, 다시 그 가운데서 한 사람을 뽑아 '우리 말 큰 지킴이'라 하여 온 국민 앞에 드러내어 알리기로 했다. 한편 지난 한 해 동안 우리 말을 해치고 짓밟아 죽이는 일에 남달리 힘을 기울인 사람도 이와 같이 뽑아서 온 국민에 알리기로 했다. 지난 9월 회보에 광고했듯이 처음에는 '세종대왕상'과 '최만리상'을 제정해서 상을 주기로 했지만, 세상일이 우리가 애초에 생각한 대로 그렇게 단순하게 되지 않아서 그만 이렇게 무슨 상을 주는 것이 아니고 훌륭한 지킴이를 뽑아서 알리는 일로 바꾸었다. 이렇게 하고 보니 역시 잘했구나 싶어 그 이야기를 여기 좀 하게 되었다.

처음 우리 모임에서 '세종대왕상'과 '최만리상'을 제정하자는 의견이 나왔을 때, 모두가 우리 말 살리는 일에 크게 도움이 되는 좋은 일이라고 찬성했다. 그러나 나는 "세종대왕상은 좋은데, 최만리상은 어떨까요? 상이 아니라 벌을 주는 것인데 이름을 상이라 했으니……" 하고 선뜻 찬성하지 않았다. 그랬더니 한 분이 "최만리상이 그것을 받는 사람들로서는 결코 벌이 아닙니다. 아주 대단한 영광으로 생각할 겁니다. 한자 쓰자는 사람들은 최만리란 사람을 굉장한 학자로 높이 우러러보고 있으니까요" 했다. 정말 그럴까? 그렇다면 '최만리상'을 줄 만한데, 하는 생각이 들었다.

가만히 생각해보니 정말 그럴 것 같다. 어느 소설가는 "한글이 망하지 않으면 우리 나라가 망한다"고 했단다. 또 어느 반공 보수 우익 잡지 광고(98년 5월호)가 『ㅈ일보』에 크게 난 것을 본 적이 있는데, 「사상 좌경화 유도한 한글전용·가로쓰기」란 글이 그 잡지에 실렸다고 해서 「대한민국 어디 갔나?」 하는 제목을 대문짝같이 내놓았다. 그러니까 우리 나라에서 한자를 하늘같이 여기면서 우리 말 우리 글은 아주 원수같이, 제 옷에 어쩌다가 묻은 개똥처럼 여기는 어처구니없는 사람들이 뜻밖에도 여기저기 있는 것이다. 이런 사람들은 우리 역사와 사회를, 우리가 사는 이 세상을 우리와는 아주 달리 거꾸로 보고 있다. 이런 사람들은 최만리라면 아주 신주로 모시고 싶어 할 것이 당연하다. 이래서 나도 '최만리상'을 제정하는 일에 찬성했다.

그런데 막상 이 일을 추진하면서 부딪히게 되는 문제가 그렇게 세상은 우리 생각처럼 단순하지 않다는 것을 깨우쳐주었다. 우선 상을 준다면 그것을 주는 사람과 받는 사람이 있고, 그렇게 주고받는 것을 보는 사람들이 있어서 그런 자리를 마련해야 된다. 그런데 '세종대왕상'뿐이라면 괜찮겠는데 '최만리상'이 있으니, 아무리 우리가 사사로운 마음이 없이 주는 상이고, 또 '최만리상'을 받는 사람들이 속마음으로는 영광스럽게 생각한다고 하더라도, 많은 사람들이 보는 앞에서 그 상을 받으러 나오겠는가, 하는 생각을 아니할 수 없다. "안 나오면 그만이지" 하겠지만, 이렇게 되면 '세종대왕상'을 받는 쪽에서도 경우에 따라 몹시 난처하게 여길 수가 있다. 더구나 우리가 제정한 이 상에는 상금 같은 것이 없다. 그냥 이름만 그렇게 해서 훌륭한 일을 한 분들을 드러내어 보이려고 하는 것이다. 그렇다면 상이라 하지 말고 그냥 이런 훌륭한 분이 있다는 것을 온 국민에 알리는 것으로 하는 것이 옳지 않겠는가? 상금도 없으면서 제멋대로 무슨 상이라 해서 정해놓고, 더구나 벌을 주는 것까지 상이란 이름으로 붙여놓고 ('최만리상'을 영광스럽게 여기는 사람들이 있다고 하더라도 그들은 아무래도 아주 극소수일 테니까) 시상식을 한다는 것은 너무 세상을 모르는 순진한 일이 되겠다는 생각을 하기에 이르렀다.

상 이야기를 하자니까 여기서 또 한 가지 보태어 말하고 싶은 것이 있다. 우리 회원 가운데 밀양에 있는 단산초등학교에 근무하는 이승희 선생님이 얼마 전에 학급문집 『연필로 그리는 마음』 제17호를 내었는데, 그 문집 가운데 아주 재미있는 상장이 실려 있다. 그걸 말로 설명하기보다 여기 그대로 복사해보겠다.

얼마나 재미있는 상장인가? 나도 40여 년 동안 아이들을 가르치면서 내딴은 온갖 방법을 생각해내어서 틀에 박힌 제도교육에 아이들 마음이 짓눌러 찌그러지지 않도록 하려고 애썼지만, 아이들 이름으로 상장을 만들어 어른들에게 주는 이런 재미있고 기발한 생각은 못 했다. 그 옛날 내가 이런 상장을 아이들한테서 받았다면 교육감이고 장관이고 대통령한테서 받은 상장보다 더 반갑고 기쁘고 영광스럽게 여겼을 것이다. 아이들한테서 받는 상을 생각해낸 이승희 선생님이야말로 진짜 교육을 하시는 분이겠다는 생각을 하게 된다.

여기서 다시 '세종대왕상'과 '최만리상' 생각을 하게 된다. 우리가 그 상을 만들려고 했던 심정은 정말이지 밀양 단산초등학교 6학년 어린이들과 다름없는 순진한 마음에서 나온 것이었다. 우리 말을 살리려고 애쓰면서 모인 우리 회원들은 내가 알기로 한결같이 티 없이 깨끗한 마음을 가졌다. 그러기에 모든 사람들이 돈밖에 모르고 이해관계만 따져서 행동하는 세상인데도, 그런 흐린 물결에 휩쓸리지 않고 다만 우리 말을 살리면서 사람답게 살려고 이렇게 모인 것이다. 이것이 어린이와 조금도 다르지 않은 마음이고, 이보다 더 자랑스런 일이 없다. 그런데 이 어린이 같은 마음이 흐리고 오염된 세상 물결에 부딪혔을 때는 속절없이 깨어지

6-1호
고마운 마음으로 주는상

아이같은 어른상 단산초등학교
6학년 소눈이승희쌤

위 선생님은 늘 아이같은 마음을
가지고 우리와 눈높이를 맞춰 살고
사람다운 마음을 길러주었으므로
우리반 열한명이 이상장을드립니다.

1999년 5월 15일
단산초등 6학년 식구들 드림.

정연 미정 주호 진주 아르미 순혁 민아 지윤 고나 자람 재기

기가 예사다. 이번에 우리가 제정하려고 했던 상도 이와 같이 되었다.

　우리 어른들은 이제 아무리 어린이 세계를 이상의 세계라 하여 그리워한다 하더라도 그 어린이로 돌아갈 수는 없다. 그저 어린이 세계를 멀리서 바라보면서 될 수 있는 대로 그 세계 가까이 ─ 그 세계에서 너무 멀리 떨어지지 않도록 애쓸 뿐이다. 그래서 어린이를 섣불리 흉내내는 어설픈 짓을 하지 말고 좀더 높은 자리에서 세상을 바라보고 생각하는 슬기를 가져야 되겠다. 그래 세상의 어른들이 주고받는 상이란 것도 잘 생각해보면 주는 사람들의 자기 만족이지 받는 사람에게 진정으로 어떤 '좋은 것'을 주는 것이 되겠는가 의심이 난다.

　왜 그런가 하면, 이 세상에서 참으로 착한 일을 하는 사람은, 그저 그 일을 하고 싶어서, 그 일을 하는 것이 기쁘고 그 일을 하는 데서 보람을 느끼기 때문에 하는 것이지, 남의 칭찬을 듣고 싶어서, 상을 받고 싶어서, 더구나 상금 같은 것이 탐나서 하는 것은 아니기 때문이다. 상을 받고 싶어 하는 사람은 자기가 한 것을 될 수 있는 대로 남들에게 드러내어 잘 보이려고 한다. 이런 사람에게 상을 주면 얼마나 기뻐할까? 얼마나 자랑스러워 할까? 그런데 남모르게 좋은 일을 하는 사람에게 상을 주게 되면, 그다음부터 그는 그렇게 좋은 일을 하는 것이 쑥스러워져서 어찌할 바를 모르게 되기 예사일 것이고, 더러는 그렇게 착한 일을 하는 것이 남들에게 상을 받기 위한 짓으로 거짓스럽게 보일까 싶어 그만 그 착한 일을 하지 못하게 되기도 할 것이다. 그러니까 진정 우리가 사람답게 살아가는 세상을 만들기 위한 것이라면, 상을 주고받는 일이란 좀 낮은 문화 수준의 대중 다스리기 수단이라 할밖에 없다.

　이런 까닭에 이번에 우리가 '세종대왕상'이니 '최만리상'이니 하는 것을 그만두게 된 것은 아주 잘한 일이라 본다. 우리는 다만 우리 겨레의 목숨을 지키는 훌륭한 일꾼들과 우리 겨레를 해치는 사람들을 해마다 뽑아 널리 알리는 일에서 우리 배달겨레의 바른 기운을 살리고 북돋워나갈 수 있기를 바랄 뿐이다.

9. '닛폰 텐노헤이카'란 말에 대하여
김정섭 선생님에 대한 글

　누구나 다 그렇게 느끼겠지만, 김정섭 선생님은 글을 참 깨끗하게 쓰신다. 나 같은 사람은 도무지 따라갈 수 없을 만큼 글을 맑게 써서 정말 부럽다. 그렇다고 해서 나는 김 선생님 글을 본받고 싶은 생각은 없다. 본받는다고 될 일이 아니고, 또 한편 너무 깨끗한 물에는 고기가 살지 못하듯이, 글도 너무 깨끗하면 읽는 사람들이 가까이하기를 꺼리게 되는 것 아닌가 싶다. '나는 도무지 이런 글을 못 써'라든가, '우리 말글 살리는 일은 아주 특별한 글을 쓰는 사람들만 할 수 있는 일이구나' 하는 생각을 가지게 될 것 아닌가 싶다.
　김 선생님 글을 읽으면 한문글자로 된 말이 글 한 편에서 거의 한 낱말도 찾기가 어려운 경우가 예사인데, 이런 점에서 우리 말글 살리는 일을 하는 분들 가운데서도 단연 앞서가고 있어 훌륭한 모범이 되고 있다. 그러면서 전체 글의 흐름이 자연스럽고, 할 말을 다 하고 있다. 그런데 여기서 문제가 되는 것은, 한자말을 안 쓰려고 하다보니 이제는 아주 쓰지 않는 말, 죽어버린 말을 가끔 써서 어리둥절하게 하는 것이다. 남들은 어떤지 몰라도 내가 느끼기로는 그렇다.
　'한아비'(조상)라든가 '가멸다'(풍부하다)라든가 '난사람'(지도층), '든사람'(지식인), '된사람'(교양인) 같은 말이 그것이다. 또 한자말이라도 이제는 어른이고 아이고 모두가 잘 알고 있는 '사전'이란 말조차 안 쓰고 새말을 써서 '말모이책'이라 한다든가, 학술어를 '갈말'이라고 한다든가, 기술용어를 '솜씨말'이라고 한다든가 하는데, 이렇게 되고 보니 우리 말 쓰기에서 너무 지나친 결벽을 고집하는 것 같다. 그래서 이런 결벽을 자랑하는 글이, 지금도 자꾸 버려지고 죽어가는 말을 살려 쓰는 일을 모든 사람들과 함께해나가는 일에 결코 유익하게만 작용하지는 않겠다는 생각을 어쩔 수 없이 하게 되는 것이다.

  김 선생님은 글쓰기에서 어떤 확고한 원칙이 있어 그 원칙대로 쓰시는 듯하다. 그런 원칙이며, 지금까지 좀 언급한 내 의견에 대해서는 다시 다른 자리에서 더 자세히 나대로 생각을 펼쳐보고 싶다. 같은 일을 하는 우리들끼리도 끊임없이 생각을 주고받고, 토론도 하고, 그래서 의견을 한데 모을 수 있으면 모으고, 의견이 얼마쯤 다르면 다른 데로 서로 받아들이거나 인정하고 해야 모든 일이 잘 되어갈 것이다. 무엇이든지 우리가 하는 일은 옳다, 의견이 다른 것 가지고 토론하면 서로 싸우는 꼴이 되니 덮어두자, 우리와는 아주 다른, 한문글자 쓰자는 사람들이나 영어 쓰자는 사람들만 상대로 싸워나가자고 하는 것은, 마치 우리 역사에서 우리 자신이 잘못한 것은 덮어두고 일본사람들 잘못한 것만 비판하고 욕하는 꼴과 크게 다름이 없다고 본다.

  우리 모임의 대표되는 분이 여럿인데, 그중 한 분이 글을 지나치게 깨끗하게만 써서 약간 문제가 있다고 하는 것은 따지고 보면 그리 큰 문제가 아니다. 사람마다 개성이 다르고 생각이 다르고, 글쓰기에 푹 빠지다 보면 한갓 취미라 할까 그런 것도 생기고 해서 사람마다 말투가 다르고 글체가 다르게 되는 것이 당연하다. 그런데 이제부터 내가 말하려고 하는 것은 좀 다른 문제가 되어 있다.

  지난 3월에 나온 『우리 말·우리 얼』제27호에서 쓴 김 선생님의 글 「더러운 말, 통석의 염」(외 1편)을 읽고 적이 놀랐다. 우선 그 글 첫머리에 나온 말이 이렇다.

• 우리 대통령을 맞아 닛폰 텐노헤이카(왜왕)는 지난 잘못을 뉘우치며 "한때 이웃나라 사람들에게 걱정을 끼친 일은 통석의 염을 금할 수 없다"고 했다.

여기서 닛폰 텐노헤이카라 했는데, 왜 이렇게 썼을까 놀라게 되고 딱한 생각이 든다. 텐노헤이카라 해놓고 그다음에 묶음표로 '왜왕'이라 썼지만, 텐노헤이카라면 '왜왕'이란 말이 아니고 '천황폐하'(天皇陛下)다. 일본사람들은 한문글자로 '天皇陛下'라 써놓고 텐노헤이카라 읽는다. 또 텐노헤이카라는 말을 적을 때도 반드시 '天皇陛下'라고 쓴다. 그리고 이 텐노헤이카는 그들의 국왕에 대한, 그 이상 없는 최고의 존칭이다.

그런데 옛날 일본제국 시대에는 일본 국왕을 말할 때 텐노헤이카 말고 달리 또 말하는 말이 없었다. 일본의 군인들이 싸움터에서 총을 맞고 죽어갈 때도, "텐노헤이카 반자이"(천황폐하 만세)를 부르면서 죽어갔다. 하지만 제2차 세계대전이 끝난 뒤 이른바 평화헌법이 제정되고부터는, 왕위 권위가 떨어져서 완고한 천황숭배주의자들이나 우익 군국주의자들이 아니면 텐노헤이카라 말하고 쓰고 하지는 않는다. 텐노헤이카란 말에서 '헤이카'(폐하)는 빼어버리고 '텐노'(천황)이라고만 하든지, 아니면 그냥 '고쿠오'(국왕)라고 하는 것이 보통이다.

가령 일본 국민들이 아직도 모조리 그들의 국왕을 텐노헤이카라고 떠받들어 말한다고 하더라도, 피와 눈물로 식민지의 역사를 살아온 우리 겨레만은 그 치가 떨리는 말 텐노헤이카를 절대로 말할 수 없을 것인데, 거짓 역사 교과서를 만들어 가르치고, '야스쿠니' 신사에 참배하기를 영광으로 여기는 그 극우 미치광이들의 입에서나 나오는 텐노헤이카를, 우리 말 우리 얼을 살리는 일을 앞장서 한다는 분이 쓰고 싶어 하다니, 도대체 이게 어찌 된 말인가? 아무리 생각해도 이해할 도리가 없다.

그러고 닛폰이라고 했는데, 일본이면 일본이지 또 무슨 닛폰인가? 여기가 일본 땅인가? 그래서 일본사람들도 알아들으라고 쓰는 글이라면 경우에 따라서 닛폰도 쓸 수 있고 '니혼'도 쓸 수 있을 것이다. 그런데 우리 땅에서 우리끼리 말하고 쓰는 글에서 어째서 닛폰이라고 해야 하는지, 내 머리로서는 알 수 없다. 이것도 세계화가 되었다고 해서 지금까지 오랫동안 말해오던 이웃나라 이름을 갑자기 바꾸어 그 나라 사람들이 하는 말 따라 말해야 할까? 상식으로 이해가 안 된다.

김 선생님의 또 다른 글을 보면 중국을 '중꿔'라 했다. 영어를 '잉글리시'(「나라말 정책의 문제점」, 『우리 말·우리 얼』 제25호)라 했으니 미국이란 말도 안 쓰고 '아메리카'라고만 할 것 같다. '아메리카'라면 우리 국민 누구나 다 안다. 그래도 미국이라고 해왔으니 미국이면 됐지, 굳이 아메리카라고만 해야 할 까닭이 어디 있나? 또 중국도 중국이면 됐지 어째서 꼭 그들 말 따라 '중꿔'라 해야 하나?

중국 사람들은 아직도 우리 한국의 수도 이름을 '서울'이라 말하고 적고 하지 않고 '한성'이라고 하는 모양이다. 일본사람들은 우리 나라 이름을 남쪽은 '한국', 북쪽은 '조선'이라고 하지 않는다. 한문글자로 쓴 '韓國'이나 '朝鮮'을 그들 말로 읽는 그대로 '간코쿠'라 하고 '조센'이라고 한다. 이웃 나라들이 다 그들의 말을 따라 주체를 세워서 남의 나라 이름을 말하는데, 어째서 우리만은 일본 나라 이름은 일본말 따라 말하고, 중국 나라 이름은 또 중국말 따라 말해야 하나? 이게 제정신 가지고 하는 일일까?

유럽이나 미국 사람들도 우리 나라를 '한국'이라 하지 않는다. '코리아'라 한다. 이 '코리아'는 옛날 고려 시대에 서양 사람들이 '고려'란 우리 나라 이름을 그들 꼬부랑말로 한다는 것이 그만 코리아가 된 것이다. 그러니까 이 얼빠진 나라 사람들은 그 코쟁이들이 서툴게 하는 말 따라 그만 제 나라 이름을 '코리아'라 하게 되었다. 참으로 부끄러운 일이다.

그런데 워낙 오랫동안 '코리아'를 써와서 이제는 아주 널리 쓰게 된 말이 되어버린 터라, 이제 와서 이 말을 없애기는 어렵고, 꼭 그렇게 없앨 것까지는 없겠지. 다만 우리 나라 이름이 이렇게 알려진 그 부끄러운 역사만은 단단히 새겨두어서 잊지 말아야 할 것이고, 이제부터는 그런 부끄러운 말은 남기지는 말아야 할 것이다.

김 선생님은 다른 나라 이름이나 땅 이름, 사람 이름 들을 적을 때는 그 나라 사람들이 하는 말을 따라 적는다는 원칙을 세워서 그 원칙대로 하는 것 같다. 그러나 우리가 아주 오래전부터 써와서 누구나 잘 알고 있는 나라 이름이나 땅 이름, 사람 이름을, 우리가 말해온 대로, 우리 말의 질서를 따라 말하지 않고 이제 와서 갑자기 바꾼다는 것은 부자연스럽고, 모든 국민이 말하고 쓰는 말의 질서를 어지럽히고, 우리들이 가지고 있는 상식과 정신의 밑바탕까지 뒤흔들어놓는 결과밖에 아무것도 얻는 것이 없다고 본다. 말은 그 나라 사람들의 삶과 그 삶의 역사 속에서 생겨나고 이뤄지고 조금씩 바뀌어가기도 하는 것이지, 갑자기 새 시대가 왔다고 몇몇 학자가 머리로 짜내어 어떤 원칙을 정해서 그 원칙을 따라 쓰게 되는 것이 아니다. 그렇게 해서도 안 되고 그럴 수도 없다.

김정섭 선생님이 텐노헤이카니 닛폰이니 '중궈'니 하여 부지런히 쓴다고 해서, 우리 말이 그렇게 될까봐 내가 이런 글을 쓰는 것이 아니다. 김 선생님이 아무리 혼자 그렇게 쓰고 그렇게 써야 한다고 해봐야 우리 말이 그렇게 되지는 않는다. 일본을 닛폰이라 할 사람은 없고, 중국을 중궈라 할 사람은 없다. 다만 우리 말과 글을 살리는 큰일을 하는 분이 이러니 우리 말글 살리는 일이 이래가지고야 제대로 안 되겠다는 생각에서 하는 말이다.

원칙이란 것도 그렇다. 무슨 일에도 원칙은 있어야 하니 말과 글을 쓰는 데서도 원칙이 있어야 하는 것은 말할 나위가 없다. 그러나 우리 말과 글을 쓰는 원칙에서는, 모든 사람들이 자연스럽게 오랜 세월에서 써온 말을 존중하고, 그 말을 살려가는 방향으로 우리 말을 가꾸어가도록 하는 원칙이 되도록 해야 하는 것이다. 그리고 무엇보다도 우리 자신이 우리 말과 글의 主人이고 主體라는 사실을 잊지 말아야 올바른 원칙을 세울 수 있을 것이다. 원칙을 위한 원칙은 학문을 위한 학문처럼 아무 뜻이 없다. 그것은 자칫하면 그릇된 길로 가기 쉽고 잘못된 방편으로 이용될 수도 있다.

지금까지 쓴 내 의견으로, 아직도 못 다하니, 이에 관련된 그밖의 문제들까지 대강 미루어 풀 수 있겠지만, 그래도 염려가 되어 한 가지만 더 보태어 말해두겠다. 일제 시대에 말했던 일본 땅·일본 도시 이름인데, '大阪' '東京'을 우리는 '오사카'라거나 '도쿄'라고 하지 않고 '대판' '동경'이라고 했다. '名古屋' '神戶'도 '나고야' '고베'보다는 '명고옥' '신호'라고 더 많이 말했다. '綠兒島' '北海島'도 '가고시마' '홋카이도'라 하지 않고 '녹아도' '북해도'라 했다. 이것은 '豊臣秀吉'이나 '少西行長'을 '도요토미 히데요시'나 '고시니 유키나가'라 하지 않고 '풍신수길'이라 하고 '소서행장'이라 했던 우리 말의 전통과 질서를 이어온 것이라 하겠고, 우리 겨레의 주체성을 살린 말법이라 할 수 있다.

그런데 시대가 많이 바뀐 지금은 좀 달라졌다. '綠兒島' '名古屋'을 '녹아도' '명고옥'이라 하는 사람은 거의 없다. '東京' '大阪'조차 모두가 '도쿄' '오사카'라 말하게 되었다. 일제시대에 그런 말로 살던 세대는 거의 모두 세상을 떠나거나 사회 활동을 하지 않게 되었을 뿐 아니라 나라와 나라 사이의 관계, 사회 정세가 달라지고, 또 무엇보다도 신문이나 방송에서 외국의 땅 이름, 도시 이름, 사람 이름을 그때와는 달리 말하고 쓰기 때문이다. 그러니 시대에 따라 모두가 쓰는 말대로 모두가 잘 알고 있는 말대로 쓰는 것이 옳고, 그러는 수밖에 없다. 그 말이 아주 잘못된 말이 아니라면 그렇게 해야 한다. 그런데 '일본'이라는 나라 이름은 어디까지나 일본이다. 아주 먼 앞날, 우리 세대가 다 가고, 그다음 세대도 다 지난 그 어느 세월에 가서는 일본이란 나라 이름이 사라지고, 닛폰이 될는지 재팬이 될는지 모르지만, 지금 이 땅에서, 우리 입에서 나오는 말은 어디까지나 일본이다.

이런 사정은 중국도 마찬가지이지만, 일본과는 얼마쯤 그 말바꿈의 형편과 빠르기가 다르고, 달라야 한다고 본다. '上海'는 일제 시대에도 '조카이'라 하지 않았다. '상해'라 하든지 '상하이'라 했다. 국제도시가 되어서 그랬다. '北京'도 '홋쿄'라 하지 않고 '베킹'이라 했다. 그러나 그밖의 거의 모든 도시 이름, 성(省) 이름은 한문글자 그대로 따라 일본사람들은 그들대로 읽고 말하고, 우리는 우리대로 읽고 그대로 말했다. 가령 '山東省'이라면 일본인들은 '산토쇼'라 했고, 우리는 '산동성'이라 했다. '湖南省'을 일본인들은 '고난쇼'라 했고, 우리는 '호남성'이라 했다. 그런데 지금은 '산둥성' '후난성' 이렇게 신문에 쓰고 방송에서 말한다. '산둥성'은 그래도 좀 말소리가 비슷해서 짐작이 가는데, '후난성'이 되면 어리둥절해진다. 그리고 거의 모든 중국 땅의 이름, 도시 이름이 이렇게 되어 어느 곳 어느 도시를 말하는지, 중국의 역사와 지리를 한꺼번에 잃어버리는 문맹자가 될 판이다. 그렇다고 해서 우리가 이웃나라 사정이나 소식을 알기 위해서 온 국민이 지금부터 중국말을 배워야 할까? 마치 영어를 제2국어로 삼아야 한다고 생각하듯이 중국말도 그래야 할까? 그렇다면 일본말도 마찬가지고, 그밖의 다른 나라 말 다 그렇다. 이건 도무지 말이 안 되는 소리다.

그렇다면 어떻게 해야 하나? 내 생각으로는, 신문에서 좀 귀찮겠지만 앞으로 얼마 동안이라도 중국의 땅 이름, 사람 이름이 나올 때는 가령 '遼寧省'이라면 '랴오닝성'(요령성), '吉林省'이라면 '지린성'(길림성) 이렇게 묶음표를 해서 옛날에 썼던 이름을 적어두는 친절을 베풀었으면 좋겠다. 이렇게 해서 어느 정도 세월이 지나면 새로 쓰는 말이 익어져서 묶음표로 적어둔 이름을 없애도 될 때가 올 것이다. 사람 이름도 마찬가지다. '魯迅'을 '루쉰'이라고만 하지 말고 묶음표로 '(노신)'이라고 적었으면 좋겠다. '베이징'은 워낙 신문에 자주 나와서 이제는 이런 묶음표로 '북경'이라 안 적어도 거의 모두 알게 되었다고 본다.

그런데 유럽의 여러 나라의 이름들은 나라마다 그 사정이 다르다. '영국'은 옛날부터 영국이라 했고, 달리 말한 이름은 없다. 정식으로 적이 놓은 영문으로 된 나라 이름은 빨랫줄처럼 길어서, 아무리 그 나라 사람들이 정해놓은 이름을 따라 그대로 적는다는 원칙을 세운다고 해도 그대로 쓰고 말할 사람이 없을 것 같다. '독일'은 우리 앞 세대에서는 '덕국'이라 했지만, 우리들 때부터는 '독일'이고, 지금도 독일이라고 한다. 독일 사람들이 하는 말대로라면 '도이칠란트'가 되나? 그렇게 말하는 우리 나라 사람은 없다. 그리고 그렇게 말할 필요가 조금도 없다. '불란서'는 어떤가? 그 나라 사람들은 자기 나라 이름을 어떻게 말하는지 모르지만 우리는 '불란서'라고도 하고 '프랑스'라고도 한다. 아마도 '불란서'란 말과 '프랑스'란 말이 반반으로 쓰일 것 같다. 우리보다 앞선 세대에서는 '불국'이라 했고, 우리 세대부터는 '불란서'라 했는데, 4, 50년 전까지만 해도 거의 모두 '불란서'만 쓰다가 차츰 '프랑스'를 함께 쓰게 되었다. 앞으로 날이 갈수록 '불란서'보다 '프랑스'를 더 많이 쓰게 될 것 같다.

'이태리'도 '독일'과 '불란서' 비슷하게 두 가지로 쓴다. 그러나 이 나라 이름도 앞으로는 '이태리'보다 '이탈리아'가 더 많이 쓰일 것이다.

지금 지도책을 찾아보니 「세계 국가 일람표」(『최신 교학 지도표』, 교학사)가 나오는데, 거기 적혀 있는 유럽 여러 중요 국가 이름이 다음과 같다.

독일, 네덜란드, 벨기에, 스위스, 아일랜드, 영국, 오스트리아, 프랑스, 그리스, 이탈리아, 포르투갈, 루마니아, 불가리아, 알바니아, 체코, 폴란드, 헝가리, 유고슬라비아, 러시아

그리고 북아메리카 쪽을 보니 '미국' '캐나다' 두 나라 이름이 적혀 있다. 아시아 쪽에는 '대한민국' '일본' '중국' '인도' 네 나라만 한문글자나 한자말로 적혀 있다. 이렇게 적힌 나라 이름이 거의 모두 그 나라 사람들의 말을 따라 되어 있는데, 다만 독일, 영국, 미국 세 나라와, 한문글자를 써온 우리 나라와 일본, 중국, 인도만 한문글자로 읽던 이름을 그대로 썼다. 이것은 우리들의 역사와 문화가 이렇게 되어 있기에 당연하다고 본

다. 이것이 아무런 원칙도 없이 적어놓은 것인가? 그렇지 않다. 우리들이 가지고 있는 역사와 문화가 뿌리를 내린 말로, 누구나 모두 가장 잘 알고 있는 말로 적어 놓은 올바른 나라 이름인 것이다.

글이란 한 번 써서 공표하게 되면 영원히 지울 수가 없다. 김 선생님이 말로 그런 생각을 발표했다면 나도 말로 의견을 나타냈을 것인데, 어쩔 수 없이 이렇게 다른 생각을 글로 쓰게 되었다. 두 사람의 주장에서 어느 쪽이 옳은가, 어느 편을 따라야 하나 하는 문제는 읽는 분들이 자유롭게 판단할 일이지만, 김 선생님께서도 또 다른 주장이 있으면 부디 써주시기 바라면서 이만 줄인다.

10. 글쓰기와 글쓰기 운동에 대한 반성
지난 회보를 읽고

가.

지난해부터 새로 나온 『글쓰기』 회보에서 참 좋은 글도 많이 읽었지만, 이 문제는 한차례 토론을 하는 것이 좋겠는데, 하는 생각이 드는 글도 적잖이 있었고, 이대로 읽고 넘어가서는 안 되는데 하고 느낀 글도 더러 만났다. 물론 회보가 회원들의 연수 교재로 되어 달마다 각 지역 모임에서 어느 정도 이야기가 되는 줄 알지만, 더 많은 회원들은 회보에 실려 있는 글을 그대로 받아들이기만 한다고 보기에 늘 찜찜한 마음이었고, 이래서야 되겠는가 하는 생각을 버릴 수 없었다. 그래서 회보의 글을 논평하는 글을 쓰자고 기회 있을 때마다 의견을 말하고 글로도 썼는데 그것을 다시 정리해서 적으면 이렇게 된다.

우리 회보는 다른 어떤 책과도 다르다. 글쓰기를 연구하는 사람들이 만들어 내는 회보니까 우리가 쓰는 글부터 제대로 쓰고 있는지 늘 살피고 논의해야 한다. 아이들이 쓰고 있는 글을 연구하는 일뿐 아니라 나라 안에서 나오는 온갖 인쇄물에 적힌 글의 흐름이라든가 글병의 증세 같은 것을 진단하고 처방하는 일도 글쓰기 연구회가 맡아야 할 몫이지만, 그런 일은 아직 못 한다 하더라도 아니, 그런 일은 한다고 치더라도 그보다 더 앞서 해야 할 일은 우리 자신이 쓰고 있는 글을 살피고 바로잡는 일이다. 그래야만 남들이 쓰고 있는 글을 바로 볼 수가 있고, 아이들의 글쓰기도 큰 잘못 없이 지도할 수가 있다. 부디 회보에 실린 글을 논의하는 글을 많이 써주기 바란다.

하지만 그런 글이 안 나왔다. 회원들끼리 만나면 더러 말은 하는 모양인데 글은 안 쓴다. 듣기 좋은 이야기는 써봤자 싱겁고, 모가 나는 말은 미움을 사니 그런 짓은 하기 싫다는 것인가? 우리가 친목이나 하고, 적당하게 편리하게 살아가는 것이 목표라면 듣기에 기분 좋게 말만 하는 것이 갸륵한 덕행일 수 있다. 그래서 나 같은 사람은 분명히 회원들의 화합을 깨뜨리는 사람으로 배척당해 마땅하다. 과연 이것이 우리가 가야 할 바른 길인가?

또 한번 말하지만 우리 '글쓰기회'는 친목단체도 아니고 이익과 권리를 찾아 가지기 위한 모임도 아니다. 말과 글을 살리고 아이들을 살리고 겨레를 살리는 일을 하려고 모인 것이다. 그러기 위해서 무엇보다도 먼저 우리 자신이 깨끗하고 바른 글을 쓸 수 있도록 정성을 다하고 슬기를 다 쏟아야 할 것이다. 조금 옛날 우리 선조들은 빼앗긴 나라를 찾기 위해 죽기를 각오하고 온갖 험난한 길을 쫓겨 다니고 숨어 다니면서도 왜적과 싸웠다.

또 얼마 전만 해도 독재정권을 쓰러뜨리기 위해 최루탄이 날아오는 거리를 얼마나 많은 젊은이들이 자유와 민주를 외치면서 달려가다가 쓰러졌는가? 그런데 지금 우리는 방에 편하게 앉아 글을 쓰는 일조차 제대로 하지 못하는 꼴이 되었다. 글쓰기로 나와 아이들과 온 겨레를 살린다는 것, 글쓰기로 삶을 가꾼다는 말은 한갓 관념으로 지껄이는 허울 좋은 말이었던가? 부디 이런 모든 짐작이 나 혼자만의 신경과민에서 오는 헛소리이기를 마란다.

나.

여기서 잠시 말머리를 돌려보겠다. 70년대 중간쯤에 있었던 일로 기억하는데, 하도 문학 단체들이 하는 꼴이 말이 아니었고 내가 들어 있던 아동문학 단체도 크게 다르지 않았다. 그래서 한번은 서울에 왔다가 회장으로 계시던 이원수 선생님을 만나 이렇게 말씀드렸다.

"선생님, 저는 그만 이 회에서 탈퇴할랍니다. 선생님도 탈퇴하시는 게 좋겠어요."

그랬더니 이 선생님은 꽤 놀라신 듯 잠시 말이 없으시더니 내 손을 잡고 이렇게 말씀하셨다.

"이 선생, 온 동네 사람이 다 도적이라면 '도적이야!' 하고 외치는 사람이 있어야 해요. 이제 그렇게 외칠 사람으로 이 선생이 있고, 또 내가 있으니 두 사람이면 얼마나 큰 힘이 되겠어요. 그러지 말고 같이 일해봅시다."

이래서 나는 그 단체에서 탈퇴하지 않고 그대로 있었고, 이원수 선생은 돌아가실 때까지 그 단체의 회장으로 일하셨던 것이다.

20년도 훨씬 더 지난 그때 일을 이제 와서 돌이켜보면서 생각하는 것은, 그때 내가 문단이며 문인단체를 보고 판단했던 생각과 처신하려던 태도가 옳았던 것이다. 이원수 선생은 분명히 문단에서 차지하는 자리라든가 속된 이름을 얻고 싶어 하는 분은 아니었다. 이 점에서는 다른 어떤 아동문학가와도 달랐다고 본다. 그런데도 남한에서 가장 많은 회원을 가진 아동문학 단체의 회장을 돌아가실 때까지 맡고 있었던 까닭은, 그런 단체를 운영하면서 문학운동을 하는 것이 우리 문학을 바르게 이끌어가는 길이라고 믿었기 때문이다.

그런데 그 뒤가 어떻게 되었는가? 이원수 선생이 돌아가시자 곧 그 단체는 다른 단체와 합류가 되었고, 이름도 바뀌었다. 두 단체가 하나로 되는 일이야 겉으로 본다면 바람직한 현상이다. 그러니 이원수 선생의 문학정신은 그렇게 합류된 단체가 하는 어떤 일에서고, 또 그 단체에 들어 있는 어떤 개인에서고 나타나지 않았다. 적어도 내가 보기로는 그렇다. 모두가 변질이 된 것인가? 아니다. 본래 그랬던 것이다. 그런 것을 이원수 선생은 몰랐던 것이다. 만약에 알고 있었다면 차츰 좋아지겠지, 바른 길로 나가겠지, 하고 너무 안이하게 보신 것이다.

사람, 더구나 글을 쓰는 글쟁이들의 본바탕이란 좀처럼 달라지지 않는다. 손재주꾼은 끝내 손재주꾼일 뿐이고, 장사꾼은 끝내 장사꾼일 따름이고, 사기꾼은 끝까지 사기꾼이다. 온갖 글장난꾼, 글재주꾼들이 문단에서는 도리어 세력을 크게 잡고 있는 것이 옛날이고 지금이고 다르지 않다. 이 선생님 곁에서 선생님의 길을 따르는 것처럼 보이던 많은 사람들 가운데 선생님의 문학정신을 진정으로 이해하고 공감한 사람이 과연 몇이나 있었는지 나는 선생님이 살아 계실 때부터 믿지 않았다.

차라리 그때 이원수 선생이 내가 충고한 대로 문학단체에서 벗어나 글만 썼더라면 더 많은 작품을 남기셨을 것이고, 마음도 더 편하셨을 것이다. 어쩌면 암 같은 병에도 안 걸리셨을는지도 모른다는 생각까지 해본다. 아무튼 이원수 선생뿐 아니라 그 어떤 문학 작가의 업적도 그가 남긴 작품에 있는 것이지 단체 활동이란 데 있는 것이 아니다. 단체 활동이란 것은 도리어 작가가 창작생활에서 쌓게 될 업적을 줄이고 시들게 할 뿐이다.

나는 여기서 아동문학과 글쓰기 교육의 두 분야를 비교해서 글쓰기 교육운동 단체가 부질없다는 말을 하려는 것이 결코 아니다. 아동문학은 창작을 해야 하고, 창작은 한 사람 한 사람 혼자 하는 일이다. 물론 때로는 여럿이 모여서 의견을 나누기도 하고, 문학운동이란 것도 할 수 있겠지만, 그런 것은 중요하지 않다. 그런데 글쓰기 교육은 아이들을 상대로 하는 것이고, 실제로 지도하고 있는 것은 남에게 보여서 도움을 받고, 남이 하고 있는 방법에서 배워야 한다. 곧 여러 사람들이 슬기를 모아서 연구를 해야 하는 것이다. 그래서 글쓰기 교육에서는 이런 연구 단체가 꼭 있어야 하고, 교육을 제대로 실천하고 연구하려면 이런 단체에 들어가서 함께하는 것이 바람직하다.

그런데 이와 같이 아주 필요한 단체인데도 제 노릇을 못 하면 아무 소용이 없다. 그저 회원 많이 끌어 모으는 일이나 목표로 하고, 회보를 달마다 빠짐없이 내는 것을 만족하게 여기고, 흔히 말하는 근사한 이론 몇 가지를 외워서 지껄이는 것으로 다 되었다고 생각하면 큰일 날 일이다. 연수회 때마다 부지런히 나와서 무슨 일에나 앞장서 일해왔다 싶은 사람조차 실제 아이들 지도를 한 것을 보면 너무 빈약하고, 입으로 하는 말과는 달리 아주 기본이 되고 상식이 되어 있는 지도조차 잘못하고 있구나, 모르고 있구나 하고 느끼게 되는 수가 가끔 있는데, 이것은 왜 이럴까? 학급문집이 잘 안 나오는 것도 세상 핑계, 아이들 탓으로만 돌리고 있는 것은 아닐까? 글쓰기로 하는 참된 사람교육에 대한 믿음을 갖지 못하고, 그 믿음을 자기 나름으로 현장에서 실천하고 창조하지 못하기 때문이 아닌가? 그래서 우리 글쓰기회가 더 앞으로 나아가지 못하고 한곳에 머물러 꽉 막혀 있다는 생각을 하게 되니, 별 볼일 없는 문학단체가 보여주는 모양과 크게 다르지 않다는 느낌이 어쩔 수 없이 드는 것이다.

'우리말우리글모임'이 합류하면 좀 활기를 띨 수 있겠다는 기대를 했다. 그러나 일반 회원이 많이 늘어났을 뿐이고, 정회원들의 활동은 별로 나아진 것 같지 않다. 그리고 우리 말 공부를 모두 어떤 것으로 알고 어느 정도로 생각하고 있는지도 모르겠다. 우리 말을 살려서 쓰는 일은 외국숭배와 유식병이라는 우리 민족 전체가 걸려 있는 무서운 병과 싸우는 일임을 정말 알고 있을까? 중한 증세건 가벼운 증세건 저마다 이 몹쓸 전염병에 걸려 있다는 사실을 깨닫고 이 무서운 병과 싸우는 일을 해야 한다고 정말로 작정하고 있는 것일까?

다.

　회보 3월호부터 김종만 선생님의 글「아이들에게 들려주는 자연 이야기」가 연재되어 나온다. 그 첫 회치「사람이 까치만 했으면」을 읽고 놀라는 한편 아주 맥이 탁 풀렸다. 지난 겨울 연구위원회에서 회보 편집 계획을 의논했을 때, 김 선생이 자연 이야기를 연재하고 싶다고 하기에 나도 그것 참 좋겠다고 반가워했고, 자연을 모르고 살아가는 아이들에게 좋은 읽을거리가 되겠다 싶었다. 그런데 이런 글을 쓸 줄은 꿈에도 생각을 못 했다. 여기 하나하나 잘못된 것을 지적할 기분조차 안 난다. 한마디로 말해서 거기 써놓은 까치 이야기가 모두 사실일 수가 없는 황당한 이야기로 되어 있었다. 어째서 이런 이야기를 썼는지 도무지 알 수가 없다. 그 글을 읽는 아이들은 거기 나오는 까치 이야기가 모두 사실인 줄 알 것이다. 그렇게 해서 자연을 잘못 알려도 괜찮을까? 많은 사람들이 자연을 잘못 알게 되는 결과에 대한 책임을 어떻게 질 것인가? 거짓말을 해도 재미있게 읽기만 하면 된다는 생각일까?

　동화에서 동물을 사람같이 말을 하게 하는 수가 있다. 그러나 그것은 흔히 거짓말이라 느껴지지 않는다. 동물도 저희들끼리 말을 주고받는다고 학자들은 말하는 터이지만, 아무튼 사람이 과학으로 알아내지 못하는 세계라면 상상으로 마음대로 이야기를 펼쳐나갈 수 있는 것이다. 물론 상상의 세계에서 동물이 말은 한다고 하더라도 그 동물의 생태에 어긋나지 않게, 자연스럽게 느껴지도록 해야 한다.

　그런데 과학으로 다 밝혀진 일을 제멋대로 잘못되게 써서는 안 되고, 더구나 눈으로 보면 누구나 알 수 있는 사실을 틀리게 쓴다는 것은 있을 수 없는 일이다.

　동물을 사람처럼 다룬 동화도 이러한데, 어떤 사실을 그대로 써서 읽히는 글로 되어 있는 이야기에서, 더구나 상식으로 되어야 할 까치의 생태를 이렇게 엉뚱하게 가르치고 있으니 어이가 없다.

김 선생님은 '글쓰기회'에 이제 막 들어온 분도 아니고 우리 회가 처음 모일 때부터 일을 같이 했고, 더구나 여러 해 동안 총무 자리에서 '글쓰기회' 살림까지 맡아 하면서 회의 중심이 되기도 했다. 우리 '글쓰기회'에서 내걸고 있는 정신이라든가, 교육방법을 그 누구보다 잘 알고 있을 것이라고 믿었던 분이 이런 글을 썼으니 어떻게 놀라지 않겠는가? 맥이 탁 풀려서 이제 글쓰기고 글쓰기회고 그만 보기도 싫어졌다. 솔직하게 말해서 내가 왜 이런 글쓰기 교육운동을 한다고 쓸데없는 짓으로 세월을 보냈던가 하는 뉘우침이 막심하다. 스물 몇 해 전에 이원수 선생님께 회장 그만두시라고 했던 일이 생각난 것도 이런 까닭이다.

지난해에 김익승 선생님과 주고받은 글 이야기도 머리에 떠오른다. 회보에 났던 그 글뿐 아니고 그 뒤에 있었던 일도 일부 회원들은 알고 있을 것이다. 내가 글을 비판했다고, 더구나 본인의 잘못도 아니고 그 지도 과정에서 쓴 어느 분의 자료가 잘못되었다는 비판을 했는데도 불만을 가지고, 지난겨울 연수회에서는 중간에 나가버리기까지 했다. 김익승 선생 역시 '글쓰기회' 총무 일을 맡았던 분이다.

나는 여기서 나와 가장 가깝게 지내면서 함께 일하던 후배들을 잘못한다고 나무라고 원망하고 있다. 실망하고 낙담하고 있다. 그러나 알고 보면 이것이 모두 내가 잘못한 것이다. 나는 이런 일을 해낼 만한 사람이 도무지 안 되는 사람이다. 사람들을 모두 따뜻하게 끌어안을 너그러운 가슴이 없고, 이론이고 실천이고 교육을 바로잡는 일을 해낼 재능이나 역량이 도무지 없는 사람이다. 진작 이런 자리를 떠나야 했는데 너무 너무 잘못했다.

라.

「자연 이야기」에 대해서는 4월호에 나올 수 있게 무슨 이야기든지 쓰려고 했는데, 그만 바빠서 못 썼다. 그러다가 5월호에도 못 썼다. 이번 6월호에서는 할 수 없이 3, 4, 5월호에 나온 모든 글에 대해서 내 생각을 조금씩 쓰려고 한다. 그랬더니 6월호부터 발행 날짜를 한 주일 앞당기게 되었으니 원고를 빨리 보내달라는 연락이 왔다. 할 수 없이 이렇게 「자연 이야기」만 언급해서 짧게 쓴다는 것이 이것저것 생각을 정리하다보니 말이 많아졌다.

여기서 또 보태어 말할 것이 있다. 며칠 전 '한겨레문화센터'에서 아동문학강좌 실기지도를 했을 때 있었던 일이다. 어느 분이 동화를 써왔는데, 읽어보니 까치 이야기가 이상하게 씌어 있었다. 왜 이렇게 썼는가 물어보았더니 "『글쓰기』 회보에 그렇게 되어 있던데요" 했다.

내가 걱정했던 일은 뜻밖에도 이렇게 빨리 일어났던 것이다. (이 글을 쓰면서 바로 그 작품의 한 대문을 여기 옮겨 적어놓으려고 했지만, 아무리 찾아도 그 작품의 복사 원고가 안 나왔다. 할 수 없이 그 글을 보여주지는 못하는데, 필요하면 그 글을 쓴 본인한테 연락해서 다음에라도 참고로 발표할 수 있을 것이다.)

글을 쓰는 일은 개인이 하는 일이고, 그래서 무엇을 쓰든지 쓰는 사람의 자유다. 그러나 쓴 글을 한번 어떤 자리에 발표를 했다면 그때는 개인의 일에 그치지 않고 사회 속에서 하는 행위가 되고, 따라서 자신이 쓴 글에 대해서 책임을 지지 않을 수 없다.

김종만 선생님은 그 뒤에도 「자연 이야기」를 쓰고 있다. 두 번째부터는 좀 달리 쓰기는 했다. 첫 번째 나간 글의 잘못을 깨닫게 되었다고 해도 이미 그 글은 지워버릴 수가 없기에 그 글이 잘못되었다는 사실을 누가 써도 써야 하는 것이다. 만약 그렇게 하지 못한다면 『글쓰기』 회보는 공해를 일으키는 인쇄물이 되고, '글쓰기회'는 공해를 일으키는 모임이 될 수밖에 없다.

그리고 두 번째와 세 번째로 나온 「자연 이야기」도 그렇게 유익하게 참고 될 글로 칭찬할 깃은 못 되는 것 같고, 너구나 시난 호에는 비닐 이야기까지 써서 농민들이 비닐을 함부로 쓰고 버리고 하는 것을 옹호하고 있어서 또 한 번 실망했다. 비닐공해란 것이 얼마나 심각한가를 모르면서 어떻게 자연을 사랑한다고 하는지 내 머리로는 이해가 안 된다. 대관절 김 선생님은 글을 너무 쉽게 쓰는 것은 아닌지 모르겠다. 제발 그런 글 쓰지 말고 아이들 이야기, 교실에서 하고 있는 이야기를 좀 써주었으면 좋겠다. 교육을 하고 있는 글쓰기 회원으로서 가장 중요한 할 일은 역시 글쓰기 전에 글쓰기 지도일 것이다. 따라서 글도 다른 글을 쓰기 전에 지도에 관한 글을 더 많이 힘들여 써야 할 것이 아닌가 싶다.

  이 글을 읽고 김 선생은 놀라고 화도 나겠지만 곧 머리를 끄덕이실 것이라 생각한다. 나하고는 비교가 안 될 만큼 너그러운 인품을 지닌 분이라 믿기에 마음 놓고 이렇게 할 말을 한 것이다.

11. 고쳐야 할 말과 그냥 두어야 할 말
정근영 선생님의 글에 대하여

정근영 선생님이 또 글을 보내주셨다. 이번에는 『글쓰기』 회보 6월호에 나온 내 글에 대한 느낌과 의견을 쓴 것이다. 내 이름이 서른 번쯤 나와 있고, 나를 너무 추어올리는 말이 많아서 솔직히 말해 글의 격이 떨어진다. 그래서 회보에 내고 싶지 않지만 다음 몇 가지 까닭으로 어쩔 수 없이 공표를 하게 되었다.

첫째는 내 글을 여러 군데 보기를 들어 다듬어놓으면서 의견을 적고는 질문까지 하였기에 대답을 하지 않을 수 없다. 둘째는 우리 회보에 나온 글을 논의하고 평가하는 글을 좀 써야 한다는 의견을 나 스스로 여러 차례 말해놓은 터라 마땅히 이런 글을 환영하여 회원들에게 읽도록 권하지 않을 수 없다. 셋째는 이 글이 사사로운 편지글이나 감상문이 아니란 점이다. 넷째는 글이 좀 산만하기는 하지만 우리 모두가 귀담아듣고 생각해보아야 할 말이 여러 군데 있기에 그냥 덮어두기에 아깝다는 생각이 든 것이다.

이런 여러 가지 까닭으로 지난번에 이어 정 선생님의 글을 또 싣게 되었는데, 짧지 않은 글을 싣고는 여기에 대한 내 의견을 또 쓰자니 두 사람의 글 때문에 회보의 자리가 비좁아질 것 같아 미안하기 짝이 없다. 먼저 정 선생님의 글부터 싣겠는데, 더러 잘못 적힌 글자나 빠진 글자, 띄어쓰기 같은 것만은 대강 바로잡아놓았다.

이오덕 선생님의 실망 정근영

나는 이오덕 선생님을 존경한다. 내가 이오덕 선생님을 알기 시작한 것은 『이 아이들을 어떻게 할 것인가?』라는 책을 읽고 나서다. 한 20년도 더 된 것 같다. 오래전 글쓰기 모임에 몇 차례 나가기도 해서 선생님을 직접 뵙기도 하고 말씀도 들었다. 가끔 텔레비전에 이오덕 선생님이 나오면 너무 반갑다. 몇 번 전화를 걸기도 했다. 그렇지만 이오덕 선생님을 직접 뵐 기회는 잘 없다. 멀리 떨어져 계시고 또 바쁘신 어른이라 꼭 할 일도 없으면서 찾아뵙기도 민망해서다. 그 대신 선생님이 책을 내시면 눈에 띄는 대로 거의 읽는다.

나는 우리 말 공부에 관심이 많다. 나름대로는 이 분야의 공부도 좀 한 셈이다. 책도 좀 읽었다. 그래도 이오덕 선생님이 쓴 『우리 글 바로 쓰기』나 『우리 문장 쓰기』만큼 기억에 남는 책은 없다. 이오덕 선생님은 우리 말을 살리기 위해서 태어난 사람 같다.

이오덕 선생님의 글은 참 보드랍다. 개밥에 도토리처럼 튀어나오는 중국글자말 같은 어려운 말이 없이 글(말)이 부드럽다. 나는 글을 쓸 때 『우리 글 바로 쓰기』가 가르쳐준 대로 쓰려고 노력한다. 논문과 같은 글을 보면 꼭 이론적 배경이라 해서 '적'이란 말을 쓰지만 나는 꼭 '이론의 배경'이라고 써서 '적' 자를 쓰지 않는다. 또 '등'과 같은 한자말은 절대 쓰지 않는다. 그런데 내 글을 교정하는 사람들은 '들'을 '등'으로 고쳐놓을 때도 있어 쓴웃음이 나오기도 한다. 나는 교과서에 나오는 '등'이란 말을 꼭꼭 '들'로 바로잡아 가르친다. 아이들이나 학부모들 가운데는 책이 틀렸다고 하는 건방진 선생 다 본다 싶은 사람도 있을 것이다.

오래된 내가 교단에 서고 나서 얼마 되지 않았을 때 이야기지만 그때 장학사가 하는 말을 틀렸다고 하니 선배 교사가 "장학사가 자네보다는 공부를 더 많이 했지" 하면서 나무라는 소리도 들었다. 그러니 책을 틀렸다고 하는 교사를 건방지다고 보는 일은 당연할지도 모른다.

'등'에 대해서는 이것이 꼭 일본식 한자말일까 하는 의심이 없는 것도 아니다. 정인지가 쓴 『고려사』를 보면 '신등'(臣等)이란 한자가 나오기도 한다.

『글쓰기』 회보나 또는 다른 책에서 이오덕 선생님이 잘못 쓴 글을 지적한 것을 읽으면 과연 그렇겠구나 하는 생각이 든다. 그러면서도 한편 참 멍청하다는 생각이 든다. 왜냐하면 이오덕 선생님이 쓴 책을 제법 읽고서도 우리 말에 대한 바른 생각을 갖지 못하고 꼭 이오덕 선생님이 지적해줘야 그제야 알게 되니 말이다.

나는 『글쓰기』 회보와 그 앞의 『우리 말 우리 글』도 열심히 읽었다. 그러면서도 지금껏 이오덕 선생님의 생각이나 주장과 다른 글이 『글쓰기』 회보에 실리고 있는 줄은 몰랐다. 더구나 윤구병 선생님과 주고 받은 편지를 보면서 이오덕 선생님이 얼마나 아픈 매로 『글쓰기』를 다듬고 계시는가, 그래서 『글쓰기』는 이오덕 선생님의 생각이 제대로 반영이 되는 줄로 알고 있었는데 『글쓰기』 6월호를 읽고는 이오덕 선생님이 『글쓰기』에 너무 실망하는 모습을 보게 되니 뜻밖이었.

이오덕 선생님의 말씀(글)을 듣고야 이제 겨우 틀린 것을 알게 되고 또 깨닫게 되니 참 멍청한 노릇이다. 또 이오덕 선생님의 우리 말 살리는 정신을 오롯이 받는 제자나 후학이 없는 것도 알아차리겠다.

나는 지난번에 『글쓰기』 회보의 머리글을 고쳐본 일이 있다. 정말이지 『글쓰기』 회보의 글을 이렇게 비평하고 잘못을 지적하는 것은 "도사 앞에 요령 흔드는 일이요, 공자 앞에 문자 쓰는 격"으로 건방진 일 같이 느껴진다. 그러다보니 그 글을 비평하고 자시고 할 생각을 내지 못한다. 더러 틀린 글이나 표현이 어색하면 인쇄를 하는 과정에서 그렇게 되었겠지 하고 만다. 그러다가 공부 삼아 글쓰기 머리글을 고쳐 보았는데 그것이 『글쓰기』 5월호엔가 실렸다. 그때 머리글을 썼던 선생님이 (이름은 기억이 나지 않는디) 니한테 미운 감정을 가질까 겁도 난다. 『글쓰기』와 『우리 말 우리 글』이 합해지기 전 나는 『우리 말 우리 글』을 열심히 읽었다. 『우리 말 우리 글』을 한 호도 빠뜨리지 않고 다 모아서 묶어두었다. 『우리 말 우리 글』이 없어질 때 서운한 생각이 들었다. 이오덕 선생님이 직접 쓰시던 그 『우리 말 우리 글』이 계속되었으면 좋았을 것이란 생각이 새삼 든다.

『우리 말 우리 글』에는 신문에 잘못 쓰고 있는 글을 바로잡아보는 난이 있다. 그 난이 퍽 좋았다고 생각했는데 '글쓰기회'와 '우리말살리는모임'이 합해지면서 그 난이 없어진 것이 못내 서운하였다. 그 난을 『글쓰기』에서 다시 살렸으면 좋겠다.

며칠 전 거의 이름난 신문마다 민족사관고등학교 선생님을 뽑는 광고가 났다. 나는 이 글도 마음에 들지 않아서 고쳐보고 싶었다. 제목을 '1997년도 민족사관고등학교 선생님을 초빙합니다'라고 하였는데 "초빙합니다"보다는 '모시고자 합니다'가 더 낫다는 생각이 든다. 그 밑에는 "97년도에는 본교 학생이 30명 더 증가됩니다. 이에 대비하여 선생님을 초빙하고자 합니다. 수준이 다른 50명의 학생 수업에 교육 이념을 펴지 못하여 고민하는 선생님, 가치관의 혼돈에서 오는 교육에 고민하는 선생님, '나라면 자신있다'고 자신하는 선생님을 초빙합니다"라고 썼다.

이 글을 보면 민족사관고등학교에서 모시려고 하는 선생님은 세 종류다. 그 세 종류의 선생님이 꼭 좋은 선생님이라 보기는 어렵지만 나라면 이렇게 쓰겠다. "97년도에는 우리 학교 학생이 30명 더 늘어납니다. 그래서 선생님도 몇 분 더 모시고자 합니다. 서로 수준이 다른 쉰 명이 넘는 학생을 한 반에 넣어놓고 가르치게 되어 자신의 교육이념을 펼 수 없어 괴로워하는 선생님, 무엇이 옳고 그른지 무엇을 가르쳐야 할지 몰라 괴로워하는 선생님, '나라면 할 수 있다'고 자신하는 선생님을 모시고 싶습니다."

민족사관고등학교는 많은 돈을 투자하여 훌륭한 교육 시설에다 훌륭한 교사들이 영재를 뽑아서 가르치는 학교다. 기업에서 이렇게 돈을 값지게 쓰는 일은 정말 칭찬할 일이긴 하지만 따지고 보면 썩 잘하는 일만은 아닌 것 같다. 아이 한 명을 교사 한 명이나 두 명이 1 : 1이나 1 : 2로 가르쳐서 인재를 빨리 키워보겠다는 생각인데 우스운 노릇이다. 중국 옛이야기에 어떤 농부가 이웃 논에서 벼이삭이 패는데 자기 논에서는 벼이삭이 패지 않자 벼이삭을 일일이 뽑아 올리고는 자기 집 벼이삭도 패었다고 좋아했다는데, 바로 이 농부처럼 어리석다는 생각이 들기도 한다. 올해 고졸 검정고시에서 가장 어린 14세의 나이로 합격한 권현아 양은 중학교 3학년 과정과 고등학교 3학년의 6년 과정을 저 혼자 공부해서 1년 남짓한 기간에 마친 셈인데 속진교육을 위해서 그렇게 세상이 떠들썩하게 할 것까지 있을까. 내가 보기로는 민족사관고등학교에서 뽑고자 하는 아이는 권현아 양 같은 학생인데 그런 아이는 민족사관고등학교가 아니라 저 혼자 내버려두어도 될 아이다.

말이 나온 김에 하는 이야기지만 오늘날 우리 교육이란 게 그 뭐냐. 거의가 쓸데가 없는 짓거리다. 학교에서나 과외로 배우는 지식이란 것이 거의 쓸모가 없는 것들이다. 만약 그것이 쓸모가 있다면 한 달에 100만 원 아니라 1000만 원을 주고 과외를 한다 한들 조금도 나무랄 일이 아니다. 그러나 학교에서 배우는 지식, 그것은 입시 말고는 거의 쓸데가 없는 지식이다. 간혹 가짜 서울대 학생이 순진한 아가씨들을 울리는 이야기가 신문에도 나는데 서울대학을 나와도 용빼는 재주가 있는 것도 아니다. 서울대학 안 나온 사람하고 다른 것도 아니다. 그러니 서울대학 안 나오고도 나왔다고 속일 수 있지 않겠는가.

우리 나라 대학이란 거 정말 별거 아니다. 나는 우리 나라 대학 몽땅 없애고 초등학교 교육이라도 제대로 하기를 바란다. 지난번 삼풍백화점 참사로 세상을 놀라게 했지만 그것이 우리 교육의 모습이다. 기초공사는 부실로 해놓고 수십 층을 쌓아 분 바르고 연지 발라 울긋불긋 꾸며놓은 꼬라서니라니. 기초공사도 제대로 해놓지 않고서 그 위에 몇 층이나 올리려는지. 초등학교 교육도 제대로 해놓지 않고 그 위에 중학교는 무엇이며 또 고등학교는 뭐란 말인가. 나는 대학원까지 나왔지만 아이들을 가르치면서 느끼는 것은 대학원을 나와서 아이들 가르치기가 쉬운 것이 아니라 초등학교 교육을 제대로 못 받아서 아이들을 가르치는 일이 힘들다.

초등학교는 기초학교다. 기초를 가르쳐야 할 텐데 초등학교에서 온갖 거 다 가르치려 든다. 한문도 배워라, 영어도 배워라, 컴퓨터도 배워라, 농사일도 배워라, 또 무엇도 배워라, 가르쳐라, 배워라, 하면서 저 난리를 떨지만 알고 보면 모두 쓸데없는 짓거리다. 우리 나라에서는 초등학교학생에게 컴퓨터를 가르치라고 난리다. 컴퓨터 모르면 당장 죽기라도 할 듯이 말이다. 그러나 프랑스에서는 초등학교에서는 컴퓨터가 창의성을 말살하기 때문에 초등학교에서는 가르치지 못하도록 금지한다고 한다. 내가 프랑스 가본 것도 아니고 텔레비전 뉴스에서 크게 떠들어 안 사실이다.

이야기가 너무 많이 옆길로 나간 것 같다. 『글쓰기』 6월호에서 이오덕 선생님의 글을 읽고 나는 이오덕 선생님이 얼마나 실망하고 계시는지 안타까운 생각이 들었다. 이오덕 선생님의 글을 읽고 느끼는 것은 역시 '다르구나' 하는 것이다. 그리고 이오덕 선생님의 식견을 제대로 받을 수 있는 사람이 몇이나 될까 의심스럽기도 하였다. 석가모니가 보리수 아래에서 도를 깨닫듯 이오덕 선생님은 우리 말 우리 글의 도를 깨친 어른이 아닌가 하는 생각이 들었고 아무리 공부를 많이 해도 도를 깨치지 못한 글은 허점투성이일 거라는 생각이 든다. 그래서 눈을 떠야 한다는 생각이다. 눈을 뜨지 못한 사람이 하는 일이란 봉사놀음에 지나지 않는 것이란 생각이다. 그것은 요즘 부르짖는 열린 교육을 보고도 그렇게 느낀다. 열린 교육을 하라는 사람이나 열린 교육을 한다는 사람이나 열린 교육을 모르면서 열린 교육 하라고 떠들고 열린 교육을 한다고 떠드니 이게 다 봉사 놀음 아닌가.

또 옆길로 나가고 있구나. 이러다간 정말 횡설수설하다가 그치고 말게 될지도 모르겠다.

　틀린 줄 알고도 남의 글을 비평하는 데는 큰 용기가 필요하다. 누가 틀린 것을 지적이라고 할라치면 거개가 "누가 몰라서 입 다물고 있는 줄 아나 공연히 잘난 척하는군" 하는 듯한 눈치가 보인다. 그러니 비싼 밥 먹어가면서 남 듣기 싫은 소리를 하겠나.

　그런데 이오덕 선생님은 틀린 것을 그대로 두고 보지는 않는다. 반드시 지적하고 고치도록 일깨워준다. 이오덕 선생님의 지적을 들으면 저저히 옳다. 그러나 그것은 삼자가 보았을 때이고, 매를 맞는 당사자의 처지로서는 마음이 편할 리 없다. 더구나 이오덕 선생님을 존경하고 따랐던 사람은 더할 테지.

　석가모니 부처님은 잘못을 저지르는 사람을 보고 직접 나무라는 일이 드물다고 한다. 꾸지람을 듣는 사람은 자기만 나무란다고 서러워하기 때문이다. 그래서 부처님은 어떤 제자가 잘못을 저질러 그를 나무래야 할 경우는 직접 그를 나무라지 않고 10대제자들에게 그가 저지른 잘못을 일부러 저지르게 해서는 그 제자를 나무란다고 한다. 그러면 그런 잘못을 저지른 제자도 그때에야 자기 잘못을 깨달아 바르게 고친다고 한다.

　이오덕 선생님을 따르는 사람일수록, 가까이서 모시는 사람일수록, 부처님의 10대제자처럼 선생님의 지적을 기쁘게 받아들여야 한다. 그래야 이오덕 선생님의 정신이 살아난다.

　이오덕 선생님의 글을 읽고 구구절절 후학들에 실망하시는 모습이 살아난다. 정말 얼마나 큰 고독을 느끼셨을까. 나는 석가모니가 태어나면서 "하늘 위나 하늘 아래 나 홀로"라 하셨다는데, 이 말에서 석가모니의 고독을 느낀다. 지혜를 깨치고 이를 전할 수 없는 안타까움, 외로움…….

　이오덕 선생님의 글을 읽고 밑줄을 쳐보았다. 내 옅은 생각이 선생님의 바다 같은 지식에 견줄 수 있을까마는 선생님의 글을 이렇게 밑줄을 그어봄으로써 큰 공부를 하고 싶다. 내 생각이 틀린 것이라면 바로 잡아주시기 바라면서.

"느낀 글도 더러 만났다"고 하는데 이것은 영어식 표현이 아닐까. 글을 읽었다 해야 옳은 것 아닐까. 그래서 '느낀 글을 더러 읽었다'라고 해야 되는 것 아닐까.

"회원들의 연수교재로 되어" "이야기가 되는 줄 알지만"은 '되어'를 빼고 '회원들의 연수교재로'만 하는 것이 더 자연스럽고 '이야기하는 줄 알지만'으로 하는 것이 더 좋은 것 같다. 그 뒤 "찜찜한 마음이었고"는 '찜찜한 마음이 들었고' 또는 '찜찜했고'가 낫겠고 "이렇게 된다"는 '이렇다'로 쓰는 것이 좋을 것 같다.

"우리 회보는 다른 어떤 책과도 다르다"에서 "도"자가 어색하다. 책 말고 다른 것하고도 다르다는 말인데 그 다른 것이 뭔가. 결국 이 말은 책하고만 다르다는 뜻이리라. 그래서 '책과 다르다'든지 아니면 '책하고는 다르다' 해야겠지.

"'글쓰기 연구회'가 맡아야 할 몫이지만"처럼 몫이란 말을 많이 쓰는데 '일'이라야 하지 않을까.

"다른 단체와 합류가 되었고"는 '합류하였고' 또는 '합쳤고'로, "합류된 단체"도 역시 '합류한 단체' 또는 '합한 단체'로, "공감한 사람이 과연 몇이나 있었는지"는 '몇이나 있었는지'로, "비교해서"는 '견주어서'로, "글쓰기로 하는 참된 사람교육에 대한 믿음을 갖지 못하고"는 '글쓰기로 참된 사람을 기르는 일을 믿지 못하고'로, 여러 번 나오는 말인데 "합류가 되면"은 '합하면'으로, "중한 증세"는 '무거운 증세'로, "황당한 이야기로 되어 있다"는 '황당한 이야기다'로, "싫어졌다"는 '싫다'로 고쳐 쓰면 좋겠다는 생각을 한다.

물론 이렇게 생각하는 것은 이오덕 선생님이 평소 주장하던 가르침에 충실히 따르면서 생각한 것이다. 혹 내가 잘못 이해한 것이라면 바로잡아주시면 좋겠다.

　병들어 죽어가는 우리 말을 누가 있어 살려낼 것인가. 이오덕 선생님은 이 분야에 있어서 홀로 우뚝한 존재가 아닌가.

　하루빨리 이오덕 선생님의 그 해박한 지식, 정확한 지식을 오롯이 넘겨받는 후학들이 많이 나오길 간곡히 바라면서 혹 무례하게 굴지 않았는가 돌아보면서 이 글을 끝내고자 한다.

　1996. 5. 31.

이제 이 글에 대한 내 생각을 적겠다. 내가 쓰게 될 의견은 첫째, 내 글에 대해서 정 선생님이 지적하신 것에 대한 내 의견이나 정 선생님의 물음에 대한 대답과 둘째, 정 선생님이 쓰신 글에서 문제가 되는 것, 셋째, 정 선생님의 의견이나 글의 내용에 대해 좀 깊이 생각해보아야 할 것 따위 대강 서너 가지로 크게 나눌 수 있다. 그래서 이것을 좀더 자세히 나누어 다음과 같이 알기 쉽게 숫자로 표하였지만, 하나씩 들어 보이는 차례는 이런 갈래로 나누지 않고 정 선생님이 쓴 글을 따라했다는 것을 미리 밝힌다.

　　1) 내 글을 다듬은 경우
　　　　1-1) 옳게 다듬은 것
　　　　1-2) 잘못 다듬은 것
　　　　1-3) 그냥 두어도 되는 것을 고친 것
　　　　1-4) 생각해보아야 할 것
　　　　1-5) 무슨 말인지 알 수 없는 것

　　2) 정 선생님의 글에서 다듬었으면 싶은 것
　　　　2-1) 중국글자말이나 일본글 따라서 쓴 것
　　　　2-2) 일본말법이 되어버린 것

2-3) 말이 맞지 않거나 어수선해서 좀 다듬는 것이 좋겠다고 생각되는 경우
2-4) 무슨 말인지 알 수 없는 것

3) 좀 깊이 생각해보아야 할 문제

4) 맞춤법 문제

그러면 처음부터 차례로 살펴가겠다. 내가 들어 보이는 글에서 다듬고 싶은 말에는 밑줄을 긋고, 묶음표 안에 화살표를 하여 다듬은 말을 적었지만, 반드시 그렇게만 하지 않고 그 대문 전체에 대한 의견을 쓰기도 했다.

2-1) 선생님을 <u>직접</u> 뵙기도 하고…… (→바로)

이 직접이란 말이 여러 번 나온다. 나는 얼마 전까지만 해도 이 직접을 될 수 있는 대로 쓰지 않아야 할 말이라 보았는데 요즘은 생각을 달리하여 아주 안 쓰기로 했다. 직접이라 쓰지 않으면 안 될 경우가 있을까?

2-3) 논문과 같은 글을 보면 꼭 이론적 배경이라 해서 '적'이란 말을 쓰지만 나는 꼭 '이론의 배경'이라고 써서 '적' 자를 쓰지 않는다.

이것은 정확한 표현이 못 되고, 잘못 읽게도 될 것 같은 글이다. "논문과 같은 글"에는 반드시 "이론적 배경'이란 말이 나오는가? 그렇지는 않을 것이다. 아마도 무슨 –적이란 말은 안 쓴다고 하고 싶었던 것 같은데, 그렇다면 글을 많이 고쳐야 하겠다. 여기서 내가 실제로 고쳐 보일 필요까지 없겠지.

2-3), 3) 오래된 내가 교단에 서고 나서 얼마 되지 않았을 때 이야기지만 그때 장학사가 하는 말을 틀렸다고 하니 선배 교사가……

이 대문에서 첫머리에 나온 오래된이란 말이 왜 나왔을까 몇 번을 읽어보아도 알 수 없다. 이 오래된이란 말을 없애든지, 아니면 "이야기지만"을 "오래된" 바로 다음에 가져와서 '오래된 이야기지만' 이렇게 쓰면 될 것이다. 또 "이야기지만"보다는 '이야기인데'가 낫다. 다시 또 "얼마 되지 않았을 때 이야기지만 그때 장학사가 하는 말이"는 "이야기지만"이 앞으로 가고 "때"도 두 번 겹치게 되니 '얼마 되지 않았을 때 어느 장학사가 어떤 말을 하는데, 그 말이 틀렸다고 하니' 이렇게 써야 되지 않을까 싶다.

그런데 여기서 누구보다도 바로 글을 쓴 분이 느낄 것이다. '뭐 이런 말까지 고치려고 하는가?' 하고. 바로 이것이다. 학생들 문장 쓰기 지도를 하는 것도 아니고, (사실 학생들 글 고치기 지도에서도 이런 것은 아주 신중히 해야 한다) 우리 말 살리는 글 다듬기에서 글이 좀 어수선하다고, 표현이 좀 알맞지 않다고 해서 그것을 하나하나 고치려 하다가는 끝이 없다. 아무도 완전한 글을 쓰는 사람은 없다. 그런데도 남의 글을 고치려고 하니 흔히 자기 글 버릇대로 고치기가 예사다.

그러니까 우리 말 살리는 글 다듬기에서는 우리 말이 되어 있지 않은 것만 바로잡는다는 원칙을 세워서 이 원칙에만 따라서 글 다듬기를 하는 것이 좋겠고, 그밖에 문장표현 문제에 대해서는 특별한 것, 아주 두드러진 것, 우리 말 살리는 문제와 관계되는 것만을 논의하도록 해야 될 것으로 안다. 글을 서툴게 쓰는 것이야 본인이 책임질 일로 버려두는 것이 좋겠다. 그런데도 내가 여기서 정 선생님의 문장표현을 보기로 들어 정확하지 않다느니 어수선하다느니 하는 것은, 선생님 스스로 이 문제를 진지하게 생각해보았으면 하는 바람 때문이다.

지난 5월호 『글쓰기』 회보에 난 조용명 선생님의 글을 정 선생님이 다시 써 보이는 수고를 하셨을 때, 그 열성이 고맙기는 했지만 한편 좀 지나치다는 느낌도 들었다. 나 역시 조 선생님 글을 읽고 이분이 글을 잘 쓰는데 왜 이번에는 이렇게 썼을까? 좀 성의가 없이, 다듬지도 않고 아주 쉽게 써 냈구나 싶었다. 그런 느낌은 많은 회원들이 가졌을 것이다. 그렇다면 그 글을 논의하더라도 내용이나 문장표현에 대해서는 글 전체나 어떤 대문에 대한 대강의 느낌만 쓰는 데 그치고 (이것이 바로 앞에서 말한, 문장표현을 논의하는 특별한 경우이겠다) 우리 말 잘못 쓴 문제만 다루는 것이 좋았을 것이다. 사실 정 선생님이 다시 써 보인 글이 좀더 낫기는 했지만, 그렇게 다시 쓴 글을 두고 또 따질 수도 얼마든지 있다고 본다. 이렇게 되면 서로 도움이 되기보다 마음만 상하게 되기도 쉽다. 잘못 쓴 우리 말을 바로잡아주어도 고맙게 생각하는 사람보다 기분 나쁘게 여기는 사람이 더 많은 형편 아닌가.

2-3) 그러니 <u>책</u>을 틀렸다고 하는 교사를······

이것도 물론 대수롭잖은 것인데 책을보다는 '책이'라 하는 것이 낫지 않겠나 싶다.

3) <u>등</u>에 대해서는 이것이 꼭 일본식 한자말일까 하는 의심이 없는 것도 아니다.

"『고려사』에 '신등'(臣等)이란 한자말이 나와 있다"고 하면서 이렇게 썼기에 내 의견을 말하겠다. 『고려사』에 그렇게 나와 있다면 그것은 한문이지 우리 말은 아니다. 우리 말은 어디까지나 '신들' '신하들'이다.

우리는 흔히 "이것은 일본말이다"든지 "일본말 찌꺼기다"고 해서 일본말에 대해서는 꺼림칙하게 여기면서, 중국글자말에 대해서는 아무렇지도 않게 여기고 쓰거나 당연히 써야 하는 것, 흔히 자랑스럽게 쓰기도 하는데, 이것은 아주 큰 잘못이다. 그리고 많은 한자말들이 중국 것이면서 또 일본 것으로 되어 있다. 가령 보기를 들면 '아등'(我等) '오등'(吾等) '피등'(彼等)이라 할 때 이것은 중국글자말이기도 하고 한편 일본글말이기도 한 것이다. 우리 말은 '아등' '오등'이 아니라 '우리들'이고 '피등'이 아니라, '그들'이다. 이것이 일본말이라고 하는 까닭은, 일본사람은 '我等' '吾等' '彼等'이라고 써놓고 자기들 말로 '우리들'(와레라) '그들'(카레라)이라 읽기 때문이다.

더구나 여기서 우리가 깨달아야 할 것은, 오늘날 우리 나라 글쟁이들이 숱하게 쓰는 등, 등등은 중국글을 따라서 쓰기 때문이 아니라, 일본글을 따라서 쓰기 때문이라는 사실이다. 마치 해방 후에도 봄마다 학교 운동장이나 길가에 벚꽃이 만발하는 것이, 옛날부터 우리 꽃이라서 그렇게 피는 것이 아니라 왜정 때 일본사람들이 심어놓았기 때문인 것과 꼭 같다. (그렇다고 벚꽃을 없애자는 것이 아니다. 사람의 말은 국적이 있지만 풀과 나무는 국적이 없는 것이 보통이다.)

일본글을 보면 '等'이란 글자가 자주 나온다. 이것을 일본사람들은 '나도'라고 읽는다. 좀더 정확하게 말하면 일본말 '나도'를 그들은 '等'이란 글자로 쓰는 것이다. 그런데 우리는 '들' '따위' '와 같은'으로 써야 할 것을 일본글을 따라가다보니 모조리 등, 등등으로 쓴다. 그뿐 아니라 쓸 필요도 없고 들어갈 자리가 아닌 곳에도 함부로 이 등을 쓰고 있는데, 이것이 모두 일본글 따라서 쓰기에 얼이 빠져 있기 때문이다.

이 등에 대해서는 다른 자리에 더 자세히 정리해서 쓰고 싶지만, 여기서는 일본글을 번역해놓은 어느 책에서 몇 대문을 다음에 들어보겠다 (니시 가쓰조, 『건강법』). 이 글은 일본글을 그대로 직역했는데, 일본사람이 써놓은 한자말을 모조리 그대로 옮겨놓고는 우리가 읽는 한자음으로 적은 것이다. 그래서 밑줄을 친 말은 모두 우리 말로 바꿔 써야 할 일본말이다. 이것이 번역문이라 했지만, 오늘닐 우리 나라 사람들이 쓴 글을 보면 번역이 아닌 글도 거의 모두 이런 꼴이다. 그래서 하도 이런 글을 많이 읽다보니 글이라면 으레 이렇게 쓰는 줄 알게 되었다. 우리가 일본글 따라가는 꼴이 이렇다. 등, 등등도 이렇게 해서 쓰고 있는 온갖 일본말 가운데 하나인 것이다.

  1) 그런데 의가의 노대가나 민간요법가 등이 말하는 자연양능이란 것은 매우 관념적이고 목적론적이고 무비판적이고, 그 뒤에는 비과학적인 신의 섭리든가 현묘한 자연력이든가 하는 것이 많이 숨어져 있어서, 엄정한 과학적 입장을 굳게 지켜 나가는 자에게는 용납될 수 없는 경우가 많다.
  2) 이것 등은 현대 의가(醫家)에 있어서도 실험을 마친 예들이다.
  3) 병인이라면 한 달 반쯤까지는 짓이겨서 먹도록 한다. 여기에 생우유, 건시(乾柿, 곶감), 감주(甘酒) 등을 조금씩 넣어서 맛을 붙이면……
  4) 예컨대 생의 야채 등이 좋은가 아니면 불에 익혀서 생명을 잃은 즉 동적 특질을 잃은 조리한 야채가 좋은가, 이것 등에 관해서는 후에 진술하게 될 것이다.
  5) 다년간 나의 설을 경청하고, 친한 사이인 만큼, 판자에 자라, 목침을 베라, 붕어 흉내를 내라, 생수를 마시라는 등등의 나의 설을 승복하면서……
  6) 이것은 받는다. 귀, 음(音), 소리[聽], 세음자재(世音自在) 등등의 의미를 갖는다.
  7) 일광소독이라든가, 일광욕이라든가, 광선 요법 등등 하는 것은……

이 일곱 가지 보기글에서 1)과 2)에 나오는 등은 마땅히 '들'로 써야 할 말이다. 3)에 나오는 등은 '들' '따위' '같은 것' 이 셋 가운데 어느 것이라도 쓰면 된다. 그런데 4)에서 두 번이나 나오는 등은 죄다 필요가 없고, 없는 것이 더 깨끗한 글로 읽힌다. 5) 6) 7)에서는 등이 겹으로 되어 등등이라 썼다. 이 가운데서 5)는 '따위' '것과 같은'으로 써야 하고, 6)에서는 '따위' '와 같은'이라 해야 된다. 7)에서는 '이라'나 '들이라'를 쓰면 된다.

그런데 어떤 경우에 등을 안 쓰고 등등을 쓰는가? 5)에는 등등 앞에 네 가지를 들어놓았고, 6)에는 다섯 가지를 들어놓고 등등이라 했고 3)에는 똑같이 세 가지를 들었는데도 등이라 했다. 하도 많이 쓰다보니 등, 등등을 구별해서 쓰는 데 무슨 원칙이란 것이 없고, 또 쓰지 않아야 될 자리에도 제멋대로 들어간다. 이것이 일본글뿐 아니라 우리가 우리 글이라고 쓰는 경우에도 똑같은 꼴로 나타난다. 이번에는 우리 신문 기사에 나오는 등을 보기로 하자.

서울의 북동지역 8개 구에서 8, 9일 연이틀에 걸쳐, 또 북서지역 6개 구에선 8일 하루 오존주의보가 발령되는 등 이틀 새 서울 25개 구 중 절반이 넘는 14개 구에서 오존 오염이 심각하다는 것이 확인됐기 때문이다.

이에 따라 앞으로 서울에서는 옥외 활동이 가장 왕성한 계절인 6·7·8월의 낮 시간대에 유치원·초등학교 어린이들의 운동장 놀이나 노인의 외출·산행 등은 건강에 악영향을 주므로 삼가야 할 것으로 보인다.

전문가들은 공단 등이 몰려 있는 영등포·구로지역보다 지난해부터 강북지역에서만 오존주의보가 발령된 데 대해 "오존은 분지 같은 곳에 많이 발생하는데 강북은 북한산·수락산 등 높은 산이 있어 일종의 분지 지형이고 강남지역은 탁 트여 대기가 확산되는 바람에 오존 오염도가 낮은 것 같다"고 지적했다. (줄임)

그러니 이번에 문제기 된 대류권의 오존은 주로 자동차 배기가스에서 발생하는 이산화질소 등 화학물질이 자외선과 반응해 생성되는 유해가스로 선진국형 대기오염원이다.

　0.1~0.3ppm 농도에서 1시간 동안 노출되면 호흡기 자극 기침 눈물 <u>등</u>이 난다. 0.3~0.5ppm에서 두 시간 동안 노출되면 운동 중 폐기능이 저하되어 0.5ppm에서 6시간 동안 노출되면 마른기침이 나고 가슴이 답답한 증상이 나타난다. 『문화일보』, 1996. 6. 10.

　이 글에서는 등이 모두 여섯 번 나온다. 첫 번째 나온 등을 살펴보자. "오존주의보가 발령되는 등"이라 했는데, 오존주의보 말고 또 다른 어떤 주의보나 주의보 비슷한 것이 나왔다는 것일까? 이 기사를 처음부터 끝까지 아무리 눈여겨보아도 다른 무슨 주의보 같은 것이 있었던 것 같지 않다. 서울을 북동지역 8개 구와 북서지역 6개 구 말고 또 다른 몇 개 구도 들어 있다는 것을 이렇게 쓴 것일까? 그것도 아니다. 그다음 적은 것을 보면 "서울 25개 구 중 절반이 넘는 14개 구에서……" 했으니, 8개 구와 6개 구면 모두 꼭 14개 구가 된다. 그러니 이 등은 아무 쓸 데도 없이 공연히 붙어 있는 것이다.

　두 번째로 나온 등은 '따위'나 '들'로 쓰든지, 아니면 아주 안 쓰는 것이 좋겠다.

　세 번째로 쓴 "공단 등이 몰려 있는"도 '공단이 몰려 있는'이라 하든지, 아니면 '공단들이' 하면 될 것이다.

　네 번째는 "북한산·수락산 등"인데, 이것은 '북한산·수락산 같은'이라고 써야 한다.

　다섯 번째는 '이산화질소 따위'라 쓰면 되고, 여섯 번째 것은 '기침 눈물 같은 것이' 하면 우리 말이 된다.

　거듭 말하지만 등은 아무리 많이 쓴다고 해도 우리 말이 아니고 우리 말이 될 수 없다.

　　2-2) 이오덕 선생님<u>의</u> 지적한 것을 읽고서야…… (→이)

2-1) 실망하는 모습을 보게 되니 의외였다. (→뜻밖이었다.)
2-1) 직접 쓰시던…… (→손수)
2-1) 『글쓰기』와 『우리 말 우리 글』이 합해지기 전…… (→하나로 되기)
2-1) 모임이 합해지면서…… (→하나로 되면서)
2-3), 2-1) 서로 수준이 다른 쉰 명이 넘는 학생들

여기에 쓴 서로는 맞지 않는 말이다. '저마다'가 맞는 말일 것 같다. 쉰 명은 '쉰 사람' 하든지 '50명' 하든지 해야 된다.

2-2) "나라면 할 수 있다"라고 자신하는 선생님을 모시고 싶습니다. (→고)

어쩌다가 라고를 써야 할 때가 있지만 지금 우리 글을 모조리 라고로만 쓰는데 이것도 일본말법을 그대로 따라서 쓰는 부끄러운 글말이다.

2-1) 아이 한 명을 교사 한 명이나 두 명이…… (→한 사람 →두 사람)
2-1) 벼 이삭을 일일이 뽑아 올리고는…… (→하나하나)
2-3) 올해 고졸 검정고시에서 가장 나이 어린 14살의 나이로 합격한 권현아 양은…… (→14살로)
2-1) 1년 남짓한 기간에…… (→동안)
2-1) 입시 외에는…… (→밖에는, 말고는)
2-1) 초등학교에서는 컴퓨터가 창의성을 말살하기 때문에 초등학교에서는 가르치지 못하도록 금지한다고 한다. (→죽이기 | →한다고)

또 이글에서는 두 번째로 나오는 "초등학교에서는"을 지우고 그 자리에 '컴퓨터를'이라고 넣는 것이 좋겠다.

4) 아무리 공부를 많이 해도 도를 깨닫지 못한 글은 <u>허점</u>투성이일 거라는 생각이 든다.

이것은 맞춤법의 문제인데, 지금은 허점으로 쓰도록 되어 있는 모양이다. 그러나 나는 '헛점'이라고 쓴다. 그 까닭은, 어떤 사람도 '헛점'이라고 말하지 허점이라고 말하지는 않기 때문이다. 법은 그것을 만들고 고치는 하는 사람이 바뀌면 따라서 바뀌는 것이지만 진리는 언제까지나 그대로 살아 있다. 나는 남들이 맞춤법을 어기면서까지 내가 쓰는 대로 쓰라고 말하는 것이 아니다. 다만 내 생각을 말할 뿐이다. 이 '헛점'은 『쉬운 말 사전』에 적힌 대로 차라리 '빈점'이라고 쓰는 것도 좋을 것이다.

2-3) 이러다간 정말 횡설수설하다가 <u>그치고 말게 될지도</u> 모르겠다. (→말지도)

좀 말이 어수선해서 이렇게 고쳐보았다.

2-1) <u>거개</u>가 (→거의 모두, 대개)
2-4) 이오덕 선생님의 지적을 들으면 <u>저저히</u> 옳다.

이 저저히가 무슨 말인지 모르겠다.

2-1) 그것은 <u>삼자</u>가 보았을 때이고, 매를 맞는 <u>당사자의</u> 처지로서는 마음이 편할 리 없다. (→다른 사람이 | →그 사람은)
2-1), 3) 부처님은 잘못을 저지르는 사람을 보고 <u>직접</u> 나무라는 일이 드물다고 한다. (→바로)

여기서 부처님 이야기가 나왔다. 제자가 잘못을 저질러 그를 나무라야 할 때는 바로 나무라지 않고 10대 제자들에게 그가 저지른 잘못을 일부러 저지르게 해서는 그 제자를 나무란다고 했다는 것이다.

참 좋은 말씀이다. 그런데 나는 꿈에도 석가나 공자님 같은 성인이 될 생각은 하지 못했다. 나는 그저 보통의 사람일 뿐이고, 보통사람으로 만족하고 싶다. 그리고 또 내가 옛날의 성인 군자 흉내를 낼 생각을 하지 않는 까닭이 있다. 그것은 성인 군자들이 살던 때와 오늘날은 분명히 세상이 달라졌기 때문이다 그 옛날에는 글이 없었고, 있었다 하더라도 말로 살았지 글로 살지는 않았다. 그래서 오늘날처럼 책이 수없이 쏟아져 나오지 않았고, 책으로 읽는 문학이며 학문이라는 것, 언론이라는 것이 지금과는 아주 달랐다. 비평이라는 글이 있었다 하더라도 그것이 사람의 삶을 움직이는 노릇을 하지는 못했던 것이다.

그런데 오늘날은 어떤가? 정치, 경제, 사회, 교육, 문학, 미술, 음악, 종교, 체육……. 온갖 방면에서 비평이란 글이 아주 큰 자리를 잡고 있다. 비평이 없는 곳에서는 어떤 일도 제대로 하기를 바랄 수 없다. 비평이란 어떤 일이 바른가 그른가, 아름다운가 아름답지 못한가, 가치가 있는가 없는가를 평가하고 논란하는 일이다. 비평이 제대로 이뤄지고 언론이 바로 설 때 그 사회는 바로잡히고 앞으로 나아가지만, 비평이 없고 언론이 비뚤어질 때 사회는 병들게 마련이다. 사정이 이러한데 "바로 잘못되었다고 지적하면 지적받은 사람이 마음 편치 못하니 부처님처럼 다른 사람이 잘못하도록 해서 그것을 깨우쳐주면 좋다"는 방법을 쓰자는 의견은 오늘날의 모든 비평활동을 부정하는 것밖에 안 된다고 본다.

이 점에서 나는 『시민의 신문』(1996년 5월 13일)에 난 이현주 선생의 글 「심판 말자」와는 좀 다른 의견을 가지고 있다. 그 글에서 이 선생은 "누가 무엇을 했을 때 잘했다 잘못했다 평가하는 것을 위시하여 옳다 그르다, 좋다 나쁘다 비판하고 심판하기를 우리 모두 숨 쉬듯이 하고 있잖은가. 그러니 남을 심판하지 않기기 우리로서는 숨을 쉬지 않기만큼이나 힘든 일이 아닐 수 없다." 이렇게 썼는데, 내 생각과 내 체험은 아주 다르다. 교육이고 문학이고 삶이고 그것이 옳고 그른 것, 바르고 비뚤어진 것을 말해서 밝힌다는 것은 얼마나 힘들고 용기가 있어야 하는 일인가? 그것을 말하지 않고 돌아앉아 새 소리나 듣고 흰 구름이나 바라보고 지내기란 얼마나 마음편한 일인가? 사실 바른 말을 하고 바른 글을 쓴다고 해서 세상이 곧 제대로 바로잡히는 것이 아니고 자기만 여기저기 부딪쳐서 당할 뿐이니 오래전부터 머리가 좋아서 꾀를 잘 쓰는 이들은 언제나 점잖은 말만 하고 성인 군자 같은 소리로 대접을 받았던 것이다.

그러나 저러나 나도 이제는 부처님 흉내를 낼 나이가 되었다는 생각이 들기는 하지만 정 선생 같은 분이 부처님 말씀 꺼내는 데서야 그냥 넘어갈 수 없어서 생각을 늘어놓다보니 또 말이 길어졌다.

다음은 내 글을 밑줄 쳤다고 해서 들어 보인 대문들이다.

　1-4) "느낀 글도 더러 만났다"고 하는데 이것은 영어식 표현이 아닐까. 그래서 '느낀 글을 더러 읽었다'라고 해야 되는 것 아닐까.

글은 읽고, 말은 듣고, 향기라면 맡는다. 이것이 가장 널리 쓰는 말이다. 그러나 반드시 이렇게만 말하고 써야 하는 것은 아니다. 때에 따라서 달리 말할 수도 있다. 훌륭한 글을 발견했다든가, 고함소리에 얻어맞았다든가, 향기가 코를 찔렀다든가 하듯이 말이다. 그래서 어떤 글을 읽었다고 하지 않고 만났다고 하거나 발견했다고 한다 해서 우리 말이 아니라고 할 수는 없다. 부질없는 말재주를 부리는 것과 자유롭게 표현을 하는 것을 같은 것으로 봐서는 안 되는 줄 안다.

　1-1) "회원들의 연수교재로 되어" "이야기가 되는 줄 알지만"은 '되어'를 빼고 '회원들의 연수교재로'만 하는 것이 더 자연스럽고 '이야기하는 줄 알지만'으로 하는 것이 더 좋은 것 같다.

이렇게 지적한 부분을 찾아보니 다음과 같이 되어 있다.

> 물론 회보가 회원들의 연수교재로 되어 달마다 각 지역 모임에서 어느 정도 이야기가 되는 줄 알지만…….

이 글에서 된다는 말이 두 번 (되어, 되는) 거듭 나온 것을 잘 지적했다. 그러나 나로서는 두 군데 다 고치고 싶지는 않고, 어느 한 곳만 고치는 것이 좋겠다. 앞의 것을 그냥 두고, 뒤의 것을 '이야기하는 줄 알지만' 이렇게 말이다.

된다를 아무 데나 마구 써서 우리 말을 버려놓는 것은 제움직씨의 경우가 아니고 '청소된다' '성장된다' '진실되다'와 같이 뒷가지(접미사)로 쓰는 경우다.

> 1-3) "찜찜한 마음이었고"는 '찜찜한 마음이 들었고' 또는 '찜찜했고'가 낫겠고……

그냥 두어도 되는 것이다. 우리 회원들이 아이들의 글을 이런 태도로 자꾸 고치려 할까봐 걱정이다.

> 1-3) "이렇게 된다"는 '이렇다'로 쓰는 것이 좋을 것이다.

이것도 나로서는 굳이 '이렇다'로 고치고 싶지 않다.

> 1-5) "우리 회보는 다른 어떤 책과도 다르다"에서 '도'자가 어색하다. 책 말고 다른 것하고도 다르다는 말인데 그 다른 것이 뭔가. 결국 이 말은 책하고만 다르다는 뜻이리라. 그래서 '책과 다르다'든지 아니면 '책하고는 다르다' 해야겠지.

내 머리가 나빠서 그런지, 몇 번을 읽어도 여기서 말해놓은 주장을 알 수가 없다. 내 글 버릇이 굳어져서 그것을 아주 깨닫지 못하는 상태가 되었는가? 누가 이 대문을 읽어서 다시 일러주었으면 좋겠다.

1-3) "'글쓰기 연구회'가 맡아야 할 몫이지만"처럼 몫이란 말을 많이 쓰는데 '일'이라야 하지 않을까.

이것도 '몫'을 "일"이라고 꼭 바꿔 써야 할 까닭이 없다. "몫이란 말을 많이 쓰는데" 하고 썼는데 '몫'이란 말을 내가 어디서 많이 썼는지 모르겠다. 세상 사람들이 많이 쓴다는 말인가?

1-4) "다른 단체와 합류가 되었고"는 '합류하였고' 또는 '합쳤고'로, "합류된 단체"도 역시 '합류한 단체' 또는 '합한 단체'로……

그 글을 쓸 때 "합류"란 말을 쓸까 말까하고 망설였다. 그런데 "합한다"는 말도 쓰고 싶지 않았다. 한문글자 한 자에다가 '한다'를 붙여서 쓰는 말 가운데는 '대한다' '답한다' '피한다'와 같이 아주 널리 쓰면서 그것을 대신할 우리 말이 없는 경우도 있지만, '접한다' '필한다' '달한다' '임한다' '취한다' '면한다' '향한다' '거한다' '굴한다'와 같이 우리 말이 있는데도 함부로 쓰는 말이 너무나 많기 때문이다. 이럴 경우 한문글자 하나보다는 차라리 두 개가 되는 말이 좀더 알기 쉬워서 '비하여'보다는 '비교하여'로, '책한다'보다는 '문책한다'가 더 낫다는 생각이 든다. 물론 '비교하여'나 '문책하여'보다는 '견주어' '책임을 물어'가 더욱 바람직한 말임은 말할 것도 없다.

아무튼 이래서 '합한다'를 안 쓰고 "합류한다"를 썼는데, 지금 생각하니 "합류되었고"를 '하나가 되었고'로 "합류한 단체"는 '하나로 된 단체'로 썼더라면 더 나았겠다는 생각이 든다.

그리고 여기서도 "되었고" "된"이라 썼는데, 그 단체 이야기에서만은 "된다"는 말을 쓰고 싶었던 것이다.

　1-3) "공감한 사람이 과연 몇이 있었는지"는 '몇이나 있었는지'로 ……

"몇이" 다음에 꼭 "나"를 더 붙여야 할 까닭이 무엇일까?

　1-1) "비교해서"는 '견주어서'로……

비교해서를 쓰지 말고 '견주어서'를 쓰자고 나는 주장해왔다. 그러나 비교해서를 절대로 써서는 안 된다고 하지 않았다. '비해서'는 아주 쓰지 말아야 하지만, 비교해서는 어쩌다가 쓸 수도 있다고 본다. 그래서 이것도 나는 '견주어서'를 쓸까 하다가 일부러 비교해서를 썼다. 그 앞에 "두 분야"란 말이 나와서 비교해서가 더 어울릴 것 같았기 때문이다. 하지만 사람에 따라서 이런 경우에도 순전한 우리 말을 쓰고 싶어 할 것이니 그런 사람은 또 그렇게 쓰면 그만이다. 나는 될 수 있는 대로 우리 말을 살려서 쓰려고 하지만, 너무 지나치게 고집하면 도리어 그 결과가 좋지 않다고 보기에 이쪽도 재고 저쪽도 재어서 조심을 한다. 그래서 보는 사람에 따라 내 글이 마음에 안 찰 것이다. 물론 실수도 많겠지.

　1-1) "글쓰기로 하는 참된 사람교육에 대한 믿음을 갖지 못하고"는 '글쓰기로 참된 사람을 기르는 일을 믿지 못하고'로……

내가 고쳐 쓴 것과 정 선생이 고친 것을 잘 대어보았더니 고친 것이 더 시원스럽게 읽힌다. 잘 고쳤다.

1-1) "중한 증세"는 '무거운 증세'로……

이것도 잘 고쳤다. 내가 왜 중한이라고 썼을까? 그렇다. 중한이라고 써 놓고 '이런 말은 안 되는데' 하는 생각을 하다가 '병이 중하다'고는 하지만 '병이 무겁다'고는 하지 않는다는 생각이 들어 그만두었던 것이다. 그 다음에 오는 "증세"를 꾸미는 말임을 깨닫지 못했던 것이다.

1-3) "황당한 이야기로 되어 있다"는 '황당한 이야기다'로……

내가 써놓은 그대로 두고 싶다. 너무 자기 말법대로 고치려 하는 것이 아닐까?

1-2) "싫어졌다"는 '싫다'로 고쳐 쓰면 좋겠다는 생각을 한다.

싫어졌다와 '싫다'가 어떻게 다른가? 싫어졌다는 싫어진 느낌을 남들에게 풀이해 알리는 것이고, '싫다'는 다 같은 느낌이지만 그것을 터뜨리거나 터뜨리는 기분으로 알리는 것이다. 내가 쓴 경우는 앞의 것이지 뒤의 것이 아니다. 대강의 말뜻만으로는 어느 것이나 같아 보이지만 어떤 사람이 어떤 말을 썼을 때는 그 말에 얽힌 느낌이나 사정이 흔히 있게 마련이니 남의 글을 고치거나 다듬기에 앞서 남의 글을 이해하려고 해야 하겠다. 또 말이 좀 마음에 안 맞다고 고치지 말고 우리 말이 안 되는 말만을 우리 말로 고치고 다듬도록 하는 것이 좋겠다.

2-2) 이오덕 선생님은 이 분야에 있어서 홀로 우뚝한 존재가 아닌가.

여기 나오는 -에 있어서는 일급짜리로 오염된 일본말법이다. 다른 어떤 말보다도 우선 이 말부터 안 써야 한다. 그리고 존재란 말도 나 같으면 안 쓰겠다.

  정 선생님의 글에서 읽을 만한 좋은 내용에 대해서는 말하지 않고 글다듬기 문제만 풀고 글 다듬기만 하다보니 영 재미없는 글이 되었다. 첫머리에서 쓴 것처럼 나를 지나치게 칭찬한 말은 읽기가 거북했고 불쾌하기까지 했지만, 내 글에 대해 솔직한 의견을 말해준 점에서는 비록 더러 잘못 보기는 했지만 정말 고맙고, 나도 많이 배우고 깨달았다. 지금까지 적어 놓은 내 의견에서 조금이라도 빗나간 것이 있으면 누구든지 가르쳐 주기 바란다.

12. 우리 말 바로 쓰기, 그밖의 의견
회보 제15호를 읽고

잘못 쓰는 말 몇 가지

먼저 『글쓰기』 회보 제15호에서 바로잡아 써야 할 말 몇 가지만 들어 본다.

- 할머니 댁에서 승용차를 <u>세차하였다</u>. (→씻었다.)
- 아버지께서 그냥 짐을 실어 <u>날으시는지만</u> 알았는데 실어 온 물건을 내리는 일까지 <u>하시는지는</u> 몰랐어요. (→나르시는 줄만 | →하시는 줄은)
- 아버지가 이렇게 힘드는 일을 <u>하시는지</u> 미처 몰랐다. (→하시는 줄)
- 남들이 잘 하지 않는 일이라 염려를 많이 했지만 <u>의외로</u> 잘 따라다니며 거들어 주기도 해서…… (→뜻밖에)
- 아버지는 위험물을 <u>취급하기</u> 때문에 항상 안전하게 다루어야 한다. (→다루기)

이 아이는 '다룬다'는 말을 알고 있다. 그러니 **취급하기**란 일본말은 '다루기'라 쓰고, 그 뒤에 쓴 "항상 안전하게 다루어야 한다"는 '늘 조심해서 일해야 한다'든지 '늘 조심해야 한다'고 쓰면 될 것이다.

- 액화 석유가스를 취급하는 사람으로서 각 가정에서는 항상 안전하게 사용하시고 사용 후에는 반드시 안전밸브를 잠가주셨으면 합니다. (→다루는 | →쓰시고 쓰신 뒤에는)
- 아이스크림이 5~6개뿐이 없어서…… (→5~6개밖에)
- 그 동안 일기를 통해서…… (→읽고)
- 나는 너무 무서워서 그것뿐이 못 봤다. (→그것밖에)
- 이번 주에는 글쓰기 선생님이 시켜서 억지로 했었지. (→했지만)
- 할머니나 아빠나 엄마를 통해 이야기를 들으면…… (→엄마한테서)
- 그런데 그 그림이 어떻게 48억 원인 줄 모르겠다. (→48억 원인지)

'-인 줄'을 '-인지'로 잘못 쓰는 사람이 많은데, 여기서는 반대로 '-인지'를 "-인 줄"로 잘못 썼다.

- 아빠는 그 컵을 내가 깼는지 알고…… (→깼는 줄)
- 그의 확고한 입장은…… (→태도)
- 잘 알려지지 않은 작가의 작품들은 여럿 실어놓았으면서도 정작 …… (→놓으면서도)
- 근대 동화 선집이라면 당연히 껴야 할 마해송의 작품을 한 편도 실어 놓지 않은 점도 책 이름에 값하지 못한 것 같아 아쉽다. (→이름에 맞지 않은)

-에 값한다는 일본말을 그래도 옮겨 쓰는 말이니 조심해야 한다.
껴야라고 썼는데, 준말을 써도 괜찮은 자리가 있겠지만 여기서는 어울리지 않고, 글의 품격을 떨어뜨렸다. 마땅히 '끼어야'로 써야 할 것이다.

몇 가지만 적는다는 것이 좀 많아졌다. 그래도 이것은 누구든지 꼭 바로잡아야 할 말을 아주 적게 잡은 것이다. 이 가운데는 아이들이 쓴 말이 많은데, 잘못 쓴 말을 원문 그대로 보일 수는 있다. 그런데 이렇게 잘못 쓴 말을 혹시 선생님들이 모르고 있거나 대수롭지 않게 여겨서 지도조차 하지 않는 것은 아닌가 싶어 염려가 된다. 글쓰기로 참 교육을 하는 우리가 이제 가장 큰 목표로 삼아야 할 일이 아이들에게 깨끗한 겨레말을 이어주는 일이 되어야 하기 때문이다. 우리 말을 살리는 일을 제쳐놓고 아이들의 삶을 가꾸어갈 수가 없다는 사실을 모두가 알아주었으면 좋겠다.

'자기 노래 만들어 부르기'에 대한 의견

「살아 있는 학급 문화」 난에 「자기 노래 만들어 부르기」라는 제목으로 쓴 임영택 회원의 글은 무엇을 쓰려고 했을까? 내가 잘못 읽었는가 싶어 또 한 번 읽었지만 역시 내용이 없고, 제멋대로 된 엉뚱한 말만 늘어놓았다. 글의 절반도 넘게 그다지 필요도 없는 머리말 같은 이야기를 써놓고, 그다음에야 「1. 자기 노래 만들어 부르기(내가 만든 노래)」란 중간 제목이 나오기에 이제는 무슨 노래를 어떻게 만들어 불렀는가 써놓았겠지 싶었는데 아무것도 쓴 내용이 없었.

이 일은 내가 발령을 받은 해부터 줄곧 해오던 일이고, 앞으로도 계속 할 일이다. 우선 글쓰기 교육을 해서 나온 아이들 글 가운데 그 아이만이 가진 삶의 이야기가 들어 있는 글을 뽑고, 그 글을 노랫말로 가락을 붙여 아이들과 함께 배우고 부르는 일이다…….

이렇게 시작했으면 아무리 "올해도 서너 곡밖에는 가락을 쓰지 못해 아이들에게 미안하고 나 자신이 부끄럽다"고 생각했더라도 마땅히 실제 어떤 노랫말에 어떤 곡을 지어 붙였는가를 들어 보여야 할 것 아닌가?

그런데 그다음 말이 어이가 없다.

> 노래를 만든다는 것이 모든 선생님이 다 할 수는 없는 일이기 때문에 나의 이런 이야기가 이 글을 읽는 선생님들에게 어떤 도움을 줄 수 있는지 하는 것이다. 이 글을 읽고 여러 선생님께서 관심을 가지신다면 더 바랄 것이 없겠다.

이것은 실제로 한 것을 들어 보여도 모든 선생님들이 다 할 수 없는 일이기 때문에 선생님들에게 도움이 안 될 것 같아 안 쓴다는 말이니 회원을 무시해도 어디 이렇게까지 할 수 있는가? 그러면서 "이 글을 읽고 여러 선생님께서 관심을……" 했으니 제멋대로 쓴 글의 꼴이 도무지 말이 아니다.

그다음에 나온 중간 제목 「2. 아침 자습의 다양한 운영」에도 이렇게 썼다.

> 좋은 책 골라 읽기, 자세히 그리기, 글쓰기, 친구 모습 그리기, 멜로디온 연습하기, 공기놀이하기……. 지금 우리 반에서 하고 있는 아침 자습 일거리다. 자세히 설명하지 않아도 다 알 수 있을 것이다. 모두들 하고 있는 아침 자습의 형태이니까!

모두 하고 있는 것이라 자세히 설명할 필요가 없다고 했으니 무엇 때문에 이 글을 썼는가?

마지막 결론으로 "이젠 정말 할 말이 없다. 하지만 우리 반에도 자랑할 거리는 있다"면서 비로소 소개한 것이 하나 나온다.

> 우리 교실 창가 쪽 비닥에는 벽돌 160여 개로 만든 연못이 있고, 그 안에는 붕어, 미꾸라지, 금붕어, 자라, 청거북 따위 물고기들이 자라고

있으며, 분수대에서는 예쁜 분수가 퍼지고 있다. 비록 '살아 있는 학급 문화'라는 주제로 쓸거리는 없지만 늘 물 흐르는 소리가 들리는 교실에서 이제 곧 제대로 된 교육의 참 모습을 찾으리라 다짐해본다. "흐르는 물에는 이끼가 끼지 않는다"는 말을 가슴에 새기면서.

이것이 끝이다. 어이가 없어 더 말이 안 나온다. 『글쓰기』 회보에 이런 글이 실렸으니 '글쓰기회'란 얼마나 형편없는 회인가?

내가 왜 이런 글을 본문을 몇 군데나 들어가면서 따지고 길게 말하는가 하면, 이 글이 실린 회보 제15호가 지난 7월에 나왔기 때문이다. 그 뒤 여름 연수회가 있었는데도 이 글에 대해 말하는 회원이 없었다. 연수회 때 합평할 자료집을 돈 들여 따로 만들 필요가 없이 우선 이런 글부터 읽어서 서로 의견을 나누어야 할 것이 아니었는가? 사실 이 글은 내용뿐 아니라 문장도 말이 안 되는 곳이 여러 군데 있지만 더 들어 말할 기분이 안 난다. 이런 글을 회원들이 거의 모두 읽었을 텐데 아무 말이 없이 그대로 넘어가고 있으니, '글쓰기회'가 정말 이래도 되는 건지 모든 회원들에게 묻고 싶다.

'어린이 문학 비평' 난의 글

박숙경 씨가 쓴 「겨레 어린이 삶을 정직하게 담고 있는 동화집」은 『한국근대 동화선집 1·2』에 대한 서평 형식으로 쓴 글이다. 이 글에 대해서 내가 무슨 별다른 의견을 쓸 거리는 없다. 더구나 나는 그 동화선집이란 책을 알뜰히 읽은 사람도 아니다. 다만 우리 아동문학에서 평론이 너무 없기에 서평 같은 것이라고 더러 쓰는 사람이 있었으면 싶었는데, 이번에 이 글을 읽고 우리 글쓰기 회원들이 아동문학 쪽에서도 중요한 일을 해낼 수 있겠다는 생각이 들어 반가운 나머지 격려라도 하고 싶은 마음이 되었다. 그래 여기서는 앞으로 이런 글을 쓸 사람들을 위해 몇 가지

내 생각을 참고로 말해보려고 한다.

첫째는 무엇보다도 글을 아주 과감하게 쉬운 말로 쓰라는 것이다. 보통 평론이라고 하면 당연히 어렵고 복잡하게 쓰는 줄 알고, 쉽게 쓴 글은 시시한 글로 여기는데, 이런 잘못된 생각을 아주 고쳐야 한다. 무슨 '-적' 무슨 '-적'에다가 '그럼에도 불구하고' '내용물을 담보해내는 데 있어서' '가능성을 내포하고' 따위 요란한 한자말과 외국말법으로 엮어놓은 평론이 실려 있는 책은 모조리 쓰레기통에 던져 버린다는 생각으로 글을 쓰는 것이 좋다. 그래야만 우리 말이 살아나고 문학도 사람도 살아난다.

다음 두 번째는 자기 나름의 '생각'을 가지고 있어야 한다는 것이다. 인생관이라거나 문학관이란 것인데, 사람을 보고 세상을 보고 문학을 보는 눈이라 할 수도 없고, 사물을 인식하고 판단하고 평가하는 잣대라거나 저울이라고 할 수 있는 것, 이것을 가지고 있어야 한다. 이 눈·잣대·저울이 남의 것 빌린 가짜가 아니고 아주 제 것으로 된 진짜를 가지고 있어야 한다.

그 진짜 생각, 진짜 눈(잣대·저울)을 어떻게 가질 수 있나? 보통사람들은 이것을 책에서 얻어 가지려고 하고, 책에 써놓은 것밖에 모른다. 그러나 책을 읽고 머리로 얻어 낸 생각은 흉내요 가짜다. 이런 가짜 생각으로 쓰니까 "낭만적" "현실적"이 나오고 "원초적 심성으로의 회귀"가 나오고 "가역성을 담보하는 데 있어서"가 나온다.

자기만이 가지고 있는 생각, 잣대는 결국 삶에서 얻을 수밖에 없다. 물론 책을 읽거나 강의를 듣는 것은 참고가 되겠지만 그것은 어디까지나 자기 삶을 키워가는 데 참고로 삼아야 하는 것이지 그것만 따라가려 하고 거기에 기대어서는 그만 자기 것을 잃어버린다. 삶, 그것만이 사람을 사람으로 되게 하고, 자기를 자기 자신으로 되게 하는 길이다. 이래서 삶을 가꾸는 글쓰기는 아이들을 참되게 키우는 교육이 될 뿐 아니라 어른들에게도 다시 더없이 소중한 것임을 알아둘 필요가 있다.

사람이나 문학을 보고 생각하는 바탕을 저울이나 잣대라고 말했다. 그런데 사람의 눈이나 생각의 잣대(저울)와 실제 어떤 물건을 재고 다는 잣대와 저울이 다른 점은, 물건을 재고 달고 하는 자나 저울은 아무리 많이 있어도 그것들이 아주 기계처럼 똑같은 결과가 나와야 하지만, 사람의 삶에서 나온 생각의 잣대나 저울은 사람마다 다른 체질과 삶과 세상 탐구에서 가지게 되는 것이다. 따라서 사람마다 다른 개성이 있고 나타내는 모양이 다르다. 그러면서 사람마다 가진 그 생각이 반드시 충돌하거나 어긋나는 것이 아니고, 그것이 착하고 올바른 것이면 그럴수록 서로 어울리고 서로 채워주는 것으로 되고, 그래서 모두가 공감하는 것으로 된다고 보아야 옳다. 문학에서 글쓰기 공부를 한다는 것은 바로 이런 착하고 올바른 좋은 생각, 모든 사람들이 공감할 수 있는 잣대를 얻기 위한 삶을 가꾸는 것이 가장 기본이 되어야 하는 것이다.

세 번째로 말하고 싶은 것은, 아무리 짧은 작품 평이나 서평이라고 하더라도 정성을 다해서 쓸 일이다. 대상이 되어 있는 작품이나 책을 깊이 읽고, 자료가 필요할 때는 있는 대로 다 모아서 참고로 해야 하겠고, 작가나 책을 낸 사람의 처지가 되어 그 뜻을 잘 알고 난 다음에 비로소 판단을 내려서 자기 의견을 정확하게, 잘 알 수 있는 말로 써야 한다. 이 점에서 박숙경 씨의 글은 좀 아쉬운 데가 있다. 그것은 글 마지막에 가서 다음과 같이 쓴 대문이다.

우선 이 선집은 그간 근대 아동문학에 대한 연구와 평가가 아무리 척박했다고는 해도, 기획하는 분들조차 충분한 조사와 토론을 하지 않고 서둘러 책을 내보냈다는 인상을 준다. 비교적 덜 알려진 작품을 싣는 게 의도였는지 몰라도, 굳이 싣지 않아도 좋을 수준 이하의 작품까지 실어 놓아서 전체 선집에 티를 남겼다. 잘 알려지지 않은 작가의 작품들은 여럿 실어 놓았으면서도 정작 당시 카프 아동문학에서 열성으로 활동했던 이주홍의 작품들이 빠져 있고, 근대 동화 선집이라면 당연히 껴야 할 마해송의 작품을 한 편도 실어놓지 않은 점도 책 이름에 값하지 못한 것 같아 아쉽다.

이렇게 쓴 글에서 "굳이 싣지 않아도 좋을 수준의 작품까지 실어 놓아서 전체 선집에 티를 남겼다"고 한 것은 나도 그 책을 제대로 읽지 않아서 무어라 말할 수 없다. 또 읽었다고 하더라도 어떤 작품을 두고 "싣지 않아도 좋을 수준"이라고 했는지 알 수 없으니 옳게 쓴 것인지 아닌지 말할 수 없을 것 같다. 그런데 이주홍·마해송 두 사람의 작품이 빠져 있는 것이 잘못되었다고 한 것을 책을 엮은 사람의 뜻을 모르고 한 말이 아닌가 싶다. 내가 보기로는 이주홍·마해송 두 사람은 남녘에 있으면서 작품을 쓰고 발표했기에 이 두 분의 작품은 널리 읽혀온 것이다. 그래서 북녘으로 넘어갔던, 잘 알려지지 않는 작가들의 작품을 중심으로 엮어놓은 이 선집에 일부러 넣지 않았다고 본다. 내가 이런 책을 엮었더라도 이렇게 했을 것이란 생각이 든다. 다만 책 이름이 『근대 동화 선집』으로 되어 있는 것을 지적할 수는 있겠지만, 이것도 그 책 머리말 같은 데서 설명을 해놓았는지도 모르겠다.

쓰고 보니 어쭙잖은 것을 탓한 것 같아 글쓴이한테 미안하다. 조금이라도 보탬이 된다면 다행이겠다.

제 2 부 바로잡기

제1장 신문의 글, 무엇이 문제인가

1. 받아쓰기 시키는 신문과 책들

어린이들이 처음 학교에 들어가 글자를 익힐 때, 받아쓰기에 가장 많은 정신을 들여서 어른들의 말과 생각을 따라가고 흉내내는 글쓰기를 하도록 하는 교육은, 그 뒤로 어려운 한자말과 한자말로 된 문장을 읽고 그런 글을 쓰도록 하는 국어 교육으로 초·중·고·대학까지 한결같이 이어진다. 그리고 이런 잘못된 글 읽기와 글쓰기의 교육 환경은 학교를 나와 사회 사람이 되어도 다름이 없다.

나는 이번에 우리 글쓰기회 회원 한 분이 쓴 글을 읽다가 놀랐다. 할머니한테 나물 이름을 물어본 것을 적은 말인데, 다음과 같이 되어 있다.

"코따데기는요?"
"콧따데기는 꽃다지 가지고 콧따데기라 그러잖아."
"그렇게도 불렀어요? 여기서?"
"아니, 부르지는 않았지만 경상도 말이니까 그러겠지 뭐……."

이렇게 "불렀어요?"란 말이 나온다. 코따데기라고 말하는 것이고, 그래서 "코따데기라고 말했어요?"나 "코따데기라 했어요?"지 어째서 "불렀어요?"인가? 코따데기라는 노래를 부르는 것도 아니고, "코따데기야!" 하고 부르는 것도 아니지 않은가.

그런데 덩달아 할머니까지 "부르지는 않았지만"이라고 했다. 할머니 말이야 젊은이가 한 말을 받아서 하다보니 그렇게 되었지만, 아무튼 우리 말이 이와 같이 자꾸 이상하게 병들어가고 있다. 신문이고 책이고 끊임없이 잘못된 말과 말법을 써서 퍼뜨리니까 그것을 읽는 사람들이 저도 모르게 그런 말을 따라서 글을 쓰게 되고, 그리고 그런 괴상한 글말이 그만 입으로 하는 말로 되어버리기도 하는 것이다. "저 나무를 잣나무라 부른다." "이 마을은 한실이라 불린다." 이런 외국말법이 이제 우리 젊은이들 입에서 나오게 되었다 싶으니 한숨이 저절로 나온다. 어찌 이 '부른다' 뿐이겠는가? 온갖 괴상한 외국말법과 어려운 한자말들이 모든 신문과 책을 싹 쓸어 점령하고서 그것을 읽는 모든 사람들에게 그런 말로 글을 쓰고 말을 하도록 강요하고, 그래서 모든 국민이 유식쟁이가 되고 허풍쟁이가 되도록 만드는 것이다.

여기서 몇 가지만 들어보자. 자료는 최근에 나온 신문이다. 어느 신문이고 죄다 이러하니 신문 이름을 밝히지 않겠다.

- 강원도 인제군 기린면 조경동. 아침가리골이라 <u>불리는</u> 강원도의 <u>오지</u> 중 오지이다. (→고 하는 | →산골)
- 아침가리계곡의 <u>담(潭)</u>. 이 <u>계곡</u>의 <u>비경</u>들은 <u>대부분</u> 원시림에 가려져 있다. (→골 | →소 | →골짜기 | →숨은 경치, 신비스러운 경치 | →거의 모두 →천연숲)

앞에 나온 기사에서 "아침가리골"이라 했는데, 이것이 그 골짜기 이름이다. 그런데 이 사진 설명에는 '아침가리계곡'이라고 썼다. 어째서 계곡인가? 왜 '골'이나 '골짜기'를 계곡이라고 해야 하나? 어느 신문이고 '골짜기'란 우리 말은 안 쓰고 모조리 계곡만 쓰고 있다.

담은 우리 말로 '소'다. 우리 말을 모르면 누구헌테 물을 수도 있고, 사전을 찾아볼 수도 있다. 그리고 그곳을 가 보고 기사를 썼다면 '소'란 말을 틀림없이 들었을 것이다. 한문글자로 묶음표 안에 썼다고 해서 담이란 말을 알겠는가?

원시림쯤이야 그래도 써도 되겠지만, '천연숲' 하면 더 나을 것 같다.

- 야영과 취사가 금지돼 있음에도 불구하고 군데군데 텐트를 치고 불을 지핀 자취가 있고 우유팩, 음료수병 등이 버려져 있다. (→밥짓기 | →있는데도 | →천막 | →우유곽 | →들, 따위가)
- 솔향 그윽한 해변으로의 초대 (→바닷가로 초대, 바닷가의 초대, 바닷가로 부른다, 바닷가로 오세요)

요즘 신문마다 어느 산골, 어느 바닷가가 놀기 좋다고 알리면서 국민들의 놀이정신과 자연을 더럽히는 버릇을 부채질하고 있다. 그래야 신문장사가 잘 되는 모양이다. 말과 글까지 병들게 하면서.

2. 신문의 글, 무엇이 문제인가

나는 여러 달 전부터 배달해주는 신문은 아주 안 읽기로 했다. 아침부터 신문 보고 세상일에만 정신을 팔게 되는 것이 좋지 않다는 생각도 들었지만, 그보다도 신문을 너무 억지로 팔아먹으려고 하는 짓거리들에 화가 나서다. 무슨 물건이든지 자기한테 필요한 것, 사고 싶은 것을 사야 하는데 아무리 지시와 명령으로만 움직이는 세상에서 마음에도 없는 일을 한다고 하더라도 신문까지 억지로 사서 보아야 할 까닭이 없기 때문이다. 그래 신문을 모두 끊는 데 아주 애를 먹었다. 참으로 끈덕진 장사꾼들이었고, 도무지 사람답지 못한 더러운 신문팔이꾼들도 있었다. 신문이 사회를 바로 세우는 언론운동을 한다고 하지만 신문을 팔아먹으려고 하는 꼴을 보면 말짱 헛소리란 생각이 들기도 한다.

갖다 주는 것은 안 읽지만 내 발로 걸어가 사 보기는 한다. 그래도 텔레비전보다는 나으니까. 읽고 싶은 소식이 실려 있거나 읽어야 할 거리가 나와 있고, 또 읽을 시간이 있을 때 마음대로 골라 사서 보는 것이 내가 신문을 대하는 태도다. 내가 이렇게 하고 있다는 것이지 남들도 이렇게 하라고 권하고 싶지는 않다.

그래 어떤 날은 신문을 여러 가지 사서 흔히 1면 머릿기사로 똑같이 나오는 내용을 대보기도 한다. 다음은 지난 1996년 7월 13일에 나온 다섯 가지 일간 신문의 머릿기사 제목을 모두 그대로 옮겨본 것이다.

1) 日우익 한국대사관 테러
   20代 단원 승용차 몰고 정문 돌진 『동아일보』
2) 日우익 한국대사관 차량테러
   어제 하오 도쿄 20代 "독도는 日영토" 전단 살포 돌진 『한국일보』
3) 駐日 대사관 테러
   日 우익청년, 승용차 몰고 돌진 『조선일보』
4) 日우익 단원 차량 돌진
   駐日 한국대사관 피습
   正門 충돌 후 "獨島 불법점거" 전단 살포 『중앙일보』
5) 일 우익청년 "독도는 일본땅"
   승용차로 주일대사관 난입 『한겨레』

　같은 사건을 알리는 기사이기에 제목이 모두 비슷하다. 그러나 잘 살펴보면 말과 글이 조금씩 다르다.
　우선 무엇보다도 먼저 말해야 할 것이 한문글자다. 1) 2) 3) 4) 네 신문에서 한문글자를 섞어서 썼고 5)만 한글로 썼다. 여기 나온 한문글자를 모두 한글로 바꿔 써도 아무 지장이 없을 텐데 왜 이렇게 거의 모든 신문들이 한문글자를 버리지 못할까? 여러 가지 잘못된 까닭이 있고 핑계가 있겠지만 여기서 특별히 지적하고 싶은 것은 우리 신문들이 일본 신문에서 쓰는 한자말과 한자말로 엮은 글체를 따라서 쓰기 때문이란 것이다.
　이 기사 제목에서는 안 나와 있지만 날마다 어느 신문이고 나오는 입장, 역할, 인상, 인하, 돌입, 우려, 불구(그럼에도 불구하고) 따위 한자말들은 일제시대에 일본글로 쓰던 것을 그대로 쓰는 것이지만 지금도 일본에서 자꾸 들어오고 있다. 우리 나라 기자들이 특파원으로 일본에 가서 그곳 소식을 기사로 적어 보낼 때 일본사람들이 쓰는 한자말을 그대로 적어 보내기 때문에 지금에도 끊임없이 이러한 일본 한자말들이 밀려들어오고 있는 것이다. 그래서 이런 말들이 신문에 그대로 살려서 우리 국민들의 말로 되고 있다. 이것이 모두 한문글자를 쓰기 때문이다. 한문글자를 쓰면 한문글자말을 쓰게 되고, 한문글자말을 쓰면 거의 모두 일본말이 된다는 사실을 알아야 한다.

駐日을 '주일'로 쓰면 뜻을 알아보기 힘든 것 아닌가? 힘들 것 없다. 5)에는 '주일 대사관'이라 썼다. '일본주재'라 써도 된다. 또 일본에서 일어난 사건인데 '주일'도 쓸 필요가 없다. 1) 2)와 같이 '한국대사관'이라면 되는 것이지.

다음은 테러란 말을 1) 2) 3) 세 신문에서 썼는데, 기사를 읽어보니 분명히 폭력을 썼고 폭행은 저질렀다. 테러란 말보다는 '폭행'이나 '폭력'이란 말이 낫겠는데, 아마도 일본에서 '테로'라 했을 것이다. 그런데 2)에서는 "차량 테러"라 했다. 마치 일본의 우익 청년이 우리 대사관의 차를 폭력으로 부순 것처럼 읽힌다. 잘못 쓴 것이다.

또 차량이란 말 자체도 문제다. '선박'이라 하지 말고 '배'라 해야 되듯이, 차량이라 해야 할 까닭이 없고 그냥 '차'면 그만이다. 4)에서 차량 돌진이라 쓴 것은 '차로 돌진'이라면 된다.

하지만 그 차가 무슨 차인가? 1) 3) 5)는 승용차하고 밝혔으니 잘 되었다. 그런데 이 승용차도 일본사람들이 쓰는 말을 따라서 쓰는 것 아닌가?『쉬운 말 사전』에는 "타는 차"라 해놓았다. "타는 차" 얼마나 좋은 말인가?

1) 타는 차 몰고 정문 돌진
3) 타는 차 몰고 돌진
5) 타는 차로 주일대사관 난입

이렇게 승용차를 '타는 차'로 바꿔서 쓴다면 얼마나 좋겠나.
이번에는 돌진이란 말을 생각해보자. 이 돌진은 1) 2) 3) 4)에서 다 썼다. 이 말의 뜻은 사전에서 적어놓은 대로 "거침없이 곧장 나아감"이다. 그런데 기사를 읽어보니 그냥 마구 나아가기만 한 것이 아니라 '철제 정문'을 들이받아 부수고 물러가서는 그 차에 휘발유를 뿌려 불을 질렀다. 그러니 이것은 미리 계획했던 '돌격'이고 '습격'이다. 돌진과 '돌격'은 그 말뜻이 다르다. 여기서는 어디까지나 '돌격'이나 '습격'이라 해야 맞는 말이다. 그런데 왜 돌진이라 했을까? 이것 역시 일본의 보도기관들이 돌진이란 말을 쓴 것을 그대로 따라 썼다고 본다. 낱말 하나라도 자기들에게 유리하거나 덜 불리한 말을 골라서 쓰는 것이 그들의 태도였으니까. 5)에서는 돌진 대신에 난입을 썼는데 이 말도 돌진과 마찬가지로 사실을 정확하게 알리는 말은 아니다.

다음에는 2)와 4)에서 쓴 살포란 말이다. '뿌린다'는 우리 말을 두고 왜 이런 엉뚱한 한자말을 쓰는지 참 답답하다. "전단 살포"는 '전단 뿌려' 하면 된다. 이 살포는 여러 해 전에 나왔던 정부의 『행정용어 순화 편람』 책에서도 반드시 '뿌리기' '뿌려'란 우리 말로만 쓰도록 해놓았다. 신문이 깨끗한 우리 말을 쓰는 일에서 행정관청보다 더 뒤떨어져 있는 판 아닌가. 이 살포도 일본 신문에서 쓰는 말을 따라서 쓰는 것 같다.

그러면 이번에는 기사를 한 번 보기로 하자. 다음은 4)의 기사 첫머리다.

<u>독도(獨島)</u> 영유권 문제에 불만을 품은 일본 우익 단체원 한 명이 승용차를 몰고 <u>주일(駐日)</u> 한국대사관으로 돌진했으나 인명 피해는 없었다. 일본 경찰은 <u>현장에서 범인을 체포, 범행 동기, 행적 등을 조사 중이다.</u>

12일 오후 2시 10분쯤 일본 우익 단체 '황국헌정당'(皇國憲政黨) <u>소속 소가메 신이치(十龜 伸一)</u>가 승용차를 몰고 도쿄(東京) 미나토(港)구 미나미아자부(南麻布) 소재 주일 한국대사관으로 돌진, 왼쪽 철제 정문을 들이받았다.

범인 소가메가 운전한 '나라시노(習志野) 54, 히 14-07' 번호판을 단 승용차는 정문을 들이받아 정문 일부를 우그러뜨리고 멈춰선 뒤 소가메의 방화로 불길에 휩싸였으나 소방차가 긴급 출동, 진화했다. 소가메는 승용차로 정문을 받은 직후 차에서 내려 "대한민국은 다케시마(竹島·독도의 일본명)를 불법으로 점거하고 있다. 한국의 부당한 침략에 단호히 항의한다"는 내용의 전단 10여 장을 뿌렸다. 『중앙일보』

이 기사 본문에서도 한문글자를 썼는데, 일본의 사람 이름이나 땅 이름 따위를 이렇게 묶음표 안에 한문글자로 적어 넣은 것은 그렇게 해야 할 까닭이 있겠지만 독도, 주일 같은 말까지 한문글자로 써 보일 필요가 없다. 주일은 앞에서도 말한 대로 '일본 주재'라 하면 더 낫다. 그런데 이 글에서는 주일이고 '일본 주재'고 쓸데없는 말이다. 더구나 두 번째로 나온 주일 앞에는 "도쿄 미나토 구 미나미아자부 소재"라 하여 한국 대사관이 있는 자리까지 자세하게 적어놓았으니 말이다.

또 이 기사문에서는 사람 이름을 아주 잘못 썼다. 범인의 이름이 "소가메 신이치"가 아니라 '도카메 신이치'다. 2)『한국일보』의 기사에서는 '도카메 신이치'라고 바르게 썼는데, 1) 3) 4) 5) 네 신문에서 모두 '도카메'를 "소가메"라 잘못 썼다.

이밖에 우리 말로 꼭 다듬어 써야 할 말 몇 가지를 들어본다.

- 등 (→들)
- 소재 (→-에 있는)
- 소가메의 방화로 (→도카메가 불을 질러)
- 진화했다 (→불을 껐다)

다음은, 만약 이 기사를 내가 쓴다면 이렇게 쓰겠나는 말이나 내문이나.

- 소속 (→당원, -에 들어 있는)
- 점거하고 (→차지하고)
- 현장에서 범인을 체포, 범행 동기, 행적 등을 조사 중이다. (→그 자리에서 잡아, 범죄를 저지른 까닭, 한 일 들을 조사 중이다.)

3. 한글날에 나온 신문의 문장

각 일간 신문 1면 머릿기사 제목

서울에서 나오는 여섯 개 일간 신문이 지난 한글날 1면 첫머리에 기사 제목을 어떻게 내었는가, 다음에 들어본다.

- 韓日 정상회담 매년 갖기로
  양국정상 '21세기 새 파트너십 선언' 발표 『동아일보』
- 韓·日 정상회담 매년 개최
  양국 頂上 '21세기 파트너십' 선언 『조선일보』
- 韓日 정상회담 매년 갖기로
  30억 弗 對韓차관 연내 제공 『한국일보』
- '21세기 새 파트너십' 공동선언
  韓·日 정상회담 매년 갖기로 『중앙일보』
- 韓·日 해마다 정상회담
  金 대통령·오부치 총리 공동회견…… 30억 弗 對韓차관 제공 『경향신문』
- 한―일 안보협력 강화
  외무회담서 '21세기 파트너십 행동계획' 채택 정상회담 매년 열기로 합의『한겨레』

　이렇게 나온 신문 제목들에서 우리 말을 어떻게 썼는가를 살펴보겠다.
　첫째는 한문글자를 섞어서 쓴 문제다. 한글만 쓴 신문은『한겨레』뿐이다. 한문글자로 쓴 말이 韓日, 頂上, 弗, 對韓, 金-"이 다섯 가지다. 이런 말을 꼭 한문글자로 써야 되는가?
　韓日이라고 쓴 신문이 둘이고 韓·日이라고 쓴 신문이 셋이다. '한국' '일본' 이렇게 쓰면 되지 '韓國' '日本'이라고 쓸 필요가 없다. 그와 마찬가지로 '한-일'이나 '한·일'이라 쓰면 한국과 일본임을 누구든지 안다. 굳이 韓日, 韓·日로 쓸 까닭이 없다.
　일본사람들이야 물론 '日韓'이라 쓴다. 그렇게 쓰지 않을 수 없다. 그러나 우리는 우리 글자로 어느 나라 이름이든지 마음대로 쓸 수 있고, 그렇게 써놓으면 모를 사람이 없다. 외교문서도 마땅히 당당하게 자랑스러운 한글로 써야 한다. 일본사람들 잘 알 수 있도록, 일본사람들에게 잘 보이려고 한문글자로 쓴다는 것은 못난 짓이요 얼빠진 짓이다. 설령 외교문서에 그렇게 한문글자로 썼다고 하더라도 말(언론이 '말'이다!)을 바로 세운다는 신문에서는 우리 글자로 써야 옳다.
　頂上도 한글로 쓰면 그만이다. 다섯 개 신문이 '정상'이라고 썼는데,『조선일보』만 頂上이라 썼다. 弗은 '달러'라 써야 한다.『한국일보』와『경향신문』이 弗을 썼다.
　같은 두 신문에서는 또 對韓을 썼다. 對韓차관이라고 했다. 對韓을 한글로 적으면 딴 말로 읽힌다. 그러니 이런 말은 안 써야 한다. '한국에 대한' '한국에'라고 우리 말로 쓰면 얼마든지 된다. 한글로 썼지만 차관도 누구든지 알 수 있는 말로 써야 한다. 그래서 "對韓차관제공"은 '한국에 꿔 주기로'나 '한국에 빌려주기로' 하면 되는 것이다. 또 이것은 우리 나라 신문이니까 '일본에서 꾸기로'라고 쓰면 더 좋겠다.
　"김"이란 성도 꼭 한문글자로 써야 할 까닭이 없다. 한문글자를 섞어서 쓰는 신문들은 사람 이름만 나오면 반드시 한문글자로 써서 신문을 제대로 읽을 수도 없게 한다.

이래서 거의 모든 우리 신문들은 아직도 한문글자를 버리지 못하고 있다. 다른 잡지고 일반 책들이 모두 한글만 쓰는데 정작 언론으로 민주사회를 바로 세운다는 신문이 이 모양이다. 이것은 신문이 사회 모든 일을 온 국민에게 올바르게 알려야 하는 의무를 저버린 것이다. 그리고 또 이제는 신문에서 한문글자를 쓰는 것이 중국 따라 흉내내는 꼴이 아니고 일본 따라 흉내내고 춤추는 꼴이고, 일본 나라 일본사람들한테 잘 보이려고 하는 것밖에 아무것도 아닌 꼴이 되어 있다는 사실을 깨닫고 스스로 부끄러워해야 하겠다.

둘째는 한자말 문제다.

매년이란 말이 나온다. 『경향신문』만 "해마다"를 썼을 뿐, 다른 신문들은 모두 매년이라 했다. 이 매년은 아마도 틀림없이 일본 문서에서 한문글자로 '每年'이라 쓴 것을 그대로 따라 쓰면서 한글로 적었을 것이다. 매년뿐 아니고 '매일'도 '날마다'로 써야 하고, '매달'도 '달마다'로 쓰고, '매주'도 '주마다'로 써야 한다. 이 말만은 『경향신문』이 우리 말을 잘 살려 썼다. 차관이란 말은 앞에서 얘기했다.

셋째는 영어 문제다. 파트너십이란 말을 썼다. 물론 이 말은 두 나라 대표들이 의논해서 발표한 공동선언문의 제목에 그대로 나온 말이다. "21세기 새로운 韓日 파트너십 공동선언"이라고 선언문에 나온 말이니 그대로 쓰는 것이 편리할 것이다. 그러나 파트너십보다는 '협력'이란 말이 아무래도 더 널리 써온 말이고 온 국민이 잘 아는 말이다. 일본이고 한국이고 정치를 하는 사람은 '국민이 잘 아는 쉬운 말'을 쓰는 일에는 그다지 관심이 없다. 정치를 하는 사람은 그렇다고 하더라도 신문이 꼭 정치인들이나 관리들이 쓰는 말을 그대로 따라 쓸 까닭은 없는 것 아닌가. 권력을 잡은 사람들이 어려운 말을 써서 권위를 보이려고 하더라도 신문은 그런 말을 쉬운 말로 바꾸어서 모두가 그 내용을 잘 알 수 있도록 해야 할 것이고, 그렇게 하는 데서 신문의 참 모습을 보여 주어야 옳은 것이다.

지금까지 한글날에 나온 여러 일간 신문들의 첫머리 기사 제목만 가지고 말했다. 그런데 한글날에 우리 말 우리 글이 잘못되어가는 문제를 다룬 신문은 없고, 사설에서 말과 글의 문제를 걱정한 신문은 겨우 『경향신문』하나뿐이었다. 스스로 병든 글을 써서 병든 말을 퍼뜨리는 신문이니 당연하다는 생각조차 든다.

4. 선거관계 신문 제목 이래서 될까

요즘 신문마다 대문짝만하게 나오는 선거 관계 기사·광고 제목 몇 가지를 들어본다. 이런 유식한 말들을 버리지 못한다면 민주주의는 땀 흘리며 일하는 사람들의 것으로는 결코 될 수 없을 것이다.

- 총선연대 버스<u>투어</u> (→순회, 선전, 홍보)
- 낙천 낙선 운동 전국 <u>네트워크</u> (→조직, 조직망)
- 각당 '<u>뜨거운 감자</u>' 예민

이 뜨거운 감자가 뭔가? 왜 뜨거운 감자인가? 뜨끈뜨끈한 감자라야 맛이 있지, 식은 감자를 무슨 맛으로 먹는가. 서양사람들 쓰는 말을 덮어 놓고 따라가고 흉내내는 이 얼빠진 짓거리 좀 부끄럽게 생각할 줄 알아야 한다. 삼총사, 삼인방, 출사표, 장본인, 반면교사, 진검승부…… 이따위들 모두, 남의 말 빌려서 유식을 뽐내고 싶어 하는 엉터리 지식인들이 쓰는 말들이다.

- 우리 <u>국가채무</u>, 실상은 이렇습니다. (→나라빚)
- 지역감정 발언 범죄 <u>간주</u> (→-로 본다. →-다)
- 지역감정 <u>노골화</u> (→드러내놔)

- 전과 공개 후보들 <u>전전긍긍</u> (→벌벌 떨어)
- 여야 '납세·병역' <u>대응 부심</u> (→맞서기 애써)
- YS 정치 <u>개입 우려</u> (→껴들까 걱정)

신문 제목에 우려란 말이 안 나오는 말이 없다. 왜 '걱정' '염려'란 우리말을 안 쓰고 일본사람들이 쓰는 한자말을 따라 쓰나?

- 족벌 체제 비난 피하기 <u>고육책</u> (→고심책)

이것은 선거 기사는 아니다. 같은 한자말이라도 누구나 잘 아는 말을 쓰는 것이 좋겠다.

- 홍성서도 '<u>의사구제역</u>' 발생 (→닮은 입발굽병, 비슷한 입발굽병)

신문에 며칠 동안 크게 구제역, 의사구제역이란 말이 나와, 이게 도대체 무슨 말인가 어리둥절했다. 알고 보니 소·돼지의 발굽에 나타나는 병 증세를 이렇게 괴상한 한자말로 쓴 것이어서 화가 났다. 알아보나마나 일본사람들이 쓰는 병 이름을 따라 쓴 것이겠다. 얼빠진 글쟁이들! 이러니까 한글만 써서는 안 된다는 말이 자꾸 나온다.

제목부터 이 꼴이니 그다음에 쓴 기사들은 말할 것도 없다.

5. 정상회담을 알린 말

지난 6월 14일부터 며칠 동안 남북의 정상이 만난 것을 방송과 신문이 크게 보도해서 온 국민이 보고 듣고 했다. 그때 썼던 말 가운데서 바로잡았으면 좋겠다 싶은 말이 많았지만, 여기서는 몇 가지만 신문에 나온 사진 설명문에서 들어보겠다.

• 김대중 대통령 등 방북당일 13일 사이드 카의 선도를 받으며 평양 도심을 지나 백화원 영빈관으로 향하고 있다. 『한겨레』, 2000. 6. 14.

이 글에서는 두 가지만 지적하고 싶다.

등은 일본글 따라 쓰는 말이다. 보통은 '들' '따위'로 쓰면 되지만, 여기서는 '-을 비롯한'이라고 하면 알맞을 것이다.

또 하나 향하고란 말이 나오는데, 그냥 서서 어느 쪽을 보고만 있는 것이 아니고 가고 있는 것이니 '가고'라 써야 맞는 말이 된다.

• 김대중 대통령과 김정일 위원장의 차량 행렬이 지난 15일 오후 평양 시내를 거쳐 순안공항으로 향하고 있다. 『한겨레』, 2000. 6. 17.

여기서도 향하고라고 했는데 '가고'라고 써야 옳다. 또 차량은 '량'을 붙일 필요가 없다. 그냥 '차'라고 쓰는 것이 좋다. 그래서 그다음에 쓴 행렬도 고쳐서 "차량 행렬이"를 '차들이'라고 하고 하든지 '차들이 줄을 지어'라고 쓰면 더욱 좋을 것이다.

- 김대중 대통령과 김정일 국방위원장이 14일 오후 백화원 영빈관에서 2차 정상회담을 갖기에 앞서 <u>환담하고 있다.</u> 『동아일보』, 2000. 6. 15.

14일 『한겨레』에서도 같은 글이 나와 있다. 환담하고는 '즐겁게 얘기하고'라 쓰는 것이 좋겠다. 환담한다고 하면 귀로 들어서 얼른 알아차리기 어렵다.

- 김대중 대통령과 김정일 위원장이 15일 오후 백화원 영빈관에서 <u>송별</u> <u>오찬</u>을 마친 뒤 <u>담소를 나누고 있다.</u> 『한겨레』, 2000. 6. 16.

담소를 나누고는 '웃으면서 얘기하고'다. 오찬은 '점심'이나 '점심 식사'로 써야 한다. 이런 민주 시대에 사람을 계급으로 나누어 말까지 달리 쓰는 짓거리는 그만두어야 하겠다.

- 북한 국보유적 16호인 평양의 칠성문, 6세기에 쌓아올린 화강암 옹성이 <u>당시</u> 동아시아를 호령했던 고구려의 당당한 기상을 <u>상징적</u>으로 보여준다. 『동아일보』, 2000. 6. 15.

당시는 '그때'로 "상징적"은 <u>적</u>을 빼고 '상징'만 써야 깨끗한 우리 말이 된다.

- 김대중 대통령이 14일 오전 만경대 학생소년궁전에 들러 김영남 상임위원장의 안내로 서예반 한 학생의 조국통일 <u>휘호</u>를 감상하

고 있다. 『동아일보』, 2000. 6. 15.

'휘호'는 '붓글씨 쓰기' '글씨 쓰기'다. 여기서는 '한 학생이 붓으로 조국통일이라 쓰는 것을' 하면 될 것이다.

- 김대중 대통령과 김정일 국방위원장이 14일 오후 백화원 영빈관에서 가진 2차 정상회담 중간 휴식시간에 남북정상이 역사적 첫 만남을 대대적으로 보도한 우리측 신문을 넘겨보고 있다. 이 신문은 판문점 행랑을 통해 평양의 우리 대표단에 전달됐다. 『동아일보』, 2000. 6. 15.

휴식시간은 '쉬는 시간'으로 역사적은 '역사에 남을'이라고, 대대적으로는 '크게'로 측은 '쪽'으로 행랑을 통해는 '우편낭(우편 주머니)으로'라고 쓰면 된다.

- 김대중 대통령 내외가 평양 만경대 소년궁전 공연을 관람한 뒤 무대에 올라가 박수를 치는 어린이들에게 환한 웃음으로 답하고 있다. 『한겨레』, 2000. 6. 15.

박수를 치는은 '박수하는' 또는 '손뼉을 치는'이라 써야 된다.

6. 체육정신을 떨어뜨리는 말들

어느 일간신문이든지 정치 기사가 맨 앞자리를 차지하지만, 정치와 경제 기사 못지않게 언제나 요란한 제목으로 나와서 그 자리도 크게 자리 잡고 있는 것이 운동경기 기사다.

이번 시드니 올림픽 보도 기사도 마찬가지였다.

- 심권호 굴렸다 돌렸다 '심'봤다.

이것은 지난 9월 27일의 『ㅎ신문』 스포츠 난 첫머리 기사 제목이다. 산삼을 캐는 심마니가 산삼을 발견했을 때 소리친다는 말을 빌려 쓴 것인데, 산삼을 발견한 기쁨과 올림픽에서 금메달을 따게 된 기쁨이 비슷한 것으로 이 말이 여기서 퍽 잘 어울릴 것 같은데도 어쩐지 좀 저속한 느낌이 드는 것은 무슨 까닭인가? 산삼을 찾아낸 것은 개인의 행운일 뿐이지만, 올림픽의 우승은 몇 가지 면에서 산삼을 얻은 것보다는 좀더 높은 가치가 있어야 하기 때문일 것이다. 이 **심봤다**는 말은 그래도 괜찮은 편이다. 체육 경기를 알리는 말에는 운동정신을 떨어뜨리는 저속한 유행 말이 많다.

- '효자종목' 레슬링 金脈 터진다. 『ㄷ신문』, 9. 24.

- 복수혈전 『ㅎ신문』, 9. 25.

운동경기의 목표가 오직 이기는 데만 있는, 타락한 체육문화를 부추기는 이런 신문기사를 어찌 좋게 볼 수 있겠는가. 복수혈전 같은 말은 무시무시한 느낌까지 든다.

- 그레코로만형 심권호 등 오늘부터 '사냥' 『ㄷ신문』, 9. 24.
- 여자단식 테니스 美 3연패 사냥 『ㄷ신문』, 9. 24.
- 이주형 평행봉 금사냥 『ㅎ신문』, 9. 25.
- 신준식 · 정재은 금사냥 『ㅎ신문』, 9. 28.

이와 같이 제목에서부터 사냥이란 말이 예사로 나온다. 운동경기가 짐승을 사냥하는 야만스런 행위와 똑같이 되어버렸으니 어이가 없다. 이러니까 본문 기사에서도 보통으로 일하는 사람들이 잘 알고 있는 쉽고 아름다운 말로 쓰려고는 하지 않고 서양말을 마구잡이로 쓰고, 정복, 만끽, 대첩, 추락 따위 어렵고 유식해 보이고 사나운 한자말을 즐겨 쓰는 것이다.

7. 신문기사 고쳐 읽기

신문이나 책에 나온 글 한 대문을 이와 같이 여러분도 고쳐보기 바란다.

붕어 낚는 강태공들

　<u>본격적인 얼음낚시</u>철을 맞아 <u>강태공들</u>이 11일 오전 경기도 남양주시 화도읍 화도낚시터에서 <u>얼어붙은 저수지</u>를 깨고 붕어를 낚고 있다.
『한겨레』, 2000. 1. 12.

　　• 강태공들 (→낚시꾼들)

강태공은 중국 옛날이야기에 나오는 사람이다. 이제 우리는 중국사람이나 중국글과 글자를 빌려서 말을 하고 글을 쓰는 부끄러운 짓을 그만두어야 하겠다.

　　• 본격적인 얼음낚시 (→얼음낚시가 한창인)

본격적이란 말을 많이 쓰는데, 일본한자말이다.

- 얼어붙은 저수지를…… (→얼음을)

"저수지를 깬다"는 말은 좀 덜 되었다. '저수지 얼음 바닥을 깨고' 하든지, 그냥 '얼음을 깨고' 하면 될 것이다. 저수지도 본래 우리 말을 살려서 '못'이라고 하면 더 좋을 것이다.

'도치를 아시나요'

10년 전만 해도 판로를 찾지 못해 천덕꾸러기 취급을 받던 동해안 어종 도치(일명 심퉁이). 김치와 함께 섞어 볶는 두루치기 요리법이 소개되면서 요즘은 마리당 5000원선까지 값이 치솟을 정도로 인기를 끌고 있다. 『동아일보』, 2000. 1. 12.

- 판로 (→팔길)

우리 말이 있으니 판로를 쓸 필요가 없다.

- 취급 (→대접)

취급은 일본말이다.

- 동해안 어종 (→동해 바닷물고기)

해안은 '바닷가' '바다 기슭'인데, 여기서는 그냥 바다라 하는 것이 맞을 것 같다. 어종이란 말도 쓸 필요가 없다.

- 마리당 (→한 마리)

마리당의 당이 일본말 따라 쓴 것이다. '시간당' '평당'도 '한 시간' '한 평'이면 된다.

또 밝혀진 미군 양민 공습

그러나 피난민들이 양민임을 알리기 위해 보따리를 머리에 이고 <u>있었음에도</u> 기관총을 쏘았다거나, 피난민들이 <u>대량으로</u> 몰려 있는 곳에 <u>수차례에</u> 걸쳐 <u>근거리</u> 공습을 <u>가했다는</u> 증인에 이르면 목표물 <u>오인이</u>라는 변명은 상식에 한참 어긋난다고 볼 수밖에 없다. 『한겨레』, 1999. 12. 30.

- 있었음에도 (→있었는데도)

있었음에도는 어색한 글말이다.

- 대량으로 (→많이, 무더기로)

사람이 많다는 것을 대량이라고 한 것은 알맞은 말이 아니다.

- 수차례 (→몇 차례)

수차례 이렇게 쓰는 글버릇을 고쳐야 한다. 우리 말이 아니다.

- 근거리 (→가깝게 다가가서)
- 가했다는 (→했다는)

가했다, 가한다 이런 한자말은 안 쓰는 것이 좋다.

• 오인이라는 (→-을 잘못 보았다는)

오인, 오판, 오독…… 이런 한자말을 모두 우리 말로 써야 한다.

8. 바로잡아야 할 말 찾아보기

다음에 들어놓은 글에서는 깨끗한 우리 말로 바로잡아야 할 말이 적어도 다섯 가지가 있다. 그 다섯 가지를 찾아보자.

이 글은, 1700년대 이후 처음으로 인간이 들어 있는 영장류의 한 종이 지구에서 영원히 사라진 사건을 알린 것으로, 외국의 권위 있는 한 학술지에 실렸던 것을 지난 9월 23일자의 어느 신문에서 요약해놓은 기사의 한 대문이다.

서아프리카 가나와 코트디부아르 숲에서 살던 이 원숭이는 1936년 첫 발견자 동료인 월드런의 이름을 딴 '미스 월드런의 붉은 콜로부스'라고 불린다. 기다란 팔·다리와 꼬리에 붉은 털을 가진 이 원숭이는 무리지어 나무 꼭대기를 뛰어다니며 어린 순을 따먹는 것을 좋아하는 쾌활한 종이어서 쉽게 눈에 띄었다. 그러나 78년 목격된 것이 마지막이었다. 저자의 한 명인 오하이오대 인류학자 스콧 맥그로는 "멸종은 하나의 사건이 아니라 연속된 과정"이라고 강조한다.

바로잡아야 할 말을 차례로 들어본다. 첫째는 불린다인데, 아주 틀린 말이다. '한다'고 해야 바른 우리 말이 된다. 다음은 목격된이란 말인데, '본'이라고 써야 한다. '본다'는 말을 어째서 목격한다고 쓸까? 차를 타고

가다 보면 길가에 흔히 "목격자를 찾습니다"고 쓴 걸개막을 볼 수 있다. '본 사람을 찾습니다'고 하면 더 많은 사람들에게 알릴 수 있을 것인데, 쉬운 우리 말을 버리고 괴상한 한자말 쓰기를 이런 데서도 좋아하니 무슨 일이 제대로 되겠나 싶다.

 셋째는 한 명인데, '한 사람'이라고 해야 고운 우리 말이 된다. 네 번째는 하나의 사건인데, '한때의 사건'이라 해야 그 뜻을 잘 알 수 있다. 다섯째는 **연속된 과정**인데, '이어지는 사건'이나 '이어지는 길'이라고 하면 된다.

 그러니까 '멸종은 한때만 있었던 일이 아니라 끊임없이 이어지는 사건'이라면 시원스럽게 알 수 있다. 우리 말, 우리 말법이기 때문이다.

9. 어떤 말이 아름다운 말인가

아름다운 말이란 어떤 말인가? 다음 늘어놓은 열 가지 낱말 가운데서 어느 것이 아름다운 말이고 어느 것이 아름답지 못한 말일까?

1) 땅, 2) 미소, 3) 녹색, 4) 시나브로, 5) 분단, 6) 일한다, 7) 계곡, 8) 이미지, 9) 우아하다, 10) 가멸다

1) 땅은 누구나 잘 아는 말이고 깨끗한 우리 말이다. 이런 말이 아름다운 말이다. 그런데 무엇을 좀 배웠다는 사람들은 땅이라고 써야 할 자리에 꼭 '대지'라든가 '토지'라고 쓴다.

2) 미소는 '웃음'이란 말인데, 글을 쓰는 이들은 거의 모두 '빙그레 웃었다'고 쓰지 않고 '빙그레 미소 지었다'고 쓴다. 아름다운 우리 말을 모르기 때문이다.

3) 녹색은 풀색, 풀빛, 푸른색이 우리 말이다.

어느 아이가 쓴 시에 "나는 어렸을 때/쇠에 녹이 슨 색을 녹색으로 알았다" "아직도 그렇게 착각할 때가 있다"고 한 말이 있었는데, 이 아이가 가지고 있는 우리 말에 대한 느낌이 정말 깨끗하고 올바른 것이다.

4) 시나브로는 꽃잎 같은 것이 '모르는 사이에 조금씩' 진다고 할 때 쓰는 말이다. 느낌도 좋고, 참 아름다운 말이라 하겠다. 그런데 내가 보기로

글을 쓰는 사람들이 이 말을 너무 흔하게, 아무 데나 마구 쓴다. 아무리 아름다운 말이라 하더라도 남들 따라 흉내내어 쓰면 그만 그 말의 아름다움은 죽어버리는 것이다.

5) 분단은 누구나 우리 나라의 남북분단을 머리에 떠올릴 것이다. 그래서 아름답지 못한 말이라 생각할 것이다. 그러나 남북의 분단은 우리가 결코 외면할 수 없는 엄연한 현실이고 반드시 우리가 풀어야 할 가장 큰 문제다. 그러나 말이란 것은 다만 아름다운 말인가 아름답지 못한 말인가를 생각해서 아름다운 말만 골라서 말을 하고 글을 써야 하는 것이 아니다. 사물이나 사실을 올바르게 나타내는 말, 꼭 필요한 말이면 그 말을 써야 한다.

6) 우아하다를 아주 고상한 말로 느끼는 지식인들이 많은 모양인데. 대관절 이게 무슨 말인가? 귀로 들으면 무슨 소리를 내었는지 알 수 없는 홀소리 우아로만 되어 있는 이런 말을 글깨나 쓴다는 사람들이 자랑스럽게 쓰고 있으니 참 어이가 없다. '아름답다' '곱다' '예쁘다' 이런 좋은 우리 말은 시시하다고 다 버리고 있으니.

7) 계곡은 우리말로 '골짜기'다. 신문이고 잡지고 모조리 계곡이란 어설픈 말만 쓰고 있다.

8) 이미지, 어느 문학평론가가 우리 한국의 문인들은 왜 그런지 이미지란 말을 별나게 즐겨 쓴다고 했는데, '인상' '심상'이라고 하면 된다.

문인들이 서양문학, 서양문화를 숭배하는 태도가 이런 데서도 나타난다. 영어를 우리 말로 하자는 주장을 소설가들이 앞장서서 하는 것도 이런 까닭이다.

9) 일한다, 우리가 아주 어렸을 때부터 써온 일한다, 쉰다, 잠잔다, 먹는다, 걸어간다…… 이런 말이 아름다운 말이다.

그런데 일한다라 하지 않고 '작업한다' '근로한다' '노동한다' '노작한다' 따위로 말하고, '쉰다'고 하지 않고 '휴식을 취한다' 하고, '잠잔다'고 할 것을 '수면을 취한다' 하고, '먹는다'는 '음식을 섭취한다'가 되고, '걸어간다'는 '보행한다'고 한다. 책을 많이 읽어서 그 책 속에, 글 속에 빠져버리면 그만 우리 말을 잃어버리게 되는 것이다.

10) 가멸다는 깨끗한 우리 말이지만 벌써 오래전에 죽어버린 말이다. 아주 죽은 말은 살릴 수 없다. 남들이 모르는 일을 쓰는 것은 책에서 읽은 지식을 자랑하는 것밖에 안 된다. '넉넉하다'고 하면 될 것이다.

10. 한 번 들으면 곧 알 수 있는 말

앞에서 살펴본 바와 같이 아름다운 말이란 시골 할머니들도 즐겨 쓰는 말이다. 그리고 아름다운 말을 찾아 쓰는 것보다 참된 말, 올바른 말을 쓰는 것이 더 중요하고 이렇게 올바른 말을 쓰면 그런 말이 들어 있는 전체 말이 아름다워지는 것이다.

그런데 말은 낱말 하나로도 쓰지만, 대개는 여러 낱말을 이어서 어떤 한 가지 사물이나 현상, 또는 생각을 나타낸다. 그래서 이번에는 여러 낱말이 모여서 이루어진 말에 대해 생각해보기로 한다. 다음에 드는 여덟 가지 말에서 그 어느 것이 아름다운 말인가? 또는 아름답지 못한 말인가?

1) <u>나의 살던</u> 고향은 꽃 피는 산골
2) <u>해에게서 소년에게</u>
3) 감옥<u>으로부터의</u> 사색
4) 지금은 남의 땅 빼앗긴 들에도 봄은 오는가
5) 밤새 봄을 재촉하는 비가 <u>무섭게</u> 내리더니 맑은 아침이 왔다.
6) 충남 천안시가 공공근로요원 등을 동원해 보기 흉하게 방치돼 있던 노변 공한지를 팬지 등 봄꽃으로 아름답게 단장하고 있다.
7) "일어났어요, 엄마." 기지개처럼 늘어진 목소리 한 줄이 흘러 나왔

습니다.

　8) 집에 와서 방 정리를 하는데 전화가 왔다. 바로 안병남 씨가 '옛다' 하는 소리가 팔 아프다고 했다. 그래서 김치 좀 담아달라고 했다. 나는 하던 일을 멈추고 갔다. 그리고 배추김치를 담았다. 그리고 나서 밥을 먹었다. 참 맛이 좋았다.

　차례대로 생각해보겠다.
　1)에서 4)까지는 누구나 잘 알고 있는 노랫말의 한 구절이거나 시의 제목이거나 책 이름이다. 그런데 1)에서 나오는 나의 살던 고향이란 말은 우리 말이 될 수 없다. 마땅히 '내가 살던 고향'이라 해야 우리 말이 된다. 2)의 해에게서 소년에게는 '바다가 소년에게'라고 써야 우리 말이 된다. 3)도 마찬가지. 이런 우리 말은 있을 수 없다. 우리 말은 이와 같이 이름난 사람들이 모두 더럽히고 있다.
　그런데 4)는 바르게 쓴 우리 말이다. 5)는 어느 작가가 쓴 동화의 첫머리인데, 이른 봄에 내리는 비는 아주 조용히 내리지 무섭게 내리지 않는다. 사실을 틀리게 써서는 결코 아름다운 말이 될 수 없다. 6)은 어느 일간신문에서 사진을 설명한 글인데, 이 글을 쉬운 우리 말로 고쳐서 쓰면 이렇다.

　　충남 천안시가 사회근로요원들을 동원해 보기 흉하게 버려두었던 길가 빈땅을 팬지 같은 봄꽃으로 아름답게 꾸미고 있다.

　7)에서도 어느 작가가 쓴 글인데, 이런 괴상한 말재주를 부려야 근사한 문학작품이 되는 줄 알고 있는 사람들이 많다. 8)은 학교 공부를 못해서 한글을 읽을 수도 없었던 어느 아주머니가 쉰 살이 넘어서 야학으로 한글을 배워서 처음으로 쓴 일기다. 얼마나 깨끗한 우리 말인가. 대학을 나온 사람들도 우리 말에서는 이런 '무식한 사람'을 선생님이라 생각해

서 배워야 한다. 이런 말이 아름다운 우리 말이다.

　이제부터는 아름다운 우리 말, 쉬운 말, 올바른 말을 찾아 쓰기 위해 잘못된 말, 어렵게 쓴 말, 외국말 외국글 따라가는 병든 말을 신문이나 책에서 찾아내어 하나하나 밝혀보려고 한다.

　올바른 말을 찾아 쓰는 노력 없이는 어떤 일도 바로 되지 않을 것이고 우리 말을 잃어버리면 우리 겨레는 영영 죽어버린다는 사실을 우리 모두 마음 깊이 새겨두어야 하겠다.

제2장 고쳐야 할, 신문의 말

1. '비상', 이게 무슨 말인가

해마다 겨울이면 신문마다 몇 차례씩 반드시 나오는 사진이 있다. 여러 가지 새떼들이 날아가는 사진이다. 이번 겨울에도 그랬다. 수천 마리, 수만 마리, 더러는 수십만 마리가 될 듯싶은 새들이 하늘을 날아가는 모습은 참으로 볼만했다. 그런데 신문은 이런 사진의 제목이나 설명하는 글에서 모두 잘못된 말을 적었다. 그 가운데서 비상이란 말이 가장 많이 나오는데, 보기를 들면 다음과 같다.

1) <u>비상하는</u> 철새들의 날개짓에 『ㅈ일보』, 1998. 12. 31.
2) 희망 안고 힘찬 <u>비상</u> 『ㄷ일보』, 1999. 1. 5.
3) 흑두루미 떼 힘찬 <u>비상</u> 『ㄷ일보』, 1999. 1. 26.
4) <u>비상</u> 『ㄷ매일신문』, 1999. 2. 4.

비상, 비상한다 이게 무슨 말인가? 한문글자 쓰기를 주장하는 사람은 "그것 봐라. 한문글자를 써야 말뜻을 알 수 있다"고 한다. 실제로 어느 한 신문에서는 사진을 설명하는 글에서 비상(飛翔)이라고 묶음표 안에 한문글자를 적어놓았다. 그러나 쉬운 우리 말을 두고 무엇 때문에 알 수 없는 말을 적어놓고, 다시 그 말뜻을 알아보도록 飛上이니 飛翔과 같은 한문글자를 함께 쓰고, 그래서 이런 어려운 글자를 배워야 할까? 우리 말 '날아오른다' '날아간다'고 하면 얼마나 좋은가? 쉬운 우리 말은 무식한 사람들이나 쓰는 것이고, 어려운 말, 알 수 없는 말을 써야 권위가 있어 보이고, 그래서 사람들이 더 많이 읽고 싶어 한다면, 얼마나 기막힌 신문이고 어처구니없는 국민이겠는가.

또 모두가 바보처럼 되어서 우리 말을 버리고 어려운 한자말을 쓰고 한문글자를 쓰게 되었다고 하더라도, 입으로 말할 때는 입에서 한문글자가 눈에 보이도록 튀어나오는 것이 아니다. 말이란 역시 귀로 들어야 하는데, 듣는 소리는 비상일 수밖에 없고, 무슨 말인지 알 수 없다. 이러니까 귀로 들어서 알 수 없는 말은 우리 말이 아니다. 우리 글자로 써서 알 수 없는 말도 우리 말이 아니다. 사전에 아무리 많이 올라 있어도 그런 말은 다 쓰레기통에 던져 버려야 한다. 그래야 우리 말을 쓰게 되고 우리 말이 살아난다.

앞에 들어놓은 글에 나오는 비상하는, 비상은 다음과 같이 쓰면 얼마든지 될 말이다.

   1) <u>날아가는</u> 철새들의 날개짓에
   2) 희망 안고 힘찬 <u>날아간다</u>.
   3) 흑두루미 떼의 힘찬 <u>날개짓</u>. 흑두루미 떼가 힘차게 <u>날아간다</u>. 힘차게 <u>날아가는</u> 흑두루미떼
   4) <u>날아가는</u> 철새떼. 철새들이 <u>날아간다</u>.

말을 살리는 것이 신문의 사명이다. 제발 말을 죽이는 신문이 되지 말았으면 좋겠다.

2. 우리 말이 될 수 없는 '군무'

지난번에 이어서 새떼들의 사진 제목에 자주 나오는 또 한 가지를 들어본다.

1) 철새의 群舞 『ㅁ일보』, 1999. 1. 3.
2) 가창오리의 군무 『ㄷ매일신문』, 1999. 1. 14.
3) 갈매기 群舞 장관 『ㅎ일보』, 1999. 1. 19.

군무, 이것 역시 알 수 없는 괴상한 말이다. 이런 알 수 없는 괴상한 말을 쓰고 어려운 한문글자를 쓰는 사람을 머릿속에 지식이 많이 들어 있는 사람으로 높이 볼 것이 아니라, 그 속을 알 수 없는 괴상한 사람으로 보는 것이 옳다. 더구나 이런 괴상한 말이 우리 말이고 어려운 한문글자를 배워서 이런 괴상한 말을 쓸 수 있게 해야 된다고 주장하는 사람들이야말로 그 속마음을 알 수 없는 괴상한 사람이라 할 수밖에 없다.

군무를 우리 말로 바로잡으면 '무리춤' '떼지어 추는 춤'이 되겠지만, 앞에서 든 보기글을 우리 말로 다듬어서 다음과 같이 쓸 수 있을 것이다.

1) 철새떼의 춤. 춤추는 철새떼
2) 가창오리떼의 춤. 춤추는 가창오리떼

3) 갈매기떼가 춤추는 장관. 춤추는 갈매기떼의 놀라운 모습

그런데 "새떼들이 춤을 춘다"고 했지만, 사진을 눈여겨보니 춤을 추는 것이 아니다. 1)에서는 수많은 청둥오리들이 얼음 위에서 그냥 앉아 있을 뿐이다. 이게 무슨 춤인가? 2)에서는 "17만여 마리가 한꺼번에 날아올라 장관을 연출하고 있다"고 설명한 대로, 하늘이 온통 하얗고 파란 점들로 꽉 차 있는데, 그것도 사실은 새들이 춤을 추는 것이 아니라 그냥 하늘을 날아가는 것이라 보아야 옳다. 3)도 분명히 갈매기들이 날아가는 사진이다. 어느 사진이고 그 사진을 설명하는 글에는 춤춘다는 말(군무)이 없는데, 제목은 이렇게 "춤춘다"고 하여 엉뚱하게 붙여놓았다.

왜 이런가? 그것은 두 가지로 풀이가 된다. 이렇게 제목을 붙인 기자가 군무란 말뜻을 자신도 모르면서 흔히 쓰는 말이니 쓰자고 한 것이거나, 아니면 이 말뜻을 알기에 사실과는 어긋나도 이와 같이 좀 어렵고 유식해 보이는 한자말이 제목으로 나와야 사진도 그럴듯하고 무게가 있어 보이겠다는 계산으로 썼다는 것이다. 아무튼 한자말은 이렇게 해서 사물을 정직하게 나타내지 않는 책임 없는 말하기와 글쓰기의 태도를 가지게 하고, 남 따라 흉내내면서 겉치레 겉모양을 내고 싶어 하는 병든 마음을 가지게 한다는 사실을 알아야 하겠다.

이 새떼들 사진을 설명하는 글에는 이밖에 도래지, 서식지란 말도 흔히 나온다. 도래지는 '찾아오는 곳'이라 써야 하고 서식지는 '사는 곳'이라 써야 한다.

3. '밀서리'와 '밀사리'

지난 6월 17일자 몇몇 일간신문에, 한강터에서 "추억의 밀서리"를 하게 된다는 기사가 났다. 이 밀서리가 무슨 말인가?『우리말 사전』에서 '서리'란 말을 찾아보면 어느 사전이고 "떼를 지어서 주인 모르게 훔쳐 먹는 장난"이라고 풀이하고는 그 보기로 '참외서리' '수박서리' '고구마서리' '닭서리'를 들어놓았다. 사전의 이 풀이는 틀린 것이 아니다.

여기서 문제가 되는 것이 두 가지 있다. 그 하나는, 이처럼 "떼를 지어서 주인 몰래 훔쳐 먹는" 짓을 그리운 추억이 되는 좋은 일이라고 해서 그것을 다시 한다는 것이다. 더구나 농사꾼들이 땀 흘려 애써 가꾸거나 길러 놓은 곡식이며 짐승을 훔쳐 간다는 것은, 그런 짓을 하는 사람은 재미가 있을는지 모르겠지만, 그 주인은 큰 손해를 입는 것이다. '수박서리' '닭서리'를 재미있는 장난으로, 그리운 추억으로 머리에 떠올리는 것은, 땀 흘려 일하는 농사꾼들과는 아주 다른, 도시에서 살아가는 장사꾼들의 삶과 마음에서 나온 눈길이요 태도라고 나는 본다. 무슨 '서리'란 말과 그 말에 얽힌 옛날의 일을 추억하는 사람들이 모두 일하는 농사꾼들의 세계를 떠나 도시에서 살게 되고 글 속에서 살다보니 이렇게 된 것이 아닌가 싶다.

다음 또 하나 문제는, 내가 알기로 '수박서리' '참외서리' '닭서리' '복상(복숭아)서리'란 말은 있었지만 밀서리, 콩서리란 말은 없었다. 왜 그런가? 농촌에서 콩이나 밀은 어느 집에서도 다 심었으니 굳이 남의 것을 훔쳐 먹을 필요가 없었던 것이다. 그래서 자기 밭의 것을 사리해 먹었다. 이렇게 자기 밭의 밀 이삭을 뽑거나 콩을 꺾어서 살러 먹는 것을 '밀사리' '콩사리'라고 했다. '밀사리' '콩사리'란 말은 있었지만 밀서리, 콩서리란 말은 없었다.

사전에서 '서리'란 말을 풀이하면서 콩서리, 밀서리란 말을 보기로 들지 않은 것은, 콩이나 밀이나 감자 같은 것은 어느 집이고 다 있어서 남의 것을 훔치는 '서리'를 할 턱이 없기에 그런 말조차 없었다는 사실을 깨닫게 한다. 그렇다면 마땅히 '사리'가 있어서 '밀사리' '콩사리'가 사전에 나와야 할 것인데 없다. 내가 어렸을 때는 어른이고 아이고 모두 밀사리 콩사리를 해먹었던 것이다. 농민들이 농사 지어 가꾼 것을 먹는 밀사리 콩사리는 알지 못하고, 그런 말조차 사전에 올리지 않고, 도리어 남의 것을 훔쳐 먹는 나쁜 짓은 사전에도 그 말을 올려서 추억거리로 좋게 보고, 그래서 '밀사리'라 해야 할 말을 밀서리라고 해서 말까지 잘못 쓰고 있다. 이것이 모두 참된 우리 삶과 마음을 모르기 때문이다.

이 글은 석 달쯤 전에 어느 주간지에 실었던 것이다. 그런데 8월 27일 『ㅎ신문』 기사를 보니, 증평에서 '콩때기 축제'를 한다고 했다. '여문 콩을 불에 구워먹는' 것이라 했지만, 문제는 "콩때기 축제"란 말인데, "축제"는 말 할 것도 없이 일본말을 따라 쓰는 짓이지만, 충북지방에 "콩때기"란 말이 있었는지 모르겠다. 아시는 분은 알려주시기 바란다.

'콩때기'를 아시나요
증평서 내달 11일 '축제'
콩까기 · 비지먹기 등 다채

"불에 콩을 구워먹으면서 옛 향수를 느껴보세요."

지난 6월 '밀때기 축제'라는 이색 행사를 기획해 관심을 끌었던 충북 증평출장소가 다음달 11일 '콩때기 축제'를 연다.

옛날 어렵던 시절의 농촌풍습을 체험하는 기회도 주고 값싼 수입콩 때문에 생산기반을 거의 잠식당한 우리 콩에 대해 소비자들의 관심도 유도한다는 취지다.

이를 위해 출장소는 지난 6월 말 보강천 둔치 2000여m²에 콩을 심어 공무원들이 정성껏 가꿨다. 축제에는 여문 콩을 불에 구워먹는 콩때기외에 두부만들기 대회, 비지·청국장 등 각종 콩요리 시식회, 콩 빨리까기, 팔씨름 대회 등도 마련돼 있다.

참가를 원하는 주민들은 다음달 4일까지 출장소 문화공보계(0445-835-1221)로 신청해야 한다. 참가비는 가족당 2만 원이다. 『한겨레』, 1999. 8. 27.

4. '둔치'가 아니고 '강터'다

고수부지란 말이 잘못되었다고 해서 얼마 전부터 둔치란 말을 많이 쓰고 있다.

- 과거 농촌에서 유행했던 '밀서리' 재현 행사가 19일 오전 10시 서울 여의도 국회의사당 뒤편의 낮은 <u>둔치</u>에 있는 '우리 밀밭'에서 열린다. 『동아일보』, 1996. 6. 17.
- 서울시 한강관리사업소는 19일 오전 10~12시 국회의사당 뒤쪽 한강<u>둔치</u> 여의도지구에서 '밀서리 재현' 행사를 벌인다. 행사는 한강<u>둔치</u>에 조성된 우리 밀밭에서……. 『중앙일보』, 1999. 6. 17.

이렇게 쓴 둔치란 말을 사전에서는 "물이 있는 곳의 가장자리"라 풀이해놓았다. 그렇다면 그 물가, 물 가장자리에 어떻게 밀밭이 있을 수 있는가?

고수부지는 일본말이지만 둔치도 잘못 쓰고 있다. 일본말 사전에 고수부지는 없다. 그러나 '부지'가 일본말이니 그 앞에 '고수'를 붙인 것이, 일본말 흉내낸 꼴이 되었다고 할밖에 없다.

둔치는 무엇이 문제인가? 이것이 우리 말이라면 쓸 수밖에 없지만 물고기 이름 같은 느낌이 들고, 모두가 귀에 설어한다. 그러나 그보다도 이 말이 고수부지를 대신해서 쓰는 것이 아주 잘못되었다. 이 문제를 정확하게 풀어 놓은 글이 나왔는데, 하천공학을 전공한 이삼희 씨가 쓴 「'둔치'는 고수부지가 아니다」(『한글 새소식』, 한글학회, 1999. 6.)란 글이다. 어려운 말로 좀 길게 써놓은 그 글에서 여기 필요한 요점을 말하면, '고수부지'는 큰물이 져서 강물이 많이 불어났을 때 물이 잠기는 곳이고, 둔치는 보통 늘 흐르는 강물이 육지인 땅에 와 닿는 그곳을 가리킨다. 그러니 두 곳이 아주 다르다는 것이다. 나도 그 글에서 비로소 이 사실을 깨달았다. 다만 고수부지는 '강터'나 '물터'라 했으면 좋겠고, 둔치는 '물가'라고 하는 것이 자연스럽겠다.

 일본말에는 '미즈가와' '나기시' '이소'와 같은 말이 많은데, 우리는 둔치란 말뿐이고, 이것도 모두가 귀에 설은 말이 되었다. 또 일본말 흉내낸 고수부지를 쓰면서 그것조차 둔치와 뒤섞어놓고 있으니 왜 이렇게 되었는가? 왜 우리가 훌륭한 말과 글자를 가지고 있으면서 강가나 바닷가의 자리 이름조차 제대로 말하지 못하고, 그런 말 하나 가지지 못해 쩔쩔매는가? 그 까닭은 우리 조상들이 너무 오랫동안 한문을 숭배하여 한자말만 쓰면서 우리 말을 천대했기 때문이다. 우리 것을 버렸기 때문이다.

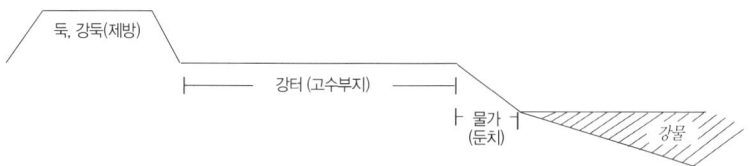

5. '꽃의 날'보다 '꽃날'이 좋다

지난 7월 7일자 『ㅎ신문』에 나온 사진 기사 가운데 제목과 사진을 설명한 글이 다음과 같은 것이 있었다.

> 화요일은 꽃의 날
> 농림부가 꽃 소비의 저변확대를 위해 매주 화요일을 꽃의 날로 지정한 6일 정부 세종로청사 로비에 마련된 꽃직판점에서 한 공무원이 화분을 고르고 있다.

이 기사에서 무엇보다도 주목되는 말이 꽃의 날이다. 농림부에서 좋은 생각을 했는데, 내 의견으로는 꽃의 날보다는 '꽃날'이라 하든지 '꽃 보는 날'이라 하는 것이 좋겠다. 꽃의 날이라고 하니 우리 말답지 않고, 자연스럽게 나오는 우리 말이 아니라는 느낌이 들기 때문이다. 이와 비슷한 이야기를 한 가지 하면, 60년대에 내가 시골 어느 학교에서 근무할 때, 주마다 아이들이 쓴 글을 모아 등사판으로 밀어서 학급문집을 만들었는데, 그 문집 이름을 『흙의 어린이』라 했다. 그때 내 딴은 잘 생각해서 지은 이름이라 생각했는데, 뒤에 깨닫고 보니 그것은 우리 말이 될 수 없는 말이었고, 머리로 만들어낸 말이었다. '흙투성이 어린이'라든지 '흙에서 자라나는 아이들'이라고 했더라면 좋았을 것이다. 꽃의 날도 마찬가지라 생각한다.

이밖에 사진을 설명한 글에서 "꽃 소비의 저변확대"란 말이 나왔는데, '저변확대'란 말을 더러 쓰지만, 관청이나 신문에서 이런 어려운 말을 써서 퍼뜨리지 말고 쉬운 우리 말을 썼으면 좋겠다. "꽃 소비의 저변확대를 위해"는 '꽃을 많이 사 볼 수 있도록' 하면 될 것이다.

매주는 '주마다'가 낫겠고, 로비는 '쉬는 방'이면 될 것이고, 꽃 직판점은 '꽃가게'나 '꽃 파는 자리'라면 될 것이다.

내 욕심은 "화분"도 '꽃분'이 좋다. 화병(→꽃병), 화단(→꽃밭), 화신(→꽃소식), 화문(→꽃무늬), 화판(→꽃잎), 화훼(→꽃), 화채류(→꽃채소)…… 이렇게 해서 한자말 '화'를 죄다 우리 말 '꽃'으로 써야 우리 말이 산다.

한문글자 쓰자고 우기는 사람들이 걸핏하면 꺼내는 소리가 한문글자는 '조어력이 뛰어나다'고 자랑하는데, 어째서 우리 말의 '조어력'은 모를까? 그리고 조어력이 놀랍다는 그 한문글자를 죽자 사자 배워서 '꽃병'을 '花瓶'으로 쓰고 '꽃밭'을 '花壇'으로 '꽃소식'을 '花信'으로, '꽃무늬'를 '花紋'으로, '꽃'을 '花卉'로, '꽃받침'을 '花萼'으로, '꽃눈'을 '花芽'로 '꽃술'을 '花蕊'로, '꽃잎'을 '花葉'으로 쓰면 뭘 하나? 한문글자 배워서 한자말을 쓰게 되면 우리 말을 죽일 뿐이고, 어려운 말을 써서 유식한 것 자랑하고 권위를 뽐낼 뿐이다. 그러다가 나라를 망친 것이 우리 역사가 아니었던가.

아무튼 화요일을 '불날'이라 하지 않고 '꽃날'로 하게 된 것이 반갑다. 한문글자의 조어력을 자랑하는 사람들은 이 '꽃날'을 한문글자로 무엇이라고 '조어'할까 궁금하다.

6. '코로나'와 '달무리·햇무리'

지난 5월 29일자 어느 일간신문에 다음과 같은 사진 기사가 나왔다.

<u>원형무지개</u>
　미국 사우스 다코다주 브랜던에서 27일 태양 <u>주위를</u> 둘러싼 <u>원형무지개</u>가 나타났다. 코로나라고 불리는 이 <u>원형무지개</u>는 햇빛이나 달빛이 안개나 <u>대기권</u>의 먼지에 의해 <u>굴절돼</u> <u>발생한다</u>.

　먼저, 쉬운 우리 말로 써야 할 한자말과 잘못 쓴 말 몇 가지를 들어본다. 원형이라 했는데, '둥근'이라고 하면 좋겠다. "주위를 둘러싼"은 주위를 을 지우고 "둘러싼"만 써야 한다.
　불리는이란 말이 나왔다. "코로나야!" 하고 부르는 것이 아니니까 이 말은 잘못 썼다. 외국말을 직역한 글을 따라서 쓰니 이렇게 된다. '-라고 하는'이라 써야 우리 말이 된다.
　대기란 말을 많이 쓰는데 대기와 '공기'가 어떻게 다른가? 나는 대기를 안 쓰고 '공기'만 쓰고 있다. 같은 말이면 쉬운 말, 누구나 잘 알고 있는 말을 쓰는 것이 낫다.
　-에 의해. 이것도 우리 말법이 아니다. '때문에'라고 하면 우리 말이 된다. 굴절돼는 '꺾여'라 하면 되고, 발생한다는 '생겨난다'가 더 쉬운 말이

다. 그래서 "먼지에 의해 굴절돼 발생한다"는 '먼지 때문에 꺾여서 생겨 난다'고 고쳤으면 좋겠다.

그런데 이 기사는 내용이 잘못되었다. 사진을 보니 해의 둘레를 멀리 둥그렇게 테를 둘러 있는 빛(흑백사진이라 희게만 보이는 빛)이 보인다. 이것은 코로나가 아니고 햇무리다.

'코로나'와 '무리'(햇무리·달무리)는 다른 것이다. 코로나는 해 바깥층, 바깥 부분에 나타는 빛이다. 이 빛 안쪽은 약간 파란빛이 나는 엷은 누른빛이고, 바깥쪽은 진주빛인데, 개기일식 때 잘 보이지만 다른 때에도 볼 수 있다. 그런데 무리는 해나 달의 둘레에 가끔 생기는 둥근 테 모양의 빛이다.

따라서 "코로나라고 불리는 이 원형무지개는"이라는 말은 '햇무리라고 하는 이 둥근 무지개는'이라고 써야 옳은 말이 된다. 그리고 그다음에 이 햇무리를 설명한 내용이 또 잘못되었다. (이것이 햇무리가 아니고 코로나를 설명한 말이라면 더욱 엉뚱한 말이 된다.) '무리'는 햇빛이나 달빛이 안개나 먼지 때문에 꺾이는 것이 아니라 아주 작은 물방울이나 얼음 알갱이 때문에 꺾여서 생기는 것이다.

햇무리나 달무리가 나타나면 그 다음날은 비가 왔다. 그런데 요즘은 햇무리고 달무리고 보기가 어렵다. 무지개가 잘 나타나지 않듯이 햇무리 달무리도 사라졌다. 그래서 어느 먼 나라에서 햇무리가 나타난 것이 온 세계 사람들의 놀라운 소식이 되어 우리 신문에까지 사진으로 실리고, 기자들은 '햇무리'란 말조차 몰라 엉뚱한 기사를 쓰는 소동이 벌어지는구나 싶다.

7. '금품수수'란 무슨 말인가

　수수라고 말하거나 글자로 써놓았을 때, 누구나 이 말은 밭에 심어 가꾸는 곡식 이름으로 알 것이다. 그러면 떡수수라고 했을 때는 어찌될까? "아니야, '떡수수'가 아니고 '수수떡'이야" 하고 말하겠지. 다시 또 이번에는 돈수수하면 무슨 말로 알까? 이것 역시 '돈과 수수'라고 알 것이다. 이것이 우리 보통사람들이 가지고 있는 우리 말에 대한 느낌이다. 그리고 이런 보통사람들이 가지고 있는 우리 말에 대한 느낌이 가장 깨끗하고 올바른 느낌이다.

　그런데 수수라고 했을 때, "아니야, 이 말은 무엇을 '주고받는다'는 말이야"라고 하는 사람이 열에 하나라도 있다면, 그 사람은 우리 말에 대한 감각이 죽은 사람이다. 떡수수나 돈수수란 말로 "그것은 '떡값'을 '주고받았다'는 말이고, 돈을 '주고받았다'는 말이다"고 하는 사람이 열에 다섯이 아니라 여섯쯤 나온다고 해도, 그런 사람들은 우리 말답지 않은 잘못된 한자말로 된 글의 질서에 갇혀서 우리 말에 대한 깨끗한 느낌을 잃어버린 사람이다. 오늘날 얼마나 많은 사람들이 우리 말을 제대로 느끼지 못하고 그 느낌이 굳어지고 감성이 마비되어 있는 것일까? 모두가 한자말을 마구잡이로 쓰는 글의 질서에 갇혀 있기 때문이다.

- 崔 시장 돈<u>수수</u> 시인 『ㅈ일보』, 7. 29.

이렇게 쓴 이 돈수수란 말은 돈을 주고받았다는 말이다. 수수에서, 앞의 '수'는 줄 '수' 자이고, 뒤의 '수'는 받을 '수'다. 그렇다면 바로 우리 말로 주고받았다고 쓰지 않고 왜 수수라고 적었나? 일부러 어려운 말, 이상한 말을 써서 그 사실을 될 수 있는 대로 국민들이 모르도록 하려고 한 것일까?

그런데 기사 내용을 읽어 보니 최 시장이 돈을 주고받은 것이 아니고, 어느 은행장한테서 '받은' 것이다. 어려운 한자말, 이상한 한자말을 쓰는 사람은 이렇게 또 흔히 그 말뜻조차 모르고 쓴다.

• 광양시장 부인 금품수수 추가확인 『ㅎ신문』, 7. 29.

이 제목으로 쓴 기사를 읽어보니, 이것도 받은 것뿐이고 준 것은 아니다. 그렇다면 금품수수가 아니라 '받은 금품'이라고 써야 옳다.

• 공무원 승진 청탁과 관련해 2693만 원의 금품을 받은 혐의를 새로 밝혀내고, 김 시장을 불러 금품수수에 관련됐는지를 조사했다. 『ㅎ신문』, 7. 29.

이렇게 되어 있는 기사에서도 금품수수라 했다.

• 대구 KBS 전 보도국장, 금품수수 조사 중 잠적 『ㅎ신문』, 7. 30.

이 기사 내용도 돈과 시계를 받은 혐의로 조사 중이었다고 했으니, 수수는 잘못 쓴 말이다.

쉬운 우리 말을 두고 어려운 한자말을 쓰니까 틀린 말을 쓰게 되고, 틀려도 틀린 줄을 모르고, 말에 대한 감각도 자꾸 무뎌지는 것이다.

8. '호우'가 아니라 '큰비'다

"애야, 오늘 밤에 호랭이 온다더라."
"뭐, 호랑이라뇨?"
"그래, 호랭이가 바람 타고 온단다."
"아이 참, 어머님도! 요즘 음식을 잘 안 드시더니 실성하셨나 봐요."
"아니다. 내 정신 이렇금 똑똑하다. 호랭이 온단 소리 방송으로 잘 들었단다. 모두 호랭이 조심하라고……."
 연세가 많으신 어머니 애기에 어리둥절하다가 텔레비전에서 저녁 뉴스를 듣던 아들이 "호우가 내리겠습니다"고 하는 방송말에 비로소 깨닫고 무릎을 쳤다. '호우'를 어머니는 '호'로 들었구나! '호'가 온다고 했으니 호랑이가 나타난다고 알아들을 수밖에.

 이 얘기는, 있을 법한 일을 내가 지어낸 것이다. 만약 나이 많은 어머니가 아니고, 이번에는 멀리 가 있는 아들이 그 아버지나 어머니한테 전화를 걸었다고 하자. 아들이 "내일 호우가 온답니다"고 하면 그 부모들은 알아듣겠는가?
 "뭐? 뭐? 호오라니?" 하고 몇 번이나 되묻고 나서야 겨우 알아듣고 "아, 큰비가 온다는 말이구나!" 하고 깨달을 것이다.
 호우란 말은 이래서 문제가 된다. 귀로 들어서 무슨 말인지 알 수 없는 말은 우리 말이 될 수 없다. 그런데, 이번에 지나간 태풍과 큰비 난리를 알린 신문들은 기사마다 그 제목에서부터 호우란 말을 썼다.

- 호우에 '올가' 덮치면 『ㅎ신문』, 8. 3.
- 장마 뒤 호우가 더 무섭다. 『ㅎ신문』, 8. 4.
- 기상청은 29일 "중부지방에 호우를 내린 열대성 저기압은……"고 말했다. 『ㅁ일보』, 7. 29.
- 기상청은 28일 "서해안을 따라 북상 중이던 제5호 태풍 '닐'이 …… 중서부지방에 시간당 10~20mm 가량의 호우를 뿌리고 있다"며…… 『ㅈ일보』, 7. 29.

이와 같이 호우란 말을 쓰지 않은 신문이 없다. 누구나 쉽게 알아들을 수 있는 우리 말 '큰비'는 내버리고 어째서 괴상한 한자말만 쓸까? 기상청에서 잘못된 말을 한다면 언론기관에서 마땅히 고쳐주어야 할 게 아닌가.

이 호우란 말은 또 집중호우라든가 호우주의보라 해서 다른 한자말과 함께 쓰이는 수가 많다.

- 이번과 같은 수백mm의 집중호우가 올 경우…… 『ㅎ신문』, 8. 5.
- 내륙지방에는 호우주의보가 내려져 최고 110mm의 집중호우가 쏟아졌다. 『ㅎ일보』, 7. 29.

"집중"이란 말은 쓸 필요가 없다. 큰비가 어느 곳에 퍼부었다든가 쏟아졌다든가 내렸다고만 하면 '집중'해서 오는 것이니까. 그리고 "주의보가 내렸다"고 하는 말도 어설픈 겹말이다. "보"는 '알림'이란 뜻이니까 "호우주의보가 내려졌다"고 할 것이 아니라 '호우주의가 내렸다'고 하면 되는 것이다. 물론 '큰비주의'가 옳은 말인 것은 말할 나위가 없다.

신문이 우리 말을 오염시키니 시를 쓰는 젊은이들도 그 말을 따라서 쓴다.

- 작년 여름 호우 때에 이어 이번 여름 태풍과 호우에도 나의 집에는 똑같은 일을 묻는 전화가 걸려왔다. 『ㅎ신문』, 8. 10.

9. 물난리, 왜 되풀이되는가

물난리 문제를 다룬 신문기사 하나를 들어서 우리 말의 문제를 생각해 보겠다. 다음은 지난 6월 24일 『ㅎ신문』 기사다.

건설교통부가 예산부족을 이유로 경기 연천군의 제방공사 건의를 묵살하는 바람에 이 지역이 96년에 이어 또다시 수해를 입었다는 지적이 제기됐다.

이규택 의원은 4일 "감사원과 건설교통부가 국회에 제출한 자료에서, 지난 96년 7월 집중호우로 큰 피해를 당한 연천군이 경기도 북부출장소의 지시에 따라 그해 10월 서울지방국토관리청에 임진강 유역의 제방공사를 건의했으나 서울지방국토관리청이 예산부족을 이유로 거부해 제방공사가 무산된 사실이 드러났다"고 주장했다. 이 의원이 공개한 자료에 따르면, 경기도 북부출장소는 96년 9월 15일 연천군에 보낸 공문에서 "연천군이 군남-강서 간 도로 확장포장공사를 추진하고 있으나, 제방이 축조되지 않은 상태에서 도로와 교량만 완공되면 올해(96년)와 같은 집중호우시 침수피해가 재연될 수 있는 만큼 임진강 제방 축조와 하천 개수 공사를 병행할 것을 서울지방국토관리청에 건의하라"고 지시했다.

이렇게 쓴 말이 아주 어려운 말은 아니다. 그러나 관공서의 공문이나 신문에서 쓰는 말이 시골의 농사꾼이나 할머니들도 읽어서 알 수 있도록 쓰는 것이 원칙으로 되어야 한다. 이런 원칙으로 위의 기사에서 문제가 되는 말을 고쳐보겠다.

- 예산부족을 이유로 (→예산이 모자란다고 해서)
- 제방공사 건의를 묵살하는 (→둑을 쌓아달라는 의견을 안 들어주는)
- 지적이 제기됐다 (→말이 나왔다)
- 제출한 (→내놓은)
- 집중호우로 (→〔쏟아진〕 큰비로)
- 임진강 유역의 제방공사를 건의했으나 (→임진강가의 둑 쌓기 공사를 요청했으나)
- 예산부족을 이유로 거부해 제방공사가 무산된 사실이 (→예산이 모자란다고 거절해서 둑 공사를 못 하게 된 사실이)
- 군남-강서 간 도로 확포장공사를 추진하고 있으나 (→군남-강서 사이 길 넓혀 포장하는 공사를 하고 있으나)

둑을 쌓지 않은 형편에서 길과 다리만 다 되면 올해와 같은 큰비가 왔을 때 물에 잠기는 일이 다시 벌어질 수 있는 만큼 임진강 둑 쌓기와 하천 고치는 일은 함께해야 할 것을……

언제나 일반 백성들이 잘 모르는 한자말로만 글을 쓰니까 쓰는 사람 자신을 그 글이 어려운 줄 모른다. 그래서 늘 쓰는 그런 한자말이 몸에 배어 그만 그것이 특권을 누리는 여러 가지 수단으로 되기도 한다. 그토록 개혁을 부르짖어도 우리 나라 관리들이 꿈쩍도 하지 않고 끊임없이 부정 사건을 일으키는 근본 까닭이 여기 있는 것이다. 신문이 제1노릇 못 하는 까닭도 마찬가지다. 만약 공무서고 신분들이 쉽고 깨끗한 우리 말을 쓰기만 한다면, 우리 사회는 놀랄 만큼 새롭게 바뀔 것이라 확신한다.

10. '예의주시한다'는 말

이 예의주시란 말은 '예의'와 '주시'가 한 글귀로 된 것이겠는데, 한문글자로 써서 그 글자를 알아야 말뜻을 제대로 알 수 있는 이런 말은 우리 말이라 할 수 없고 우리 말이 될 수도 없으니 쓰지 말아야 한다. '예의'란 말은 '열심히 (무엇을) 하려고 애쓴다'는 뜻이니 예의주시한다고 하면 '열심히 (애써) 본다'는 말이다. 그렇다면 누구나 잘 아는 쉬운 우리 말로 '열심히 본다'고 하면 되는데 어째서 예의주시한다고만 할까? '열심히 본다'가 꼭 맞는 말이 아니라면 '애써 본다' '잘 지켜본다' '눈여겨본다'와 같은 여러 가지 말이 있다. 이렇게 넉넉한 우리 말을 다 버리고 괴상한 한자말을 쓰고 있으니 참 답답하다. 누가 이런 말을 쓰기 시작했는지 모르지만, 아무튼 우리 나라 지식인들은 그 누가 어려운 말을 먼저 쓰면 서로 다투어 그 말을 쓰면서 유식함을 보이려고 한다. 신토불이고 민초고 다 이렇게 해서 퍼진 말이다.

다음은 같은 날(1999. 6. 17.)에 나온 세 신문의 머릿기사에서 똑같은 문제를 다루면서 저마다 문맥이 다른데도 똑같이 예의주시란 말을 써놓았다. 이만하면 이 말을 신문기자들이 얼마나 버릇처럼 쓰고 있는가를 짐작할 것이다.

• 남북 함정 간 교전 상황이 발생한 지 하루 뒤인 16일 인천 옹진군

연평도 부근 서해상에는 북한 경비정들이 더 이상 북방한계선을 침범하지 않고 있다. 그러나 우리 군당국은 북한 측의 동태를 <u>예의주시</u>하며 만약의 도발에 대비하고 있다. 『ㄷ일보』

- 미군도 북한의 새로운 도발에 대비, 핵잠수함을 포함한 미7함대 정예전력을 한국에 급파한 것으로 알려지는 등 북한의 움직임을 <u>예의주시</u>하고 있다. 『ㅈ일보』

- 군의 고위 관계자는 "교전 사태 이후 북한은 몇 가지 도발 조짐이 있으나 아직 크게 우려할 움직임은 보이지 않고 있다"며, "우리 해군과 교전에서 대패한 북은 우리 쪽 상황을 <u>예의주시</u>하면서 파손된 경비정의 정비가 끝날 때까지 관망하고 있는 것으로 판단된다"고 말했다. 『ㅎ신문』

같은 사건을 쓰면서 『ㄷ일보』는 우리 군당국이 북한측을, 『ㅈ일보』에서는 미군이 북한의 움직임을, 『ㅎ신문』에서는 북한 쪽이 우리 쪽을 예의주시한다고 했다. 어느 경우이든 '지켜본다'고 하면 아주 쉽고 알맞은 말이 되어 누구나 잘 읽을 수 있다.

- 이에 대해 김 수석부총재 쪽은 "현재 우리 당의 가장 중요한 문제는 내각제 개헌 실현 여부"라며 "김대중 대통령이 여론의 동향을 <u>예의주시</u>한다고 한 만큼 내각제 홍보를 잠시도 늦출 수 없다"고 맞받았다. 『ㅎ신문』, 3. 12.

김 대통령도 지식이 많이 든 사람이니 예의주시란 말을 했을 것 같기도 하다. 그러나 "잘 지켜보겠다"고 한 말을 기자가 이렇게 옮겨 쓸 수도 얼마든지 있는 것이 우리 글쓰기와 신문의 실상이라고 본다.

11. '잔해'는 '부스러기'라고 써야

사람이라는 동물이 주인 노릇을 하는 이 조그만 땅덩이에 잇달아 무시무시한 재앙이 '지진'이라는 모양으로 터져서 깜작할 새 몇천 명이 죽고 몇만 명이 다치고 하는 생지옥 판이 벌어지고 있는데, 그런 끔찍한 일을 알리는 말이 잘 되었느니 못 되었느니 한다면 이것은 분명 팔자 좋은 소리임이 틀림없겠다. 하지만 어찌하겠는가? 내가 할 수 있는 일이 이것밖에 없으니.

1) 22일 대만의 지진 피해 지역에서 무너진 집더미에 깔린 피해자를 이웃 주민들이 구해 보려고 안간힘을 쓰고 있다.
2) 2명의 구조대원들이 21일 대만 타이베이 북쪽의 산창에서 무너진 건물의 잔해를 치우며 생존자를 찾고 있다.
3) 잔해더미서 긴급구조
4) 21일 지진으로 큰 피해를 본 신창의 12층짜리 건물의 잔해더미에서 한 여성을 구조대원들이 옮기고 있다.
5) 대만 지진의 피해 지역인 난터우에서 22일 건물 잔해에 깔려 숨진 가족의 주검을 친척들이 운구하고 있다.
6) 매캐한 잔해더미 3교대 탐색

모두 22일과 23일에 나온 신문 기사인데 1) 2) 3) 4) 5)는 사진을 설명한 글이거나 사진 제목이고, 6)는 기사 제목이다. 이 가운데서 1)에서만 "집더미"라 썼고, 나머지 다른 글에서는 죄다 잔해 또는 잔해더미라 했다. 어느 신문이고 모두 이렇게 잔해라 썼는데, 이게 무슨 말인가? 지진이 나서 집이 무너지고, 수많은 사람들이 집더미에 깔려 죽고 하는 이런 일을 알리는 말이라면, 어느 나라에서고 국민 모두가 잘 알고 있는 쉬운 말로 쓰는 것이 옳다. 그런데 우리 국민 가운데 잔해란 말의 뜻을 알고 있는 사람이 얼마나 될까? 왜 우리는 이런 중대한 소식을 온 국민에 알리는 말조차 국민들이 알지 못하는 말로 해야 하나? 우리 말이 없어서 그런가? 우리 말이 그렇게 빈약하고 불편한가?

내가 보기로 없는 것은 말이 아니고 정신이다. 우리 말은 얼마든지 있는데, 우리 것을 쓰려고 하는 정신이 없는 것이다. 1)과 같이 '집더미'라면 얼마나 좋은가.

'집더미'와 잔해더미가 다르다고 할는지 모르겠다. '집더미'는 집채가 그다지 부서지지 않고 그대로 쓰러진 것이고, 잔해더미라면 집이 아주 부서져서 무너진 것이라고. 그렇다면 잔해 하지 말고 '부스러기' '건물 부스러기'라 하면 될 것 아닌가. 그런데 1)의 사진과 2) 4) 5)의 사진을 보니, 어느 사진이고 다 똑같이 건물이 무너져서 산산조각으로 박살이 나 있다. 그러니까 "무너진 건물 잔해(더미)에 깔렸다"고 할 것이 아니라 '무너진 건물더미에 깔렸다'든지 '무너진 건물 부스러기에 깔렸다'고 해야 할 것이고, 이렇게 쓰면 알맞은 말이 되는 것이다.

하늘이 내린 재앙인 지진도 사람의 게으름과 악함으로 더욱 큰 것이 된다고 하는데, 제 나라 말을 학대하는 우리들 앞날에는 아무 재앙이 없을 것인가?

12. '탈세' '탈루' '포탈'이란 말

　요즘 신문에서 세금을 내지 않은 어느 기업에 대한 문제를 날마다 알리고 있는데, 그런 사실을 알리는 말 가운데 일반 국민들이 쓰지 않는 어려운 한자말이 자꾸 나온다. 세금은 모든 국민이 내는 것이다. 그러니까 세금이란 말은 모르는 사람이 없을 것이고, 세금을 내었다든가, 옳지 않은 수단을 써서 세금을 내지 않았다든가 하는 사실을 알리는 말이 어려워야 할 까닭이 없다. 다음은 10월 5일치『ㅎ신문』의 머릿기사 제목과 기사 첫머리다.

　　• 한진그룹 탈세 5416억 추정
　　국세청 "1조 895억 소득탈루"…… 조중훈 회장 등 3부자 고발
　　국세청은 한진그룹 계열사 및 사주일가에 대한 특별 세무조사 결과 모두 1조 895억 원의 탈루소득을 찾아내 5416억 원을 추징하기로 했다고 4일 발표했다. 한진그룹에 대한 국세청의 탈루소득과 추징세액 규모는 사상 최대이다. 국세청은 또 조중훈 한진그룹 명예회장과 조양호 대한항공 회장, 조수호 한진해운 사장 등 세 부자와 대한항공, 한진해운 등 2개 법인을 조세포탈 및 외국환관리법 위반혐의로 검찰에 고발했다.

이 기사에서 중요하게 써놓은 말이 세 가지 나오는데 1) 탈세 2) 탈루 3) 포탈 ― 이것이다. 잘 살펴보면 모두 '탈세'란 말만 써도 될 텐데, 왜 탈루니 포탈이니 하는 어려운 말을 썼을까? '탈세'라면 '옳지 않은 방법을 써서 세금을 내지 않는 일'로 누구나 알고 있는 말이다.

탈루란 말은 '빠져나감' '밖으로 새어나감'이란 말이지만 여기서는 세금이 빠져나간 것을 말하고 있으니 '탈세'란 뜻으로 썼다. 포탈이란 말도 '탈세'와 같은 말로 쓴다. 탈루의 앞이나 뒤에 '소득'을 붙여 써서 소득탈루로 썼다가 또 탈루소득이라 했지만, 같은 말로 쓴 것이고 탈루를 '탈세'로 하면 아주 쉽게 읽힌다.

또 조세포탈이라고 했다. '조세'가 무슨 말인가? 보통사람들이 입으로 하지 않는 말이다. '세금'이라면 된다. 그러니 '세금포탈'이고 바로 '탈세'란 말이다.

같은 뜻으로 쓰면서 여러 가지 다른 말을, 더구나 어려운 말을 섞어 쓰는 까닭이 무엇인가? 이렇게 쓰면 문장이 유식해 보이고 권위가 있어 보일지 모르지만, 조금이라도 더 정확하게 사실을 알리는 글이 되는 것은 결코 아니고, 다만 사실을 환히 잘 알 수 없도록 하는 데 도움이 될 뿐이다.

- 홍씨는…… 증여사실을 감추기 위해 주식이나 전환사채 등을 매입하는 방법으로 13억 3,000여만 원의 증여세를 <u>포탈했다</u>.『ㅎ신문』, 10. 2.

이와 같이 "증여세를 포탈했다"고 하여 포탈을 움직씨로 썼을 때는 바로 '증여세를 내지 않았다'고 하면 되는 것이다. (이 글에서 "-등을 매입하는"이란 말은 말할 것도 없이 '-들을 사들이는'이라고 써야 할 말이다.)

13. '반면교사'라는 말

그 어떤 이름난 사람이나 유식한 사람이 먼저 새로운 말을 쓰면 다투어 그 말을 써서 자기도 그 유식층에 들어가 보이려고 하는 얼빠진 말글 쓰기의 흐름이 우리에게 있다. 이렇게 해서 새로 쓰게 되는 말은 죄다 일본이나 서양에서 들어온 말이다. 신토불이, 민초, 해프닝 따위가 모두 이렇게 해서 유행된 말이다.

반면교사(反面敎師)란 말이 갑자기 지난해부터 쓰이고 있다. 느낌으로 이것은 일본말 흉내구나 싶었는데, 그 증거가 잡혔다. 일본의 조분샤(潮文社)에서 펴낸 책 『마음에 남아 있는 꼭 하고 싶은 얘기』(제2권, 1964, 263쪽)에 다음과 같은 말이 적혀 있다.

> 완고하여 남의 말을 받아들이지 않은 아버지가 나에게는 반면교사였다. '아버지 같이 살고 싶지 않다.' 그렇게 생각하면서 자라났다.

글을 쓴 사람은 사이타마 현에 살고 있는 '하세가와 고지'란 사람인데, 직업은 무직으로 되어 있다. (이 책은 일본 전국에서 온갖 직업을 가진 사람들이 써낸 글을 모은 책이다.) 이와 같이 한 시골 사람의 글에까지 나오는 말이라면 일본에서는 아주 널리 퍼져 있는 말임이 틀림없다.

그러면 우리 신문에 나온 이 말을 눈에 띈 대로 다음에 적어보겠다.

- 한 당선자 측근은 반면교사가 돼준 YS가 고마울 따름이라고 했다. 『중앙일보』, 1998. 2. 2.
- 현 정부 내내 YS 측근 '앙팡 테리블'들이 야기했던 문제점을 반면교사로 삼아야 한다는 지적을 김 당선자 측은 깊이 새겨들어야 한다. 『한국일보』, 1998. 2. 17.
- 또 힘이 있는 정권 초에는 다른 곳의 유능한 인사를 발탁하고 정권말기에 자기 사람을 전진 배치하는 게 원칙인데 김 당선자가 현 정부 인사 결과를 반면교사로 삼으면서도 이점을 잊고 있다는 지적도 있다. 『한국일보』, 1998. 2. 17.
- YS는 DJ의 반면교사다. 『동아일보』, 1998. 2. 21.
- 反面敎師 『조선일보』, 1998. 2. 24.
- 다행히 김대중 대통령에게는 외교에서도 김영삼이라는 탁월한 '반면교사'가 있다. 『중앙일보』, 1998. 2. 28.
- 그리고 사실 산중에 있는 스님들에겐 이번 사태가 '중놈소리 안 들으려면 한눈팔지 말고 더 정진해야 한다'는 교훈, 반면교사가 되고 있습니다. 『동아일보』, 1998. 12. 12.
- 반면교사의 세상 읽기 『한겨레』, 1999. 1. 30.
- 선거 행태도 그렇고, 대 언론 태도도 그렇고…… 반면교사 삼으랬더니, 가정교사 삼았나? 『한겨레』, 199. 5. 28.
- 반면 '전 정권의 가신정치 폐단을 반면교사로 삼아야 한다'는 얘기는 우려의 시각에서 나온다. 『한국일보』, 1998. 12. 15.
- 여론에 춤추었던 전 정권의 실패를 반면교사로 여론에 맞서 소신대로 하기로 결정했다면 이는 엉뚱한 교훈을 얻은 꼴이 된다. 『중앙일보』, 1999. 6. 10.

14. '진검승부', 이 부끄러운 말

남의 물건을 훔치면 도적이 되고, 남의 작품이나 작품의 한 대문을 제 것처럼 따다가 쓰면 표절죄가 된다. 그런데 얼마든지 있어서 넉넉한 제 나라 말은 버리고 남의 나라 말을 자꾸 따라 쓰고 흉내내는 더러운 짓은 아무 죄도 되지 않는다. 더구나 남의 나라 역사에서, 그것도 바로 그 나라 사람들은 이제 부끄러워서 특별한 경우가 아니면 쓰지 않는 옛날에나 썼던 말을, 어쩌자고 요즘 우리 잘난 지식인들이 즐겨 쓰는 것일까? 그런 말은 아무리 써도 법에 죄가 성립되지 않는다고 해서 쓰는가? 보통 사람들이 쓰지 않는 말을 쓰면 사람들이 놀라게 되고, 역시 똑똑한 사람은 다르다고 우러러볼 것이라 기대해서 쓰는가? 식민지 백성으로 살아온 종살이 버릇이 아주 깊이 몸에 배어서 일본 군국주의와 사무라이의 역사와 정신에 대한 얼빠진 그리움이 남아 있어 그런 말을 뻔뻔스럽게 할까? 아무튼 우리 민족으로서 이보다 더 부끄러운 짓거리가 어디 있겠나 싶다. 그 말이 바로 진검승부다.

이 진검승부(眞劍勝負)란 말은 일본어사전이나 일본 역사책을 찾아볼 것도 없이 그 옛날 일본의 무사(사무라이)들이 서로 원수가 되었을 때, 마치 서양사람들이 권총으로 서로 쏘아 죽이는 판을 벌이듯이 진짜 일본칼로 마주서서 사생결단을 내던 야만스런 풍습을 가리키는 말이다. 어째서 이런 말이 오늘날 우리 나라에서 자꾸 쓰이는지 참으로 어이가 없다.

다음은 어쩌다가 내 눈에 띈 것인데, 이밖에도 많을 것이라 생각되니, 누구든지 보는 대로 이런 말을 쓰는 사람이 있으면 드러내어 좀 따끔한 말을 해주었으면 좋겠다. 그래야 우리 민족의 정기가 죽지 않을 것이다.

- 격변의 통신시장, <u>진검승부</u>는 시작되었다. 한국통신, 『여보세요』, 1997. 12.
- 이미 주사위는 던져졌고 누가 높은 점수를 획득해 적자생존하는가의 기로에 놓여 있다. 바야흐로 통신시장에서의 <u>진검승부</u>가 시작된 것이다. 한국통신, 『여보세요』, 1997. 12.

일본말을 따라 쓰니까 말법까지 일본 것이 되어 -에서의 따위를 그대로 썼다.

- 삼성·현대의 <u>진검승부</u> 『내일신문』, 1998. 4. 1.
- 현대그룹이 기아자동차 인수 의사를 공식적으로 천명함에 따라 기아자동차 인수를 둘러싼 현대그룹과 삼성그룹 간의 <u>진검승부</u>가 시작됐다. 『내일신문』, 1998. 4. 1.
- 4강 가는 길 '<u>진검승부</u>' 『한겨레』, 1999. 5. 11.

이런 부끄러운 말을 자랑스럽게 쓰는 사람들이 다른 온갖 일본말과 말법을 마구잡이로 쓰는 것도 같은 정신 상태에서 하는 짓이라 보지 않을 수 없다. 진검승부가 아니고 승부만 쓰는 것도 일본말이다.

- '라면 전문점은 젊은 층을 대상으로 운영하는 만큼 청결과 친절로 <u>승부한다</u>'는 이병구 씨가 라면 면발을 확인하고 있다. 『조선일보』, 1998. 2. 23.

승부한다는 '결판낸다'라고 써야 한다.

15. '이산가족 상봉'이란 말

    지난 8월 15일부터 19일까지 닷새 동안, 우리 모든 일간신문들은 반세기 동안 한집 식구이면서 남북으로 헤어져 서로 소식조차 모르고 살아온 수많은 사람들 가운데 겨우 그 일부 사람들이 서울과 평양에서 만나게 되는 눈물겹고 감격스러운 소식을 이산가족 상봉이란 말로 실었다. 신문들은 제목이고 본문이고 사진설명이고 사설이고 온통 이산가족 상봉이란 말로 넘쳤다. 그런데 나는 여기서도 어째서 꼭 이산가족 상봉이라고만 말해야 하나? 하는 질문을 던지고 싶다. 이것이 깨끗하고 아름다운 우리 말인가? 하고.
    '이산' '가족' '상봉' 세 낱말이 모두 한문글자소리로 된 말이다. 우리 겨레가 그 엄청난 일을 겪고 그래서 이제야 그렇게 잘못 살아온 일을 바로잡으려고 하는 이 마당에, 이와 같은 일을 알리는 말로는 본디부터 우리가 나날이 입으로 말하는 쉬운 우리 말로는 모자라고 맞지 않는 것일까? 그래서 한문글자 쓰자고 우기는 사람들이 흔히 말하듯이 그 뜻이 고상하고 무궁무진하다는 한문글자로 된 말을 써야 제대로 나타낼 수 있는가? 아니다. 절대로 그럴 리가 없다. 우리 말이 보잘것없고 모자라고 불편하다고 여기는 사람은 외국 물이 들어, 우리 겨레로서 가져야 할 얼이 다 빠져버린 사람이다. 우리가 나날이 말하고 글로 쓰는 말로 우리 말만큼 넉넉하고 쉽고 아름다운 말이 또 어디 있을 수 있는가?

한문글자소리로 된 말은 얼마나 어설프고 귀에 설고 우리 말에 어울리지 않고 어렵고 불편한가? 한문글자말 가운데는 어쩌다가 우리 말과 함께 써도 그리 어색하지 않는 것도 있지만, 거의 모든 한자말이 우리 말로서는 어울리지 않고, 우리 말의 자연스러움과 아름다움을 깨뜨린다. 이산가족 상봉은 한문글자말로서 느낌이 그다지 어설프지는 않고, 워낙 모두가 쓰고 있어서 어렵지도 않다. 그러나 본디 우리가 써온 말로 이보다 더 쉽고 정다운 말이 있는데 굳이 이런 말을 쓸 필요가 없다. 행정하는 사람이나 정치하는 사람, 또는 글만 쓰는 사람들의 머리에서 나오는 이런 말을 자꾸 그대로 따라 쓰게 되면, 그만 이와 같이 밖에서 들어온 한자말이나 서양말만이 품위가 있는 훌륭한 말이라 여기는 풍조가 되어 우리 말은 버리게 된다. 이렇게 되면 우리가 남의 나라 종살이밖에 할 길이 없다.

이산이란 '헤어짐'이란 말이다. 우리가 말을 할 때는 "오랫동안 부모님과 헤어져 살았어요" 하지 "오랫동안 부모님과 이산해서 살았어요" 한다면 웃음거리가 될 것이다. 그러니까 이산은 우리 말이 아닌 것이다.

'가족'은 어떤가? "우리 집 식구는 다섯입니다" 하고 말하지, "우리 집 가족은 다섯입니다"라고 하지는 않는다. '식구'도 따지면 한자말이지만, '산'이나 '강'과 같이 아주 우리 말이 된 지가 오래다. 그런데 가족은 일본이 우리 나라를 강제로 통합해서 정치를 하면서 쓰게 된 말이다. 그래서 '가족제도' '가족조사' 따위로 법률과 행정에서 어쩔 수 없이 쓸 때만 쓰고, 그밖에는 '식구'를 살려 쓰는 것이 옳다.

다음 **상봉**은 '만남'이다. 한문글자 '상'은 '서로 상' 자고, '봉'은 '만날 봉' 자다. 서로 만난다? 만나면 다 서로 만나는 것이지 '서로'는 왜 붙나? 이러니까 따지고 보면 **상봉**은 공연히 낭비하는 말이고 쓸데없는 겹말이다. 한자말을 쓰면 이런 겹말이 많아 어수선하다. 그러나 쉬운 우리 말은 빈틈없이 올바르고 아름답다. '반세기 헤어졌던 식구들 눈물로 만난다'고 할 것을 "반세기 이산했던 가속늘 오열하며 상봉한다"고 할 필요가 소금도 없는 것이다.

16. 부모형제 만나듯 우리 말도 만나야

　이산가족 상봉을 알리는 신문기사에서 문제가 되는 말을 좀더 들어본다. 헤어졌던 부모형제를 다시 만나는 감격뿐 아니라 잃었던(우리 스스로가 버렸던) 우리 말을 다시 찾아 만나는 기쁨을 맛보아야 할 것이고, 이 일이 더 크기 때문이다.

　• 청년으로 떠나 백발노인 되어 돌아와 그리운 <u>산하</u> 앞에 또 감격

산하는 중국글을 따라 쓴 말이다. 우리 말은 '강산'이다.

　• 화해와 협력, 대단결의 대화가 흐릅니다. 통일의 <u>대하</u>가 흐릅니다.

이것은 북녘의 시인 오영재 씨가 쓴 축시의 한 구절이다. 여기 나오는 "대단결의 대화"가 어쩌고 하는 말도 문제가 되지만 그것보다 대하란 말은 반드시 고쳐야 한다. 우리 말은 '큰 강물'이기 때문이다.

　• 다 같이 아버지, 어머니의 <u>애무</u>를 받으며 자라난 혈육입니다.

역시 같은 시에 나오는 말이다. '사랑'이라고 하면 될 것을 어째서 괴

상한 한자말을 써서 애무라 했는가.

　남녘보다 우리 말을 더 중하게 여긴다는 북녘에서, 그것도 더구나 시인이 이런 말로 시를 쓰고 있으니 이만하면 남이고 북이고 우리 말이 병든 정도를 짐작할 수 있을 것이다.

- 애끓는 이별, 절절한 통일 염원
- 이별의 잔을 부딪치는 가족들의 바람보다 더 이상 절절한 건배의 말은 없을 듯했다.

　앞의 것은 19일 1면의 머리기사 제목이고, 뒤의 것은 18일에 나온 기사의 한 구절이다. 여기 나오는 절절한이 좋지 않다. 일본글 따라가는 말이고, 우리 말에 어울리지도 않는다. 같은 한자말이라도 '간절한'을 썼으면 좋겠다.

- 여동생은 김씨에게 큰절로 작별을 고했다.
- 오영재씨는 배웅 나온 조카들과 포옹을 하며 마지막 이별을 고했고……

　모두 기사문의 한 대문이다.
　고했다, 고했고가 뭔가? 그냥 '했다' '했고'라 해야 우리 말이다. 포옹을 하며는 말할 것도 없이 '껴안으며'다.

17. '-으로부터'라는 말

이 –으로부터라는 토씨는 입으로 하는 말에는 나오지 않고 글에서만 쓰고 있다.

- 바다와 강으로부터 일정한 거리 안에서는 원칙적으로 개발을 금지하는……『ㅎ일보』, 7. 29.

이렇게 쓴 이 "강으로부터"는 실제 말을 할 경우라면 '강에서부터' 하든지 '강에서'라고 한다. 그런데 글을 쓰는 사람들은 어째서 입으로 하는 말은 안 쓰고 글에서만 나오는 말을 쓸까?

이 말은 곳이나 때가 어느 점에서 비롯되었다는 것을 나타낼 경우뿐 아니라 사람과 사람의 관계를 말할 때도 쓰고 있다. 더구나 요즘 일간신문의 정치·사회면에는 신문마다 한 가지 기사에 서너 번씩 나오기가 예사다. 여기서는 두 개 신문에서 한 대문씩만 들어보겠다.

- 검찰은 서 전행장으로부터 "최 시장에게 선거를 앞둔 지난해 5월 선거 지원금 명목으로 2,000만 원을 건넸다"는 진술을 확보『ㅎ일보』, 7. 29.
- 그는 "崔 시장을 상대로 徐 전 행장으로부터 경기은행 퇴출을 막

아주는 조건으로 돈을 받았는지, 선거자금으로 수수했는지 여부를 확인할 계획"이라고 덧붙였다. 『ㅈ일보』, 7. 26.

이와 같이 바탕글에서뿐 아니고 실제 입에서도 나온 말처럼 썼지만, 입말에서 –으로부터가 나오지는 않는다. 신문기사고 논문이고 무슨 글이든지 입으로 말하지 않는 토씨를 써서는 안 된다. 낱말과 낱말의 관계를 나타내면서 글의 질서를 세우는 토씨를 죽은 말로 쓰니까 그 문장이 죽은 문장이 되고, 그런 글을 쓰는 사람의 정신도 죽게 되는 것이다. 여기 들어놓은 세 가지 보기글에 나온 –으로부터는 모두 '-한테서'라고 써야 할 말이다.

왜 입으로 하는 말 '-한테서'를 글로 쓰지 않는가? 우리 글에는 우리 말이 될 수 없는 한자말을 워낙 많이 쓰고 있고, 괴상한 외국말법까지 예사로 쓰고 있기 때문에, 이 –으로부터도 그만 아무 생각 없이 모두가 남 따라 쓰는 것이다. 그래서 글이란 본래부터 말과는 다른 것이고, 또 달라야 글답다는 그릇된 생각에 사로잡혀 있다. 말과 글에 대한 이런 어처구니없는 잘못된 생각을 『우리말 사전』에서도 잘 나타나 있다.

'-한테서'를 사전에서 찾아보면 어느 사전이고 "통속적으로 쓰는 말"이라 했다. '통속적'을 찾아보면 "대중적이고 보편적"인 것이라 했다. '누구에게나 널리 쓰이는' 말이라면 이거야말로 살아 있는 우리 말 아니고 무엇인가? 그런데 왜 이런 말을 도리어 멀리하고 안 쓰나? 여기에 우리 글의 문제가 있다. 한 사전에는 '통속적'이란 말을 "속되게 통하는 모양"이라 풀이했고, '속되다'는 말은 "고상하지 못하고 천하다"고 풀이했다. 입으로 하는 말은 "고상하지 못하고 천한 것"이기 때문에 글에서 안 쓰는 것이다. 이 어처구니없는 글의 질서를 깨뜨리지 않고서는 언론이고 문학이고 바로 서지 못할 것이다.

18. '-을(를) 통해'라는 말

'통한다'는 말은 "우리는 서로 마음이 잘 통한다"든가, '상식이 통하지 않는 사회'라고 할 때는 써야 하고 쓰는 수밖에 없다. 그런데 -을(를) 통해나 -을(를) 통한이란 꼴로는 쓰지 말고 될 수 있는 대로 다른 우리 말로 다듬어 쓰는 것이 좋다. 그 까닭은, 이 말을 아무 데나 마구 쓰기 때문이고, 그래서 그때그때 알맞은 여러 가지 말을 써야 할 자리에 틀에 박힌 한 가지 말만 써서, 글이 말을 죽이고 있기 때문이다. 보기를 들겠다.

- 구청과 동사무소에 문의하니 반상회를 통해 공지했다고 한다.
『ㅎ신문』, 9. 16.

여기 나오는 -를 통해는 -에서라고 써야 할 말이다. 물론 이 글은 다른 말도 고쳐 '구청과 동사무소에 물어보니 반상회에서 널리 알렸다고 한다'고 쓰는 것이 좋다.

- 나는 고등학교 때 이름을 한자로 표기할 것을 강요하는 어른들이 싫어 이름을 순우리 말로 바꾸고 재판을 통해 호적까지 바로잡았다.『ㅎ신문』, 9. 15.

여기에 나온 -을 통해는 '-을 해서'로 쓰면 되고, '-을 거쳐'라고 쓸 수도 있을 것이다.

그런데 이 -을(를) 통해는 -을(를) 통한과 함께 신문의 정치 기사에서 안 나오는 경우가 거의 없고, 그것도 한 기사에서 서너 번씩 거듭 나오기 예사다.

  1) 대결과 위협보다는 대화와 협력을 통해 관계개선을 추구하고 …… 『ㅎ신문』, 9. 16.

  2) 10월 중에 있을 것으로 보이는 북-미 고위급회담을 통한 본격적인 북-미 관계정상화 협상을 통해 북-미 관계는 급속도로 질적 변화를 겪게 된다. 『ㅎ신문』, 9. 16.

  3) 이처럼 대결과 긴장보다는 대화와 협력을 통한 포괄적 접근이 기조를 이루게 되면서…… 『ㅎ신문』, 9. 16.

모두 한 기사에서 쓴 글이다. 1)에 나온 -을 통해는 '-으로'라 하면 된다. 2)에서는 -을 통한……을 통해로 썼는데, 이것은 '-에서……을 하여'라고 하면 아주 쉽고 시원스런 우리 말이 된다. 3)에서 쓴 -을 통한은 '-으로'나 '-을 하여' 어느 쪽을 써도 될 것이다.

  4) 김대중 대통령이 13일 아펙 정상회의를 통해 내년에 서울에서 아펙의 공동번영을 논의하기 위한 포럼을 열자고 제안한 것은 『ㅎ신문』, 9. 16.

  5) 김대통령의 제안은 선진국으로부터의 일방적 지원이 아니라 교육과 정보 제공을 통한 개도국의 성장. 그리고 개도국의 구매력 향상을 통한 선진국의 시장 확대라는 '윈-윈 전략'의 의미를 내포하고 있다고 『ㅎ신문』, 9. 16.

  6) 평생교육을 통한 인적자원 개발협력 등을…… 『ㅎ신문』, 9. 16.

이것도 모두 한 기사에서 나온 글이다. 4)의 -를 통해는 '-에서'로 쓰고 쉼표를 찍으면 된다. 5)에서 두 번 잇달아 쓴 -을 통한은 모두 '-으로 이루는'이라고 쓰면 된다. 6)는 '-으로 하는'이라 쓰는 것이 좋다.

- 오부치 총리는 "일본은 또다시 일본 상공을 <u>통해</u> 미사일이 발사되는 것을 포용할 수 없다"며…… 『ㅎ신문』, 9. 13.

이 -을 통해는 -을 지나가는이라고 써야 할 말이다.

- 두꺼운 지구 대기를 <u>통해</u> 별을 보는 것은 한낮에 피는 아지랑이를 <u>통해</u> 어떤 물체를 보는 것과 유사하다고 생각하면 됩니다. 『ㅎ신문』, 9. 13.

여기 거듭해서 나온 -를 통해는 '저쪽에 있는'이나 '저편에 있는'이라고 쓰는 것이 낫겠다.

- 국민회의 지도부와 신당은 물갈이와 공천 기준을 명확하게 제시한 뒤 민주적 절차를 <u>통해</u> 공천을 확정해야 한다. 『ㅎ신문』, 9. 16.

이 글에 나온 -를 통해는 -를 밟아로 쓰는 것이 알맞다.

- 이창복 상임대표는 이날…… 토론회에서 축사를 <u>통해</u> "일부에서 합당 얘기가 나오고 있으나…… 회의를 갖고 있다"며 부정적 태도를 밝혔다. 『ㅎ신문』, 9. 21.

여기 나온 -를 통해는 '-를 하면서'라 쓰면 된다.
이와 같이 -을(를) 통해나 -을(를) 통한은 '-에서' '-으로' '-을' '하여'와 같은 주로 우리 말 토씨를 쓰면 쉽고 부드러운 우리 말이 되지만, 이밖에도 '-을 거쳐' '-을 지나가는' '저편에 있는' '-을 밟아' '-을 하면서' 따위로, 그때그때 그 자리에 알맞은 여러 가지 말을 써야 되는 것이다.

19. '-에 의한' '-에 의해'란 말

글을 쓸 때, 그 무엇에 의한다는 말을 아주 많이 쓰는데, 우리 말이 아니니 안 쓰는 것이 좋다. 이 의한다는 말은 '소문에 의하면 사람이 몇백 명이나 죽었다더라'와 같이 -에 의하면 꼴로 많이 쓰지만, 이럴 때는 우리 말로 '소문으로는'이나 '소문에는' 하는 토씨를 쓰든지 '소문을 들으니'나 '소문에 따르면'이라고 하면 되는 것이다. 그런데 글을 쓰는 사람들은 모조리 -에 의하면이란 일본말(글)을 그대로 옮겨 써서 우리 말은 버리고 있다.

이 의한다는 말은 -에 의한과 -에 의해란 꼴로도 많이 쓰고 있으니, 신문기사에서 쓴 보기를 들겠다.

- 미군에 의한 충북 영동군 노근리 양민학살이 미국 공식문서와 당시 참전 미군들에 의해 확인된 데 대해 국방부와 외교통상부 등 정부가 30일 사실 확인에 나섰으며…… 『ㅎ신문』, 10. 1.

이 글 첫머리에 나온 "미군에 의한"은 '미군이 저지른'이라 써야 하고, 그 다음에 나오는 "미군들에 의해"는 '미군들의 말에서'나 '미군들의 증언으로' 하면 우리 말이 될뿐더러 더욱 분명한 말이 된다.

- 입으로만 전해지던 미군의 무차별 양민학살이 한국전쟁 이후 처음으로 미국 언론에 의해 사실로 밝혀졌다. 『ㅎ신문』, 10. 1.

이 -에 의해는 '미국 언론에서' 하면 된다. 또 글의 짜임을 바꾸어서 '양민학살은…… 미군들이 저질렀으며' 이렇게 쓸 수도 있다.

- 민주당 정권이 들어선 60년 10월 미군에 의한 피해를 보상한다는 소식을 듣고…… 『ㅎ신문』, 10. 1.

이 -에 의한은 '미군이 준 (손해를 갚는다는)'이라고 쓰면 된다.

- 남한 양민들은 한국 경찰에 의해 소개됐기 때문에…… 『ㅎ신문』, 10. 1.

이것은 '경찰이 (소개시켰기 때문에)'라고 해야 할 말이다.

- AP통신이 지난달 30일 새벽 한국전쟁 당시 미군에 의한 '노근리 양민학살 사건'을 전 세계에 타전한 뒤 나온 정부의 공식 반응은 미지근한 한 줄짜리 논평이 전부였다. 『ㅎ일보』, 10. 2.

이 -에 의한도 '-이 저지른'이라 써야 할 말이다.

- 한국전쟁 당시 미군에 의해 저질러진 '노근리 학살사건'이 미국 내에서 큰 반향을 일으키고 있다. 『ㅎ신문』, 10. 2.

이 글에 나온 "미군에 의해"는 '미군이'로 고치고, 그다음에 쓴 "저질러진"을 '저지른'이라고 바로잡아야 한다. 이와 같이 -에 의해 나음에 쓰세 되는 움직씨의 입음꼴도 우리 말답지 않은 말법이다.

• 실제 『AP통신』이 인터뷰한 한 미군은 '실수에 의한 폭격'이라고 증언했다. 그러나 당시 상황을 직접 겪었던 국민들은 "말도 안 되는 소리"라고 일축했다. 『ㅎ신문』, 10. 1.

이 "실수에 의한"은 '실수로 한'이라 써야 할 말이다. 이밖에 "일축했다"는 말도 그냥 '했다'고만 쓰면 된다.

20. 우리 말을 꼴사납게 하는 '-적'이라는 말

　지난번에는 신문에 나온 남북정상회담의 사진 설명문에서 잘못된 말들을 살펴보았다. 그 글에서 지적한 깨끗하지 못한 말, 아름답지 못한 말들을 정리하면 다음과 같이 14가지가 된다.
　여기서 다시 이렇게 들게 되는 까닭은 이 말들이 어쩌다가 이렇게 잘못 쓰이는 것이 아니라 신문기자고, 문학작품을 쓰는 사람이고, 논문을 쓰는 학자고, 글을 쓰는 사람들이 모조리 이렇게 어려운 말을 쓰고, 남의 나라 말과 그 괴상한 말법을 따라 쓰는 버릇이 몸에 배어 있기 때문이다. 그래서 글쟁이들의 이런 버릇을 고치지 않고는 우리 글문화가 결코 제자리에 놓일 수 없다고 보기 때문이다.
　어른들이 이렇게 쓰는 글을 학생들은 신문으로 읽고 교과서로 배우는데, 우리 말이 어떻게 살아날 수 있겠는가? 교육이 어찌 제대로 이뤄지겠는가?

　　1) 등 (→들, 따위, -을 비롯한)
　　2) 향한다 (→간다)
　　3) 차량 (→차)
　　4) 환담한다 (→즐겁게 얘기한다)
　　5) 담소한다 (→웃으며 얘기한다)

6) 오찬 (→점심밥, 점심 식사, 점심)

7) 당시 (→그때)

8) 상식적으로 (→상식으로)

9) 휘호 (→글씨 쓰기, 붓글씨 쓰기)

10) 휴식시간 (→쉬는 시간)

11) 측 (→쪽)

12) 행낭 (→우편낭)

13) -을 통해 (→-으로, -을 거쳐)

14) 박수를 친다 (→손뼉을 친다)

이 가운데서 12)를 뺀 나머지 말들은 모두 흔히 신문이나 책에 나온다. 더구나 그 가운데서도 1) 2) 3) 7) 8) 13)의 이 여섯 가지 말은, 신문 기사 논설문 같은 글에 약방의 감초처럼 쓰이고 있다. 그래서 우선 이 몇 가지 말들을 중심으로 우리 글의 오염 상태를 좀더 살펴보고 싶다. 잘 못된 말은 이밖에도 많지만 먼저 이 몇 가지만이라도 잘 알아서 바로잡는다면 다른 잘못된 말도 쉽게 눈에 띄고, 그래서 바로 쓸 수 있기 때문이다.

여섯 가지 가운데서도 첫째로 말하고 싶은 것이 무슨 −적 하는 말이다. 이 −적은 ㄱ) 이것을 쓰면 이런 말의 뜻이 분명하지 않게 되고, ㄴ) 일본말을 따라 쓰는 말이고, ㄷ) 우리 말을 아주 꼴사납게 만들고, ㄹ) 그런데도 아무데나 함부로 쓰고, ㅁ) 벌써 입말로도 쓰고 있다는 여러 가지 까닭으로 해서, 아무리 힘들어도 끝까지 따지고 추궁해서 우리 말에서 기어코 몰아내어야 할 병든 말이다.

다음에 몇 가지 보기를 들겠다.

• 오늘부터 전국이 <u>본격적인</u> 장마권에 접어든다. 『동아일보』, 2000. 6. 26.

이 글에서는 본격적이란 말이 아주 쓸데가 없다.

- 마치 참전용사들이 <u>고의적으로</u> 베트남 주민들을 학살한 것처럼 보도해 전우들의 인격을 매도했다고 주장하며…… (→일부러)
  『한겨레』, 2000. 6. 28.
- 경찰이 대기하고 있었으나 이들의 <u>비상식적</u> 난동에는 <u>속수무책</u>이었다. (→상식에 벗어난 | →손을 쓰지 못했다.) 『한겨레』, 2000. 6. 28.
- 이만큼이나 분단 양쪽 간에 격차가 생겨버린 한반도는 만약 이대로 <u>평화적으로</u> 통일되더라도 두 국민의 <u>실질적</u>(물질적·정신적) 통일에는 독일의 몇 배나 긴 시간이 걸릴 것으로 생각한다. (→평화스럽게 | →실질을 가진 물질과 정신) 『한겨레』, 2000. 6. 26.

정치·경제·문화를 논의한 글에서 -적이란 말을 쓰지 않은 글을 지금까지 나는 본 적이 없다. 그런데 어떤 글이든지 이 -적을 우리 말로 고쳐 쓰지 못할 말이 있다면 누구든지 알려주기 바란다.

21. '-적'이라는 말에 대하여

쓰지 말아야 하는 까닭

무슨 -적이라는 말을 많이 쓴다. 주체적, 실천적, 객관적, 주관적, 적극적, 소극적, 비교적, 국제적······. 무슨 말이든지 한자말 다음에 -적을 붙이는 것인데, 많이 쓰는 정도가 아니라 글을 쓰는 사람치고 이 -적을 안 넣으면 거의 모두 자기 주장을 단 한 줄도 못 쓰지 않을까 싶을 정도로 쓰고 있다. 그래서 그만 이 말이 오래전부터 글에서뿐 아니라 입으로 하는 말로도 되어서 연설이나 좌담을 하는 사람들이 즐겨 쓰게 되었다. 이렇게까지 쓰고 있는데도 나는 이 말을 쓰지 말아야 하고, 이 말을 안 써야 우리 말을 살릴 수 있고, 우리 말을 살리려면 우선 이 말부터 몰아내어야 한다고 생각한다. 어째서 이 말을 안 써야 되나? 그 까닭이 참 여러 가지로 많다.

첫째는, 무엇보다도 이 말이 우리 말이 아니기 때문이다. 그렇게 흔하게 쓰는데 어째서 우리 말이 아닌가? 아무리 흔하게 써도 그렇게 쓰는 사람은 어른들이고, 어른들 가운데도 글을 쓰는 사람, 학교 공부를 해서 머릿속에 '글'이 들어 있는 사람들이다. 시골에서 옛날처럼 농사를 짓고 살아가는 '무식한' 사람들은 이 -적이란 말을 할 줄 모른다. 그리고 아이들, 초등학교 학생들도 안 쓴다. 5, 6학년쯤 되면 어쩌다가 어른들 흉내 낸다고 쓰는 아이가 있을 것이다. 그토록 오랫동안 끊임없이 학교에서 가르치고 유식한 어른들이 써왔는데도 아직도 많은 사람들은 쓰지 않는 말이고, 골목에서 이웃들끼리 주고받는 나날의 말로는 되어 있지 않다면 이것은 우리 말이 아닌 것이 분명하다.

둘째, 이 −적이 들어가면 그 말이 어려워지고, 말이 말로 안 되고 어려운 글이 된다. 보기를 들겠다.

• 생태 위기의 극복을 위한 전일적 사고

이것은 '생태학교'에서 여는 "생태적 각성과 생명 운동"이라는 환경 강좌의 한 제목이다. 무슨 말인지 모르겠다. "전일적"이란 말이 무슨 뜻인지 모르니 나 역시 무식한 사람이겠지만, 이런 말을 쓰니까 '생각'이라고 할 것을 "사고"라 하고 '이겨낸다'든지 '넘어선다'고 해도 얼마든지 될 것을 "극복한다"고 한다. 대관절 "생태"는 또 무엇인가? 꼭 이런 말을 써야 하는가? 내가 보기로는 '자연'이라고 하면 어린아이도 시골의 노인들이도 누구나 잘 알 수 있을 것인데, 일부러 어려운 말로 촌사람 겁주는 꼴 아닌가 싶다. 이것이 모두 −적이 들어가기 때문에 만들어지는 글의 틀이다.

'생태적 귀농과 자립적인 살림의 지혜'를 주제로 제10기 귀농학교인 여름 현장학교가 열렸다. 그 닷새 동안 참가자들은 생태적 유기농업을 실천하여 자급자족의 삶을 꾸려가기 위한 많은 공부를 했으며, 내적 자유를 얻기 위하여 제 몸과 마음 다스리는 법을 배웠다. '자연과 함께 생활하려는 감각'을 일깨운 귀한 시간이었으니, 생태석 삶으로 나아가는 길에 또 하나의 두레가 이루어졌다.

어느 월간지에 실린 글이다. -적이 다섯 군데 나왔다. 나는 여기 나온 말 "내적" 같은 말이 참 답답하게 느껴진다. 나 같으면 "생태적 귀농과 자립적인 살림의 지혜"를 '자연으로 돌아가는 농사와 자립하는 살림의 슬기'("지혜" 정도야 그대로 써도 좋겠지만)라고 하겠다. 또 "내적 자유"라 하지 않고 '마음의 자유'라든가 '정신의 자유'라 하겠다. "생태적 삶으로 나아가는 길"도 '자연으로 살아가는 길'이라 하면 훨씬 쉬운 말이 된다고 본다.

셋째, 이 -적은, 이제는 모두 잘 아는 바와 같이 일본말이다. 우리가 무슨 까닭으로 죽자 살자 일본말 흉내만 내고 일본말 따라가야 하나? 부끄러운 짓거리를 그만두어야 한다. 이 말이 일본말이라는 사실은 『우리 글 바로 쓰기』 제2권(제1부 제1장 제10절, 제23절 참조)에 밝혀놓았다. 1870년대에 일본에서 일부 지식인들이 이 말을 쓰기 시작하자 곧 크게 유행이 되어 널리 쓰게 되었는데, 일본에서 이 말이 유행처럼 되어 널리 퍼진 것은 까닭이 있다.

본래 일본말에는 우리 말에서 받침에 해당되는 말소리가 없어서 부드럽고 곱기만 하지 힘찬 소리를 낼 수 없다. 그래서 자기 생각이나 주장을 힘차게 내세우는 말을 제대로 하지 못하고 매김씨(관형사)로 만드는 토씨(조사) '노'(の)만을 자꾸 써서 이름씨(명사)를 줄줄이 꿰어놓자니 답답할밖에 없다. 이러던 터에 -적(的)이란 말이 나오니까 이 말소리 '테끼' '테키'가 힘찬 받침소리의 효과가 나서 'の' 대신에 이 말은 너도나도 하고 다투어 쓰게 되었다. 그러니까 일본사람들은 이 '테키'(的)란 말이 자기들 말에서 모자란 점을 채워주는 말로 꼭 필요했던 것이다.

그런데 우리 말에는 예사소리와 된소리, 열린소리와 닫힌소리, 부드러운 소리와 힘찬소리가 고루 있기 때문에 조금도 이런 말을 꾸어다가 쓸 필요가 없다. 이런 말을 쓰면 도리어 우리 말에서 닫힌소리나 거친소리가 더 많아져서 말이 사납게 되고 어설프게 되고 만다.

넷째, 앞에서도 말했지만 이 -적을 쓰면 말이 부드럽지 못하게 된다. 아름다운 우리 말이 이 -적 때문에 그만 어설프기 짝이 없는 말의 질서로 바뀌고 마는 것이다.

- 구로사와적이고, 움베르토 에코적인 복합적 감동!

신문에 난 어느 책 광고문이다. '구로사와 같고, 움베르토 에코 같은 겹친 감동!'이라고 할 말을 -적을 붙여서 이렇게 요란스러운 말을 만들어 놓았다.

- 제도적, 도덕적 규제와 억압이 자유로운 성적 표출을 불가능하게 하자 일탈적이고 이중적인 성문화가 퍼지게 되었고…….

이런 말도 얼마든지 부드러운 우리 말로 쓸 수 있다. '제도와 도덕의 규제와 억압이 자유로운 성의 표현을 할 수 없게 하자, 벗어나고 이중으로 된 성문화가 퍼지게 되었고' 이렇게 말이다.

다섯째, 앞뒤에 한자말을 불러와서 어려운 한자말의 틀을 만든다. 이 -적은 깨끗한 우리 말에는 붙지 않는다. 거의 모두 한자말에만 붙는다. 그리고 -적 다음에 오는 이름씨도 거의 모두 한자말이다.

- 발전론적 사관
- 기독교적 종말론
- 범우주적 언어
- 문명사적 의의

이와 같이 앞과 뒤에 줄줄이 한자말을 늘어놓아서 한자말의 질서를 만

든다.

여섯째, 도무지 아무런 필요도 없이 아무 데나 적을 자꾸 붙인다. 따지고 보면 어떤 경우에도 이 -적은 소용이 없지만, 자꾸 아무 데나 붙여서 쓰는 꼴이 참 가관이다. '시간이 바빠서' 할 것을 "시간적으로 바빠서" 한다든지, '차례가 잘못되었다'고 할 것을 "순서적으로 잘못되었다"고 하는 말을 가끔 들을 때면 웃음이 나온다.

- 대체적으로 군주제도 아래서는…… 어느 신문
- 이는 정부에 대한 불신을 부추길 뿐 아니라 국민은 항상적으로 불안하게 만든다. 어느 신문
- 『아리랑』은 내용적으로는 『태백산맥』의 前史(전사)에 해당된다. 어느 신문
- 너희들의 무관심적이고 무기력한 것에서 깨어나라! 어느 광고문

이런 보기글에 나오는 "대체적으로" "항상적으로" "내용적으로는" "무관심적이고" 이런 말들이 "시간적으로 바빠서"와 무엇이 다른가?

- 독일 통일의 과정과 결과는 내부적·외부적·경제적·역사적 그리고 법적 측면으로 나누어 방대한 연구 결과를 수록하고 있다.

신문에 난 책 광고문이다. 여기 나온 이 요란한 -적은 아무 소용도 없으면 모조리 없애버려야 할 것임은 누가 보아도 쉽게 깨달을 것이다.

일곱째, 따져보면 이 -적은 정확하지 않은 말이다. 가령 "전국적으로 비가 온다"고 할 때, 이 말은 '전국에 비가 온다'고 하는 말과 어떻게 다른가? 똑같은 말이라면 -적이란 말을 붙여서 '전국적으로'라고 할 까닭

이 없다. 만약 다르다면 '전국적으로'란 말은 '아주 전국으로'가 아니고 '전국에 가깝게'란 뜻으로밖에 이해할 수 없는데, 그렇다면 그렇게 잘 알 수 있도록 '거의 전국에'라 해야 분명한 말이 될 것 아닌가.

"사대주의적 사상을 버려야 한다"고 할 때도 그렇다. '사대주의 사상'이라고 하지 않고 '사대주의적 사상'이라 했으니, 이것은 사대주의에 가까운 사상이거나 사대주의와 비슷한 사상이라 할밖에 없다. 그렇다면 아주 그렇게 '사대주의에 가까운 사상'이라 하든지 '사대주의와 비슷한 사상'이라고 해야 옳은 말이 된다. -적을 붙인 모든 말이 이렇다. 그러니 이 -적은 정확하게 쓴 말이 아니다. 적당하게 얼버무리는 말이라고밖에 볼 수 없다. 이런 말을 모두 다투어 자랑스럽게 쓰고 있으니 놀랄 일이 아니고 무엇인가? 이래서 우리 말 우리 글 우리 생각 우리 행동이 어떻게 바르게 설 수 있겠는가? 말을 적당히 얼버무려서 쓰기를 잘하는 정치계에서 이 -적을 유달리 많이 쓰는 까닭이 바로 어떤 사실을 적당히 처리해 넘기는 정치계의 속성 때문이겠구나 하고 깨닫게 된다.

여덟째, 이 -적은 외국말법을 끌어들인다. -적이란 말 자체가 우리 말이 아니고 외국말이니 당연한 결과로 이렇게 되는 것이다.

- 생태적 삶으로서의 농사와 도농공동체 한국교회환경연구소 주최, '새로운 세상을 여는 강좌', 2000.11.11.
- 복음전파 2세기를 맞는 한국 교회의 사회윤리적 과제는 기독교로서의 정체성의 확립과 한국 역사 안에서의 사회적 책무를 감당함에 있다. 『주간기독교』, 2001. 3. 18.

이러한 글에 나오는 -으로서의, -로서의, -에서의는 "생태적" "사회윤리적" "사회적"이란 말들과 잘 호응해서, 외국말 직역투의 어설픈 문장을 만들고 있다. "생태적 삶으로서의 농사"는 '자연으로 살아가는 농사'라 해야 우리 말이 되고, "한국 교회의 사회윤리적 과제는 기독교로서의 정체성의 확립과 한국 역사 안에서의 사회적 책무를"은 '한국 교회가 사회 윤리 면에서 맡아야 할 일은 기독교의 본모습(제자리) 세우기와 한국 역사 안에서 사회의 책무를' 이렇게 써야 할 말이다.

- 피상적으로 볼 때, 정치가들의 역할이 절대적인 것같이 보일지 모르겠다. 물론 현재의 대립구도가 정치가들로 말미암아 비롯되었다는 책임론으로 인하여 결자해지의 측면에서 그 당사자들인 정치가들이 한다는 입장과 대의 정치적 측면에서 양측 국민을 대표하는 이들이 실무 당사자로 나서야 하는 현실적인 입장을 무시할 수 없을 것이다. 『주간기독교』, 2000. 6. 18.

이 글에 나오는 일본 한자말 역할, 입장은, 같은 일본 한자말인 "피상적" "절대적" "정치적" "현실적" 따위 −적들과 잘 어울려 있다.

아홉째, 문법에 맞지 않게 쓰게도 된다. −적 자체가 흐리멍덩한 뜻으로 마구 쓰는 말이 되고 보니 말법이고 문법 같은 것도 무시하게 된다.

- 생태학적 고백하기 한국교회환경연구소 주최, '새로운 세상을 여는 강좌'

이것은 말이 안 된다. "생태학적"에서 적을 없애고 '으로'란 토씨를 써서 '생태학으로 고백하기'라고 해야 말이 될 것이다. 쉬운 우리 말 토씨를 안 쓰고 어려운 일본 한자말 −적을 쓰니 그만 말법에 대한 느낌조차 마비되고 마는 꼴이다.

- 인천제철, 대대적 회의 줄이기 운동 『한국일보』, 1995. 4. 18.

이 신문 제목에서 쓴 "대대적 회의"는 말이 안 된다. "대대적"은 "회의"를 꾸미는 말이 아니라, 그 뒤에 있는 "줄이기"를 꾸미는(매기는) 말이다. 따라서 "대대적"과 "회의"는 그 차례를 바꿔서 써야 말이 된다. '회의 대대적 줄이기'라고 말이다. 물론 "대대적"은 '크게'라고 고쳐야 한다. '크게' 하면 될 것을 공연히 쓸데없이 '대대적'이란 어설픈 말을 쓰다 보니 말의 차례가 바뀌어서 말 자체가 틀리게 되어도 그것을 느끼지 못하는 것이다.

열 번째, 벌써 입으로 하는 말에서도 예사로 나와서 우리 말을 오염하는 정도가 아주 엄청나다. "모두가 입말로 쓰는 말이니 우리 말이 되었다고 인정해야 한다." 이렇게 말할 사람이 많을 것이다. 그러나 모든 사람이 쓰는 것이 아니다. 글을 읽지 않는 사람이나 어린이들은 안 쓴다. 그리고 지식인들도 글을 쓸 때나 연설을 할 때, 또는 여러 사람 앞에서 어떤 생각을 내세울 때에 주로 쓴다. 설령 모든 사람이 쓴다고 하더라도 우리 말을 죄다 병들게 하는 말이라면 마땅히 내몰아 없애야 할 것이다.

- 오 원장은 중풍은 거의 다 후유증이 남는 질병이기 때문에 장기적인 관리가 필수적이라고 말했다. 『동아일보』, 1996. 3. 8.

보통 정상으로 하는 말이라면 "반드시 오랫동안 관리해야 한다"고나 할 말인데. 이것을 "장기적인 관리가 필수라고 말했다"니, 이래서 되겠는가? 의사들은 권위를 세우려고 어려운 말을 하는 흐름이 있으니 이것부터 바로잡아야 할 것이다.

- 여성의 권리가 없거나 비정상적인 관습에 대해서는 반성적이고 비판석인 태도를 취합니다. 그러나 현재와 같이 알바니아인들이 학살당하고 끌려 나가는 비극적 상황에서는 내 조국이기 때문에

옹호하는 입장을 취하게 됩니다. 『대산문화』 창간호, 「이청준·이스마일 카다레 대담」, 1999.

외국 사람이 한 말은 쉬운 우리 말로 옮겨야 하는데, 이렇게 −적을 함부로 쓰고 취합니다. 입장과 같은 한자말이나 일본한자말 들을 썼다. 이것을 달리 말하면, 이런 좌담을 하는 우리 지식인들이 모두 이런 말을 한다는 것이다. 사람의 입에서 튀어나오는 말이 이래서 되겠는가? 이런 말버릇 글버릇을 싹 뜯어고치지 않고 우리 말을 살릴 수는 절대로 없다.

이 −적은 우리 말로 살아가는 길에서 가장 먼저 싸워서 쳐부숴야 할 적이다. 지금까지 오랫동안 글 속에 갇혀서 잘못된 글쓰기와 말하기로 살아온 사람이라도 이 말만 안 쓰게 되면, 그때는 지금까지 자신을 덮치고 있던 한자말과 외국말법이 짜놓은 그물에서 시원스레 벗어날 수 있을 것이다. 그리하여 우리 말이 환하게 눈에 보이고 귀에 들릴 것이고, 그래서 다른 나머지 잘못된 모든 말들은 쉽게 고칠 수 있을 것이다.

쓰이는 형태

이 −적이 쓰이는 꼴은, −적이 붙는 바로 그 말이 어떤 성격을 가지고 있는가 하는 것과, −적 다음에 어떤 말이 와서 이 −적이 어떤 꼴로 쓰이고 있는가 하는, 두 가지로 우선 살펴볼 수 있다. 먼저, −적이 붙는 말을 살펴보면 모조리 한자말이고, 어쩌다가 서양말도 나온다. 그런데 순 우리 말은 결코 안 나온다. 그러니까 깨끗한 우리 말을 써야 할 자리에도 −적을 쓰면 그만 우리 말은 발을 붙일 수 없게 되는 것이다. '꾸준히 애써서' 할 것을 "지속적인 노력을 경주하여"라고 쓴다든지, '걱정되어'나 '마음에 짐이 되어'라 할 말을 "심적으로 부담이 되어"라고 하는 것과 같다.

다음에, −적이란 말 뒤에 어떤 말이 와서 이 −적이 어떤 모양으로 쓰이고 있는가 하는 문제는 좀 자세하게 알아보아야 한다. 이 -적이란 말이 쓰이는 형태는 다음과 같이 세 가지로 나타난다.

1) 매김씨(관형사)로 쓸 때

- 추상적 표현
- 퇴폐적 환경
- 자연적 조건

2) 이름씨(명사)로 써서 잡음씨 '이다'를 붙이는 경우

- 객관적인 시각
- 주관적이고 낭만적인 태도
- 냉소적이란 비난
- 공격적이 되면

3) 토씨 '으로'를 붙여 어찌꼴(부사형)로 쓰는 경우

- 극단적으로 대립되어
- 원칙적으로 하자면
- 전향적으로 수용했다

매김씨로 쓰는 1)의 경우, -적 다음에 오는 말은 죄다 한자말이다. 한자말이 아닌데도 이 자리에 쓰이는 말은 다만 '삶'이란 말 하나뿐이다.

- 생태적 삶으로 나아가는 길에

어찌 생각하면 '삶'이란 말 하나라도 우리 말로서 이런 자리에 쓰이는 것이 다행이라고 할는지 모른다. 그러나 "생태적 삶으로 나아가는 길", 이런 말은 살아 있는 말이 아니고 머리로 만들어낸 말이다. '자연으로 살아가는' 이렇게 해야 살아 있는 말이 되고 자연스러운 말이 된다.

이름씨 –적에다가 '이다'를 붙이는 2)의 경우고 –적 다음에 오는 말은 거의 모두 한자말이다.

토씨 "-으로"를 붙여 어찌꼴로 쓰는 3)의 경우는 그다음에 오는 말이 한자말뿐 아니라 우리 말로도 나온다. 이것은 어찌씨가 꾸며주는 말이 주로 움직씨이기 때문이다. 움직씨가 되니까 가끔 우리 말이 되지 않을 수 없는 것이다.

그런데 전체를 보면 –적 다음에 오는 말도 한자말이 압도할 만큼 많다. 내가 조사한 것은 지난 7년 동안에 나온 여러 신문과 잡지, 광고물들에 나온 글인데, 모두 160점의 보기글에 나오는 347개의 –적을 앞의 1) 2) 3) 세 형태로 나누어 그 수를 세어보았더니 1)은 161개, 2)는 116개, 3)은 70개였다. 앞에서 말한 대로 1)에서는 어쩌다가 쓰는 "삶" 말고는 모두 한자말이 오고, 2)도 거의 모두 한자말로 나오고, 3)에서 가끔 한자말 아닌 말이 나오는 정도니까, 전체로 보아서 –적 다음에 이어지는 말도 한자말이 압도할 만큼 많다는 것이다.

안 쓰는 방법

다음에 이 –적을 안 써도 되는 방법을 말하겠다. 안 쓰는 방법이 일곱 가지나 있다.

1) 적만 빼고 그대로 이어서 쓰면 되는 경우다.

  • 개량화 공세에 적극<u>적</u> 대처를……

- 김영삼 전 대통령이…… 민주산악회를 전국적 규모로 재건하겠다고 밝히고 나섰다.
- 특정 매체가 자기들 입맛에 맞지 않는다고…… 법으로 영향력을 제어하겠다는 발상은 그야말로 독선적이고 권위주의적이며 시대착오적이라고 날을 세운다.

이런 글에 나오는 −적이란 말은 죄다 적자만 빼고 그대로 말을 이어 나가면 된다. 이런 경우가 일곱 가지 가운데서 두 번째로 많다.

2) 적을 빼고, 그 자리에 다른 말을 넣거나, 그다음에 나온 토씨를 바꾸어 쓰면 되는 경우다.

- 여론이 '남성적'인 까닭

이 경우 "남성적"을 '남성편'이라 하면 되고, 이렇게 하는 것이 훨씬 더 분명한 말이 된다.

- 한 나라를 경영하겠다는 정치 지도자들이 인간의 원초적 감정을 자극해 표를 얻으려 하니, 야비한 그 행태에 저절로 눈살이 찌푸려질 수밖에 없다.

이 글에 나오는 "원초적 감정"은 '원초가 되는 감정'이라 하면 된다.

- 이것이야 말로 이번 선거의 가장 특징적 현상이라 할 만하다.

이 글에서 "이번 선거의 가장 특징석 현상"은 '이번 선서에서 가장 특징이 되는 현상'이라 쓰면 된다. 이와 같이 적을 없애고 그 자리에 토씨를 쓰고 다시 그다음에 움직씨를 가져올 때는, 그 앞쪽의 말도 바꾸어야 할 경우가 흔하다. "선거의"를 '선거에서'로 쓰는 것과 같이.

- 합의서를 타결한 소감은?
  남북이 역사적인 합의를 이뤄냈다. 실무절차 합의서를 기초로 역사적인 평양 상봉과 최고위급 회담을 성과적으로 이끌겠다.

신문에 난, 김령성 북쪽 단장 기자 회견 기록이다. 여기 나온 "역사적인"은 '역사에 남을' 또는 '역사에 기록될' 하면 −적이 없어진다. "성과적으로"는 '성과 있게'나 '성과가 나타나게' 하면 된다.

- 집에서는 그렇지 않은 아이가 밖에 나가서 공격적이 된다면, 혹시 집안 분위기가 그 아이를 억누르지 않는지 살필 필요가 있습니다.

이 글에 나오는 "공격적이 된다면"은 '공격을 잘하게 된다면'이라 하는 것이 더 올바른 말이다.

- 종교간 대화의 문명사적 의의

이 신문 제목을 쉬운 우리 말로 쓰면 이렇다. '종교 간 대화가 문명사에서 갖는 뜻'

3) 적을 '의'로 바꾸면 되는 경우다.

- 육체적인 고통을 이겨내면서 정신적인 끈기를 키울 수 있는 능력이 많이 약해졌다.

이 글에 나오는 "육체적인" "정신적인"은 모두 적을 '의'로 바꾸어 '육체의' '정신의'라고 쓰면 된다.

- 이념적 태도가 이처럼 여러 갈래인데도 이들이 한곳에 모인 것은 "다른 모든 이념적 가치에 앞서 정신적 근대성을 확보하는 것이 시급하다는 데 합의"한 결과다. 요컨대, 이들이 설정한 진보의 전선은 불합리한 전근대적 집단주의와 합리적 근대주의 사이에 그어져 있는 셈이다.

여기 나오는 "이념적" "정신적" "전근대적" "합리적"은 죄다 적 대신에 '의'를 써서 '이념의' '정신의' '전근대의' '합리의'로 쓰면 될 것이다. (다만 "합리적"만은 '합리스런'이라 할 수도 있다.)

4) 적 대신에 '-스럽다' '-답다'를 쓰면 된다.

- 탈출구 없는 인물들의 변태적 일탈

이 제목에 나온 "변태적 일탈"은 '변태스런 벗어나기'라 쓰면 쉬운 우리 말이 된다.

- 정치관계법을 제대로 고치려면 여야의 적극적인 자세 전환이 필요하다.

이렇게 쓴 "적극적인 자세"는 '적극스런 자세'라 고치면 된다.

- 무디 이 싸움이 유권자들의 이성을 일깨워 우리 사회가 인간적인 사회를 향한 큰 걸음을 떼어놓을 수 있기를 바란다.

이 글에 나오는 "인간적인"은 '인간다운'이나 '사람다운'이라 쓰면 된다.

- 관습법에는 비극적이고 냉혹한 메커니즘, 즉 내부적인 논리가 있습니다.

여기 나온 "비극적이고"는 '비극스럽고'로 쓰면 된다.

- 비인간적인 사회 조직과 위선적인 도덕의 굴레에 저항하여

이 글에서 쓴 "비인간적인"은 '인간답지 못한'이나 '사람답지 못한'으로 고쳐 쓰면 된다. "위선적인"은 "위선"도 고쳐서 '거짓스러운'이라 하면 될 것이다.

- 압둘라호만 대통령 선출과 메가와티 부통령 선출이 공개적이고 민주적으로 이뤄지는 것을 보면서 인도네시아의 선거혁명을 실감했다.

이 글에 나오는 "민주적으로"는 '민주스럽게'나 '민주답게'로 썼으면 좋겠다. 이렇게 '-스럽다' '-답다'를 많이 쓰는 것이 바람직하다.

- 그러나 남성이 수적으로 압도적이고, 공격적인 토론 관행과 폭력적 언어를 전유하고 있는 상황에서 여성들은 '스스로 사라지는 것'이 차라리 나았다.

이 글에 나오는 "폭력적 언어"는 '폭력스런 말'이라 하면 된다.

5) -적을 아주 다른 말로 바꾸어 써야 할 경우다. 이때 -적이 붙은 그

말이 어려운 한자말이면 그 말부터 쉬운 우리 말로 바로잡아 써야 하겠고, -적이 붙은 그 말이 누구나 잘 알고 있는 쉬운 한자말이면 적만을 다른 말로 바꾸어 쓴다. 그리고 이렇게 쉬운 말로 고치면, 그 앞뒤에 써놓은 어려운 말도 쉬운 말로 다듬어놓아야 글이 제대로 된다.

- 조스팽은 사회주의자로서 그동안 중동 문제에 비교적 객관적 자세를 유지해온 터라 아랍국들의 배신감은 더했다.

여기서 쓴 "비교적 객관적 자세를"은 '대체로(어느 정도) 공정한 자세를'이라고 쓰면 될 말이다.

- "북쪽이 전향적으로 수용했다"고 밝혔다.

이렇게 쓴 "전향적"이란 말은 일본말 따라서 쓰는 말이다. 아주 우리 말로 바꿔서 "전향적으로"를 '바람직스럽게'라고 써야 하겠다.

- 거기다가 시기적으로 연말연시와 입시철 선거철이 겹치면서 역술에 의존, 위안을 얻으려는 심리가 세를 불려가고 있는 인상이다.

이 글에서 쓴 "시기적으로"는 '때가'라고 하면 그만이다.

- 정치적 논의 초월, 인도적 지원 노력 절실

이 제목에 나온 "인도적 지원"은 '인도 면에서 지원'이라 써야 한다. 적만 바꿔서 쓰는 경우다.

- 金 성덕군 사연 美언론 대대적 보도

이 "대대적"은 '크게'로 써야 한다.

- 농부들이 논두렁을 태우는 등 본격적인 농사 준비에 분주하다.

이렇게 쓴 "본격적인"은 '한창'이라면 된다.

- 경찰은 현재까지 조사 결과 외부인에 의한 고의적인 범행 가능성은 없는 것으로 본다고 밝혔다.

이 기사에서 쓴 "고의적인 범행 가능성은 없는 것으로"는 '일부러 저지른 범행은 아닌 것으로'라고 쓰면 쉬운 우리 말이 된다.

- 생면부지 '男女' '法的 부부' 둔갑

이렇게 쓴 "法的 부부"는 '법에서 부부'라고 고쳐 써야 한다. 이것은 적만 고쳐 쓰는 경우다.

- 그 애환의 어제 오늘이 한 편의 소설적 감동으로 다가온다.

이 글에 나오는 "소설적 감동"은 '소설 같은 감동'이라 쓰면 될 말이다. 이것도 적만 고친 것이다.

- 또한 앞으로 정책적 필요에 의해 제한 조처를 취할 때 국가가 책임질 보상 문제는 바로 국민 부담이 된다.

이 글에 나온 "정책적 필요에 의해"는 '정책에 필요해서'라 써야 한다. 이것은 적을 토씨 '-에'로 고쳤는데, 그다음에 오는 잘못된 말법도 우리 말로 다듬은 것이다.

- 여야 합의에 따라 만들어지게 될 특별 검사에 관한 법률이 어떤 내용을 담게 되느냐에 따라 가변적이라는 뜻이다.

이 글에서 쓴 "가변적이라는"은 어려운 한자말이다. '바뀔 수 있다는' 이라고 쓰면 얼마나 쉬운가.

이렇게 –적을 아주 다른 말로 바꾸어 써야 할 경우가 가장 많다.

6) 쉬운 말로 바꾸면서 말의 차례까지 바꿔야 할 경우도 있다.

- "일탈적 행동으로 인한 범죄에 실망하기보다는 제도화를 통해 일탈의 구조적 가능성을 축소하는 것이 중요하다"고 밝혔다.

이 글에 나오는 "일탈의 구조적 가능성"은 '벗어날 수 있는 틀을'이라고 쓰면 된다.

- 수동적인 TV 보기는 이제 그만!

이 글은 '보기만 하는 TV는 이제 그만!'이라고 고쳐 쓰면 될 것이다.

- 19세기의 대표적 질병인 결핵이 치료약에 대한 저항력을 높이며 급속히 번져가 21세기에도 여전히 인류에게 가장 치명적인 병 가운데 하나인 것으로 나타났다.

이 글에 나온 "가장 치명적인 병"은 '죽음을 가져오는 가장 큰 병'이라고 써야 한다.

7) –적이란 말이 아무 소용도 없이 쓰인 경우도 있다. 이럴 때는 –적이 붙어 있는 말 자체를 없애버려야 한다.

- 전남 보성읍 봉산리와 회천면 영천리에 펼쳐진 우리 나라 최대 규모의 차밭. 본격적인 5월 수확기를 앞두고 차 이파리에 한창 물이 올랐다.

여기 나오는 "본격적인"이란 말은 아무 소용이 없다. 지워버려야 할 말이다.

- 현재로서는 두 당의 공조 복원에 대해 민주당이 비교적 적극적인 반면, 자민련은 소극적인 반응을 보이고 있다.

이 글에 나온 "비교적"이란 말은 없어도 될 말이다.

- 주인 김 씨는 불청객(?)인 이들에게 먹이를 준 뒤 이날 오후 풀어주었으나 어미와 비교적 몸집이 큰 새끼 2마리만 떠났을 뿐 아직 날지 못하는 4마리는 나흘째 화원에서 생활하고 있다.

여기 나온 "비교적"이란 말도 필요가 없는 말이다. 이것을 지워버리기만 해도 되지만, 지워버리고 나서 그다음에 나오는 "몸집이 큰"을 '몸집이 좀 큰'이라고 하면 더욱 좋겠다. '비교적'이란 말을 흔히 쓰는데, 대개는 아무 필요도 없이 공연히 쓰는 말로 되어 있다.

- 이는 총 150문제가 출제되는 회계사 시험에서는 당락을 좌우하는

결정적인 결과를 가져올 수 있다.

여기 쓴 "결정적인"도 소용없는 말이다.

지금까지 -적을 없애는 일곱 가지 방법을 말하면서, 그 방법마다 몇 가지 보기를 들어 보였다. 이것은 앞에서 말한 보기글 160점에서 나온 347개의 -적을 분석해서 찾아낸 방법이다. 이 347개의 -적을, 똑같은 말은 여러 번 나왔더라도 하나로 쳐서 세어보니 모두 257개였는데, 이 것을 위에서 말한 방법 일곱 가지로 나누어보니 그 수가 다음과 같이 나 왔다.

1) 64개, 2) 51개, 3) 38개, 4) 14개, 5) 83개, 6) 3개, 7) 4개

이것을 보면 5)가 제일 많고, 그다음이 1)이고 또 그다음이 2) 3) 4)의 차례로 되어, 6) 7)은 어쩌다가 나온다. 그러니까 -적은 아주 다른 쉬운 말로 바꾸든지, 적자만 없애든지, 적을 '-의'로 바꾸든지, '-답다'나 '-스 럽다'로 쓰든지 하면 거의 모두 풀리는 것이다.

연습문제

다음 글에 나오는 -적을 우리 말로 고쳐 써보자. 다른 어려운 말도 고 치면 더욱 좋겠다.

1) 함석헌은 일평생 씨앗을 사상적 화두로 삼았다. 『한겨레』, 2001. 3. 23.
2) 소수 오너가 경제적, 정치적으로 지배하고 전횡을 자행하는 한 한국사회에 희망은 없나. 『한겨레』, 2001. 3. 23.
3) 이만큼이나 분단 양쪽 간에 격차가 생겨버린 한반도는 만약 지

금 이대로 평화적으로 통일되더라도 두 국민의 실질적(물질적·정신적) 통일에는 독일의 몇 배나 긴 시간이 걸릴 것으로 생각한다.『한겨레』, 2000. 6. 26.

4) 삶에 관한 일면적인 인식, 성급한 단정, 표면적인 이해 등은 언제나 판자에 가려진 세로줄 무늬를 보지 못하는 데서 연유하는 경우가 많다. 삶은 때로 논리적인 설명이나 개념적인 이름 짓기의 차원을 넘어선다.『한겨레』, 2000. 6. 26.

5) 그렇지만 현대그룹 노동조합의 한 관계자는 "정 전 회장은 개발독재 시대, 노동자의 희생 위에서 재벌 중심의 고도성장을 이룬 상징적 인물"이라며 "무조건적인 비판과 칭송 모두를 지양하고 그분에 대한 정당하고 냉정한 평가와 함께 위기에 처한 현대의 앞길에 대해 고민할 때"라고 말했다.『한겨레』, 2001. 3. 23.

22. '등'은 살아 있는 말이 아니다

이번에는 등이란 말인데, 신문기사를 읽으면 기사마다 이 등이란 말이 나오지 않는 경우가 거의 없다. 등을 쓰지 않으면 신문기사를 못 쓰겠구나 싶을 정도로 흔하게 나온다. 그러나 이 등은 일본말 '나도'를 따라 쓰는 말이다.

일본사람들은 한문글자 '等'을 써놓고 '나도'('들, 따위'란 뜻)라고 자기들 말로 읽는다. 그런데 우리는 그것을 보고 등이라고 읽고 쓰는 것이다.

이것이 우리 말이 아니란 것은 실지로 우리들 입에서 나오는 말에는 등이란 것이 없고, 어디까지나 '들' '따위' '-와 같은'으로 말한다는 사실을 생각하면 곧 깨달을 수 있다.

"사람들이 많이 모였다"고 말하지 '사람 등이 많이 모였다'고 말하지 않는다. "봄이 되어 냉이와 달래 같은 나물이 많이 돋아났고"라고 말하지, '봄이 되어 냉이와 달래 등 나물이 많이 돋아났다'고 말할 사람이 없다.

글도 이와 같이 말하는 그대로 써야 살아 있는 글이 된다. 그런데 온 국민이 나날이 보는 신문에서는 어떻게 쓰고 있는가?

- 프랑스 교사 등 20만 시위 (→들) 『한겨레』, 2000. 3. 18.
- 16일 프랑스 전국에서 교사와 학생 학부모 등 20여만 명이 교육

투자 확대 등을 요구하며 대대적인 시위를 벌였다. (→들, -따위)
『한겨레』, 2000. 3. 18.

"대대적인"은 말할 것도 없이 '크게'다.

- "전쟁 지자 한국인 등이 일본인 괴롭혀" 또 주장 (→들) 『한겨레』, 2000. 4. 18.
- 12일 오전 서울 신세계백화점 식품매장에서 한 할머니가 한겨울 입맛을 돋우는 달래와 냉이 등 봄나물을 고르고 있다. (→따위와 같은) 『한겨레』, 2000. 1. 13.

이밖에 보기 글을 좀더 들어본다.

- 비전향 장기수였던 김명수, 한장호씨 등이 1일 오후 대전시 유성주 한 식당에 마련된 생일잔치에서 참석자들과 함께 기뻐하고 있다. (→들) 『한겨레』, 2000. 5. 3.
- 31일 국회 동산에서 김영진 농림해양수산 위원장과 김영자 환경부 장관, 송보경 소비자문제를 연구하는 시민의 모임 회장 등이 국산 육류가 인체에 무해하다는 것을 입증하기 위해 돼지고기를 먹고 있다. (→들) 『한겨레』, 2000. 4. 1.

이 글에서 세 사람의 이름을 들어놓은 다음에 등이라 했다. 그러니까 세 사람 말고 더 있다는 말이다. 들어놓은 세 사람뿐이라면 등을 쓸 필요조차 없다.

- 12일 오후 서울 한강 밤섬에서 열린 '겨울철새 모이주기' 행사에 참가한 시민들이 밤섬 주변에서 새 모이주기를 마친 뒤 쓰레기 등

을 줍고 있다. (→들) 『한겨레』, 2000. 3. 7.

- 중국과 대만 사이에 긴장이 높아지는 가운데 20일 대만의 수도 타이베이 외곽에서 훈련 중인 군인들이 풀 <u>등으로</u> 위장하는 연습을 하고 있다. (→따위로) 『한겨레』, 1999. 7. 22.

사진을 보니 군인들 머리 위에 풀 뿐이다. 그렇다면 등을 쓸 필요가 없고 '풀로'라고 해야 옳다.

이밖에 신문을 보면 한 글월에 등이 두세 번 잇달아 나오기도 예사고, **등등**이라고 쓰기도 하는데, 이 모두가 일본말 따라가는 얼빠진 글쓰기 버릇이다.

신문기사 제목 300 뽑아 다듬기

• 덧붙임

지난 몇 달 동안 우리 신문에 가장 많이 쓴 말은 수수, 세탁, 은닉, 떡값 따위다. 이 가운데서 떡값이란 말만은 순전한 우리 말이다. 웬일로 유식한 말, 어려운 말만 쓰고 싶어 하는 정치인들이 떡값이란 우리 말을 하게 되었을까? 정치인들이 이 말을 즐겨 하게 된 심리를 조금이라도 생각해보면 쉽게 그 까닭을 알 수 있다. 그것은 돈 봉투를 '촌지'라 하여 주고받는 학부모와 교사들, 그밖에 관공리들의 심리와 다를 것이 없다. 다만 '촌지'란 한자말은 누구나 잘 알 수 있는 정직한 말(돈봉투)을 하기가 두려워서 그것을 적당히 덮어 가리고 보기 좋도록 화장을 해놓은 말(한자말이 이런 노릇도 잘한다)이지만, 떡값은 엄청나게 많은 돈인데도 몇 푼 안 되는 것처럼 보이기 위해 쓰는 말이라는 점에서 다를 뿐이다.

며칠 전 지하철을 탔더니 바로 내 옆에서 술 냄새를 풍기면서 앉아 있던 한 젊은이가 "난 평생 떡을 먹어도 10만 원어치를 못 먹겠습니다" 해서 요새 젊은이가, 더구나 술을 잘 마시는 젊은이가 떡을 그렇게 먹고 싶어 하는가 싶어 좀 신통하다는 생각이 들었는데, 그다음 말이 이러했다. "떡값이 몇억이라니, 세상에 말이 됩니까?" 그래서 아하, 정치 이야기를 하고 싶어 하는 것이구나 하고 깨달았다.

그러면 97년 5월 한 달 동안에 여러 일간 신문에서 자주 쓰인 그밖의 말 몇 가지를 들어서 우리 말로 고쳐보겠다. 보기로 든 글은 모두 신문

제목이다.

수수

1) 경찰특수대 거평 관련 밝혀지고
두양서 3억 등 10억 원 <u>수수</u> 드러나 『중앙일보』, 5. 1.

2) 현철 씨 4億 <u>수수</u> 추가 확인 『중앙일보』, 5. 6.

3) "金 대통령 2백억 추가 <u>수수</u>"
국민회의 '확인' 주장 『국민일보』, 5. 8.

4) 내년 地自體長 선거도 '과열'
자제 당부 公文…… 일부 <u>金品수수</u> 내사 『문화일보』, 5. 8.

5) 徐 의원 "사실 아니다."
청와대도 <u>수수說</u> 부인 『문화일보』, 5. 9.

6) 정치자금 개별 <u>수수</u> 땐 피선거권 규제 『동아일보』, 5. 10.

7) "YS 한보자금 <u>수수說</u> 보고받고 격노" 『한국일보』, 5. 10.

8) 大選자금 정국 위기
한보 돈 600~900억 <u>수수說</u> 잇단 제기 『한국일보』, 5. 10.

9) 92 대선자금 900억 <u>수수</u> 보도 관련
청와대 "음모 세력 있다" 『조선일보』, 5. 11.

10) 문정수 시장 등 8명 기소
정 리스트 정치인…… 뇌물 <u>수수</u>·사전수뢰 혐의 적용 『한겨레』, 5. 23.

수수란 말을 사전에서 찾아보면 아홉 가지 다른 뜻으로 쓰이는 낱말이 나오는데, 그중 여덟 가지는 한자말이다. 그것을 들면 수수(손목: 手首), 수수(손수 줌: 手授), 수수(거두어 받음: 收受), 수수(손을 드리움: 垂手), 수수(팔짱을 낌: 袖手), 수수(주고받음: 授受), 수수(아주 여러: 數數), 수수('삭삭'(數數)을 잘못 읽은 말) 이렇다. 어느 말이든 잘 쓰이지 않는 말

이고 헷갈리기 쉬운 말이고, 우리 말이 있는데도 우리 말을 버리고 쓰는 남의 글자말이니 모두 쓰지 말아야 할 말이다. 그런데 다만 하나 우리 말로 되어 있는 '수수'는 밭에 심는 곡식 이름이다. 보통 우리가 '수수'라고 할 때는 누구나 이 밭 곡식을 말하는 것이고 밭 곡식으로 알아듣는 것이 당연하다.

그런데 신문에 난 수수는 '주고받는다'는 뜻의 수수(授受)다. 앞의 글자 (授)는 '준다'는 뜻이고 뒤의 글자(受)는 '받는다'는 뜻이다. '주고받는다'는 뜻이라면 그렇게 '주고받는다'고 쓰면 될 일이지 왜 수수라는 어수선한 말을 쓰는가? 이것 역시 떳떳하게 드러낼 수 없는 짓이고 나쁜 짓이기에 정직하게 "주고받는다"든지 "주고받았다"고 말하기가 부끄러워서 그만 보통사람들이 그 뜻을 시원하게 알아차리지 못하는 말, 흐리멍덩하게 들리는 한자말을 쓰는 것인가? 아마 틀림없이 그럴 것 같다. 그런데 바로 그런 짓을 한 정치인들이나 기업인들이야 그런 심정으로 그런 말을 쓰고 싶었다고 하더라도 신문이 왜 그런 말을 따라 쓰면서 병든 말을 퍼뜨리는가? 여기서 신문을 만드는 언론인들 역시 썩어빠진 우리 사회의 진구렁 속에 깊숙이 함께 빠져 있는 것이 아닌가 의심하지 않을 수 없다.

다음 문제는, 가령 이 수수란 말을 쓸 수 있는 말이라고 하더라도 앞의 신문들은 수수란 말을 아주 잘못 쓰고 있다는 사실이다. 거듭 말하지만 수수는 '주고받는다'는 말이다. 그런데 앞에 들어놓은 열 가지 보기글 가운데서 4)번에 나온 수수만은 '주고받음'이라는 뜻으로 쓴 것 같다. 그밖에 아홉 가지 글에 나온 수수는 모두 '받은 것' '받아' '받을' '받았다는 말' '받았다' 따위로 받는다는 뜻으로 써서 '준다'는 뜻은 들어 있지 않고 들어 있어서도 안 된다. 받는다는 말을 써야 할 자리에 주고받는다고 썼으니 죄다 틀리게 쓴 것이다. 이렇게 틀린 말을 버젓하게 신문마다 큰 제목으로 써놓아도 누구 한 사람 그것이 잘못되었다고 따지는 사람이 없으니 이래도 괜찮은 것일까?

보기를 하나 들어서 좀더 분명히 말해보겠다. "현철 씨 4億 수수 추가 확인"이라 했는데, 이것은 현철 씨가 4억이란 돈을 누구한테서 추가로 받았다는 것을 확인했다는 기사 제목이다. 그런데 이 제목의 문장 그대로 하면 현철 씨가 4억 원을 누군가에게 '주고받았다', 곧 주었다가 도로 받았다는 말이 된다. 주었다가 도로 받았다면 아주 준 것도 아니고 아주 받은 것도 아니니 거기 무슨 문제가 일어날 수가 없다.

나머지 다른 여덟 가지 제목에 쓰인 수수가 다 이렇게 되어 엉뚱한 말로 쓴 것이다. 한자말은 이래서 문제가 된다. 이래가지고 우리가 무슨 신문을 만든다고 하고, 언론을 바로 세운다고 하고, 민주주의를 한다고 하는가? 우리 말은 버리고 남의 나라 글자말로 사실을 잘 알 수도 없게 쓰고, 그래서 사실을 적당히 덮어 가리는 데 편리하도록 세상을 만들어가면서도 온 국민이 그 사실을 예사로 여기고 있는데 어떻게 민주사회를 만든다고 하는가? 다 빈말이다.

다시 또 한 가지, 수수란 말 앞에 "금품"(金品)이란 말을 붙여 **금품수수**라고 쓰는 경우가 흔하다. **금품**이란 말은 '돈과 물품'이다. 그런데 이런 말은 쓴 신문기사를 읽어보면 대개는 '돈' 이야기지 '물품'도 들어 있는 경우는 아주 드물다. 돈과 또 다른 무슨 선물을 함께 주고받았다면 **금품수수**가 되겠지만 '돈'밖에 주고받은 것이 없는데 **금품수수**라 흔히 쓰고 있으니 이것 또한 틀린 말이다. 그러니 **금품**이라고 쓸 것이 아니라 바로 '돈'이라고 써야 옳다. "돈 받아" "돈 줘" 이렇게 말이다.

수수說이라고 쓴 보기글이 세 군데 5) 7) 8)에 나왔다. 어느 모로 보아도 이런 말은 우리 말이 될 수 없다. 책을 안 읽고 글자를 모르던 우리 백성들은 절대로 이런 어수선하고 괴상한 말을 안 썼다. 책을 읽고 글을 쓰는 지식인들이 우리 말을 다 버려놓는다.

세탁

11) 돈세탁 등 비자금 관리

　　재계와의 연결고리도 『경향신문』 5. 5.

12) 賢哲 씨 비자금 金종욱 씨가 관리

　　대호건설 기획실장 업체서 받은 30억대 돈세탁 『한국일보』, 5. 6.

13) 아무리 '세탁'해도

　　'돈 꼬리'는 잡힌다.

　　수표→가차명 계좌→제3의 자금 순으로 『동아일보』, 5. 11.

14) 金己燮 씨→돈세탁→趙東晚 씨→(주)CM

　　李晟豪 씨→金鍾郁 씨→돈세탁→동보

　　돈 주고 가·차명계좌 은닉 추정 『조선일보』, 5. 11.

15) "賢哲 씨 70億 돈 세탁해줬다"

　　귀국 李晟豪 씨 밤샘 조사서 진술 『한국일보』, 5. 12.

16) 1백여 개 돈세탁 계좌 곧 규명될 것 『한국일보』, 5. 12.

17) 불법 자금 세탁 7년 이하 징역

　　黨政 자금 세탁 방지 법안 확정

　　일부 이견 불구 내달 국회 상정 『동아일보』, 5. 30.

18) "단순 떡값도 돈 세탁 했으면 처벌"

　　'정 리스트' 처리 궤도 수정 가능성 『한겨레』, 5. 20.

　세탁이란 말을 하도 많이 써서 이제는 아주 없애기가 힘들게 되었지만, 우리 말 '빨래'를 제발 좀 죽이지 말았으면 좋겠다. 여기 이렇게 나온 신문기사 제목에서 쓴 세탁도 모두 '빨래'라고 해서 안 될 것이 없다. 돈세탁, 자금 세탁을 실제로 어떻게 하는지 모르지만 '돈 빨래' '자금 빨래'면 그만이다. 기계로 하는 것이 세탁이고, 손으로 하는 것이 빨래라고 말할 사람이 있을 것 같은데, 그렇다면 기계로 농사를 짓는 요즘은 농사란 말을 비롯해서 곡식 이름도 다 바꿔야 하고 아기도 모두 병원에 가서 낳으니 낳는다고 하지 말아야 하고 사람이란 말도 바꿔야 할 것 아닌가.

세탁이란 말을 쓰더라도 '세탁소'는 '세탁집'이라고 하는 것이 좋겠다. 물론 '빨랫집'이라면 더 좋다. '세탁비누'는 '빨랫비누'고, '세탁실'은 '빨랫간'이고, '세탁장'은 '빨래터'다.

앞으로 머지않아 우리 아이들이 "엄마, 내 양말은 내가 빨겠어요" 이렇게 말하지 않고 "엄마, 내 양말은 내가 세탁하겠어요" 할까 싶어 여간 걱정이 안 된다. 그래서 어머니들은 "이 빨랫거리를 세탁집에 갖다 주고 오너라" 이렇게 말해서 아이들에게 우리 말을 가르쳐주었으면 좋겠다.

아무튼 우리 신문을 만드는 사람들은 아이들도 잘 알 수 있는 말로 쓰면 '언론'의 위신이 떨어진다고 생각하는 것이 틀림없다. 이 세탁뿐 아니고 다른 모든 말에서 우리 말을 안 쓰려고 하니 말이다. 물론 정치인들이 '빨래'라 하지 않고 세탁이라 하고, '주고받는다' 하지 않고 수수라 하니까 따라서 쓰는 것이지만, 이렇게 정치인들의 말을 그대로 따라서 쓰는 것 자체가 얼이 빠져 있는 상태라 하지 않을 수 없다.

은닉

19) 賢哲 씨 300억 은닉 『경향신문』, 5. 2.
20) "賢哲 씨 9일 소환 10일 영장"
  측근 명의 수십억 원 은닉 포착 『동아일보』, 5. 2.
21) 680억 의문의 증발
  검찰, 해외 은닉―賢哲 씨 유입 수사 『동아일보』, 5. 2.
22) 賢哲 씨 비자금 변칙 실명 전환
  수백억대 4~5개 업체 분산 투자 은닉 『경향신문』, 5. 5.
23) '은닉 300억' 法 적용 어떻게 될까 『경향신문』, 5. 6.
24) 賢哲 씨 비자금 부동산 은닉 『한국일보』, 5. 7.

25) 金己燮 씨 곧 소환

　　3~4개 기업 은닉 혐의도 포착 『한국일보』, 5. 8.

26) 賢哲 씨 2~3개 재벌 주식 매입

　　돈 세탁 거쳐…… 검찰, 비자금 은닉 추정 『국민일보』, 5. 8.

27) 5개 大 기업에 수십 億 은닉 검찰 포착

　　賢哲 씨 측근 통해 93년 이후 뭉칫돈 유입 『문화일보』, 5. 9.

28) 이성호 씨 가족 명의 분산 은닉 『한국일보』, 5. 13.

　'숨긴다'든지 '감춘다'고 하는 우리 말을 안 쓰고 왜 이런 괴상한 말을 쓸까? 참으로 이상하고 알 수 없는 것이 글쟁이들의 글이지만, 알고 보면 이것 역시 누구든지 잘 알고 있는 쉬운 말을 써서 모든 사람이 알 수 있도록 하고 싶지 않은 심리에서 이렇게 어려운 한자말을 쓰는 것이다.

　여기 들어놓은 보기글에서 19) 21) 22) 24) 27) 28)은 모두 '숨겨'나 '감춰'로 써야 할 말이다. 그러니까 제목 맨 끝이나 풀이씨로 쓸 때는 '숨겨'가 되는 것이다.

　20)과 26)은 '숨긴 것'으로 쓰면 되고, 23)과 25)는 '숨긴'이라고 써야 한다. 물론 '감춘 것' '감춘'이라도 좋다.

우려

29) "은닉 大選 자금 공룡 꼬리에 불과"

　　'은닉' 알려지자 곤혹

　　의혹 규명 거듭 강조

　　정치권 共滅 우려도 『경향신문』, 5. 2.

30) 'YS의 과거' 어떻게 고백할까

　　與 내부 우려도 많아 『한국일보』, 5. 6.

31) 검찰 "수사 기밀 유출 없었나" 우려 『한국일보』, 5. 10.

32) 잉여 자금 이어 한보 900억 說까지

　　통제 불능의 政街 파국 <u>우려</u> 긴장감 『한국일보』, 5. 10.

33) 국조권·특검제 놓고 장기 대치

　　야, 성급한 하야 요구 '역풍' <u>우려</u>

　　여, 경선국면 전환·임시국회 준비 『한겨레』, 5. 31.

34) 이 대표 "이젠 미래로" 지원 사격

　　"민심수습 단언 어려워" 국민 반응 <u>우려</u>

　　"법적 문제는 해당 기관서……" 발뺌 여지 『한겨레』 5. 31.

35) 벤처기업 빛과 그림자

　　'거품화' <u>우려</u> 귀담아들을 때 『한겨레』, 5. 16.

36) 반'이' 진영 "국민 수긍하겠나" 날치기 파동 재연 <u>우려</u> 『한겨레』, 5. 26.

37) DJP, 하야론 '함구'

　　불안심리 자극 여권 결집시킬까 <u>우려</u> 『한겨레』, 5. 28.

38) 춘천 내달 쓰레기 大亂 <u>우려</u> 『문화일보』 5. 30.

　여기 나오는 우려는 모두 우리 말 '걱정'으로 고쳐 써야 한다. '걱정'은 우리 말이지만 우려는 우리 말이 아니다. 그 까닭은, '걱정'은 아이들도 다 말로 하지만, 우려는 어른들도 입으로 말하는 사람이 없기 때문이다. '걱정'과 비슷한 말로 '염려'가 있다. 한자말이지만 우리가 써온 말이다. 그런데 신문에는 '걱정'은 말할 것도 없고 '염려'도 안 쓴다. 어느 신문이든지 우려만 쓴다. 왜 그런가? 일반 사람들이 입으로 하지 않는 말이기 때문이고, 일본사람들이 쓰는 말이기 때문이다. 참으로 어이가 없다. 이 우려가 또 신문에서 아주 많이 나온다.

접촉

39) 남북赤 3일 베이징 <u>접촉</u> 『경향신문』, 5. 1.

40) 南·北赤 오늘 2차 접촉 『경향신문』, 5. 5.

41) 美의 한국 대선 관심

"권력의 향배 포착하라" 주자들 연쇄 접촉 『경향신문』, 5. 5.

42) 南北赤 北京 공식 접촉은 결렬 『중앙일보』, 5. 6.

43) 백용호 북적 수석대표

"원칙 밝히지 않아 절차 논의 못 해"

규모 확정되면 다시 접촉…… 판문점 수송협의 가능 『한겨레』, 5. 5.

44) 성과 없이 끝난 남북 적십자 접촉 안팎 『한겨레』, 5. 6.

45) "黃 씨 논문 한국정부 입장 대변" 獨紙 지적

北 감시 뚫고 韓國 접촉 의혹

核 등 고급정보 파악도 의문 『국민일보』, 5. 8.

46) '비인도적' 적십자 접촉 『국민일보』, 5. 8.

47) 국민회의 全大 1주 앞…… 비주류 "해볼 만하다" 기염

주류 측 득표율 긴장 속 대의원 접촉 방해 시비돌출 불거져 『한국일보』, 5. 12.

48) 남북 적십자 접촉 『한겨레』, 5. 24.

49) 南-北-美 뉴욕 접촉

4者회담 시기 논의 『국민일보』, 5. 30.

접촉이란 두 물체가 맞닿는다는 말이다. 사람이라면 손과 손이 맞닿는다든지, 몸과 몸이 또는 옷과 옷이 맞닿는다는 말이다. 그런데 두 사람이 서로 만나 이야기했다면 그대로 만났다고 하거나 만나서 이야기를 했다고 하면 되는 것이지 접촉했다고 할 필요가 없다. 그런데 여기 보기로 들어놓은 신문기사 제목을 보면 남녘과 북녘의 대표들이 만나는 것을 모조리 접촉이란 유식한 한자말로 써놓았다. 이것은 밥 먹는 것을 조찬, 오찬, 만찬이라 하고, 잠자는 것을 수면을 취한다 하고, 걸어가는 것을 보행한다고 하는 것과 똑같은 심리에서 쓴 말이라 하겠다.

위에 들어놓은 글에 나오는 **접촉**은 모두 '만나'(만남)로 쓰거나 '회담'
이라고 하면 될 말이다.

포착

    50) 대선자금 연루 등 상당혐의 포착
        폭발성 커 내역 공개는 결론 못 내 『경향신문』, 5. 5.
    51) 대선 잉여금 흐름 포착 『한겨레』, 5. 6.
    52) 검찰 金己燮 씨 통해 93년 위탁관리 포착 『문화일보』, 5. 7.
    53) 金賢哲 씨 수십 억 입금
        '제2차명 계좌' 포착 『동아일보』, 5. 10.
    54) 賢哲 씨 가·차명 계좌 百여 개
        검찰 확인 10여 개 기업 자금 제공 혐의 포착 『한국일보』, 5. 10.
    55) 현철 측근 秘자금 수십 億
        검찰, 이성호·박태중 씨 가·차명 계좌 100여 개 포착 『중앙일보』, 5. 10.

이밖에 앞에서 들어놓은 20), 25), 27), 41)에도 포착이란 말을 썼다. 포착은 '붙잡는다'는 말이다. 그러니 이렇게 신문기사 제목에 나온 포착은 모두 '잡아'로 쓰면 된다.

촉구

    56) 野 '大選 잉여금' 수사 촉구 『국민일보』, 5. 8.
    57) '수입품 차별' 철폐 파문 확산
        정부, 공식 선언…… 시민단체선 주지 촉구 『문화일보』, 5. 9.
    58) 與 경선 후보 갈등 고소
        李 대표 "분파 행동 말라" 사퇴 일축

他 주자 "黨 중심은 총재" 사퇴 촉구 『한국일보』, 5. 13.

59) 야, 현철 수사 축소 경계 대선자금 규명 거듭 촉구 『한겨레』, 5. 16.

60) 소값 하락 대책 촉구 『한겨레』, 5. 21.

이 촉구도 신문에 자주 나오는 말이다. '조른다' '재촉한다'는 뜻으로 쓰는 말인데, 말맛도 좋지 않을뿐더러 실제 입말에는 안 쓰는 말이니 우리가 늘 입으로 하는 말을 쓰는 것이 옳다. 위에서 들어놓은 기사 제목에서는 모두 '재촉'이라고 하면 된다.

불구

61) 李 대표—민주계 한판 붙나

양측 확전 자제 불구 마찰 소지 남아 『한국일보』, 5. 8.

62) 돌아온 朴泰俊 씨 '4년 유랑' 불구 건강한 모습 『동아일보』, 5. 8.

63) 지하철 출퇴근 '뛰는 금배지'

민주당 權五乙 대변인 '저비용 정치'

"쇼 한다" 주위시선 불구 계속 실천 『동아일보』, 5. 11.

64) "李晟豪 씨 귀국 하나 안 하나"

'서울行 압력' 불구 아직 감감무소식

수사팀 "李 씨 없이 賢哲 씨 구속" 선회 『동아일보』, 5. 11.

65) 실업률 6개월째 상승

82′ 이래 처음, 채용 시즌 불구 3월 3·4% 기록 『동아일보』, 5. 13.

66) '완벽' 구호 불구 여전한 '설마'

고질화된 부실 공사 『한겨레』, 5. 23.

67) 총리 사임 불구 우파 역전승 힘들 듯—프 총선 전망 『한겨레』, 5. 28.

68) '수하르트 독재' 염증 불구

집권당 압승 '구조적 필연' 『한겨레』, 5. 29.

69) 내부 공감대 불구 주변국서 '제동' 『경향신문』, 5. 5.

70) "소모적 논쟁 중지―전화위복 계기 삼자"
　　　야권 등 반발 불구 추가 언급 자제 시사 『국민일보』, 5. 30.

71) 동독지역 경제 "밑 빠진 독"
　　　500兆 투입 불구 회생 "감감" 『동아일보』, 5. 30.

72) 대만 "본토 인프라 투자 전면 금지"
　　　교역 규제 강화 불구, 고위 정치회담 제의 『동아일보』, 5. 30.

　이 불구는 불구하고, 그럼에도 불구하고란 말을 줄인 것인데, 일본글을 따라서 쓰는 글말이다. 우리 말로는 '그런데도'라고 해야 한다. 위에 들어놓은 보기글이라면 모두 앞 말에 '-에도'란 토씨만 붙여서 쓰면 그만이고 불구 따위는 아무 소용이 없는 말이다. "자제불구"는 '자제에도'라 해야 하고, "4년 유랑 불구"는 '4년 유랑에도'라 해야 되고, "시선 불구"는 '눈길에도'라 해야 하는 것과 같이. 다만 (65)에서는 "채용 시즌 불구"를 '채용 철에도'라 해도 되지만 '채용 철인데도'라 할 수도 있다. 68)도 "염증불구"를 '싫증에도'라 해도 되지만 '싫증나도'라고 할 수도 있고, 70)도 "반발불구"를 '반발해도'라 할 수 있다. 71)도 "투입불구"를 '투입해도'나 '넣어도'라 할 수 있다. 69)의 "교감대 강화"는 '교감대 이뤄져도'라 쓰는 것이 좋겠다.

박차, 발족

73) 도로·통신망 등 인프라 개선 박차 『한겨레』, 5. 26.

74) 북녘 어린이 돕기 성남시민본부 발족 『한겨레』, 5. 16.

75) 대학가 性폭력 방지 부심
　　　8개 大선 '여성연대회의' 발족 『한국일보』, 5. 30.

76) DJP협상 발족 대선 행보 가속 『한겨레』, 5. 20.

77) 국민회의 黨 8役 교체

　　　내달 초 대선 기획단 발족 『국민일보』, 5. 30.

78) 해양부 발족 계기 장기적 정책 세워야 『한겨레』, 5. 30.

　박차, 발족 이런 말들은 모두 말맛이 좋지 않고 엉뚱한 말로 느껴지니 우리 말을 써야 한다. 박차는 어떤 일을 '서두른다'는 뜻으로 쓰지만, '박차다'는 말이 있어서 어떤 일을 서둘러 하는 것이 아니라 도리어 그 일을 집어치운다는 뜻으로 느껴진다. 그러니까 우리 말로 서두른다고 하면 되는 것이고, 이렇게 우리 말을 쓰면 얼마나 알기 쉽고 좋은가. "개선 박차"는 '개선 서둘러'로 써야 하는 것이다.

　발족은 무슨 일을 시작한다는 말로 쓰지만 이것 역시 '발'이고 '족'(足)이라 엉뚱한 말로 느껴진다. (이렇게 엉뚱한 말로 느끼는 이 느낌이 깨끗한 백성들의 것이고, 우리 겨레의 것이다.) 그러니 이 발족이란 괴상한 글말도 쓰지 말고 우리 말을 써야 한다. '시작' '첫발' 하면 얼마든지 될 것이다. 같은 한자말이라도 '출발'이란 말은 아이들도 다 알고 있으니 써도 괜찮다고 본다.

　발족과 비슷한 뜻으로 쓰는 글말에 출범이 있다. '배가 떠난다'는 뜻인데, 이 출범도 입으로 하는 말이 아니니 쓰지 않는 것이 좋다. 우리 말이 있으니 쓸 필요가 없는 것이다.

출구, 창구

79) "내수 깊은 잠" '출구'가 안 보인다

　　　업종 구별 없이 매출 격감 "구매심리 꽁꽁"

　　　"거품 뺄 기회…… 건전 소비 정착 계기" 지적도 『동아일보』, 5. 2.

80) K 회장 재벌들 창구역 담당 『동아일보』, 5. 2.

81) 정부-민간단체

'한 식량 돕기' 갈등

　　　'창구 단일화'에 이견 『동아일보』, 5. 11.

　82) 정치자금법 어떻게 바뀌었나

　　　"음성자금 양성화" 조달 창구 계속 넓혀

　　　유통구조 '투명성' 상실 잇단 부작용 『동아일보』, 5. 12.

　83) 초교파 모임 '목회자 포럼'

　　　미루던 동포 돕기 본격화

　　　민간차원 대북창구 확실해지고 『국민일보』, 5. 30.

　입구, 출구, 창구는 모두 일본글을 따라서 쓰는 말이니 우리 말로 바로 잡아야 한다. 여기 보기글은 없지만 우리 말이 버젓하게 있으니 언젠가는 우리 말로 바로잡아야 한다. 출구는 '나가는 곳' '나가는 길' '날문'이다. 79)의 출구는 '나갈 길'이나 '빠질 구멍'이라면 될 것이다.

　창구는 '창문'이라야 한다. 80) 81) 82) 83) 모두 '창문'이면 된다. 83)에서 쓴 "대북창구"는 '북녘 향한 창문'이 되어야 하겠다.

적

　무슨 –적하는 말은 이제 입으로도 예사로 하게 되었지만 이것이 일본 말이고, 우리 말을 거칠게 하고, 때로는 뜻을 흐리멍덩하게 할 뿐이니 쓰지 않는 것이 좋다. 먼저 깨끗한 우리 말을 쓰고 싶어 하는 뜻을 가진 사람부터 이 말을 넣지 않고 글을 쓰고 말을 해 보여서 남들이 따를 수 있도록 했으면 좋겠다. 다음에 신문기사 제목에 난 것을 보기로 들어서 어떤 말로 바꾸면 되는가를 말해보겠다.

　84) 資金難 쌍봉 대대석 구소 소성

　　　3개社 합병 1개社 팔아 『중앙일보』, 5. 1.

이 "대대적"을 많이 쓰는데 아주 어설픈 글말이다. 여기서는 '크게'란 우리 말로 고쳐 써야 한다. 낱말의 차례도 바꾸어서 "대대적 구조 조정"을 '구조 크게 조정'이라고 하면 더 낫겠다.

85) JP 개헌 적극 찬성
　　DJ 유보적 입장 『경향신문』, 5. 1.

여기 나온 "유보적"은 '유보하는'이라 해도 되지만 '미루는'이면 더 좋겠다. 그러니 "유보적 입장"은 '미루는 태도'라 써야 할 말이다.

86) JP · 이한동 고문
　　가장 보수적 색채 『경향신문』, 5. 1.

"보수적 색채"는 '보수 색채'면 그만이다. 또 "보수적"을 '예지킴'이라 쓰게 된다면 더욱 좋다.

87) 김윤환 "감정적 처리 안 돼" 『경향신문』, 5. 1.

"감정적 처리"는 '감정으로 처리해선'이라고 써야 한다.

88) 전쟁 책임 반성 안 해 노골적 경계 『경향신문』, 5. 5.

"노골적"은 '드러내놓고'라 써야 한다.

89) "與 大選자금 포괄적 언급" 『한국일보』, 5. 6.

"포괄적"에서 적만 빼고 '포괄 언급'이라 해도 된다. 그러나 '포괄 언급'

보다는 '포괄해서 언급'하는 것이 낫고 또 그보다는 '뭉뚱그려 말해' '한데 뭉쳐 말해' '싸잡아 말해'라고 쓰면 더욱 좋다.

'포괄'과 '포괄적'이 무엇이 다른가? '포괄적'이란 말은 아주 포괄한다는 말이 아니고 포괄에 가깝다는 말인가? 말뜻을 흐리멍덩하게 한다는 것이 이런 경우다. -적이란 말이 여기에 붙어야 할 까닭이 조금도 없다. 그저 남들이 쓰니까, 글에 나오니까 일본사람들이 쓰니까 쓰는 것밖에 아무것도 아니다. 그리고 '포괄'이란 한자말도 쓸 필요가 없다. 쉬운 우리말이 버젓하게 있는 것이다.

90) "나사본서 지부별 매주 2천만 원 지원"
　　"몸통" 나사본 천문학적 살포 꼬리 잡혀 『한겨레』, 5. 6.

"천문학적"이란 '천문학에서나 쓰는' 엄청나게 많은 돈이란 뜻이다. 그런데 그 윗줄에서 돈이 대강 얼마인가를 밝혀놓았으니 굳이 '천문학'이란 말을 쓸 필요가 없이 '엄청난 돈 뿌려' 하면 될 것이다.

91) 한쪽선 비난 한쪽선 "유능"
　　이중적 인식구조 바뀌어야 『동아일보』, 5. 8.

"이중적 인식구조"는 '이중으로 인식하는 틀' 또는 '두 겹으로 인식하는 틀'이라고 하면 된다.

92) 명문대생 93% "성공위해 학벌 중요"
　　"기득권 독점" 등 역할 부정적 75%나
　　고대신문 서울·연고大 750명 조사 『한국일보』, 5. 8.

이 "부정적"은 적을 없애고 '부정'만 쓰면 된다.

93) "大選자금 규모 포괄적 고백을"
　　　李 대표, 金 대통령에 黨論 전달 『국민일보』, 5. 8.

이 "포괄적"은 89)와 같다.

94) 大選자금 연쇄 폭발…… 破局위기감
　　　野선 'YS=韓寶 몸통' 규정 법적-정치적 총공세 『문화일보』, 5. 9.

"법적―정치적"은 '법으로 정치로' 하면 된다.

95) 스승의 날 이런 학교 저런 학교
　　　학부모 대표들 나서 경쟁적 '촌지 모금'
　　　학생부담 안 주려 학교 돈으로 꽃 구입도 『동아일보』, 5. 11.

이 "경쟁적"은 '경쟁으로'라 쓰면 되고 '다투어' 하면 더욱 좋다.

96) "이스라엘은 합법적 고문 국가"
　　　유엔 고문 감시위, 관련자 처벌 요구 『한겨레』, 5. 15.

"합법적 고문 국가"는 '합법으로 고문하는 국가' 또는 '고문을 합법으로 하는 나라'라고 쓰면 된다.

97) 이회창 신한국당 대표
　　　"김 대통령과 대립적으로 비추지 말라" 농담 『한겨레』, 5. 26.

"대립적으로"는 '대립시켜'나 '맞세워'로 써야 한다.

98) 컴퓨터 미래, 고통·기쁨 이해 얼마든지 가능
'신경망' 수준…… '인간화' 회의적 『한겨레』, 5. 26.

이 "회의적"은 '의심스러워' 하면 된다.

99) 비판적 교수 '괘씸죄' 탈락 악용 많아
한상권 교수 탈락 계기 교수 재임용제 개선 여론
학교쪽 자의적 적용 제재장치 없어…… 교수들 법개정 운동 활발 『한겨레』, 5. 26.

"비판적"은 '비판하는'이고, "자의적"은 '멋대로'라고 써야 한다.

100) 이호, 세계적 수비수 부상 『한겨레』, 5. 28.

이것은 '세계에 이름난'이라면 된다. 이렇게 하면 그다음에 쓴 말도 "수비수 부상"을 그대로 두지 말고 '수비수로' 하든지 '수비수가 돼' 하는 것이 좋겠다. 아무튼 "부상"이란 말도 쓰지 말아야 한다.

101) DJ "도전적이고 반성이 없다" 『한겨레』, 5. 31.

"도전적이고"는 '도전하려 하고'나 '싸우고 싶어 하고'라고 써야 한다. 물론 이것은 말을 그렇게 했기에 그대로 쓴 것이다. 그러니까 말도 우리 말법으로 하는 것이 옳다.

102) 청소년 보호법 쟁점 진단
사전 심의 전세, 위헌 소지 짙어
기준 보호 자의적 해석 여지도 『한겨레』, 5. 31.

99)에 나온 것과 같다.

> 103) 김 대통령 담화, 여야 모두 과거 반성하고 참회해야
> 　　　92′ 大選 막대비용 사용 잘못된 일
> 　　　소모적 대선자금 論爭 중지를 『국민일보』, 5. 30.

이 "소모적"은 '소모하는'이라든지 '쓸데없는'이라 해야 할 말이다.

이밖에 앞에 나온 보기글에서 "법적 문제"는 '법의 문제'로 쓰면 된다.
46)의 "비인도적"은 '비인도의'나 '인도가 아닌' 또는 '사람답지 않은' 이나 '잘못된' 따위 말로 쓰는 것이 좋겠다.
68)의 "구조적 필연"은 '구조가 그리 돼 있어'나 '틀이 그렇게 돼 있다'로 쓰는 것이 좋다.
70)의 "소모적"은 96)과 같이 쓸 것이다.

입장

> 104) 金 대통령 검토, 大選자금 입장 내주초 표명 『조선일보』, 5. 4.
> 105) 金 대통령 대선자금 입장 표명 『경향신문』, 5. 5.
> 106) 청와대 '대선자금 입장 표명' 고심 『동아일보』, 5. 8.
> 107) 金 대통령 '대선자금 입장 표명' 연기 『동아일보』, 5. 13.
> 108) 김 대통령 내주 초 입장 표명 『한겨레』, 5. 16.
> 109) 李 대표 측 "입장 불변…… 큰 비중 안 둬" 『국민일보』, 5. 30.

여기 나오는 입장은 모두 '태도'로 바꿔 써야 한다. 그리고 104)에서 108)까지 쓴 "입장 표명"은 '태도 밝혀'로 써야 된다.
앞에 나온 보기글에서 45)에 나온 입장도 '태도'라고 쓸 말이다.

이밖에 '처지'라고 해야 할 것을 입장이라고 쓰는 경우도 있다. 이 입장은 어느 신문이고 날마다 나오고, 중학교 학생부터 입으로도 예사로 하는 말이지만 일본말을 따라서 쓰는 말이니 쓰지 않아야 한다. 같은 한자말이라도 우리 말로 되어 있는 '태도'나 '처지'를 써야 옳은 것이다.

역할

110) 교사 <u>역할</u> 중요하다. 『중앙일보』, 5. 1.
111) 어버이날 국민포장 李賢順 씨
　　　91년엔 시어머니마저 치매 앓아 수족 <u>역할</u> 『국민일보』, 5. 8.
112) '민교협'등 조직화 사회민주화 견인차 <u>역할</u> 『한겨레』, 5. 27.

이 역할도 입장과 함께 신문에 날마다 단골로 나오는 일본말이다. 우리 말로는 '노릇' '할일' '맡은 일'이라고 하면 다 된다. 110)의 "교사 역할"은 '교사 할 일'이나 '교사가 맡은 일'이라 써야 하고 111)의 "수족 역할"은 '손발 노릇'이고, 112)의 "견인차 역할"은 '견인차 노릇' '끄는 차 노릇' '끌어가는 차 노릇' 따위로 써야 할 말이다.

92)에 나오는 "기득권 독점 등 <u>역할</u> 부정적 75%나"는 '기득권 독차지 따위 <u>맡은</u> 일 안 된다 75%나'라고 써야 할 말이다.

돌입

113) 검찰, 현철 수사 끝내기 돌입 『경향신문』, 5. 5.
114) 신한국 경선 본격 돌입 『한겨레』, 5. 23.
115) 구단—선수 '연봉' 신경전 돌입 『국민일보』, 5. 30.
116) 與 경선제제 본격 돌입 『동아일보』, 5. 30.
117) 印尼 총선 돌입 『동아일보』, 5. 30.

이 돌입도 신문기사 제목에 단골로 나온다. 거의 모두 어떤 일이 시작된다든지 벌어진다는 뜻인데 '들어가'라고 쓰면 될 말이다. 여기 나오는 돌입도 모두 '들어가'로 고쳐놓으면 된다. 다만 115)는 '벌어져'나 '시작'이라 해도 되겠다. 드리고 114), 116)에서 돌입 앞에 쓴 "본격"은 '한창'하면 우리 말이 된다. "본격 돌입"이란 말을 신문기사 제목에서 흔히 쓰는데, 모두 '한창 들어가'나 '한창 시작' 또는 '한창 돼'로 쓸 말이다.

축제

118) 록과 탈춤 어울린 신촌 거리 축제 『한겨레』, 5. 6.

119) '여주 도자기 대축제' 9일 시작 『한겨레』, 5. 6.

120) 17일 대전 중앙로 축제 『한겨레』, 5. 15.

121) 뉴질랜드 매직시즌
　　　각국 유혹의 축제철 『한겨레』, 5. 15.

122) 캐나다 튤립 축제 『한겨레』, 5. 15.

123) 대학 축제 '젊음의 열기' 후끈 『한겨레』, 5. 20.

124) '근로 청소년 축제' 산학업체들 외면
　　　대전시 주최행사 무산 위기 『한겨레』, 5. 28.

125) 몸에 좋은 '약선 요리' 맛보세요
　　　호두 등 특산물 축제 내일 대전 야외 음악당서 『한겨레』, 5. 28.

126) 오늘 '지용'의 향수를 만난다
　　　옥천서 '지용제'…… 서울역 발 문학열차 운행 『한겨레』, 5. 15.

이 축제란 말은 일본말이고 일본사람들이 하는 행사를 가리키는 말이다. 일본사람들은 '마쓰리'(祭り)라고 하여, 조상들에게 제사를 지내는 것이 아니라, 신령을 맞아들여 음식물을 차려 위로하고 비는 한편으로 노래하고 춤추면서 떠들썩한 판을 벌인다. 그래서 무엇을 축하하거나 기

넘하거나 선전할 때 많은 사람들이 모여서 하는 행사를 가리킬 때도 '마쓰리' '오마쓰리'라 하고 '祝祭'란 말도 이렇게 해서 생긴 것이다.『일본말 사전』에도 '祝祭'를 "축하하고 제사하는 것" "축하하는 제사"라고 풀이해 놓았다. 그런데 우리는 제사를 지낼 때 조용하고 엄숙한 마음과 태도로 지내는 것이지, 노래하고 떠들고 춤추는 일은 없다. 노래하고 떠들고 춤추는 것은 굿이다. 그런데도 많은 사람들이 모여서 노래하거나 춤추거나 잔치판을 벌리는 것을 일본사람들이 하는 말을 따라 축제라고 하는 것은 아주 잘못되었고, 얼빠진 짓이라 아니 할 수 없다.『우리말 사전』에도 축제란 말을 올려놓고 "축하의 제전" "축하하고 제사지냄"이라 풀이해놓았으니 한심한 일이다.

여기 들어놓은 보기 가운데서 120)과 123)은 '잔치'라 하면 될 것이다.

118)은 노래와 춤판이니까 '잔치'도 되겠지만 차라리 '놀이판'이라 하는 것이 더 알맞겠다. 124)도 청소년이 하는 것이라 '놀이판'이라면 딱 맞을 것 같다.

119)는 질그릇을 보여주는 일이니까 '전시회'가 되어야 한다. 전시회 규모가 크다는 것을 알려야 한다면 "대-"라 할 것이 아니라 '큰 전시회'라고 하면 될 것이다. 124)도 꽃을 전시해 보이는 일이니까 '전시회'가 옳다.

121)은 어떤 것인지 잘 모르겠지만 '잔치'라든지 '놀이'라고 하면 될 것이다.

125)는 먹는 것이니까 두말할 필요가 없이 '잔치'다.

126)은 축제란 말은 안 썼지만 "지용제"라 했으니 축제와 같은 말이 되었다. 이것도 '지용문학 잔치'라 하는 것이 더 좋고, 더 잘 어울리는 말이 될 것이다.

놀이판, 잔치(판), 전시회, 춤판, 노래판, 씨름판…… 이렇게 그때그때 그 행사에 알맞게 쓸 수 있는 온갖 우리 말을 다 버리고 노무시 맞시도 않는 엉뚱한 남의 나라 말을 쓴다는 것은 얼마나 부끄럽고 한심한 일인가.

고조, 제고, 부상

127) 정책 남발 뒤 잇단 백지화……비난 고조 『한국일보』, 5. 1.
128) 李 대표―민주계 긴장 고조 『한국일보』, 5. 8.
129) 高入 내신 선발로 中 성적 관리 비상
　　　부정 방지·신뢰성 제고 긍정반응 『한국일보』, 5. 12.
130) 제1야당 제삼후보론
　　　'정권교체 대망론' 맞물려 부상
　　　DJP단일화 협상 결렬 땐 급속 증폭 가능성 『한겨레』, 5. 26.

　고조, 제고, 부상 모두 가끔 신문기사 제목으로 나오는 말인데, 귀로 듣거나 눈으로 읽거나 쉽게 알아차릴 수 없는 말이니 쓰지 않도록 해야 한다. 127), 128)의 고조는 '높아져'로 써야 하고, 129)의 제고는 '높여'로 하면 되고 130)의 부상은 '떠올라'다.
　앞에 나온 58)의 고조도 '높아져'이지만, 그 앞에 "갈등"이 있기에 '갈등 고조'를 '더욱 뒤얽혀'로 쓰는 것이 좋겠다.
　100)의 부상은 그 자리에 풀어놓은 것과 같다.

가능, 불가능

131) 도시 고속도 긴급 전화 고장 방치
　　　분당 46개 모두 고장…… 사용 불가능 『중앙일보』, 5. 6.
132) JP '제3후보 카드' 띄우나
　　　최근 "놀라운 일 일어날 수도……" 모종의 결단 시사
　　　DJ와 내각제 부진 때 예상 밖 승부수 불가능 『문화일보』, 5. 9.

133) 청동기 국내 최대 環濠 발굴
남부에 고조선 버금 초기 국가 존재 불가능 『한국일보』, 5. 10.

134) 검찰, 중립성 시비 걱정 속 "외압 가능성 없다" 『동아일보』 5. 11.

135) '賢哲 비리' 代價 입장 어려워 속 타는 검찰
'처벌 가능한 돈' 기대 미흡…… 소환 차질 『조선일보』, 5. 11.

136) "꽝" 순식간 3층 상가 대파
4명 사상…… 상인 등 매몰 가능성 발굴 작업
호우로 지반 약화…… 200여 가구 긴급 대피 『한겨레』, 5. 15.

137) 오늘 오찬 회동서 사퇴 시기 언급 가능성 『한겨레』, 5. 29.

138) 차표 한 장으로 중국 방문 가능
한 - 중 공동 승차권 발매 협약 조인…… 10월부터 발매 『한겨레』, 5. 27.

가능, 가능한, 가능성, 불가능…… 이런 따위 말도 모두 우리 말로 써야 한다. 아이들도 잘 알고 있는 우리 말이 있으니까.

131)에서 쓴 "사용 불가능"은 '못 써' 나 '쓸 수 없어'로 고쳐야 한다.

132)에서 쓴 "예상 밖 승부수 가능성"은 '뜻밖에 결판수 쓸 수도'로 고쳐야 한다.

133)에서 쓴 "존재 가능성"은 '있었는 듯' 하면 된다.

134) "외압 가능성 없다"는 '외압 있을 수 없다' '바깥 압력 있을 수 없다'로 쓰면 된다.

135) "처벌 가능한"은 '처벌할 수 있는'으로 쓰면 된다.

136) "매몰 가능성"은 '묻혔을까'로 쓰면 된다.

137)의 "언급 가능성"은 가능성이 있다는 말인지 없다는 말인지 알 수 없다. 아마도 있다는 말로 쓴 것 같은데, 그렇다면 '가능성 있어'라고 해야 말이 된다. "언급 가능성 있어"라면 '말할 듯'이라고만 하면 된다.

138) "방문 가능"은 '방문 돼' '방문 된다'나 '갈 수 있어'라고 쓰면 그만

이다.

이밖에 18)에 나오는 "수정 가능성"은 '수정할 수도'나 '고칠 수도'라고 쓰는 것이 좋다.

32)에 나오는 "불능"은 '불가능'이란 말이다. "통제 불능의"는 '통제할 수 없는'이라고 쓰는 것이 좋다.

43)에 나오는 "협의 가능"은 '협의 된다' '협의 돼' '의논 돼'로 쓰는 것이 좋다.

비선, 비자금, 잉여금

139) "30대 재벌 <u>秘線</u>통해 거액 제공" 與 92년 대선자금 조달 루트
『동아일보』, 5. 2.

140) 현철 씨 <u>비자금</u> 이성호 계좌 유 『한겨레』, 5. 6.

141) 대선 잔여금—<u>盧 비자금</u> 돌출 『동아일보』, 5. 8.

142) <u>비자금</u> "시인" 이권 개입 "부인" 『동아일보』, 5. 13.

143) <u>大選 잉여자금</u> 포함 수백억 원臺 『한국일보』, 5. 8.

비선이란 말은 사전에도 없다. 비자금은 사전에서 "남이 모르게 조성하여 은밀한 용도에 쓰기 위한 자금"이라고 풀이해놓았다. 잉여금이란 말도 보통의 백성들은 무슨 말인지 알 수 없다. 어째서 신문이 이렇게 사전에도 없는 말이나 일반 사람들이 쓰지 않는 말, 모르는 말만 쓰는가? 신문이 온 국민을 위해 있고 온 국민이 읽을 수 있게 되어 있어야 한다면 마땅히 누구든지 알 수 있는 말로 써야 할 것이다.

비선이란 무슨 말인가? 더구나 이것을 한문글자로 써놓았다. 하기야 한글로 써놓아도 알 수 없다. 비선이란 비밀로 된 선(줄, 길, 방법), 곧 남들이 알 수 없는 어떤 길이나 수단이라고밖에 풀이할 수 없다. 그렇다면 '비밀선'이라든지, '비밀줄'이라고 써야 할 것이다. 그래서 "秘線통해"라

쓸 것이 아니라 '비밀 줄로'라든가 '비밀 선으로'라고 써야 읽는 사람들이 알 수 있을 것이다. 물론 나머지 다른 말도 다 쉬운 말 쉬운 글자로 써야 한다. "거액 제공"은 '많은 돈 바쳐'고 "與"는 '여당'이라 써야 하고, "조달 루트"는 '대어 바치는 길'이라 써야 한다.

비자금도 '비밀자금'이라 써야 한다. 보통 사람들은 비자금이라면 떳떳하게 쓰인 돈인 줄 알기 쉽다.

잉여금도 쉬운 말로 '남은 돈'이라 쓰는 것이 좋다. 잉여자금이라면 '남은 자금'이다.

11) 12) 24) 26) 55)에 나오는 비자금이란 말, 49) 54)에 나오는 잉여금이란 말도 모두 이렇게 고쳐 써야 한다.

진화

144) 政府, 외국 압력에 굴복하나
　　　시민단체 수입 억제 운동 "鎭火" 『국민일보』, 5. 8.
145) 이 대표 일단 유임 낙착 의미
　　　'대쪽' 책임론 진화 기반 확인 『한겨레』, 5. 29.

봄철에 흔히 산불이 나서 신문에 보도되는데, 불을 껐을 때 '껐다'고 쓰지 않고 '진화했다'고 쓰는 것이 예사다. 진화라고 쓰면 무슨 말인지 모르니 한문글자로 鎭火라 쓰기도 한다. 우리 말을 나타내는 글자로 써서 무슨 말인지 모른다면 그 말은 우리 말이 아니라는 원칙에서 이 진화는 우리 말이 아니고, 우리 말일 수 없다.

여기서 진화라고 한 것은 산불이나 그밖에 집 같은데 난 불을 끈다는 말이 아니고 많은 사람들의 주장이나 여론 같은 것을 가라앉힌다는 뜻으로 쓴 말이다. 어쨌든 진화는 '불을 끈다'는 말이니까 '불끄기'라든가 '불끔'이라고 쓰든지, 불을 끈다는 말이 좀 자연스럽지 못하다면 '가라앉히기'나 '가라앉힐'이라고 써야 할 것이다.

승부, 승부수

146) "국내보다 해외 시장서 승부" 『한국일보』, 5. 1.

147) JP "정치생명 걸고 내각제 승부" 『한겨레』, 5. 30.

148) "중앙·측면 공격 축구로 승부수"

한일친선 경기 1차전 오늘 격돌 『한겨레』, 5. 21.

149) 정치개혁에 역점

"더 밀릴 순 없다" 정면 돌파 승부수 『국민일보』, 5. 30.

150) 경선 직전 '합종연횡' 승부 변수 『동아일보』, 5. 30.

우리는 '승패'를 쓰고 일본사람들은 승부를 많이 쓴다. 일본사람들은 또 승부한다, 승부사 따위 말도 많이 쓴다. 그런데 언제부턴가 우리는 '승패'를 안 쓰고 일본사람들을 따라 승부, 승부한다, 승부사, 승부수 따위를 쓰고 있으니 한심하다. 운동 경기를 할 때 비겼을 때도 '비긴다'는 말을 안 쓰고 '무승부'라 하게 되었다. 얼마 전부터는 일본 옛날 '사무라이'들이 칼로 서로 죽이기를 하는 것을 가리키는 '신켄쇼부'(眞劍勝負)란 말까지 진검승부라 하여 그대로 쓴 것을 여러 번 신문에서 보았다. 말을 이 지경으로 써서 어찌 되겠는가?

147)에 나오는 승부는 '승패'라 하기보다 '결판'이라 하는 것이 좋다.

148)에 나오는 승부수도 '승패수'보다 '결판수'라 하는 것이 좋겠다.

150)의 "승부 변수"는 '승패 변수'나 '결판 변수' 어느 것을 써도 좋을 것이다.

이밖에 132)에 나온 승부수도 '결판수'라고 말해놓았다.

등, 인상, 인하, 인출

151) 李源祚―李龍萬 씨 등 은행 맡아 『동아일보』, 5. 2.

152) 韓銀―財界 금리 인하 논쟁 가열 『문화일보』, 5. 9.

153) 고속도로 통행료 9% 인상

　　내일부터 최소 4원…… 판교-구리 등 500원 유지 『조선일보』, 5. 11.

154) 고속도로 통행 요금

　　오늘부터 9% 인상 『한국일보』, 5. 12.

155) 47만 계좌 엉뚱한 돈 인출 『한국일보』, 5. 13.

156) 해군 무허 아파트 건축 말썽

　　진해 자연녹지에 380가구…… 시 등 관련기관도 묵인 『한겨레』, 5. 20.

157) 쓰레기 소각장 정책 완전 실패

　　맹독물질 '다이옥신' 선진국 기준 최고 231배 등 과다 검출 『한겨레』, 5. 24.

158) 소주 값 대폭 인상 불가피 『문화일보』 5. 30.

159) 대전 공공요금 크게 오른다.

　　증명 수수료 25.3% 인상안 상정…… 상수도 시내버스도 『한겨레』, 5. 28.

등, 인상, 인하, 인출 이런 말들은 모두 일본말을 따라서 쓰는 것이다.

등은 글에서 아주 많이 쓰지만, 이것이 우리 말이 아니라는 사실은 입으로 말할 때 이 말이 안 나온다는 것을 생각하면 쉽게 깨달을 수 있다. 그래서 '들' '따위' 우리 말로 바꿔 쓰든지 '같은 데서는' '된다든지' 하는 말로 고쳐 써야 한다.

여기서 쓴 것을 보면 151)은 사람을 가리키고 있으니까 마땅히 '들'이라 해야 옳다.

153)에서는 지역을 가리키는데, 이것도 '들'이라면 된다. 이럴 때 말을 하는 경우라면 '판교-구리 같은 데서는' 이렇게 되지만 신문기사의 제목이라 너무 길어지는 '같은 데서는'을 쓰기가 불편하다. 그래서 '들'이면 되는 것이다.

156)의 "시 등 관련 기관도"는 '시 그밖 관련 기관도'라 해서 '등' 대신에 '그밖' '그밖의'를 쓰면 된다.

157)은 '따위'를 쓰면 그만이다.

이밖에 지금까지 들어놓은 모든 보기글에 들어 있는 등을 이와 같이 써야 할 것이다.

다음 인상은 '올린다'는 말이다. 그러니 153)과 154)에서는 '올려' 하면 되고, 158)은 '올리기'라고 하면 된다. 그러나 "대폭 인상 불가피"를 '큰 폭 안 올릴 수 없다'로 쓰면 더 좋겠다. 159)의 "인상안"도 '올리기안'이면 그만이다.

152)의 인하는 '내리기'다.

154)의 인출은 '찾아내' '꺼내'다. 은행에서도 돈을 '찾는다'고 하는데 신문이 이렇게 일본말을 쓰고 있다.

식량

160) 北 식량 지원 규모 12일 확정 『국민일보』, 5. 8.

161) 北 나무 섞은 식량 배급 『조선일보』, 5. 11.

162) "북한군인들 식량 약탈" 홍콩紙 보도 『한국일보』, 5. 12.

163) 식량 배급 3년 전부터 제대로 못 받아
   '서해' 망명 두 가족 기자회견 『한겨레』, 5. 23.

164) "더 빨리 더 많이" 식량 전달 길 없나 『한겨레』, 5. 20.

165) 다급한 북 식량 기대 만남 타진 『한겨레』 5. 30.

166) 日 "北 식량 지원 검토용의" 『한국일보』, 5. 30.

167) "북한 <u>식량</u> 지원 정부가 앞장을"
　　　기독교계 인사 255명 성명 『한겨레』 5. 31.

어느 신문이고 눈을 닦고 보아도 '양식'이란 말을 없고 식량뿐이다. 우리 말에는 '양식'이라 했지 식량이라 하지 않았다. 일본사람들이 식량이라 하니까 따라서 이렇게 쓰게 된 것이다.

'-으로 부터' '-에의' '-져야'

168) "충성은 <u>돈으로부터</u> 나온다."
　　　계보 관리 위해 때마다 '떡값' 제공
　　　선거철엔 '공천장사' 부패 악순환 『동아일보』, 5. 8.
169) 차이코프스키가 찢어버린 그 악보
　　　교향곡 '7번'<u>에의</u> 초대 『동아일보』, 5. 30.
170) 숨겨진 진상 속 시원히 <u>밝혀져야</u>
　　　5·18 기념일 제정 이후 남은 과제 『한겨레』, 5. 20.
171) 국내 최대 고미술품 잔치 <u>열려</u> 『한겨레』, 5. 16.

이것은 모두 괴상한 일본말법이다. 이런 일본말법은 짧게 쓴 제목보다도 기사 본문에 더 많이 나온다. 여기 들어놓은 보기글에는 없지만 이밖에도 -에 있어서(의), -로의, -에로(의) 따위가 모두 일본말법이다.

168)의 "돈으로부터"는 '돈에서' 해야 우리 말이 된다.

169)의 "7번에의 초대"는 '7번에 초대' 하면 된다. 이것이 제목이 아닐 때는 '7번에 초대한다'든지 '7번에 초대합니다'고 하는 것이다.

170)의 "밝혀져야"는 '밝혀야'로 써야 한다. 움직씨를 괜히 이렇게 입음꼴로 써서 맥 빠진 죽은 말로 만들고 있으니 참 딱하다. 남의 글을 따라가면 이렇게 얼이 빠진 상태가 된다.

171) 여기 쓴 "열려"도 '열어'로 써야 한다. 이렇게 자기 나라 말을 쓸 줄 모르니까 '옛미술품'도 "고미술품"이란 괴상한 말로 쓰면서 그것이 이상한 말이라고 느끼지도 못하는 것이다.

'-았었다' '-했어도'

  172) "1,000억臺 <u>남았었다</u>" 주장…… 對與 공세 강화
      與 "수사 대상 아니다." 존재 자체도 否認 『국민일보』, 5. 8.
  173) "輪禍 경찰 <u>신고했어도</u> 가해 숨겼다면 뺑소니"
      대법원 판결 『한국일보』, 5. 12.

-았었다(-었었다)고 하는 이중과거형은 영어문법을 따라가는 꼴인데 우리 나라 한글학자들이 우리 문법을 영문법의 틀로 짜맞추어 이런 말을 교과서에까지 올려놓았기 때문에 그만 널리 퍼지게 되었다. 요즘은 "어제 나도 거기 갔는데" 할 것을 "어제 나도 거기 갔었는데" 하고 입에서 나오는 말까지 이 괴상한 말법을 자랑스럽게 쓰는 젊은이들이 있으니 통탄할 일이다. 이렇게 신문기사의 제목에까지 병든 말법을 써서 신문이 우리 말을 죽이고 있지만 우리는 어떻게 해서라도 이 괴상한 말을 몰아내어야 하겠다.

  172)는 말할 것도 없이 '1,000억 대 남았다'로 써야 한다.
  173)의 "-했어도"는 이중과거형이 아니지만 이것도 -았었다(-었었다)의 영향으로 쓰게 된 말이다. 우리 말에도 과거형이 있지만 과거형 말법은 없다. 이 글에서는 '신고했더라도'라고 써야 우리 말이 된다. 또 여기서는 '신고해도'라고 써도 된다. '신고해도'면 신고한 것을 말하는 것이다.
  국문법이고 영문법을 배워놓으면 자연스럽게 쓰고 있는 우리 말을 그대로 쓰지 않고 책에 나오는 문법에 맞추어 말을 하고 글을 쓰려고 한다.

그래서 유식함을 내보이려고 하는 것이다. 교육이라는 것, 학문이라는 것이 우리 말을 살리는 편보다도 죽이는 편이 훨씬 더 많다. 적어도 우리 나라에서는 그렇게 되어 있다.

서양말

여기서는 영어와 그밖의 서양말, 서양말 흉내낸 말을 들어서 우리 말로 고쳐보려고 한다.

174) '鄭 리스트' 9명 형사 처벌키로 『동아일보』, 5. 2.

이 리스트는 '명단'이라고 하면 된다. '鄭명단'이 되어 사람의 이름처럼 읽을 염려가 있다면 '명단'을 따옴표 같은 부호 안에 넣든지, 글자 모양을 달리 하면 될 것이다. 또 '정태수 명단'이라 해도 된다.

175) '非理 커넥션' 윤곽…… 斷罪만 남아 『경향신문』, 5. 5.

이 커넥션은 '연줄'이라면 아주 알맞은 우리 말이 된다.

176) 우울한 이웃들 불황 신드롬 『경향신문』, 5. 5.

이 신드롬은 의학에서 쓰는 말로 '증후군'이라고 한다.

177) "취직 안 되는데 졸업 겁난다"
　　　大學 4학년 휴학 러시 『중앙일보』, 5. 6.

여기서는 '한창'이라고 해야 할 말이다.

178) 賢哲 씨 '관급공사 커미션' 챙긴 듯
　　　검찰, 李晟豪 씨 공사 수주 후 사례 혐의 『동아일보』, 5. 11.

이 커미션을 여기서는 '뇌물'이라고 써야 할 것이다.

179) 민주주의와 리더십 『조선일보』, 5. 11.

이것은 '지도력'이다.

180) 젊은 추진력…… 세대교체 이미지 부합 『조선일보』, 5. 11.

이것은 '인상'이라면 된다. "세대교체 이미지 부합"은 '세대 바꾸기 인상에 맞아'다.

181) 여야 "大選 무드" 전환 안간힘 『동아일보』, 5. 12.

이 무드는 '분위기'라 할밖에 없다. 전환은 '돌리기'다.

182) 백화점 날마다 세일 『한국일보』, 5. 12.

이것은 '헐값 팔기'나 '싼값 팔기'라 해야 할 말이다.

183) '정태수 리스트' 정치인 수사 마무리 『한겨레』, 5. 21.

이것은 '명단'이다. 174)에도 나왔다.

184) 국가·독점자본 맞서 광범한 사회문제 이슈화 『한겨레』, 5. 27.

이슈화는 '이슈'라는 영어에 '화'라는 한문글자 음을 붙여놓은 어설픈 말이니 쓰지 말아야 한다. '쟁점 되게'라고 써야 할 말이다.

185) 아파트 품질 '차별화' 바람
　　　모든 인테리어 전통 문양 『국민일보』, 5. 30.

이것은 '실내장식'이나 '방 안 꾸미기'다. '전통 문양'도 '우리 무늬'다.

186) 與 주자들, 내일 전격 회동
　　　反李 진영 "정면 공격으로 최대 이슈화" 『국민일보』, 5. 30.

이것은 184)에 나왔다.

187) 담화 발표 이모저모
　　　엄숙한 표정…… 리허설 없이 진행 『문화일보』, 5. 30.

이것은 '미리 연습'이면 된다.

188) 스필버그가 지휘한 오락물…… 스피디한 영상 돋보여 『동아일보』, 5. 30.

이 스피디한은 영어와 우리 말을 한데 섞어놓은 잡탕말이 되었다. '속도(가) 빠른'이라고 써야 한다.

이밖에 앞에서 다른 잘못된 말을 바로잡기 위해 이미 들어놓은 보기글에서 찾아보면 63)의 쇼 한다는 '연주한다'로 쓰는 것이 좋다.

/2) /3)에서 쓴 인프라는 '사회기반 시설'이라 써야 한다.

130)의 루트는 '길'이다.

그밖에 바로잡아야 할 말

189) 與野 주자들 "賢哲 씨 법대로"
　　　대선자금 공개여부엔 현격한 시각차 『경향신문』, 5. 1.

'경주하는 사람'을 줄여서 주자라고 하는 것은 일본사람들이 쓰는 말인데, 우리 말로서는 어울리지 않으니 달리 쓰는 것이 좋겠다. 대통령이 되고 싶어 하는 사람을 가리키는 말이니 '경쟁자'라고 하면 될 것이다. '경주자'를 줄이더라도 주자보다는 '경자'가 더 낫다. '대선 경자' 하면 무슨 말인가 귀로 들어서 자연스럽게 느껴진다. 하지만 '경쟁자'나 '경주자'면 더 분명한 말이 된다. "현격한 시각차"는 '동떨어진 생각'이라면 될 것이다.

190) 현철 씨 처리 野 '고음' 與 '저음' 『경향신문』, 5. 1.

고음은 '높은 소리', 저음은 '낮은 소리'다.

191) 현철 씨 위증 속속 탄로 『중앙일보』, 5. 1.

이것은 '거짓 증언 자꾸 드러나'다.

192) 행장들 거래 기업에 거액 할당 『동아일보』, 5. 2.

행장은 '은행장'이라 써야 한다. 거액 할당은 '큰돈 배정'이다. "할당"은 일본말이고.

193) 주민증 위조 100억대 대출 사기 『경향신문』, 5. 2.

이 대출도 일본말이다. '빌리기'라고 쓰면 된다.

　194) 현철 씨 "구속 마음의 준비"
　　　두문불출한 채 『성경』 읽으며 소일
　　　"모든 일 폄하됐다." 불만 토로도 『경향신문』, 5. 2.

　소일은 '날 보내', 폄하는 잘 안 쓰는 어려운 말이니 쓰지 않는 것이 좋다. 사전에는 "치적이 나쁜 원을 폄척하는 것"이라 풀이해놓았는데, 폄척이란 말은 "남을 나쁘게 말하여 벼슬이 떨어지게 하고 물리치는 것"이란 뜻이다. 그러니 여기서 쓴 "폄하됐다"는 '나쁘게만 본다'고 고쳐 쓰면 될 것이다. 토로란 말을 많이 쓰는데, 우리 말로서는 어울리지 않고 이상한 느낌으로 들리는 말이니 쓰지 말아야 한다. 여기서 쓴 "토로도"는 '말하기도'나 '드러내기도'나 '토하기도'로 쓰는 것이 옳다.

　195) 초여름 밤 선율 만끽
　　　어제 서울시민공원음악회 『한국일보』, 5. 6.

　선율은 '가락'이고, 만끽은 '한껏 맛봐' '한껏 즐겨' '한껏 느껴' 따위로 쓰면 얼마나 좋은가. 만끽이란 괴상한 말을 예사로 쓰고 있으니 제 나라 말에 이토록 무딘 감각을 가지고서야 무슨 일을 제대로 하겠는가.

　196) 구로공단에 골프장 "말썽"
　　　근로자들 "그림의 떡" 빈축 『한국일보』, 5. 6.

　빈축은 눈살을 찌푸린다는 말이다. 그러니 여기서는 '눈살 찌푸려'로 써야 옳다. 이 경우에 가끔 '눈살'이란 말만 섭나옴쬬로 쓰는 것을 보게 되는데 글이 몇 자 길어지더라도 '찌푸려'를 줄이지 않는 것이 좋겠다.

"말썽"도 그다음에 '나'든지 '일으켜'를 줄였다고 볼 수 있지만, 이 경우는 말썽만으로도 된다. 그러나 여기서 겹따옴표는 쓸데없다. 신문기사 제목에 흔히 어떤 말을 강조한다는 뜻으로 이렇게 따옴표를 하는 것은 글쓰기 규칙을 어지럽게 하는 일이 되니 삼가야 하겠다.

    197) 連休 행락 인파로 북새통
        서울대공원 25만 몰려…… 고속도로 곳곳 정체 『중앙일보』, 5. 6.

행락 인파도 '놀이 즐기는 사람물결'로 썼으면 좋겠다. 제목이 길어서 불편하다면 '놀러 나온 사람들'이라 해도 되겠지. 정체는 '막혀' 하면 된다.

    198) 자이르 평화 협상 무산 『중앙일보』, 5. 6.

'협상'이나 '의논' 같은 것이 안 될 때는 깨진다고 하니 '깨져'다. 신문기사 제목에 늘 쓰는 말이다.

    199) 8일부터 나흘간 행사…… 먹자골목 등 차량 통제 『한겨레』, 5. 6.

간은 '동안'으로, 등은 '들'로 쓰고, 차량은 '차'로 써야 한다.

    200) 이병웅 남적 수석대표
        "합의 없었으나 충분한 의견 교환"
        모금 진행 중 규모 확정 어려워…… 국적 통한 지원 계속 『한겨레』, 5. 6.

"남적" "북적"(43)에 나옴) "국적" 이렇게 써서는 무슨 말인지 어리둥절하다. '남한 적십자'라 써야 할 것이다. 제목이 길어져서 불편하다면 '남' '북' '국' 따위 첫머리 글자만 크게 하고 그 다음 글자는 아주 작게 하면 될 것 아닌가. (-을) 통한이란 말도 아주 많이 쓰는데, 여기서는 '거쳐'라고 써야 한다.

201) 銀行 동일인 지분 8~12%로 『문화일보』, 5. 7.

이것은 '같은 사람 몫'이다.

202) 株價 700선 붕괴 『동아일보』, 5. 8.

주가(株價)는 '주식 값'이라 써야 하고, 붕괴는 '무너져'라 써야 한다.

203) 내 사전엔 '次次期'란 없다.
　　 李仁濟 지사 시민 토론회 『동아일보』, 5. 8.

차차기 이런 따위 말을 쓰지 않도록 해야 된다. '다다음번'이면 얼마나 좋은가.

204) 남부 호우 피해
　　 거제 최고 1百55mm 곳곳 침수 교통 두절 『동아일보』, 5. 8.

호우는 우리 말로 '큰비'다. 침수는 '물에 잠기고', 두절은 '끊겨'다.

205) '한솔' PCS선정 특혜의혹
　　 金己燮 씨 70億 위탁 판리, 내선 산금 판런 내사인 듯 『동이일보』, 5. 8.

위탁은 '맡겨'다. 잔금은 '남은 돈'이고, 대가는 지금 맞춤법이 이렇게 되어 있는 모양인데 '댓가'로 써야 무슨 말인지 알 수 있다. 또 '댓가'보다도 '값'이라 쓰면 더욱 좋겠다.

206) 신성한 교단 "정치 악취"
　　敎總, 1일 교사 정치인 일색 초빙
　　한보 소환인물까지 포함 물의
　　"덕망人士 다 어디 갔나" 빈축 『한국일보』, 5. 8.

악취는 '고약한 냄새'다. 여기서는 "정치 악취"를 '고약한 정치 냄새'로 써야 하겠지. 물의는 '말썽'이라 써야 한다. 빈축은 '눈살 찌푸려져'다. 196)에도 나왔다.

207) 仁川 제방 붕괴·落石에 열차 탈선도 『국민일보』, 5. 8.

제방 붕괴는 '둑 무너지고'라 쓸 말이고, "落石에"는 '돌 떨어져'라 해야 한다.
　이 제목에서는 인천에서 둑이 무너진 일과 산에서 돌이 떨어져서 열차가 탈선한 일 두 가지를 적어 보이려고 했는데, 사잇점 '·'을 잘못 썼다. 쉼표 ','를 해야 할 자리다.

208) 병드신 시부모 30年 수발
　　장한 이 며느리
　　대식구 생계까지 책임…… "잘 못 해드려 죄송" 『국민일보』, 5. 8.

대식구는 '많은 식구'라 쓰는 것이 좋다. 또 책임은 '맡아'로 쓰는 것이 좋고.

209) 李壽成 고문 외곽 때리기 차별화
　　　"난 내 式대로 뛴다" 『국민일보』, 5. 8.

외곽은 '바깥쪽', 차별화는 '(-로) 달리해', 내식대로는 '내 생각대로'.

210) '900億 제공說' 고의 누락 의혹 『문화일보』, 5. 9.

이것은 '일부러 빠뜨린 듯'이라 쓰면 된다.

211) "北, 3년前 이미 核개발" 황정엽 진술 『중앙일보』, 5. 9.

이미보다 '벌써'를 쓰는 것이 더 좋다. 이미는 글말이고 '벌써'는 입말이니까.

212) 전화 가입비 돌려받게 되나
　　　하나로통신 '9만 원'으로 책정에 자주
　　　韓通 16만 원 환불 모색 『동아일보』, 5. 10.

환불이란 말을 많이 쓰는데, 쉬운 우리 말을 써야 한다. 여기나온 "환불 모색"은 '돌려주려 해'나 '돌려주려 애써'로 되어야 하겠다.

213) "뭔가 의도 있는 것 같다"
　　　徐 의원 "鄭 씨 돈 반 푼도 받은 적 없다" 『한국일보』, 5. 10.

의도는 '속뜻'이다.

214) JP 震天動地할 일 꾸미나 『한국일보』, 5. 10.

진천동지할. 이렇게 어려운 한자말 안 쓰고 쉬운 우리말로도 얼마든지 쓸 수 있다. '깜짝 놀랄' 하면 된다.

    215) 내주초 정국 수습 <u>본격화</u>
           대통령 담화 후 <u>與</u> <u>행로</u> 주목 『동아일보』, 5. 12.

본격화는 '제대로', 행로는 '갈 길'.

    216) 고속도 통행료 오늘부터 기본료 4원
           평균 9% <u>인상</u>…… 장거리 <u>할인</u> 『동아일보』, 5. 12.

인상은 '올려'이고, 할인은 '깎아'다. 모두 일본 한자말이다.

    217) 이란 <u>強震</u> 800명 <u>사망</u> 『조선일보』, 5. 11.

강진(強震)은 '강한 지진' '큰 지진'이라 써야 하고, 사망은 '죽어'다.

    218) '검은 돈' 받고도 "난 떳떳"
           65년 <u>法</u> 제정 후 유죄판결 의원 <u>全無</u> 『동아일보』, 5. 12.

전무(全無)는 '아주 없어'로 써야 한다.

    219) 동아시아대회 <u>趙光濟</u> <u>평영</u> 1<u>百</u>m우승 『동아일보』, 5. 12.

우리 말은 '개구리헤엄'이다. 이것도 일본말을 따라서 쓰니까 평영이 된다.

220) 학부모 시험감독 확산
  학교·교사 향한 <u>不信</u> 가중 지적도 『한국일보』, 5. 12.

확산은 '퍼져'다. 향한은 '-에 대한'으로 써야 한다. 불신(不信)은 '못 믿음' '믿지 못함'.
  가중은 '더함'이고, 지적은 '가리킴'이다. 그러나 여기서 쓴 "학교·교사 향한 不信 가중 지적도"는 '학교·교사에 대한 불신 더해진다는 소리도' 하든지, '학교와 교사 더 못 믿는다는 소리도'라고 써야 하겠다.

221) 불황 늪 헤치랴
  <u>할인점</u> 공세 막으랴…… 『한국일보』, 5. 12.

'깎아 파는 가게'다. "할인"은 216)에도 나와 있다.

222) 이성호 씨 귀국 수사 급진전
  드러난 70억 원 <u>출처</u> <u>해명해야</u> 『한국일보』, 5. 12.

출처는 '나온 곳'이다. 해명해야는 '밝혀야'가 좋다.

223) 실명제 보완 <u>黨政</u> 이견 『한국일보』, 5. 13.

당정은 '당과 정부'나 '당·정부'라고 써야 하겠고, 이견은 '의견 달라'라고 써야 한다. 이견이란 말을 신문기사에서 많이 쓰는데, '의견'과 이견을 귀로 들어서 구별하기 어려우니 쓰지 말아야 한다.

224) <u>私</u>소식 축소·은폐 의혹 『한국일보』, 5. 13.

사조직(私組織)은 '개인 조직'이라 쓰는 것이 좋겠다. 축소·은폐 의혹은 '줄이고 숨긴 의심쩍음'이라 하든지, '줄이고 숨긴 듯'이라 써야 하겠다.

225) 주부·자녀 취업전선 나선다.
　　　　지난해 비해 무려 24만 명 늘어 『한국일보』, 5. 13.

비해는 많이 쓰는 말인데 우리 말로는 '대면'이다. '견주어'라 해도 된다. '비교해'라고 써도 '비해'보다는 낫다. 무려는 '자그만치' '엄청나게' '놀랍게도'란 말인데, 우리 말이라 할 수 없으니 안 써야 한다. 그리고 여기서는 쓸 필요가 없다. 그다음에 나온 말 "24만 명"을 '24만 명이나'라고 쓰면 된다.

226) 내일까지 전국 호우 『한국일보』, 5. 13.

호우는 '큰비'가 우리 말이다. 호우란 말은 어려운 한자말이고, 귀로 들어서는 잘 알아들을 수 없다. 말하기 좋고 듣기 좋은 우리 말이 있는데 어째서 이런 이상한 말을 쓰나. 136)에도 나와 있고 204)에도 들어놓았다.

227) 서울 대기 오염 '축적 현상'
　　　　열흘에 사흘꼴 대기 안정 확산 안 돼…… 여름이 가장 심해 『한겨레』, 5. 15.

대기, 이것은 글자로 써놓으니 더 좋지 않다. 누구든지 늘 입으로 하는 말이 있는데 어째서 굳이 대기를 써서 "대기 오염"이라 하나. '공기'면 그만이지.

228) 충남 매립장 오염침출수 방류 『한겨레』, 5. 15.

이 매립장은 쓰레기를 가져다 버려서 메우는 곳을 가리키는 말인 듯한데, 그렇다면 '쓰레기 처리장'이라 해야 한다. '매립'이란 일본말을 써서는 안 된다. 오염침출수는 '우러난 더러운 물'이나 '더럽게 우러난 물'이라 써야 하겠고, 방류는 '흘려보내'라 쓰면 된다.

229) 임선동 4승 LG 연패 "구원" 『한겨레』, 5. 15.

이 연패가 잇달아 '졌다'(패했다)는 말인가? 잇달아 우승했다는 말인가? 신문에 체육기사에서는 '잇달아 졌다'는 뜻으로 쓰는 연패와 '잇달아 우승했다'는 뜻으로 쓰는 연패─아주 반대가 되는 이 두 가지 말을 똑같은 글자로 쓰고 있다. 몇십 년 동안 이렇게 써서 신문을 읽는 사람들을 어리둥절하게 하면서 아직도 고칠 줄 모른다. 잇달아 지는 것은 그대로 연패라 하고, 잇달아 우승한 것은 '연속 우승'이라면 될 것 아닌가. '2연패' 하면 두 번 잇달아 진 것이고, '4연속 우승' 하면 네 번 잇달아 우승한 것이다.

230) 안양 올시즌 13연속 '무승' 『한겨레』, 5. 15.

올시즌은 '사철'이다. 무승은 이기지 못했다는 말인가? '무승부' 곧 비겼다는 말인가? 만약 '무승부'를 이렇게 썼다면, 승부는 일본말을 따라서 쓰는 말이니 안 써야 한다. '비겼다' '비겨' 이렇게 버젓한 우리 말이 있는 것이다.

231) 연인들 부르는 낭만의 이벤트 『한겨레』, 5. 15.

연인은 일본말 따라서 쓰는 말이다. '사랑하는 이'라면 될 것이다. '애인'이라고 해도 되겠지만, '사랑하는 이'가 더 좋다. 이벤트는 '행사'다. '낭만의 이벤트'라면 '낭만스런 행사'라면 더욱 좋을 것이다.

232) 여 "조기 매듭" 야 "비리 철저 규명" 『한겨레』, 5. 15.

조기는 '일찍' 하면 된다. 규명은 '밝혀야'다 '해명'이니 규명이니 하는 말이 가끔 나오는데, 모두 밝힌다는 말을 쓰면 된다.

233) 현철씨 "위법 행위 없었다" 담담 『한겨레』, 5. 15.

담담이란 말은 '담담하다'라고 써왔다. 이 말을 『쉬운 말 사전』에는 "말갛다" "맹물같다"로 다듬어놓았고, 『우리말 큰사전』(한글학회)에는 "마음 두지 않고 예사스럽다" "어떤 느낌이나 무엇에 마음을 쓰지 않고 무관심하다"라고 풀이해놓았다. 그러면서 비슷한 말로 '덤덤하다'는 말도 적어놓았다. 그런데 이 '담담하다'는 한자말 '淡淡'인 것이 분명한데, '덤덤하다'를 또 우리 말로 쓸 수 있으니 우리 말로 잘 어울리는 한자말인가? 그러나 '덤덤하다'를 쓸 수 있다고 하더라도 '담담하다'를 '덤덤하다'와 비슷한, '덤덤하다'보다 작은 말로 쓸 수 있을까? '담담하다'가 '덤덤하다'의 작은 말로 느껴지지는 않는다. 한자말 '담담하다'와 우리말 '덤덤하다'가 그 모양에서 비슷한 말로 어울려 보이는 것은 어쩌다가 우연히 이렇게 되는 경우가 아닌가 싶다. 그래서 '담담하다'는 말은 쓰지 말고 알맞은 우리 말을 쓰는 것이 옳다고 본다.

위에 나오는 담담은 '차분하다'든지 '태연하다'는 말이니까 '차분해'라거나 '태연해'라고 써야 옳다. 가령 '담담하다'는 말을 쓴다고 하더라도 담담만으로는 말이 안 된다. '담담해'라고 써야지.

234) "더 이상 밀릴 수 없다" 조기 종결 쌍침 『한겨레』, 5. 15.

조기는 '일찍'이다. 232)에도 나왔다. 종결은 '끝낼'로 써야 한다.

235) DJ 신승 땐 대선길 타격 『한겨레』, 5. 15.

이것은 '겨우 이길'이라 써야 한다.

236) 어제 '부처님 오신 날' 여 주자들 사찰 몰려 『한겨레』, 5. 15.

여 주자는 '여당 경쟁자'라고 써야 한다. 한글만으로 쓰는 신문이 한문 글자 섞어서 쓰는 신문을 따라 '與'를 '여'라 쓰고 '野'를 '야'라 써서는 안 되겠다. 사찰은 '절'이라는 우리 말을 써야 한다.

237) 이회창 꾸준한 상승세 '자릿값 톡톡' 『한겨레』, 5. 15.

이 상승세는 경제를 다룬 기사에 자주 나오는데, 어디에서 쓰든 '오름세'라고 해야 한다.

238) '감동 소재'로 눈길 끌기 광고 부쩍 늘어 『한겨레』, 5. 15.

소재라는 말은 어디서든지 많이 쓰지만, 쉬운 우리 말이 있으니 우리 말로 쓰는 것이 옳다. '거리' '감'이다. 같은 한자말이라도 '자료' '밑자료' 하면 소재보다는 더 낫게 우리 말에 어울릴 수 있다. 여기 나온 "감동 소재"는 '감동 거리'나 '감동 자료'면 될 것이다.

239) 담보 부동산 매물 급증 『한겨레』, 5. 15.

매물은 일본말이다. '팔 것' '팔 물건'이라 해야 된다. 급증은 '급히 불어나'로 쓰면 더 낫다.

240) 여 대선 옥외 유세 전면 금지 『한겨레』, 5. 16.

옥외는 '바깥'이라 써야 한다. 옥내, 옥외, 옥상 모두 일본 한자말이다.

241) 농협도 "가격 파괴 선언"
　　　　할인점보다 싼 값 판매 『한겨레』, 5. 15.

가격 파괴는 '값 깨뜨리기'다 할인점은 '깎아 파는 가게'다. 221)에도 나왔다. 판매는 '팔아'로 써야 한다.

242) '5·18 차량 시위' 17년 만에 재현 『한겨레』, 5. 20.

차량은 '차'로 써야 한다. 재현은 '다시 나타나'로 쓰는 것이 좋다.

243) 차량에 경관 매단 채 도주
　　　　절도 용의자 총 맞아 숨져 『한겨레』, 5. 20.

여기도 차량이라 했다. '차'에 '량'을 붙일 까닭이 없다. 도주는 '도망'이나 '달아나'라고 쓰면 더 낫다. 절도도 '도둑'이 낫다.

244) 대농그룹 도산 위기
　　　　자금난 나머지 일부 계열사 부도처리 불가피 『한겨레』, 5. 20.

위기는 '-할 판'이라고 쓰면 된다. 불가피는 '못 피해'다.

245) '지역연합' 7월 중 구체 추진…… 공조 문호 넓혀 여권 이탈 세력 겨냥 『한겨레』, 5. 20.

문호는 '문'이다.

246) 프, 카빌라 정권과 관계 개선 '부심' 『한겨레』, 5. 22.

이 부심은 '애써'라고 써야 한다.

247) '외상 소비' 가구당 660만원
연 평균 25% 늘어 소득증가율 추월 『한겨레』, 5. 22.

소비는 '쓰기' '써버리기' '써 없애기'라 하는 것이 낫겠다. 가구는 '집'이고, 가구당은 '한 집에' '한 집 앞'이다. 추월은 '앞질러'다.

248) 중고생 외제 선호 '중증'
가방·운동화 80% 수입품…… 현금 카드 소지도 40% 『한겨레』, 5. 22.

선호는 '좋아하기'로, 중증은 '큰 병'으로 써야 한다. 소지는 '가지기'라 써야 된다.

249) 토지거래 허가 구역 대폭 축소될 듯 『한겨레』, 5. 22.

대폭은 '큰 폭'이고, 축소될 듯은 '줄인 듯'이라 써야 한다.

250) 주가 연중 최고치 『한겨레』, 5. 21.

이 주가도 한문글자 섞어 쓰는 신문을 따라 쓰는 꼴이다. 그러나 '줏가'로 쓸 것이 아니라 '주식 값'이라 써야 된다. 최고치는 '최고'라고 쓰면 된다. '치'는 쓸데없다. 또 '최고'보다도 '가장 높아'라 쓰면 더욱 좋겠다.

　　　251) 뚜렷한 대가성 '소액'도 기소 『한겨레』, 5. 21.

대가성 이렇게 써서는 무슨 말인지 모르고, 엉뚱한 말로 읽을 수도 있다. '댓가 성질'이라 써야 할 것이고, '값 성질'이라면 더욱 좋겠다. 대가는 205)에도 나왔다. 소액은 '적은 돈'이라 쓰는 것이 좋다.

　　　252) '대표 프리미엄' 챙기기 ─ 빼앗기 대치 『한겨레』, 5. 21.

프리미엄을 '권리몫'이라 하면 될 것이다. 대치는 '맞서'다.

　　　253) 고려 연세 잡고 4연패 '포효' 『중앙일보』, 5. 14.

연패는 229)에서 말한 대로 '연속 우승'이라 써야 한다. 포효는 사나운 짐승이 울부짖는다는 말인데, 체육 기사에 가끔 나오지만 공연히 쓰는 어려운 말인데다가 기사의 격을 떨어뜨리는 천박한 말로 느껴진다. 위의 제목에서는 어째서 이 말이 끝에 붙어 있는지 알 수 없다.

　　　254) 대만 돼지고기 석달째 방치 『한겨레』, 5. 21.

이것은 '버려둬'다.

　　　255) 부산 롯데스카이프라자 허가 취소 『한겨레』, 5. 21.

이 취소는 일본말이다. '지워'나 '물려'라고 하든지 '말소'라 해도 된다.

　　256) 시내버스 할증제 보류 『한겨레』, 5. 23.

할증은 일본말이다. 우리 말로는 '웃돈'. 그러니 "할증제"라면 '웃돈제'라 해야 한다. 보류는 '미뤄'다.

　　257) 터키 이슬람 집권당 정정 불안 『한겨레』, 5. 23.

'정치 정세'라고 써야 알 수 있다.

　　258) 은행 지분 한도 번복 『한겨레』, 5. 24.

지분은 '몫'. 201)에 나왔다. 번복은 '뒤집어'다.

　　259) '죽음의 재' 펑펑 소각장 경보
　　　　　일본선 규제법 시행……
　　　　　정부·지자제 정책 수술보다 '땜질' 급급 『한겨레』, 5. 24.

소각장은 '태움장', 급급은 '바빠'다.

　　260) 18~19살 정치 성향
　　　　　난 애매모호한 진보? 『한겨레』, 5. 24.

이것은 '흐리멍덩한'이라 하면 우리 말이 된다.

　　261) 재미 인사 북 돕기에 10만 달러 『한겨레』, 5. 24.

재미 인사는 '미국 동포 인사'나 '미국서 활동하는 동포들'이라 쓰는 것이 좋겠다. '재일 동포'를 '일본의 우리 동포' 하듯이.

262) 임시정부 히로히도 납치 시도했다. 『한겨레』, 5. 24.

시도했다는 '하려 했다'라고 써야 한다.

263) 두 총재 회동 고강도 투쟁 예고 『한겨레』, 5. 26.

고강도, 느낌도 좋지 않고 사전에도 안 나오는 이런 말을 신문이 마구 쓰고 있다. 우리 말로 '높고 억센' 하면 얼마나 좋을까?

264) 지원품 지정 기탁제 합의 이후
　　　실향민 자주 교류 확대 계기 『한겨레』, 5. 27.

확대 계기는 '넓힐 기회'다. '계기'란 말을 많이 쓰는데 '기회'를 썼으면 좋겠다. "지원품 지정 기탁제"란 말은 누구나 알기 쉽게 '지원품 지정해 보내기' 했으면 좋겠다. 기탁이란 말은 '맡긴다'는 말이지만, 실제로는 보내는 것이기 때문이다.

265) 공공시설료 5배까지 '껑충' 『한겨레』, 5. 27.

이 공공이란 말을 많이 쓰게 되어 있는데, 말소리와 느낌이 좀 이상하니 달리 썼으면 좋겠다. '사회공동'쯤으로 말이다. 그러니까 '공공시설'은 '사회공동시설'이 되고, '공공기관'은 '사회공동기관'이 되어 듣기로나 읽기로나 좋다. 위의 제목에서 "껑충"이란 말에 무슨 까닭으로 따옴표를 했을까. 부호를 아무 데나 마구 쓰지 않도록 해야 한다.

266) 방치된 '다이옥신 재앙'
　　　이탈리아 공장서 15분 누출 51명 유산 사건도 『한겨레』, 5. 27.

　방치된은 '내버려둔'이라 써야 한다. 방치는 254)에도 나왔다. "방치"를 그대로 쓴다고 하더라도 '방치한'이면 되는 것이지 방치된이라 써서는 안 된다. 누출은 '새어나'다.

267) 태우는 건 최악의 선택이다.
　　　대기·토양오염 심각…… 소각재 처리도 골칫거리 『한겨레』, 5. 28.

　최악의 선택은 '가장 나쁜 짓'이라 쓰는 것이 좋다. 대기는 '공기', 토양은 '땅', 소각재는 '태운 재'로 써야 한다.

268) 목조주택 싸게 짓습니다 『국민일보』, 5. 30.

　'나무집'이면 그만이다.

269) 與 경선주자 청와대 오찬 대화록 『한국일보』, 5. 30.

　이 與라는 한문글자가 지금까지 들어놓은 보기글에서 많이 나왔는데, 모두 '여당'이라 써야 한다. 주자는 '경쟁자'. 앞에서도 여러 번 나왔다. 오찬은 '점심'이고, 대화록은 '대화 기록'이다.

270) 서울시민 57% '보행 환경 나쁘다' 『한국일보』·『문화일보』, 5. 30.

　보행은 '걸어다니는'이나 '걸어기는'으로 써야 한다.

271) "기대 미흡하나 國政회복 계기로" 담화 시민 반응 『문화일보』, 5. 30.

미흡하나는 '모자라나'로, 계기는 '기회'라 써야 한다. 이 계기는 앞에서도 나왔다.

272) 고대 도시 계획 경이로운 수준
BC 2500년 티그리스 유적분석 『문화일보』, 5. 30.

고대는 '먼 옛날'이고, 경이로운은 '놀라운'이다.

273) "정치개혁 좌초되면 重大결심"
金 대통령 담화 大選資金 책임질 일 있으면 회피 않겠다.
'막대한 資金' 사용 시사…… 野에 政爭 중단 요구 『문화일보』, 5. 30.

좌초되면은 '주저앉으면'이나 '암초에 걸리면'으로 쓰는 것으로 좋겠다. 사용 시사는 '쓴 것 내비쳐'로 하는 것이 좋겠다.

274) 野 "사과 뜻 없는 은폐 담화" 『문화일보』, 5. 30.

야(野)는 '야당'으로, 은폐 담화는 '덮어 감추기 말'로 써야 한다.

275) '과거 告白'보다는 '미래 改革' 치중 『문화일보』, 5. 30.

어째서 모두 '앞날'이란 우리 말을 쓸 줄은 모르고 미래라고만 할까?

276) 金心 중립…… 파국 넘겼지만 갈등 '내연' 『문화일보』, 5. 30.

파국은 '막판', 갈등은 '뒤얽힘', 내연은 '속 타'로 쓰면 된다.

　277) 대형 아파트 하락폭 더 커 『동아일보』, 5. 30.

대형은 '큰'이면 되고, 하락폭은 '내림폭'이다.

　278) 실명제 "종이 호랑이" 위기
　　　　고액 현금 거래 통보제도도 무산 『한국일보』, 5. 30.

위기는 '될 판'이 우리 말이다. 244)에도 나왔다. 고액은 '많은 돈'으로 쓰는 것이 좋겠다. 무산은 '깨져'다. 198)에 나왔다.

　279) 일, 한국 요청 땐 대북 지원 동의 『한겨레』, 5. 30.

대북은 '북한에'나 '북쪽에'로 써야 한다. 동의는 '찬성'이란 말을 써야 한다. 귀로 들었을 때 다른 뜻을 가진 말로 잘못 알기 쉬운 한자말이기 때문이다.

　280) YS 약화 조짐 대립 내연 새 양상 『한겨레』, 5. 30.

대립은 '맞서고', 내연은 '속 타는', 양상은 '모양'을 쓰면 될 것이다.

　281) 각선미로 시선 끌기 '바람' 『한겨레』, 5. 30.

각선미는 '다리맵시'다. 시선은 '눈길'

　282) 이회창 대표직 일단 유지 『한겨레』, 5. 29.

이 일단이란 말을 많이 쓰는데, 대개는 '우선'이라고 하면 된다.

283) 중 "대만 핵폐기물 <u>수용용의</u>" 『한겨레』, 5. 29.

수용용의는 '받아들이겠다'로 써야 한다.

284) 대전 <u>공공주차장</u> 야간 개방
    <u>노상주차장</u> <u>점차</u> 없애기로 『한겨레』, 5. 29.

공공주차장은 '사회공동주차장'으로 쓰는 것이 좋다. "공공"이라는 말에 대해서는 265)에서 살펴보았다. 노상주차장은 '길가주차장'이 낫다. 점차는 일본글 따라서 쓰는 말이다. 우리 말 '차츰' '점점' '차차' 어느 것이든 쓰면 된다.

285) 청주 월드코아 <u>지반 침하</u> <u>인근</u> 건물 <u>붕괴</u> 위험 『한겨레』, 5. 29.

지반 침하는 '땅바닥 가라앉아'나 '땅바닥 내려앉아'로 써야 한다. 인근은 '옆'으로, 붕괴는 '무너질'로 써야 하겠다.

286) '죽음의 재' 감시 밤낮 없다.
    목동 <u>등</u> 주민 직접 나서…… '무작정 <u>소각</u> 정책' <u>저지</u> 국민연대
    필요 『한겨레』, 5. 29.

등은 대개 '들'이나 '따위'로 하면 되는데, 여기서는 '<u>그밖</u>'으로 써야 된다. 소각은 '태우기'로, 저지는 '막기'로 써야 할 말이다.

287) <u>종량제</u> 전국 확대 추진 『한겨레』, 5. 28.

종량제, 이것은 '쓰레기 종량제'라는 법을 만들면서 생겨난 말이다. 새 말을 만들 때는 그 말을 귀로 들었을 때 무슨 뜻을 나타내는 말인가를 대강 느낄 수 있도록 해야 한다. 그런데 이 종량제란 말은 무슨 한약제 이름 같다. 이래서는 안 된다. 차라리 '쓰레기 책임제'라고 하는 것이 훨씬 더 낫겠다.

288) 국민들 생각 너무 모른다.
 "반성 없는 정치 개혁 공허…… 담화 왜 했나" 질타
 김 대통령 담화 반응 『한겨레』, 5. 31.

질타는 '꾸짖어'다.

289) 예상 밖 강경 YS 구상 뭘까
 파국 위협 야 압박 국면 전환 뜻 『한겨레』, 5. 31.

파국은 '막판', 야는 '야당', 국면은 '판세', 전환은 '돌리기'다.

290) 서울 번동 네거리 직진 방향 차로 체증 심해 『동아일보』, 5. 28.

차로가 뭔가. '찻길'이지.

291) 야생화 보호커녕 훼손하다니 『한국일보』, 5. 27.

우리 말 '들꽃'은 쓸 줄 모르고 야생화라고 하는 사람들이 어떻게 우리 꽃을 소중히 여기겠는가? "훼손"은 명예를 손상할 때나 쓰는 말이지만, 이럴 때도 쉬운 말로 '헐뜯는다'고 하는 것이 좋나. 들꽃은 '짓밟는다'든지 '뿌리 뽑는다'든지 '꺾어버린다'고 해야 옳다.

292) 美 '생야채'·佛 '삶은 야채' 식탁 위 자존심 싸움 『중앙일보』, 5. 24.

이 야채는 일본말이다. 우리 말은 '나물'. 또 우리가 써온 한자 말도 있다. '채소'다. 그런데 이 모든 우리 말을 다 버리고 일본말 야채를 쓰고 있으니 너무 한심하다. 식탁은 '밥상'이 우리 말이다.

293) 석유 2036年 완전 고갈 가능성 『문화일보』, 5. 26.

고갈 가능성은 '마를 수' '말라버릴 수'다. 그러니 석유가 2036년이면 아주 말라버릴 수가 있다는 말인지, 없다는 말인지 알 수 없는 말이 되었다. 이 기사를 읽어보니 아주 말라버릴 것이라고 했다. 그렇다면 제목도 "가능성"이란 말을 없애고 "고갈"로 맺든지, '고갈한다'고 써야 할 것이다. 이 가능성은 132) 133) 134) 136) 137)에도 나와 있다.

294) 일부 실물지표 회복 조짐도
      일시적일 가능성 『한겨레』, 5. 16.

이것은 '한때뿐일 수'라 써야 한다. 여기는 '있다'는 말을 줄였다고 보겠다.

295) 상습적 손찌검 결국 비극 초래 『문화일보』, 5. 15.

상습적은 '상습이 된'이라고 쓰면 -적이 없어진다. 이 -적에 대해서는 81)에서 96)까지 들어놓았다. 그러나 "상습"이란 말도 더 쉬운 우리 말로 바꿔 쓰면 좋겠다. "상습적 손찌검"은 '버릇이 된 손찌검' 하면 우리 말이 된다. 초래는 '가져와'나 '불러와'다.

296) 의류에도 신토불이 『국민일보』, 5. 29.

의류는 '옷'이라 해야 한다. 신토불이. 왜 이런 말을 쓰는지 참 딱하다. '우리 것' 하면 될 텐데 구태여 어려운 한자말, 그것도 일본사람이 쓴 말이라야 멋이 나고 우리 것이 빛나는가?

297) 과연!…… 그녀는 아직도 '여왕'
　　　휘트니 휴스턴 '도쿄 돔 공연' 『동아일보』, 5. 16.

이 그녀는 서양말 따라가는 말이고, 일본말을 그대로 쓰는 말이다. 이 말을 쓰는 모든 사람의 정신을 나는 의심한다. 우리는 우리 말, 우리 말법으로 말하고 써야 할 것 아닌가. 이 제목만 하더라도 "여왕"이란 말이 나오니 '그는'이라고 써도 '그'가 여자란 것을 누구나 다 아는 것이다. 또 '그는'이라 하지 않고 이름을 바로 써서 '휴스턴은'이라고 해도 얼마든지 되는 것이다.

298) 다시 확인된 법과 예술의 간극
　　　장정일 씨 법정구속…… 문단 충격 속 대책 마련 부심 『한겨레』, 5. 31.

간극이 무엇인가? '틈'이다. 부심은 '애써'라고 써야 한다.

299) "중대 결심" YS 직접 지침
　　　수석들 의미 몰라…… "국민 여러분께 죄송" 발표 직전 삽입
　　　『한겨레』, 5. 31.

의미는 '뜻'이라 쓰는 것이 좋다. 삽입은 '끼워 넣어'다.

300) 여론 발맞추어 '반격' 수위 높일 듯
　　　전면전 신중…… YS-이대표 동시 옥죄기
　　　일각선 "재야·시민단체 연계 퇴진 투쟁" 『한겨레』, 5. 31.

　수위는 '물높이'인데, 여기서 '물높이'라 고치면 그다음에 또 "높일 듯"이 나오니 아주 다른 말로 '정도'라 쓰는 것이 좋겠다. 동시는 '함께'다. 일각은 '한쪽'이다. 연계는 '함께'라 써야 한다.

　지금까지, 97년 5월 한 달 동안에 몇몇 일간신문에 났던 기사 제목(주로 정치면)을 가지고 거기 적혀 있는 말을 살펴보았는데, 아직도 보기로 들지 못한 제목이 많다. 그리고 한문글자를 섞어서 쓴 신문들에서 그 한문글자로 된 말에 대해서는 거의 모두 그대로 두었다. 또 앞쪽에서 어떤 특정한 말들을 들어놓은 자리에서는 그 말이 아닌 다른 말은 언급하지도 못했다는 것을 밝혀두고 싶다.

제3장 삶에 파고든 병든 말

1. 누가 우리 말을 더럽히는가

　보통사람들이 나날이 먹고 일하고 이야기하고 하면서 살아가는 데는 누구나 잘 알고 있는 쉬운 우리 말이면 다 된다. 어려운 말을 할 필요가 없다. 더구나 농사를 짓는 사람들은 그렇다. 그런데 이런 사람들을 가르친다는 사람들, 지도한다는 사람들은 왜 그렇게 어려운 말을 하고 어려운 글을 쓸까? 다음 보기글들은 농사꾼들이 읽게 되어 있는 월간지 또는 주간지에서 따온 것이다.

- 노린제 유인 포획 방법 (→노린제 꾀어 잡는 방법)
- 작물의 즙액을 빨아먹음으로써 과일·과채 등이 낙과되어 품질의 저하를 일으키는 노린제의 효과적인 퇴치법에 대해 알아본다. (→곡식이나 채소의 즙을 빨아먹어서 열매가 일찍이 떨어지고 품질이 나빠지게 하는 노린제를 잡아 없애는 좋은 방법을 알아본다.)
- 출수시에 살포할 경우는 불임이 될 수 있으니 살포를 금해야 한다. (→이삭이 팰 때 뿌리면 가루받이를 못 하는 수가 있으니 뿌리지 말아야 한다.)
- 딸기의 일반 병해 중 뱀눈무늬병의 증상은 주변이 농자색을 띠고 중앙부는 회색이 되어 흡사 뱀눈 같다고 해서 불려지는 이름이다. (→딸기 병의 하나인 뱀눈무늬병의 증세는 둘레가 짙은 보랏빛을

띠고 가운데는 잿빛이 되어 꼭 뱀눈 같다고 해서 붙인 이름이다.)

불려지는이란 말은 우리 말이 아니다.

- 밭갈이는 토양의 물리적 성질을 개량하고 작토의 흙세를 좋게 하여 농작물 재배에 알맞은 토양환경 조건으로 만들어주게 된다. (→밭갈이는 흙의 성질을 좋게 하고 겉흙의 바탕을 좋게 하여 곡식을 가꾸기에 알맞은 흙이 되게 한다.)

이게 뭔가? 아무것도 아닌 싱거운 말이다. 아무것도 아닌 말을 어려운 말로 써서 뭔가 굉장한 것이 들어 있는 것처럼 보이려고 하는 것, 이것이 백성들을 가르치고 지도하는 사람들의 속임수다. '흙' '겉흙' 하면 될 것을 왜 토양, 작토라 쓰는가? '흙새'(토질)란 말이 있는데, 흙세를 썼다. '좋은 흙을 만든다'고 할 것을 "토양의 물리적 성질을 개량"한다고 쓰고, 또 같은 말을 되풀이해서 "토양환경 조건"을 알맞게 한다고 해서 공연히 어지럽고 어수선한 글을 만들었다.

2. 잘못 쓰는 농사말

　우리 말의 뿌리와 큰 줄기는 시골에 있고, 시골에서 농사를 짓는 사람들이 하는 말이 가장 깨끗한 우리 말이다. 그런데 정치와 경제, 교육, 문화 같은 것이 농촌을 도시에 딸려 있도록 함에 따라 우리 말은 밖에서 도시를 거쳐 들어오는 말과 글로 아주 심하게 오염되고 병들어버렸다. 더구나 2, 30년 전부터 농촌이 아주 무너지고부터는 이런 현상이 한층 더 급하고 심하게 진행되어, 이제는 누구나 나날이 하는 말조차 제대로 하는 사람, 글로 바르게 쓰는 사람이 썩 드물게 되었다.
　다음은 신문에 나온 말이다.

- 목마른 <u>大地</u>, 겨울 가뭄 한 달째 『ㄷ신문』, 1999. 1. 6.

　우리 말은 '땅'이다. 어째서 대지라고만 쓰는지, 책만 읽고 글을 쓰는 사람들이 원망스럽다.

- <u>강수량</u> 예년의 10%…… <u>농작물</u> 관리 비상 『ㄷ신문』, 1999. 1. 6.

　강수량은 '비 온 양' 하면 된다. **농작물**은 일본책을 따라서 쓰는 말이다. 우리 말은 '곡식'이다. 만약 채소라면 바로 '채소'라 쓰는 것이 좋겠지.

'채소' '나물'이라 하지 않고 야채라 하는 것도 일본말이다.

- 정부 수매 새끼 젖소 13,000마리 죽었다. 『ㅈ일보』, 1998. 10. 10.

이 수매는 '사들인'이라 써야 한다.

- 축협을 통해 젖을 떼기 직전의 송아지를 마리당 10만 원씩 모두 1만 7,695마리를 수매했으나…… 『ㅈ일보』, 1998. 10. 10.

-을 통해는 '-을 거쳐'나 '-에서'로 써야 깨끗한 우리 말이 된다. 마리당은 '한 마리'라 써야 한다. 이 -당을 많이 쓰는데 일본말이니 절대로 쓰지 말아야 한다. '1인당'은 '한 사람에'라 쓰면 되고, '일당'은 '하루'나 '하루에'다. 수매했으나는 앞에 나온 대로 '사들였으나'다.

- 충북 제천시 청풍면 주민들이 12일 청풍문화재단지 안에 있는 한 초가집 지붕의 이엉을 잇고 있다. 『ㅎ신문』, 1998. 11. 13.

"이엉"은 잇고가 아니고 '이고'다.

- 사과 선별 작업 『ㅎ신문』, 1998. 11. 10.

'가려 나누기' 하면 된다. '일'이란 말을 두고 왜 작업만 쓸까? 여기서는 '일'이고 작업이고 쓸 필요도 없다. '가려 나누기'하면 될 일이니까. 우리 말로 하면 이렇게 바르고 분명한 말이 된다.

- 농가 부채 해결 요구 『ㅎ신문』, 1990. 11. 10.

부채는 '빚'이라 써야 한다.

- 경운기 이용 고구마 수확 『ㅎ신문』, 1998. 11. 3.

이용은 '-로'를 써야 되고, 수확은 '캐기'라 해야 된다.

3. 겹말을 쓰는 까닭

어려운 한자말이 우리 말이 아니란 것은 농사말에서 더욱 환하게 드러난다.

- 아래 사진은 새봄을 맞아 더덕밭에 <u>복토</u>를 덮고 있는 모습이다. 『해인』, 1999. 4.

여기 나오는 복토가 무슨 말인가? 씨를 뿌려서 흙을 덮는다는 말이겠는데, 그렇다면 "복토를 덮고" 했으니 덮는다는 말을 겹으로 썼다. '벼를 거두고 있다'고 하면 될 말을 '벼 수확 작업을 하고 있다'고 하는 것과 같다. '벼 수확 작업을 실시하고 있다'고 하면 세 겹이 되는 말이다. 한자말은 이와 같이 우리 말을 어지럽게 하고 어수선하게 만든다.

- 그 <u>기간</u> 동안 <u>위탁농</u>을 통해서 모든 것을 다 해버려요. 『이야기로 듣는 농촌 선교신학』

'그동안'이면 될 것을 "기간 동안"이라 해서 괜히 기간을 넣어놓았다. **위탁농을 통해서**는 '위탁농으로'다. 요즘은 자기 손으로 일하지 않고 돈으로 모든 일을 맡기는 '위탁농'이란 것이 있는 모양이다.

- 지난 네 해 동안의 이들의 노고가 일차 결실을 맺었음을 뜻하니……『해인』, 1999. 5.

여기 나오는 말 "동안의 이들의"는 토씨의 −의가 잇달아 나와서 우리 말이 될 수 없다. 노고는 좀 유식한 말이니 '수고'라 하는 것이 낫겠다. 결실은 열매를 맺는다는 말인데, 그다음에 또 '맺었음을'이란 말이 나왔다. 그래서 이 따온 글은 쉬운 우리 말로 다시 쓰면 이렇다. "지난 네 해 동안 수고한 첫 열매가 맺었음을 뜻하니."

- 이웃과 더불어 함께 사는 힘을 길러주는 것, 곧 공생의 능력을 길러 주는 것이라 본다.

더불어와 "함께"는 같은 뜻으로 쓰는 말이다. 어려운 한자말을 쓸 때 흔히 겹말이 나왔는데, 이것은 우리 말을 겹으로 썼다. 왜 이렇게 되는가? 그것은 어려운 한자말을 쓰면서 유식함을 보여주려고 하는 글버릇이 그만 우리 말을 하는(쓰는) 데서도 나타난 것이다. '함께'라는 말은 입에서 나온 말이지만 더불어는 글에서만 쓰는 말이다. 책만 읽고 글을 쓰는 사람들은, 입으로 하지 않는 말이어서 유식하게 느껴지는 더불어를 쓰고 싶어 하지만, 그 말뜻이 자연스럽게 전달되는 말이 아니기에 그 다음에 다시 '함께'를 덧붙이게 되는 것이다.

위의 따온 글에는 또 문제가 있다. "곧 공생의 능력을" 어쩌고 하는 뒷부분이다. 이것은 그 앞에서 쓴 "더불어 함께 사는 힘을"과 같은 말이다. 왜 같은 말을 되풀이했는가? 그 까닭은, 쉬운 말로 쓴 것이 시시해 보이기에 다시 어려운 한자말로 바꿔 써서 유식한 글, 권위가 있는 글로 보이고 싶었기 때문이다.

4. '불린다'(부른다)란 말

지난번에 들어놓은 글 가운데 불린다(부른다)는 말이 나와 있는데, 이 말은 크게 병들게 하고 있기에 여기서 좀더 말해두고 싶다. 우리말에서 부른다는 말은 "엄마가 아기 이름을 부르면서 방문을 열었다"고 할 때 쓴다. 아니면 "노래를 불렀다"고 할 때 쓴다. 그런데 "우리 마을은 모래실이라 부른다"고 한다면 어떤가? 이것은 아주 잘못 쓰는 말이 된다.

그 까닭은 "모래실아!" 하고 마을 이름을 부르는 사람은 아무도 없기 때문이다. 그런데도 글을 쓰는 사람들은 어째서 "우리 마을은 모래실이라고 한다." 이렇게 우리말법대로 쓰지 않고 "모래실이라 부른다" 또는 "모래실이라 불린다"고만 쓸까? 모두 글만 읽고 글 속에 갇혀서 말을 배우고 글을 쓰니까 그만 자신도 모르게 일본말과 영어를 따라 쓰는 꼴이 되어 있기 때문이다. 다음은 모두 신문에 나온 글의 보기다.

  1) 국제 스포츠 사회에서는 북한스포츠를 한마디로 '깜짝쇼'라 <u>부른다</u>.
  2) 사람들은 경계선 위로 올라가지 않고 바로 밑에 머물려는 노력을 하게 되는데, 이를 '경계선' 문제라고 <u>부른다</u>.
  3) 여성들이 명절이 아니라 노동절이라 <u>부르는</u> 원인인 차례상 장만도 그렇다.

이 세 가지 보기글에서 1)과 2)에 나오는 부른다는 모두 '한다'로 쓰고, 3)에 나온 부르는은 '하는'이라고 써야 우리 말이 된다. 그런데 이 부른다를 입음꼴(피동형)로 만들어 불린다라고 쓰는 경우가 훨씬 더 많다.

　다음글도 모두 신문에서 쓴 것이다.

　4) 세계의 화약고라고 불리는 발칸반도의 불씨는 소수민족 문제다.
　5) 불교계의 '아킬레스 건'으로 불리는 '정화운동'에 대한 주제발표자들의 발표문을 미리 살펴본다.
　6) 나의 안내를 맡은 사람은 김책공업대학 출신으로 '민화협' 소속의 한 선생으로 불리는 엘리트였다.

　4)의 불리는은 '하는'이라 하면 된다. 5)의 불리는은 '알려진'이라 하든지, '(-이라고) 하는' 하면 된다. 6)도 '(-이라고) 하는'이라 해야 옳다. 이 경우는 실제로 "한 선생!" 하고 부르는 말이긴 하지만, "한 선생으로 불린다"는 우리 말은 없다.

5. '부른다'(불린다)라는 말

누구든지 조금만 생각을 하게 되면 곧 '아, 이것은 우리 말이 아니구나, 내가 왜 지금까지 이런 말을 썼나' 하고 깨닫게 될 듯한 말이 많다. 그 가운데서도 글을 쓰는 사람들이 너도나도 쓰면서 바로잡으려고 하지 않는 말, 그래서 아주 1급 오염말이라고 해야 할 말에 불린다(부른다)란 말이 있다.

"엄마가 아가야! 하고 불렀다"든지, "오요요, 하고 강아지를 불렀다"든지, "선생님이 아이들의 출석을 불렀다"든지, "경찰서에 불려 갔다"고 할 때는 부른다, 불렸다란 말을 한다. 그런데, "그 마을은 무너미라고도 한다"고 할 것을 "그 마을은 무너미라고도 부른다"고 하지는 않는다. 그 까닭은 설명할 필요도 없다. "무너미야!" 하고 부르지는 않기 때문이다.

사람들이 왜 이 엉뚱한 말을 예사로 쓸까? 일본말과 영어를 따라가기 때문이다. 잘못 번역해놓은 글을 자꾸 읽으면 그만 그런 말을 저절로 쓰게 된다. 어른들이 쓴 글을 보고 아이들은 그것이 좋은 우리 말인 줄 알고 따라간다. 이래서 온 세상이 병든 말 천지가 됐다.

- 일본 니가타 대 인문학부 후루야미 다다오 교수는…… 동해를 '녹해'(Green Sea)로 <u>부르자고</u> 제안했다. 『한겨레』, 1999. 10. 26.

여기 나온 부르자고를 '하자'로 고쳐서 읽으면 우리 말이 된다. "녹해야, 동해야" 하고 바다를 부르지는 않기 때문이다. 일본에서 얻은 기사의 원문을 그대로 직역하니 이 꼴이 된다.

- 황하의 서쪽을 달리고 있는 긴 복도라는 뜻으로 하서주랑(河西走廊)이라 부른다. 비록 복도라고 부르지만 결코 좁지 않은 광활한 지대다. 『신동아』, 1999. 8.
- 그날 우리는 민들레, 질경이, 씀바귀, 제비꽃 사이사이의 풀꽃들을 모두 노란 꽃, 하얀 꽃으로 불렀다. 『조선일보』, 1999. 3. 9.
- 이념적 분류를 좋아하는 사람들은 그를 '무정부주의적 생태주의자'라고 부른다. 『한겨레』, 1999. 10. 6.
- 음담패설은 '고급 세미나르'로 부르며, 칼 마르크스를 비꼬아 '크라이막스'라고 부르는 게 유행이라고 이 책은 밝혔다. 『한겨레』, 1999. 10. 14.
- 흔히들 대학을 지성의 전당이라고 부른다. 그러나 우리 나라 사립대학은 지성의 전당일 수가 없다. 비판의 자유가 상실된 공간을 어떻게 지성의 전당이라고 부를 수 있는가? 『시민광장』, 1999. 5. 6.

이렇게 들어놓은 보기글에 나오는 부른다, 불렀다, 부르지만, 부르는, 부를은 죄다 '한다' '했다' '하지만' '하는' '할'로 고쳐야 한다. 물론 "꽃으로 불렀다" 따위는 바로 앞의 토씨도 고쳐서 '꽃이라 했다'와 같이 써야 하겠다.

그런데 이 부른다는 입음꼴(피동형)로 더 많이 쓰고 있다.

- 이들은 글을 전혀 쓰지 않고도 저널리스트라 불린다. 『한겨레』, 1999. 10. 26.
- 기독교에서 사탄 또는 악마라고 불리는 루시퍼는…… 『원광』, 1999. 7.

보기는 얼마든지 들 수 있다. 이렇게 쓴 불린다도 그냥 '한다'고 하면 된다. 입음꼴로 써야 할 까닭이 없다.

6. '불린다'(부른다)란 말에 대하여

한자말과 영어

앞으로 이 자리는 많은 사람들이 글을 쓸 때 틀리게 쓰거나 어렵게 쓰거나 알 수 없도록 쓰거나 외국말 따라 쓰거나 괴상한 말을 만들어서 쓰거나 하는 말들을 한 가지씩 들어보겠다. 그래서 그 말이 왜 잘못되었는가를 밝혀서 모두가 그런 잘못된 말을 쓰지 않고 쉽고 아름답고 넉넉한 우리 말을 찾아 쓸 수 있도록 하려고 한다. 이 글을 보시는 회원 여러분들 가운데 조금이라도 의심이 되거나 모르는 점이 있는 분은 물어주시고, '참 그렇구나, 정말 이런 말은 잘못 쓰고 있구나!' 하고 깨닫게 되면 아무리 자신이 오랫동안 그렇게 써서 버릇으로 굳어져 있더라도 앞으로는 절대로 쓰지 않겠다는 마음을 단단히 가지고 바로잡아주기 바란다. 그리하여 우리 회원들이 겨레말을 살리는 이 크나큰 일에 앞장서서 새천년의 앞길을 환한 등불로 밝혀주기 바란다.

지금 영어를 모든 국민들이 쓰는 말로 하자는 소리를 자꾸 해대는 이들이 있다. 사실 여러 해 전부터 철없는 아이 엄마들이 제 아이를 유치원에도 가기 전부터 영어학원에 보내고, 얼빠진 집권자들은 초등학교 학생들에게 영어교육을 하도록 했다. 며칠 전 어느 분이 고맙게도 1월 1일에 나온 어느 신문의 기사를 복사해서 보내 왔는데, 그것을 영어를 우리 국민이 모두 잘하도록 해야 다른 나라에 앞서 갈 수 있다는 주장을 편 글(제목만 보아도)이었다.

보내준 분은 "신문이 이렇게 영어를 공용어로 하자고 해서 우리 말을 죽이는 일에 앞장서고 있는데, 여기 맞서서 국민들이 바른 생각을 가지도록 반론을 펴야 안 되겠는가" 하는 뜻이었던 것 같다. 나는 바빠서 그것을 아직 읽지 못했고, 읽을 생각도 별로 나지 않았다. 아무리 철없는 엄마들이나 얼빠진 집권자들이 아이들에게 영어교육을 시킨다고 해도 영어가 공용어로 될 수는 없다. 다만 우리 말이 자꾸 병들고 오염되어 우리 국민들의 정신이 어지러워질 것이다.

그리고 신문에서 그런 짓을 하는 것은 내가 보기로 분명히 구경꾼 불러 모아 신문을 팔자는 수작이다. 장사꾼들의 속셈에 넘어가지 말아야 한다. 그런 데 하나하나 맞서서 이러니저러니 하고 대꾸하다가는 정작 내 할 일을 아무것도 못 하고 말 것 아닌가 싶다. 사실 지난 한 해를 그렇게 해서 우리는 한문글자 쓰자고 우기는 사람들과 정부를 상대로 싸우며 보냈다. 한자 쓰기 문제는 온 국민이 당장 현실에서 부딪치는 절실한 문제가 되어 있어서 어쩔 수 없기는 했다.

그런데 다른 자리에서 말한 대로 한문글자를 쓰자는 주장과 영어를 공용어로 하자는 주장은 우리 것을 멸시하는 똑같은 뿌리에서 나온 것이다. 다만 한문글자는 우리 겨레의 글과 말을 짓누르고 병들게 하기를 1,000년도 더 오래 하였는데, 영어가 우리 말을 좀먹어 들어온 역사는 기껏해야 몇십 년밖에 안 된다는 것이다. 그래서 영어는 어떤 말을 썼다 하더라도 그것이 어디까지나 영어라는 것을 누구나 알고 있는데, 한문글자로 된 말은 많은 사람들이 아주 우리 말이라 여겨서 온갖 어려운 말, 괴상한 말, 뒤틀린 말, 일본한자말을 자랑스럽게 쓰고 있기 때문에 그만 우리 말이 다 비뚤어지고 죽어버린다는 것을 말하고 싶을 따름이다.

이것을 집-건축으로 말하면 이렇게 된다. 집을 지을 때는 땅을 파서 거기 기초가 되는 콘크리트 일을 한다. 이 기초 콘크리트가 튼튼해야 그 위에 서는 건물이 아무 탈이 없다. 또 기초 콘크리트 위에 철근이나 기둥을 세워서 건물의 뼈대를 만들어놓는다. 이 철근과 기둥이나 대들보 같은 것이 튼튼하지 않으면 그다음에 벽돌로 쌓는 벽이나 흙으로 막는 벽, 창문, 타일 장식, 그리고 지붕 같은 것을 아무리 겉보기 좋게, 아름답게 붙이고 꾸미고 덮고 발라도 아무 소용이 없다. 하루아침에 다 무너질 수 있다. 우리 나라에서 높은 빌딩이 무너진 것이 다 이렇게 건물의 기초와 뼈대가 부실했기 때문이다.

한문글자를 쓰고 한문글자말을 쓰면서 우리 말을 죽이고 병들게 하여 온 것은 건물에 비유하면 기초 콘크리트를 할 때 시멘트와 모래와 자갈을 정한 대로 잘 섞어서 다지지 않고, 좋지 않은 모래를 넣거나 시멘트를 적게 넣거나 정한 깊이로 파지 않거나 해서 마구잡이로 해놓은 것이고, 철근이라든가 기둥 같은 것도 가느다란 것이나 불량품이나 썩은 나무를 쓴 것과 같다. 콘크리트는 땅에 묻히고, 철근은 벽으로 덮이니 그것이 잘못되어 있는 것을 모르는 것이다. 오랫동안 우리가 강요받아 써온 한문글자와 한문글자말은 기초가 잘못된 건물과 같이 이렇게 우리 말이란 집을 근심스럽게 해놓았다.

그런데 영어가 우리 말에 마구 섞여 들어오는 것은 창문이고 창틀이고 벽 바깥에 붙인 타일이고 지붕 같은 것이 잘못되는 것이다. 지금은 어디까지나 그렇다. 그래서 그것이 잘못되어 있는 것을 곧 알 수 있으니까. 이렇게 잘못된 창문이나 벽이나 지붕은 좀 힘들기는 하지만 고칠 수도 있다.

아무튼 우리 말을 살리는 길에서 영어와 한문글자 문제 가운데 어느 것이 더 큰가, 급한가를 말하기가 쉽지 않고 두 가지가 다 문제지만, 우리가 바로잡기 한층 더 어려운 것은 한자말 쪽이라고 본다. 다만 영어를 안 쓰도록 하는 일에 힘을 더 기울이는 사람도 있겠고, 한자말을 안 쓰는 일에 더 힘을 기울이는 사람도 있겠는데, 어느 쪽이나 모두 우리 말을 살리려고 하는 길은 같다. 이런 이치로 나는 이 자리에서 모든 분들이 잘 모르고 있는 것, 땅속에 묻힌 부실한 기초 콘크리트나 철근, 기둥 따위에 문제가 있는 것을 하나씩 들추어내려고 한다. 이것을 바로잡기가 참으로 어려울 것이다. 어렵지만 누구든지 마음만 단단히 먹으면 될 수 있다. 왜 그런가 하면, 말(글)을 건축에 비유했는데, 집의 기초가 잘못되었을 때는 그 집을 아주 뜯어서 새로 짓는 수밖에 없지만, 말은 아주 바꾸지 않아도 되기 때문이다.

불린다(부른다)

신문기사고 논설문이고 수필이고 소설이고 무슨 글이든지 읽으면서 가장 눈에 거슬리는 말 몇 가지를 든다면, 그 가운데 하나가 이 불린다(부른다)는 말이다. '어머니를 부른다'든지 '강아지를 부른다'고 한다면 이것은 우리 말이다. 그런데 이렇게 우리 말로 **부른다** 하는 것이 아니라 아주 엉뚱한 자리에다가 **부른다**를 쓰고 있는 것이다. 우선 보기글부터 한 가지 들겠다.

국정원 북한 어휘집 펴내

국정원은 15일 북한의 상용어휘를 모아 정리한 230쪽 분량의 『북한 상용 특이용어집』을 발간해 북한 연구단체와 학교 등 관련 기관에 배포했다. 이 어휘집을 보면, 북한에서는 집단 따돌림을 의미하는 우리 말 속어 '왕따'를 '모서리주기', 어렸을 때 함께 놀던 소꿉친구를 '송아지동무'라고 <u>부른다</u>.

또 싱거운 소리를 잘하는 사람은 '싱검둥이', 미혼모는 '해방처녀', 첩은 '곁마누라', 결혼하지 않고 어울려 사는 사실혼 부부는 '뜨게부부', 시집간 딸은 '집난이'라고 한다.

최근에는 신조어도 많이 생겨 외국인을 상대로 한 매춘여성을 '공동

변소', 지조 없는 여자는 '재떨이', 음담패설은 '고급 세미나르'로 부르며 칼 마르크스를 비꼬아 '크라이막스'라고 부르는 게 유행이라고 이 책은 밝혔다.

특히 지역별 특성과 관련해, 평안남도 출신 사람들은 손해보는 짓을 절대 안 한다고 해서 '깍쟁이'로 부르고 자강도와 양강도 사람들은 촌스럽고 둔하다는 이유로 '돌감자', 황해도 사람들은 동작이 느리고 게으르다는 일반적인 평가에 따라 '물렁이'라고 부른다고 설명했다.

• 『한겨레』, 1999. 10. 16.

이 기사에서 부른다는 말이 다섯 번 나오는데, 이 다섯 번을 다 잘못 써서 이상한 말이 되었다. 차례로 살펴보자.

첫째, "어렸을 때 함께 놀던 소꿉친구를 '송아지동무'라고 부른다" 했다. 여기서 쓴 부른다는 우리 말이 될 수 없다. 어렸을 때 함께 놀던 '소꿉친구'(이것도 '소꿉친구'가 아니라 '소꿉동무'다)를 가리켜 "송아지동무"라고 말하는 것이지 "송아지동무야!" 하고 부르는 것이 아니기 때문이다.

둘째, "음담패설은 '고급 세미나르'로 부르며" 했다. 이것도 "고급 세미나르"라고 (말)하는 것이지, 어떻게 "고급 세미나르"를 부르는가? "고급 세미나르"라고 노래를 부르는 것도 아니고, "고급 세미나르야!" 하고 부르는 것도 아니지 않는가.

셋째, "칼 마르크스를 비꼬아 '크라이막스'라고 부르는 게 유행이라고" 했다. 이것도 마찬가지다. "크라이막스야!" 하고 부를 리가 없다.

넷째와 다섯째, "평안남도 출신 사람들은 손해보는 짓을 절대 안 한다고 해서 '깍쟁이'로 부르고…… 황해도 사람들은 동작이 느리고 게으르다는 일반적인 평가에 따라 '물렁이'라고 부른다"라고 했다. 이 넷째와 다섯째에 나오는 부르고, 부른다는 좀 생각해보게 된다. 경우에 따라 평안도 사람끼리나 또는 다른 곳의 사람들이 평안도 사람을 "깍쟁아!" 하고 부를 수가 있기 때문이다. 또 황해도 사람을 앞에 두고 "물렁아!" 하고 부를 경우가 있을는지 모른다는 생각이 든다. 마치 경상도 사람들이 "이 문둥아!" 하듯이 말이다. 그런데 설사 어쩌다가 그런 경우가 있다고 하더라도 그것은 어디까지나 어쩌다가 나올 수 있는 말이다. 그래서 보통 우리가 '경상도 문둥이'라든가, '평안도 깍쟁이'라고 할 때는, 경상도 사람이나 평안도 사람들의 기질을 재미있게 나타내는 말로 그렇게 말하는 것이지, 그곳 사람들을 "문둥아!" "깍쟁아!" 하고 부른다고 해서 하는 말이 아니다. 그러니 이런 경우도 잘못 쓴 말로 보아야 한다. 또 이것은 그 앞에 잇달아서 쓴 세 번째까지의 부른다, 부르며, 부르는을 보아도 달리 생각할 여지가 없이 잘못 쓴 것이 환하다.

그런데 위의 신문기사에서 딱 한 군데 우리 말을 바로 쓴 곳이 있다. "시집간 딸은 '집난이'라고 한다"고 쓴 말이다. '집난이'라고 부른다, 하고 쓰지 않고 여기서만은 올바로 썼다. 이렇게 우리 말을 바로 쓸 줄 알면서 왜 다른 말을 다섯 군데나 괴상하게 썼을까?

보기글 한 가지를 더 들기로 한다.

"지금 구멍수를 내야 합네다."

북한에서 농구중계를 할 때 자주 나오는 말이다. 무슨 뜻일까? 이는 '돌파구를 찾아야 한다'는 뜻.

슛은 '던져넣기', 패스는 '연락', 골밑슛은 '륜밑넣기', 3점슛은 '3점짜리 먼거리 던져넣기', 자유투는 '벌투'라고 <u>부른다</u>. 또한 덩크슛은 '꽂아넣기'라고 하며 3점을 인정한다. 농구 코트는 '농구판'으로 <u>불리며</u> 점프는 '조약'이다.

• 『동아일보』, 1999. 12. 23.

운동경기에서 쓰게 되는 말을 북녘 선수들은 우리 말로 하고 있다는 이야기인데, 여기서도 두 번이나 나오는 부른다, 불리며가 우리 말이 될 수 없는 말로 씌어 있다. "자유투'는 '벌투'라고 부른다" 이렇게 쓴 말은 '자유투는 벌투라고 한다'로 써야 우리 말이 된다. 또 "농구 코트는 '농구판'으로 불리며"는 '농구 코트는 '농구판'이라 하며'로 고쳐야 우리 말이 된다. 그 까닭은 앞에서 말한 대로다. "벌투야!" "농구판아!" 하고 부르는 사람이 있을 턱이 없고, 그런 사람이 있다면 정신이 돈 사람뿐일 것이다.

그런데 이 보기글에서도 우리 말을 바르게 쓴 대문이 있다. "덩크슛은 '꽂아넣기'라고 하며"라 쓴 곳이다. '덩크슛은 '꽂아넣기'라고 부르며'라 쓰지 않았으니 이것만은 올바르게 썼다.

사전에 나온 말 풀이

이제 좀더 많은 보기글을 들기에 앞서, 어째서 글을 쓰는 거의 모든 사람들이 이렇게 부른다, 불린다를 이상한 자리에다가 잘못 쓰고 있는가를 따져보기로 한다. 먼저 『우리말 사전』부터 이 말을 어떻게 다루어놓았는가 알아보자. 『우리말 큰사전』(한글학회)에는 다음과 같이 나와 있다.

• 부르다 (움) (남)
1) 소리를 치거나 행동으로써 오라고 하다.
　　예: 지나가는 사람을 부르다. 강아지를 부르다.
2) 청하여 오게 하거나, 만나자고 찾다.
　　예: 의사를 부른다. 친구를 불러 생일 잔치를 하였다. 선생님이 부르셨다.
3) 어떤 일을 위해 나서게 하거나 요구하다.
　　예: 나라의 부름을 받고 전쟁에 나온 용사들
4) 어떤 결과를 가져오다.
　　예: 사랑은 사랑을 부르고 화는 화를 낳는 것이다.

(참고: 초래하다.)

5) 받아 적도록 글을 또박또박 읽다.

　　예: 선생님은 부르고 학생은 받아썼다.

6) 명단 따위를 소리 내어 읽다.

　　예: 출석을 부르다. 당선자 명단을 부르다.

7) (노래를) 하다.

8) 어떤 말 마디를 외치다.

　　예: 구호를 부르다. 만세를 부르다. 쾌재를 부르다.

9) 가리켜 무엇이라고 말하다.

　　예: 저는 홍길동이라고 부릅니다. 그를 별명으로 '만물박사'라고 불렀다. 희숙은 성희를 '언니'라고 부르며 무척 따랐다.

　　(참고: 일컫다.)

10) 값, 액수를 얼마라고 말하다.

　　예: 값을 비싸게 부르다. 장수가 부르는 대로 다 주고 살 사람은 드물다.

이와 같이 열 가지나 조금씩 다른 뜻으로 쓰인다고 풀이해서 실제로 쓰는 보기를 들어놓았다. 이 열 가지를 차례로 살펴보자.

1)은 부른다는 말뜻에서 가장 으뜸이 되는 것이라 할 수 있다.

2)에서 청하여 오게 하는 경우, 곧 의사를 부르거나, 친구들을 불러 생일 잔치를 하는 경우는 '와 달라고 말하는 것'이다. 이럴 때 전화로나 편지로 와달라고 하게 되면 저절로 그 사람의 이름을 말하거나 적어서 부르게 되는 것이다. 그래서 와달라고 하는 것이 부른다는 말이 된다. 간접으로 청할 때도 마찬가지다. "선생님이 부르셨다"라는 보기말에도 바로 선생님이 어느 아이 이름을 크게 말해서 불렀다는 경우가 되기 예사다.

3)과 4)는 의인화 표현의 한 가지로 이렇게 쓸 수 있겠나 싶지만, 이 두 가지 경우는 한자말을 쓰면서 그 영향을 받아 생겨난 것이라 본다.

곧 한자말을 우리 말로 풀이하면 '소집'(군병 소집)은 '불러 모음'이 되고, '초래'는 '불러옴'이 되는 것이다. '환기'(喚起)라는 말에서 '불러일으킨다'는 말이 생겨난 것과 같다. '소집'의 '소'(召) 자는 '부를 소' 자이고, '초래'의 '초'(招) 자로 '불러올 초' 자이고, '환기'의 '환'(喚) 자 역시 '부를 환' 자다. 그러니 이런 한문글자가 들어 있는 말을 새겨서 읽거나 뜻을 풀이하면 저절로 **부른**다는 말을 쓰게 되는 것이다. 더구나 한문글자가 섞인 일본글을 읽을 때 이런 말을 **부른**다는 뜻의 일본말로 읽어왔으니 그만 우리 말이 이렇게 되지 않을 수 없다.

  5) 6) 8) 10) 이 네 가지 경우는 사람의 이름이나 무슨 말마디나 물건값 같은 것을 크게 소리내어 말하거나 외치는 것이다. 이것은 1)의 뜻이 조금 바뀌거나 발전된 모양으로 쓰게 되는 것이라 볼 수 있다.

  7) '노래한다'를 '노래 부른다'고도 말하는 것은 누구나 잘 아는 바와 같다. 가락을 넣어서, 보통으로 하는 말과는 달리 소리를 내는 것이라 부른다는 말로 된 것이다.

  9)에서 "가리켜 무엇이라고 말한다"란 풀이는 좀 문제가 있다. 보기말로 들어놓은 세 가지는 다 괜찮다. "저는 홍길동이라 부릅니다"라고 할 때는 실제로 자기 이름을 말한 것이니, 이름을 부르기는 예사인 것이다. "그를 별명으로 '만물박사'라고 불렀다"고 할 경우도, 바로 그 사람을 "만물박사!" 하고 부르기가 예사고, "희숙은 성희를 '언니'라고 부르며 무척 따랐다"고 한 것도 바로 부른 것으로 되어 있다. 그렇다면 이런 말들은 1)에서 든 보기말과 구별이 안 된다. 왜 이렇게 해놓았을까?

  그래서 "가리켜 무엇이라고 말하다"란 풀이말은 문제가 있다는 것이다. 앞에서 들어놓은 잘못 쓴 신문기사에서 "음담패설은 '고급 세미나르'로 부르며, 칼 마르크스를 비꼬아 '크라이막스'라고 부르는 게 유행"이라고 한다든지, "농구 코트는 '농구판'으로 불리며" 하는 말들이 "가리켜 무엇이라고 말한다"는 뜻으로 썼으니, 이렇게 잘못 쓰는 말을 바르게 쓰는 말로 이 9)에서 풀이해놓은 것이 되기 때문이다. 이렇게 잘못 풀이해놓고는 그 보기말은 엉뚱하게 1)과 같은 것으로 들어놓았으니 혼란을 일으킨다.

다음은 『그랜드 국어사전』(금성출판사)을 보기로 한다. 지금 가장 많이 쓰고 있는 사전이 '한글학회'의 『우리말 큰사전』과 이 『그랜드 국어사전』이기 때문이다.

- 부르다 (동) (타)
1) (말이나 행동으로) 오라고 하다.
   예: 놀고 있는 아이를 소리쳐 부르다.
2) 사람을 청하여 오게 하다.
   예: 의사를 부르다. 어머니 생신날 동네 사람을 불러 아침을 같이 하다.
3) (만나자고) 찾다.
   예: 선생님께서 너를 부르신다.
4) (이름이나 글을) 또박또박 소리내어 옮기다.
   예: 명단을 부르다. 내가 부르는 대로 받아써라.
5) (내세운 방향으로) 따라오라고 하다.
   예: 정의가 우리를 부른다.
6) 곡조에 맞추어 입으로 소리를 내다.
   예: 노래를 부른다.
7) 소리를 내어 외치다.
   예: 만세를 부르다.
8) 무엇이라고 지목하여 말하다.
   예: 직장 선후배 사이지만 그를 형이라고 불렀다.
9) (값·액수 따위를) 얼마라고 말하다.
   예: 시세에 맞는 값을 부르시오. 요즘 채소는 **부르**는 게 값이나.

『우리말 큰사전』에서 풀이한 것과 거의 같다고 하겠다. 다만 항목이 한 가지 줄어서 아홉 가지로 된 것은, 『우리말 큰사전』에 적힌 5) 6)을 여기서는 한 항목 4)로 모아 적었고, 3) 항목에서 풀이한 것이 서로 다르지만, 그것은 어느 쪽이나 모두 다른 항목에 함께 넣을 수도 있는 것이라 본다. 그러면 차례로 대강 살펴보겠다.

1) 사람 이름을 소리쳐 불렀을 때, 더러는 오라고 하는 것이 아니고 가라고 하는 경우도 있다.
2) 『우리말 큰사전』의 2)와 같다.
3) 이것은 1)과 같은 뜻이라 볼 수 있다.
4)는 앞에서 말한 대로다.
5)는 『우리말 큰사전』의 4)와 같다. '정의'라는 추상된 뜻을 의인화한 표현이다.
6)은 『우리말 큰사전』의 7)과 같다.
7)은 『우리말 큰사전』의 8)과 같다.
8)도 『우리말 큰사전』의 9)와 같이 풀이해놓고, 보기말도 그렇게 해놓았다. 따라서 이 항목의 풀이말이 『우리말 큰사전』 9) 항목에서 지적한 문제점을 그대로 가지고 있는 것이다.
9)는 『우리말 큰사전』의 10)과 같다.

지금까지 『우리말 사전』에 나온 풀이를 살펴보았는데, '부른다'는 말의 뜻을 아홉 가지나 열 가지로 나누어놓았지만, 이것을 간추려 정리하면 다음 다섯 가지로 나눌 수 있다.

1) 소리치거나 이름을 불러서, 찾거나 어떻게 하라고 한다.
2) 어떤 말을 큰 소리로 말하거나 외치거나 노래한다.
3) 불러서 오도록 한다.
4) 의인화 표현, 또는 한자말 풀이하는 형태.

5) 무엇을 무엇이라고 한다.

여기서 1)이 으뜸이 되고, 이 으뜸이 되는 뜻에서 2)가 나왔고, 다시 3)이 나왔다고 볼 수 있다. 그리고 4)는 한자말의 영향으로 생겨났고, 5)는 아주 잘못 쓰는 말이다. (이것은 뒤에 가서 밝히겠지만, 남의 말 따라서 쓰는 꼴이다.)

지금 말한 것을 다시 그림표로 나타내면 다음과 같다.

거듭 하는 말이지만 1) 2) 3)은 써야 할 우리 말이고, 5)는 쓰지 말아야 할 잘못된 말이다. 4)도 될 수 있는 대로 쓰지 말고, 우리 말을 살려서 쓰는 것이 좋다.

이러니까 『우리말 사전』에 풀이해놓은 5)가 문제다. 이 글 첫머리에 들어 놓은 신문기사에서 잘못 쓴 **부른다**는 말도 이 5)의 뜻으로 쓴 것이다. 어째서 이런 괴상한 말을 쓰게 되었을까?

　잘못 쓰고 있는 이 **부른다**(불린다)는 바로 일본말과 영어에서 온 것이고, 이런 외국말을 따라 쓰는 것이다.

　영한사전에 나오는 call이란 말을 찾아보면 타동사에서 열 가지나 조금씩 다른 뜻으로 쓰이는 풀이를 우리 말로 다음과 같이 해놓았다.

　　1) (아무를) 소리내어 부른다
　　2) (이름을) 부른다
　　3) 불러온다, 초래한다, 제청한다, (택시를) 부른다
　　4) 불러낸다, (회의를) 소집한다.
　　5) (주의를) 불러일으킨다,
　　6) (누구에게) 주의한다, 비난한다
　　7) -라고 이름 짓는다, -라고 부른다
　　　　예: 그는 나를 바보라고 부른다.
　　　　예: 스위스 국민은 스위스인이라고 한다.
　　　　예: 이것은 화강암이라고 한다.
　　8) -라고 일컫는다, -라고 말한다, -라고 생각한다, -으로 본다, -이라고 할 수 있다,
　　9) (소리내어) 읽는다, 부른다, 점호한다
　　10) 명한다, (경기 시작을) 명한다, (심판이 판정을) 내린다

　이것을 보면 call이란 말이 아주 여러 가지로 널리 쓰인다는 것을 알 수 있다. 뜻을 갈라놓은 항목 수가 『우리말 사전』에 나오는 **부르다**와 같지만, 실제로 그 뜻을 살펴보면 우리 말 **부른다**와는 비교가 안 될 만큼 아주 넓게 쓰고 있다는 것을 쉽게 깨달을 수 있다.

　여기서 **부른다**고 해놓은 1) 2) 3)은 우리 말 **부른다**를 그대로 쓸 수 있

는 말이 될 것이다. 그런데 4)는 어떤가? "마을 사람들을 불러낸다"든지, "증인을 불러낸다" "사람을 불러 모은다"고 하는 말은 우리도 그렇게 말한다. 다만 "회의를 소집한다"고는 말하지만 "회의를 불러 모은다"고는 하지 않는다. 더구나 "회의를 부른다"고는 할 수 없다.

5)의 불러일으킨다란 말도 본래 우리 말에는 쓰지 않았다.

6)에서 (누구에게) '주의한다' '비난한다'고 하는 뜻으로 쓴 말을 부른다고 하는 일도 결코 없다.

7)에서 "-라고 이름 짓는다"고 했는데, ('이름을 짓는다' 해야지 '이름 짓는다'고 해서는 안 된다. 이것은 일본말 따라 쓴 말이다) 이렇게 '이름을 짓는다'든지 '이름을 붙인다'고 해야 할 말을 (-라고) 부른다나 (-라고) 불린다로 많이 쓰는 것이 영어를 따라가는 꼴이다.

이 7)에서 실제로 쓰고 있는 보기로 "그는 나를 바보라고 부른다"는 말이 나오는데, 실제로 "바보야!" 하고 부르는 경우가 아주 없는 것은 아니겠지만, 여기서는 "그는 나를 바보라고 한다"는 말을 이렇게 쓴 것이 아닌가 싶다. 그다음 두 가지 보기말 "스위스 국민은 스위스인이라고 한다"와 "이것은 화강암이라고 한다"는 바르게 쓴 우리 말이다. 이렇게 쓸 것을 사람들은 거의 모두 "스위스 국민은 스위스인이라고 불린다"든가 "이것은 화강암이라고 부른다" 하고 쓰고 있으니 문제가 된다.

8)에서 여러 가지로 적어놓은 말도 다 우리 말이다. 이렇게 번역해야 한다. 그런데 실제로는 이렇게 써야 할 모든 경우에 그만 **부른다(불린다)**를 써 버리는 것이다.

9)에서 우리 말로 '소리내어 읽는다'고 할 것을 부른다로 쓴다면 영어를 따라 쓰는 말이 된다. "선생님이 출석을 부른다"고 하는 말은 있다. 실제로 아이들 이름을 하나하나 부르는 것이니까. 그런데 "선생님이 글 한 구절을 불러주어서 아이들이 받아쓰게 한다"고 하면 어찌 될까? 이럴 때도 본래 우리 말로는 '불러주어서'가 아니라 '읽어주어서'고 이것이 정확한 말이다. 그런데 '낱말을 불러준다'고 하는 말은 '이름을 불러준다'와

같이 그다지 어색하게 느껴지지 않는다. '숫자를 불러준다'처럼 어느 한 가지 말만 따로 소리내어 잘 들리도록 하는 것이기 때문이겠다.

10)의 경우는 우리 말을 잘못 써서 **부른다**(불린다)고 할 경우가 아마 없는 줄 안다.

우리 글에서 **부른다**(불린다)를 아주 잘못되게 쓰게 되는 까닭은 이와 같은 영어의 영향 때문이기도 하지만, 영어보다도 일본어의 영향이 훨씬 더 크고 또 오래되었다. 영어보다 일본어가 먼저 우리 말과 글에 깊이 파고들었기 때문이고, 또 일본어에서 **부른다**는 뜻으로 쓰는 '요부'(よぶ·呼ぶ)란 말을 영어와는 또 달리 엄청나게 많은 여러 가지 뜻으로 널리 쓰고 있기 때문이다.

그리고 이 "よぶ"는 다른 도움말과 어울려 한 말이 되기도 하여 이런 말이 50가지 가깝게 사전에 올라 있고, 이런 말이 거의 모두 실제로 많이 쓰이고 있다. 그래서 일본어에 나오는 이 'よぶ·呼ぶ' 'よび-·呼び-'란 말을 그대로 죄다 우리 말로 **부른다**고 번역하게 되면 우리 말이 엉망으로 되는 것이다. 죄다 그렇게 할 수는 없고 그렇게도 안 되겠지만, 그 가운데서 많은 말들을 쉬운 대로 그만 **부른다**, 불린다고 번역하고, 그런 번역문을 자꾸 읽고 또 그런 글을 따라 쓰고 하니 우리 말이 아주 괴상하게 될 수밖에 없다.

일본말에서 이 'よぶ·呼ぶ'가 얼마나 깊게 넓게 쓰고 있는가 보자. 가령 '요비이쿠'(呼び活く)란 말은 죽어가는 사람의 이름을 불러서 살아나게 하려고 하는 것이다. 또 '요비지오'(呼び塩)란 말은 너무 짠 식품에서 짠맛을 줄이거나 없애기 위해 그것을 물에 담가서 그 물에 소금을 넣은 것(또는 그렇게 넣는 소금)을 가리키는 말이다. 혼인하기에 알맞은 나이를 '요비도키'(呼び時)라고 한다든가, 펌프의 물이 안 나올 때 물을 끌어올리기 위해 물을 조금 부어 넣는 것(또는 그렇게 넣는 물)을 '요비미즈'(呼び水)라 하는 것만 보아도 알 수 있다.

이렇게 널리 많이 쓰고 있는 그 대표말인 **부른다**로만 따라서 쓰니 우리 말은 간 곳 없고 엉뚱한 말이 될 수밖에 없다. 또 그렇게 자꾸 쓰고 읽으니 그것이 우리 말인가 보다 하고 생각하거나, 글말은 본래 이렇게 낯설은 말이라야 근사해 보인다고 여기게 되는 것이다.

또 한 가지, 우리가 잘못 쓰고 있는 이 **부른다**(불린다)는 말의 거의 모두가 일본말 그대로 따라서 쓰고 있다는 증거가 분명한 것은, 일본말 사전에서 '요부'(よぶ·呼ぶ)란 말을 풀이한 말 가운데 다음과 같은 말이 나오는 것을 보면 알 수 있다.

어떤 것을 말할 때 그 이름을 쓴다. 말한다. 일컫는다.
예: 사람들은 그를 고구마 선생이라고 <u>불렀다</u>.
예: 토박이들이 마구잡이로 설쳐서, 다른 도에서 온 사람을 외국인이라 <u>불렀다</u>. 『學研國語辭典』

여기 이렇게 보기글로 들어놓은 **불렀다**란 말은 일본말 '呼ぶ'를 그대로 따라 써놓은 것이다. 이것을 우리 말로 바르게 쓴다면 마땅히 '했다'라고 써야 한다. 그런데 이런 경우 우리 나라의 어떤 사람도 '했다'로 쓰지는 않을 것 같다. 이러니까 우리 말이 모조리 이와 같이 일본말 꼴이 되지 않을 수 없다. 그리고 위와 같은(『일본말 사전』에서 보기로 들어 놓은) 말을 소설이나 수필이나 전기나 동화나 신문기사나 그밖의 글에 얼마나 많이 쓰게 되는가를 생각해보면 일본말이 우리 말을 잡아먹고 있는 정도가 어느 정도인가를 이 한 가지 말에서도 충분히 짐작할 수 있을 것이다.

여기서 한문글자 쓰는 문제와 관련되는 것을 말하면, 일본글에서 이 '요부'는 보통 '呼ぶ'라고 한문글자를 함께 쓴다. 우리 나라 사람들은 이렇게 쓴 한문글자 '呼' 자만 보고 바로 **부른다**고 번역하는 것이다. '부를 호' 자로 읽기 때문이다. 한문글자는 이렇게 일본말을 그대로 따라서 쓰게 하는 노릇을 맡고 있다는 사실을 여기서도 알아두어야 한다.

실제로 쓰고 있는 보기

그러면 이제 우리 글에서 쓰고 있는 보기를 들기로 한다. 이 보기글들은 앞에서 정리해놓은 다섯 가지 갈래로 나누어 그 차례를 따라 적은 것이다. 참고로 말해둘 것은, 이 보기글들이 나온 신문이나 잡지의 이름을 적기는 했지만, 이런 글을 쓴 사람의 이름을 밝히지 않았다. 그 까닭은, 오늘날 글을 쓰는 사람치고 (기자고 교수고 시인이고 소설가고 무슨 평론가고) 이렇게 쓰지 않는 사람이 거의 없기 때문이다. 그래서 어쩌다가 내 눈에 띈, 글 쓴 사람의 이름을 밝힌다는 것이 아무 뜻이 없다고 생각되었기 때문이다.

또 이 보기글들은 『한겨레』에서 가장 많이 따왔는데, 이것은 이 신문이 유달리 이런 오염된 말을 많이 쓰기 때문이 아니고, 내가 주로 보는 신문이기 때문이다. 내가 알기로 이런 오염된 말을 쓰는 정도는 어느 신문이고 거의 비슷하다. 오히려 『한겨레』가 한글만 쓰면서 우리 말을 다 듬어 쓰려고 애쓰는 편이기에 이 불린다(부른다)란 말도 다른 신문보다 덜 쓸는지 모른다는 생각도 드는 것이다.

가. 바로 이름을 부르는 경우

바로 어떤 사람의 이름을 불러서, 그 사람을 찾거나, 그 사람에게 어떻게 하라고 말하는 경우다. 부른다는 말은 이럴 때 쓰는 우리 말이다. 그런데 이런 경우에도 '부른다' '불렀다' '불러서'이지 불린다는 말은 안 쓴다. 우리 말 '부른다'는 입음꼴(피동형)을 쓰지 않는다. 교실에서 선생님이 출석부로 아이들 이름을 차례로 부를 때도, 아이들끼리 하는 말에서 "너 이름, 아까 불렀다" 하고 말하지, "너 이름, 벌써 아까 불렸다"고 하지는 않는다.

그런데 신문 같은 데서는 어떻게 쓰고 있는가?

1) 똥을 가리지 못한다고 해서 똥태라고 불리는 태은이는 아빠의 품에 안겨 어리광을 부린다. (→하는, 부르는, 〔란〕 말을 듣는)『주일신문』, 1995. 6. 11.

2) 김 시인, 김 선생, 그리고 김 부장으로 불리는 김준태 씨 (→부르는, 〔이라고〕 하는)『기자협회보』, 1995. 6. 24.

3) 정 씨 집안에서 태어나 16세 때 시집간 후 이름도 없이 그저 선천댁으로 불리다가 6·25 후 호적 정리 때 아들로부터 '정원숙'이란 이름을 얻었다. (→부르다가, 〔이라〕 하다가)『문화일보』, 1996. 2. 28.

4) '연변댁'이라고 불리는 윤 씨와 같은 구타 피해 중국교포들이 늘고 있다. (→하는, 부르는)『문화일보』, 1996. 2. 28.

5) 진료실에 들어서도 보좌관들은 "장관님, 장관님"을 연발했고, 장관님이라 불리는 분 또한 겸손하고 인자한 모습이라고는 찾아볼 수도 없었다. (→하는)『동아일보』, 1996. 3. 9.

6) 독도 경비원 사이에 '어머니'로 불리는 대구 수성구 수성1가 박명희 씨는 최근 일본정부의 독도 영유 주장 망언을 지켜보면서 "일본이 제아무리 도발을 해와도 우리 아이들이 불철주야 독도를 지키고 있는 한 어림도 없다"고 잘라 말했다. ……박 씨가 독도 경비대원들에게 어머니로 불리는 이유는 경비대의 식탁을 책임지기 때문. (→부르는, 〔라〕 하는 | →되는, 〔란〕 말을 듣는)『한국일보』, 1996. 2. 13.

7) 金又孟 할머니가 올해 116세로 우리 나라 최고령자인 것으로 밝혀졌다. ……한자 이름은 又孟이지만 又자를 우리 말인 '또'로 새겨 金또맹 할머니로도 불린다. (→부른다, 〔라고도〕 한다)『동아일보』, 1996. 5. 8.

8) 김 할머니는 동네에서 '정승할매'라고 불린다. (→한다, 부른다)『동아일보』, 1998. 2. 17.

9) 역사상 위대한 예술가에게는 영감을 불어넣어주는 뮤즈와 같은 연인이 곁에 있는 경우가 많다. 20세기 초현실주의의 한 봉우리들 이루는 시인 폴 엘뤼아르(1895~1952)와 화가 살바도르 달리(1904~

1989)에게도 이런 유형의 여인이 있었다. '갈라'라고 불린 러시아 출신의 여성이 시차를 두고 두 남자의 삶에 깊숙이 개입했던 문제의 여성이다. (→하는) 『한겨레』, 2000. 2. 15.

10) 올해 대학 문에 들어서는 신입생들은 2000학번으로 불릴 참이다. (→부를, [이] 될) 『한겨레』, 2000. 2. 29.

이 10가지 보기글은 모두 사람 이름이나 별명이나 택호나 이름을 대신하는 관직이나 학번을 부른다는 말로 되어 있다. 그런데 '부른다'고 하면 되는 것이지 어째서 모두 불린다고만 썼나? 어느 신문, 어느 잡지에서도 이런 경우에 '부른다'고 쓴 것을 한 번도 보지 못했다. 그래서 이 불린다는 죄다 '부른다'(부르는, 부르다가, 부를)로 고쳐야 우리 말이 된다. 아니면 차라리 '한다'(하는, 하다가)로 써야 옳다. 잘못 쓰는 불린다는 말이 워낙 글에 많이 나오니까 보통 쓰는 '한다'고 하는 말이 그만 끌려가서 이렇게 불린다로 되어버린 것이 틀림없다.

나. 물건 값, 구호, 만세, 노래를 부른다

물건 값, 구호, 만세, 노래를 부른다든가, '출석을 부른다' '합격자 명단을 부른다'고 할 때는 '부른다'는 말을 쓴다. 여기서는 노래와 구호를 부른다는 글의 보기만 들었는데, 그밖의 경우는 보기를 잘 못 찾았지만, 실제 생활에는 얼마든지 쓰고 있기에 굳이 글의 보기를 찾아 들 필요를 느끼지 않는다.

1) 유행가란 말 그대로 반짝 휩쓸다 사라진다. 인기의 이유조차 종잡을 수 없다. 노사연의 '만남'도 불린 지 수년 후에야 인기를 얻었다. (→부른) 『동아일보』, 1995. 2. 18.

2) 피플파워(PEOPLE POWER·국민의 힘). 86년초 필리핀 전역에

메아리친 구호였다. 원래는 한 야당계 정당의 명칭에서 비롯됐지만 정의를 반드시 실현하자는 국민들의 약속으로 불려지게 됐다. (→부르게) 『한국일보』, 1995. 5. 22.

3) 기미년 독립만세운동 77주년을 맞이한 올 3 절은 일본이 독도 영유권을 주장하는 망언으로 그 어느 때보다 반일 감정이 높아진 가운데 박인호가 작사·작곡하고 정광태가 부른 「독도는 우리 땅」이 새롭게 불리고 있다. (→들리고, 〔-을 새롭게〕 부르고) 『중앙일보』, 1996. 3. 5.

4) 병영 안에서 불릴 노래를 민간에서 만들어준다면 국민의 신뢰를 받는 군대라는 믿음과 함께 장병들의 사기도 한층 높일 수 있을 것이지만 판단에서 한 일임을 이해해주기 바란다. (→부를) 『한겨레』, 1999. 8. 16.

5) "본 방송은 방송위원회의 심의 기준을 준수합니다."
여자 아나운서는 '준수합니다'를 강조하며 애국가를 불러냈다. "동해 물과 백두산이 마르고 닳도록……." (→불렀다) 『서울교대학보』, 1998. 11. 29.

여기서도 어째서 '부른다'고 하지 않고 거의 모두 불린다로만 쓰고 있는가? 가.와 마찬가지로 이 나.의 '부른다'도 불린다로는 쓰지 않아야 우리 말답다. 요즘 사람들은 무슨 노래를 '잘 부른다'고 하지, 무슨 노래가 요즘 사람들에게 잘 불린다고는 하지 않는다. 하도 외국말법을 많이 따라써서 이렇게 "노래가 잘 불린다"고 하는 말도 예사로 쓰는 사람이 많지만, 아직은 이런 말법이 아무래도 우리 것이라 할 수 없다.

앞에 든 보기에서 3)에는 '부른'과 불리고가 잇달아 나왔는데, 앞의 것은 마땅히 나올 말을 쓴 것이고, 뒤의 불리고는, 그 앞에 '부른'이란 말이 나왔으니까 또다시 같은 말을 되풀이하지 말고 '들리고'라고 하는 것이 더 알맞은 말이 될 것이다. 또 보기 5)에서는 불린다가 아니고 모처럼 '불렀다'를 썼지만, 어째서 '불렀다'가 아니고 "불러냈다"인가? "불러냈다"는 말이 무슨 뜻인가?

다. 의사를 부른다. 죄인을 불러낸다

이 다.의 경우도 '불러 오도록 한다'는 뜻으로 마땅히 쓰는 말이다. 다만 이때는 입음꼴(피동형)로도 쓸 수 있다. "그 사람이 경찰서에 불려 갔다"고 하는 것과 같이.

 1) 그런 승강이 끝에 7월 1일쯤 자정 무렵 나는 지하실에서 가장 큰 방으로 불려갔다. 『한겨레』, 1996. 1. 11.
 2) 이에 앞서 김대중 대통령은 이날 선거법 개정 합의안에 대한 비판 여론이 거세자 이만섭 총재권한대행 등 국민회의 지도부를 청와대로 불러 시민단체 등의 선거개입을 금지한 현행 선거법 제87조를 폐지하고, 정치자금 국고보조 인상 협의를 원상회복시키도록 하는 등 6개항의 재협상 원칙을 긴급 지시했다. 『한겨레』, 2000. 1. 18.
 3) 난징대학살 문제가 다시 불거져 중일 관계를 껄끄럽게 만들고 있다. 탕자쉬안 중국 외교부장은 26일 중국 주재 일본대사를 불러 "거듭된 사전 불허요청에도 불구하고 일본정부와 오사카 당국이 집회 개최를 인정해 심각한 정치적 사태를 조성했다"며 엄중히 항의했다. "군국주의 사고방식이 일본 사회에 뿌리깊게 존재해 (중국으로서는) 강한 경계심을 불러일으킬 수밖에 없다"는 말도 덧붙였다. 『한겨레』, 2000. 1. 28.
 4) 출장비로 5만 원이나 갖다 바친다면 더한 타박을 부를 게 뻔했다. ……정전의 밤은 깊어가고 뒤늦게 귀가한 아버지가 시장 쪽 골목을 뒤져 1만 원 싼 기술자를 불러왔다. 『한겨레』, 2000. 1. 19.

모두 사람을 오라고 해서 부른다든지, 그렇게 해서 불려갔다든지 하는 말로 이것은 모두 바르게 쓴 것이다. 3)에 나오는 불러일으킨다와 4)에 또 나오는 부를은 다음 라.에서 들어야 할 말이다.

라. 조국이 젊은이를 부른다

이 라.의 경우도 1) 정의가 우리를 부른다. 2) 욕심이 재앙을 불렀다. 3) 물질의 풍요가 정신의 타락을 불렀다. 4) 그의 노래는 수많은 젊은이들의 애국심을 불러일으켰다. 이와 같은 따위로 쓴다. 이 가운데서 2)와 3)의 불렀다는 '가져왔다'고 할 것을 이렇게 의인화해서 썼다고 하겠고, 4)의 불러일으켰다는 '일으켰다'고 쓰는 것이 우리 말답다고 하겠다. 그리고 2) 3) 4) 세 가지는 한자말을 풀이한 꼴로 볼 수 있고, 1) 2) 3) 4) 네 가지 모두 의인화 표현이라고 말할 수도 있다. 아무튼 이 라.에서 쓰는 부른다는 그대로 쓸 수 있는 말인데, 불렸다고 하는 입음꼴로는 쓰이지 않는다.

다음에 보기를 든다.

1) 의약분업·군가산점 문제는 뜨거운 찬반 논란을 불렀다. 『한겨레』, 1999. 12. 31.

2) 게다가 지금은 소비 증가가 다시 생산 증가를 부르고 바야흐로 대규모 투자가 시작되려는 때이니 그런 인상은 터무니없다고 해도 할 말이 없다. 『한겨레』, 1999. 12. 31.

3) 또 남북 관계에서 한국 정부가 주도권을 잡아야 한다는 신념에 너무 집착한 탓에 북-미 관계나 북-일 관계 진전 가능성을 막아버리는 결과를 불렀다. 『한겨레』, 1999. 11. 22.

4) 수사 공표 금지가 국민의 오해 불렀다. 『한겨레』, 1999. 12. 18.

5) 하남이 자연을 부른다. 『한겨레』, 2000. 1. 14.

6) 스트레스는 병을 불러오고 웃음은 병을 몰아낸다. 『한겨레』, 2000. 1. 15.

7) 독식은 화를 부른다. 『한겨레』, 2000. 3. 2.

8) 낙선운동이 하루아침에 불러온 엄청난 변화나. 『한겨레』, 2000. 1. 15.

9) 최순영 전 신동아그룹 회장이 부회장으로 영입한 박 씨는 지난해

2월 말 김태정 당시 검찰 총장한테서 건네받은 사직동팀 내사결과 보고서를 지난해 말 언론에 공개해 김 전 총장 등의 구속을 <u>불러왔다</u>.『한겨레』, 2000. 1. 24.

10) 최근 미국과 쿠바 사이에 외교 마찰을 <u>불러일으켰던</u> '보트 소년' 엘리안 곤잘레스 사건이 해결의 실마리를 찾기 시작했다.『한겨레』, 1999. 12. 15.

11) 이 평전은 우리의 상식을 뒤엎는 여러 가지 역사적 사실을 제기하고 있어 놀라움을 <u>불러일으킨다</u>.『한겨레』, 1999. 7. 27.

12) 칼 차고 사람 키보다 높은 말등에 올라타 만주벌을 달리는 장군의 형용은 시의 감동과 다른 미묘한 감동을 <u>불러일으켰다</u>.『한겨레』, 1999. 8. 17.

13) 그는 "가판시장이 있다보니 권력과 기업이 언론사에 항의하고, 광고를 조건으로 기사를 빼는 등 추악한 거래의 장이 되고 있으며, 언론 탄압 시비도 <u>불러일으킨다</u>"며 "결국 독자는 정치권력과 언론재벌기업에 의해 조율된 신문을 받아보는 셈"이라고 비판했다.『한겨레』, 1999. 10. 19.

14) 강원일 특별검사는 17일 "2개월 동안 오로지 사건의 진실 규명을 위해 최선을 다했다"며 "그러나 현행 특검제법은 수사 기간을 2개월로 제한해 피조사자가 수사에 협조하지 않는데다, 수사 상황 공표를 금지해 언론이 추측 보도함으로써 국민적 오해를 <u>불러일으키는</u> 등 여러 문제점을 안고 있다"고 지적했다.『한겨레』, 1999. 12. 18.

15) 주제는 무겁고 추상적이지만 자유롭게 쓰여진 글들이라 절로 공감을 <u>불러일으킨다</u>.『한겨레』, 2000. 1. 12.

16) 자연 재해 역시 이따금 문제를 <u>불러일으키고</u> 있다.『한겨레』, 2000. 2. 8.

17) 이 장관은…… "그들의 안전을 위해 국제적 여론을 <u>불러일으키는</u> 데 최대의 노력을 기울이겠다"고 말했다.『한겨레』, 2000. 1. 19.

18) 그의 낭랑한 목소리는 이 방송사상 최대의 호응을 <u>불러일으킬</u> 정도였다.『한겨레』, 2000. 1. 29.

19) 특히 민주당은 총선연대의 낙선운동이 다시 활성화될 경우 정치권에 세대교체 바람을 불러일으킬 수 있다고 기대했다. 『한겨레』, 2000. 4. 4.

이렇게 들어놓은 19가지 보기글에 나온 부른다(불러일으킨다)란 말을 살펴보면

가) 1)에서 9)까지 쓴 부른다, 불렀다, 불러온은 모두 '가져왔다, 가져오고, 가져온'으로 써도 될 말이다.

나) 또 1) 6) 7) 8)은 '일으켰다, 일으키고, 일으킨'으로 써도 될 말이다.

다) 3)만은 '(-가 되게) 했다'고 써도 된다.

라) 4)는 '-를 샀다'고 쓸 수도 있다.

마) 9)는 '(-을 하게) 했다'고 쓸 수도 있다.

바) 그런데 5)의 부른다는 무슨 뜻일까? 아마도 '가져왔다'고 쓸 말을 이렇게 멋을 부린다고 쓴 것이 아닌가 싶다. 그렇다면 여기서 쓴 부른다는 의인화라 할 수도 없고 잘못 쓴 것이다. 아주 '가져왔다'고 쓰는 것이 옳다.

사) 10)에서 19)까지는 불러일으켰다란 말인데, 이 말이 부른다란 말과 그 모양은 다르지만, 부른다란 말에서 갈려 나간 말이라 볼 수 있기에 여기서 함께 다루었다.

아) 10)에서 19)까지 들어놓은 불러일으켰다, 불러일으킨다, 불러일으키는, 불러일으키고, 불러일으킬은 죄다 '일으켰다, 일으킨다, 일으키는, 일으키고, 일으킬'로 쓸 수 있고, 이렇게 불러를 빼고 '일으켰다'로만 쓰는 것이 더 간명하고 우리 말답다고 본다.

자) 11)은 '(-게) 생각된다'고 쓸 수도 있다.

차) 14)는 '사는'이라고 써도 된다.

카) 14)는 또 '가져오게 하는'이라고 써도 된다.

타) 15)는 '(히게) 된다'고 써도 좋겠다.

마. 이 마을을 달동네라 불렀다. 그는 천재라 불렸다

'무엇을 무엇이라고 한다'고 할 말을 이렇게 불렀다, 불렸다고 쓰는 것은 모두 잘못 쓰는 말이다. 그리고 이렇게 잘못 쓰는 불렀다와 불렸다가 가장 많다.

먼저, 바르게 쓴 글을 몇 가지 들어보겠다.

1) 책은 문화의 꽃이라고 한다. 『동아일보』, 1996. 1. 27.

2) 국내 조직폭력계의 대부로 알려져온 조양은 씨가 지난 16일 25년 만에 고향 전남 화순과 어릴 적 살았던 광주를 방문한 뒤 17일 상경해…… 『동아일보』, 1995. 5. 19.

3) 시민운동 천국이라는 미국의 사례는 교훈적이다. '소비자의 바이블'이라는 애칭을 듣는 잡지 『컨슈머 리포츠』를 내는 '소비자연합'도 한때는 의회의 '정부를 전복할 우려가 있는 조직' 리스트에 올라 매카시즘의 희생양이 될 뻔했다. 『한겨레』, 2000. 1. 27.

4) 놀라운 웅변술 덕분에 '거리의 대통령'이라는 별명을 갖고 있는 그는 집권 사회당과 두 차례나 정치적 동맹 관계를 맺는 정치 수완을 발휘하기도 했다. 『한겨레』, 2000. 3. 22.

5) 빌 클린턴 미국 대통령의 부인 힐러리 클린턴을 가리켜 흔히 "퍼스트 레이디에 대한 인식을 바꾼 여자"라고 말한다. 『동아일보』, 1996. 3. 15.

이 다섯 가지 보기글에서 밑줄을 친 말들은 모두 제대로 바르게 쓴 것이다. 그런데 이렇게 보통 우리가 하는 말로 쓰는 경우보다 도리어 우리말이 될 수 없는 말법으로 쓰는 글이 훨씬 더 많다. 그래서 1)은 '꽃이라 불린다' 2)는 '대부로 불려온' 3)은 '소비자의 바이블이라 불리는' 4)는 '거리의 대통령이라 불리는' 5)는 '퍼스트레이디에 대한 인식을 바꾼 여자로 불린다' 이렇게 쓰는 것이다.

다음 보기글은 어떤가?

1) '벨젠의 천사'로 알려진 유대계 폴란드인 루바 트리진스카가 2차 대전 종전 무렵인 지난 1945년 베르겐 벨젠의 나치 수용소에서 돌봐주던 어린이들과 함께 섰던 모습. 그 후 50년이 지나 미국 마이애미에 살며 74세가 된 트리진스카는 장년으로 성장한 당시의 '어린이들'과 14일 암스테르담에서 재회의 기쁨을 누렸다. 『서울신문』, 1995. 4. 16.

2) 노르웨이 베르겐 소재 나치 유대인 수용소에서 '베르겐의 천사'로 불린 루바 트리진스카(74) 씨가 14일 암스테르담에서 50년 만에 장성한 이전의 유대인 소년 소녀들과 재상봉했다. 폴란드계 유대인인 트리진스카 씨는 수용소 내의 어린이들을 돌보며 대부분의 목숨을 구해냈다. 『한국일보』, 1995. 4. 16.

3) 삼성그룹 이건희 회장은 18일 '비행기의 캐딜락'이라는 별칭을 듣고 있는 국내 한 대뿐인 전세 비행기를 이용, 귀국했다. ……14인승 규모의 내부에 침대 냉장고 위성전화가 갖춰져 있는데다 '비행기의 캐딜락'으로 불릴 정도로 탑승감이 좋아 주로 세계적인 부호나 산유국의 왕족들이 자가용 비행기로 이용하고 있다. 『동아일보』, 1995. 4. 19.

4) 황해도 원산지방 사람들은 이 명태를 추운 날씨를 이용하여 몇 달 동안 말려 '망태'(지금의 황태)라 불렀다. ……60~70년대 이후 명태 말리는 방법이 발전하면서 눈 속에서 4개월 남짓 노릇노릇 잘 말려진 명태에는 따뜻한 바닷가 해풍에 한 달 넘게 말린 '북어'와 구별하기 위해 '황태'라는 이름을 붙였다. 따라서 명태는 바다에서 살아 있는 상태로는 명태, 바로 잡아 식탁에 올리면 생태, 냉동으로 꽁꽁 얼리면 동태, 그리고 건어물 북어와 황태 등으로 불리게 되었다. 『한겨레』, 2000. 1. 27.

5) '미친 소병'이라고 부르는 것은 그 때문이다. 본래 이 병은 스크래피라고 불리는 양의 병이있다. 『한겨레』, 2000. 4. 6.

이 다섯 가지 보기글에서 1)과 2)는 같은 사진 자료를 설명해놓은 글이다. 그런데 『서울신문』에서 쓴 글 1)은 "벨젠의 천사로 알려진"이라고 해서 바른 말로 되었지만, 『한국일보』의 글 2)에서는 "베르겐의 천사로 불린"이라고 해서 잘못된 말법으로 썼다.

3)에서는 같은 기사에서 똑같은 말을 되풀이하면서, 앞에서는 "비행기의 캐딜락이라는 별칭을 듣고 있는"이라고 바르게 써놓고, 뒤에 가서는 "비행기의 캐딜락으로 불릴 정도로"라 하여 잘못 쓰고 있다.

4)에서는 불렀다와 불리게 이렇게 두 군데나 잘못 썼고, 한 군데는 "이름을 붙였다"고 하여 바르게 썼다. "망태라 불렀다"는 '망태라 했다'고 써야 하고, "황태 등으로 불리게 되었다"는 '황태 따위로 말하게 되었다'로 써야 우리 말이 된다. 불렀다, 불리게 꼴로 쓴다면 '황태라는 이름을 붙였다'도 '황태라는 이름으로 불렀다'로 되어버린다.

5)는 부르는, 불리는 이렇게 두 군데서 달리 썼지만 모두 잘못되었다. "미친 소병이라 부르는 것은"이 아니라 '미친 소병이라고 하는 것은'이라고 써야 하고, "스크래피라고 불리는 양의 병"은 '스크래피라고 하는 양의 병'이라 써야 우리 말이 된다.

바. '부른다'(불렀다)의 보기글

그러면 이제부터 주로 신문에서 쓰고 있는 글의 실상을 좀더 널리 알아보도록 하겠는데, 부른다(불렀다)와 불린다(불렸다)로 나누어서, 먼저 부른다의 보기를 들기로 한다. 보기글 가운데 나오는 잘못 쓴 부른다란 말 밑에 밑줄을 쳤고, 글 뒤에 이 말을 바로잡아놓은 말을 화살표로 적었다.

1) 가까운 이웃들은 우리 집을 가리켜 동물원이라 부른다. 슬하에 자식이 셋이면 야만이라 하고, 넷이면 짐승이라 하는데, 짐승이란 말이 어색하니까 동물원이라 부른단다. (→한다 | →한단다) 『학부모 신문』,

1995. 4. 6.

2) 우리는 이름하여 이 책가방을 고생보따리라 불렀지만…… (→했지만)『영덕신문』, 1995. 4. 15.

3) 몇 안 되는 홍콩의 걸인들을 두고 '팔자 좋은 거지'라고 부른다. (→한다.)『한국일보』, 1995. 6. 2.

4) 우리는 이 소설을 아리랑이라 부릅니다. (→합니다.)『동아일보』, 1995. 7. 1.

5) 떡을 빵이라 부르는 아이 (→하는)『한국일보』, 1996. 1. 5.

6) 분홍 노랑 연두색이 고르게 섞여 빛깔이 고운 떡을 보더니 말을 배우기 시작한 아이가 한사코 빵이라고 부르는 것이었다. (→하는)『한국일보』, 1996. 1. 5.

7) 예전에는 모래나 장대에 널어 말린 타시타르라고 부르는 건어포와 고기알 요리를 직접 만들어 팔았으나 지금은 도시에서 온 트럭이 한꺼번에 사 가기도 한다. (→하는)『한겨레』, 1996. 1. 14.

8) 그해의 첫날이라 해서 원단(元旦)이라고 하며 설날 아침은 원조원단(元朝元旦)이라 부른다. (→한다.)『설악문화신문』, 1996. 2. 19.

9) 사적18호 경주 임해전지(臨海殿址)의 안압지도 원래의 이름인 월지(月池)로 불러야 한다는 주장이다. (→[-라고] 해야)『동아일보』, 1996. 2. 26.

10) 독도를 다케시마(竹島)로 부르는 것은 그렇다고 치자. 대나무도 없는 섬을 그렇게 부르는 따위가 우리 발음 독도의 차음이란 혐의가 짙다는 것을 굳이 목소리 높여 내세울 것도 없다. (→[-라고] 하는 → 말하는)『한겨레』, 1996. 2. 28.

11) 아래턱이 위턱보다 큰 사람을 주걱턱이라 부른다. (→한다.)『동아일보』, 1996. 3. 15.

12) 북한에서는 남한의 신세대 X세대에 해당하는 젊은 세대를 '새세대'라고 부른다. (→한다.)『동아일보』, 1990. 3. 24.

13) 물론 공부하기 위해 교과서와 참고서를 읽는 일을 아주 열심히

했고 그래서 공부도 썩 잘했지만 그걸 독서라 <u>부르기엔</u> 부족하다는 생각이 앞선다. (→하기엔) 『동아일보』, 1999. 6. 26.

14) 장욱진은 생전에 이런 그림들을 '매직그림'이라 <u>부르기도</u> 했다. (→하기도) 『한겨레』, 1999. 7. 16.

15) 우리는 한국전쟁을 오랫동안 '동란'이나 '사변'으로 <u>불렀다</u>. (→〔-이라고〕 했다.) 『한겨레』, 1999. 7. 26.

16) 그 세계를 우리는 코스몰로지 즉 우주론이라고 <u>부르는</u> 것이다. (→하는) 『한겨레』, 1999. 7. 27.

17) 이 경장은 <u>스스로를</u> '판돌이'라고 <u>불렀다</u>. ……이 경장은 익명의 그 경찰관을 '포돌이'(포경장)이라고 <u>불렀다</u>. (→했다. | →했다.) 『한겨레』, 1999. 8. 17.

18) 김제 사람들은 이 넓은 들을 '징게 맹게 외아밋들'이라고 <u>부른다</u>. ……그 후 광활면 간척지에 머물러 농사를 짓고 사는 사람들을 '개땅쇠'라고 <u>불렀다</u>. ……그들은 간척지에서 인고의 삶을 사는 자신들을 가리켜 '개땅쇠'라 <u>불렀다</u>. (→한다. | →했다. | →했다.) 『한겨레』, 1999. 9. 2.

19) 말을 바로 하면 그들을 기득권층이라고 <u>부르면</u> 그만이다. …… 단지 그들을 사회지도층 이라고 <u>부르고</u> 나서 일이 터지면 욕하는 것보다…… (→하면 | →하고) 『한겨레』, 1999. 9. 21.

20) 청백리는 '청요'라고도 <u>불렸는데</u>, 요직에 있으면서도 그 임무를 청렴겸직하게 수행하는 관리를 뜻했다. (→했는) 『한겨레』, 1999. 10. 2.

21) 흔히 대학사회에선 공대생을 '공돌이'라고 <u>부른다</u>. (→한다.) 『한겨레』, 1999. 10. 4.

22) 냉전시대만 해도 서방세계는 끝까지 정체를 밝혀내지 못했던 '제3의 스파이'를 '미스터리의 첩보원'으로 불렀으며, 이는 그의 별명이 된 셈이다. (→〔-이라〕 했으며) 『한겨레』, 1999. 11. 13.

23) 그러나 베트남에서 양민학살에 대해 조사한 곳의 명칭은 '전범

조사위'이며, 죽음을 당한 분들의 이름이 새겨진 위령비를 그곳에서는 '증오비'라고 <u>부른다고</u> 한다. (→한다고) 『한겨레』, 1999. 11. 24.

24) '꿈의 쌀'이라고 <u>부르는</u> 대호뜰 환경쌀은 꼭 유리알처럼 맑아 보이는 게 외견상 특징인데, 5kg들이 한 자루에 1만 3000원씩에 대호암반수탕에서 '여행 선물'로 팔고 있다. (→하는) 『한겨레』, 1999. 11. 25.

25) 그들은 재봉팀을 한 '구미'라고 <u>불렀는데</u> 재봉사 밑에 조수 밑에 '마도메' 밑에 '시아게' 밑에 '시다'로 돼 있었다. (→했는데) 『한겨레』, 1999. 12. 6.

26) 이 식물의 '동성동본 금혼제'를 과학자들은 자가불임성(자가불화합성)이라고 <u>불렀다</u>. (→했다.) 『한겨레』, 1999. 12. 6.

27) 그래서 미국인들은 위베르 베드린 프랑스 외무장관이 최근 미국을 '과대강국'이라고 <u>불렀을</u> 때 정말 놀랐다. ……11월 13일 이고리 세르게예프 러시아 국방장관은 모스크바의 군지휘관 모임에서 미국을 '잠재적인 적'으로 <u>부르면서</u> 러시아의 국가안보는 "미국과 나토에 의해 위협받고 있다"고 말했다. (→했을 | →〔-이라〕 하면서) 『한겨레』, 1999. 12. 6.

28) 한이 높게 높게 쌓여/한라산이 되었구나/한이 넘쳐 넘쳐 흘러 흘러/한강이라 <u>불렀구나</u>/한만이 이 땅 이 땅에 맺혀 맺혀/한국이 되었구나. (→했구나.) 「김효순 칼럼」에서 인용한 이명철 씨의 시, 『한겨레』, 1999. 12. 17.

29) 그는 '진짜 나'를 '<u>주인공</u>'이라고 <u>부른다</u>. 그 주인공을 부처로 부르든, 하나님으로 부르든 '말'이야 무엇이든 별무 상관이다. '주인공=한 마음'은 시비가 붙을 자리가 아니다. (→한다 | →〔-라고〕 하든 | →〔-이라고〕 하든) 『한겨레』, 2000. 1. 8.

30) 미군은 우리를 미리 대피시키지 않고 자기 국민들만 대피시키는 훈련을 '커레이저스 채널 99'라고 <u>부르고</u> 1999년 3월 27일께 이 훈련에 1만 1,000여 명이 참여했다고 발표했다. (→하고) 『한겨레』, 2000. 1. 11.

31) 유진벨재단을 심부름한다는 뜻의 '당나귀 재단'이라고 <u>부르는</u>

인세반 씨는 "21세기의 자선단체는 기증인과 피기증인의 심부름꾼이어야 한다"고 강조한다. 남북한 사람들이 서로 만나 스스로 문제를 해결할 수 있을 때까지 외국인 자신을 '머슴'으로 불러달라는 것이다. (→하는 | →[-이라] 말해) 『한겨레』, 2000. 1. 11.

32) '문화건달'이라고 불러주세요. (→[말]해) 『한겨레』, 2000. 1. 12.

33) 그러나 우리의 경우처럼 후보 공천과 선거 운동 등에 대한 국민의 직접적인 발언권을 봉쇄하면서 자유민주주의를 외친다는 것은 강아지를 호랑이라 부르는 우격다짐과 다를 바 없다. (→[-이라고 하는]) 『한겨레』, 2000. 1. 14.

34) 어떤 학자들은 웃음을 유스트레스(eustress)라고 부른다. 스트레스의 반대라는 말이다. (→한다.) 『한겨레』, 2000. 1. 15.

35) 이 때문에 서방에서는 그를 '도살자' '살인자' 등으로 불렀다. (→말했다.) 『한겨레』, 2000. 1. 17.

36) 사실 청계천이란 말은 일본인들이 지명을 바꾸면서 붙인 이름이고 고려시대 이래로 도읍의 배수가 잘 되도록 어느 정도 인공을 가한 하천을 일반적으로 개천이라고 불렀다. (→했다.) 『한겨레』, 2000. 1. 20.

37) 감독은 멜로드라마를 "값비싼 특수효과가 없이도 섬세한 감성에 바탕을 두고 적은 예산으로 만들 수 있는 감성의 사업"이라고 불렀다. (→했다) 『한겨레』, 2000. 1. 28.

38) 우리는 세계경제의 위험이라는 관점에서 이 문제를 보아야 한다. 그런 시각에서 보면 우리가 이미 본 위험성이 다 포함되어 있음을 알 수 있다. 원자력 위험, 기술 위험, 금융 위험 등이다. 나는 이것을 '경제 체르노빌'이라 부른다. (→한다.) 『한겨레』, 2000. 1. 28.

39) 그리스도의 주권이 역사한 구속의 미술을 우리는 기독교 미술이라고 부르며 그 미술은 말씀에 기초한 기독교 세계관의 구조 안에서 회복되어가는 미술이다. (→하며) 『주간 기독교』, 2000. 1. 23.

40) 이것의 전체 길이는 중국에 있는 만리장성의 열 배나 된다고 합

니다. 일부 사람들의 주장에 의하면, 이것을 줄지어 놓으면 2만 킬로미터에 달할 것이라고 하는데, 그 길이는 지구 둘레의 절반이나 되는 것입니다. 심지어 이것을 가리켜 세계의 여덟 번째 불가사의라고 <u>부르는</u> 사람들도 있습니다. (→하는) 『깨어라』, 2000. 2. 8.

41) 이것을 우리는 '갯벌의 잠재적 생산성'이라고 <u>부른다</u>. (→한다)
『KBS저널』, 2000. 2.

42) 조씨 할아버지는 또 '점말'은 골짜기 재 밑에 위치한 마을이 '잿말'로 바뀌었다가 <u>부르기</u> 쉽게 '점말'로 변했다고 일러주었다. (→말하기) 『KBS저널』, 2000. 2.

43) 러시아의 각종 동아시아 정책을 계획·검토·입안하는, 모스크바의 관영 대형 연구기관 '극동연구소' 한 층에는 러시아 학자들이 이른바 '코리아 갤러리'로 <u>부르는</u> 곳이 있다. (→[-라고] 하는) 『한겨레』, 2000. 2. 1.

44) 하지만 나는 그것들을 야만의, 혹은 맹목의 문학이라 <u>부른다</u>. ……이것을 '교양'이나 '현학취미'라고는 할 수 있어도 지성이라고 <u>부를 수는 없다</u>. (→한다 | →할) 『한겨레』, 2000. 2. 15.

45) 난 이걸 '교육 살리기 대연합군'이라고 <u>부른다</u>. (→한다.) 『한겨레』, 2000. 2. 17.

46) 오리콤은 이 휴무일을 '로빈슨 크루소 데이'로 <u>부르기</u>로 했다. (→[-라고] 말하기로) 『한겨레』, 2000. 2. 17.

47) 이제 임진왜란을 '조일전쟁'으로 <u>불러야</u> 한다. (→[-이라] 해야) 『한겨레』, 2000. 2. 24 광고

48) 누구나 스매싱 펌킨스를 얼터너티브록밴드라고 <u>불렀지만</u>, 그들은 결코 인정하지 않았다. (→했지만) 『한겨레』, 2000. 3. 3.

49) 후세의 학자들은 만성피로증후군을 '프로렌스 나이팅게일 병'으로 <u>부르기도</u> 한다. (→[-이라] 말하기도) 『한겨레』, 2000. 3. 4.

50) 교회 스스로 범죄라고 <u>부른</u> 기독교의 과거 역사는 다른 어떤

종교에서도 예를 찾을 수 없는 공격성을 띠고 있었다. (→한)『한겨레』, 2000. 3. 7.

51) 풀무란 이름의 유래는 학교가 있는 자리를 예전에 풀무골이라고 불렀는데, 풀무란 원래 대장간에서 바람을 내는 기구가 아닙니까. (→했는데)『풀무』, 1999. 9.

52) 그래서 사람들은 대한민국을 R.O.K가 아니라 R.O.T.C(총체적 부패공화국)라고 부른다. (→한다.)『한겨레』, 2000. 3. 27.

53) 누가 우릴 약체라 불렀지. (→했지)『한겨레』, 2000. 3. 28.

54) 선거를 치르기 위한 비용도 엄청난 액수였으나, 국민들과 그 정치를 하는 이른바 정치인이라고 부르는 부류를 선택하는 기준에는 더 나아진 상황이 하나도 없었다. (→하는)『한겨레』, 2000. 3. 28.

55) 현대의 한 관계자는 "공정거래법상 기업집단의 총수를 '계열주'로 불러 그 권한과 책임을 인정하고 있어 기업집단을 대표할 최고 경영자가 필요해 그룹회장제를 없애기 어렵다"고 말했다. (→〔-라고〕하여)『한겨레』, 2000. 3. 29.

56) 아무리 자유선거를 한다고 해도 야당이 선거를 통해 정권을 바꿀 수 없을 때 이를 민주주의라고 부르기 어렵다는 뜻이다. (→〔말하기〕)『한겨레』, 2000. 3. 31.

57) 거제 출신 대통령은 하의 출신 대통령을 '독재'라 부른다. (→한다.)『한겨레』, 2000. 3. 31.

58) 원불교에선 출가하여 교단과 세상에 헌신하고자 하는 사람을 전무 출신이라 부른다. (→한다.)『한겨레』, 2000. 4. 1.

59) 이누리(18·서울 중동고 3)군. '고교생 에디슨'이라고 부를 만하다. (→할)『한겨레』, 2000. 4. 1.

60) 한의학에선 허혈성 심질환을 흥비 심통 등으로 부른다. (→말한다.)『한겨레』, 2000. 3. 16.

61) 서양에서 대학을 지칭하던 '상아탑'이라는 말을 빗대어 '우골탑'

이라고 자조적으로 바꾸어 불렀지. (→말했지)『한겨레』, 2000. 3. 21.

62) 우리는 왜 딸기를 딸기라고 부를까. 닭을 딸기라고 부르거나 딸기를 닭이라고 부르면 안 되는 것일까. (→할까 | →하거나 | →하면)『한겨레』, 2000. 3. 24.

63) 그러나 더 놀라운 일은 여태까지 북한을 '북괴'로 불러 왔던 남한의 몇몇 저명한 국수주의자들이 북한에 가서 단군무덤 앞에서 참배할 뜻을 밝혔다는 소식이다. (→말해)『한겨레』, 2000. 2. 22.

64) 그렇기 때문에 'NHK'를 '기미가요 방송사'라 부른다. (→한다.)『한겨레』, 2000. 3. 27.

65) 만주 침략 '이후'를 '15년 전쟁'이라고 표현하지만 나는 진주만 공격 '이전'부터 지속해온 전쟁이라는 점에서 '50년 전쟁'이라 부르고 있다. (→말하고)『한겨레』, 2000. 3. 27.

66) 학교 설립자들이 "학교가 자석처럼 학생들을 끌어들이고 있다"고 말한 것에서 유래가 돼 이런 특성화 교육을 마그넷 프로그램으로 부르게 됐다. (→〔-이라〕 말하게)『한겨레』, 2000. 4. 8.

67) 한 후보는 "78년 진주 교도소에서 복역중이던 김대중 신민당 지도자가 서울대병원에서 치료를 받고 있을 때 교도관 승낙 없이 면담을 시도했다가 구속된 사건"이라며 "이를 두고 정가에서는 '세배사건'이라 부른다"고 밝혔다. (→한다)『한겨레』, 2000. 4. 8.

68) 한편 이시하라 지사는 10일 도쿄도 지역 시찰 도중 '삼국인' 발언과 관련해 전후 혼란기 때 불법행위를 한 외국인들을 당시 신문들이 그렇게 불렀다고 해명하고, 현재 도쿄에도 많은 불법 외국인이 있어 반드시 소요사건을 일으킬 것이라면서 "못 할 말을 했느냐"고 반문했다. (→말했다고)『한겨레』, 2000. 4. 12.

69) 이름은 교과별 특기적성교육(보충수업)과 교실을 개방하는 자기주도직 학습(자율학습) 등으로 부르고 있지만, 실제로는 기존 보충수업과 자율학습의 틀에서 크게 벗어나 있지 않다. (→말하고)『한겨레』,

2000. 4. 11.

70) 아마도 작명에 능한 일본인 덕분에, 우리는 그 책을 단 세 음절로 줄여 『국부론』이라 부른다. (→한다.) 『한겨레』, 2000. 4. 11.

71) 평소 중국을 '지나'라는 경멸조 용어로 불러온 이시하라 지사는 문예춘추 발행 『쇼쿤』 3월호에서 아예 "중국은 분열시켜야 한다. 일본은 거기에 조금이라고 보탬이 돼야 한다"고 공언했다. (→말해) 『한겨레』, 2000. 4. 14.

72) 단임골 성자라 불러도 좋을 리영광 씨에게 요즘 고민거리가 하나 생겼다. (→해도) 『한겨레』, 2000. 4. 16.

73) 바새 앞 강을 따라 길게 이어진 절벽은 마을 사람들이 '앞뻥대'라 부른다. (→한다.) 『한겨레』, 2000. 4. 20.

74) 옛날 떼꾼들은 이 바위를 '문둥바우'라 부르며 뗏목이 부딪히지 않도록 사투를 벌였다. (→하며) 『한겨레』, 2000. 4. 20.

75) 체류 기간에 '국제부녀절' 혹은 '3·8절'(우리에겐 '세계 여성의 날')이라고 부르는 명절을 맞았는데, 만나는 남성마다 많은 축하인사를 보내면서 내가 비운 서울 집안 걱정을 해주기도 하였다. (→하는) 『한겨레』, 2000. 4. 20.

76) 사용하는 말 중에서 우리가 아는 것과 그 의미가 완전히 거꾸로인 것도 있었는데 오징어는 낙지, 낙지는 오징어라 부르고, 목련을 목란, 목란을 목련이라고도 했다. (→하고) 『한겨레』, 2000. 4. 20.

77) 내가 그곳을 들어갔던 날은 마침 그곳 초등학교의 개교 기념일, 그곳 어린이들은 학교 생일날이라 불렀는데, 공휴일은 아니었지만 학교는 문을 닫고 있었다. (→했는데) 『한겨레』, 2000. 4. 21.

78) 주민들은 생합이라고 부르며, 특히 5년 이상 자란 어른 주먹만한 놈들은 대합이라고 부른다. (→하며 | →한다.) 『한겨레』, 2000. 4. 22.

79) 비전향 장기수를 다르게 부르는 말이다. 한국전쟁 때 북한 비정규군 전쟁포로 출신이거나 공작원으로 남파됐다 붙잡혀 수십 년 감옥

생활을 하다 풀려난 사람들을 <u>부르는</u> 말들에는 미묘한 차이가 담겨 있다. ……1995년 10월부터 보수적인 단체와 공안기관에서는 다시 비전향장기수를 '출소공산주의자'로 <u>부르기</u> 시작했다. (→가리키는 | →가리키는 | →〔-라고〕 말하기) 『한겨레』, 2000 4. 26.

80) 우리 마을은 희곡입니다. 그 가운데 내가 사는 곳은 괴곡입니다. 옛날에는 괴곡을 '희실'이라고 <u>불렀습니다.</u> (→했습니다.) 밀양단산초등학교 6년 백미정

81) 우리 마을은 희곡 가운데 한 곳으로 이름은 박산이다. 옛날에는 박미라고 <u>불렀다고</u> 한다. (→했다고) 밀양단산초등학교 6년 백아르미

82) 이처럼 다른 반 아이들 중 일부는 우리 선생님을 페리카나라고 <u>부른다</u>. 나도 내 친구들 앞에서 우리 반 선생님을 페리카나라고 <u>부른다</u>. 오히려 우리 반 선생님을 <u>부를</u> 땐 그게 더 훨씬 편하고 <u>부르기도</u> 쉽다. (→한다. | →한다. | →말할 | →말하기도) 서울대길초등학교 6년 김수한

지금까지 들어놓은 여든두 가지 보기글에서 쓴 <u>부른다</u>란 말은 모조리 잘못 쓴 말이다. 이 가운데서 79)에 나오는 부르는만은 '가리키는'이라고 써야 하지만, 그밖에 죄다 '한다' 또는 '말한다' (앞에 오는 말에 따라 '〔-라고〕 한다' 꼴로 써야 우리 말이 된다.)

물론 23)의 경우와 같이 "증오비라고 부른다고 한다"를 '증오비라고 한다고 한다'고 했을 때, 바로 뒤에 또 '한다'가 와서 모양이 (말하기나 듣기가) 좋지 않다면 '증오비라 말한다고 한다'고 쓰든지, 아니면 '증오비라 한다는 것이다' 따위로 쓰면 되는 것이다.

그리고 80) 81) 82)는 초등학교학생들의 글이다. 벌써 이 병든 말이 시골 초등학교학생들의 글에까지 번져가고 있다는 사실을 알 수 있다. 이 가운데서 82)에 여러번 나오는 <u>부른다</u>는 말은 실제로 담임선생님을 아이들이 그렇게 불렀다는 말이 아닌가, 하고 생각할 수도 있다. 그러나 내가 판단하기로는 아이들이 자기 담임선생님을 "페리카나 선생님!" 하

고 부르지는 않았을 것이다. 다만 저희들끼리 말할 때 담임선생님을 "페리카나" 또는 "페리카나 선생"이라고 말했다고 본다. 그렇게 이 글을 읽어야 옳을 것이다.

사. '불린다'의 보기글

부른다를 입음꼴(피동형)로 만들어놓은 불린다란 말은 "경찰서에 불려 갔다" "어느 학생이 교무실에 불려 갔다"고 할 때 말고는 그 어떤 경우에도 우리 말로 바르게 쓰는 말이 될 수 없다. 그런데도 글을 쓰는 거의 모든 사람들이 이 말을 예사로 쓰고 있다. 다음에 들어놓은 보기글은 좀 양이 많은데, 우리 말과 글이 얼마나 많이 오염되어 있는가를 알리고 싶었고, 또 혹시 어쩌다가 '이런 글에서는 이대로 써야 하지 않겠나' 싶은 경우가 있을는지도 모른다 싶어 눈에 띄는 대로 적어놓았던 것이다. 그러니, 이 많은 보기글 가운데 나오는 불린다란 말이, 우리 말로 살아 있다고 생각되는 데가 어디 한 군데라도 있으면 누구든지 알려주기 바란다. 내가 어쩌다가 주로 신문을 읽으면서 눈에 띈 것을 적어둔 것이 이런데, 실제로는 얼마나 많이 쓰고 있겠는가? 어느 신문이고 날마다 이 말이 안 나오는 날이 없을 것이다.

1) 감귤류는 모든 암에 효과가 있는 종합 항암제로 <u>불린다</u>. (→〔라고〕 한다.) 『서울신문』, 1994. 3. 24.

2) 지난 1월 18일 작고한 문 목사는 민중주체 민주화 통일론을 펴며 민간인으로서는 최초로 89년 평양을 방문하고 그 후 민간차원의 통일 운동을 활성화시키는 데 기여했으며, 여섯 차례나 투옥되면서 중단 없는 민권 운동을 전개해 재야 운동의 대부로 <u>불렸었다</u>. (→알려졌다, 〔가〕 되었다.) 『서울신문』, 1994. 3. 25.

3) '철의 여인'이라 <u>불리며</u> 79년부터 90년까지 영국의 보수당 당수

겸 수상을 지낸 대처 여사는…… (→하여) 『서울신문』, 1994. 3. 28.

4) 생활 수준의 향상과 함께 급증해 '선진국병' 혹은 '문명병'으로 알려진 당뇨병은 일본의 경우 환자 수가 500만 명에 이르러 '국민병'으로 불리고 있을 정도다. (→〔이라〕 말하고) 『동아일보』, 1994. 3. 29.

5) 마지막은 원저노트로 더블크로스노트로도 불린다. (→〔라고도〕 한다.) 『경향신문』, 1995. 4. 5.

6) '동양의 파리'로 불렸던 호치민(구 사이공)이나 해변 휴양지 붕타우 등 곳곳에 위락시설이 신축되고 있고 거리마다 유흥업소가 들어서는 등 외국 관광객 유치를 위한 움직임이 베트남에서도 활발하게 일고 있다. 베트남은 흔히 '3多의 나라'라고 불린다. (→〔라고도〕 했던 | → 한다.) 『동아일보』, 1995. 4. 20.

7) 흔히 '노망'이라 불리는 노인성 치매의 대부분을 차지하는 알츠하이머병의 원인과 치료법에 대한 연구가 국내에서 활발하게 진행되고 있다. (→하는) 『한겨레』, 1994. 5. 3.

8) 울산 태화강 상류에 있는 '선바위'. 최근 익사사고가 자주 발생해 죽음의 바위라고 불리고 있다. (→말하고, 알려져) 『한겨레』, 1994. 8. 7.

9) 표암은 시·서·화 삼절로 불리는 조선시대 후기의 대표적 사대부 서화가이자 평론가로, 기예를 겸비한 화풍과 비평을 통해 18세기 조선 화단을 이끄는 충주적인 역할을 했다. (→알려진) 『한겨레』, 1994. 12. 31.

10) 괌은 600여 종의 열대식물이 서식하고 있는 '식물 박물관'으로 불린다. (→〔이라〕 한다.) 『문화일보』, 1995. 2. 10.

11) 중국의 황제로 불리는 덩샤오핑(鄧小平)은 여성관계가 전혀 알려 있지 않다. (→〔라〕 하는) 『중앙일보』, 1995. 2. 15.

12) 대덕은 한국 과학기술의 메카라 불리는 자연과학 기술 계통의 중점 연구단지다. (→하는) 『중앙일보』, 1995. 3. 8.

13) 끝내는 대한의 아들 딸인 그대들이 서울교육대학교의 이름과 함께 교육계의 진귀한 보배로 불리워질 때가 오고야 말 것이다. (→알

려진,〔가〕될)『서울교대학보』, 1995. 3. 31.

14) 남대문 근처 북창동과 남창동은 일제 때 쌀 창고가 있어 북미창정(北米倉町)과 남미창정(南米倉町)으로 불린다. 광복 이후 '미' 자를 뺐지만 여전히 일제 잔재가 남아 있다. (→〔이라고〕하다가)『한국일보』, 1995. 3. 22.

15) 청바지의 경우도 기본 일자형에서 앞지퍼 부분을 여러 개의 단추로 처리하거나 박진영·김건모 등 가수들이 유행시킨 힙합 스타일의 헐렁한 바지, 또 뽀빠이바지라고 불리는 멜빵바지 등 다양하다. (→하는)『경향신문』, 1995. 4. 5.

16) 값싸고 개발이 용이해서 약간의 화학공업 능력만 있으면 쉽게 생산돼 '가난한 나라의 핵무기'라고 불리기도 한다. (→하기도)『동아일보』, 1995. 4. 15.

17) '동유럽의 양심'으로 불리던 구 유고의 반체제 운동가 밀로반 질라스가 20일 베오그라드 자택에서 심장마비로 타계했다. 향년 83세. (→알려진,〔이라고〕하는)『한국일보』, 1995. 4. 22.

18) 그 임부자도 차함(借啣)을 샀는지라 임박천(林博川)이라 불리었다. 박천고을 군수직함을 샀기 때문이다. (→했다)『문화일보』, 1995. 4. 29.

19) 세계 최고 권위의 물리학 저널인『물리 평론』(Physical Review Letters) 최근호는 미국 메사추세츠 공과대학의 안경원 박사가 3년여의 연구 끝에 '마이크로 레이저'(單원자 레이저)라 불리는 새로운 레이저를 개발하는 데 성공한 사실을 상세히 소개했다. (→하는)『중앙일보』, 1994. 12. 2.

20) 프랑스의 50대 남자가 '죽음의 경주'라 불리며 베테랑 카레이서들도 겁내는 '파리~다카르 랠리' 구간을 걸어서 완주하기 위해 서부 아프리카 세네갈의 다카르를 출발, 15일 만에 600여km를 걸어 지난 1일 중간 기착지인 모리타나의 나우코트에 도착했다고. (→하며)『중앙일보』, 1995. 1. 7.

21) 이 연구소의 연구 그룹은 11일 '알츠하이머 환자들은 뇌신경세포가 죽을 때 등골의 수액(髓液) 속으로 빠져 들어가는 '다우'라고 불리는 단백질이 건강한 사람보다 2배 이상 된다는 점을 파악했다'고 밝히고 이를 이용하면 알츠하이머병을 정확히 진단할 수 있다고 말했다. (→하는) 『한국일보』, 1995. 2. 12.

22) 물론 경찰의 꽃이라 불리는 경무관까지 지낸 사람으로서 경찰의 치부를 드러내기란 쉬운 일이 아니었지만, 경찰 조직의 거듭남을 위해 누군가는 해야 할 일이라고 생각한다. (→하는) 『한겨레』, 1995. 3. 8.

23) 흔히 영생교로 불리는 이 집단의 공식명칭은 승리재단이다. (→[라고] 하는) 『새누리』, 1995. 3. 11.

24) 이러한 새로운 건강식품이 나오게 된 것은 최근 식물화학물질이라고 불리는 야채 속의 성분이 암세포를 억제하는 데 도움이 된다는 연구 결과가 발표된 데 따른 것. (→하는) 『동아일보』, 1995. 3. 11.

25) 18세기까지 인어(人魚)가 있었다고 전해지며 지금도 '환상의 섬' 또는 낙도(樂島)라 곧잘 불린다. (→말한다.) 『한국일보』, 1995. 3. 14.

26) '베이비 붐' 세대라고 불리는 베트남의 신세대 젊은이들 (→하는) 『동아일보』, 1995. 4. 27.

27) 지구의 허파로 불리는 숲은 산소를 만들어낼 뿐 아니라 대기 중 먼지와 중금속을 제거한다. (→[라고] 하는) 『한국일보』, 1995. 5. 10.

28) 암석권으로 불리는 지구의 외각이 판(板)이라고 하는 10여 개의 크고 외견상 안정돼 보이는 조각으로 구성돼 있다는 것이다. (→[이라] 하는) 『동아일보』, 1995. 5. 31.

29) 흔히 '서울 올림픽의 메카'로 불리는 올림픽 공원은 몽촌토성을 중심으로 둔촌벌 43만 8,000여 평에 자리 잡고 있다. (→[라고] 하는) 『동아일보』, 1995. 6. 9.

30) 세계 언론인의 올림픽이라 불리는 제44차 국제언론인협회(IPI) 총회가 김영삼 대통령을 비롯, 45개국 1,000여 명의 언론계 대표·정

치인·학자 등이 참가한 가운데 서울 경복궁 근정전에서 개막식을 가졌다. (→하는)『중앙일보』, 1995. 5. 16.

31) 검찰은 이날 오전 야마나시 현 가미쿠이시 키무라의 옴진리교 시설 가운데 제6사티안으로 불리는 건물의 비밀 아지트에 숨어 있던 아사하라를 체포해 도쿄 경찰청 본부로 호송했다. (→〔이라고〕 하는)『한겨레』, 1995. 5. 17.

32) 영화(穎花)라고 불리는 벼꽃은 이삭이 나오는 날 또는 다음날부터 피기 시작한다. (→하는)『중앙일보』, 1995. 5. 25.

33) 이와 함께 '백두산 신선'으로 불리는 중국 지린성 '장백선 자연보호구' 생물촬영사 왕잉이 30여 년 동안 백두산을 돌아다니며 영산의 신비로움과 자연 생태계의 변화무쌍한 풍경을 찍은 사진 80여 점도 출품했다. (→〔이라〕 하는)『한겨레』, 1995. 6. 2.

34) 문지 3세대 또는 2.5세대로 불리는 이들은 문학과 사회 후계 그룹으로 주목받고 있다. (→〔라〕 하는)『경향신문』, 1996. 1. 1.

35) 이와 연관해서 우리는 최근 '환상소설' 혹은 '반리얼리즘 소설'이라고 불릴 수 있는 소설들을 적지 않게 만나게 됐다. (→할)『한겨레』, 1996. 2. 28.

36) 일본 역사소설을 완성시킨 국민작가로 '일본의 국사'로 불리는 시바 료타로는 문화론, 문화명론 등에서도 수준 높은 에세이를 저술했고 한국에서도 많은 독자들을 확보하고 있다. (→〔라〕 하는)『한국일보』, 1996. 2. 13.

37) 한때 '부정식품의 대명사'로 불리던 가짜 참기름. 일부 악덕업자들이 참기름을 짜고 난 깻묵에 옥수수기름이나 폐식용유를 넣어 다시 참기름을 제조, 시중에 유통시키다 적발되는 일이 자주 일어나면서 붙은 오명이다. (→알려진)『문화일보』, 1996. 3. 11.

38) 일본에서 가장 인기 있는 전통 식품 중의 하나로 콩을 발효시켜 만든 낫도(納豆). 흔히 일본 청국장이라고 불린다. (→한다.)『한국일보』,

제3장 삶에 파고든 병든 말 605

1996. 3. 12.

39) 종로는 흔히 '정치 1번지'로 불린다. (→[라] 한다.) 『동아일보』, 1996. 3. 15.

40) '회사인간'으로 불리는 일본의 직장인들 (→[이라] 하는, [이란] 말을 듣는) 『동아일보』, 1996. 3. 15.

41) '네모난 술잔'이라는 이름으로 불리는 술잔에 모가 나 있지 않다면 그것이 어떻게 '네모난 술잔'이냐는 뜻이다. (→알려진, [이] 붙은) 『동아일보』, 1996. 3. 17.

42) 이날 발표된 노 군의 직접 사인은 통칭 심장마비로 불리는 급사. (→[라] 하는) 『문화일보』, 1996. 4. 1.

43) 그런가 하면 영화배우 다카구라 켄은 '일본 최후의 거물 스타'로 불리며 골프계를 주름잡은 나카무라 도미이치, 아오키 이사오, 일본 문화사에 빛나는 다치하라 마사아키 등은 일본의 문화 체육계를 좌지우지한 한국인들이다. (→알려져 있으며) 『동아일보』, 1996. 5. 9.

44) '서울역 회군(回軍)'으로 불리는 이날의 집회에 참석한 학생들을 보호하기 위해 이 총장은 김종환 내무부장관 등에게 전화를 걸어 학생들의 안전귀가를 보장받고도 그것이 못 미더워 서울역에서 학교까지 학생들과 함께 비를 맞으며 걸었다. …… 지난 87년 총학생회장이 '총장', 총장이 '교장'으로 불리던 시절 총장실을 점거한 학생들의 뺨을 때리며 호되게 꾸짖은 일화는 유명하다. (→[이라고] 하는 | →[이라] 하던, [이란] 말을 듣던) 『동아일보』, 1995. 12. 16.

45) 과학 두뇌 요람으로 불리던 대전 대덕연구단지 연구원들의 상당수는 노태우 전두환 구 전직 대통령을 구속한 일을 잘한 일이라는 반응을 보였으나 '잘했다'는 응답 비율이 노 씨와 전 씨 간에 차이를 보였는데…… (→[이라] 하는) 『동아일보』, 1995. 12. 18.

46) '고사 노스트라'라고도 불리는 마피아 범죄 소식은 국세적으로 악명이 높다. (→하는) 『한국일보』, 1996. 1. 11.

47) 서울 종로가 '구 정치 1번지'라면, 강남을은 강남갑과 함께 '신정치 1번지'로 불린다. (→〔라〕 한다.) 『한국일보』, 1996. 1. 21.

48) 그중 과일의 왕이라고 불리는 '두리안'이라는 것이 있다. (→하는) 『한겨레』, 1996. 1. 27.

49) 과거 같으면 남조선 괴뢰정부로 불리면서 혁명의 계급적 원수로 제3위의 타도 대상(1위는 미국, 2위는 일본)이 바로 남쪽이다. (→〔라〕 하면서) 『한국일보』, 1996. 3. 4.

50) 관심의 대상은 당내 '빅4'로 불리는 김상현 지도위원장, 이종찬·정대철 부총재, 권노갑 지도위원 등 네 사람이다. (→알려진, 〔라고〕 하는) 『한국일보』, 1996. 3. 5.

51) 또 영국 외무부는 이날 이른바 헬름스-버튼법으로 불리는 이 제재조치는 수락할 수 없는 규정들을 포함하고 있다고 밝혔다. (→〔이라고〕 하는) 『동아일보』, 1996. 3. 15.

52) 골말에서 먼저 만나게 되는 것은 굴피로 된 물통방아. 100년 전 만들어졌으며 일명 물방아, 벼락방아로 불린다. (→〔라〕 한다.) 『신동아』, 1998. 3.

53) 궁터 맞은편 골짜기는 범든골이라 불리며, 이 골에 호식총(虎食塚)이 있었다. (→하며) 『신동아』, 1998. 3.

54) 마을을 가로지르는 경계로 왼쪽은 한소리, 오른쪽은 정선군 백전리다. 그러나 예부터 '용소마을'이라 하여 한 마을로 불렸다. (→보았다.) 『신동아』, 1998. 3.

55) 행정구역상 백전리에 소재하므로 백전 물레방아로 불린다. (→〔라〕 한다.) 『신동아』, 1998. 3.

56) 근육병은 '신이 내린 가장 가혹한 병'으로 불린다. 근육 기능이 점점 약해져 신체장애를 초래하는 난치병으로, 환자 본인은 물론 가족에게 감내하기 어려운 고통을 안겨주기 때문이다. (→〔이라〕 한다.) 『한국일보』, 1999. 1. 19.

57) 프랑스식 내각제는 총리에 비해 대통령 권한이 막강해 흔히 '변형된 대통령제'로 불리는데, 그의 이원집정제는 이와 가까운 듯하다. (→〔라〕하는데)『한겨레』, 1999. 7. 21.

58) 한번쯤 꿈꾸었음직한 이런 '원초적' 여행이 몇 년 전부터는 '백패킹'이라는 제법 그럴싸한 이름으로 불리고 있다. (→알려져)『한겨레』, 1999. 7. 22.

59) 언노련의 요구는 97년 7월 검찰이 수사한, 이른바 '로라 최 리스트'로 불리는 고액 도박꾼 명단 44명 중 두 번째로 많은 돈을 날린 '장존'이라는 인물이 장재국 회장이라는 월간『말』8월호 보도에 따른 것이다. (→〔라고〕하는)『한겨레』, 1999. 7. 22.

60) 내려오는 길, 때마침 내리던 '잉카의 눈물'이라 불리는 안개비 속에서 남편은 "앞으로 닥칠 어떤 고난도 우린 함께 극복할 수 있을 거야"라며 내 손을 잡았다. (→하는)『한겨레』, 1999. 7. 20.

61) 이철수의 목판화에는 삶과 자연을 돌아보게 하는 따뜻한 힘이 있습니다. ……그래서 선(禪)을 담은 선(線), 시를 담은 그림으로 불립니다. (→〔이라〕합니다.)『한겨레』, 99. 11. 6.

62) 모양성이라고도 불리는 고창읍성은 성을 쌓은 축성법으로 1573년에 축성된 것으로 추측된다. (→하는)『재능나라』, 1999. 10.

63) 교육 소비자 운동을 내걸고 학내 복지 쪽에 힘을 쏟아 흔히 비운동권으로 불린 연세대 총학생회장 김병기 씨는 "운동권이 너무 정치 지향적이었다면, 광란팀은 지나치게 그 반대쪽으로 나간 것 같다"며 "광란팀이 이길 경우 대학사회에서 운동권과 비운동권의 대립과 갈등의 골이 더욱 깊어질 가능성도 있다"고 지적했다. (→알려진, 〔이라고〕하는)『한겨레』, 1999. 12. 1.

64) 히로시마 현 간노세 강을 가로막은 폭 200미터의 발전용 고오보 댐. 5,000여 명의 한국 징용자들이 동원됐고 수많은 사람이 희생돼 '백골댐'으로 불린다. (→〔이라고〕한다.)『시민의 신문』, 1999. 9. 20.

65) 이들 가운데 일반 관광객은 얼마 되지 않고 거의 전부가 '따이공'이라 불리는 보따리 상인들이다. (→하는) 『문화일보』, 1999. 11. 20.

66) 1916년 함경북도 주흘에서 태어난 윤옹은 49년부터 경주에 정착, 경주 어린이 박물관 학교를 개설해 어린이들에게 신라문화의 우수성을 전파하고 58년 신라문화 동인회를 창립 87년부터 회장을 역임하는 한편 신라문화원 고문, 신라문화진흥원 고문, 부처님 마을 고문 등을 맡아오면서 '영원한 신라인'으로 불려왔다. (→알려져) 『밀교신문』, 1999. 12. 15.

67) 글로벌 산업·정보화 사회라고 불리는 새 밀레니엄을 이끌어갈 자원은 '지식'이라는 것이다. (→하는) 『한겨레』, 1999. 12. 17.

68) 특히 관동성 동부보다 늦게 발달된 서부는 중국의 실리콘밸리로 불리는 전자업체 밀집지역으로, 96년 이후 교통 편의를 고려해 주변의 대규모 공업단지를 조성하여 외국 유력 기업들을 적극 유치해왔다. (→〔라고〕하는) 『한겨레』, 1999. 12. 20.

69) 그러나 '인간'이란 의미는 상당히 복잡하다. '르네상스의 사상과 예술이 엄밀하면서도 포괄적인 의미에서 개척적 인간이라든가 유일무이한 인간이라 불릴 만한 유일한 인간이신 예수와 합치'되는 것이 진정한 '인간'이 되는 것이다. (→할) 『한겨레』, 1999. 12. 28.

70) 그래서 대한민국의 정치와 증권·금융의 1번지로 불리는 여의도, 그곳에 왜 천막촌이 들어선 것일까. (→알려진, 〔라고〕하는) 『한겨레』, 1999. 12. 29.

71) 검찰이 지난 97년 이른바 '로라 최 사건'으로 불리는 미국 라스베이거스 미라지호텔 카지노 도박사건을 수사하면서 한국일보 장재국 회장의 비서인 최창식 씨가 이 호텔 카지노에서 10만 달러를 빌려 도박한 사실을 확인하고도 입건도 하지 않은 채 내사 종결한 것으로 밝혀졌다. (→알려진, 〔이라고〕하는) 『한겨레』, 1999. 7. 26.

72) 하얀 점은 그릇을 포개 구울 때 붙지 말라고 밑에 괴는 규석 받

침 자국인데 눈물 흔적 혹은 참깨 씨앗이라 불려요. (→해요) 『한겨레』, 1999. 7. 27.

73) 「우리의 소원」을 노래하며 백골단이라고 불리는 무술경관들에게 수없이 두들겨 맞으면서 경찰서로 잡혀가 구류를 살고 나온 적이 있었다. (→하는) 『한겨레』, 1999. 8. 16.

74) 그러면서도 사업이 잘 안되면 정부와 지원 기관, 금융회사 들에 대한 불평을 한다. '중소기업 천국'으로 불리는 대만보다 중소기업 기원 정책과 제도가 잘 돼 있는 곳이 한국이라고 저자는 주장한다. (→[이라고] 하는) 『한겨레』, 1999. 8. 16.

75) 이번 결정에는 정 씨가 시민후보로 무소속 출마를 결정한 뒤 국민회의 쪽이 보선 패배를 우려해 뒤늦게 정 씨를 영입해 공천했다는 점에서 '텃밭'으로 불려온 이 지역의 '민심 이반'을 드러내주는 상징적 사건으로 받아들여지고 있다. (→[이라고] 하는) 『한겨레』, 1999. 8. 17.

76) 방송에 따르면 통일교는 지상천국을 건설하기 위해 잉글랜드만한 크기의 판타날이라 불리는 지역에 엄청난 규모의 돈을 쏟아붓고 있다. 통일교는 '새희망 농장'이라 불리는 지상낙원 건설에 이미 2,000만 달러(240억 원)를 사용했으며, 앞으로 10년간 20억 달러를 투자할 계획이다. (→하는 | →하는) 『한겨레』, 1999. 8. 17.

77) 그러나 80년대 말 이른바 '민족문학 주체 논쟁'이라는 이름으로 불린 논쟁이 바로 김명인의 87년도 논문에서 촉발된 것이었다. (→[으로] 알려진, [이] 붙은) 『한겨레』, 1999. 8. 17.

78) 한쪽에는 '코리'라 불리는 코라손 아키노 전 대통령과 하이메 신 추기경이 있다. (→하는) 『한겨레』, 1999. 9. 6.

79) 이정우 씨와 김상봉 씨는 이제 '작가' 혹은 '철학자'로 불리기를 원한다. ……이 씨는 그래서 "철학자도 교수라는 직책 외에 작가, 사상가, 문필가로도 불릴 필요기 있디"고 생각한다. (→[라고] 말해 주기를 | →[라고도] 말할) 『한겨레』, 1999. 9. 14.

80) 오늘날 여성 미술계의 대모라 불리는 이들을 만났다. (→하는) 『한겨레』, 1999. 9. 30.

81) 겨울엔 눈 속에 까맣게 변해서 '묵배'라 불린다. (→한다.) 『한겨레』, 1999. 11. 11.

82) 그러나 그런 죽음은 아직도 진상조차 밝혀지지 않은 채 그냥 '의문사'로 불리고 있을 따름이다. (→〔라고〕 말하고) 『한겨레』, 1999. 11. 13.

83) 고문 기술자 이근안 전 경감의 도피를 지시하고 1500만원의 돈까지 마련해 준 것으로 드러난 박처원(72) 전 치안감은 경찰 대공 분야에서만 40여 년을 보낸 대공업무의 '대부'로 불린다. (→알려져 있다.) 『한겨레』, 1999. 11. 16.

84) 이날 연설문은 '냉정의 전사들'로 불리는 그의 외교 안보 보좌관들에 의해 마련됐다. (→〔이라고〕 하는) 『한겨레』, 1999. 11. 22.

85) 영국 『인디펜던트』는 22일 미국 국방부 산하 언어연구소의 연구문서를 인용해, 국방부가 96년부터 98년까지 '의미의 숲'으로 불리는 국제적인 도청 프로그램을 시험했으며 계속해서 성능 향상 연구를 하고 있다고 폭로했다. (→〔이라고〕 하는) 『한겨레』, 1999. 11. 24.

86) 특히 일본은 만화왕국으로 불릴 만큼 많은 작품을 생산하고, 애니메이션과 같은 연관 사업을 발달시키면서 전 세계를 상대로 영향력을 확대해가고 있다. (→〔이라고〕 할) 『한겨레』, 1999. 12. 6.

87) 케빈 워릭 교수는 컴퓨터와 인간이 결합된 사이보그라고 불리는 새로운 인간의 탄생도 예측했다. (→하는) 『한겨레』, 1999. 12. 29.

88) 아메리칸 핏볼 테리어라는 개가 있다. 흔히 핏볼이라고 불리는 이 개는 오로지 투견만을 위해 만들어진 종자다. (→하는) 『한겨레』, 2000. 1. 28.

89) 산골 노부부가 사는 집은 귀틀로 된 벽체에 억새를 이어 올린 지붕으로 일명 '샛집'이라고 불린다. (→한다.) 『KBS저널』, 2000. 2.

90) 그러나 초보자가 단순 택배사업에 접근하기는 어려운 점이 많습니다. 3D업종으로 불릴 만큼 고되기 때문이죠. (→알려질, 〔이라〕

할) 『한겨레』, 2000. 1. 31.

91) 흔히 노자는 '노담'이라고도 불린다. (→한다.) 『중앙일보』, 2000. 1. 12.

92) 한국에서 제일가는 불교 성지로 불리는 팔공산은 신라 호국 성산(聖山)인 오악(五岳) 중의 하나로 일찍이 불교문화의 중심지로 꼽혀 온다. (→알려진, 〔라고〕 하는) 『KBS저널』, 2000. 1.

93) 흔히 '갓바위 부처'로 불리는 이 석불의 학술상 공식 명칭은 '관봉석조여래좌상'이다. (→〔라고〕 하는) 『KBS저널』, 2000. 2.

94) '전남지역 선교의 아버지'라고 불리는 인물 벨 목사는 현재 광주 양림동에 자리 잡은 선교사 묘지에 잠들어 있다. (→하는) 『한겨레』, 2000. 1. 11.

95) 대학로에 오는 많은 사람들은 주로 대학로라고 불리는 첫째 큰 길에서 놀다 간다. (→하는) 『한겨레』, 2000. 1. 12.

96) '천사원장'으로 불리며 각종 텔레비전 프로그램에 일곱 차례나 소개됐던 청소년 보호시설 원장이 10대 원생들을 상습적으로 구타하고 성폭행까지 한 혐의로 경찰에 붙잡혔다. (→〔이라고〕 하며) 『한겨레』, 2000. 1. 15.

97) 그러나 우리 불교가 기복불교에 안주한 사이 서양에선 일본의 '젠'이 선의 통칭으로 불려진다. (→된다, 알려진다.) 『한겨레』, 2000. 1. 20.

98) 주룽반도 쪽에서 바다를 사이에 두고 바라보는 홍콩섬 마천루의 야경은 이름난 볼거리다. 아시아 금융센터로 불리는 이곳의 화려함은 홍콩 경제의 3대 축인 '금융·부동산·관광'의 번창을 상징하기도 했다. (→알려진, 〔라〕 하는) 『한겨레』, 2000. 1. 31.

99) 인구증가 억제 정책을 펴고 있는 중국에서 일고 있는 교육 열기를 전한다. 한 자녀 낳기가 법적으로 강제되면서 고집 세고 독립심 없는 어린이들이 늘고 있다. 소황제로 불리는 이들에게 부모들은 다투어 예체능·컴퓨터·외국어 교육 등에 가계 생활비의 절반가량을 투자하고 있다. (→〔라〕 하는) 『한겨레』, 2000. 2. 12.

100) 광주에서 독신자 수도원을 결성해 병자들을 돌보아 동방의 프란체스코로 불린 이현필도 매년 초 그를 초빙해 수도자들과 함께 강의를 들었다. (→알려진, 〔라〕하는)『한겨레』, 2000. 2. 12.

101) 그는 이 책에서 "정계 은퇴 후 대학 설립을 권유받은 박 전 대통령이 비서실장을 시켜 어려운 상황에 처한 청구대와 대구대를 강제로 합병시켰다"며 "설립자와 한 마디 상의도 없이 권력의 횡포와 강권에 의해 생긴 영남대는 항간에서 왕립 대학으로까지 불렸다"고 밝힌 바 있다. (→말했다.)『한겨레』, 2000. 2. 14.

102) 이 총재의 '친위 쿠데타'로 불리는 한나라당의 공천은 결국 대선을 겨냥한 전략에 따른 것이다. (→〔라고〕하는)『한겨레』, 2000. 2. 19.

103) 공군 군수사령부의 정현필 중령은 영어공부 바람이 거센 병영에서 '호랑이 국어 선생님'으로 불린다. (→알려져 있다, 되어 있다.)『한겨레』, 2000. 2. 23.

104) 매케인은 특히 올해 예비 선거전에서 거의 '매케인 현상'이라고 불릴 정도로, 기록적으로 높은 예비선거 참가율과 젊은 투표자들의 참가 열의를 강조했다. (→할)『한겨레』, 2000. 2. 24.

105) 신 정치 1번지로 불리는 서울 강남 갑에선 서울 시장 출신의 한나라당 최병렬 후보에게 민주당 전성철 변호사가 도전, 열전지대로 변했고, 서울 중의 박성범 의원과 정대철 민주당 당무위원 간의 재대결도 명승부가 예상된다. (→알려진, 〔라고〕하는)『문화일보』, 2000. 2. 19.

106) 세계의 오리 무리 안에는 백조라고 불리는 고니류가 6종, 또 기러기류 14종이 포함되어 있다. (→하는)『함께 사는 길』, 2000. 2.

107) 이 총재의 '한명회'로 불렸던 윤여준 선대위종합조정실장이 사퇴한 데 이어 구범회 부대변인도 28일 이 총재 곁을 떠났다. (→〔라고〕했던)『한겨레』, 2000. 3. 1.

108) 옛날 개동백나무로 불렸던 녹나무과의 생강나무. (→〔라〕했던)『우리교육』, 2000. 3.

109) 사실 중부지방에서도 자라고 있는 녹나무과의 생강나무는 옛날 토속명으로는 개동백나무 또는 동백나무라는 이름으로 불렸던 적이 있다. (→되었던) 『우리교육』, 2000. 3.

110) '당신 이름이 무엇입니까'라는 별칭으로 불리는 이 전도사는 9년간 유랑생황을 했다는 것을 제외하고는 과거가 베일에 가려 있다. (→알려진, [이] 붙은) 『한국일보』, 2000. 2. 21.

111) 임진왜란 때 명나라군 총수로 참전한 형개의 집터. 지금도 그의 이름을 따라 형개항(골목)으로 불린다. (→[이라] 한다.) 『한국일보』, 2000. 2. 21.

112) 그중에서도 월악산이 있는 단양은 충청북도 동남쪽에 있는데 소백산맥의 줄기로 영남과 경계를 이루고 있으며 제2의 외금강이라고 불리는 단양 팔경이 있어 많은 화가들이 이곳의 절경을 사생하는 것을 큰 기쁨으로 여겼다. (→하는) 『우리교육』 2000. 3.

113) '조선조의 광주사태'로 불리는 기축옥사 재조명! (→[라고] 하는) 『한겨레』, 2000. 3. 6.

114) 온갖 재미난 이름들을 머릿속에서 지워버리는/슬픔 비둘기!/슬픔이라 불려지는 것에 대해 내 귀의 솔깃함/이 타고난/사로잡힘 (→하는) 『재미있는 새들의 세계』, 『함께 사는 길』, 2000. 3.

115) 흔히 에밀레종이라 불리는 신라 성덕대왕신종은 구름에 올라타 향로를 들고 하늘로부터 내려오는 사람의 모습인 '비천상'이 새겨져 있다. (→하는) 『한겨레』, 2000. 3. 8.

116) 봄의 따스한 기운은 살아 있음의 의미를 일깨운다. 예로부터 봄의 기다림에 가장 먼저 답하는 것은 매화였다. 이른 매화는 2월 초에 잔설을 이고 피어난 '설중매'라 불리며 불의에 굴하지 않는 선비 정신의 표상이 되어왔다. (→하며) 『한겨레』, 2000. 3. 9.

117) 독, 항아리, 징독, 딘지 등 다양한 이름으로 불려 (→말해) 『전력문화』, 2000. 3~4.

118) 항아리나 독, 장독이나 단지처럼 다양한 이름으로 불렸던 생활용구는 일상생활의 변화와 더불어 우리 곁에서 차츰 찾아보기 어려운 것이 되었다. (→말했던)『전력문화』, 2000. 3~4.

119) 그런 생활용구들 중 최근 들어 눈에 많이 띄기는 하나 집에서는 사라져가는 것이 있는데, 그것이 바로 독이나 항아리로 불리는 것들이다. 항아리나 독, 장독이나 단지처럼 다양한 이름으로 불리는 그것들은 오지그릇이나 질그릇으로 불리기도 하고 옹기라고 불러도 틀린 것은 아니겠으나 옹기는 지금 이야기하려는 것들보다 훨씬 규모가 작거나 다양한 형태의 것들까지 포함하는 말이다. (→〔라고〕하는 | →〔을〕가진 | →〔라〕하기도 | →해도)『전력문화』, 2000. 3~4.

120) 동양적 사고로 볼 때 이 세상의 구성 요소는 삼재로 불리는 하늘과 땅과 사람 세 가지다. (→〔라고〕하는)『한겨레』, 2000. 3. 2.

121) 이 나라 경제를 지배하는 것은 여전히 '재벌'들이다. 아니 흔히 재벌이라 불리는 초대기업들을 2% 정도밖에 안 되는 자기 주식 몫을 가지고도 제멋대로 농단하는 '총수'들이다. (→하는)『한겨레』, 2000. 3. 14.

122) 까치, 한국의 텃새로 길조라 불리며 인간의 사랑을 받아왔음 (→하며)『한겨레』, 2000. 3. 13.

123) 제주도의 감귤사업은 기간작물이란 차원을 넘어서 제주도민의 생명산업이라고 불린다. (→한다.)『한겨레』, 2000. 3. 14.

124) 나름의 편차는 있지만, 중도우파로 불리는 김규식, 김병로, 안재홍 등이나 중도좌파로 분류되는 여운형, 백남운 등은 흥분을 가라앉히고 신중하게 대처하자는 쪽이었다. (→〔라고〕하는)『한겨레』, 2000. 3. 15.

125) 프랑스의 젊은 세대에 대한 기성세대의 우려 못지않게, 젊은 세대들도 이전 세대, 특히 '68세대'라고 불리는 그들의 부모들에 대해 강한 불만을 가지고 있다. (→하는)『한겨레』, 2000. 3. 13.

126) 백두산의 맥이 반도를 타고 내려와 이어졌다는 뜻에서 두류산이라고 불린다. (→한다.)『KBS저널』, 2000. 3.

127) 새학기 들어 중·고교 '중도 탈락자'들이 크게 늘어나고 있다. 중퇴자(드롭아웃)라고 불리는 이들은 과거엔 주로 사망·질병·가사문제 때문에 학교를 그만뒀다. (→하는)『한겨레』, 2000. 3. 16.

128) 원단이 벌집 모양처럼 생겨서 벌집 구조, 또 악어의 표피처럼 생겼다고 라꼬스테 조직이라고도 불리기도 합니다. (→말하기도)『전교조신문』, 2000. 3. 15.

129) 내가 속한 '건강사회를 위한 치과의사회 진료사업단'이 의료봉사를 위해 찾아간 '베트남의 노근리'라고 불리는 그곳에서 우리 젊은 이들이 집단적 광기를 부렸다고 하고 자기방어 차원의 대응을 했다고도 한다. (→하는)『한겨레』, 2000. 3. 17.

130) 맛이 달콤하다 해서 일명 '나무에서 나는 꿀'이라 불리는 지구자, 이 지구자나무는 아세트알데히드의 양을 감소시켜 주는 성분을 다량 함유하여 생명공학자들이 숙취 해소를 위한 차세대 신물질로 주목받고 있습니다. (→하는)『한겨레』, 2000. 3. 21.

131) 한때 '감'의 작가로 불렸을 만큼 많이 그렸던 감 그림도 함께 선보인다. (→알려졌을)『한겨레』, 2000. 3. 22.

132) '전북 정치의 1번지'로 불리는 전주 완산 지역에서 무소속 후보들 간의 단일화가 추진돼 이번 총선에서 새 변수로 작용할 수 있을지 관심을 끌고 있다. (→[라고] 하는, [라] 알려진)『한겨레』, 2000. 3. 24.

133) 우리 나라 근대 지리학의 태두로 불릴 만한, 숙종 때의 실학자 신경준은 그의 『도로고』에서 이르기를 "무릇 사람에게는 그침이 있고 행함이 있다. 그침은 집에서 이루어지고 행함은 길에서 이루어진다. 그렇기 때문에 맹자는 어짐은 집안을 편안케 하고 의리는 길을 바르게 한다고 하였으니 집과 길은 그 중요함이 같다고 하겠다. 길을 원래 주인이 없고 오직 그 위를 가는 사람이 주인이다"라고 했다. (→[라] 할)『한겨레』, 2000. 3. 24.

134) 오죽하면 '부동산 시장의 코스닥'으로 불릴까. (→[이라] 할

까)『한겨레』, 2000. 3. 23.

135) 벚꽃이 필 무렵 모습을 드러낸다고 해서 벚굴이라고 <u>불리는</u> 이 굴은 껍데기가 어른 손바닥만큼 크고 알도 하나를 두부모처럼 잘라서 여럿이 먹을 수 있을 만큼 굵다. (→하는)『한겨레』, 2000. 3. 23.

136) '병역비리의 몸통'으로 <u>불리는</u> 박노항 원사(49)의 검거가 초읽기에 들어갔다는 관측이 나오면서 정치권이 바짝 긴장하고 있다. (→〔이라〕하는)『한겨레』, 2000. 3. 23.

137) 문화훼방이란 말은 80년대 초반 아트록 그룹 '네가티브랜드'가 처음으로 썼고, 소비를 부추기는 왜곡된 상업광고 범람에 대항하는 게릴라적 전복이자, 일종의 미디어 해킹으로 <u>불릴</u> 만하다. (→〔이라〕할)『한겨레』, 2000. 3. 28.

138) '깡통 할머니'로 <u>불리는</u> 이주영(89) 씨는 지난 24일 한일 권익옹호 단체인 '민족학교'에서 두 명의 한인 대학생에게 1,000달러씩 장학금을 수여했다. (→〔라〕하는)『한겨레』, 2000. 3. 27.

139) '산업의 올림픽'이라 <u>불리는</u> 독일 하노바 산업 박람회가 6일간의 일정을 마치고 25일 막을 내렸다. (→하는)『한겨레』, 2000. 3. 28.

140) 행사 참여 뒤 둘러본 과학관의 내부는 그야말로 국내 유일의 국립과학이라고 <u>불리기에는</u> 너무 볼품이 없었다. (→하기에는)『한겨레』, 2000. 3. 29.

141) 특히 소년병은 돈을 요구하지도 않고 많이 먹지도 않으면서 아주 위험한 임무에 손쉽게 몰아넣을 수 있기 때문에 반군 지도자들에게는 '꿈의 병사'로 <u>불리고</u> 있다고 전했다. (→〔라〕말하고)『한겨레』, 2000. 3. 29.

142) 간이역은 역과 역 아닌 것의 중간적인 형태로 존재하는 어떤 것이다. 새마을이니 무궁화니 통일이니 하는 이름을 지닌 기차들에게 그것은 그저 스쳐 지나가면 되는, 역이 아닌 그 무엇이다. 그러나 한때 비둘기라는 이름으로 <u>불렸고</u> 지금은 '특정통일'이라는 이름으로 바뀐 완행열차에게 그것은 엄연히 멈추었다 가야 하는 역이다. (→말했고)

『한겨레』, 2000. 4. 3.

143) '민주 전과자' 후보자 가운데 가장 눈길을 끄는 이는 '마지막 재야'로 불리는 민주당의 이창복(62·강원도 원주) 후보다. (→[라고] 하는, 알려진)『한겨레』, 2000. 4. 8.

144) 촘촘한 철망이 둘러쳐진 탓에 '닭장차'로 불리던 경찰기동대 버스가 대학생들의 등교버스로 탈바꿈했다. (→[라] 하던)『한겨레』, 2000. 4. 8.

145) 김남국 예비역 대령은 18일 기자회견을 열어 당시 북풍으로 불렸던 이 사건의 진상을 폭로했다. (→[이라] 했던)『한겨레』, 2000. 4. 19.

146) 20세기 최후의 게릴라로 불리는 체 게바라에 대한 회고 열풍이 여전히 거센 편이라고 한다. (→[라] 하는)『한겨레』, 2000. 4. 21.

147) '지구의 허파'라고 불리는 열대우림의 대규모 파괴는 대기 중 산소 비율 변화까지 초래하지 않을까 걱정을 모으고 있다. (→하는) 『중앙일보』, 2000. 4. 24.

148) 선공학 또는 의식공학으로 불리는 아바타의 창시자는 미국의 교육자 해리 팔머 (→이라 하는)『한겨레』, 2000. 4. 24.

149) 이곳에서 '삼촌' 또는 '이모'라고 불리는 지도교사는 대학생과 직장인, 주부에 이르기까지 모두 15명이다. (→하는)『한겨레』, 2000. 4. 25.

150) 새로 발견된 원숭이들은 발견된 아마존 강 지류의 이름을 따 마니코레 비단털 원숭이와 아카리 비단털 원숭이로 각각 불리게 됐다. (→말하게)『한겨레』, 2000. 4. 25.

151) '건반의 사자왕'이라고 불린 빌헬름 박하우스(1884~1969)는 70대 후반에도 왕성하게 연주 여행을 다녔다. (→하던)『한겨레』, 2000. 4. 25.

152) '백의민족'이라 불리는 나라에 찾아온 우리들에 대한 대접이 고작 이것이란 말인가? (→하는)『한겨레』, 2000. 4. 25.

153) 지난해부터 이 학교 학생들에게 '헬로우 아저씨'로 불려온 이 군속은 수업을 마친 여학생들에게 접근해 '비디오를 보고 가라'거나 '과자를 사줄 테니 놀고 가라'로 꼬드겼으며, 성추행 뒤 용돈으로 1~

3만 원씩을 학생들에게 쥐어주기도 했다. (→알려져)『한겨레』, 2000. 4. 26.

154) 며느리의 한은 그 이듬해부터 그 집 뒤란 장독대에 꽃으로 피어났는데, 이 '금낭화'는 빨간 입술에 밥알을 문 듯한 모양이어서 '며느리취'라고도 불린다. (→한다.)『한겨레』, 2000. 4. 27.

155) 후두골이라 불리는 뒤통수와 경추 1번 뼈의 극돌기 사이가 좁아져 통증이 있을 때는 그 간격을 벌려 주는 치료를 한다. (→하는)『한겨레』, 2000. 4. 27.

156) 증시가 사상 최대로 떨어져 이른바 '블랙 먼데이'로 불린 지난 17일부터 뚜렷한 선호도 하락세가 나타났다. (→〔라고〕한)『한겨레』, 2000. 4. 28.

157) 27일 과외금지 법률은 위헌이라는 헌법재판소의 결정이 나오자, 한때 '망국병'으로 불리던 과외의 확산을 우려하는 목소리가 잇따랐다. (→〔이라〕하던)『한겨레』, 2000. 4. 28.

158) 과외 할 만한 학생 다 하고 있어 '망국병'이라고 불릴 만큼 파급되지 않을 것 (→이라 할)『한겨레』, 2000. 4. 28.

159) 빈자리는 '하이더의 만년필'로 불릴 만큼 그의 뜻을 충실하게 따라온 주잔네 리스 파서(39·여) 오스트리아 부총리가 이어받았다. (→〔라〕할)『한겨레』, 2000. 5. 3.

160) 홰나무라고도 불리는 이들 나무가 먹을 막걸리 영양제는 하루 종일 햇볕에 내놓아 충분히 발효시킨 뒤 물과 1 대 5의 비율로 섞은 것이다. (→하는)『한겨레』, 2000. 5. 12.

161) 무게가 1,000냥이라고 해서 천량차로 불리는 이 차는 청나라 때 유래한 것으로, 시가 3,000만 원 정도로 추정된다. (→〔라고〕하는)『한겨레』, 2000. 5. 11.

162) 왜건과 콤팩트카를 합쳐 '미니 미니밴'이라고도 불리는 크라이슬러의 6인승 PT크루저(2400cc, 2800만 원) 등이 우선 돋보인다. (→하는)『한겨레』, 2000. 5. 3.

163) 이제 클린턴 향수를 얘기하는 소리도 들린다. 신경제로 불리는 미국 경제 호황의 덕분에다 타고난 그의 정치적 기술이 이러한 향수를 불러일으킨 것 같다. (→〔라고〕 말하는)『한겨레』, 2000. 5. 9.

164) 설 의원은 흔히 '동교동계 측근'으로 불립니다. (→〔이라〕 합니다.)『한겨레』, 2000. 5. 9.

165) '가난한 자의 핵무기'로 불리는 화학무기는 특정한 상대를 겨냥하는 것이 아니고 민간인을 포함해 무고한 생명을 무차별 살상한다는 점에서 가장 잔혹한 무기로 꼽힌다. (→〔라고〕 하는)『한겨레』, 2000. 5. 10.

166) 21번 염색체에는 치매로 불리는 알츠하이머 병을 비롯해, 다운증후군, 백혈병, 당뇨병과 관련된 유전자들이 들어 있다는 것이다. (→〔라고〕 하는)『한겨레』, 2000. 5. 10.

167) 사실이 이런데, 페미니스트 비평가로 불리는 게 역설적이죠. (→〔라〕 하는)『한겨레』, 2000. 5. 19.

168) 그래서 홈런은 '야구의 꽃'이라고 불리고 홈런에 얽힌 얘기와 기록은 끝이 없다. (→하고)『동아일보』, 2000. 5. 22.

169) 일명 스패로라 불리는 1인승 전기차에 앉아 있는 미국 애리조나주의 미첼 윌리엄스 (→하는)『한겨레』, 2000. 5. 24.

170) 83년 7월 9일 집으로 가던 중 생면부지의 사람들에게 납치돼 '서빙고 호텔'로 불리는 보안사 분실로 끌려갔어요. (→〔이라〕 하는)『한겨레』, 2000. 5. 23.

171) 자신의 교육개혁 이념을 교단뿐만 아니라 실제 사회에서 구현하기 위해 노력해온 그는 별칭 '마당발' 또는 '아이디어맨'으로 불린다. (→〔이란〕 말을 듣고 있다.)『한겨레』, 2000. 5. 23.

172) 아파트 한 가운데 16만 평의 터를 차지하고 있는 이 부지는 이 지역에서 애물단지로 불린다. (→되어 있다, 〔란〕 말을 듣고 있다.)『한겨레』, 2000. 5. 25.

173) 이번 피노체트에 대한 면책 특권 박탈은 후안 구스만 판사가

'죽음의 카라반'이라 불리는 사건을 기소하면서 비롯됐다. (→하는) 『한겨레』, 2000. 5. 25.

174) 군사정권 때 '지방 청와대'로 불리면서 말이 많았던 영빈관(옛 도지사 공관)이 건립된 지 20년 만에 매각이 추진되고 있다. (줄임) 지난 80년 7월 완공된 영빈관은 전북 전주시 덕진구 덕진동 2가 '호반촌'으로 불리는 곳에 위치하고 있으면 전두환·노태우 전 대통령 방문 때 숙소로 사용되면서 지방 청와대로 불렸다. (→〔라〕하면서 | →〔이라고〕하는 | →〔라고〕했다) 『한겨레』, 2000. 5. 25.

175) 흔히 수치질로 불리는 치핵은 통증과 배변 곤란으로 고통을 겪는다. (→〔이라〕하는) 『한겨레』, 2000. 5. 25.

176) 쏘가리는 농어과에 속하여 '민물고기의 왕'으로 불린다. 금린어(錦鱗魚), 궐어 등으로도 불린다. (→〔이라〕한다. | →〔라고도〕한다.) 『한겨레』, 2000. 5. 25.

177) 신단양읍을 휘감고 도는 남한강 줄기는 요즘 '쏘가리밭'으로 불릴 정도로 쏘가리가 많아서 낚시꾼들이 몰려든다. (→〔이라〕할) 『한겨레』, 2000. 5. 25.

178) 산란기인 요즘 한창 입질을 활발히 하며 산 것만을 먹는다. 맛이 뛰어나 '민물고기의 왕'으로 불린다. (→〔이라〕한다.) 『한겨레』, 2000. 5. 25.

179) 'CBS'가 앞으로 '콜롬비아정부방송'으로 불리게 될 것이라고 비꼬았다. (→〔이라〕하게) 『한겨레』, 2000. 5. 25.

180) 20년간 성라자로 마을을 이끌어 이 마을의 대부로 불리던 이경재 신부가 98년 선종하면서…… (→되었던, 〔란〕말을 들었던) 『한겨레』, 2000. 5. 27.

181) 네덜란드 국립박물관은 수도 암스테르담의 미술의 거리에 있는데 릭스 뮤지엄 또는 라이크스 뮤지엄으로 불린다. (→〔이라고〕한다.) 『한겨레』, 2000. 5. 31.

182) 우리 사회, 특히 지도층이라 불리는 기득권층에 만연된 이중성

과 잘못된 접대 문화, 남성 중심주의의 일단이 드러난 것이라는 데 문제의 심각성이 있다. (→하는) 『한겨레』, 2000. 5. 29.

183) '로열 셰익스피어 컴퍼니'는 머릿글자를 딴 아르에르시(RSC)로 흔히 불리는 120년 전통의 셰익스피어극 전문극단이다. (→말하는) 『한겨레』, 2000. 5. 31.

184) 경남 하동군 화개면 탑리 화갯골 중간에 있는 쌍계사 금당 안에는 '음·양수의 전형'으로 불리는 옥천이 있다. (→〔이라고〕하는) 『한겨레』, 2000. 6. 1.

185) 병을 호소하는 병사들의 경우 뇌신경의 건강을 위해 필요한 'NAA'라 불리는 필수 뇌화학 물질이 정상인보다 25%나 적은 것을 발견했다. (→하는) 『한겨레』, 2000. 6. 1.

186) '잠자리 네트워크'로 불리는 이러한 '비오톱'(생물 서식 공간)이 이곳 요코하마 시내만 60여 곳 있다. (→〔라고〕하는) 『한겨레』, 2000. 6. 1.

187) 비장애인이 가장 대하기 어려운 장애인은 바로 벙어리라 불렸던 농아들일 것이다. (→했던) 『한겨레』, 2000. 6. 8.

188) 이른바 효도상속제로 불리는 부양상속제 문제는 부모를 모신 자식에게는 재산을 물려줄 때 원래 상속분의 50%를 가산해줄 수 있도록 하는 제도다. (→〔라고〕하는) 『한겨레』, 2000. 6. 10.

189) 한쪽은 현대화주의자(슈뢰더)로, 좀더 원칙을 중시했던 다른 한쪽은 전통주의자(라 퐁텐)로 불렸다. (→〔라고〕했다.) 『한겨레』, 2000. 6. 12.

190) 그는 그러나 이스라엘과의 평화협상에서 '골란공원 완전반환' 주장을 끝까지 굽히지 않아 '아랍의 자존심'으로 불리기도 했다. (→〔이란〕말을 듣기도) 『한겨레』, 2000. 6. 20.

191) '스베타'라는 애칭으로 불리는 스베트라나쉭시나(20). 97년 2월 17세에 한국으로 바둑 유학을 온 러시아 처녀다. (→〔을〕듣는) 『한겨레』, 2000. 7. 3.

192) 엄마로 불릴 자격이 있는지 모르지만 소중한 인연을 이어가려

고 합니다. (→〔란〕 말을 들을)『한겨레』, 2000. 7. 4.

193) '한옥의 달인'이라 <u>불리는</u> 목수가 전해주는 아름다운 우리 한옥의 모든 것 (→〔고〕 하는)『한겨레』, 2000. 7. 10.

194) 두 나라의 인연은 7세기 토번이라 <u>불린</u> 티베트와 당의 긴장 관계에서 시작된다. (→하던)『한겨레』, 2000. 7. 13.

195) 일명 '보따리장수'들로 <u>불리는</u> 이들이 거래하는 물량은 많은 경우 개인당 트럭 몇 대분에 해당할 정도다. (→〔라〕 하는)『한겨레』, 2000. 7. 18.

196) 또 '먼데도(섬)'라는 별칭으로도 <u>불렸다</u>. (→말했다.)『한겨레』, 2000. 7. 20.

197) 비만은 더 이상 풍요로움의 상징이 아니다. 의학적으로는 비만증으로 <u>불리는</u> 일종의 질병이다. (→〔이라고〕 하는)『한겨레』, 2000. 7. 20.

198) 다발성 신경섬유종증이라는 희귀병으로 얼굴이 무시무시하게 일그러진 메릭(존 허트)은 어머니가 임신 중 코끼리에게 공격당했다는 서커스 단장의 소개 탓에 엘리펀트맨으로 <u>불린다</u>. (→〔이란〕 말을 듣는다.)『한겨레』, 2000. 7. 22.

199) 내시 균형 이론이라고도 <u>불리는</u> 그의 게임 이론은 합리적 갈등과 협력의 이론이자 인간 경쟁의 역할에 대한 통찰로써 20세기 경제학을 탈바꿈시켰다. (→하는)『한겨레』, 2000. 7. 24.

200) 직장 여성들 대부분 <u>불려</u> 봤을 '미스~'는 그다지 유쾌하지 않은 호칭이다. ……그래서 미스 리라고 <u>불리면</u> 상대방이 자신을 가볍게 대하고 있다는 느낌을 받는다. 고건 서울시장은 기회가 있을 때마다 "미스~'라는 호칭을 쓰지 말라"고 당부한다. 이는 '정말 미스 리라고 <u>불리고</u> 싶지 않았던' 한 여성 공무원으로부터 시작됐다. (→들어 | →〔라는〕 소리를 들으면 | →〔란 말을〕 듣고)『한겨레』, 2000. 7. 29.

201) 이정선 씨는 "남자들끼리는 9급인데도 서로 박 주사, 김 주사라고까지 부르는데, 6급 이하 여성 공무원들은 결혼과 상관없이 미

스 아무개로 불리는 게 싫었다"고 말한다. (→〔란 말을〕 듣는) 『한겨레』, 2000. 7. 29.

202) 그는 성공한 386이라고 불리는 자기 세대의 일부 사람들과 그보다 훨씬 더 많은 평범한 또 다른 사람들의 무리에도 끼지 못하고 …… (→하는) 『한겨레』, 2000. 8. 1.

203) 사진 기자들은 '개떼'로 불린다. (→〔'개떼'란〕 소리를 듣는다.) 『한겨레』, 2000. 8. 4.

지금까지 들어놓은 보기가 모두 203가지이다. 이 203가지 글에 나오는 불린다란 말의 수는 또 이보다 더 많다. 그러나 그 어느 말도 다 잘못 썼다. 모조리 '(라, 라고) 한다, 하고, 하게, 했다, 했던……' 이렇게 써야 할 말이다. 아니면 '(라는) 말을 들었다'든지, '(라고) 알려졌다'든지 해야 할 말이다.

이렇게 그 무엇을 무엇이라고 한다든지, 무엇이 다른 무엇이란 말을 들었다든지, 무엇이 무엇이라고 알려졌다든지 할 때 그 '무엇'은 온갖 것이 대상으로 된다. 그것은 자연의 온갖 사물과 현상일 수도 있고, 사람과 사회에 관계되는 물건이나 사건일 수도 있다. 산, 물, 나무, 풀, 꽃, 곤충, 동물…… 마을, 도시, 어떤 지역, 나라, 종족, 민족, 집단, 단체, 파벌, 상품, 건축물, 인공 시설, 운동 경기, 계층이나 세대, 풍조, 작품, 법률, 제도, 종교, 기업, 직업, 학문, 이론, 논쟁, 사건, 여행, 시간, 명예, 심리 현상……. 이렇게 온갖 사물이 그 '무엇'으로 되지만, 아무튼 그것이 또 다른 이름으로 사람들의 입에 오르내리고 얘깃거리가 된다는 것이다.

그런데 이렇게 그 '무엇을' 다른 무엇이라고 한다든지, 무엇이란 말을 듣는다든지, 무엇이라 알려졌다고 해야 할 말을 죄다 불렸다는 엉뚱하고 괴상한 말로 쓰고 있으니 이 얼마나 잘못되었는가? 여기서 우리는, 글을 쓰는 사람들이 얼마나 서양말, 일본글에 빠져 있는가를 하는 사실을 이 한 가지 말로도 충분히 알 수 있다.

혹시 또 달리 보는 사람이 있을까 싶어, 앞에 들어놓은 보기들에서 몇 가지만 가려내어 설명을 보충해놓겠다.

첫째, 바로 어떤 사람을 가리켜 무엇이라 한다고 하는 글이 적지 않게 나오는데 가령 일련번호 66) 78) 91) 따위에 나오는 것과 같이 "윤옹"이 "영원한 신라인"으로, "아키노 대통령"이 "코리"로, "노자"가 "노담"으로 불린다는 말은, 사람들이 바로 그 사람을 보고 이렇게 부르는 것이 아니라, 그 사람을 들어서 말할 때 이렇게 다른 이름으로 말하는 뜻임을 누구나 다 알 것이다.

둘째, 110) 171)나 191)에 나오는 것과 같이 바로 별명이나 '별칭'이나 '애칭'이라고 해놓은 말도 마찬가지다.

셋째, 79)에서는 어떤 사람이 자기가 "작가"나 "철학자"로 불리기를 바란다고 했는데. 이럴 때도 그 사람이 정신 나간 사람이 아니라면 남들이 "작가야" "철학자야"("작가 님", "철학자 님") 하고 불러주기를 바랄 리가 없다. 남들이 자기를 들어 말할 때 "아무개는 무슨 작가다, 철학자다"고 말해주기를 바란다는 말일 것이다.

넷째, 103)에서는 어떤 사람이 "호랑이 국어 선생님으로 불린다"고 했다. 이럴 때도 사람들이 바로 그 사람을 보고 "호랑이 국어 선생님!" 하고 부른다는 말이 아니다. 그 사람이 없는 자리에서 그 사람을 가리켜 하는 말인 것이 분명하다.

다섯째, 149)에 나온 불리는은 어떤가? "이곳에서 '삼촌' 또는 '이모'라고 불리는 지도교사는……" 이렇게 되어 있다. 이것은 실제로 그 사람을 부를 때 "삼촌" 또는 "이모"라고 했다는 말이다. 그러니 문법으로 잘못 쓴 것은 아니다.

그러나 이런 경우에도 우리 말에서는 불리는이라고 하지 않는다. "이곳에서 '삼촌' 또는 '이모'라는 말(소리)을 듣는 지도교사는" 이렇게 말한다. 지금 학교에서 가르치고 배우는 국문법은 잘못된 점이 많다. 국문법을 외국문법의 틀에 맞추어 짜놓았는데, 그런 문법을 따라 글을 쓰다보니 이렇게 된다. 문법은 말법이 되어야 하고, 살아 있는 우리 말을 따라 말법이 나와야 한다.

여섯째, 153) 192)도 마찬가지다. 그래서 '헬로우 아저씨'로 '알려져 온'이라고 하고 '엄마란 말을 들을 자격이 있는지' 이렇게 말하고 이렇게 써야 우리 말이 된다.

일곱째, 200)과 201)쪽에 나온 불려, 불리면, 불리고, 불리는도 실제로 그렇게 "미스~"라고 부른다는 말이지만, 이렇게 '불린다'는 말을 쓸 것이 아니고 '미스~ 란 말을 듣는' '미스~란 말을 듣고' 이렇게 말해야 자연스럽게 나오는 우리 말이 될 것이다.

여덟째, 55)에서 쓴 불렸다는 '보았다' '쳤다'라고 했지만, 이 경우도 '(이라) 했다'고 하는, 가장 널리 쓰는 말의 형태에 들어간다.

아. '불리운다'

불리운다는 불린다가 또 한 번 괴상하게 바뀌어 쓰이는 꼴이다. 글을 쓰는 사람들이 '부른다'는 우리 말을 영어와 일본말 따라 엉뚱하게 쓰면서 이것을 또 불린다는 입음꼴로 더 많이 써서 우리 말을 아주 비뚤어지게 해 놓았는데, 이 불린다에서 또 하나 생겨난 별종이 불리운다란 것이다. 그러니까 '부른다'→'불린다'→'불리운다' 이렇게 되었는데, 글 속에 빠져서 글만 읽고 쓰고 하는 사람들의 머리에서 생겨나는 말은 이와 같이, 우리 말이 될 수 없고 우리 말에 어울리지 않는 말을 아무렇지도 않는 듯이 예사로 쓰면서 도무지 그 사실을 느끼지 못한다.

그런데 논밭에서 일하는 사람들이나, 그밖에 책과 글을 떠나서 땀 흘려 일하는 사람들은 결코 우리 말에 어울리지 않는 이런 말을 하지 않는다. 사실은 글을 쓰는 사람들도 입으로 하는 말에서는 불린다, 불리운다가 나오지 않는다. 그들은, 어떤 새로운 말이 필요해서 누구의 입에서 먼저 나왔는지 모르게 나온 어떤 말을 따라서 썼다고 하더라도, 그 말이 아주 자연스럽게 우리 말에 어울리고, 조금도 엉뚱한 말이란 느낌이 들지 않는다. 그리고 그것이 저절로 우리 말법에 딱 들어맞게 되어 있고, 우리 정서를 나타내는 말로 되어 있다. 왜 그런가? 삶에서 나온 말이기 때문이다. 글만 읽고 쓰는 사람들의 삶도 삶이라 말할는지 모르지만, 그들이 읽고 쓰는 글은 말을 떠나서 말 위에 올라서 있는 것이다. 그 논리와 생각과 말법이 서양 것 일본 것으로 된 것이다.

다시 말하면 우리의 삶과 그 삶에서 우러난 말을 떠나 밖에서 들어온 것으로 된 글이요 글말이다. 그래서 글을 쓰는 사람들이 이와 같이 잘못된 말을 끊임없이 글로 퍼뜨려 우리 말을 어지럽히고, 우리 말을 짓밟아 죽이고, 우리 마음을 병들게 하고 얼을 빼버리는 짓을 아주 그럴듯한 이론으로, 지식으로, 사상이란 것으로 날마다 신문이고 책에서 하고 있지만, 이것을 바로 지적하는 사람이 없다.

다음은 **불리운다**란 말이 쓰인 보기다.

1) 청순미의 상징처럼 <u>불리워지고</u> 있는 명세빈. 그녀에겐 잘 알려지지 않은 비밀이 있다. 바로 대단한 오락광이라는 것. (→알려져) 『연예영화 신문』, 1999. 8. 24.

2) 해가 서는 날이라 해서 '설날' <u>불리워</u> (→〔이라고〕 해) 『설악문화신문』, 1996. 2. 19.

3) 울 90%, 나일론 10% (울 70% 이상의 함량은 울 100% 코트로 <u>불리웁니다</u>.)(→〔라〕 합니다.) 『한겨레』, 2000. 1. 10.

4) 일명 '헛깨나무'로 <u>불리우는</u> 지구자나무를 술독에 담아놓으면 술이 물로 된다는 '신비의 나무'로 숙취 제거 및 간 보호에 탁월한 효과가 검증되고 있습니다. (→〔라고〕 하는) 『한겨레』, 2000. 3. 21.

5) 경찰은 최근 고교생들 사이에 '대포'라고 <u>불리우는</u> 이런 수법이 성행하고 있는 점을 중시해 7일 이들 가운데 5명을 사기(무전취식)와 폭력 행위 등 처벌에 관한 법률 위반 혐의로 구속하고, 7명은 같은 혐

의로 불구속 입건했다. (→하는) 『한겨레』, 2000. 6. 8.

 6) 지명은 모든 사람으로부터 바르게 불리워지는 이름이어야 하며, 행여 다른 곳에도 이렇게 잘못된 표지판이 없는지 살펴보아야 하겠다. (→말하는) 『한겨레』, 2000. 7. 3.

 7) 모든 목숨얼 담넌 그릇, 그래서 하느님두 어여뻬 예기실 수밖에 읎었던, 맨 츰으루 아무 잘못 읎넌 사람이라 불리웠던 사람 숫색시 마리아. 그런데두 늘 뒤루 밀쳐서 아브라함 등 뒤에 얼굴 가리워 숨쥑여야 했던 사라, 모세 및에 가리워 하눌미움(저주)얼 받은 사람이라 예겨졌던 큰 사람 미리암, 그렇게 그렇게 따돌림 받으면서두 하느님께 가장 가까울 수밖에 읎었던 이럼 '아나이'. (→했던) 『삶터』, 일곱미리해. 꽃님달. 스무사흗날.

이 불리운다도 불린다와 조금도 다름없이 모든 경우에 우리 말로 '(라고) 하는' '(라고) 말하는' '(라고) 알려진' 꼴로 써야 할 말이다.

여기서는 보기를 일곱 가지만 들었지만, 이것만 보아도 중앙과 지방의 온갖 신문에 나오는 기사, 광고문, 그리고 일반 독자들이 쓰는 글에까지 이 말이 나오고 있다는 사실을 알 수 있다. 더구나 7)에 나온 말은 놀라운 느낌이 든다. 이것은 어느 교회에서 나온 주보에 실린 글인데, 이 글을 보면 글쓴이가 우리 말을 살려 쓰려고 하는 남다른 분임을 짐작할 수 있다. 이른바 표준말이라든가. 맞춤법까지 무시해버리고 시골말을 살려서 대담하게 적었고, 이 인쇄물이 나온 날짜조차도 아주 남다르게 써놓았다.

이렇게 우리 말을 살리는 일에 깊이 빠져 있는 분이 참 엉뚱하게도 불리운다를 썼으니 이 일을 어떻게 보아야 할까? 이만하면 이 불린다, 불리운다가 얼마나 글 쓰는 지식인들의 머리에, 몸 속에 파고들어가 있는가를 누구나 깨닫을 것이다. 그리고 글을 쓰는 이들이 글 속에 갇혀 있는 상태에서, 글 속에서만 배우고 세상을 알고 자라난 상태에서, 온전히 벗어나온다는 것이 얼마나 어려운가를 이만하면 알 수 있을 것이다.

어찌, 이 부른다(불린다. 불리운다)란 한 가지 말에 그치겠는가.

7. '정체성', 무슨 말인가

한자말 '정체'에는 아주 다른 뜻으로 쓰는 네 가지 말이 있다. 1) 정치 형태(政體), 2) 사물의 본 모양(正體). 3) 사물의 상태가 나아가지 못하고 한군데 머물러 있음(停滯), 4) 지압이나 안마나 숨쉬기나 체조 따위로 등뼈를 바르게 해서 몸의 상태를 좋게 함(整體).

이 네 가지 말 중에서 2)와 4)는 "정"을 길게 소리 낸다. 뜻이 아주 다르니까 한문글자를 안 쓰고 한글로 '정체'라고만 써도 실제 문장 속에서는 네 가지 말 중에서 어느 말인지 저절로 구별이 된다.

그런데 웬일인지 요즘 와서 2)와 3)은 '정체'로만 쓰지 않고 꼭 -성을 더 붙여서 정체성으로 쓰는 것이 유행처럼 되었는데, 이렇게 쓰고 보니 2)와 3) 가운데 어느 말인지 알 수 없는 경우가 많다. '조형성'이 뛰어나다는 한자말이 그 조형성 때문에 우리 말을 어지럽게 하고 있는 것이다.

- 영 노동당 '반 블레어' 포문
"친 기업가 정책, 당 정체성 약화 불러" 『ㅎ신문』, 7. 2.
- '불교 뿌리'로 회귀하는 원불교
분파종단으로 위상축소 정체성 혼란우려도. 『ㅎ신문』, 7. 3.

이 두 가지 경우에 무슨 말인지는 알 수 있다. 그런데 '정체'라면 되는 것이지, 여기에다 -성을 붙일 필요는 없다.

- 당시 김대통령은 국민회의 정체성 훼손 우려에 대해 "연정은 합당과 다르기 때문에 각 정당이 정체성을 유지할 수 있다"며 『ㅎ신문』, 7. 21.

이렇게 두 번 나오는 정체성도 -성을 붙여야 할 까닭이 없다. 차라리 "정체"란 말도 안 쓰고 '본성' '본모습'이라면 더 좋을 것이다.

- 그는 이를 조선사회의 정체성으로 귀결시켜 일본의 진취적 성향과 대비시킨다. 『ㅁ일보』, 98. 2. 26.

이것은 2)와 3)가운데 어느 말일까? 아마도 3)의 뜻으로 썼을 것이라 짐작할 뿐이다.

- 제3세계 작가 정체성 고민…… 제국주의 신랄한 비판 『ㅎ신문』, 6. 22.

여기서는 기사를 읽어봐도 2), 3) 중 어느 말인지 시원스레 판단이 안 된다.

- 지난 6월 초 필자는 '한민족 정체성을 찾는 답사팀'을 만들어 보름 일정으로 중국을 탐사할 계획을 세웠다. 월간지 『ㅅ』 8월호.

이 경우에도 정체성보다 '정체'가 더 알맞은 말이고, '정체'보다 '본모습'이 더 낫고, '본모습'보다 차라리 '근원'이나 '뿌리'란 말을 썼더라면 좋았을 것이다.

• 이처럼 대립되는 두 사람의 주장에는 최근 국내에서 일고 있는 '한국(어)문학'의 <u>정체성</u> 논란과 관련해서도 새겨들을 대목이 있어 보인다. 『ㅎ신문』, 6. 22.

기사를 끝까지 다 읽어도 이 정체성은 2)인지 3)인지 알 수 없다. '정체'고 정체성이고 다 쓰지 말고 2)라면 '본성'이나 '본모습'으로 쓰고 3)이라면 '막힌 상태'나 '꽉 막힘'이라고 쓴다면 얼마나 좋겠나.

8. '인내심'보다 '참을성'이 좋다

　정체성 같은 말은 문제가 많아 쓰지 않는 것이 좋지만, 우리 말에는 이름씨에 뒷가지(접미사) －성을 붙여서 쓰는 경우가 많다. 이 －성은 같은 한자말로 된 뒷가지 －적(的), －화(化), －하(下), －상(上), －리(裡)…… 와는 달리 한자말뿐 아니라 순우리 말과도 가끔 어울려 쓰인다. 보기를 들면 '붙임성이 있다'든지 '마음성이 곱다'든지, '참을성이 많다'거나 '견딜성이 있다'든지 '인사성이 있다'고 하는 경우와 같다. 이것은 아마도 이 한자말이 순 우리 말인 '성', 가령 '성이 난다'든지 할 때에 쓰는 '성'과, '비가 올 성싶다'고 할 때에 들어가는 '성'과 가까운 말로 느껴져서 경우에 따라 우리 말로 받아들여지는 것이라 본다.
　그러나 아무 말에나 이 －성을 붙여서 쓰는 버릇은 좋지 않다. －성을 붙여서 써도 되는 경우와 안 되는 경우를 몇 가지로 말할 수 있는데, 첫째는 바로 앞의 뿌리말이 순 우리 말이어서 그 말과 자연스럽게 어울린다고 느낄 때는 쓸 수 있다. 앞에서 말한 "붙임성" "마음성" "믿음성" 따위와 같이.
　다음은, 바로 앞의 한자말(뿌리말)이 아주 우리 말로 되어버린 말이거나, 한글로 썼을 때 누구나 잘 알 수 있는 말이라면 －성을 붙여서 쓸 수 있다. 보기를 들면 정치성, 경제성, 교육성, 문학성, 예술성, 도덕성, 인간성, 진실성, 적극성, 결단성, 불변성, 근면성, 유행성, 보수성, 진보성, 변태성, 조급성, 반항성, 순종성, 배타성' 따위와 같다.

셋째는, 뿌리말에 -성을 붙이게 되면 다른 말과 뒤섞이게 되어 그 뜻을 알아보기 어렵게 되는 경우인데, 이럴 때는 물론 쓰지 말아야 한다. '정체'라고만 써도 될 것을, 이 말에 -성을 붙여서 '본모습'이란 말인지, '한곳에 멈춰 있다'는 말인지 분간을 못 하게 되는 것과 같이.

다음 글에서 쓴 말들은 어떤가 생각해보자.

- 반민주적이고 부도덕한 시절의 경험과 이력이 큰 훈장이 되는 시대에 필연적으로 가치관의 혼란이 야기될 <u>위험성</u>은 컸다. 『ㅎ신문』, 6. 2.

이 글에서 더 문제가 되는 다른 말들은 우선 접어놓고, "위험성"이란 말만은 그대로 쓸 수 있을 것이다. 그러나 '이 장난감은 아주 위험하다'고 할 것을 '이 장난감은 위험성이 크다'고 한다면 잘못된 말이다.

- 국정 <u>방향성</u>을 되묻는다. 『ㅎ신문』, 6. 2.

잘 알 수 있는 한자말이라도 쓸데없이 -성을 붙여서는 안 된다. 이 글은 '국정의 방향을……'이라고 써야 한다.

- 사물에는 언제나 <u>양면성</u>이 있어 『ㅎ신문』, 6. 2.

여기서도 '양면이 있어' 하면 그만이다.

- 아인슈타인의 <u>천재성</u>의 비밀은 그의 독특한 뇌구조에 있었다. 『ㅎ신문』, 6. 19.

이 글에서도 '아인슈타인이 천재가 된 비밀은'이라고 써야 한다.

- 잘만 만들면 시 역시 얼마든지 <u>황금성</u>을 지닐 수 있다는 말이다.
『ㅎ신문』, 6. 11.

이 글도 "황금성을 지닐 수"를 '돈이 될 수…'로 써야 좋은 우리 말이 된다. 결국 무슨 성이란 말을 함부로 쓰는 것도 답답한 한자말에 갇혀 있기 때문이라 하겠다.

9. '내용물' '성과물'이란 말

어떤 한자말에다가 물 자를 덧붙여 쓰는 일이 요즘 유행하고 있다. 가장 흔한 경우는 '내용' '성과' '음식' 따위 말에다가 물 자를 붙여서 내용물, 성과물, 음식물로 쓰는 것이다. 한문글자가 좋다고 자랑하는 사람들은 이 것도 한문글자의 '조형성'이 우수하다는 증거로 삼을 것이겠지만, 내가 보기로는 괜히 덧붙이는 말이요, 우리 말을 어지럽게 할 뿐이다. 실제 보기를 들겠다.

1) 나중에 <u>내용물</u>이 그대로인지 확인 전화를 했기에 너무 감사하다고 조그만 답례라도 하고 싶다고 했더니, 그분은 그런 거 바란 것 아니라며 다음에 다른 사람 지갑을 주웠을 때 주인에게 돌려주라고 한다.
『ㅎ신문』, 6. 3.

2) 가을부터 봄 사이에 사향노루를 잡아 사향주머니를 베어내 그늘에서 말린 다음 털이 없는 부분을 칼로 베어 <u>내용물</u>을 꺼내 써왔다.
『ㅈ일보』, 6. 28.

3) ……라는 점에서 종교사회학 분야의 <u>성과물</u>로 꼽힌다. 『ㅁ일보』, 1998. 1. 10.

4) 그것을 문학석 <u>성과물</u>로 연결시키고자 하는 뜻에서 마련되었다.
『ㅎ신문』, 6. 10.

5) 마침 우리 연구회가 주력 사업으로 추진해오던 '겨레얼 가꾸기' 1단계 사업이 완성되어 그 성과물이 나오기도 했으니…… 『ㅎ연구회』편지, 1998. 1. 26.

6) 서울북부실업자사업단이 주관하는 '음식물 찌꺼기 재활용' 공공근로 사업 참여자들이 음식점에서 수거한 음식물 찌꺼기를 나르고 있다. 『ㅎ신문』, 6. 9.

7) 음식물 찌꺼기 飼料化 운동 『ㅈ일보』, 1998. 3. 20.

8) 회원들이 행사가 끝난 뒤 먹고 난 음식물 쓰레기를 한강에 버리고 있다. 『ㅎ신문』, 1998. 3. 2.

이렇게 들어놓은 모든 글에 나오는 내용물, 성과물, 음식물은 '물'을 없애고 '내용' '성과' '음식'만으로 쓰는 것이 옳다. 그리고 내용(물)이란 말은 아예 우리 말로 바꾸면 더 좋겠다. 보기글 1)에서는 '안에 든 것'으로, 2)도 '안에 든 것'이나 '속의 것'으로 쓰면 아주 살아 있는 말이 된다. 또 성과(물)란 말도 우리 말로 쓸 수 있다. 보기 3)에서는 '열매'로, 4)에서는 "문학적 성과물"을 '문학이 거둔 열매'로, 5)에서도 '열매'로 쓰면 얼마나 좋겠나 싶다.

다음 경우는 어떻게 해야 할까?

• 포천 소 떼죽음은 음식물 사료 때문 『ㅎ신문』, 6. 24.

여기서는 "물"을 없애고 '찌꺼기'란 말을 넣으면 정확한 표현이 된다.

• 식구수에 비해, 내용물에 비해 큰 그릇을 사용하면 그만큼 가열에 필요한 에너지도 낭비하고…… 『ㄱ신문』, 1998. 2. 16.

이 글에서는 내용(물)이란 말이 맞지 않다. '음식 양'이라고 써야 할 것이다. 그 앞에 나온 "식구수"란 말도 잘못되었다. '식구' 하면 되는 것이지, '식구'에 또 '수'를 붙이는 것은 '내용'에 물을 붙이는 것과 같은 꼴이다.

이밖에 '결과' '대체' '세탁' 따위 말에 물을 붙이는 것도 괴상한 글쓰기 버릇이다. 이런 것도 '결과' '대체' '세탁'이란 한자말부터 더 좋은 우리말로 바꿔 쓰는 공부를 모두가 할 필요가 있다.

• 파격 멜로물 주말 밤 유혹 『ㅎ신문』, 9. 11.

심지어 영어에다가 물을 붙여서 괴상한 잡탕말을 만들어 쓰는 판이니, 이래서 되겠는가?

10. '말'과 '언어'

"맨 처음에 말이 있었다."『성경』「요한복음」 첫머리에 나오는 이 말이 참 좋다. 깊은 이치를 쉬운 말로 했기 때문이다. 어려운 한자말이라야 깊은 뜻을 나타낼 수 있고 철학을 말할 수 있다고 하는 주장이 얼마나 잘못되었는가를 깨달아야 한다.

맨 처음에 "말"이 있었지 언어가 있었던 것은 아니다. 그런데 사람들은 왜 '말'이라고 하지 않고 모두 언어라고만 할까?

글을 잘 써서 많은 책을 지어 내고, 더구나 우리 말을 올바르게 쓰기를 주장하는 어느 이름난 분이 어떤 자리에서 "가급적 평이한 언어를 사용해서……" 어쩌고 하는 말을 듣고 새삼 우리 학자들과 지식인들이 갇혀 있는 글의 질서를 생각했다. 그 학자뿐 아니라 우리 나라에서 글을 쓰는 사람 치고 말을 할 때나 글을 쓸 때 '말을 한다'고 하는 사람을 거의 보지 못했다. 모조리 '언어를 사용한다'고 하는 것이다. '쓴다'는 말을 하는 사람도 없고 모두가 '사용한다'고 한다. 그러니까 '될 수 있는 대로'나 '쉬운'도 '가급적' '평이한'으로 되어버린다. 우리 말이 왜 이렇게 되었나? 우리가 어째서 이 지경이 되었나? 이래도 괜찮은가?

언어(言語)를『우리말 사전』에서 찾아보면 참 어렵게 설명해놓았다. 그러면서 정작 '말'이라고는 적어놓지 않았다. 적어놓은 사전도 역시 그렇게 어렵게 설명해놓고, 맨 끝에 가서 "말"이라 해놓았다. 그런데 '말'도 언어와 똑같이(다만 좀 쉬운 말로) 설명해놓고는 끝에 가서 어느 사전이고 다 언어라 해놓았다. 이것을 보면 우리 말인 '말'보다 언어가 더 중요한 말로 되어 있고, 언어란 한자말을 중심으로 해서 말을 다루어 놓은 것이 『우리말 사전』으로 되어 있다. 어찌 이 한 가지 말뿐이겠는가?

물론 일반으로 쓰는 말의 개념으로 언어와 '말'이 똑같을 수는 없다. 언어라면 입으로 하는 말이 아닌 글자로 나타내는 말도 들어간다. 그러나 글자로 나타낸 것 역시 '말'이어야 한다. 또 굳이 '글'을 뜻하고 싶다면 '말과 글'이라고 하면 될 것 아닌가?

어느 사전을 보니 언어생활이란 말이 올라 있다. 그리고 이 말을 풀이해서 "언어 행동을 인간생활의 한 측면이라고 인정할 경우의 일컬음"이라 했다. 이 풀이말의 문제점을 여기서 따질 자리가 없다. 다만 언어생활이란 말이 사전에 올라야 한다면 도덕생활, 도시생활, 농촌생활, 독서생활, 종교생활 따위 온갖 말이 죄다 올라야 할 것 아닌가?

철학, 도덕, 학문, 종교, 문학…… 이런 말이야 어쩔 수 없이 그대로 써야 한다. 그런데 언어란 말은 우리 말이 있으니 안 써도 될 수 있었다. 그런데도 자꾸 써서 이제는 우리 말로 굳어 버렸다. 그래서 아주 안 쓰기가 힘들지만 될 수 있는 대로 안 쓰거나 덜 써서, '말'이라고 했으면 얼마나 좋겠나 싶다.

11. '언어생활'과 '말글살이'

 언어생활이란 말이 특별 대접을 받아 사전에 올라 있는 것을 비판했는데, 사실 이 말은 안 써도 된다. '말을 잘못한다'고 할 것을 '언어생활을 잘못한다'고 할 필요가 없고, '쉽고 정다운 우리 말을 해야 한다'라고 할 것을 '쉽고 정다운 언어생활을 해야 한다'고 말해야 할 까닭이 없기 때문이다.
 한글운동을 하는 분들 가운데는 말살이, 글살이, 말글살이와 같은 말을 쓰는 이들이 많이 있는데, 내가 알기로 이런 말은 언어생활이란 말을 깨끗한 우리 말로 풀어 쓴다고 쓰는 말이다. 마치 '그럼에도 불구하고'란 말을 우리 말로 고쳐 쓴다고 '그럼에도 매이잖고'라 하는 것과 같이, 우리 말로는 '그런데도'인데, 언제나 글만 읽고 글만 쓰면서 글에 갇혀 있는 사람은 정작 입으로 하는 살아 있는 말은 잊어버리고 '그럼에도 불구하고'란 일본말 따라 쓰는 말밖에 모르니 그것이 다만 한자말로 된 것만 마음에 걸려서 깨끗한 우리 말로 다듬어 쓴다고 '그럼에도 매이잖고'란 말을 머리로 풀어낸 것이다. 말글살이도 그렇게 해서 생겨난 말이다.
 우선 말살이, 글살이, 말글살이란 말들은 느낌이 이상하고, 우리 말로서는 부자연스럽다. 그리고, 우리 말에서 '살림살이' '시집살이' '셋방살이' '머슴살이' '고생살이'와 같은 말은 있어도 말살이, 글살이, 말글살이 같은 말은 없다. 없는 말도 있어야 한다면 만들어 써야 하겠지만, 앞에서 말한 바와 같이 만들 필요가 없는 말이다.

다음에 실제로 쓴 글에서 이 사실을 알아보기로 하자.

- 우리의 말글살이에는 우리 민족의 고유성·독창성·창의성이 숨어 있지 않은가.

이 말글살이를 '말과 글'로 고쳐서 읽으면 훨씬 더 시원하게 읽힌다.

- 리의도 교수가 쓴 책은 우리 말글살이에 끼어든 틀린 표기, 억지스러운 표현을 지적하고 걸러주는 책이다.

여기서도 마찬가지다. 말글살이는 살아 있는 말이 아니기 때문이다.

- 우리 국민들의 주된 글살이는 '한글'로 되어 있고……

이 글살이는 '글'이면 그만이다.

- 글살이의 우여곡절

이것은 글의 제목이다. 이렇게 쓴 글살이는 '글쓰기'나 '글읽기'로 하는 것이 더 정확한 말이 된다.

- 지난날 세종임금께서 훈민정음을 만들어 펴시기 전에는 할 수 없이 한자를 빌려 우리 말살이를 했지만……

"말살이를 했지만"은 '말을 했지만'이다. 그런데 이렇게 고쳐보니 이 글이 좀 이상하다. 살아 있는 말을 쓰면 틀린 말이 환히 드러난다. 어려운 한자말이나 만들어 낸 억지스런 말이나 죽은 말을 쓰면 틀린 말도 못 느낀다. 이 글에서 "우리 말살이를 했지만"은 '썼지만'으로 써야 할 것이다.

이밖에 '글자살이' '소리글자살이' 따위도 쓰는데, 모두 내 귀에는 거슬리는 말로 느껴진다.

12. 잘못 쓰는 '주소지'란 말

'주소'란 말을 사전에는 "생활의 근거가 되는 곳"이라 풀이해놓았다. 그러나 생활 근거가 되지 않은 곳에 주소를 정해놓은 사람이 많다. 도시에 집을 두고 거기서 자고 먹고 하지만 직장은 그 집에서 한두 시간 차를 타고 가야 하는 곳에 있는 사람들은 생활 근거가 분명히 직장이 있는 곳일 터이다. '주소'는 '사는 곳'이다. '사는 곳'이라고 쉽게 풀이하면 틀림없을 텐데…….

"자네 지금 사는 곳이 어디인가?" 이럴 때는 물론 '사는 곳'이라 하는 것이 좋다. 그러나 '주소'란 말은 워낙 오랫동안 써온 말이어서 쓸 수밖에 없다. 그런데 '주소'면 되지 어째서 '주소'에다가 '지'자를 더 붙여서 주소지라고 쓸까? 주소지라고 쓴 말을 신문에서 보면 꼭 사람이 쓴 모자 위에 또 하나 더 모자를 덧씌워놓았다는 느낌이 든다.

- 옛 주소로 배달된 우편물 새 <u>주소지</u>서 받을 수 있어 『동아일보』, 1996. 4. 7.

80년대까지만 해도 주소지란 말은 쓰지 않았다. 갈수록 우리 말이 이렇게 어지럽게 되어 간다. 위의 제목으로 쓴 기사 본문에서도 다음과 같이 나온다.

- 서울 동작구는 주민이 옛 주소지로 배달된 우편물을 새 주소지에서 받을 수 있도록 우편물 찾아주기 제도를 8일부터 실시한다.『동아일보』, 1996. 4. 7.

몇 가지 보기를 더 들겠다.

- 북한은 이미 남북한 이산가족 상봉 사업을 외환 벌이 차원에서 추진, 생사 및 주소지 확인·안내·상봉 등 단계별로 거액의 수수료를 벌어들이는 계획을 수립한 것으로 알려졌다.『한국일보』, 1998. 2. 17.
- 거원 초등학교 이상승 교감은 "부모와 학생이 실제 주소지에 거주하지 않거나 학생만 주소 이전이 돼 있을 경우 위장 전입자로 간주해 타 학교로 돌려보내겠다"고 말했다.『중앙일보』, 1998. 2. 28.
- 강 회장의 주민등록 주소지도 '서울 용산구 한남동 1-245번지로, 이 연구소가 들어선 8개 번지 가운데 하나다.『한겨레』, 1999. 9. 22.

이와 같이 모든 신문에서 잘못 쓰고 있다. 여기서 또 한 가지 생각해 볼 것은, 우리 토박이말을 잘못 쓰면 곧 드러나서 잘 알게 되는데, 한자말은 잘못 써도 잘 드러나지 않고, 모두 모르고 있다는 것이다. 이래서 한자말은 자꾸 우리 말을 어지럽게 한다.

앞에 든 보기글 가운데『중앙일보』기사에 나오는 말 "실제 주소지에 거주하지 않거나"는 '주소로 되어 있는 곳에 실제로 살고 있지 않거나'로 고쳐 써야 올바른 말이 될 것이다.

13. 잘못 쓰는 말, '인구수'

'인구'란 말은 많이 쓰는 말이다. "우리 나라 인구는 7,000만을 넘는다"든지, "농촌 인구가 자꾸 줄어간다"든지 할 때 쓴다. 그런데 이렇게 '인구'라 하면 될 것을 어째서 '인구'에다가 수자를 더 붙여서 인구수라 할까? 신문에서 인구수라고 쓴 기사를 흔히 볼 수 있는데, 이 말 역시 90년대에 들어와서 신문이 퍼뜨리고 있는 것으로 안다.

- 1인당 <u>인구수</u> 『서울신문』, 1994. 3. 30.

이 제목으로 설명해놓은 말이 다음과 같다.

- 세계 주요 대도시 가운데 공무원 1인당 <u>인구수</u>가 가장 적은 도시는 뉴욕시. 뉴욕시의 인구는 730만이고 공무원은 24만 명으로 공무원 1인당 <u>인구수</u>는 30.5명. 도쿄는 인구 1,180만에 공무원 24만 3,000명으로 공무원 1인당 <u>인구수</u>는 48.8명이다. 서울의 공무원수는 7만 6,000명이며 1인당 <u>인구수</u> 143명이다. 『서울신문』, 1994. 3. 30.
- 국회의원 선거구 <u>인구수</u> 上下限 30만~7만 명 접근
  국회 선거구 획정 위원회는 20일 전체 회의를 열고 국회의원 선거

구 <u>인구수</u>의 상한선과 하한선을 최종 확정한다. 『중앙일보』, 1995. 3. 20.
- 호남 물갈이에 지역대립 변수
  복합區 출신郡 <u>인구수</u> 따라 明暗 『한국일보』, 1996. 2. 10.
- 두 지역은 장흥이 6만 1,000명, 영암이 6만 2,000명으로 <u>인구수</u>도 비슷해 『한국일보』, 1996. 2. 10.
- 서울 인구 3년째 감소
  세대당 평균 <u>인구수</u>는 3.07명꼴 『동아일보』, 1996. 3. 17.
- 헌법재판소가 지난해 12월 국회의원 지역선거구 구역표에 대한 위헌 결정을 선고하면서 최대 및 최소 선거구 간의 인구편차 허용 기준으로 제시한 '4대 1'은 전국선거구의 평균 <u>인구수</u>를 기준으로 상하한 60% 이내라는 의미인 것으로 확인됐다. ……선거구 간의 단순 비교를 뜻하는 것인지 아니면 평균 <u>인구수</u>를 기준한 것으로 상하한 기준을 제시한 것인지 여부가 불분명했었다. ……전국선거구의 평균 <u>인구수</u>를 기준으로 검토하는 것이 타당하다는 다수 의견을 제시했다. 『동아일보』, 1996. 1. 12.
- 유럽의회 총 의석수는 현재 626석으로 인구비례에 따라 독일이 가장 많은 99석이며, 이어 영국, 프랑스, 이탈리아가 각각 87석이다. <u>인구수</u>가 가장 적은 룩셈부르크는 6석을 할당받고 있다. 『한겨레』, 1999. 6. 10.

이것을 보면 어쩌다가 어느 기자가 실수로 잘못 쓰는 것이 아니라 모든 신문에서 마땅히 써야 할 말로 쓰고 있다는 것을 알 수 있다.

14. '세 명'이 아니라 '세 사람'이다

　우리 말에서 사람을 세는 단위로 쓰는 말은 바로 '사람'이 으뜸이다. 한 사람, 두 사람, 열 사람, 천 사람과 같이. 이밖에 높임말로 '분'을 쓰기도 하고, 아이들은 한 아이, 두 아이…… 이렇게도 말한다.
　이와 같이 달리 한문글자소리 일, 이, 삼으로 셀 때는 단위가 '인'이나 명이 되는데, 요즘은 명만 쓰고 있다.
　그런데 언제부터인가 이렇게 사람의 수를 나타내는 으뜸이 되는 단위인 '사람'이란 말이 그만 한문글자말 명으로 바뀌어 한 명, 두 명으로 쓰이고 있다. 듣기로나 읽기로나 아주 어색하고, 우리 말이 뒤죽박죽으로 되어가고 있는데도 워낙 온갖 병든 말 속에 살고 있어서 그런지 모두가 감각이 없는 것 같다. 얼마든지 들 수 있는 그 보기를 몇 가지만 들겠다.

- 지난 여름엔 친구 <u>세 명</u>과 함께 남의 집에 들어가 현금 60만 원을 훔친 혐의로 보호관찰 중이다. 『한겨레』, 1999. 11. 11.
- <u>두 명</u>의 고교생이 죽고 25명이 중경상을 입었다. 『한겨레』, 1999. 11. 12.
- 이런 대비된 모습을 보면서 두 사람 중 <u>한 명</u>은 영어를 부려쓸 장소를 잘못 선택한 게 아닌가 하는 느낌을 지울 수 없다. 『한겨레』, 1999. 10. 29.
- 유세 차량이 예고방송을 시작했지만 유권자는 <u>한 명</u>도 나타나지

- 않았다. 『동아일보』, 1999. 3. 17.
- 앞쪽 <u>네 명</u> 글은 부분이고, 뒤쪽 <u>네 명</u> 글은 전문이다. 마지막 두 명 글은…… 『글쓰기』, 1999. 10.

이런 글에 나오는 "한" "두" "세" "네" 다음의 명은 모두 '사람'이라고 써야 우리 말이 된다.

- 5학년 초록반 <u>서른세 명</u> 『글쓰기』, 99. 10.

이럴 때도 명이 아니고 '사람'이라 해야 된다. 그러나 숫자가 많을 때는 차라리 '삼십삼 명'하든지, '33명'이라고 쓰면 더 알아보기 좋다.
어른들이 우리 말을 잘못 쓰니까 아이들도 따라서 잘못 쓴다.

- 난 이기지는 못했지만 아이들에게 잘 대해주어서 <u>네 명</u>에서 <u>여섯 명</u>쯤 왕따를 시키지 않았다. 초등학교 5학년
- 한 사람이 미니카 사서 자랑하면 <u>열 명</u> 중 <u>다섯 명</u>은 미니카를 산다. 초등학교 5년생
- 지금은 언니 <u>두 명</u>, 나, 동생 이렇게 <u>네 명</u>만 산다. 고등학교 3학년

아이들의 말과 글이 병들어가는 것이 더욱 걱정이다. 본래 우리 말이 어떠했는가를 보자.

당신의 사랑은 당신과 나와
<u>두 사람</u> 사이에 있는 것입니다.
- 한용운 시, 「사랑의 측량」 부분

청천백일하에 하늘이 도와 살아온 <u>두 사람</u> 분명히 보았다는 검은 날

개에 '흰별표'의 비행기여……
- 이병철 시, 「수장」(1948) 부분

이렇게 '한 사람' '두 사람'이지 '한 명' '두 명'은 쓴 적이 없다. 수가 적으면 '사람'이란 말도 안 쓴다. "우리 집 식구는 아버지, 어머니, 나, 동생, 모두 넷입니다"와 같이.

15. '-당'이란 말
'1인당' '평당'이란 말

　학교 선생님들이 어린이들 앞에서 하게 되는 말을 생각해본다. "자, 여기 밤 12톨이 있습니다. 이것을 세 사람에게 똑같이 나누어주려고 합니다. 한 사람 앞에 몇 톨씩 주면 되겠습니까?" 이렇게 말할 것을 만약 어느 교사가 "1인당 몇 개씩 분배하면 되겠습니까?" 했다면 그는 교사가 될 자격이 없는 사람이다. 어린이들에게 바르고 쉬운 우리 말을 가르칠 줄 모르는 사람이라면, 우리 말뿐 아니라 수의 개념이고 과학의 이치고 문학의 표현이고 그밖에 어떤 것도, 영어나 한문 같은 외국어도 결코 제대로 가르칠 수 없는 사람이기 때문이다. 이 세상의 모든 사물을 알아내는 오직 한 길인 제 나라 말을 튼튼히 익힌 그 바탕이 없이 도대체 허공에다가 무엇을 단 한 가지라도 쌓아 올릴 수 있겠는가?

　그런데 어른들이 쓴 글을 보면 '한 사람 앞' '한 사람에'가 아니고 모조리 1인당이다. 한 마리당, 시간당, 일당, 주당…… 이렇게.

　날마다 나오는 신문기사에서 이 -당이란 말이 안 나오는 날은 어느 신문이고 없다. 그리고 나는 지금까지 '한 사람 앞' '하루에' '한 주에'라고 쓴 기사를 한 번도 보지 못했다.

　이 말도 모두가 쓰고 있으니 우리 말로 보아서 그대로 쓰는 수밖에 없다고 할지는 모른다. 그렇다면 만약 우리 나라 도시 사람들이 일본 옷 '기모노'를 입는 것이 유행이 되어 거의 모두가 입고 다닌다면 어쩔 수 없다고 하겠는가? 옷만은 그렇지 않겠지. 옷은 그런데 어째서 말은 일본 말 따라 쓰기에 얼이 빠졌나?

일본말로 '한 사람 앞에 4개씩' 할 때 '앞'이란 말을 '아타리'라 하고, 이 뒷가지(접미사)를 한문글자로 '當'이라 쓴다. 그렇게 쓴 글자를 보고 얼 빠진 우리 나라 사람들은 제 나라 말을 버리고 일본사람들의 한문글자를 따라 쓰고 따라 읽어서 1인당, 평당…… 하는 것이다.

보기를 들겠다.

- 지난해까지 188경기에서 202골을 실점, 경기당 1.07골만을 허용한 그는…… 『동아일보』, 1998. 9. 12.
- 포철은 6일 '지난해 순이익 1조 850억원 규모로 1주당 액면가의 20% 이상을 주당 배당금으로 지불할 방침이라며…… 『조선일보』, 1999. 1. 7.
- 환율은 달러당 1,150원 벽을 위협했고…… 『한국일보』, 1999. 1. 7.
- 근로자가 받는 임금수준도 격차가 벌어졌다. 시간당 평균 4.3달러를 받아…… 『대한일보』, 1999. 1. 7.
- 스캔토크리터의 대당 값은 이어폰형이 9000엔이나…… 『한겨레』, 1999. 10. 18.
- 환자 1명당 10만원 받아 『한겨레』, 1999. 12. 11.

이렇게 써놓은 -당은 죄다 '한 경기에' '1주에' '1달러' '1시간' '1대' '1 명에'라고 바로잡아야 할 말이다.

16. 식구와 부엌과 밥상

우선 교과서에 나오는 글부터 살펴보겠다. 다음은 지난달 『ㅎ신문』에서 어느 초등학교 선생님이 미술 이야기를 하면서 인용한 초등학교 교과서의 한 대문이다. 어느 학년의 무슨 교과서인지는 모르지만 아무튼 '행복한 우리 집'을 나타낸 글이라 했다.

 아빠, 엄마, 아들, 딸 모두 <u>네 명의 가족</u>. 엄마는 <u>주방</u>에서 음식을 준비하고 있고, 아빠는 <u>주방</u>에서 음식을 준비하는 엄마를 도와 음식을 <u>식탁</u>으로 나르고, 초등학교학생인 아들은 여동생과 함께 <u>숟가락</u>을 <u>식탁</u>에 놓는 모습. 네 사람 모두 얼굴에는 웃음이 가득.

 그림을 설명해놓은 이 글로서는 아침밥인지 저녁밥인지 알 수 없지만, 아마도 아침밥일 것이다. 요즘은 점심이나 저녁밥을 온 식구가 한자리에 앉아 먹는 집은 좀처럼 없기 때문이다. 그렇다면 이 글에 나오는 "음식을 준비하고 있고"와 "음식을 준비하는 엄마를 도와 음식을……"은 '아침밥을 준비하고 있고' '아침밥을 준비하는 엄마를 도와 밥과 반찬을……'이라고 해야 글이 분명해진다고 할 수 있다. 그리고 숟가락도 '수저'라 해야 한다. 밥상에 숟가락만 놓지는 않기 때문이다.

 다음은 글에 나오는 잘못된 말과 말법을 들어보겠다. 이 글에는 잘못 쓴 말이 다섯 가지가 나온다. 그것은 네 명, 의, 가족, 주방, 식탁이다.

첫째는 네 명인데, 이 말은 '네 사람'이라 해야 한다. 일, 이, 삼, 사(1, 2, 3, 4)로 말할 때는 '일 명' '이 명' 이렇게 쓸 수 있다. 그러나 이럴 때도 열까지 되지 않는 수라면 '한 사람' '두 사람'이라 해야 한다. 사람 수가 아주 많을 때만 '육십칠 명' '삼백 명' 이렇게 말하고 이렇게 쓰는 것이다.

사람 수가 손가락으로 꼽을 정도가 되면 수를 나타내는 단위조차 안 쓰는 것이 우리 말답다. '우리 집 식구는 아버지, 어머니, 나, 동생, 이렇게 넷입니다'와 같이.

다음은 가족인데, 이 말도 여기서는 '식구'라 해야 알맞고 옳은 말이 된다. '가족법' '가족제도'와 같이 '가족'이란 말을 써야 할 자리가 있겠지만, 집안사람들을 가리킬 때는 마땅히 '식구'라 해야 한다. 그런데 어째서 신문이고 책에서 모조리 '한 명' '두 명'만 쓰고, 가족만 쓸까? 그 까닭은 일본말 일본글이 이렇게 되어 있어서 일본사람들이 쓰는 한자말을 그대로 따라 쓰다보니 그만 우리 말이 이렇게 되어버린 것이다.

앞에서 든 글에 나오는 명과 가족을 바로잡아서 "모두 네 명의 가족"을 '모두 네 사람의 식구'라 해도 우리 말로서는 어울리지 않는다. 바로 의를 써놓은 문장의 짜임이 문제가 된다. 이 말은 마땅히 '모두 네 식구'라고 써야 우리 말이 된다.

다음은 주방이다. 왜 '부엌'이란 우리 말은 버리고 주방이라 할까? 주방의 '주'는 '부엌 주'(廚) 자다. 중국글자말 따라 가는 한심한 꼴이다.

마지막으로 식탁인데, 이 말도 '밥상'이란 우리 말을 써야 한다. 『우리말 사전』을 찾아보면 식탁을 "음식을 차려놓은 탁자" 또는 "식사용의 탁자"라 해놓았고, 주방은 "음식을 만드는 곳" "취사장"이라 설명해놓았을 뿐, '밥상'이라고 하지 않고 '부엌'이라고 하지 않았다. 『우리말 사전』이 긴 깃이 이 모양 이 꼴이니 교과서까지 남의 말글로 오염투성이가 되지 않을 수 없다.

17. '고추나무'가 아니라 '고추포기'

다음은 지난 9월 20일자 『ㅎ신문』에 난 기사의 한 대문이다. 곧 시드니 올림픽에서 첫 금메달을 딴 양궁 윤미진 선수의 어머니 이야기다.

어머니 김정희 씨는 아침 일찍 화성 약사암에서 금메달을 기원한 뒤 수원 권선구 권선동 신우아파트 집에서 텔레비전으로 우승 장면을 지켜보고 환호했다. 김씨는 "5일 전 베란다에 놓은 고추나무에 벌떼가 날아드는 꿈을 꿨다"며 "지금 생각하니 과녁에 화살촉이 명중하는 것을 의미하는 것 같다"고 말했다.

이 기사문에는 윤 선수 어머니가 말했다는 꿈 이야기 속에 나오는 고추나무란 말은 잘못되었다. 고추는 나무가 아니다. 그러니 "고추나무에 벌떼가"라고 해서는 안 되고 '고추포기에 벌떼가'라고 해야 옳다. 그런데 어째서 이렇게 고추를 나무라고 했을까?

이것은 윤 선수 어머니가 잘못 말했는지도 모르지만, 내가 보기로는 아마도 기사를 쓰는 분이 잘못 쓴 것 아닌가 싶다. 그 까닭은, 윤 선수 어머니가 했다는 그 말 전체가 입으로 한 말이 아니고 글말로 되어 있기 때문이다. 가령 윤 선수 어머니가 아주 별난 사람이어서 보통으로 하는 말에서도 "명중하는" "의미하는" 따위 유식한 한자말을 자랑스럽게 예사로 쓴다고 하더라도 말끝만은 "꿈을 꿨지요." "-것 같았습니다." 이렇게 말했을 것이다.

윤 선수 어머니가 했다는 말을 그대로 적는다면 아마도 이렇게 될 것으로 믿는다.

"5일 전 베란다에 놓인 고추포기에 벌떼가 날아드는 꿈을 꿨지요. 지금 생각하니 과녁에 화살촉이 맞는 걸 보여준 것 같아요."

"새야 새야 파랑새야, 녹두나무에 앉지 마라" 이 동요에 나오는 "녹두나무"도 잘못되었다. '녹두밭'이라야 된다. 아무리 널리 퍼진 노래나 말도 틀린 것은 고쳐야 한다. "나의 살던 고향은"을 '내가 살던 고향은'으로 고쳐야 하듯이.

위 기사문에는 또 "기원한" "환호했다"란 두 말도 고운 우리 말 '빈' '기뻐 소리 질렀다'로 다듬어 썼더라면 싶다.

18. '당시'는 '그때'라고 해야

똑같은 자리에서 쓰는 말. 그 뜻으로나 느낌으로나 때로는 말법까지 조금도 다르지 않은, 똑같이 쓰이는 말이 두 가지 또는 그 이상 몇 가지로 있는 경우가 적지 않다. 이렇게 된 까닭은 본디 우리 말이 버젓하게 있는데, 중국에서 들어온 한문글자를 쓰다보니 그 글자 말을 또 쓰게 되어서 쓸데없는 말이 자꾸 생겨나고, 그래서 우리 말이 어지럽게 된 것이다.

이럴 때는 본디부터 있던 우리 말만 쓰고, 그밖에 생겨난 한자말을 쓰지 말아야 한다. 가령 그 한자말이 널리 퍼져서 누구나 그 뜻을 잘 알고 있는 말이 되었다고 하더라도 그런 말은 쓸 필요가 없다. 더 깨끗하고 더 아름다운 우리 말, 아주 어렸을 때부터 익힌 겨레말을 쓰는 것이 좋다.

그런 말 가운데 하나가 당시(본디 우리 말은 '그때')란 말이다.

"할아버지, 여기가 어디예요?"
"여기가 바로 한티고개란 데다. 6·25전쟁 때 사람이 많이 죽었지."
"어떻게요?"
"이 고개를 뺏으려 하고, 빼앗기지 않으려고 하고……. 그래서 엄청나게 많은 사람이 죽었단다."
"그때 할아버지는 어디 살았어요?"

"그때 우리 집은 요 아랫마을에 있었단다."

할아버지와 손자가 주고받은 이야기에 나오는 "그때"란 이 말은, 지나가버린 어느 때를 가리키는 우리 말로 누구든지 아주 어렸을 때부터 귀로 들어서 잘 알고 있는 말이다.

그런데 어째서 글을 쓰는 어른들은 '그때'를 쓰지 않고 모두 당시라고만 쓸까?

신문기사를 보면 지난날에 있었던 일을 쓰면서 당시란 말을 쓰지 않는 글이 없고, 한 기사에 두세 번, 때로는 예닐곱 번 이 말을 쓰면서도 '그때'는 한 번도 쓰지 않기가 예사다.

이 한 가지만 보아도 신문의 글이 얼마나 잘못되어 있는가. 글을 쓰는 사람들이 얼마나 우리 말을 천대하고 학대하고 있는 가를 잘 알 수 있다.

신문기사의 보기를 좀 들겠다.

1) 윌리엄 글라이스틴 전 주한 미국대사는 지난 80년 5·18 광주항쟁 진압은 당시 전두환 장군이 결정하거나 승인하고 최규하 대통령이 형식적으로 재가한 것으로 확신한다고 말했다. 『한겨레』, 2000. 3. 4.

2) 지난 71년 대선에서 지역감정을 자극한 쪽은 당시 여당인 공화당 사람들이었다. 『한겨레』, 2000. 3. 4.

3) 22살 때 당시로선 '천형'이나 다름없던 한센 병에 걸린 차 할머니는…… 『한겨레』, 2000. 6. 3.

4) 이 작품은 당시 그의 연인 마리테레즈 발테르의 모습을 그린 것이다. 『한겨레』, 2000. 5. 11.

여기 1)~4)에 나온 당시는 모두 '그때'라 써야 한다. 이와 같이 당시는 바로 '그때'라고 써야 할 경우가 가장 많다.

5) 80년 5·18 광주항쟁 당시 계엄군의 무지막지한 구타와 총소리에 놀라 정신지체 1급 장애인이 된 한연수 씨의 어머니 박말례씨는……『한겨레』, 2000. 5. 18.

6) 베트남전 당시 중앙정보부가 한국군의 민간인 집단사살 사건을 직접 수사했던 사실이 밝혀졌다.『한겨레』, 2000. 4. 26.

7) 3·1운동 당시 '대봉화햇불시위'를 주도해 투옥되었던 조남식 선생이 바로 그의 조부다.『한겨레』, 2000. 4. 25.

이 5) 6) 7)에서 쓴 당시는 모두 '때'란 말이다.

8) 94년 당시 남과 북은 정상회담 개최 합의 이후 열린 실무접촉 이틀 만에……『한겨레』, 2000. 4. 21.

이 8)에서는 당시란 말을 아주 없애버리는 것이 좋겠다.

19. '향한다'는 말에 대하여

향한다는 말을 사전에서 찾아보면 다음과 같이 풀이해놓았다. (사전에는 향한다가 아니고 '향하다'로 나온다. 그러나 실제로 쓰고 있는 우리 말에는 이런 으뜸꼴이란 것이 없다. 다른 움직씨도 다 그렇다. '먹는다' '일한다' '간다'가 아니면 '먹었다' '일했다' '갔다'고 해서 분명하게 그런 행동을 한 때를 나타내는 말이 되게 하지 '먹다' '일하다' '가다'라고 하여 움직인 때가 나타나지 않은 말은 쓰지 않는다. 그러니 이런 말은 없는 것이다.)

향하다: 어느 쪽을 정면이 되게 대한다. 마음을 기울인다. 지향하여 간다. 『그랜드 국어사전』

이렇게 세 가지로 조금씩 다른 뜻을 적었다. 이렇다면 1)의 경우는 '본다'든지, '마주한다'든지 하는 말이면 그만이다. 같은 한자말로는 '대한다'가 더 알맞다. 2)의 뜻으로는 '생각한다'고 하면 되겠고, 3)에서는 바로 '간다'고 하는 것이 옳다. 그래서 이 향한다는 말은 쓸 필요가 없다. 다른 사전에서 또 한 번 찾아보자.

향하다: 그쪽으로 돌리어 대한다. 『우리말 큰사전』

여기서는 한 가지 뜻으로만 적었지만, 아주 정확한 풀이가 되어 있다. 이런 뜻이니까 그 어느 쪽을 '본다'든지 '마주한다'고 하면 되는 것이지 향한다는 말은 조금도 쓸데가 없는 것이다. 그런데 어째서 글을 쓰는 사람들은 '본다' '마주한다'와 같은 깨끗한 우리 말은 안 쓰고 향한다만 쓸까? 그리고 어디로 '간다'고 해야 할 말까지 향한다로 아주 잘못 쓰고 있다.

　　1) 국기를 <u>향하여</u> 서 주세요.
　　2) 벽을 <u>향해</u> 앉았다.
　　3) 그는 얼굴을 내 쪽으로 <u>향했다</u>.
　　4) 임 <u>향한</u> 일편단심.
　　5) 철수는 그날 오후 서울로 <u>향했다</u>.

　이 다섯 가지 보기글은 앞에서 들어놓은 한 사전에 나와 있는 것을 거의 그대로 옮긴 것이다.
　1)에 나온 향하여는 '보고'라 해야 깨끗하고 바른 말이 된다. 2)의 향해는 '마주 해'라 하면 된다. 3)의 향했다는 '돌렸다'로 써야 옳다. 아니면 이 글 전체를 고쳐서 '그는 나를 보고 앉았다'고 해야 할 말이다. 4)에서는 향한을 '-을 생각하는'이라고 쓸 수 있지만, 차라리 글 전체를 깨끗한 우리 말로 바꾸는 것이 낫겠다. '임을 생각하는 한 가닥 붉은 마음' 이렇게. 그 다음 5)의 향했다는 말할 것도 없이 '갔다'로 쓰든지, '떠났다'고 해야 할 말이다.
　다음 보기는 신문 기사다.

　　6) 젊은 작가 한강의 단편 『여수의 사랑』에서도 주인공 자흔이 세상에 등 떠밀려 <u>향하는</u> 것은 고향으로 추정되는 여수입니다.
　　7) 세계화니 글로벌스탠더드니 하는 간판을 걸고 모두들 미국 베끼기에 혈안이 돼 있는데, 정작 이들의 눈길은 왜 동양으로 <u>향하는</u> 것일까.

8) 느긋하게 버스 곁으로 걸어가는 친구의 팔을 끌어당기며 버스를 향해 뛰어가서 간신히 탔다.

9) 밀랍으로 날개를 달아 태양을 향해 돌진했다면 이카루스는……

10) 불을 향해 뛰어드는 것은 부나비만이 아니다.

11) 회담이 끝난 뒤 전 세계를 향해, 국민들을 향해 어떤 메시지를 던져야 하는지가 더 중요한……

6)과 7)의 향하는은 '가는'이다. 8)과 9)의 향해는 '-로'나 '-으로'라는 토를 써야 할 말이다. 10)에서는 '보고'가 옳고 11)에서는 '전 세계와 국민들에게'라 써야 된다.

20. '차'와 '차량'이 어떻게 다른가

지난 7월 31일자로 나온 어느 일간신문에, 뉴질랜드 총리가 주차위반 딱지를 떼였다는 기사가 나왔다. 총리고 대통령이고 주차위반을 했으면 딱지를 떼이는 것이 당연하겠는데, 이런 일이 우리 나라에서는 별난 얘기 거리가 될 것 같다. 그 기사문의 끝 문장이 다음과 같다.

주차관리인 로버트 트와이먼은 "불법 주차 차량이 총리 차인지 보통 사람의 차인지는 중요하지 않다"며 "불법주차 차량에 대해서는 무조건 딱지를 뗀다"고 말했다.

이 글에서 차량이란 말을 두 번 쓰고, 또 "차"란 말을 두 번 썼다. 차량과 '차'가 어떻게 다른가? 아무리 보아도 똑같은 것을 가리킨 말인데, 어째서 두 가지 말을 썼을까?

『우리말 사전』을 찾아보아도 이 두 가지의 말의 풀이는 조금 달리했을 뿐 똑같다. 다만 차량이란 말의 뜻으로 또 한 가지 "기차의 한 칸"이라고 더 적어놓았을 따름이다. 그런데 "기차의 한 칸"이라면 바로 그렇게 '기차 한 칸'이라 하면 된다. 그리고 '기차의 한 칸'이란 말로 차량이라는 말을 쓰는 경우는 아주 드물고, 신문에 많이 나오는 차량은 적다. 그냥 '차'라고 쓸 것을 차량이라고 하니 이것이 잘못되었다. 보통 사람들이 하는 쉬운 말을 쓰지 않고 뭔가 좀 달리, 어려운 말을 써서 권위를 세우고 싶어 하는 글쟁이들이 정신 상태가 이런 데서도 나타난다고 볼 수밖에 없다. 앞에서 들어놓은 글에는 "차"란 말도 함께 썼지만, 어느 신문에서고 **차량**이란 말이 굳어져 있다. 역시 앞에서 든 신문인데 같은 날짜, 지면에 다음과 같은 말이 눈에 띈다.

  1) "현재로선 경량전철 민자사업에 국산을 이용하는 것은 불가능하다"고 주장했다. 반면 일부 민간 심의위원들은 가격 등 주요 평가항목별로 이견을 제기하며……
  2) 캐나다 봄바디어의 <u>차량</u>을 수입할 경우, <u>차량</u> 크기가 달라……
  3) 경전철 '철도 <u>차량</u> 전시장' 될라
  4) 국내에서 <u>차량</u>을 만들겠다는 현대 건설 쪽이 우선 협상 대상자로 뽑혔다. 업계에선 의정부 등에도 각기 다른 방식의 <u>차량</u>이 들어올 것으로 보고 있다.

1)은 1면에 나온 소식에서, 2)는 「사설」에서 3)과 4)는 「취재파일」의 제목과 본문에서 옮긴 말들이다. 어느 글에 나온 **차량**도 다 '차'로 쓰는 것이 옳다.
이번에는 신문에 흔히 나오는 사진 설명문의 보기다.

  5) 폭우로 <u>차량</u> 통제
  6) 덕곡천을 가로지르는 기산교가 물에 잠겨 <u>차량</u> 통행이 전면 통제되고 있다.
  7) 16일 큰 눈이 내린 춘천시 온의동 경춘 도로에서 출근길 <u>차량</u>들이 거북운행을 하고 있다.
  8) 19일 광주 전남지역에 올 겨울 들어 <u>가장</u> <u>많은</u> <u>눈</u>이 내려 <u>담양</u>군 남면의 고갯길이 눈길이 되자 <u>차량</u>들이 거북걸음 운행을 하고 있다.

9) 13일 강원도 일대에 내린 폭설로 (줄임) 미시령 고개에서 <u>차량</u>들이 정체로 움직이지 않자 운전자들이 차에 내려 바퀴에 체인을 감고 있다.

9)에서 **차량**과 함께 "차"란 말이 겨우 한 번 나오기는 한다. 이렇게 쓴 **차량**을 모두 '차'로 고쳐서 읽으면 아주 시원스런 우리 말이 될 것이다.

21. '의아해한다'는 말에 대하여

며칠 전 어느 일간신문에서 다음과 같은 글을 읽었다. 교육을 연구하는 분이 쓴 글인데,「자녀를 키우는 지혜」란 제목으로 된 글의 앞부분이다.

한 어머니가 아이를 데리고 마을의 <u>현자</u>를 찾아갔다. 그리고 이렇게 말했다.
"우리 아이는 공부밖에 모릅니다. 하루에도 몇 시간씩 책과 씨름합니다. 그래서 이제는 모르는 것이 없습니다."
현자는 한참 만에 입을 열었다.
"아깝게도 바보가 되어 있겠군."
은근히 아이 칭찬을 <u>원했던</u> 어머니는 이 말에 <u>의아해했다</u>. 현자는 그런 어머니한테 말했다.
"그렇게 지식을 얻는 데만 골몰하고 있으니 무엇을 생각할 수 있는 여유가 없을 게 아니오? 그러니 바보가 될 수밖에."
지금 우리의 교육이 이 모양이 돼가는 게 아닌가 싶다.

책만 읽고 외우는 병든 교육을 꼬집은 좋은 글이다. 그런데 이 글에서 몇 가지 문제가 되는 낱말이 나오는데, 그 가운데서 무엇보다도 먼저 지적하고 싶은 것이 의아해했다라는 말이다.

『우리말 큰사전』(한글학회)을 찾아보면 이 말이 다음과 같이 실려 있다.

> 의아: 의심스럽고 이상함(疑訝)
> 의아스럽다: 의아한 데가 있다.
> 의아스레: 의아스럽게
> 의아심: 의아하게 여기는 마음(疑訝心)
> 의아쩍다: 의아한 느낌이 있다.
> 의아하다: 의심스럽고 이상하다
> 의아히: 의아하게

이와 같이 의아라는 말에 '-스럽다', '-하다', '-쩍다' 따위가 붙어서 움직씨도 되고 그림씨도 되고 어찌씨도 되어 쓰이는 것으로 되어 있다.

그런데 이 의아란 말이 아주 고약한 한자말이다. 귀로 들으면 무슨 말인지 알 수 없고, 말하기도 힘들다. 남의 나라 글자말이기 때문이다. 이런 말은 아주 쓰지 말아야 한다. 책만 읽어서 머릿속에 지식만 들어 있는 사람들이 이런 말을 글로 자꾸 쓰니까 우리 말이 어지러워지고, 그래서 "한글만 써서는 무슨 말인지 모른다"는 소리가 나오는 것이다.

앞에서 들어놓은 글에 나온 "어머니는 이 말에 의아해했다"는 말도 '어머니는 이 말에 어리둥절했다'든지 '어머니는 이 말을 이상하게 여겼다'고 하면 얼마나 듣기가 좋고 읽기도 좋은가.

이밖에도 다듬어 썼으면 싶은 말이 있다. 현자라고 했는데 이 글에서는 '선생님'이라든가 '어진 선생님' 또는 '어른'이라고 해도 충분히 될 것 같다. 옛날에 한문글자를 그대로 쓸 때는 현자, '우자'란 말을 글로도 쓰고 입으로도 말했지만 지금은 이런 말을 쓸 필요가 없다. 현자라 하니 여자 아이 이름같이 읽히기도 하는 것이다.

다음은 원했던이란 말이다. 아주 널리 많은 사람들이 쓰는 말이지만,

이것도 '바랐던'이란 말로 바꿔보면 훨씬 더 쉽고 자연스런 우리 말이 된다는 것을 깨달을 것이다. "아이 칭찬을 원했던 어머니는"을 '아이 칭찬을 바랐던 어머니는' 하듯이, 어떤 경우에도 이렇게 원한다를 '바란다'로 쓰면 좋겠다.

또 하나, "지금 우리 교육이 이 모양처럼 돼가는 게 아닌가 싶다"에서 "이 모양처럼"은 공연히 쓰는 겹말이다. '이 모양 돼가는 게' 하든지 '이처럼 돼가는 게'라고 해야 옳다. '모양'과 '처럼' 둘 중 하나만 쓰면 되는 것이다.

'우리말'인가 '우리 말'인가

• 꼬리글

　회보 이름에서 '우리 말'이라고 띄어서 쓴 것을 보고, 왜 붙여서 쓰지 않았나 하고 묻는 분이 더러 있어서 이 글을 쓰게 되었다.

　한글학회에서 낸 사전의 이름이 『우리말 큰사전』으로 되어 있다. 그리고 이 사전에 실려 있는 말로 '우리말'이 또 나오는데, 그 풀이를 다음과 같이 해놓았다.

　　우리말: 우리 나라 사람의 말, 곧 한국말.

　다른 사전에도 '우리말'이 나오고, 풀이도 이와 똑같이 되어 있다.
　사전부터 이러니 신문이고 잡지고 어디에서도 '우리 말'이라 띄어 쓰는 경우는 볼 수 없고 모두 '우리말'이라 붙여 쓰고 있다. 그러나 이렇게 붙여 쓴 것은 잘못되었다. 사전 이름이야 어떤 특별한 책 이름이니까 붙여서 쓸 수도 있겠지. '큰사전' 하고 쓸 때 이것도 '큰 사전'이라 안 쓰고 붙여서 쓰듯이 말이다. 그러나 어떤 특별한 물건의 이름이 아니고 일반스런 '말'을 가리키는 경우에 그 앞에 쓰는 '우리'란 말은 띄어서 써야 한다. 그래야 말뜻의 혼란을 막을 수 있다.

　'우리말'이라 써서는 안 되고 어디까지나 '우리 말'이라 써야 하는 까닭을 세 가지 들 수 있다. 그 첫째는, 만약 '우리 말'을 '우리말'이라 써야 한다면 '우리 글'도 '우리글'로 써야 한다. '우리나라' '우리땅' '우리집' '우리겨레' '우리고향' '우리학교' '우리마을'…… 이렇게 죄다 붙여 써야 이치가 맞다. 그러니까 '나'를 가리키는 겹수가 되는 '우리'란 말이 있어야 한다는 것이다. '우리'를 그다음에 오는 말에 붙여 쓰면 그만 '우리'가 없어진다.

둘째, '일본말' '중국말' '미국말' 하듯이, 우리 말을 가리키는 이름은 따로 있어야 한다. '한국말' '조선말' '배달말' 이렇게 말이다. 이 세 가지 중 그 어느 한가지로 정할 필요가 있다. 아니면 '고려말'이라 할 수도 있다. 아무튼 어느 쪽을 정하든지 '한국말' '조선말' '배달말' '고려말' 이렇게 말하는 것이 우리 말을 바로 가리키는 이름이 된다.

만약 한국말(또는 조선말·배달말·고려말) 대신에 '우리말'을 쓴다면

한국말(조선말·배달말·고려말)=우리말

또는

우리말=한국말(조선말·배달말·고려말)

이니까 다음과 같은 말이 될 수 있어야 한다.

우리말은 우리말이다.

그러나 이것은 말이 되지 않는다.
그런데 어째서 사람들은 모두 '우리말'이라 쓰고 있는가?
사전에서 이렇게 쓰고 있고 무슨 학회 같은 권위가 있는 단체니 학자들이 이렇게 붙여서 쓰고 있으니까 그 이치를 따질 염두도 못 낸다. 또

붙여 쓰기가 편하니까 이렇게 쓰는 흐름이 되기도 했겠다. 그러나 무엇보다도 가장 큰 까닭은 우리 말을 가리키는 이름이 오래전부터 누구나 시원스럽게 인정할 만한 이름으로 쓰이지 못했던 때문이라 생각된다.

지금 우리 말을 모국어로 삼고 있는 동포가 남과 북, 그리고 외국에 가 있는 사람을 합쳐 모두 칠천만을 넘는다. 이 칠천만 겨레가 모국어로 삼고 있는 말을 무슨 말이라 하는가? "한국말"이라고 하니 '남'쪽 사람 중심으로 하는 말 같고, "조선말"이라고 하니 '북'쪽 사람 말 같아 '남'쪽의 젊은이들은 낯설은 이름이 된다. "배달"은 옛날부터 우리 나라를 가리키는 말이지만 많이 쓰지 않아서 '남'이고 '북'이고 모두 귀에 설다. "고려"도 옛날이나 쓴 말로 들린다. 이래서 이것도 저것도 못 쓰고, 더구나 남과 북이 맞서서 자칫하면 말 하나 가지고도 오해를 사서 세상 살기도 어렵게 되어 있는 판이라 그만 무난하게 쓸 수 있는 '우리'를 '말' 앞에 붙여서 써버리는 심리가 된 것이다. 이것은 '조선어학회'란 단체 이름이 '한글학회'가 되어버린 일과도 견주어 생각되는 일이다.

그런데 '조선어학회'가 '한글학회'로 바뀌었다는 것은 단순히 한 학회의 이름을 편의상 바꾸었다는 것에 그치지 않는다. 여기에는 학회의 성격부터 크게 바뀌어 버린 것으로 보인다. '조선어'—곧 우리 말을 연구하는 학회라면 그 이름이 바르고 떳떳하지만, '한글'이라는 '글'을 연구하는 학회라면 문제가 된다. 글자와 글을 연구하는 학회도 있을 수 있지만, 이렇게 되면 '한글학회'란 단체가 하는 일은 그 범위가 아주 좁아지고 줄어든다. 말을 떠난 글자와 글에만 매달려 있고 갇혀 있는 꼴이 된다. 사실 오늘날 '한글학회'의 문제점이 여기에 있고, '한글학회'가 이름 그대로 글학회가 되어버린 것 아닌가 싶다.

얘기가 좀 다른 길로 나갔는데, 아무튼 '우리 말'을 '우리말'로 쓰게 된 것도 한글학회가 앞장서서 이렇게 된 것이다. 그리고 이와 같이 모두가 '우리 말'은 안 쓰고 '우리 말'을 '우리말'이라고만 쓰게 되는 상태가 이대로 자꾸 가게 되면 그만 이 '우리말'이 굳어져서 하나의 홑이름씨가 된다. "그래도 좋지 않냐?" 할지 모르지만, 이렇게 되면 끝내 우리 말을 가리키는 이름을 우리가 찾아 가지지 못하게 될 수도 있다. 온 세계에 자랑할 만한 말을 가지고 있으면서 그 말을 가리키는 이름조차 없고, 있어도 말하기 두려워하거나 부끄러워한다면 이게 도대체 무슨 꼴인가?

'우리'란 첫째가리킴 겹수를 아주 없애는 데 따라서 가끔 일어나는 말의 혼란도 혼란이라 문제가 되겠지만, 우리 말의 이름조차 가지지 못한다면 이것은 아주 큰 문제가 되지 않을 수 없다. '우리 말'이라고 띄어서 쓰고, '우리 말'을 가리키는 버젓한 이름을 따로 정해야 하는 세 번째 까닭이 바로 이것이다.

'우리 말'인가? '우리말'인가? 어쭙잖은 띄어쓰기 문제 하나가 사실은 아주 큰 문제를 안고 있다는 사실을 알게 된다.

우리 글 바로 쓰기

우리 글 바로 쓰기 4

지은이 이오덕
펴낸이 김언호

펴낸곳 (주)도서출판 한길사
등록 1976년 12월 24일 제74호
주소 10881 경기도 파주시 광인사길 37
홈페이지 www.hangilsa.co.kr
전자우편 hangilsa@hangilsa.co.kr
전화 031-955-2000-3 팩스 031-955-2005

부사장 박관순 총괄이사 김서영 관리이사 곽명호
영업이사 이경호 경영이사 김관영 편집주간 백은숙
편집 박희진 노유연 최현경 이한민 김영길
마케팅 정아린 관리 이주환 문주상 이희문 원선아 이진아
디자인 창포 031-955-2097
인쇄 예림 제본 예림바인딩

제1판 제 1쇄 2009년 11월 30일
제1판 제15쇄 2022년 10월 12일

값 20,000원
ISBN 978-89-356-6143-5 04710
ISBN 978-89-356-6145-9 (전 5권)

• 잘못 만들어진 책은 구입하신 서점에서 바꿔드립니다.
• 이 도서의 국립중앙도서관 출판시도서목록(CIP)은 서지정보유통지원시스템 홈페이지(seoji.nl.go.kr)와
국가자료공동목록시스템(www.nl.go.kr/kolisnet)에서 이용하실 수 있습니다.
(CIP제어번호: CIP2009003681)